Guiado por el Espíritu Santo

Editado por el Departamento de Educación Teológica de la
Editorial Universitaria Libertad

Copyright © 2015 by Editorial Universitaria Libertad
Madrid, España.

Pág. Web: http://alv36588.wix.com/editorial-libertad

Contenido

- Guiado por el Espíritu Santo 4
  - Introducción 4
  - Jesús Dirigido por el Espíritu 16
  - Ministerio mediante el Espíritu 17
  - Jesús y el Gozo en el Espíritu 18
  - La petición del don del Espíritu 24
  - Enviados con el Espíritu 25
  - Nacido del Espíritu 30
- Vida en el Espíritu 32
  - El Consolador que viene a quedarse 36
- El Espíritu en el libro de Hechos 46
  - Continuamente llenos 57
  - Llenos del Espíritu Santo y de sabiduría 59
  - Una evidencia convincente 62
  - Dirigidos por el Espíritu 66
  - Abba, Padre 74
- Caminar en el Espíritu 76
  - La participación de la herencia de Cristo 86
  - El uso de los dones espirituales 89
  - El Espíritu en el ministerio de los creyentes 93
  - Viviendo como hombres comunes 97
- Una variedad de dones 102
  - Unidad: la obra del Espíritu 107
  - Un camino más excelente 111
  - Las arras del Espíritu 124
- Renovación mediante el Espíritu 129
- La obediencia a la verdad mediante el Espíritu 136
- La Realidad del Espíritu Santo 138
  - La Conducta y la Realidad 149

Guiado por el Espíritu Santo

Orando en el Espíritu Santo (Judas v. 20) 155
    Llenos del Espíritu Santo 156
Dios el Espíritu Santo: Su bautismo 163
Dios el Espíritu: Su plenitud 166
El Paracletos 177
La obra del Espíritu Santo en la vida de Jesús 192
    La obra del Espíritu Santo en la vida del cristiano 193
Implicaciones de la obra del Espíritu 200
El Pacto, Promesa del Espíritu 225
La Doctrina del Espíritu Santo: Neumatología 235
Un Devocional Sobre el Espíritu Santo 279
    El Espíritu Santo en el evangelio de Juan 280
    La Llenura del Espíritu 285
La Guía del Espíritu: La marca de los hijos de Dios 291
Bibliografía 337

Guiado por el Espíritu Santo

Introducción

ESPÍRITU SANTO. 1. La presencia personal de Dios, activo en la iglesia y en el mundo. Es la tercera persona de la Trinidad. No debe pensarse de Él como si fuese una fuerza, influencia o fluido, sino como un ser plenamente personal. En el AT, el *ES* fue dado a individuos particulares para llevar a cabo tareas especiales. Pero en Pentecostés, Jesucristo dio el *ES* a cada creyente, y Jesús ha estado presente con su pueblo mediante su *ES* desde entonces. Según *VE*: «La naturaleza personal del Espíritu es como el Dios intermediario, que procede del Padre en el nombre del Hijo. Ellos son una tri-unidad, una comunidad de amor, en la que el Espíritu es el poder personal quien hace posibles la unidad y la misión de Dios. El amor que fluye de la comunidad divina se revela en la creación y se completa en la redención. La redención lleva a una nueva creación donde el reino de Dios se revela definitivamente cuando todas las cosas sean reconciliadas con su creador. El Espíritu es Dios que realiza su misión; el *ES* es quien lleva a cabo la voluntad y los propósitos de Dios. El Espíritu da continuamente testimonio en el orden creado y en la historia, y da testimonio redentoramente en la tarea de reconciliación de Jesucristo en el mundo.» 2. *CLADE I* reconoce que el *ES* «es quien da los dones a la iglesia, capacita al evangelizador, da testimonio de Cristo al oyente, lo ilumina, convence de pecado, de justicia, de juicio y de eterna perdición; lo convierte en nueva criatura, y lo hace parte de la iglesia y colaborador con Dios en la evangelización. Cuando no se reconoce esta iniciativa del *ES*, la evangelización se torna mera empresa humana.» Según el *PL*: «El Padre envió a su Espíritu para dar testimonio de su Hijo; sin el testimonio de él nuestro testimonio es vano.... El *ES* es un Espíritu misionero, y por ello la evangelización debiera brotar espontáneamente de una iglesia que esté llena del Espíritu. La iglesia que no es misionera es en sí misma una contradicción, y apaga el Espíritu. La evangelización mundial será una posibilidad real sólo cuando el Espíritu renueve a la iglesia en sabiduría, fe, santidad, amor y poder.»

El Espíritu en la vida y el ministerio de Jesús

¿Qué le sucedió a la religión espiritual durante los 400 años después de Malaquías? La opinión generalizada es que se degenero hasta convertirse en la observancia de formas y ceremonias en gran medida eso fue cierto. Los fariseos hicieron que las exigencias de la ley resultasen sin significado por la tradición que desarrollaron (Mateo 15:3,6; Marcos). También los saduceos tenían sus tradiciones. Lo mismo pasó con la comunidad de Qumram, que fue la que copió los del Mar Muerto.

Sin embargo, Lucas, desde el comienzo de su Evangelio da a entender que los judíos no habían perdido enteramente el concepto ni la experiencia del Espíritu Santo. El Espíritu es descrito en los eventos que antecedieron y rodearon a Jesús, como lo es su vida y ministerio. Las referencias al Espíritu Santo en el ministerio de Cristo es muy significativo; el Evangelio según San Lucas menciona al Espíritu con más frecuencia que en los oros evangelios sinópticos.

El hecho de que una gran cantidad de judíos mantenía la vida y esperanza enseñados por los profetas, se refleja de la historia del nacimiento de Cristo. Entre los de clase social privilegiada, Zacarías y Elizabeth, padres de Juan el Bautista, son destacados. Entre la gente común, Simeón y Ana son reprentantes de muchos que esperaban la consolación de Israel (Lucas 2:25) y que miraban, con expectación de Jerusalén (Lucas 2:38). Esto es, ellos esperaban la salvación y restauración que los profetas prometieron: que vendrían la era mesiánica. (A veces, los judíos llamaban al Mesías, el Consolador).

Era sin lugar a dudas, que vendría por la "consolación de Israel"; esto es lo que oraba Zacarías mientras quemaba incienso en el altar ante la puerta del Lugar Santísimo en el templo. Él se encontraba en ese lugar representante del pueblo. Eran muchos en aquellos días, los que anhelaba el día de la redención de Israel. Cuando el Gabriel apareció a Zacarías, trajo la promesa de un hijo; pero no simplemente de un hijo. Este hijo prepararía "al Señor pueblo bien dispuesto" (Lucas 1:17).

El ángel Gabriel prometió también que Juan sería grande los ojos de Dios, que no bebería vino ni sidra, ni otras be alcohólicas, sino que sería lleno del Espíritu Santo (Lc. 1:41) desde el vientre de su madre. Esto es, desde el vientre, el Espíritu estaría en y sobre él.

Juan había de combinar de esta manera lo mejor que hubo en todos los santos y profetas del Antiguo Testamento. Había de ser un nazareo que expresara y testificara una total dedicación a Dios en toda su vida. Había de ser guiado, enseñado, preparado y movido por el Espíritu Santo en su propia vida personal y en su ministerio. Había de ir también delante del Señor en el espíritu y en el poder de Elías. Cuando se dijo esto de Eliseo (2 Reyes 2: 15) significaba que los otros, profetas reconocían que Eliseo era el sucesor que Dios había designado para Elías. Juan el Bautista había de ser el heredero y sucesor de Elías (y de todos los profetas) en un sentido aún mucho mayor. Jesús mismo reconoció a Juan como el Elías que había de venir (Juan 17:10-13). En este contexto Jesús está verdaderamente diciendo a sus discípulos que si ellos escucharan su interpretación en lugar de la de los fariseos, ellos sabrían que Juan el Bautista era el verdadero cumplimiento de Malaquías 4:5-6.

Lo mismo está implicado en las palabras del ángel en Lc. 1:16 que cita Malaquías 4:6. Jesús declaró más adelante que Juan era más que profeta. Era el mensajero prometido de Malaquías 3: 1. Como tal, nadie fue más grande que él. Sin embargo, él permaneció en calidad de profeta del Antiguo Testamento (Mateo 11:9-11).

Ambos padres de Juan disfrutaron de la bendición del Espíritu Santo que recibió Juan. Cuando María fue a visitar a Elisabeth, la salutación de María hizo que la criatura en el vientre de Elisabeth saltara, por causa de la influencia del Espíritu (Lucas 1:41). En ese momento el Espíritu Santo llenó a Elisabeth y exclamó en voz alta y pronunció la bendición de Dios sobre María y sobre su hijo, el cual había de ser el Señor de Elisabeth.

Después del nacimiento de Juan, Zacarías también fue lleno del Espíritu Santo (Lucas 1:67). Bajo la unción del Espíritu profetizo y dio gracias por la salvación que Dios estaba a punto de proveer. Esta satisfaría las promesas dadas a Abraham y haría posible que el pueblo de Dios le sirviera sin temor. Juan el Bautista sería llamado profeta del Altísimo y cumpliría la profetas de Isaías respecto de la voz en el desierto que prepararía el camino del Señor (Isaías 40:3).

La actividad del Espíritu se ve de un modo mucho más impresionante cuando María y José llevaron el niño Jesús al templo (Lucas 2:25-35). En ese mismo momento el piadoso Simeón llegó y se encontró con ellos. Pero esto no fue un accidente. El Espíritu Santo estaba de continuo sobre este humilde hombre de Dios. El Espíritu le preparó también al prometerle que no moriría antes de ver al Cristo (el Mesías, el Profeta ungido, Sacerdote y Rey que había de venir). Entonces él vino por el Espíritu (guiado, dirigido por el Espíritu) al templo a la hora, exacta. Mediante el Espíritu reconoció también a este Niño, cuya madre vino a presentar la ofrenda de los pobres, como Aquel a quien esperaba. Luego, él también expresó un pronunciamiento profético inspirado que identificó a Jesús como la luz profetizada para los gentiles (las naciones) y la gloria del pueblo de Dios, Israel. También predijo el quebrantamiento que vendría a María (cumplido en la cruz).

Inmediatamente después de eso vino Ana, una piadosa mujer de la tribu de Aser (una de las 10 tribus del norte). Ella era una profetisa, y fue movida por el Espíritu al venir también en el momento preciso para añadir su gratitud al Señor (Lucas 2:36-38). También en calidad de profetisa ella extendió las buenas nuevas a otros que esperaban la redención de Jerusalén.

Jesús, el Hijo de Dios

Marcos, quien no da detalles del nacimiento de Jesús, comienza su Evangelio con la declaración que Jesús es el Hijo de Dios. Lucas, quien da muchos detalles, hace la misma afirmación (Lucas 1:35). Mateo implica la misma cosa, pero sólo más tarde lo declara abiertamente (Mateo 2:15; 16:16).

Mateo cuenta la historia desde el punto de vista de José, a través del cual Jesús era el heredero legal al trono de David. Entre los judíos, la herencia legal era tan importante como la natural. Mateo recalca la manera en que Jesús cumplió la ley y las promesas. De este modo el Mesías debe tener el derecho legal al trono. Esa es también la razón por la que llama la atención al hecho de que José tomó a María como esposa, y la ceremonia de bodas se realizó en Nazaret antes que naciera. Sin embargo, Mateo tiene mucho cuidado en establecer que José no era el padre de Jesús. José se escandalizó por el hecho de que María iba a tener un hijo, siendo parejas comprometidas, esto no se veía "normal" durante el período compromiso y la ceremonia de bodas. Dos veces se declara que el hijo era "del (procedente de, mediante el) Espíritu Santo" (Mateo 1:18-20). También se identifica como cumplimiento de la profecía de Isaías respecto del nacimiento virginal y del niño Emanuel (para el cual la traducción griega es "Dios con nosotros"). El relato de Lucas es contado desde el punto de vista de María y es el registro de lo que María recordaba cuidadosamente (Lucas 2:51). Recalca todavía más firmemente el hecho de que nació del Espíritu Santo.

Cuando el ángel Gabriel le dijo a María que tendría un Hijo que sería llamado Hijo del Altísimo (esto es, de Dios) y al cual Dios le daría el trono de David, ella expresó sorpresa. ¿Cómo podía ser esto? puesto que ella no tenía marido. Pero, Gabriel dijo que el Espíritu Santo vendría sobre ella y que el poder del Altísimo (esto es, de Dios) le haría sombra (la cubriría como una nube) de modo que el Santo Ser que nacería sería llamado Hijo de Dios (Lucas 1:35).

La idea de cubrir con la sombra nos hace recordar la nube de la presencia de Dios que envolvió a Moisés en el Monte Sinaí y que cubrió el Tabernáculo (Éxodo 24:18; 40:34-35). Sugiere también al Espíritu creativo que revoloteaba sobre las aguas de la tierra en el principio (Génesis 1:2). Sin embargo, aun cuando el nacimiento de Jesús fue mediante el Espíritu Santo; no queriendo decir que el Espíritu Santo creo a Jesús. Tal como lo señala Alford, el mundo no fue creado por el Espíritu Santo, sino por Dios mediante el Hijo (Juan 1:3). Así, el acto creativo que hizo posible el nacimiento virginal fue por Dios mediante el Espíritu Santo. Jesús fue y es el Hijo de Dios, en su misma naturaleza, es el Hijo eterno. (Juan 3:16; 8:58; Hebreos 1:2.3), además, su nacimiento fue el resultado de un directo acto creativo sobrenatural del Padre.

La teología correspondiente no se desarrolló sino hasta más tarde. (Véase Romanos 8:3; donde la Biblia dice que Dios envió a Su Hijo en semejanza de carne de pecado, y Gálatas 4:4, que dice que Dios envió a su Hijo, hecho de mujer. Véanse también Romanos 1:3; Hebreos 10:5.) Todo lo que aquí se recalca es el hecho del nacimiento Virginal y el poder sobrenatural que lo hizo posible.

El nacimiento virginal y la intervención directa del Espíritu Santo es una parte importante del evangelio. Fueron buenas noticias las que Dios mismo bajaba una vez más al torrente de la vida humana y a la historia para realizar actos específicos que habrían de impulsar su plan y traer salvación. Los que niegan el nacimiento virginal, o dicen que no es importante, lo único que hacen es manifestarse como opuestos a lo sobrenatural. Por lo general tratan también de desvirtuar los milagros de Jesús, su resurrección y la segunda venida.

El hecho de que Jesús fue concebido milagrosamente en el vientre de María por el poder del Espíritu es probablemente una indicación también de que el Espíritu estaba con Él y que habitaba con El desde ese entonces. Hay y ha habido siempre una perfecta comunión entre los miembros de la Trinidad. Jesús era es en el Padre y el Padre en El (Juan 14:10,20). Por causa de su misma naturaleza, entonces, el Espíritu Santo estuvo en El. Pero esto no quita el hecho de que Jesús haya tenido una experiencia definida con el Espíritu Santo cuando el Espíritu vino sobre El después que fuera bautizado por Juan.

El Poderoso Bautizador

Juan el Bautista vino al mismo lugar que había sido profetizado por Isaías (el desierto), Isaías 40:3; en el hebreo es *Arabah*, que es el nombre del valle junto al Mar Muerto, en la parte más baja del Jordán. Del mismo modo como expresa la voz de la profecía, él hizo un llamado al arrepentimiento y bautizó a los que venían y confesaban sus pecados. Pero él rehusaba bautizar a la gente a menos que se arrepintieran de verdad. Cuando vinieron los saduceos y los fariseos, puesto que él era un profeta lleno del Espíritu, pudo reconocer que no había cambio en la actitud de ellos. El exigió que ellos trajeran fruto o evidencia de su arrepentimiento antes de bautizarles. Ellos se sentían muy satisfechos de sí mismos y seguros por el hecho de que eran hijos de Abraham.

Pero Juan les manifestó que esto no les protegería del juicio venidero. Luego Juan añadió: "Yo a la verdad os bautizo en agua para arrepentimiento; esto es, por causa de arrepentimiento, puesto que él ya había indicado que su bautismo no podía producir arrepentimiento; pero el que viene tras mí, cuyo calzado yo no soy digno de llevar, es más poderoso que yo; él bautizará en Espíritu Santo y (en) fuego" (Mateo 3:11).

Bautizado en el Espíritu Santo y en fuego

Los cuatro Evangelios registran la profecía de Juan, en referencia a que Jesús bautizaría en el Espíritu Santo (Mateo 3:11; Marcos 1:8; Lucas 3:16; Juan 1:33). Mateo y Lucas añaden que bautizaría también en fuego.

El bautismo en el Espíritu Santo es, por cierto, una de las promesas sobre derramar el Espíritu (Joel 2:28; Isaías Ezequiel 36:26; 39:29). Pero Juan añade algo nuevo que no se menciona en el Antiguo Testamento. El Espíritu no tan solamente ha de ser derramado sobre ellos, sino que van a ser sumergidos en Él, saturados con Él. Tal como dice Barclay, si la vida es monótona, inadecuada, fútil, atada a lo terrenal, es debido a que los creyentes han descuidado al Espíritu Santo y han dejado de entrar a la esfera de la vida dominada por el Espíritu; refiriéndose a éste bautismo que tan solamente Cristo tiene poder de dar.

El bautismo en fuego ha sido interpretado de diversas maneras. La mayoría de los críticos que niegan la inspiración y la integridad de la Biblia dicen que Juan profetizó tan solamente un bautismo de fuego, y que la idea de un bautismo en el Espíritu Santo fue añadida posteriormente. Otros dicen lo que Juan quiere dar a entender con el término Espíritu es aliento o viento, y que la proclamación de Juan indicaba un bautismo que traería un aliento de ardiente juicio o que sería semejante a un viento de juicio que limpiaría el piso de la trilla.

Sin embargo, resulta claro que el mensaje de Juan no es tan solamente de juicio. Él ha venido a preparar el camino del Señor. Pero todavía era posible huir de la ira que vendría. Todavía era posible llevar buen fruto. Solamente "quemará la paja en fuego que nunca se apagará" (Mateo 3:7-12). Básicamente, el mensaje de Juan era de buenas nuevas. El reino (gobierno) de Dios estaba a punto de manifestarse. No existe una buena razón para que los críticos tomen la promesa de Juan sólo como un bautismo de juicio.

Los que ven un doble bautismo en el Espíritu Santo y en fuego están también divididos en cuanto a interpretación. Algunos dicen que es un bautismo con dos elementos o aspectos, Espíritu Santo y fuego al mismo tiempo. Otros dicen que es un doble bautismo: en el Espíritu para los justos, y en fuego para los malvados.

Los que sostienen que el bautismo en el Espíritu Santo y en fuego es una obra con dos elementos que actúan al tiempo, atraen la atención al hecho de que la preposición "en" se usa delante de "Espíritu" pero no delante de "fuego". Ellos señalan también que Juan esperaba al que había de venir para que bautizara a la gente a la que él predicaba, tanto en el Espíritu Santo como en fuego. Basados en esto ellos dicen que el Mesías bautiza a todos en la misma experiencia de Espíritu Santo y fuego. Para los que se arrepienten de verdad, será una bendición salvación o santificación. Para los malvados significará juicio. Hay varias dificultades con este punto de vista. Primero, es cierto que cuando una preposición no se repite delante de un segundo nombre esto pone por lo general a los dos nombres en la misma categoría. Pero hay excepciones. Algunas autoridades reconocen que Juan proclamo que el que había de venir traería "no solamente el Espíritu Santo sino también el fuego del juicio divino".

También es cierto que Juan el Bautista se dirigió a la gente como si el juicio fuese a tomar lugar en aquellos días. Obviamente él no veía diferencia alguna entre el bautismo en el Espíritu Santo y el bautismo en fuego. Pero Juan se hallaba todavía en la compañía, de los profetas del Antiguo Testamento, para los cuales el intervalo entre la primera y la segunda venida de Cristo no era conocido. A menudo ellos hablaron de eventos conectados con ambas ocasiones en un mismo pronunciamiento. Sin embargo, hay trazas de que el Mesías debe sufrir primero, antes de reinar.

Primero debe presentar su alma (su ser entero) en ofrenda por el pecado, antes que la voluntad de Jehová sea en su mano prosperada (Isaías 55:10). Zacarías hizo que se colocaran varias coronas la cabeza del sumo sacerdote Josué en un acto simbólico que mostraría que el Mesías debe hacer primeramente su labor sacerdotal antes de reinar como rey en su trono (Zacarías 6:11-13; véanse también Lucas 24:25-26; Filipenses 2:8-11).

Costó para que los propios discípulos de Jesús comprendieran esto. Él les presentó una parábola para mostrarles que había de pasar un largo tiempo antes que volviera a establecer su Reino sobre la tierra (Lucas 19:11-12, "un país lejano"). Sin embargo, antes de su ascensión ellos todavía preguntaron: "Señor, ¿restaurarás el reino a Israel en este tiempo?" Les respondió que a ellos no les correspondía saber los tiempos y las sazones. El Padre mantiene éstas bajo su propia autoridad (Hechos 1:6-7). En otras palabras, no son asunto de su incumbencia. (Hechos 1:8 es lo que debe preocuparnos.)

No es extraño, entonces, que Juan no pueda distinguir entre el tiempo del bautismo en el Espíritu y el bautismo en fuego. Pero Jesús hizo esta distinción con claridad. A los discípulos dijo, precisamente antes de su ascensión: "Juan ciertamente bautizo con (en) agua, más vosotros seréis bautizados con (en) el Espíritu Santo dentro de no muchos días" (Hechos 1:5). De esta maneta él identificó el bautismo en el Espíritu con el derramamiento que se llevó a cabo en Pentecostés. Pero él reconoció que el fuego de juicio estaría en el fin, del mismo modo como Pablo lo reconoce (2 Tesalonicenses 1:8).

El propósito del fuego

El propósito del bautismo en fuego es también un punto de controversia. Muchos que se adhieren a un solo bautismo del Espíritu Santo y fuego, en que el fuego y el Espíritu Santo actúan juntos para afectar a la persona bautizada, consideran que el fuego significa purificación o santificación del creyente. Pero la obra del bautismo en el Espíritu Santo no parece ser primordial mente la santificación. Pablo tiene todavía que decirles a los creyentes que han sido bautizados con el Espíritu que se consideren como muertos al pecado y vivos para Dios. No deben permitir que el pecado reine en sus cuerpos (Romanos 6: 11-12).

Es cierto que por medio del Espíritu vamos a hacer morir las obras del cuerpo para que podamos vivir. Pero esto es un presente continúo en el griego. Debemos mantenernos en la acción de hacer morir las obras perversas del cuerpo y entonces nos mantendremos con vida (Romanos 8:13). También es cierto que estamos muertos y que nuestra vida está escondida con Cristo en Dios (Colosenses 3:3). Pero el mismo hecho de que tengamos esta posición en Cristo significa que tenemos la responsabilidad de hacer morir (mediante una acción definida) los miembros nuestros que están sobre la tierra (esto es, lo que es terrenal en nosotros), lo que Pablo identifica como contaminación de carne y de espíritu (Colosenses 3:5; 2 Corintios 7:1).

Jesús mismo relaciona el bautismo en el Espíritu con poder para servicio más bien que con purificación o santificación (Hechos 1:8). La santificación (dedicación, consagración a Dios y a su voluntad) debe venir a través de actos definidos de autodisciplina y de continua cooperación con el Espíritu Santo a medida que él aplica la Palabra (como veremos más tarde).

Celo quemante

Otros que consideran que el Espíritu y el fuego son una experiencia, identifica el fuego con el celo o entusiasmo, con la iluminación y los dones del Espíritu. Efectivamente, muchos de ellos tienen el fuego en ese sentido. Romanos 12:1 habla de una efervescencia, o de un celo ardiente del Espíritu. Primera de Tesalonicenses 5:19 ordena a la gente que deje de tratar de apagar el fuego del Espíritu. El mismo fuego está implicado en el "denuedo" que les vino como resultado de ser llenos del Espíritu (Hechos 4:31). Este denuedo es una maravillosa confianza gozosa, es libertad, valentía y ardiente celo. ¡Ciertamente, tenemos derecho de pedir a Dios que envíe este fuego!

Sin embargo, la Biblia no habla directamente de un bautismo de fuego para los creyentes. El Evangelio según San Juan, dirigido a los cristianos, menciona solamente el bautismo en el Espíritu Santo (Juan 1:33). En Juan, el agua es el principal símbolo del Espíritu, no el fuego. También cuando Jesús habla a sus discípulos, menciona solamente el bautismo en el Espíritu Santo (Hechos 1:5).

Muchos identifican las lenguas de fuego en el día de Pentecostés con un bautismo de fuego. Lo que cabe notar es que estas lenguas precedieron al bautismo pentecostal, y que no tenían conexión directa con él. Cuando los ciento veinte llenos con el Espíritu Santo, la señal fue el hablar en lenguas, no el fuego (Hechos 2:4). En la casa de Cornelio, el don del Espíritu que los gentiles recibieron, allí es identificado con el Bautismo en el Espíritu Santo. Se le llama el "mismo" (idéntico) don. Pero no hay mención de fuego (Hechos 10:44, 45,47; 11:15-17). También en Hechos se dice que Esteban y Bernabé eran llenos del Espíritu

Santo y de fe, pero nada se dice respecto de fuego (Hechos 6:5; 11:24). En efecto, nada se dice en el libro de Hechos acerca de creyentes que fueran llenos de fuego. La terminología es siempre simplemente de que fueron llenos del Espíritu Santo.

El fuego de juicio

Cuando Jesús habla respecto del fuego, siempre se trata del fuego de juicio o de destrucción, especialmente del infierno (gehenna) de fuego, lo que realmente se refiere al lago de fuego (Mateo 5:22; 18:8-9). La misma cosa resulta cierta por lo general en las epístolas (1 Corintios 3:13; 2 Tesalonicenses 1:8; Hebreos 12:29; 2 Pedro 3:7).

Si volvemos al contexto de la profecía de Juan del bautismo en el Espíritu Santo y fuego, la Biblia muestra que Juan acababa de advertir respecto de la ira venidera (Mateo 3:7). Los versículos que anteceden y que siguen a esta promesa de bautismo hablan de árboles cortados y echados al fuego, y de paja quemada con fuego que no se apaga (fuego que por su misma naturaleza jamás puede apagarse; en otras palabras, el lago de fuego) parecer extraño si el fuego de Mateo 3:10 y 12 significara una y luego, sin mediar explicación, significara algo diferente en versículo 11. Desde tiempos antiguos muchos han interpretado que el bautismo en fuego significa juicio, aun cuando la idea menudo ha suscitado controversia.

Además, debemos tener presente que Juan fue incapaz de la diferencia de tiempo entre el bautismo en el Espíritu el fuego. Esto era lo que probablemente confundía a Juan fue encarcelado. Jesús estaba sanando a los enfermos y perdonando pecados, pero no ejecutaba juicio alguno. Probablemente sería por que Juan envió dos discípulos a preguntar si Jesús era efectivamente el que había de venir, o si era simplemente otro como él. Jesús envió de vuelta a los discípulos de Juan con informe de que Jesús efectivamente hacía las obras que se profetizado respecto del Prometido (Mateo 11:1-6; véanse bien Isaías 29:18-19; 35:5-6; 61:1).

En realidad, Jesús ya había dejado en claro que Él no venía vez para condenar al mundo sino para salvarlo (Juan 3: 17). En Nazaret, cuando leyó de Isaías 61:1, 2, Él cerró el libro antes de llegar al "día de venganza del Dios (Lucas 4:17-19). Cuando se habla de la espada que Jesús vino traer, se refiere a la división que vino a establecer entre los lo aceptaran y los que no lo aceptaran. No se trataba de espada de juicio o destrucción (Mateo 10:34; Lucas 12:51).

El Espíritu en forma de paloma

Al ser bautizado por Juan en el Jordán, Jesús se identificó con la humanidad. Entonces Dios lo proclamó como su Hijo; envió al Espíritu Santo sobre Él en forma de paloma y por medio de una voz del cielo dijo: "Este es mi Hijo amado, en quien tengo complacencia." El nombre "David" significa "amado". De este modo, esto podría indicar al menos de forma velada que Jesús es mayor que David, el Dios de David.

La palabra "amado" está también ligada estrechamente a "unigénito" (es decir, sólo en el sentido de único, uno de esa clase o especie). Hay un paralelo a esto en la relación de Abraham con Isaac. La gran prueba de Abraham Dios le dijo que tomara a Isaac hijo, su único hijo, a quien él amaba y lo ofreciera en (Génesis 22:2). El Nuevo Testamento al referirse a esto llama a Isaac el "unigénito" de Abraham (Hebreos 11: 17).

Los cuatro Evangelios registran este descenso del Espíritu como una paloma (Mateo 3:16-17; Marcos 1:10-11; Lucas 3:21-22: Juan 1:32-34). Lucas añade que el Espíritu Santo descendió en forma corporal de paloma. Es decir, hubo una aparición real y visible que semejaba la forma de una paloma y que pudo ser vista por todos. Mateo y Lucas establecen que el Espíritu como paloma vino sobre Él. Juan dice que permaneció sobre Él. Pero algunos manuscritos antiguos de Marcos y al menos uno de Lucas dicen que el Espíritu como paloma descendió y entró en Él. Esto, por supuesto, es sencillamente otra manera de recalcar el hecho de que el Espíritu no dejo a Jesús luego de haber venido sobre Él.

La frase "en quien tengo complacencia" indica que el descenso del Espíritu fue también una señal visible de la aceptación del Padre y de la aprobación del Hijo en el ministerio que estaba a punto de comenzar. La frase podría traducirse también, "en quien tengo deleite". (Marcos y Lucas muestran que la voz estaba dirigida principalmente a Jesús). Isaías 53:10 dice que "Jehová quiso (le plugo, se deleitó) quebrantarlo", refiriéndose con ello a su muerte de sacrificio (sustitutoria).

Esto puede ser también una razón por la cual el descenso de la paloma en el Evangelio según San Juan es seguido en breve por un reconocimiento de Jesús como el Cordero de Dios que quita el pecado del mundo (Juan 1:35). La paloma para los judíos era algo más que un símbolo de amabilidad y de paz. Era también la ofrenda que los pobres presentaban para sustituir al cordero (Levítico 5:7). Jesús es el Cordero de Dios provisto como un substituto para los pobres, los necesitados, los pecadores de este mundo, lo cual incluye a todos nosotros (Romanos 3:23).

La identificación del Bautizador

Como un añadido a esto, el descenso del Espíritu fue una señal específica para Juan el Bautista de que Jesús sería el que bautizaría en el Espíritu Santo. Juan no sabía esto en el momento en que Jesús vino al Jordán para ser bautizado en agua. De este modo, cuando Juan sugirió que él necesitaba ser bautizado por Jesús, él se refería al bautismo en agua, no en el Espíritu. Juan había conocido el movimiento y la guía del Espíritu durante toda su vida. Mediante el Espíritu y la Palabra desafió a la gente a que se arrepintiera. Mediante el Espíritu advirtió la hipocresía de aquellos que venían para ser vistos pero que no tenían Intención de arrepentirse. Cuando Jesús vino al Jordán, Juan tuvo conciencia de su propia necesidad.

Isaías, confrontado con una visión de la majestad, gloria y santidad de Dios, sintió de repente que él era hombre de labios inmundos (Isaías 6:3-5). Pedro, cuando se vio confrontado con el poder de Jesús en algo que él como pescador sabía que tenía que ser un milagro, comprendió de repente que era un hombre pecador (Lucas 5:8). Pero el que vino para ser bautizado por Juan se había despojado de la gloria que una vez compartió con su Padre (Filipenses 2:6-7). No había halo ni nada especial en lo exterior que le distinguiera de cualquier otro hombre de Nazaret.

Ni había hecho Jesús milagro alguno. Sin embargo, la persona de Jesús fue causa de que este hombre lleno del Espíritu comprendiera que todavía no era perfecto (Mateo 3:14). Necesitaba un bautismo de arrepentimiento, del mismo modo como lo necesitaban los otros que vinieron a él. Después de esto fue que el Espíritu vino sobre Jesús como una paloma. Entonces la atención de Juan fue atraída hacia otro bautismo, el cual él contrasta con el suyo.

Las palabras de Juan 1:31-33 trazan una muy clara línea de demarcación entre el bautismo en agua y el bautismo en el Espíritu. Lucas indica también una clara distinción entre el bautismo por Jesús y el descenso del Espíritu sobre Él. En el griego se lee literalmente: "Jesús, habiendo sido bautizado, y al continuar en oración, los cielos se abrieron, y el Espíritu Santo descendió" (Lucas 3:21-22). Lo que quiere decir que no fue sino hasta después que el bautismo en agua había concluido y cuando Jesús se hallaba orando, que vino el Espíritu. Mateo indica todavía que Jesús salió (subió) del agua (Mateo 3:16). Marcos dice "cuando subía del agua" (Marcos 1:10). De este modo, Jesús se hallaba al menos sobre la orilla, Aquellos que pintan a Jesús del pie todavía en el agua, mientras la paloma viene sobre Él, pasan por alto un punto importante.

Distinto del bautismo en agua

El énfasis de Lucas sobre el hecho de que Jesús continuaba en oración después de salir del agua es importante también. La oración y la alabanza a menudo preceden la venida del Espíritu Santo sobre los creyentes en el Nuevo Testamento (véanse Lucas 24:53; Hechos 1:14; 4:24,31; 8:15; 10:30). Es interesante ver que algunos que reconocen esto en otras circunstancias no quieren ver ningún paralelo entre la experiencia de Jesús y la de los discípulos el día de pentecostés y después.

Es cierto que la venida del Espíritu sobre Jesús fue en cierto modo única. Su experiencia fue más allá que la de cualquiera, antes o después por cuanto Dios no le dio el Espíritu "por medida" (Juan 3:34). La venida del Espíritu sobre Jesús fue también un cumplimiento específico de profecías dadas mucho tiempo antes (Isaías 11:2; 42:1; 61:1). Pero no debemos pasar por alto algunas similaridades. El Espíritu también ha venido sobre nosotros para quedarse (Juan 14:16). Aun cuando Jesús es el Bautizador en el Espíritu, el Espíritu todavía viene a nosotros procedente del Padre (Juan 14:15,26).

Identificado con la humanidad

Debemos tener presente también que el Espíritu Santo vino sobre Jesús después que Él hubo declarado su identificación con la humanidad en el bautismo en agua. Más tarde, cuando Satanás lo tentó para que convirtiera las piedras en pan, rehusó hacerla.

Si lo hubiese hecho, habría roto esa identificación con nosotros. Si hubiese convertido las piedras en pan, entonces habría sido fácil para Él continuar usando su poder divino para evitar el hambre, el dolor o el cansancio. Ni siquiera sus sufrimientos en la cruz hubiesen sido reales. Pero Él tomó su lugar entre nosotros como un hombre verdadero, de tal modo que podía ser tocado por el sentimiento de nuestras debilidades y así estaba en condiciones de simpatizar con nosotros (Hebreos 4:15).

Ciertamente, entonces, no había intención por parte del Padre de romper esa identificación con el hombre cuando Él envió al Espíritu sobre Jesús. Lo que sucedió a Jesús fue necesario, no porque Él fuese Dios, sino por el hecho de que era hombre también. En calidad de hombre debía ministrar en el poder del Espíritu. Como hombre, debía sufrir y morir. Cuando el Padre dijo: "Este es mi Hijo amado", lo que hacía era simplemente reforzar el hecho de que la humanidad de Jesús no menoscaba su deidad. De alguna manera Jesús mantenía dentro de su persona el total complemento de las cualidades humanas como asimismo el total complemento de las cualidades divinas, sin que las unas interfirieran a las otras. Él era el Dios-Hombre pero no en el sentido de ser medio Dios y medio hombre. Era Dios en su plenitud, ciento por ciento Dios. También era plenamente hombre, ciento por ciento hombres.

El Espíritu vino sobre Jesús, el Dios-Hombre, para prepararle para un ministerio entre los hombres como también para identificarle como el Bautizador en el Espíritu Santo. De este modo, aun cuando las experiencias no son exactamente paralelas, es un hecho de que Jesús no comenzó su ministerio terrenal hasta que el Padre envió el Espíritu. De manera similar, Jesús mandó a los discípulos que permanecieran en Jerusalén y que no comenzaran su ministerio antes que viniera el Espíritu Santo (Lucas 24:49 Hechos 1:4).

Jesús Dirigido por el Espíritu

En vista de la plena humanidad de Jesús y de su identificación con nosotros, es digno de notarse que tan pronto como el Espíritu vino sobre Jesús, Él se sometió a la dirección del Espíritu (Mateo 4:1; Lucas 4:1). Primeramente fue llevado por el Espíritu al desierto (es decir, desde el río Jordán hasta las colinas desérticas al occidente) para ser tentado por el diablo. La palabra que usa Marcos es todavía más fuerte. El Espíritu lo condujo (lo dirigió hacia afuera con violencia). Esto no iba a ser una experiencia agradable. Jesús había de sentir la presión de la tentación de la manera en que nosotros la sentimos. Así que una potente oleada de poder del Espíritu lo llevó desde el Jordán hasta aquellas colinas desérticas. Él ya estaba lleno del Espíritu, pero en esta experiencia el Espíritu lo movió, casi lo levantó. Durante cuarenta días el Espíritu siguió guiándolo. Estaba tan lleno del Espíritu que ni siquiera sintió hambre hasta que hubieron pasado los cuarenta días (Mateo 4:2).

En su tentación Jesús no usó su poder divino para derrotar al diablo. Identificándose todavía con nosotros como un Hombre lleno del Espíritu, derrotó a Satanás con los mismos medios que tenemos a nuestra disposición: la Palabra y el ser ungido por el Espíritu. Eva, que fue tentada en exactamente los mismos aspectos los deseos (apetitos) de la carne, el deseo de los ojos, y la vanagloria de la vida, fracasó (Génesis 3:6; 1 Juan 2:16). En esos aspectos, de los cuales Juan dice que en conjunto abarcan las cosas del mundo o de la mundanalidad (1 Juan 2: 15), Jesús obtuvo una victoria completa para nosotros. Él ha vencido de veras al mundo (Juan 16:33). Nosotros podemos hacer lo mismo mediante nuestra fe (1 Juan 5:4).

En esta victoria hay también un paralelo con el llamado y ministerio de algunos de los profetas del Antiguo Testamento. De la manera como el Espíritu llenó a Miqueas para que pudiera advertir en contra del pecado (Miqueas 3:8), así también el Espíritu Santo llenó a Jesús y lo envió de inmediato a la batalla contra el pecado y Satanás. Jesús no fue lleno con el Espíritu sólo hacer milagros, sino para prepararle para que hiciera toda la obra por cuanto fue dado el Espíritu sin medida para hablar las palabras de Dios, y porque el Padre, en su amor por Él, le ha dado todas las cosas (Juan 3:34-35). El único significado que puede tener esto es que en sus manos está el llevar a cabo todo el plan de Dios.

Mateo, Marcos y Lucas pasan por alto el resto del primer año de ministerio de Jesús (que fue mayormente en Judea). Saltan al gran año de popularidad en Galilea. Mateo dice que fue después del arresto de Juan el Bautista que Jesús partió a Galilea. Pero eso no se debía a que Jesús deseara escapar de la suerte que corrió Juan. Jesús estaba en Judea, que estaba bajo el gobernador o procurador romano Pilato. Galilea era el territorio de Herodes. Lucas lo aclara. Jesús todavía era dirigido por el Espíritu. Él fue por el poder el Espíritu a Galilea (Lucas 4: 14).

Juan introduce otro factor. Los fariseos oyeron que Jesús estaba haciendo y bautizando más discípulos que Juan el Bautista. Eso indica que la oposición comenzaba a surgir entre los líderes de la sinagoga de Jerusalén. Era sabio que Jesús se retirara. En realidad, a través de los evangelios vemos que Jesús evita cualquier cosa que pudiera traerle un arresto o la muerte antes del tiempo señalado por Dios. Él habló aun en parábolas, no para aclarar su mensaje, sino para hacerla más oscuro ante sus enemigos. Ellos se endurecerían más, mientras sus discípulos podrían hacer preguntas y aprender la verdad que el propio Jesús les explicara (Mateo 13:10-12; Lucas 8:10). Por esto también, sus enemigos veían frustradas sus esperanzas de arrestarlo. Difícilmente podrían ellos usar sus parábolas como evidencia en un juicio en contra de Él. El Evangelio según San Juan intenta demostrar que la ocasión en que Jesús se retiró a Galilea después del arresto de Juan el Bautista no fue meramente para escapar de la oposición de los fariseos. Aun cuando Juan no lo dice así en este punto, Jesús fue claramente dirigido por el Espíritu. Esto está demostrado por la ruta que eligió para su regreso a Galilea. Los judíos por lo general evitaban la ruta más corta y más directa a través de Samaria y transitaban a través del Valle del Jordán y Perea. Pero Jesús considero que "le era necesario pasar por Samaria" (Juan 4:4). Esto habla de una compulsión interior, de la voz del Espíritu que ponía sobre Él una necesidad divina. Dios había dispuesto de tal manera las cosas que Jesús debía estar en el pozo de Jacob cuando cierta mujer samaritana de mala reputación viniera, para que hallara el agua de vida, y esparciera las buenas nuevas (Juan 4:14-15, 28-29).

Ministerio mediante el Espíritu

Jesús no tan solamente fue dirigido por el Espíritu; su ministerio fue cumplido por medio del Espíritu. En realidad, en Evangelios no se dice mucho respecto de que el Espíritu concediera poder a Jesús para ministrar. Pero fue declarado una vez y ya no había necesidad de una constante repetición. Cuando Jesús regresó en el poder del Espíritu a Galilea, este poder se manifestó primeramente en su enseñanza y luego en el ministerio de sanidad. En Capernaum, antes que se cualquier clase de milagros, la gente quedó impresionada por enseñanzas. La unción del Espíritu sobre su enseñanza les hizo sentir su autoridad, algo que jamás habían sentido durante los años que habían venido escuchando a los escribas (los que reclamaban ser autoridades en el significado de las Escrituras, [...] las nuevas de este ministerio se esparcieron rápidamente).

En Nazaret Jesús leyó de Isaías 61:1-2 y declaró abiertamente esta profecía del Espíritu sobre el Siervo de Dios y sobre su ministerio esto se cumplía en y por medio de Él (Lucas 4:18,21). Más tarde, cuando los fariseos comenzaron a confabularse su contra y a buscar algún medio de destruirle, Jesús se retiró nuevo, pero esto no paralizó su ministerio. Las multitudes le siguieron, y Él sanaba a todos (Mateo 12: 15). La Biblia declara que esto es un cumplimiento dé Isaías 42:14, que profetiza la venida del Espíritu Santo y su permanencia sobre el Siervo Ungido de Dios para traer las misericordias y la victoria de Dios.

Jesús y el Gozo en el Espíritu

Después del regreso de los setenta discípulos a los que ordenó que salieran en Perea, Jesús "se regocijó en el Espíritu (Lucas 10:21). Algunos manuscritos tienen "en espíritu" otros dicen "en el Espíritu". Pero eso no es tan importante en el significado. Sea que Lucas usara la frase "en espíritu" o "en el Espíritu" él se refería al Espíritu Santo, y es evidente que hace lo mismo aquí. (Nótese además que el griego antiguo no hacía distinción entre letras mayúsculas y minúsculas como lo hacemos nosotros.)

Este gozo es otra indicación de la obra continua del Espíritu en la vida y ministerio de Jesús. Nunca leemos que Jesús dijera chistes. Hay un sentido de humor expresado en sus dichos y parábolas. Pero nunca hay frivolidad, ningún humor a expensas de otros. Él estaba muy ocupado con la obra de su Padre. Había una cosecha que necesitaba ser levantada antes que fuera demasiado tarde (Juan 4:32-36). Pero el Espíritu Santo le dio algo mejor lo que el mundo llama felicidad. Le dio gozo, el verdadero gozo que solo aquellos que son dirigidos por el Espíritu Santo conocen.

Esta expresión de gozo fue algo más que una buena sensación.

Él se regocijo por causa de lo que Dios estaba haciendo a través de los setenta. Los sabios y los prudentes (los diestros intérpretes de la ley, los líderes religiosos y principales sacerdotes) miraban con desprecio sobre gente tan humilde con la que Jesús comió. Pero fue a través de ellos que Dios revelo su gracia su poder su salvación. Los nombres de ellos ya estaban inscritos en los cielos (Lucas 10:20). Aún más, todos tendrían que reconocer que lo que los setenta realizaron no lo fue a través de algún poder, autoridad, o posición oficial que fuese de ellos. El poder tenía que ser de Dios.

A través de toda la vida de Jesús hay una subyacente nota de aun cuando encara la cruz (Hebreos 12:2). Parte de esto fue una anticipación del futuro, pero gran parte se debió a la vida que Él vivió en el Espíritu. Por medio del Espíritu supo lo que eran la paz y el gozo. Por medio del Espíritu Él lo imparte también a nosotros (Juan 14:27; 15:11; Gálatas 5:22).

La blasfemia contra el Espíritu Santo

Los pasajes que tratan con el pecado contra el Espíritu Santo nos dan todavía una mayor evidencia de parte de Jesús mismo de que su ministerio se cumplió mediante el poder del Espíritu (Mateo 12:24-32; Marcos 3:22-30; Lucas 11:15-20; 12:10).

Desde el comienzo del ministerio de Jesús, lo que llamó la atención de la gente y les llenó de asombro fue el hecho de que Él expulsara los demonios (Marcos 1:27.28). Una persona ciega y muda, fue traída a Jesús y ella sanó (Mateo 12:22). Cuando la gente atónita decía: "¿Será éste aquel Hijo de David?" los fariseos se confundieron. En forma muy despectiva ellos dijeron que este tipo Jesús, echaba fuera los demonios mediante el poder de Beelzebú (Satanás). El príncipe de los demonios.

En primer lugar Jesús señaló la necedad de su declaración. Un reino dividido contra sí mismo (desunido) es asolado. Una ciudad o casa dividida o desunida no permanecerá. Si Satanás echa fuera a Satanás es porque está desunido y trabaja contra sí mismo, ¿cómo puede entonces su reino prevalecer? Aún más, si Jesús echaba fuera los demonios por Beelzebú, era lógico pensar que los fariseos, cuando echaban fuera un demonio tendrían que hacerlo de la misma manera. Pero si Jesús echaba fuera los demonios mediante el poder del Espíritu de Dios, entonces el reino (gobierno real y poder) de Dios "ha llegado a vosotros". Es decir, el Reino se halla actualmente en operación en favor de ustedes (Mateo 12:28).

Marcos añade que estos fariseos no eran galileos locales, sino escribas (expertos en la ley de Moisés), enviados desde Jerusalén para vigilar a Jesús y tenderle un lazo y desacreditarlo. Lucas usa una expresión diferente, sustituye "el dedo de Dios" en lugar del Espíritu de Dios. Esto es similar a las referencias del Antiguo Testamento, que usaban la mano de Dios para expresar el poder de Dios. Indudablemente, Jesús usó ambas expresiones para representar el poder del Espíritu también.

La acusación de que Jesús echaba fuera los demonios por el poder de Satanás era demasiado seria como para explicarla sencilla mente de esta manera y dejarla sin más. La gente necesitaba estar prevenida de otro modo escucharían a estos escribas y los fariseos perderían su propia esperanza de salvación eterna. También Jesús aclaró que ellos no podían permanecer sencillamente neutrales." El que no es conmigo contra mí es; y el que conmigo no recoge, desparrama" (Mateo 12:30).

Una severa advertencia

La advertencia sobre la blasfemia contra el Espíritu Santo no es difícil de interpretar ya que es una sentencia dictada en un contexto histórico y en una realidad circunstancial. Esto significa que para poder blasfemar de esta manera era necesario haber estado allí en ese momento, lo que hace a ese pecado imposible de repetirse. Mateo dice: "Todo pecado y blasfemia: (lenguaje hiriente, calumnia) será perdonado a los hombres; más; la blasfemia contra el Espíritu no les será perdonada. A cualquiera que dijere alguna palabra (que haga alguna declaración blasfema) contra el Hijo del Hombre, le será perdonado; pero al que: hable contra el Espíritu Santo, no le será perdonado, ni en este; siglo (época) ni en el venidero." A continuación de esto viene una exhortación para hacer su decisión entre Jesús y los fariseos, los cuales procuraban hacer que la gente se apartara de él. "O haced el árbol bueno y su fruto bueno, o haced el árbol malo, y su fruto malo."

Marcos 5:29 recalca la misma cosa de un modo ligeramente diferente. "Cualquiera que blasfeme contra el Espíritu Santo, no tiene jamás perdón, sino que es reo de juicio eterno", "Reo de" puede significar merecedor de, culpable de, o involucrado en. También, muchos manuscritos antiguos dicen "eterno pecado" en lugar de juicio eterno. De esta manera, es posible leer que aquellos que blasfeman contra el Espíritu bien son culpables de o están involucrados en un pecado eterno. Marcos atrae luego la atención a la razón que tenía Jesús para hacer esta advertencia.

Sus enemigos decían que Él tenía un espíritu inmundo, impuro, depravado perverso a veces no presenta esta advertencia inmediatamente después de lo que dijeron los fariseos. Sin embargo, él muestra que Jesús repitió la advertencia después de decir: "Todo aquel que me confesare (reconocimiento público) delante de los hombres, también el Hijo del Hombre le confesará delante de los ángeles de Dios, más el que me negaré (repudie, desconozca) delante de los hombres, será negado delante de los ángeles de Dios" (Lucas 12:8-9). Este es un tema que se halla con frecuencia en el Nuevo Testamento (Juan 9:22; 12:42-43; Romanos 10:9-10; 2 Timoteo 2:12; 1 Juan 4:2, 15; 2 Juan 7). Luego Jesús añadió: "A todo aquel que dijere alguna palabra contra el Hijo del Hombre, le será perdonado; pero al que blasfemare contra el Espíritu Santo, no le será perdonado" (Lucas 12:10).

Una diferencia importante

Todos estos pasajes hacen una clara distinción entre la persona de Jesús y la persona del Espíritu Santo. Ellos distinguen también entre las declaraciones blasfemas contra Jesús como el Hijo del Hombre y contra el Espíritu Santo. La mayoría de los comentaristas considera que la blasfemia contra el Hijo del Hombre es una falla en reconocer al humilde Jesús como Aquel que cumplió las gloriosas profecías del Mesías venidero.

Después de la sanidad del cojo en la puerta Hermosa del templo, Pedro recordó a las multitudes que en la presencia de Pilato negaron "al Santo y al Justo", y pidieron a un homicida, y mataron "al Autor de la vida, a quien Dios ha resucitado de los muertos". Pero Pedro añade que él sabía que ellos lo hicieron por ignorancia, igual que sus gobernantes. Por tanto, el arrepentimiento estaba a disposición de ellos (Hechos 3:13-19). El pecado de ellos había sido enorme, pero no era imperdonable. También Pablo lamentaba haber sido en otro tiempo blasfemo, perseguidor e injuriador (insolente, arrogante, avergonzando, maltratando e insultando a los cristianos), y reconoció que obtuvo misericordia porque lo hizo en ignorancia e incredulidad (1 Timoteo 1:13). De este modo, aun cuando en un sentido él no solamente blasfemó a Cristo sino que también blasfemó la obra del Espíritu en y por medio de la Iglesia, no cometió sin embargo un pecado imperdonable.

La blasfemia contra el Espíritu Santo se distingue entonces de las cosas dichas contra Jesús o contra su Cuerpo la Iglesia, cuando estas declaraciones provienen de una incredulidad que tiene Su base en la ignorancia. Es decir, las cosas que la gente dice por el hecho de que han sido enseñados erróneamente pueden ser perdonadas si es que hay un arrepentimiento previo.

Un rechazo total

Claramente, la blasfemia contra el Espíritu es algo intencional e involucra un pecado contra el conocimiento. Mateo lo presenta como que es el atribuir intencionadamente las obras de Jesús al poder de Satanás. Estas obras eran el testimonio del Espíritu de que Jesús era el Mesías y el Salvador. Los fariseos que conocían las Escrituras, fueron reacios para reconocer la salvación que viene tan solamente mediante Jesús. "Porque no hay otro nombre bajo el cielo, dado a los hombres en que podamos ser salvos" (Hechos 4: 12). El rechazo total de la obra del Espíritu para llevarnos a Jesús cierra de esta manera la puerta a la salvación en esta época. Y en la época venidera no habrá otra oportunidad. Después de la muerte nada le queda al incrédulo sino el juicio (Hebreos 9:27). Es cosa de ahora o nunca.

Marcos relaciona la blasfemia contra el Espíritu con aquella otra blasfemia que decía que Jesús tenía un espíritu inmundo. En otras palabras, lo que ellos decían era que el Espíritu Santo que estaba en Él era un espíritu malo. De este modo ellos rehusaban reconocer que el Espíritu que le fue dado después de su bautismo era de Dios. Repudiaban también el testimonio que el Padre diera respecto de su Hijo. Igual como en Mateo, tratar al Espíritu Santo como un espíritu malo era resistir sus influencias tendientes a conducirnos a la salvación. Denominarlo dañino o impuro es privarnos de toda esperanza de salvación.

Cuando Lucas considera que la blasfemia contra el Espíritu es paralela al rechazo y repudio total de Jesús ante los hombres, también indica que la blasfemia contra el Espíritu es algo intencionado. En efecto es un rechazo final del testimonio del Espíritu respecto de Jesús, testimonio que nos impulsa a confesar a Cristo como Salvador y Señor. De este modo, el único resultado puede ser una negación por parte de Cristo en el juicio sin que se nos dé otra oportunidad de perdón.

La traducción posible de Marcos 3:29 como "implicado en un pecado eterno" hace que algunos lo interpreten como que la blasfemia contra el Espíritu es imperdonable sólo durante el tiempo en que la persona se halla involucrada en ella. Es decir solo mientras resista el testimonio que el Espíritu da de Jesús como Señor y Salvador es que no hay posibilidad de que sea salva.

Aquellos que estaban implicados en este pecado en el pasaje eran tos fariseos. Más tarde leemos de un grupo de fariseos que creyeron (Hechos 15:5). Pero no todos los fariseos repudiaron a Jesús durante su ministerio (Nicodemo es un ejemplo; Juan 3:1). Otros, como Pablo, se le opusieron solamente por causa de su ignorancia. Debiera reconocerse, todavía más, que esta blasfemia contra el Espíritu no fue algo que se dijo en un momento de ira, de desánimo, o aun de rebeldía. Ni tampoco fue algo que surgió de la incredulidad resultante de una enseñanza errónea o de una mala comprensión de la Biblia. Se trataba del rechazo intencionado con el Espíritu Santo como algo maligno y que provenía del infierno. Detrás de ello había también una determinación firme de hacer que otros se apartaran de Jesús.

Una vez que una persona se endurece hasta tal punto es semejante a aquellos porfiados rebeldes de los tiempos del Antiguo Testamento que llamaban a lo malo bueno y a lo bueno malo, que ponían tinieblas por luz y luz por tinieblas (Isaías 5:20). Estos han perdido todo poder para distinguir lo malo de lo bueno. En realidad, aborrecen el bien y aman el mal (Miqueas 3:2). Como dijo Jesús, prefieren las tinieblas a la luz por cuanto sus obras son malas (Juan 3:19-20). De este modo, le cierran la puerta a Dios y al mensaje de salvación.

Una declaración de Jesús de que "si yo por el Espíritu de Dios echo fuera los demonios, ciertamente ha llegado a vosotros el reino de Dios" (Mateo 12:28) añade otro aspecto a la seriedad de la blasfemia contra el Espíritu. Al atribuir la obra del Espíritu en y por medio de Jesús a Satanás, ellos en realidad rechazaban la totalidad del prometido gobierno y reino de Dios, el cual decían esperar. Este ya estaba en operación, por cuanto el Rey se hallaba en medio de ellos. Pero ellos se ponían en oposición al reino o gobierno de Dios y de este modo, fuera de la bendición y salvación prometidas.

Del mismo modo como los principales sacerdotes y fariseos del Sanedrín que tramaron la muerte de Cristo, no deseaban que Dios trajera cambios de ninguna clase. Estaban satisfechos con el status (Juan 11:47-48). En vista de esto, una de las razones por las que no tendrían perdón en este siglo es que no lo solicitarían jamás. Esto podría tener aplicación en la actualidad donde los hombres rechazan totalmente la demostración del gobierno de Cristo que opera mediante el Espíritu en y por medio de la Iglesia.

Se ponen así mismos en la categoría a la cual pertenecían estos fariseos. En este sentido, la blasfemia contra el Espíritu Santo involucraría una apostasía total (Véase Hebreos 6:4-6, 8; 10:26-31).Debemos tener presente, sin embargo, que Mateo, Marcos y Lucas indican que este pecado es una blasfemia directa contra el Espíritu en circunstancias que obra a través de Jesús. Aún más, sólo Dios sabe si en un caso particular esto proviene de un acto intencionado o de ignorancia. Hemos conocido, por ejemplo, a algunos que han atribuido la experiencia pentecostal al diablo. Más tarde, el Señor ha abierto sus corazones y sus mentes y han sido bautizados en el Espíritu y han descubierto la edificación del don de lenguas. Amen.

El Espíritu en la enseñanza de Jesús

Jesús impartió muy poca enseñanza acerca del Espíritu Santo a las multitudes. La mayor parte de la misma fue dada en privado a sus discípulos, especialmente durante las horas que antecedieron a su ida a Getsemaní, según está registrado en el Evangelio según San Juan. Los otros Evangelios tienen, sin embargo, algunas declaraciones muy significativas.

Tal como ya hemos visto, Jesús reconoció que los escritores del Antiguo Testamento tenían inspiración del Espíritu (Marcos 12:56; Mateo 15:11; Lucas 20:42) como asimismo la obra del Espíritu en relación con el Mesías. Pero Él dio enseñanza específica a sus discípulos en estos Evangelios respecto de cuatro cosas relacionadas con el Espíritu. La primera es el reconocimiento de que el Espíritu era un don de Dios, la llave a todo cuanto Dios tiene para nosotros (Mateo 7:7-11; Lucas 11:9-13). La segunda es que prometió que el Espíritu estaría con sus discípulos para ayudarles en el ministerio y para ungirlos aun en medio de la persecución (Mateo 10: 16-20; Marcos 13:9-11; Lucas 12: 11, 12; 21:12-15). La tercera es que les ordenó bautizar a los creyentes en el nombre del Padre, del Hijo y del Espíritu Santo (Mateo 28:19). Cuarto, les ordenó que esperaran en Jerusalén hasta que fuesen revestidos con poder desde lo alto (Lucas 24:49), el poder del Espíritu que los constituiría en testigos (Hechos 1:8). Añadido a esto hay referencias a cosas tales como el aceite en las lámparas de las vírgenes (Mateo 25:3-4, 8), lo que por lo general se interpreta como un tipo del Espíritu Santo que está presente activamente en el corazón del creyente.

El Dador de buenas dádivas

El pasaje de Lucas 11:13. Que dice: "Pues si vosotros, siendo malos (obradores de mal, gente débil que no tiene siempre la mejores intenciones), sabéis dar buenas dádivas a vuestros hijos ¿cuánto más vuestro Padre celestial dará el Espíritu a los que solo pidan?" es el clímax para la enseñanza de Jesús respecto de la oración. Los discípulos vinieron pidiéndole que los enseñara a orar. Él les dio la oración del Padre nuestro (en realidad, la oración de los discípulos, un modelo de oración que les muestra cosas por las cuales ellos debían unirse juntos en oración). Entonces para evitar que ellos hicieran de esto una mera forma o ceremonia, Él les dio una parábola para mostrarles que nuestras oraciones deben incluir necesidades verdaderas y que debemos venir a Dios con fe persistente. Para dar mayor énfasis a esto, Jesús dijo claramente: "Pedid (petición constante), y se os dará; buscad (búsqueda permanente), y hallaréis; llamad (llamado persistente), y se os abrirá. Porque todo aquel que pide (que pide de manera permanente que "es un pedigüeño"), recibe (recibe permanentemente); y el que busca (con búsqueda permanente, que es un buscador), halla; y al que llama (cuya práctica constante es llamar a las puertas), se le abrirá." No hay nada de malo en llevar todas nuestras necesidades al Señor. Ni hay nada de malo en llevar la misma necesidad al Señor una y otra vez. La demostración de una fe persistente no está en pedir una vez y dejar de hacerlo, sino en continuar pidiendo por medio de acciones de gracias.

A continuación, Jesús hizo varias comparaciones para demostrar que podemos acudir con libertad y con audacia. No debemos tener temor de presentar a Dios nuestras necesidades, cualquier padre terreno no daría una piedra al hijo que le pidiera pan, ni una serpiente ponzoñosa si se le pide un pescado, o un escorpión si se le pide un huevo. Si los padres terrenos, que están tan lejos de ser tan buenos como Dios, saben dar buenas dádivas, entonces es seguro que no tenemos que tener temor de pedir al Padre la mejor de todas las dádivas, el don del Espíritu Santo. Aún más, podemos confiar en que Él dará el Espíritu. Si persistentemente le pedimos. Él nos dará lo que le pidamos, no algo malo, ni algo inferior a lo mejor, sino el Espíritu Santo mismo.

Según Mateo 7: 11, en lugar de mencionar al Espíritu Santo, sigue la misma línea de razonamiento y en seguida registra que Jesús, dijo: "¿Cuánto más vuestro Padre que está en los cielos da buenas cosas a los que le pidan?" Jesús en su comparación incluyo, El Dador de buenas dádivas.

La petición del don del Espíritu

Algunos escritores de la actualidad dicen que no necesitamos pedir el Espíritu puesto que el Espíritu Santo ya mora en todos los creyentes verdaderamente nacidos de nuevo. Ellos consideran esta promesa del don del Espíritu como ya cumplida. Otros reconocen que debemos continuar pidiendo, y que cuando oramos, si creemos (con una creencia que persiste) que recibiremos las buenas cosas de Dios que estamos pidiendo, las recibiremos (Marcos 11:24). No puede negarse que los ciento veinte oraron (Lucas 24:53: Hechos 1:14), o que Pedro oró para que otros recibieran el Espíritu Santo (Hechos 8:15). Sin embargo, todo cuanto necesitamos hacer ahora es seguir el ejemplo de los gálatas y aceptar por fe (Gálatas 3:13-14).

Sin embargo, en general, la fe de los gálatas en la práctica fuese pasiva, aunque se les enseño lo de la promesa. No hay manera alguna de probar que ellos pidieron al oír la promesa. Después de Pentecostés, Pedro dijo al Sanedrín: "Y nosotros somos testigos de estas cosas (especialmente de la resurrección); y también el Espíritu Santo, el cual ha dado Dios a los que le obedecen" (Hechos 5:32). Lo más probable es que su obediencia incluía el pedir en fe.

Hay también un sentido en el cual debemos continuar pidiendo el Espíritu para mantenemos llenos de su presencia y poder.

Dios da algunas bendiciones, como el sol y la lluvia, sobre los buenos y los malos sin discriminación (Mateo 5:45), pero los dones del Espíritu precisan de un deseo más ardiente que viene de un corazón preparado (1 Corintios 12:31; 14:4). ¡Cuánto muy cierto es esto respecto del Espíritu Santo mismo! Nuestro deseo de Dios, nuestra hambre de Él, el clamor de nuestro corazón para llegar a conocer mejor a Cristo, debieran ser la base de toda oración nuestra (Salmo 42:1; Filipenses 3:10).

Debe tenerse en cuenta de que aun cuando la oración por el don del Espíritu está dirigida principalmente al Padre, Jesús como Bautizador en el Espíritu también toma parte en la concesión de este don. Aun cuando el Antiguo Testamento indica que es el Padre el que derrama el Espíritu, no sólo sobre los hombres sino también sobre el Mesías, el Nuevo Testamento muestra que de las razones por las cuales el Mesías fue lleno era para señalarle como participante en la dación del Espíritu (Juan 1:33).

Lucas indica también que Jesús participa en la concesión de plenitudes especiales para necesidades especiales (compare Lucas 12:11-12 con Hechos 4:8, donde el griego indica que Pedro fue lleno de nuevo, y de manera especial del Espíritu Santo para enfrentarse al Sanedrín. Fíjese luego en Lucas 21:15, donde Jesús promete que Él mismo dará palabra y sabiduría bajo las mismas circunstancias. De esta manera, podemos considerar que Jesús hace esto por medio de llenarnos con el Espíritu). Por consiguiente, oramos al Padre y al Hijo por el Espíritu. Por otra parte, nada en la Biblia nos prohíbe dirigir oraciones al Espíritu. Somos enriquecidos por aquellos himnos que le invocan para que venga y caiga sobre nosotros una vez más y nos llene de nuevo.

Enviados con el Espíritu

Cuando Jesús envió a sus discípulos, no les prometió que tendrían una tarea fácil. Les advirtió que no podrían esperar que todos recibieran bien el evangelio, aun cuando éste se predicase con mucho poder. Esto no era pesimismo, sino realismo. El ministerio de ellos no había de ser una expresión de optimismo; superficial sino basado en las promesas de Dios; promesas que garantizaban la victoria a pesar de y en medio de persistente oposición las puertas del infierno no prevalecerán contra la Iglesia, la que incluye a todos los verdaderos creyentes, todos los que pertenecen a Jesús (Mateo 16:18). Sin embargo, la Iglesia (es decir, el pueblo de Dios) tendrá que encarar el poder del infierno y tener seguridad de que están vestidos con la armadura (Efesios 6:11-18). Tampoco podemos esperar que la oposición disminuya a medida que se aproxima el fin de esta época, porque "en los postreros días vendrán tiempos peligrosos" (2 Timoteo 3:1).

Tanto las advertencias como las expresiones de ánimo que Jesús habló a sus discípulos son especialmente apropiadas en la actualidad. Él les envío (después de Pentecostés) como ovejas entendió de lobos (Mateo 10:16). Pero ellos tenían la seguridad de que Jesús era el que les enviaba, de modo que podían esperar que Él estuviese con ellos (Juan 15:16; 16:2; Mateo 28:20).

Cuando salieran iban a necesitar toda la sabiduría y toda la gracia que pudiesen demostrar (Mateo 10: 16). Aun así, los hombres los arrestarían y los llevarían ante concilios religiosos (tales como el Sanedrín) y los azotarían en sus sinagogas. Pero el resultado no sería la derrota. Aun cuando fuesen llevados ante gobernadores y reyes por causa de Jesús, el resultado sería un testimonio para ellos (antes que resultarles en su contra) y para los gentiles.

La manera en que sus arrestos y enjuiciamientos habrían de resultar en oportunidades para testimonio era por obediencia a Mateo 10:19. Cuando los creyentes son apresados por causa de su fidelidad en difundir las buenas nuevas acerca de Jesús, no deben preocuparse o afanarse respecto de lo que habrán de decir o de cómo decirlo, En el momento en que sea necesario, les será dado lo que hayan de decir. "Porque no sois vosotros los que habláis, sino el Espíritu de vuestro Padre que habla en vosotros" (Mateo 10:20). Es decir, serán llenos del Espíritu, quien les dará sabiduría y las palabras para que presenten un testimonio que glorifique a Jesús.

Jesús repitió esta advertencia en el Monte de los Olivos después que los discípulos le preguntaron respecto de las señales del fin. Les advirtió primero que una excesiva atención a las señales podría engañarlos: en primer lugar porque vendrían muchos engañadores (Marcos 13:5-6), y en segundo lugar porque la característica de la época serían las guerras y rumores de guerras.

La gente estaría alarmada, pensando que el fin estaba cerca, cuando en verdad debieran estar sencillamente más preocupados de difundir el evangelio (Marcos 3:8). Durante el curso de esta época también, como Jesús dijo anteriormente, ellos serían llevados ante los gobernantes por causa de Jesús, con el fin de que pudieran testificarles. Esto sede una parte importante de la difusión del evangelio, a todas las naciones (Marcos 13:10). Una vez más Jesús advirtió a sus discípulos de que no se afligiera antes de tiempo, sino que esperaran que el Espíritu Santo les diera lo que debían decir cuando llegara la oportunidad hablar.

Lucas 12:11-12 es un paralelo a Mateo 10:7,20, con el pensamiento añadido de que el Espíritu Santo les enseñaría concerniente a lo que fuera necesario decir. Lucas 21:12-15 paralelo a Marcos 13:9-11, con el añadido de que debían mantenerse en sus corazones listos para hacer su defensa de Jesús, mediante el Espíritu, quien les daría palabras y sabiduría con las cuales sus adversarios no podrían contradecir ni resistir.

Esto comenzó a cumplirse casi inmediatamente después de Pentecostés. Cuando la sanidad del cojo presentó a la multitud en el templo (Hechos 3), los líderes los apresaron a Pedro y a Juan y los pusieron en una cárcel durante toda la noche. Esto era una prueba. ¿Fueron afligidos durante toda la noche respecto de lo que iban a recordar, las palabras de Jesús, o dormirían tranquilos? Al día siguiente, al enfrentarse a las autoridades, Pedro no tenía una respuesta preparada. En cambio, en cumplimiento de la promesa de Jesús, el Espíritu Santo lo llenó mente (según lo indica el idioma griego) y le dio las palabras había de decir. Como resultado, en lugar de defenderse, (lo que probablemente habría hecho si se hubiese afligido por ello), dio testimonio de Jesús, de su resurrección, y de la salvación que a ser nuestra sólo a través de Él. Con valentía, Pedro dio un claro, fácil y desembarazado discurso, al presentar la verdad a los miembros del Sanedrín. Y puesto que tenían allí ellos al hombre que había sido sanado, nada podían decir contra él (no podían contradecir nada; la misma palabra usada Lucas 21:15). Nótese también que el Espíritu dio solamente lo que era necesario decir (Lucas 12:12). Si ellos hubiesen preparado su propia defensa, probablemente hubiesen dicho demasiado.

Esto nos muestra también que el Espíritu está más inclinado en lo concerniente a la difusión del evangelio que en la vida de quienes lo difunden. La proclamación del evangelio en poder y en la sabiduría del Espíritu todavía hará que la gente se vea envuelta en situaciones de peligro. Esteban, lleno del Santo, dio el testimonio de Jesús que se necesitaba en ese momento. Por causa de que el Sanedrín no pudo resistirlo, se enfurecieron y lo mataron (Hechos 9:54-55, 57); también, después de muchas oportunidades maravillosas de testificar ante gobernantes y reyes, Pablo derramó finalmente su sangre bajo la espada de un romano (2 Timoteo 4:16). Pablo no buscó el martirio, por cuanto él a menudo se escapaba cuando se levantaba la persecución. Sin embargo, los martirios como el suyo continuaron, no sólo en los primeros siglos, sino a través de toda la historia de la Iglesia. En multitud de casos las palabras de Jesús han resultado ciertas. Los avivamientos han llegado aún a las prisiones. Los carceleros se han convertido. Los que murieron por su fe siempre han inspirado a una gran cantidad de otras personas.

Enviados con poder

La Gran Comisión, según está registrada en el Evangelio según Mateo, recalca la autoridad de Jesús. "Toda potestad me es dada en el cielo y en la tierra" (Mateo 28:18). Mediante esta autoridad Jesús les prometió poder (gran poder); el que llegaron a poseer a través del Espíritu Santo (Hechos 1:8). El propósito principal del poder es enseñar (hacer discípulos, verdaderos estudiantes ansiosos de aprender más acerca de Jesús y de la Palabra). El énfasis no está en ir. "Por tanto, id" resulta mejor traducido "habiendo ido, entonces". El Señor considera que ellos irán. Él se preocuparía de que eso sucediera, utilizando la persecución y otros medios. Pero el mandato es que dondequiera que se encuentren, deben hacer discípulos.

Ni siquiera el mandato es que bauticen. Más bien, a la medida en que obedezcan el mandato de enseñar o hacer discípulos, les habrá de bautizar en el nombre del Padre, y del Hijo, y del Espíritu Santo.

La palabra nombre es singular aquí porque significa un nombre o título para cada uno. La repetición de la frase "y del" también deja en claro que cada uno es respetado como una Persona distinta dentro del único Dios. Esto, por supuesto, se refiere al bautismo en agua. Los discípulos realizaron todos los bautismos en agua durante el ministerio de Jesús (Juan 4:2).

Él es Bautizador en el Espíritu. De este modo, la Iglesia primitiva cómo un todo reconoció que no se requerían cualidades especiales para bautizar en agua. Cualquier creyente podría hacerlo (1 Corintios 1:14-17). No prestó mucha atención al bautizar aquí. De manera se enfatiza que el hacer discípulos era lo principal; enseñarles a guardar todo lo que Él les había enseñado ciertamente enfatizaría el mandamiento de amar (Juan 15:2, 17). Entonces Él estaría con ellos - y con nosotros - hasta el fin de esta dispensación, en esto, el evangelio de Marcos es similar al de Mateo. De nuevo se enfatiza la idea de ir. El mandamiento es que dondequiera que ellos estén deben predicar (proclamar públicamente) el evangelio a toda criatura (Marcos 16:15). Aquellos que creen y son bautizados serán salvos (no meramente convertidos sino recibiendo finalmente su eterna salvación, su herencia por medio de Cristo). Los incrédulos serán condenados (a juicio eterno). Por eso Marcos no está haciendo del bautismo un medio de recibir la gracia de la salvación. Eso iría en contra de Romanos 10:9-10; Efesios 2:8-9, 13. El bautismo es simplemente una parte de la obediencia a Cristo que da testimonio a Él. Como Pedro lo señala, el bautismo en agua no nos salva más que el agua del diluvio salvó a Noé. Pero, el hecho de que Noé pasó por el diluvio era un testimonio a la fe; que creyó en Dios antes del diluvio. Así que el agua del bautismo no nos lava de ninguna de las inmundicias de la carne. Somos lavados en la sangre de Cristo (Apocalipsis 1:5; 7: 14) y por el agua (en) la Palabra (Efesios 5:26). De este modo, el agua del bautismo es la respuesta o testimonio de una buena conciencia; que ha sido ya limpiada antes del bautismo (1 Pedro 3:20-21).

Estas señales seguirán

Marcos dice: "Estas señales seguirán a los que creen: En mi nombre (mediante mi autoridad) echarán fuera demonios; hablarán nuevas lenguas; tomarán en las manos serpientes, y si bebieren cosa mortífera, no les hará daño; sobre los enfermos pondrán sus manos, y sanarán." Luego, después de la ascensión de Jesús, una vez que ellos salieron y predicaron en todo lugar, el Señor obraba con ellos. Confirmando la Palabra con señales (milagrosas) que le seguían (tal como Él había prometido). Desafortunadamente, algunos han malinterpretado la frase "tomarán en las manos serpientes" como si fuese una orden de tomar serpientes venenosas para demostrar su fe. La frase no es un mandato sino una sencilla declaración de hecho. Luego, aunque, "tomarán" es uno de los significados de la palabra griega, no es el único significado. Otros significados legítimos son: quitar remover, hacer a un lado, conquistar; todos ellos sin que se sugiera la idea de levantar o alzar (véase Mateo 24:39), en que se usa respecto del diluvio que barrió con todo; Juan 10: 18, donde se la usa respecto de quitar la vida; Juan 11:48, de conquistar una ciudad; y Colosenses 2:14, donde se habla de quitar de en medio el acta de los decretos. Sin duda los primeros cristianos no practicaban el tomar serpientes. Cuando Pablo cogió una por accidente, la sacudió en el fuego (Hechos 28:5). Aún más importante, todo el pasaje en Marcos 16 indica victoria sobre las obras del diablo, y la serpiente era un símbolo del mal y de Satanás (Apocalipsis 12:9; 20:2).

El hablar en lenguas y el quitar del camino las "serpientes" de Satanás son actividades normales de los creyentes. Por otra parte, la frase siguiente tiene un "si" que indica que el beber veneno es considerado muy poco probable. No obstante, Dios protegerá a los creyentes que lo hacen sin intención mientras se hallan propagando el evangelio. No se pretende que alguna de estas cosas sea un medio de probar o demostrar nuestra fe, ni siquiera el hablar en lenguas. Son sencillamente señales que seguirán a los que crean lo suficiente como para obedecer el mandato de predicar el evangelio a toda criatura, tal como lo indica Marcos 16:20, no se nos pasa por alto el hecho de que los críticos modernos arrojan duda sobre los últimos doce versículos de Marcos.

Existe evidencia, sin embargo, de que son muy antiguos y no hay razón por la que Marcos mismo no los hubiera escrito. En todo caso, cuanto dicen estos versículos se halla en concordancia con el resto del Nuevo Testamento.

El relato que hace Lucas de la Gran Comisión demanda que las buenas nuevas de arrepentimiento y perdón de pecados sean proclamadas entre todas las naciones (Lucas 24:47). Jesús establece que esto debiera iniciarse en Jerusalén. Pero primeramente Él enviará la promesa del Padre (el Espíritu Santo) sobre ellos. En consecuencia ellos deben esperar en Jerusalén hasta que sean investidos de poder. Esto tiene un más amplio desarrollo en el segundo volumen de los escritos de Lucas, el libro de Hechos.

Nacido del Espíritu

El Evangelio según San Juan proporciona más enseñanza acerca del Espíritu y de su obra que los otros tres Evangelios. El mayor énfasis se halla en Juan 14 al 16 que habla del Espíritu como el Consolador (Paracleto) y el Espíritu de verdad. Pero las enseñanzas primeras son básicas. Cuando Nicodemo vino de noche, Jesús fue directamente al corazón de su necesidad al decirle: "El que no naciere de nuevo (de arriba, el griego significa tanto nuevo como de arriba), no puede ver el reino de Dios" (Juan 3:3), Jesús explicó todavía más este nuevo nacimiento como "nacido de agua y del Espíritu" (3:5) y mediante la doble repetición de la frase "nacido del Espíritu" (3:6-8).

El énfasis se halla claramente en la obra del Espíritu al traer nueva vida al creyente; vida de arriba, vida del cielo, de Dios. La frase "nacido de agua y del Espíritu" es difícil de interpretar. Hay cuatro puntos de vista corrientes del significado del mismo. Algunos lo consideran como el bautismo en agua. Otros lo como el agua del nacimiento natural, otros de la Palabra, y aun otros del Espíritu mismo.

Las iglesias que declaran que la vida espiritual viene a de los sacramentos, universalmente consideran que el agua es agua del bautismo. Algunos consideran que el agua del bautismo representa la muerte, y que el agua que recibe el cuerpo es comparable al modo como lo recibiría la tumba. De ese modo el agua da muerte y el Espíritu Santo da vida nueva. Otros se refieren bautismo como un rito de iniciación que es la puerta a la nueva vida y lleva consigo todos los dones del Espíritu. O bien ellos refieren al bautismo como un lavamiento sacramental que es señal y el medio del nuevo nacimiento y de una nueva vida producida por el don del Espíritu. Es decir, los consideran el bautismo en agua como un canal necesario para salvación, para el don del Espíritu, y para los dones del Espíritu. Dicen que la persona obtiene todo eso cuando es bautizada. Sin embargo, la mayoría recalca que los sacramentos en sí no son fuente de la vida nueva. La verdadera fuente de vida es el Espíritu Santo, aun para el sacramento. No obstante, como ya se ha observado, el agua del bautismo, más que agente o canal de la vida y purificación del Espíritu, es un acto simbólico mediante el cual damos testimonio de una purificación y de una vida que ya hemos recibido.

Entre quienes no identifican el agua de Juan 3:5 con el bautismo en agua, hay algunos que la toman como una explicación de lo que significa nacer de nuevo, dando énfasis al nacer de nuevo. Consideran el agua como simbólica del primer nacimiento, del nacimiento físico (que está acompañado por el "rompimiento del agua"). De ese modo el Espíritu es quien produce el nuevo nacimiento. Sin embargo, aun cuando "nacido de nuevo" es un significado legítimo del griego y la idea se encuentra incluida sin duda en Juan 3:5, el significado más común es "nacido de arriba".

En ese mismo capítulo la misma palabra que se traduce "de nuevo" se emplea para describir a Jesús como el que viene "de arriba" (Juan 3:31). En el mismo versículo esto se explica cómo "del cielo". Santiago 1:17 también lo traduce "de arriba".

Todavía más, Juan 1:12-13 hace un fuerte contraste entre el nacimiento natural y el nacimiento espiritual. Aquellos que creen en el nombre (el de Jesucristo), el nuevo nacimiento los constituye en herederos de Dios; esto no es de sangre o parentesco (no basado en linaje humano), ni de voluntad de carne (nuestros intentos por satisfacer a Dios mediante los débiles esfuerzos humanos), o de voluntad de varón (de un esposo), sino de Dios. De ese modo, el nuevo nacimiento es pura y completamente de Dios, y tanto el agua como el Espíritu deben referirse a lo que procede de Dios.

En vista de eso, algunos consideran el agua como simbólica de la Palabra (como en Efesios 5:26). Esa es una fuerte posibilidad, puesto que la Biblia habla de ser nacido de nuevo por la Palabra de Dios, específicamente, el evangelio según lo predicaban los apóstoles, (1 Pedro 1:23,25). Santiago también afirma: "Él, de su voluntad, nos hizo nacer por la palabra de verdad" (Santiago 1:18). Jesús mismo dijo que sus discípulos estaban limpios (tenían un baño completo, espiritualmente hablando) antes de la última cena (Juan 13:10). A continuación, Él explicó que estaban limpios por la palabra (el evangelio) que les había hablado (Juan 15:3); es decir, la Palabra que vino mediante el Espíritu y que fue ungida por el Espíritu en Jesús (Juan 3:34; 6:63). Hay otros que sencillamente consideran que el agua simboliza limpieza en general, o que se relaciona con la limpieza mediante la sangre.

El Espíritu mismo

A medida que avanzamos en el Evangelio según San Juan, resulta cada vez más obvio que el agua a menudo simboliza el Espíritu mismo, especialmente en su poder de dar vida (Juan 4:14; 7:38). También es cierto que la palabra y puede significar de igual modo aún, de modo que Juan 3:5 podría traducirse "nacido de agua, aun del Espíritu". Nicodemo interpretó erradamente lo que Jesús quiso decir cuando le habló de nacer de nuevo (o de arriba). Jesús puede haber decidido darle esta vez la explicación.

Si tomamos en consideración que el agua significa el Espíritu, entonces desaparece el problema. El agua, aun el Espíritu, es de arriba, del cielo, y se halla completamente fuera del reino de las cosas terrenales. Juan 3:6-8 muestra aún más fuertemente que ni el agua ni él pueden relacionarse con el bautismo en agua. El nuevo es de arriba. Jesús prosigue luego con un énfasis del contraste con el nacimiento natural. El nacimiento natural era aquello de lo cual dependía Nicodemo. A semejanza de Pablo, el fariseo de fariseos, orgulloso de ser hijo de Abraham, confiaba en que su posición ante Dios como judío y su obediencia a la ley le salvaría. Pero ni siquiera en el Antiguo Testamento alguien fue salvado sólo por ser un judío o porque ofrecía los sacrificios apropiados. Eran necesarias fe y fidelidad. De este modo, el nacimiento natural podía producir sólo algo natural. Se requeriría del Espíritu Santo para obtener vida de arriba.

Para explicar aún más el nacimiento de arriba, Jesús lo compara con la acción del viento. "El viento sopla de donde quiere, y oyes su sonido; más ni sabes de dónde viene, ni a dónde va; así es todo aquel que es nacido del Espíritu" (3:8). Puesto que el Espíritu, igual como el viento, no puede limitarse a un lugar o a una dirección, esto hace que sea imposible suponer que el bautismo en agua sea el canal de su operación. En realidad, el Espíritu y la Palabra son juntamente necesarios. El Espíritu toma la Palabra y la aplica al corazón para producir arrepentimiento y fe, y mediante esto, produce vida. Pero no podemos limitar su acción a algunos canales prescritos. Ese viento tiene un modo de soplar en las maneras más inesperadas, maravillosas y misteriosas.

Vida en el Espíritu

El ser nacido de arriba no es un fin en sí mismo. Es solamente el primer paso hacia la vida en el Espíritu. Jesús se presentó a la mujer en el pozo como el Dador de agua que en una persona llegará a ser una fuente de agua que salte para vida eterna a (Juan 4:10, 14). De este modo, Él va más allá de la promesa de un nuevo nacimiento a la promesa de una vida en el Espíritu, la que, contenga no unas pocas gotas de agua solamente sino una fuente o pozo de agua viva que fluya continuamente por cuanto proviene de una fuente más alta. Aunque Jesús no explicó la naturaleza del agua a la mujer samaritana, el significado aparece claro en Juan 7:37-39. Allí en el último gran día de la conclusión de la fiesta de los tabernáculos, Jesús llamó al pueblo para que viniera a Él y bebiera. La fiesta de los tabernáculos era un recordatorio de los cuarenta años que Israel pasó en el desierto. Se pretendía que les recordara que ellos eran tan dependientes de Dios como lo fueron sus antepasados en los días en que Dios los alimentaba con maná del cielo y les dio agua de la roca. Como parte de sus ceremonias, el sumo sacerdote sacaba agua de un cántaro de oro y la vaciaba, para simbolizar el agua que Dios había dado. Jesús tenía el Espíritu sin medida Juan 3:34. El Espíritu que rebosaba de Él estaba a disposición de ellos para satisfacer la sed de sus almas.

Luego, Jesús hizo más que ofrecerles lo que en ese momento podía darles. Prometió que aquel que cree (que cree persistentemente, que es un creyente) en Él, de su interior correrá ríos de agua viva. "Esto dijo del Espíritu que habían de recibir los que creyesen (mediante un acto definido de fe) en él; pues aún no había venido el Espíritu Santo, porque Jesús no había sido aún glorificado" (Juan 7:39). Esto se refiere claramente a lo que sucedería y que tendría su comienzo en Pentecostés. Durante su ministerio, los discípulos dependían directamente de Jesús. El Espíritu Santo hacía su obra en y por medio de Jesús en bien de ellos. De este modo, el Espíritu Santo estaba solamente con los discípulos, todavía no estaba en ellos (1 Juan 14: 17). Ellos vivían en un período de transición en que el Espíritu Santo aún no había sido dado a todos. Sin embargo, puesto que *dado* no se halla en la mayoría de los antiguos manuscritos griegos, éstos dicen: "el Espíritu no era todavía", o "aún no había Espíritu", el significado parece ser que la época del Espíritu (tal como la profetizaron Joel y otros profetas del Antiguo Testamento) no había llegado aún.

Esto añade una nueva dimensión a la promesa del derramamiento del Espíritu sobre toda carne (Joe12:28). Atrae también la atención a otra importante distinción entre la experiencia de los creyentes del Antiguo Testamento y la que ha sido posible desde Pentecostés. Aun cuando el Antiguo Testamento dice que el Espíritu vino sobre la gente, a menudo hay indicaciones de que también estaba en ellos. (Véase de 1 Samuel 16: 13 y 2 Samuel 23:2). Pero aquí Jesús prometió que el Espíritu Santo daría más que una plenitud interior. Hay un flujo que va desde adentro hacia afuera, algo que surge como asimismo algo que se derrama.

Esto va más allá de cualquier experiencia del Antiguo Testamento. Ni siquiera está limitada a los sacerdotes, reyes, profetas, o gente con habilidades especiales, como era tan a menudo el caso en el Antiguo Testamento. Ahora la promesa es para todos los creyentes. Sólo necesitamos poner en acción nuestra fe y recibir el don prometido (sería mejor decir, tomarlo).

Adoración en Espíritu y en verdad

A la mujer samaritana en el pozo Jesús dio todavía mayor explicación acerca de la vida en el Espíritu. La adoración en el Espíritu es una parte muy importante de ella. La humanidad fracasó primeramente en lo relacionado con la adoración (Romanos 1:21), y es aquí donde comienza la apostasía. La mujer misma sacó a relucir el asunto de si era correcto adorar en el Monte Gerizim o en Jerusalén (que era la principal diferencia entre judíos y samaritanos en ese tiempo). La pregunta nada tenía que ver con el tema; sin embargo, Jesús no la desatendió. La respondió de tal manera que le permitió volver al tema el cual era la necesidad del Espíritu y la vida que tan solamente Jesús podía darle.

En breve, efectivamente ya, ni siquiera el lugar sería necesario para la adoración del Padre. "La hora viene, y ahora es, cuando los verdaderos adoradores adorarán al Padre en espíritu y en verdad; porque también el Padre tales adoradores busca que le adoren. Dios es Espíritu; y los que le adoran, en espíritu y en verdad es necesario que adoren" (Juan 4:23-24).

Los verdaderos adoradores, los adoradores genuinos, no son aquellos que van a los lugares correctos y dicen las oraciones correctas. Son los que reconocen la naturaleza de Dios. Por su misma naturaleza Él es Espíritu, y si nosotros adoramos en verdad debemos reconocer no sólo su naturaleza, sino que debemos acomodar nuestra adoración a su naturaleza. Por consiguiente, debemos adorar "en espíritu", pues éste es el énfasis principal en este pasaje. "En espíritu", sin embargo, como sucede muy a menudo, significa realmente "en el espíritu". Nuestros propios espíritus no se acomodan a la naturaleza de Dios como Espíritu, pero el Espíritu Santo logra hacerlo. De este modo, necesitamos abrir nuestro corazón al Espíritu y permitir que Él adore por medio de nosotros si es que vamos a ser genuinos adoradores de Dios. Pablo ve la misma cosa en sus epístolas (esto se discutirá más adelante).

En respuesta a la pregunta de la mujer, Jesús dice también que puesto que Dios es Espíritu, se halla presente en todas partes. Lo creyentes del Antiguo Testamento realmente sabían esto. Pudieron adorar a Dios en Babilonia y en Susa, del mismo modo come en Jerusalén. Aun Salomón, en la dedicación del templo, reconoció que Dios no podía estar limitado al templo, porque los cielos de los cielos no pueden contenerle (1 Reyes 8:27). Así, no importa realmente el lugar o la forma de adoración, siempre cuando esté movida e inspirada por el Espíritu. Esta es siempre adoración en verdad.

Participación de la Vida de Cristo por medio del Espíritu. Un pasaje que muestra que las ceremonias y los sacramento no confieren el Espíritu o la vida espiritual es Juan 6:63-64.

El Espíritu (el Espíritu Santo) es el que da vida; la carne para nada aprovecha (no tiene valor alguno, para nada sirve); las palabras que yo os he hablado son espíritu y son vida. Pero hay algunos de vosotros que no creen. Tras esto hay un largo pasaje que destaca a Jesús como el pan de Dios, el verdadero maná del cielo que da vida eterna al mundo.

Aquellos que vienen a Él jamás tendrán hambre, y los que creen en Él nunca tendrán sed. (6:32-35). La clave está en creer en Él. El que cree (que es un creyente, que persiste en creer) en mí, tiene (en forma permanente) vida eterna (6:47). Ya se ha definido la vida eterna como la clase de vida que tiene el Padre y que ha concedido al Hijo que tenga por su propia naturaleza y derecho (5:25). De este modo, la vida eterna es la vida de Cristo en nosotros, la que llegamos a poseer tan solamente si creemos (compare Juan 15:1-6).

El problema está en creer. Muchos habían visto a Jesús y presenciaron sus milagros, pero rechazaron la obra del Espíritu y todavía no creían (6:29-30,36). El creer es más que aceptar el hecho de que hay un Jesús o aun los hechos de su muerte y resurrección. Jesús llegó al punto de comparar el creer con el comer y beber su carne y su sangre, habiendo puesto su vida a disposición nuestra por medio del Calvario (6:51,53-57). Los que comen (y se mantienen masticando con deleite) su carne y permanecen bebiendo su sangre, mantienen su posesión de vida eterna. Esto significa que mantienen su morada en Cristo, y Él en ellos (6:54-56).

La idea de masticar continuamente la carne de Jesús y de beber su sangre hizo que los judíos gruñeran disgustados. Sus ojos estaban puestos en él cuerpo físico de Jesús (6:42) y en su verdadera carne y sangre (6:52). Cuando ellos se quejaron, Jesús sugirió que Él ascendería al cielo, y que con ello su verdadero cuerpo ya no estaría a su alcance sobre la tierra (6:62). El Espíritu Santo es, entonces, el que hace posible que nos mantengamos masticando su carne y bebiendo su sangre (6:63). Lo hace Él por medio de tomar las palabras de Jesús y constituirlas en el medio por el cual participemos de la vida derramada de Jesús. Hace también esto, no en un modo místico, sino en su función como el Espíritu Maestro, como el que nos guía a toda verdad (Juan 16:13). Esto nos prepara para que consideremos la Cena del Señor como una fiesta memorial, del mismo modo como lo era la Pascua. Solamente la primera Pascua fue un sacrificio eficaz en el sentido en que protegió de la muerte. En manera similar, el sacrificio de Cristo sobre la cruz fue la ofrenda hecha una vez y para siempre, de su cuerpo y de su sangre, por nosotros (Hebreos 10:12). Jesús dijo respecto de la Cena del Señor: esto en memoria de mí. Comer el pan y beber el vino (proclama) su muerte hasta que regrese (1 Corintios 11:24-26). Aquí resulta claro que el pan y el vino son símbolos y son verdades objetivas, mediante las cuales testificamos de nuestra fe y proclamamos nuestra continua apropiación de su sangre que fue derramada por nosotros en el Calvario. Tal como lo expresa 1 Juan 1:7: "Si andamos (en forma en luz, como él está en luz, tenemos (continuamente) comunión unos con otros (entre nosotros y Dios), y la sangre de su Hijo nos limpia (nos limpia en forma constante) de pecado."

También es necesario el discernimiento del Espíritu Santo en la Cena del Señor. Él ha de dar testimonio que glorifique al Señor. Algunos corintios se enfermaron, no por causa de haber fracasado en realizar en forma correctas en la Cena del Señor, sino a causa de la actitud indigna en que ellos no se apropiaban de los beneficios de la cruz ni de la ayuda del Espíritu para que les mostrara los frutos de Cristo. Sus viles apetitos carnales (solo querían saciar su hambre física en la Cena) les ponían en una condición indigna de testigos de Cristo. Al ignorar las necesidades del resto de los hermanos, ignoraban el amor emanado del Calvario, de este modo se hallaban inhabilitados para proclamar su significado en la Cena del Señor (véanse Romanos 5:8; Juan 1: 17). Al proceder así, tampoco discernían el cuerpo del Señor (cuerpo de Cristo) en sus hermanos. Necesitaban juzgarse a mismos y esperarse unos a otros (1 Corintios 11:29-33; 10:16-17).

El Consolador que viene a quedarse

Después de la última cena, Jesús comenzó a hablar a sus discípulos para ayudarles a prepáralos para su muerte, resurrección y ascensión. Cobra especial importancia lo concerniente al Espíritu Santo. Él les dejaría, pero oraría (pediría) al Padre, y el Padre daría otro Consolador (Paracleto) el que jamás les dejaría (Juan 14:16).

De inmediato el Consolador es identificado por Jesús como Espíritu de verdad, literalmente, la Verdad (Juan 14:17; 16:13; 1 Juan 4:6). La verdad es el mensaje que Dios Padre encomendado a Jesús (Juan 1:17; 8:40, 45,46; 18:37), y Él es Verdad (14:6). La Palabra de Dios también es la verdad (17:17). El Espíritu guía a toda la verdad (16:13), y el Espíritu también es la Verdad (1 Juan 5:6). Más adelante el Consolador es identificado como el Espíritu Santo, enviado por el Padre en el nombre de Jesús (es decir, por invocarlo en el nombre de Él). En su calidad de Espíritu de verdad Él también enseñaría a sus discípulos todas las cosas y les recordaría todas las cosas que Jesús había dicho (Juan 14:26). Él también testificaría al mundo lo concerniente a Jesús y capacitaría a los creyentes para hacerlo (Juan 15:26-27; ilustrado en Hechos 5:32). En su calidad de Consolador y de guía a toda la verdad, Él también convencerá al mundo respecto al pecado, le mostrará las cosas venideras (cosas relacionadas a la venida de Cristo y a la consumación de esta dispensación), y glorificará a Jesús al tomar las cosas de Cristo (que son de Dios) y al mostrarlas a los discípulos (Juan 16:13-15).

De la manera como Jesús vino a declarar (explicar, revelar, interpretar, dar a conocer, develar) la naturaleza y voluntad del Padre, del mismo modo el Espíritu Santo viene a explicar, revelar, interpretar, dar a conocer, y a develar la naturaleza y voluntad de Jesús (Juan 16:12-13). Él es de este modo el Portador y Maestro de la verdad que esta en Jesús. Él muestra que Jesús es el que revela al Padre, el Salvador, el perdonador de pecados el Señor resucitado, el Bautizador en el Espíritu Santo, el Rey venidero y Juez último. Esta obra del Espíritu de enseñar, de desplegar o hacer una exégesis de la verdad que esta en Jesús, y de recordarles las palabras de Jesús, era garantía para los discípulos de la precisión de su predicación y de la corrección de su teología, lo cual nos da a nosotros seguridad de que el Nuevo Testamento está exento de errores, tanto en lo concerniente a los hechos como a la doctrina. El mismo Maestro continúa también su labor de enseñanza en nosotros, no por medio de nueva revelación, sino por medio de nuevo entendimiento, nueva comprensión, nueva iluminación. Pero Él hace más que mostrarnos la verdad. Él nos trae a la verdad, ayudándonos a ponerla en acción, haciéndola real y efectiva en nuestra vida, de tal modo que Cristo mora en nosotros; ejecutamos la obra de Cristo en una manera que le glorifica. Juan también habla de la obra de enseñanza del Espíritu en el creyente como una unción, unción que nos da clarividencia y nos instruye respecto de la manera de poner la verdad en acción en forma tal que ningún maestro humano podría hacerlo (1 Juan

Guiado por el Espíritu Santo

2:20,27). La verdadera prueba de esta unción, sin embargo, no es el celo, entusiasmo, o evidencias externas de cualquier clase, sino el modo en que el Espíritu Santo exalta a Jesús por su obra. Los maestros humanos desprovistos de la unción del Espíritu, tienden a despojar a Jesús de las glorias y del poder que pertenecen. Le cortan y mutilan hasta que no queda de Él ni sombra del Dios-Hombre que la Biblia nos revela. En verdad, hacen que sus filosofías humanistas se constituyan en Él y procuran que Él encaje en éste por la fuerza. El Espíritu siempre nos revela a Jesús como todo cuanto la Biblia dice que es. Él también es Consolador, Ayudador o Consejero para la defensa.

Hay considerable controversia sobre el significado de la palabra Consolador, la que también se traduce como Abogado se aplica al Cristo ascendido (1 Juan 2:1). La palabra griega paracletos (παράκλητος) se deriva de "para" = " παρά", "al lado de" y de "kaleo" = "κλητο" "llamar o convocar". Es de forma pasiva, y su antiguo significado (mucho antes que el tiempo del Testamento) era el de "uno llamado para ayudar, auxiliar, aconsejar, o asesorar a alguien". La mayoría de los eruditos romanos consideran que el significado es de un abogado, consultor, asesor para la defensa (es decir, que aconseja antes alegar en un caso). Algunos en la actualidad insisten también en el significado de abogado, arguyendo que es el más adecuado, especialmente: según Juan 15:26 y en 1 Juan 2:1.

Sin embargo, el Espíritu Santo en Juan no es un fiscal, es principalmente un intercesor. Aun en Juan 16:8-11 es un abogado, y en forma especial no es un fiscal para obtener en la gente la convicción que les enviaría al infierno, más bien es el Maestro, el Representante de Cristo que busca convencer a los hombres de la verdad y traerlos al arrepentimiento; es principalmente un abogado o asesor para la defensa de los discípulos que son llevados ante los gobernantes y los reyes. Él que les enseña lo que deben decir para que glorifiquen al Señor y den testimonio de Él, en lugar de defenderse (Lucas 12:12); en efecto, en ninguna manera es un abogado o consejero legal de los discípulos, sino el Maestro que habla por Cristo y que da su revelación.

Este reconocimiento del Consolador como vocero de Jesús en la actualidad tiene un paralelo interesante en palabra hebrea traducida "intérprete" en Génesis 40:22. José habló como un intérprete a sus hermanos, y en Job 35:23, donde se habla de un mensajero angelical que sea un mediador. La misma palabra se traduce "maestro" (Isaías 43:27) y "embajador" (2 Crónicas 2:3). Los tárgumes judíos traducen la palabra mediante una forma de paracleto que la usan también para traducir el testigo en el cielo (Job 16:19) y el pariente redentor (Job 19:25). Esto indica que la idea de vocero y de intérprete era un significado común de paracleto en el siglo primero entre los judíos.

En verdad, un paracleto en su significado original no era un abogado o un profesional en absoluto. Más bien se trataba de uno que aparecía en favor de alguien o que actuaba como mediador, intercesor, consejero o ayudador. Los padres de la Iglesia primitiva en Grecia reconocieron eso, y vieron que el uso del término exigía un significado activo en calidad de ayudador o Consolador.

No obstante, mediante la palabra Consolador ellos no querían dar a entender un Consolador en el sentido moderno de consolar a alguien que esté triste o de duelo. El Nuevo Testamento promete consuelo a los que lloran (Mateo 5:4), sanidad a los quebrantados de corazón (Lucas 4:18), gozo en lugar de tristeza (Juan 16:20), consolación para los que participan de los sufrimientos de Cristo (2 Corintios 1:5, 7), y un día futuro en el cual Dios enjugará todo lágrima de nuestros ojos (Apocalipsis 7: 17; 21:4). Pero el consuelo del Espíritu Santo significa más que eso.

Hay una ilustración bíblica en Hechos 9:31, donde hallamos que las iglesias andaban "en el temor del Señor, y se acrecentaban fortalecidas por el Espíritu Santo". El contexto muestra que el Espíritu llevó a cabo esta multiplicación mediante la unción de la Palabra, y mediante la concesión de avivamiento, poder, santificación, ánimo y valentía a los creyentes. De este modo vemos en el Consolador la combinación de las ideas de un Maestro y un ayudador que imparte la verdad de Cristo y que da poder para la difusión del evangelio y el crecimiento de la Iglesia.

En este sentido, también el Espíritu Santo es en verdad "otro Consolador como Jesús prometió que sería (Juan 14:16). En otro sentido, sin menoscabar la promesa de una futura Segunda Venida, Jesús indica en Juan que Él mismo viene a nosotros por medio del Espíritu Santo, porque el Espíritu Santo actúa como mediador entre nosotros y el Padre y el Hijo (Juan 14:18, 20,23).

Cuando Jesús dice: "No os dejaré huérfanos; vendré a vosotros" (Juan 14:18), quiere dar a entender que ello será posible mediante el Espíritu Santo. Sin embargo, al llamar al Espíritu otro Consolador, Jesús hace una clara distinción entre su persona y la Espíritu Santo. Jesús no es el Espíritu. En virtud de ser el resucitado, Jesús envía el Espíritu (Juan 15:26; 16:7).

Con la expresión "otro", el griego da a entender otro de misma clase. Es decir, el Espíritu viene a hacer por nosotros lo que Jesús hizo por sus discípulos y más. Ellos lo llamaron Rabí, Maestro. Cuando no sabían cómo orar, Él les enseñó. Cuando no podían responder las objeciones de los escribas y fariseos, allí estuvo con ellos. Cuando necesitaban comprender lo que la Biblia tenía que decir acerca de Él y del lugar que Él ocupaba en el plan de Dios, abrió sus mentes e hizo arder sus corazones (Lucas 24:32).

Cuando se hallaban impotentes ante la tempestad y cuando pudieron echar fuera un demonio, allí estaba Él con poder para ayudarles. El Espíritu como otro Consolador, es un Maestro ayudador de la misma clase.

La mayor parte de lo que Jesús enseñó acerca del Espíritu tiene que ver con su relación con el creyente. Juan 16:8-11 es el pasaje que trata de la relación del Espíritu con la humanidad en general. El viene para convencer "al mundo de pecado, de justicia y de juicio". Algunos consideran que "convencer" tiene el significado de anunciar el veredicto o de declarar culpabilidad del mundo respecto a estas cosas. En Tito 1:9 se ve con mayor claridad el significado de la palabra "convencer"; aquí se dice del obispo (sobreveedor, superintendente, diríamos, "pastor" de una iglesia local) que debe ser capaz de "exhortar con sana enseñanza (enseñanza correcta, saludable y escritural) y convencer a los que contradicen (el evangelio)." El significado claro de la palabra se ve también el 1 Corintios 14:24-25, donde el don de profecía convencerá al incrédulo (de la manera en que se adore a Dios y reconozca la presencia de Dios en el lugar). Juan 8:9 traduce la palabra "acusados", pero muestra que el significado es el mismo.

El mundo desea ignorar o negar el pecado, la justicia y el bien. Establecen sus propias normas de lo que es correcto e incorrecto, e ignoran los principios del evangelio por los cuales serán juzgados (Romanos 2:,5-12, 16), o exaltan el pecado, o hacen todo un asunto de preferencia personal, borrando lo que es correcto y lo que es incorrecto. Pocos son los que en la actualidad desean pensar del infierno y del juicio. De este modo, se enceguecen a su necesidad del evangelio. El Espíritu Santo tiene una labor mayor que la de simplemente proclamar los hechos del evangelio. Él los presenta de tal manera que la gente se convenza respecto de estas cosas y comience a sentir su necesidad de la salvación que Cristo ofrece. (Nótese que la mayor parte de los primeros tres capítulos de Romanos se ocupa en demostrar que todos, sean judíos o gentiles, necesitan el evangelio).

Toda esta obra de convencer al mundo y de provocarle una convicción que traiga a los hombres al arrepentimiento es hecha con relación a Cristo y su victoria en la cruz. También se cumplirá de tal manera que muestre la esencia de lo que cada uno realmente es.

El primer asunto respecto del cual el mundo necesita convicción del Espíritu es del pecado; no pecados sino pecado. El mundo puede llegar a admitir que hay algunas cosas que son pecados y pueden condenarse las cosas que dañan a la sociedad o a la salud, pero las cosas que se reconozcan como pecados variarán de lugar en lugar, de cultura en cultura, y de individuo en individuo. Por el contrario, la Biblia trata con pecados específicos. Llama al arrepentimiento y a la confesión de pecados. Los pecados deben ser limpiados y lavados. Pero el pecado en sí es el verdadero problema, y la esencia del pecado es incredulidad.

Puede ser que los incrédulos no crean que su incredulidad tenga consecuencias, pero la incredulidad se hallaba en la raíz del pecado de Eva cuando ella escuchó a la serpiente decir: ¿Conque Dios os ha dicho? Y "No moriréis" (Génesis 3:1,4).

Fue la incredulidad lo que mantuvo a Israel alejado de la tierra prometida (Números 14:11; Hebreos 3:17, 19). Fue la incredulidad lo que hizo que Moisés tomara para sí la honra que le pertenecía a Dios, de modo que él tampoco pudo entrar en la tierra (Números 20:10, 12).

Cuando vino Jesús, la gente no tenía que hacer nada para condenarse. Por su incredulidad en Él ya estaban condenados (Juan 3:18). Los pecados les impedían llegar a Cristo, pero el verdadero pecado es la incredulidad (Juan 3: 19-20). Todos los que creen tienen acceso al perdón mediante Cristo. Ahora, la única razón para que la gente muera en sus pecados es incredulidad (Juan 8:24). La muerte de Jesús nos permite ver también la enormidad del pecado y mediante el Espíritu llegamos a comprender que nuestra incredulidad es de veras pecaminosa. El que no conoció pecado fue hecho pecado por nosotros (2 Corintios 5:21). De este modo, en la cruz somos convencidos de lo que es el pecado en verdad. Luego, una vez que la incredulidad se halla fuera del camino, la sangre purificadora del Salvador puede hacerse cargo de todos los otros pecados.

Junto con convicción de pecado, el mundo necesita ser convencido por el Espíritu respecto a justicia; no su propia justicia ni su falta de ella, sino de lo que la justicia verdaderamente es tal como se ve en Jesús. Su justicia aquí incluye una rectitud que siempre honesta, legal, y justa, que siempre hace lo que es delante de Dios. Una vez que somos convencidos de pecado, necesitamos saber que hay un Abogado para con el Padre, Jesucristo el Justo, quien es la propiciación (u ofrenda de pecado) por nuestros pecados como también por los de todo el mundo (12:1-2).

Lo que el Espíritu usa para convencernos de la rectitud es el hecho de que la muerte no pudo retenerle, y que por su resurrección y ascensión Él está ahora a la diestra del Padre e intercede por nosotros (Hebreos 7:25; Romanos 1:4, 16).

Finalmente, el mundo necesita ser convencido mediante el Espíritu respecto de juicio. El Evangelio según San Juan muestra un constante conflicto entre la fe y la incredulidad. Pero éste no ha de durar para siempre. Hay un fin, porque el día del juicio viene. El mundo se imagina que todas las cosas permanecen como han sido (o que se mantienen permanente desde el principio de la Creación (2 Pedro 3:4). Es la filosofía que domina gran parte de la ciencia moderna, no es nada nuevo, ni está limitada a los hombres de ciencia.

El pensamiento humano trata de evitar la idea de un verdadero comienzo o de un verdadero fin al universo presente. Se hace necesaria la obra del Espíritu Santo para hacer que los hombres vean la verdad. El mundo debe ser convencido de juicio por medio de reconocer quién es el príncipe de este mundo y que el juicio nunca estuvo destinado al hombre, pues el lago de fuego fue preparado para el diablo y sus ángeles (Mateo 23:41). Debe reconocer que en esencia el juicio es para Satanás, y que él ya ha sido juzgado. La victoria de Cristo sobre la muerte en el Calvario selló su condenación (Hebreos 2:14), y nos asegura que el mundo también será juzgado en justicia (Hechos 17:31). De aquí parece deducirse también que el mundo será convencido por el Espíritu de que está bajo el dominio de Satanás, como lo hace presente Jesús al llamarle el príncipe de este mundo (Juan 12:31; 14:30; 16:1 véanse también 1 Juan 5: 19; Efesios 2:2).

El libro de Hechos está lleno de ejemplos de cómo el Espíritu Santo cumplió esta obra de convicción mediante la predicación de los apóstoles. En el día de Pentecostés, al hablar Pedro con expresión profética, hubo convicción de pecado mediante lo que la incredulidad de ellos hizo a Jesús (2:22, 23); de justicia mediante el reconocimiento de que Dios no permitió que su Santo viera corrupción sino que lo resucitó para que se sentara en su trono (2:30-33, 36); y convicción de juicio (2:40). Mediante esta convicción la gente experimentó primeramente desesperación (2:37) y luego se rindió y acepto gustosamente la verdad (2:41). Lo mismo sucedió cuando Pedro predico en el templo (Hechos 3:14, 19, 21), ante el Sanedrín (4: 10-12), y en la casa de Cornelio (10:39-42). Del mismo modo sucedió con Pablo (13:27-30, 37,41).

Una nueva creación

Jesús dio muchas promesas del Espíritu durante su ministerio. Luego, en el día de la resurrección, al anochecer, Jesús apareció en medio de sus discípulos y dijo: "Como me envió el Padre, así también yo os envío", luego sopló sobre ellos y dijo: "Recibid el Espíritu Santo. A quienes remitiereis los pecados, les remitidos; y a quienes se los retuviereis, les son retenidos" (Juan 20:19-23).

Este mandamiento de recibir el Espíritu Santo se interpreta en varias maneras. Los críticos liberales a menudo llaman a esto el Pentecostés de Juan, como si Juan nunca hubiese oído de Pentecostés y como si pensara que esto era el cumplimiento del prometido bautismo en el Espíritu Santo. El libro de Hechos es demasiado específico en la manera en que nombra a Juan en conexión con Pentecostés para que esto resulte cierto. Ni tampoco podría ser cierto de nadie que viviera en Éfeso en el tiempo en que Juan escribió su Evangelio. Otros consideran que Él tan solamente dijo "recibid Espíritu Santo", no refiriéndose a la persona del Espíritu Santo sino al aliento de Dios, simbólico de poder. Jesús sopló sobre ellos y ellos recibieron poder.

Parece totalmente evidente, sin embargo, que en Juan, como en Lucas, la presencia o ausencia de un artículo no tiene mayor significación (véase Juan 14:23-24). Recibirle aquí es tanto recibir uno como recibir a Jesús.

Hay aún otros que dicen que los discípulos no recibieron nada en esta ocasión. La acción de soplar es considerada una acción simbólica para hacerles saber que cuando viniera el Espíritu en Pentecostés sería el Espíritu de Jesús. En otras palabras, el soplo era profético, así, aunque se dio el mandato, ni se dio ni se recibió el Espíritu.

La principal dificultad al tomar esto como una verdadera recepción del Espíritu es que Juan indicó previamente que la era del Espíritu no comenzaría sino hasta después que Jesús fuese glorificado (Juan 7:59). Pedro en Pentecostés dice con claridad también que el derramamiento del Espíritu era evidencia de Jesús estaba "exaltado por la diestra de Dios" (Hechos 2:33).

Luego, Pablo indica que Dios no dio a Jesús su lugar como cabeza de su Cuerpo, la Iglesia, hasta después de ser glorificado (Efesios 1:20-23). Como cristianos, tenemos en la actualidad una posición en Cristo en que estamos sentados con Él en lugares celestiales; lo que no fue posible hasta después de la ascensión. Aún más importante, Jesús dijo que sería conveniente para los discípulos que Él se fuera: "Porque si no me fuere, el Consolador no vendría a vosotros; más si me fuere, os lo enviaré"; es decir, convencer al mundo de pecado, de justicia, y de juicio (Juan 16:7-8).

Cuarenta días más tarde, Jesús puso en claro, antes de ascender, que los discípulos no habían recibido todavía la promesa del Padre, que aún no habían sido bautizados en el Espíritu, y que el Espíritu Santo aún no había venido sobre ellos (Hechos 1:4-8). Incidentalmente, algunos se preguntan por qué Jesús dio el mandamiento cuando Tomás no estaba presente y por qué la Biblia no sigue diciendo que los discípulos recibieron verdaderamente el Espíritu en esa ocasión. Y ni siquiera hay evidencie alguna de que ellos hicieran algo como resultado.

Algo genuinamente impartido

El lenguaje que se usa en Juan 20:21-23 no concuerda con la idea de que nada sucedió, sin embargo, el acto de soplar es paralelo de la acción de Dios en Génesis 2:7. Cuando Dios sopló, algo sucedió. Cuando Dios demandó que el viento soplara sobre los cuerpos de la visión de Ezequiel (57:8-10), la vida entró en ellos. Cuando Jesús tocaba a la gente o hablaba la Palabra, ellos eran sanados. Parece ridículo suponer que Jesús pudiera soplar sobre ellos o dar una orden y que nada sucediera. La autoridad de Jesús era tal que todo cuanto tenía que hacer era hablar la Palabra y habría un cumplimiento, tal como lo reconoció un centurión romano (Mateo 8:8). Aún más, el uso de la palabra recibir indica más adelante una verdadera recepción del Espíritu (Hechos 8:15, 17; 1 Corintios 2:12). La forma de la palabra aquí también indica que el Espíritu no fue meramente prometido y que el soplo fue más que un asunto de tipología. El mandato de recibir indica que el Espíritu fue realmente dado entonces.

Las otras dificultades pueden ser explicadas. El hecho de que Jesús dijera "así también yo os envío" y que ellos no salieran sino hasta después de Pentecostés, es solamente paralelo a las otras expresiones de la Gran comisión (que Jesús consideró necesario repetir más de una vez). Él simplemente establece aquí que en la misma manera como me envió el Padre, así también yo os envío.

Esto era una declaración de la autoridad que Él les concedía, tal como lo indica Juan 20:23; el significado allí es que la predicación de todos los discípulos tendría el respaldo de la autoridad divina. Cuando ellos entregaran la promesa evangélica de remisión de pecados los que creyesen serían verdaderamente perdonados.

Los que no creyesen permanecerían ciertamente bajo el juicio. Algunos han procurado explicar la objeción de que Jesús debía ascender antes que el Espíritu pudiera ser derramado diciendo que hubo dos ascensiones, una en la que Jesús ascendió inmediatamente después de su muerte para presentar su sangre de una vez y para siempre ante el Padre (Hebreos 9:12, 14), y la otra después de las apariciones de los cuarenta días tras la resurrección. Algunos aún consideran que Pablo da a entender que las apariciones de la resurrección tomaron lugar después de una ascensión (1 Corintios 15:5-7).

Aun cuando esto es posible. Hebreos 9:24 no hace una clara distinción entre la presentación de su sangre y la entrada de Cristo a su presente labor de intercesión por nosotros. Algunos han alegado que el mandato de Jesús a María de no tocarle porque aún no había ascendido implica una ascensión entre Juan 20:17 y 20:19 o al menos antes de 20:27. Sin embargo, la palabra tocar en 20:17 significa agarrar, asirse, y la forma de la palabra griega indica un mandato de dejar de hacer algo que alguien ya está haciendo. Evidentemente, María hizo lo mismo qué hicieron las otras mujeres que encontraron a Jesús en el camino, las que "abrazaron sus pies" (Mateo 28:9); algo que probablemente sucedió antes que Jesús apareciera a María. En otras palabras, Jesús le dijo a María que no debía aferrarse de Él. Pues aún no se había ido. Pero Él tenía algo que ella podía hacer, debía ir y decir a los discípulos que habría pronto una ascensión (desde el Monte de los Olivos).

La única indicación más positiva de una ascensión antes de Juan 20:19 se halla en Juan 16:16-22. Esta es una discusión acerca de la partida y el regreso de Jesús a sus discípulos. Se halla conectada con su ida al Padre como asimismo lo está Juan 16:7.

Pero dentro de poco, cuando vieran a Jesús de nuevo, se regocijarían. En Juan 20:20 leemos: "Se regocijaron viendo al Señor". El verbo "regocijarse" aquí es el mismo que se traduce "gozarse en 16:22. El paralelo parece demasiado grande para ser accidental. Esto significaría también que Juan 16:7 no puede usarse en contra de una genuina impartición del Espíritu en 20:22; sin embargo, el énfasis principal de 16:7 se halla en el envío del Consolador en su obra de convencer al mundo. Esto sucedió Pentecostés, pero ni siquiera así excluye una acción directa por Jesús antes de Pentecostés.

Una medida del Espíritu dado

La mayoría de los que reconocen que 20:22 es una genuina impartición del Espíritu lo consideran como la concesión de medida del Espíritu. Frente a esto, hay algunos que declaran el Espíritu Santo, por ser Persona, no es susceptible de experimentar una partición. La manera como ellos lo interpretan, no es recibir el Espíritu, es recibir la Persona entera de Él, de tal modo que no sería posible recibir más de Él. Solo que nosotros podemos dar más de nosotros mismos a Él. Pero nosotros también somos, personas, y si podemos dar a El más de nosotros mismos porque Él puede dar más de sí a nosotros. Pablo dijo: "para mí el vivir es Cristo, y el morir es ganancia" (Filipenses 1:2). Por ganancia él quería dar a entender ganancia en Cristo decir, el vivir era Cristo (en Él), y el morir significaba más Cristo. Ciertamente, era posible recibir una medida del Espíritu en el día de la resurrección y una experiencia en el día de Pentecostés.

En vista de esto, Juan 7:39 y Hechos 1:4-8 no quita la idea de una concesión previa de una medida del Espíritu. Juan 7:39 se refiere con toda claridad a esa experiencia de "los ríos de aguas vivas que habrían de fluir, y no podrían hasta que Cristo hubiese ascendido y comenzara la época del Espíritu. Pedro identifica también el bautismo en el Espíritu Pentecostés con el derramamiento sobre toda carne profetizado por Joel (Hechos 2: 16-18). El cumplimiento de la profecía es obviamente que podía tener lugar en conexión con el realizado sobre unos pocos discípulos. Pero ni aun así excluye la recepción de una medida Espíritu con anterioridad a Pentecostés.

Hechos 1:4-8 indica también que el poder (del griego, gran poder) vendría sobre ellos después del bautismo. El énfasis en Juan 20:21-23 se halla más bien sobre la autoridad que sobre el poder activo. Obviamente, lo que los discípulos experimentaron en esa primera Pascua de Resurrección no fue en el Espíritu Santo, ni el derramamiento del Espíritu Santo, sino que fue el Espíritu Santo mismo.

Algunos que reconocen esto dicen que los discípulos recibieron una medida del Espíritu que se hallaba todavía en los límites del Antiguo Testamento. Es decir, los discípulos habrían recibido solamente lo que recibieron los santos del Antiguo Testamento cuando vino sobre ellos el Espíritu para algún propósito o función en especial. Los que dicen esto tienen sus razones para decirlo por cuanto creen que el Espíritu que fue dado en Pentecostés trajo regeneración; y porque identifican el bautismo en el Espíritu Santo con la regeneración o el nuevo nacimiento. Sin embargo, el Antiguo Pacto fue mejorado en el Calvario (Hebreos 8:6) y la muerte de Cristo puso en función el Nuevo Pacto (Hebreos 9:15-17). El énfasis de Hechos 1:8 es también poder para servicio, no regeneración.

Algunos sugieren que tal vez los discípulos recibieron una gran porción del Espíritu para algún propósito que la Biblia no revela. Hay aún algunos que consideran que la impartición del Espíritu Santo pudo haber efectuado la regeneración o al menos corresponde a lo que los creyentes de la actualidad reciben en el momento del nuevo nacimiento.

Es cierto que la Iglesia como el cuerpo de Cristo no se constituyó tal cual la conocemos ahora sino hasta después de la ascensión (Efesios 1:19,22; 2:6; 4:15-16), es decir, en el día de Pentecostés. Pero también es cierto que Jesús dijo de los discípulos anteriormente que sus nombres estaban escritos en el cielo (Lucas 10:20). Estaban limpios ante Dios, pues habían experimentado un baño espiritual por medio de la Palabra de Dios (Juan 13:10; 15:3). Pero los discípulos se hallaban también en una situación especial. La fe de ellos fue avivada, su limpieza mediante la Palabra fue cumplida por el Espíritu en Jesús, el Espíritu que estaba de este modo con ellos pero no en ellos (Juan 14:17). Por consiguiente ellos ya estaban en una correcta relación con el Señor. Cuando vieron al Señor y creyeron en los beneficios del Calvario, el Espíritu vino a morar en ellos, tal como lo hace en todos los que ahora son regenerados bajo el Nuevo Pacto. Tal como Pablo dijera: "Si alguno no tiene el Espíritu de Cristo, no es de él" (Romanos 8:9). Lo que hacía Pablo era establecer un contraste entre aquellos que están en la carne y que viven en un nivel humano carnal sin tener la morada del Espíritu, y aquellos en los cuales el Espíritu es vida, es decir, en quienes Él ha obrado la regeneración (Romanos 8: 10). Puede verse una ilustración cuando Dios envió a Moisés a decir a Faraón que dejara ir a su pueblo, porque Israel era el "primogénito" de Dios es decir, el heredero de sus promesas.

Pero el mismo primogénito de Moisés no estaba circuncidado; él no llevaba la señal del Pacto. Así fue como Dios tenía casi que matar a Moisés antes que su esposa se decidiera a circuncidar a su hijo (Éxodo 4:22-26). Bajo el Nuevo Pacto, todos los creyentes son herederos de Dios y el nuevo nacimiento (regeneración mediante el Espíritu) ha tomado el lugar de la circuncisión (Gálatas 6:15). Pero los mismos discípulos de Jesús, que ya eran herederos mediante su muerte (Hebreos 9:15-17), no tenían el Espíritu morando en ellos. Él los aceptaba como suyos. Él no hubiese dicho, "Así yo los he enviado", si no lo hubiesen sido. Pero ellos carecían del testimonio interior del Espíritu de que eran hijos y herederos de Dios (Romanos 8: 16-17; Gálatas 4:6-7). Gálatas 4:5 indica también parentesco como lo hace Juan 20:21. Jesús ni siquiera podía dejar pasar el día de la resurrección sin hacer que esta nueva relación con Él fuese real en la experiencia de ellos mediante el Espíritu.

Esta era, en un sentido, es una situación especial. Después de esto, todos los que creyeron recibieron el Espíritu Santo como nosotros, en la regeneración; y tenían el testimonio de Él de que eran hijos y que pertenecían a Cristo. Los discípulos de Jesús no tuvieron que esperar hasta Pentecostés para recibir esta seguridad. Aun cuando no está específicamente establecido, podemos estar seguros de que Tomás recibió la misma impartición del Espíritu cuando exclamó ante Jesús: ¡Señor mío, y Dios mío! (Juan 20:28).

No limitado a los once

Tampoco podemos decir que la impartición estuvo limitada a los once apóstoles. La identificación de Tomás como uno de los doce (20:24) parece implicar que hubo otros discípulos con ellos en la habitación. Esto se ve confirmado en Luces 24:33, donde los dos de Emaús, cuyos corazones habían sido entibiados con la presencia y las palabras de Jesús, volvieron para encontrarse con los once, y con "los que estaban con ellos". Esto puede haber incluido a una considerable porción de los ciento veinte que más tarde estuvieron presentes en Pentecostés.

Muy definidamente, Pentecostés no fue la primera comunicación del Espíritu. La misma bendición que vino sobre Tomás cuando vio y creyó viene a todos los que creen, aun cuando no vean. En otras palabras al creer tienen vida por medio de su nombre. Son regenerados y comparten este mismo soplo que vino sobre todos los discípulos.

El Espíritu en el libro de Hechos

El libro de Hechos comienza por hacer un llamado a la atención del hecho de que la obra de Jesús se continuó mediante el Espíritu primeramente a través de los apóstoles. Pero no son los apóstoles los que dominan el cuadro en el libro de Hechos. El que lo hace es el Espíritu Santo. Jesús es el personaje dominante en los Evangelios, y en comparación poco es lo que se dice del Espíritu. Pero en el libro de Hechos, el Espíritu Santo es ciertamente otro Consolador, Ayudador, Maestro. Todo, en las vidas y en la predicación de los apóstoles y de los primeros cristianos, se centraba todavía en Jesús como su Salvador viviente y su exaltado Señor. El programa de extender el evangelio hasta lo último de la tierra es el programa dé Cristo (1:8). El poder para hacerlo es el poder del Espíritu, y éste no es diferente del poder de Cristo. Sin embargo, corre a través de todo el libro una nueva conciencia del Espíritu Santo. Esta provenía no solamente de su experiencia pentecostal inicial, sino de una diaria conciencia de la presencia, dirección y comunión del Espíritu y de muchas manifestaciones especiales de su poder. El bautismo en el Espíritu que ellos experimentaron jamás llegó a ser una mera memoria de algo que sucedió en el pasado distante. Era una realidad siempre presente.

Jesús comenzó por dar mandatos especiales por medio del Espíritu a sus apóstoles escogidos. Esto no significa, sin embargo, que el Espíritu no podría obrar por medio de otros, o que la dirección de la Iglesia fuese entregada a los apóstoles. Era el Espíritu el que controlaba la situación. Él podía usar a quien quisiera, y efectivamente lo hizo. Los creyentes comunes llevaron el evangelio en todas direcciones después de la muerte de Esteban mientras que los apóstoles se quedaron en Jerusalén (Hechos 8:1-4; 11:19-21). Un creyente ordinario fue enviado a poner las manos sobre Saulo de Tarso (9: 10, 17). Santiago, el hermano de Jesús, que no era uno de los apóstoles, fue quien dio la de sabiduría en el Concilio de Jerusalén y quien además dio dirección pastoral en la iglesia de Jerusalén con el andar del tiempo (Hechos 15:13; Gálatas 2:12). Hechos demuestra, sin embargo, que los apóstoles fueron principales testigos de la resurrección y las enseñanzas de las condiciones establecidas para la selección de un Judas aclara esto. El sucesor debía ser uno de los que realmente habían estado y viajado con los Doce todo el tiempo que Jesús estuvo durante su ministerio terrenal de modo que pudiera ser un testigo de la resurrección y de las enseñanzas Jesús posteriores a ella (Hechos 1:21-25). El apóstol Pablo baso su reclamo en el apostolado no sólo en el hecho de que él fue por Cristo (un apóstol es alguien enviado con una comisión), sino que en realidad él era un testigo de primera mano de la resurrección y de las enseñanzas de Jesús. El evangelio que Pablo predicaba no lo había obtenido de los hombres, lo había directamente del Señor Jesucristo (Gálatas 1:11-12, 16-19; 2: 10). En realidad, él a menudo concentró su atención en lo que podía relacionar de su enseñanza con los auténticos dichos de Jesús (1 Corintios 7:10).

Además, las visitas de los apóstoles no eran con el fin de ejercer control o de conceder una aprobación sino para establecer iglesias. De este modo, subieron a ayudar a Felipe (8:14). Pero ellos no le dijeron lo que debía hacer en seguida. Primero fue un ángel y luego el Espíritu quienes lo instruyeron (8:26-29). Cuando unos creyentes anónimos difundieron el evangelio a los gentiles, Bernabé fue enviado para ayudarles. Bernabé era también un apóstol (14:14), sin embargo, no se hace énfasis en esto, pero sí en que era un hombre bueno y lleno del Espíritu Santo y de fe (11:24). De este modo, el Espíritu Santo fue quien dirigió las cosas, no los apóstoles. Por esta razón, estamos justificados al referirnos al libro de Hechos los Hechos del Espíritu Santo.

Desde el comienzo puede notarse la prominencia del Espíritu Santo. No tan solo por el hecho de que los últimos mandatos de Jesús fueron dados por medio del Espíritu que estaba en Él, sino que es evidente la relación de Él con el Espíritu Santo.

Jesús les dijo que no se fueran de Jerusalén (El derramamiento de Pentecostés nunca hubiese tenido el lugar que tuvo o hubiese llamado la atención como lo hizo sí solamente cinco o seis de los discípulos hubiesen estado presentes). Jesús deseaba que la Iglesia tuviera un buen comienzo. Aún más, el libro de Hechos vuelve a recalcar una y otra vez la unidad: "estaban todos unánimes juntos", para mostrar que el Espíritu cumplía la oración de Jesús en Juan 17. Era importante que estuviesen juntos en un lugar para que esta unidad fuera fortalecida y para que sus bendiciones se cumplieran.

La promesa del Padre

En seguida, Jesús les dijo que esperaran la promesa del Padre la cual Él identificó como el bautismo en el Espíritu Santo. Se le llama la promesa del Padre porque Él es de quien proviene el prometido derramamiento, como Jesús ya lo había enseñado. El iría al Padre, y el Padre enviaría el Espíritu. Se le llama bautismo para recordarles de Juan el Bautista y su profecía, la que se halla registrada en los cuatro Evangelios, que Jesús les bautizaría en el Espíritu Santo. Aunque es cierto que el Padre es quien envía el Espíritu, el Hijo tiene participación en ello, como ya lo hemos visto, además de ser el Bautizador. También se le llama bautismo para compararlo con el bautismo de Juan y al mismo tiempo para distinguirlo de él. Juan bautizó en agua. Jesús bautiza en el Espíritu Santo. El creyente debe someterse o rendirse a Jesús antes de poder ser bautizado. Pero el contraste entre él y el Espíritu es muy fuerte en todos estos pasajes. El bautismo que Jesús hace nada tiene que ver con el agua en sí. El bautismo de Juan fue solamente una preparación para la nueva dispensación del Espíritu, en tanto que el bautismo de Jesús es verdaderamente una parte de ella. Algunos señalan que el término "bautismo en el Espíritu Santo" no se usa en las epístolas en relación con los creyentes, y tratan de limitar el bautismo en el Espíritu a la inauguración de la nueva era en el día de Pentecostés. Suponen ellos también que las otras referencias del bautismo en el Espíritu en Hechos son nada más que una extensión de esa inauguración, primero a los samaritanos (lo que se halla implicado en Hechos 8:15-16), y luego a los gentiles en la casa de Cornelio.

A partir de esto muchos consideran que el bautismo en el Espíritu Santo fue dado una sola vez y que no hubo más bautismos, sino *henchimientos*. Ellos suponen que Dios dio a la Iglesia una gran provisión del Espíritu una sola vez, de lo cual ella ha estado haciendo uso desde entonces. Al tomarlo en esta forma, la Iglesia será ahora la fuente de la cual nosotros somos llenos del Espíritu.

También es importante recordar que el bautismo es una inmersión en una relación con una persona divina, en un fluido o una influencia. Es una relación que puede ir creciendo y agrandándose. De este modo el bautismo es sólo el comienzo, pero es como un bautismo en el sentido en que involucra un acto claro de obediencia y de fe de nuestra parte.

Pero lo que sucedió en Pentecostés no tan solamente es llamado bautismo. Se usan muchos otros términos. Puesto el Espíritu Santo es una Persona, el bautismo es sólo un aspecto de la experiencia. La Biblia usa a menudo variedad de figuras de lenguaje para presentar varios aspectos experiencia y de relación. La Iglesia es una novia, una esposa, cuerpo, un edificio, un templo, una viña, una vid, una y una asamblea de ciudadanos. Ninguna de las figuras de le puede presentar el cuadro completo. Los cristianos son herederos, adoptados de nuevo, nuevas criaturas, hijos, amigos, hermanos. En verdad fue un bautismo, pero la Biblia dice también fue un *henchimiento*. "Fueron todos llenos del Espíritu" (2:4). Fue un derramamiento del Espíritu sobre ellos, como profetizara Joel (2:17, 18,33). Fue una recepción (tomar en formas activa) de un don (2:38); un descenso (8:16; 10:44; 11:15); un derramamiento del don (10:45); y una venida (19:6). Con el uso de estos términos se hace imposible suponer que el bautismo refiera a algo diferente que el *henchimiento*; lo que hace que la experiencia pentecostal no estuviese limitada al día de Pentecostés. Ni es necesario que supongamos que la falta del término "bautismo en el Espíritu" en las Epístolas sea significativo.

Sin embargo es posible poder ver en el término bautismo una comparación con Juan. Él se mantuvo bautizando en agua mientras había gente que venía a él para ser bautizada. Debemos reconocer que el bautismo es algo que les sucede a las personas. Aun cuando todos fueron llenos en el mismo momento en el día de Pentecostés, el *henchimiento* mismo fue una experiencia individual. Debiéramos esperar, por consiguiente, que Jesús, en virtud de la profecía de Juan el Bautista, siguiera bautizando en el Espíritu Santo mientras los creyentes siguieran acudiendo a Él para recibir.

Esperar

El mandato de Jesús de esperar (sentarse, aguardar) y no salir de Jerusalén era necesario para esta ocasión solamente. Después del día de Pentecostés no había necesidad de esperar. Pero Pentecostés, con su simbolismo de cosecha, era importante por el hecho de que el propósito del bautismo en el Espíritu era poder para servicio, especialmente en los campos de cosecha del mundo ¿Era éste un tiempo de preparación? Algunos lo consideran de ese modo. Pero la evidencia es que la preparación se llevó a cabo los cuarenta días por Jesús mismo. Él les enseñó, trató con Pedro, les volvió a encomendar una misión y luego les dijo que no iniciaran su ministerio hasta que estuvieran investidos de poder. Esto no era una mera empresa humana. Ellos no habían usar su propia ingenuidad para trazar planes para la difusión evangelio. Tendrían que ser dirigidos por el Espíritu. Él sería y estaría al mando de todo.

Ellos pasaron su tiempo de espera en oración y súplica, juntos de acuerdo. Ya estaban unidos unos con otros en Cristo (1:14) estaban aún llenos de gran gozo y (especialmente durante la oración de la mañana y de la tarde) estaban continuamente en el templo, alabando y bendiciendo (agradeciendo), a Dios. El Espíritu se hallaba ya en operación en sus vidas, pero ellos esperaban el bautismo, la dotación de poder (Lucas 24:49).

Ellos le dieron tiempo también a la Palabra, y el Espíritu que habló por medio de David dirigió la atención de ellos a las profecías concernientes a Judas (1:16). Cuando el Espíritu atrae atención a la Palabra se espera una respuesta, por tanto ellos hicieron algo sobre el particular, y eligieron a Matías para que el lugar de Judas fuese ocupado. (Hay quienes alegan que esta elección un error puesto que Matías no se vuelve a mencionar por nombre. Pero tampoco se mencionan varios de los otros discípulos, y Matías está ciertamente incluido como parte de los doce en Hechos 6:2).

Viento y fuego

No debemos exagerar la distinción entre el Antiguo y el Nuevo Testamento como tampoco la distinción entre un bautismo inicial y los *henchimientos* que le siguen cuando la experiencia pentecostal fue un claro avance, ni el de Hechos ni las epístolas de Pablo contienen sugerencia de que el Espíritu que ellos experimentaron fuese diferente Espíritu de Dios que llenó a los santos del Antiguo Testamento. Las señales que precedieron al derramamiento pentecostal conectan con las experiencias del Antiguo Testamento también con las promesas del Antiguo Testamento. El día Pentecostés era una fiesta de la cosecha en el Antiguo Testamento.

Para la Iglesia marcó el día en que la cosecha espiritual esperada había de comenzar. Pero antes que viniera el derramamiento del Espíritu, dos señales desusadas establecieron conexión aun mayor con el simbolismo del Antiguo. Primero, vino del cielo un ruido como de un viento recio que soplaba. Aun cuando no hubo viento en verdad, el sonido lleno la casa. El viento era un símbolo frecuente del Espíritu en Antiguo Testamento. El hecho de que fuera el sonido de un viento recio, un viento que llevaba poder, sugiere también que esto más que el soplo del Espíritu, es la regeneración que trae la vida. Además, habla de poder para servicio.

Luego "se les aparecieron lenguas repartidas, como de asentándose sobre cada uno de ellos". Lo que sucedió fue que había una apariencia como de una llama sobre todo el lugar. Luego ésta se dividió y una sola llama como una lengua se posó sobre la cabeza de cada uno. Esto no era en modo alguno un bautismo de fuego. Ni juicio ni purificación, como suponen algunos. El Antiguo Testamento registra un desarrollo progresivo respecto de la adoración. Luego Dios ordenó a su pueblo que del cielo descendió fuego sobre un sacrificio en ese lugar para que Dios aceptara este nuevo santuario. Pero esto sucedió una vez. El cambio siguiente vino cuando Salomón construyó el templo. Una vez más descen-

Guiado por el Espíritu Santo

dió fuego y consumió el sacrificio, señalando que Dios aceptaba este santuario. Pero esto sucedió solo una vez. Los templos edificados por Zorobabel y por Herodes fueron simplemente reedificaciones del mismo templo, de modo que la señal no se repitió.

Ahora el antiguo templo estaba a punto de ser destruido. (Dios permitió que hubiera un anticipo de cuarenta años hasta el año 70 d. de J.C.). Los creyentes, que se hallaban unidos como un cuerpo, fueron sacrificios vivos (Romanos 12:1), como asimismo sacerdotes, y piedras vivas para el templo (1 Pedro 2:5). Pero, en otro sentido, el nuevo templo tiene una doble significación. El cuerpo de creyentes unidos es el templo (santuario) para la morada de Dios mediante su Espíritu (Efesios 2:11, 22; 1 Corintios 3:16). Además, los cuerpos de los creyentes individuales son, cada uno, un templo o santuario del Espíritu Santo (I Corintios 6:19).

La apariencia de fuego se presentó sobre todo el grupo para indicar la aceptación del Cuerpo entero como un templo. Luego al dividirse en lenguas de fuego sobre la cabeza de cada uno, lo hacía para mostrar que Dios aceptaba el cuerpo de cada uno como templo del Espíritu.

Estas señales no fueron parte del bautismo pentecostal o del don del Espíritu. No se repitieron, del mismo modo como el fuego; vino solamente una vez sobre cada nuevo santuario en los tiempos del Antiguo Testamento. No se hicieron presentes en la casa de Cornelio, donde Pedro identifico la experiencia allí habida con la promesa de Jesús de que serían bautizados en el Espíritu, y dijo que era un don semejante e idéntico al que habían recibido los ciento veinte cuando se derramo el Espíritu en Pentecostés (Hechos 11: 15-17). Pero las lenguas de fuego muestran que antes que el Espíritu fuese derramado, Dios reconoció a los creyentes como el templo, como el cuerpo de Cristo. La Iglesia se hallaba ahora en una existencia de pleno desarrollo, teniendo al Cristo glorificado como la Cabeza del Cuerpo. Los miembros del cuerpo estaban listos esa hora para que se derramara la promesa.

Fueron todos llenos

Entre las iglesias sacramentales muchos suponen que el bautismo en el Espíritu en Pentecostés y el hablar en lenguas estuvieron limitados a los doce apóstoles. Sin embargo, fueron más de doce las lenguas que se hablaron. El énfasis en el derramamiento sobre toda carne también excluye esta idea. De entre los ciento veinte presentes, todos fueron llenos, todos hablaron otras lenguas, y el sonido de las lenguas fue como un (2:6). También cuando Pedro habló ante, un gran grupo en salen después de la experiencia en la casa de Cornelio, dijo que cayó sobre ellos un don semejante "a nosotros que creemos en el Señor Jesucristo". Esto sugiere que el Espíritu cayó de la misma manera, no solamente sobre los apóstoles y el resto de ciento veinte, sino sobre los tres mil que creyeron después mensaje que dio Pedro en Pentecostés. Claramente, esta rienda no fue solamente para unos pocos favorecidos.

Otras lenguas

Solamente una señal era parte del bautismo pentecostal, los que fueron *henchidos* con el Espíritu Santo con hablar en otras lenguas, como el Espíritu les daba que decir, ellos usaron sus lenguas, sus músculos. Fueron ellos los que hablaron. Pero las palabras no provenían de su mente o su pensamiento. Fue el Espíritu quien les dio la expresión, la que se manifestó valientemente, con fuerza, y con una obvia evidencia y poder. Esto se interpreta de varias maneras. Algunos toman el versículo 8 ("¿Cómo, pues, les oímos nosotros hablar cada uno nuestra lengua?") y suponen que los discípulos estaban hablando realmente en su arameo nativo y que éste fue milagro de audición más bien que de expresión. Pero los versículos anteriores son demasiado específicos porque cada hombre les oyó hablar en su propio idioma, sin trazas del acostumbrado acento galileo.

Algunos transigen al opinar que los discípulos hablaron lenguas desconocidas, las que el Espíritu Santo interpretó a de cada uno de los oyentes en su propio idioma. Pero Hechos 7 excluye eso también. Los ciento veinte hablaron en idiomas que fueron realmente comprendidos por una variedad de personas procedentes de distintos lugares. Esto dio testimonio de la universalidad del don y de la universalidad y unidad de Iglesia.

Otro concepto equivocado corriente es la suposición de que estas lenguas eran un don de lenguas para predicar y para enseñar el evangelio con el fin de apresurar su difusión. Pero no hay evidencia de un uso semejante. Hubiese sido útil a Pablo en Listra, donde no comprendía el idioma y tuvo que procurar explicar en griego (Hechos 14:11-18).

El día de Pentecostés, el sonido de las lenguas congregó a la multitud, pero lo que ellos oyeron no fue discurso ni predicación. Más bien fueron las maravillas (los hechos poderosos; magníficos, sublimes) de Dios. Esto puede haber sido en forma de exclamaciones de alabanza, con las cuales ellos hablaban a Dios. Era ciertamente adoración, no predicación. Si hubiese sido predicación, habría obrado la salvación de algunos a lo menos (I Corintios 1:21). Pero nadie se salvó como resultado de las lenguas. En cambio, la gente se hallaba atónita y perpleja, absolutamente incapaz de comprender a qué se debía todo esto (2: 12). Comprendían el significado de las palabras, pero no el propósito.

Estaban confundidos por lo que oían.

Otros comenzaron a burlarse, diciendo que éstos estaban llenos de mosto (vino nuevo; en este caso no es jugo de uvas, sino una palabra que significa un vino especialmente que intoxica, el que se hace de uvas dulces). Se burlaron principalmente de lo que oyeron. Algunos bebedores se ponen bulliciosos y habladores. Sin embargo, no debemos suponer que hubiese algún signo de la especie de frenesí que caracterizaba el libertinaje de los borrachos paganos. Los ciento veinte todavía tenían el control de sus facultades. Su principal emoción era todavía el gozo. Y todos ellos dejaron de hablar inmediatamente cuando los apóstoles se pusieron de pie. Evidentemente, cuando los ciento veinte continuaron hablando en lenguas, la mofa creció, pues de esto es de lo que Pedro toma nota cuando comienza a hablar (2:15). Puede ser que como la multitud creció se hizo más difícil distinguir los idiomas. Tal vez, también, muchos se unieron a la multitud que no estaban suficientemente cerca de nadie que estuviera hablando algún idioma que pudieran entender. Con la confusión, llego la hora de que cesaran las lenguas. Estas habían bendecido al creyente y habían sido una señal para la multitud incrédula, pero no podían hacer la obra del Espíritu de convencer al mundo de pecado, de justicia y de juicio. Sólo los creyentes realmente recibieron algo de la experiencia hasta este punto. Fueron *henchidos*. El Espíritu que les hizo glorificar a Dios en otras lenguas debe haberles revelado también las mismas verdades a sus corazones, de modo que su gozo y emoción surgieron a raíz de un nuevo aprecio de Dios y de Cristo.

La obra del Espíritu de convencer al mundo comenzó cuando Pedro se puso de pie y comenzó a hablar. Lo que él dio no fue un sermón. No estudió ni se preparó para ello, ni trató de desarrollar tres puntos. "Alzó la voz", es el mismo verbo que se usa en 2:4 del Espíritu que les dio expresión en lenguas. Pero en esta, el Espíritu dio a Pedro expresión en su propio idioma, en una lengua que toda la multitud entendía. En otro lugar de un sermón fue una manifestación del don de (1 Corintios 12:10; 14:3). Los ciento veinte usaron las lenguas para hablar de las maravillas de Dios. Ahora Pedro hablaba a hombres para edificación, y más tarde en exhortación (2:40) dada por el Espíritu.

El cumplimiento de la profecía de Joel

Después de demostrar que la idea de que los ciento estuviesen borrachos era irrazonable. Pedro comenzó por declarar que lo que ellos veían y oían (2:33) era el cumplimiento de Joel 2:28-32. La primera parte de la profecía obviamente se cumplía en lo que sucedía en esos momentos a los ciento veinte. Lo de Joel referente al derramamiento del Espíritu tomaba lugar ante los ojos de ellos. Los hijos y las hijas de Israel profetizando, llenos del Espíritu y hablando bajo su unción lenguas que fueron entendidas se consideran aquí como lentes de profecía.

El hecho de que Pedro cite la parte correspondiente a señales de sangre, fuego, humo, y oscuridad confunde a muchos interpretan esto simbólicamente. Otros suponen que fueron de algún modo cumplidas durante las tres horas de oscuridad mientras Jesús colgaba de la cruz. Parece más bien que las señales se mencionan como un medio de conectar el movimiento pentecostal con el tiempo del fin. Este don dado fue de los primeros frutos de la época venidera (Romanos 8:23).

El corazón no regenerado del ser humano no concibe las cosas que Dios ha preparado para aquellos que le aman. Pero Dios las reveló a nosotros por el Espíritu (1 Corintios 2:9-10). Muchos placeres que serán nuestros cuando veamos a Jesús no son misterio para nosotros. Ya los hemos experimentado, aunque menos en cierta medida. Todos los que han gustado (de veras) el don celestial y son hechos participantes Espíritu Santo, han experimentado ya la buena obra de los poderes (poderes notables, milagros) del siglo (época) venidero (Hebreos 6:4-5). El contexto en Joel continúa diciendo acerca del juicio y del fin de la época. Esto llegará a su clímax cuando se reúnan multitudes en el valle de la decisión (la decisión de Dios, no la ellos).

En vista de esto, algunos dicen que la profecía de Joel no se cumplió del todo en el día de Pentecostés. Joel, dicen ellos, esperaba que el derramamiento ocurriera en conexión con la restauración de Israel y con los juicios del Día del Señor. Un escritor va tan lejos como para decir que Pedro no quiso decir realmente "Esto es". El habría querido decir: "Esto es algo que se parece." En otras palabras, el derramamiento del día de Pentecostés sería solamente similar al que sucederá al fin de este siglo. Sin embargo, Pedro dijo: "Esto es." Joel, como los demás profetas del Antiguo Testamento, no ve la brecha del tiempo entre la primera y la segunda venida de Cristo. Ello pone todo en el mismo contexto de liberación y de juicio, igual como lo hizo Juan el Bautista. Pedro reconoció ahora que hay una diferencia, pero él, junto con los otros discípulos, no tenía idea de que el tiempo sería tan largo. Y Jesús tampoco se lo dijo (Hechos 1:6).

A Pedro le pareció como si la era mesiánica venidera estuviese muy próxima. Ni siquiera se preocupó por el hecho de que no estuviese cumplida toda la profecía de Joel que citó en esa ocasión. Los ciento veinte no soñaban a las nueve de la mañana, ni tampoco se dice que hayan visto visiones mientras hablaban en lenguas (aun cuando no es imposible). No parece ser que hubiera algún esclavo entre los ciento veinte. Pero esto era el comienzo. El resto vendría en su debido tiempo, incluso las señales y los juicios profetizados por Joel.

Para aclarar, Pedro, bajo la inspiración del Espíritu, especificó el significado de las palabras después de esto en Joel 2:28. El derramamiento es "en los postreros días". Así, los postreros días habían empezado efectivamente con la ascensión de Jesús (Hechos 3:19-21). En otras palabras, la Biblia reconoce aquí que toda la dispensación de la Iglesia son "postreros días". Es la última época antes de la restauración de Israel y del reinado de Cristo sobre la tierra, la última época antes que Él venga en llama de fuego a tomar venganza sobre aquellos que no conocen a Dios y rechazan el evangelio (2 Tesalonicenses 1:7-10).

Aun después que habían pasado varios años, los primeros cristianos todavía continuaban mirando esperanzados hacia el futuro. El clamor del apóstol Pablo hacia el final de sus viajes misioneros fue: "Es ya hora de levantarnos del sueño; porque ahora está más cerca de nosotros nuestra salvación (incluida nuestra herencia eterna) que cuando creímos. La noche está avanzada, y se acerca el día" (Romanos 13:11-12).

Pedro vio también que los "postreros días" traían oportunidad para tiempos de refrigerio. Hechos 3: 19 podría traducirse: "Por tanto, arrepiéntanse, y vuélvanse a la remisión de sus pecados, de modo que vengan tiempos de refrigerio y avivamiento de la presencia del Señor y que él pueda enviar a Jesucristo, quien fue señalado para ustedes (o designado como/su Mesías)."

El modo en que Pedro miró la profecía de Joel muestra que esperaba un cumplimiento continuado de la profecía de los "postreros días". Esto significa también que el anuncio de Joel está vigente hasta el fin de esta era, mientras Dios siga llamando a la gente para salvación será derramado su Espíritu sobre ellos. "Porque para vosotros es la promesa (esto es, la promesa del Antiguo Testamento es para vuestros hijos, y para todos los que están lejos; para cuantos el Señor nuestro Dios llamare" (Hechos 2:39). Por causa de esto, y teniendo en consideración la promesa de Jesús de que los discípulos serían bautizados en el Espíritu, la obra de bautismos debe continuar. De este modo, estamos justificados al denominar bautismos en el Espíritu a los subsiguientes cumplimientos de la promesa. Hechos 2:38 se refiere a lo que fue prometido como el "don del Espíritu" pero, tal como ya hemos visto, la terminología es claramente el cumplimiento de la profecía de Joel no puede limitarse al día de Pentecostés o a alguna ocasión especifica.

¿Qué haremos?

Cuando el Espíritu convenció a los oyentes, les hizo sentirse culpables, y preguntaron: "¿Qué haremos? Puesto de pie, Pedro fue también parte de la expresión del Espíritu en forma de exhortación: "Arrepentíos (cambiad a otro modo de pensar y vuestras actitudes básicas hacia Él, la justicia, y el juicio), y bautícese cada uno en el nombre (en base a la autoridad) de Jesucristo que se expresó en Mateo 28:19 para (por causa de) perdón pecados, y recibiréis (tomaréis) el don del Espíritu (Hechos 2:38). Téngase presente que el bautismo en agua es un testimonio, una declaración de lo que ya ha sucedido anteriormente. Ni produce ni es el medio para el perdón de Dios. La expresión en griego es paralela al bautismo de "para arrepentimiento", que significa "por causa de arrepentimiento", como lo muestra el contexto.

El llamado de Pedro, entonces, fue para que ellos se arrepintieran, lo que significaba que cambiaban de su incredulidad a fe. Por causa de que ellos creyeron fueron perdonados. El bautismo en agua declaraba su unión con Cristo en su muerte (Romanos 6:3). Luego, lo que venía a continuación en la secuencia normal era recibir (la verdad activamente) el don de o bautismo en el Espíritu Santo.

Hacer Discípulos

Desde el día de Pentecostés en adelante vemos al Espíritu santo activo en la vida de la Iglesia; en la enseñanza, en milagros, en subsiguientes asuntos, y en nuevos bautismos, pero por sobre todo en la obra de difundir el evangelio y de establecer la Iglesia.

La primera evidencia de la obra continuada del Espíritu es que capacitó a los apóstoles para hacer discípulos, verdaderos estudiantes, de los tres mil que se convirtieron. Este discipulado sea través de varias clases de experiencias de aprendizaje.

Primero, ellos pasaron mucho tiempo bajo la enseñanza de los apóstoles; segundo, en la comunión; tercero, en el partimiento del pan; y cuarto, en las oraciones (Hechos 2:42). Parte de esto se cumplió en el templo, por cuanto los creyentes pasaban mucho tiempo en el templo (Hechos 2:46), y los apóstoles estaban allí todos los días, enseñando y comunicando las buenas nuevas del Cristo (el Mesías), llamado Jesús (3:1, 12-26; 5:42). Pero los apóstoles hicieron lo mismo diariamente de casa en casa (5:42). No obstante, la enseñanza de los apóstoles no era solamente teórica. El Espíritu Santo era el verdadero Maestro. Él usaba la verdad para traerlos a una comunión creciente, no meramente el uno con el otro, sino antes que nada con el Padre y con el Hijo (1 Juan 1:3, 7; 1 Corintios 1:9).

"Esta comunión era también el compartir lo espiritual, una comunión del Espíritu Santo (2 Corintios 13: 14; Filipenses 2: 1). Esto puede hacer incluido el compartir la Cena del Señor. Pero el énfasis aquí no está en el ritual. El resultado de la obra del Espíritu era el traer a la gente a una nueva unidad en que ellos eran de un corazón y de un alma (Hechos 4:32). Tal como lo indica Ezequiel 11:19, el corazón único, la unidad de la mente y de esta unidad en el Espíritu, les dio una fe, amor, y preocupación del uno por el otro que les hizo compartir lo que tenían con los hermanos y hermanas que estaban en necesidad (véanse Santiago 2:15-16; 1 Juan 316-18; 4:7-8; 11,20). En este sentido, "tenían en común todas las cosas" (Hechos 2:44-45). Esto no era comunismo. "Común" significa sencillamente "compartido". Nadie decía, "esto es mío. Tú no tienes derecho alguno a ello". Dondequiera que veían a un hermano en necesidad, compartían con él lo que tenían (4:32). Algunos vendieron sus propiedades y trajeron el dinero a los apóstoles para que lo distribuyeran (2:44; 4:37). Pero nadie les obligaba a hacerla (Hechos 5:4).

Gran parte de esta actividad de compartir se llevó a cabo en la mesa de la comunión. Cuando partían el pan alrededor de la mesa en sus hogares, compartían su alimento con una plenitud de gozo rebosante y con una sencillez de corazón, alabando a Dios y teniendo favor con el pueblo, esto es, con la masa que habitaban en Jerusalén (Hechos 2:46-47). ¡No debe causar extrañeza que el Señor siguiera añadiendo cada día los que habían de ser salvos!

Su discipulado también estuvo marcado por tiempos de oración. Estaban en el templo regularmente para la oración de la mañana y de la tarde. Pasaban tiempo en oración, y a veces tiempo prolongado, cuando enfrentaban oposición y peligro (Hechos. 2:47; 4:24-30; 12:5, 12).

Los milagros, como señales que indicaban la naturaleza y el poder de Jesús, como maravillas que atraían la atención a Cristo en su medio, fortalecieron a los creyentes. También hicieron que la gente que les rodeaba sintiera temor, y que manifestara un espíritu de temor y de reverencia (Hechos 2:43). Pero el poder del Espíritu expresado en la enseñanza y en la comunión, y el poder del Espíritu manifestado en los milagros, era parte de la misma vida en el Espíritu. La gente no se veía a sí misma como si viviera en dos niveles, uno espiritual y el otro natural. El Espíritu Santo saturaba sus vidas por completo. La adoración, la comunión con Dios, el compartir en forma práctica, el evangelismo, y los milagros, todos eran parte de una experiencia unificada en el Espíritu.

El movimiento del Espíritu fue extendiéndose primero en el grupo más grande, luego el movimiento del Espíritu fue extendiéndose en los grupos pequeños en los hogares. Siempre las necesidades y los peligros comunes les hacían volver a juntarse en los grupos más grandes ya que el testimonio en el templo era necesario. Así mismo era necesario el testimonio en los grupos que se reunían en los hogares. Desde el comienzo, el Espíritu Santo les ayudó a tener un equilibrio, sin caer en el formalismo o en el ritual.

Continuamente llenos

Una notable evidencia de la superintendencia que ejercía el Espíritu Santo sobre la obra de la Iglesia era la manera en que seguía proporcionando *henchimientos* frescos para enfrentar las nuevas necesidades y los nuevos desafíos. El Libro de Hechos da dos ejemplos de tales *henchimientos* en individuos. A causa de las limitaciones de espacio, Hechos menciona a menudo sólo unos pocos ejemplos de cosas que deben haber ocurrido con mayor frecuencia. La sanidad del cojo en la Hermosa es, por ejemplo, sólo un caso de entre las muchas maravillas y señales hechas por los apóstoles (Hechos 2:43; 3:1-10). El primer ejemplo de la renovación de la plenitud fue ante el Sanedrín; en el mismo Sanedrín donde condenó a muerte Jesús. Temeroso de éste Sanedrín, Pedro había negado anteriormente al Señor. Pero esta vez, cuando Pedro se puso de pie fue lleno de nuevo del Espíritu y dio una respuesta que proclamó la verdad y glorificó a Jesús (Hechos 4:8. 10-12). La forma del verbo griego indica que ésta fue de veras una nueva plenitud. Pero la idea es que él hubiese perdido algo de la plenitud anterior y ahora fue renovada.

La misma forma del verbo se usa en Hechos 13:9, cuando "lleno del Espíritu Santo", enfrentó a Elimas el mago y lo reprendió. Pablo no acostumbraba a andar por allí reprendiendo la gente de esta manera. Pero en este caso la represión dada en manera especial fue la represión del Espíritu. El juicio sobre él fue por consiguiente la mano de Dios, el poder de Dios; esta fue la obra del Espíritu para convencer al procónsul (gobernador provincial) de Chipre. Sin embargo, él no fue solamente para mostrar un milagro. El milagro sólo respaldó la predicación ungida por el Espíritu.

Después del primer testimonio de Pedro ante el Sanedrín; él y "Juan fueron a los suyos", lo que probablemente significa al aposento Alto, donde habían estado quedándose y donde se reunió un gran número de creyentes. Luego, después de orar concertadamente, "en el lugar en que estaban congregados, todos fueron llenos del Espíritu Santo, y hablaban con denuedo la palabra de Dios" (Hechos 4:31). Una vez más tenemos otra forma que indica un *henchimiento* nuevo y especial. El Sanedrín les advirtió que no "hablasen ni enseñasen en el nombre"; entonces vino una nueva plenitud que les dio la valentía, el coraje y el gozo para hablar clara y abiertamente la Palabra. Henchimientos frescos, frescuras, movimientos frescos del Espíritu, manifestaciones nuevas de la mano o poder de Dios, son siempre asequibles en tiempo de necesidad.

Ataques desde adentro

Añadido a los ataques desde el exterior, la Iglesia tuvo que enfrentar ataques de enemigos desde adentro. Ananías y Safira, intentaron ganar prestigio en la Iglesia careciendo de amor o de fe. Este fue el primer paso a esa especie de maniobras políticas que a veces pone a las iglesias en manos de gente sin espiritualidad. En realidad, fue Satanás el que llenó sus corazones para que mintieran al Espíritu Santo, lo que equivalía a engañar a Dios (Hechos 5:3-4). El discernimiento o conocimiento de Pedro respecto de lo que ellos habían hecho fue una manifestación del Espíritu.

El juicio de Dios sobre ellos no tan solamente salvó a la Iglesia de peligro, sino que puso el temor de Dios en los creyentes y también en los de afuera. Los cristianos fueron movidos a una nueva unidad en el Espíritu. El resto de los moradores de Jerusalén no se atrevía a juntarse con ellos sin tener un propósito definido. Pero solamente los insinceros eran los amedrentados.

Las altas normas de verdad y de honestidad hicieron que la masa del pueblo alrededor de los apóstoles les tuviera en alta estima. Ellos manifestaron esto al traer a sus enfermos para que fuesen sanados, "y los que creían en el Señor aumentaban más, en gran número así de hombres como de mujeres" (Hechos 5:13-16).

Llenos del Espíritu Santo y de sabiduría

Otro ataque desde adentro se hizo presente cuando quejas y celos amenazaron con dividir la Iglesia (Hechos 6:1). Cuando el número de los creyentes siguió creciendo, la mayoría de los hombres indudablemente consiguió empleo. Ya fue menos necesario entonces que compartieran lo que tenían vendiendo sus propiedades. Sin embargo, ese mismo fondo al cual contribuyó Bernabé se mantenía todavía para ayudar a los necesitados. Pablo trajo ofrendas en dos oportunidades de especial necesidad para contribuir al mismo (Hechos 11:29-30; 1 Corintios 16:1-3). Pero durante gran parte del tiempo sólo un grupo necesitaba ayuda.

Las viudas en esos días no podían salir a buscar un empleo. Efectivamente, las viudas que no tenían hijos o hermanos estaban expuestas a morir de hambre. Por esto, la Iglesia usó este fondo para cuidar de ellas. Entre las viudas había algunas que habían venido a Jerusalén desde otras tierras y que hablaban solamente el idioma griego.

Como la mayor parte de los grupos de minoría, eran sensibles a los desaires y, como viudas dentro de aquella sociedad, pudieron haber mostrado timidez para reclamar por sus derechos. Además, una barrera idiomática corría peligro de dividir la Iglesia.

Los apóstoles, guiados por el Espíritu, dirigieron a la Iglesia para que eligiera siete hombres para este ministerio. Pero se establecieron algunos requisitos para el puesto. Debían ser hombres de buena reputación, llenos del Espíritu Santo, y de sabiduría (teoría-práctica). El Espíritu Santo puso tal amor en los corazones de la mayoría del grupo que los hombres elegidos resultaron ser aparentemente todos del grupo minoritario de habla griega. Cuando menos todos tenían nombres griegos, y cualquier posibilidad de que se continuara descuidando a las viudas de habla griega se evitó de esta manera. Esta evidencia de la sabiduría del Espíritu fue seguida por otro incremento de la Palabra de Dios (esto es, de sus efectos), y la consiguiente multiplicación de la Iglesia (Hechos 6:7).

Ampliación de ministerio

Esteban y Felipe son ejemplos del hecho de que esta plenitud del Espíritu Santo, esta sabiduría y fe condujeron a una ampliación del ministerio (Hechos 6:5, 8, 10). Las señales y milagros que realizaron entre la gente eran de la misma dimensión como las que hacían los apóstoles (6:8; 8:5-8). Aun cuando el testimonio de Esteban le produjo la muerte, él permaneció lleno del Espíritu hasta el fin y testificó de la gloria de Jesús como su exaltado Señor (7:55-56).

Por otro lado, Felipe fue dirigido por el Espíritu, no solamente para que testificara en Samaria, sino para que ganara a un etíope para el Señor (8:29, 38). Un manuscrito griego antiguo dice que el Espíritu cayó entonces sobre el eunuco, lo cual ciertamente le dio otra razón para proseguir su camino con regocijo. Al mismo tiempo, el Espíritu tomó a Felipe en lo que parece haber sido una especie de viaje supersónico hasta la costa. Él prosiguió su viaje hasta Cesárea, donde estableció su sede para continuar su ministerio. Años más tarde, todavía era conocido como Felipe el evangelista. No había descuidado evangelizar ni siquiera a su propia familia. Sus cuatro hijas eran llenas del Espíritu y profetizaban (Hechos 21:8-9).

Bernabé era llamado también un varón bueno (noble, digno), lleno del Espíritu Santo y de fe. También él continuó con un ministerio más amplio. De este modo, había *henchimientos* no tan solamente para necesidades especiales; había una riqueza continua, una dotación constante y poderosa del Espíritu que señalaba a algunos como llenos del Espíritu. Y aun estos que llenos de tal manera podían seguir hacia mayores profundidades y hacia mayores alturas en él.

Se derriban las barreras

En un comienzo, el evangelio se extendió solamente entre judíos, o entre aquellos que estaban convertidos a pesar de que el Antiguo Testamento profetiza bendición para muchos de entre todas las naciones (esto era ignorado por los judíos). Había prejuicios muchos lugares, ya de tiempo se levantaron barreras separadoras entre los samaritanos por un lado, entre los judíos, y los gentiles el otro. Una de las obras más importantes del Espíritu para difusión del evangelio fue el derribar estas barreras.

Esto constituye una dificultad para quienes sostienen que todo se recibe con el bautismo en agua. Algunos suponen que debiera haberse recibido el Espíritu Santo, y que la deficiencia fue corregida. Pero resulta imposible explicar porque podría haber una deficiencia sobre esa base. Otros dicen que la fe de los samaritanos no era genuina, o que no era fe salvadora hasta que Pedro y Juan vinieron y oraron. Si Felipe era un hombre lleno del Espíritu y de sabiduría, él habría tenido discernimiento suficiente como para bautizar a la gente antes que creyesen verdaderamente en Jesús.

Otros sugieren que tal vez Felipe no les predicó a ellos un evangelio pleno. Puesto que los samaritanos se hallaban al lado del cerco, tal vez su prejuicio le impidió hablar de todos los beneficios que Cristo como Salvador y bautizador ofrece a los creyentes. Sin embargo, esta idea no asidero en lo que vemos en Hechos. Los discípulos no pudieron retener parte del mensaje. Ellos dijeron: "No podemos dejar de decir lo que hemos visto y oído" (Hechos 4:20). Felipe predicó la palabra, predicó a Cristo (8:4-5). Los samaritanos creyeron lo que predicó Felipe concerniente al reino de Dios y al nombre (autoridad) de Jesús. Estas cosas se hallan a menudo asociadas con la promesa del Espíritu Santo. Felipe debe haber incluido la exaltación de Jesús al trono y la promesa del Padre.

El problema parece estar del lado de los samaritanos. Ahora comprendían ellos que habían estado equivocados, no sólo en lo referente a los engaños de Simón el mago, sino también respectó de sus doctrinas. Humillados, tal vez, les parecía difícil expresar el siguiente paso de fe. Cuando Jesús halló fe simplemente expresada en base a su Palabra, la denominó gran fe, y sucedieron cosas (Mateo 8:10). Cuando la fe se elevó por encima de las dificultades y de las pruebas, Jesús la denominó gran fe, y sucedieron cosas (Mateo 15:28). Pero cuando la fe era débil, Él no destruyó lo que había; más bien la ayudó [...] a veces mediante la imposición de sus manos.

Cuando vinieron los apóstoles, oraron para que los samaritanos recibieran el Espíritu. Luego impusieron sobre ellos las manos, y al hacerlo así la gente recibió (estaban recibiendo, se mantuvieron recibiendo) el Espíritu (8:15,11). Cuando Simón el mago vio esto cayó en su anterior codicia, y ofreció dinero por la autoridad para imponer sus manos sobre la gente para que recibieran el Espíritu.

A menudo se interpreta la reprensión de Pedro a Simón por pensar que el don de Dios podría comprarse con dinero; significa que Simón deseaba ofrecer el don para la venta. Pero esto no era para la venta, puesto que los apóstoles salían y ofrecían el don en forma gratuita, reconociendo que provenía de Dios. Además, parece que Simón deseaba restablecer su prestigio entre la gente al llegar a ser un "dador autorizado" del don del Espíritu.

Del mismo modo como algunos eclesiásticos modernos mal interpretaba lo que había sucedido, había llegado a la conclusión de que era necesaria la imposición autorizada de manos para recibir el Espíritu. Muchos otros pasajes muestran que esto no era así. En Pentecostés y en la casa de Cornelio no hubo imposición de manos. En la ocasión en que Ananías impuso sus manos sobre Saulo (el apóstol Pablo), esto puede haber sido tanto para sanidad como para que recibiera el Espíritu. Lo que Pedro sugiere es que todo cuanto se necesita para poder orar por otros para que sean llenos del Espíritu es recibir uno mismo el don. En lugar de que Simón viniera e hiciera un reconocimiento de su necesidad y solicitara ayuda, vino y ofrecieron dinero para recibir el don. No comprendía que no tenía parte suerte en este asunto. Algo, sin embargo, debe haber ocurrido cuando Pedro y Pablo impusieron sus manos sobre los creyentes, de otro modo no hubiese deseado comprar lo que perecía ser la autoridad que ellos tenían. Simón ya había visto los milagros en el ministerio de Felipe. La profecía habría estado en su propio idioma y habría presentado avisos de ser notoriamente real; queda aún la misma cosa que atrajo la atención de la multitud en Pentecostés. Ellos hablaron en otras lenguas como el Espíritu daba que hablasen (Hechos 2:4, 33). Las lenguas aquí no es el punto en disputa. Ni tuvieron exactamente el mismo puesto cuando la gente escucho varios idiomas. En verdad, Lucas nada dice de ellas, con el fin de centrar la atención sobre la actitud equivocada de Simón el mago. De manera similar, Ananías dijo que Jesús lo envió para que Pablo pudiese recibir su vista y ser lleno del Espíritu Santo.

Una evidencia convincente

En cierta ocasión la evidencia de la plenitud o del bautizo en el Espíritu se convirtió en un punto importante de controversia. Ningún otro prejuicio, ninguna otra barrera era tan grande como la que existía entre los judíos; y aun cuando Jesús trató de preparar a sus discípulos y les ordenó que difundieran el evangelio entre todas naciones, ellos aparentemente consideraron que significaba a solo judíos esparcidos entre las naciones. El prejuicio de Pedro era grande, el Señor tuvo que darle una visión por tres veces, y al fin de hacerle ver la verdad, estuvo dispuesto a escuchar la voz del Espíritu, y pudo ir a la casa de Cornelio, el centurión romano (Hechos 10:16, 19).

Pedro sabía que esto no sería bien visto por sus hermanos cristianos de vuelta en Jerusalén. El hecho de que alguien llegue a ser cristiano no remueve en forma automática los prejuicios; por esta razón Pedro llevo consigo seis buenos hermanos judío-cristianos como testigos (10:23; 11:12).

Mientras Pedro predicaba, el Espíritu Santo cayó sobre los y parientes de Cornelio. Los seis cristianos judíos que acompañaban a Pedro estaban asombrados de que también sobre los gentiles se derramase el don del Espíritu Santo (10:45); la evidencia que les convenció fue que "los oían que hablaban en lenguas, y que magnificaban a Dios".

Pedro no se equivocaba en lo referente a la recepción en Jerusalén. Tan pronto como regresó se manifestó la oposición. Pero ésta no estaba dirigida tanto al hecho de que hubiese predicado a los gentiles como más bien a que hubiese comido en la mesa con ellos y consumido la comida que no era lícita (11:3). Pedro narró la historia desde un principio e hizo ver que el Espíritu Santo cayó sobre los gentiles "como sobre nosotros al principio". Recalcó también que esto era cumplimiento de la promesa de Jesús de bautizarlos en el Espíritu Santo. Era, en efecto, el mismo don que todos ellos habían recibido (11: 15-17). Ante esto, los judíos cristianos dejaron de lado sus objeciones y reconocieron que "también a los gentiles ha dado Dios arrepentimiento para vida" (11:18).

De esto se ve a las claras que era necesaria una evidencia convincente antes que Pedro pudiera decir: "¿Puede acaso alguno impedir el agua, para que no sean bautizados estos que han recibido el Espíritu Santo también como nosotros?" (10:47). Algo tuvo que demostrar que éste era el mismo don que fue dado en Hechos 2:4 para que estos cristianos de Jerusalén pudiesen quedar satisfechos. Pedro no dijo: "Espero que ellos hayan recibido el derramamiento, la experiencia desbordante de Pentecostés". Tampoco dijo: "Los gentiles lo tomaron por fe, de modo que pienso que lo tienen, creo que lo tienen." Él sabía que ellos estaban llenos, no por el testimonio de ellos, sino por el testimonio del Espíritu Santo a través de ellos. El Espíritu proporcionó la evidencia, y ésta fue tan solamente una, "hablaban en lenguas y magnificaban a Dios" (exactamente como en Hechos 2:4,11).

Obviamente, la evidencia convincente aquí fue el hablar en lenguas. Hoy en día hay tantos que piensan, esperan, creen, y luego se preguntan si acaso tienen el bautismo en el Espíritu; tal vez sea necesaria todavía una evidencia convincente.

Hay, sin embargo, otros problemas en la interpretación de pasaje. Algunos suponen que por el hecho de que el Espíritu vino sobre los gentiles mientras que Pedro se hallaba todavía predicando, significa que su experiencia de conversión y el derramamiento del Espíritu fueron una misma cosa. Hemos visto, sin embargo, que en Pentecostés y en Samaria los recipientes del Espíritu Santo eran creyentes antes que el Espíritu fuera derramado sobre ellos. Puesto que Pedro identifica lo que sucedió aquí como el mismo don, debe haber alguna distinción entre la conversión de ellos y el don del Espíritu aquí también.

La clave se halla en Hechos 10:36-37. La palabra concerniente a Jesús que Cornelio y sus amigos conocían había sido publicada por toda Judea. El "vosotros sabéis" (v. 37), es enfático. Esto parece indicar que estos gentiles conocían los hechos referentes a Jesús que incluirían la promesa del Espíritu Santo. La palabra que prometió a Cornelio de que Pedro traería, no era sencillamente evangelio, sino las buenas nuevas de "que todos los que creyeren, recibirán perdón de pecados por su nombre (el dé Jesús)" (10:43).

Algunos creen que Cornelio no tan solamente conocía el evangelio, sino que deseaba aceptar a Jesús. Por el hecho de que aquellos días la predicación estaba dirigida solamente a Dios, él puede haber estado orando respecto de dar el paso para convertirse en un prosélito judío con el fin de llegar a serlo. Pero bien sea esto cierto o no, resulta claro que él conocía evangelio. También es claro que Dios, por medio de un ángel, le preparó para aceptar cualquier mensaje que Pedro trajera (30-33). Esto significaba también que sus corazones estaban listos para recibir lo que fuese que Dios tuviera para ellos; esto precisaba sólo de una fracción de segundo para que creyeran y fueran salvos. Solamente se necesitaba algo más para que recibieran el derramamiento, lo cual Pedro estaba ya dispuesto a hacer; les predico y vino el bautismo en el Espíritu.

También Pedro en el Concilio de Jerusalén, se indica que el del Espíritu fue dado de la manera en que Dios lo dio en Pentecostés (Hechos 15:8). Esto seguramente implica que ellos ya estaban convertidos. El bautismo en el Espíritu que recibieron era testimonio al hecho de que ya eran creyentes. Hechos 15:9 menciona que Dios purificó sus corazones por la fe. Pero Pedro al mencionarlo al final no lo hace para indicar el tiempo en que ocurrió, sino para darle énfasis. El punto en disputa en Hechos 15:9 era principalmente el asunto de si los gentiles tenían que guardar la ley y circuncidarse, de modo que lo que Pedro hizo fue tan simple como repetir lo que sucedió.

Otros suponen que Hechos 10:47 significa que el agua era necesaria para completar la experiencia. Recordemos que sus corazones habían sido purificados por la fe, no por el agua (Hechos 15:9). El bautismo en agua fue aquí un reconocimiento por la Iglesia de que Dios había aceptado a estos gentiles, como también un testimonio al mundo de que ellos habían llegado a ser verdaderamente miembros de la Iglesia. De este modo, la barrera había sido derribada por el Espíritu. Los gentiles eran ahora miembros de la Iglesia en iguales términos que los judíos.

Sin embargo, hay algunos problemas que tienen una manera de presentarse de nuevo, especialmente cuando están conectados con prejuicios. Se hizo necesaria la conferencia de Jerusalén cuando los judíos cristianos empezaron de nuevo a poner restricciones sobre los gentiles y su salvación. Pero el recordatorio de Pedro respecto de la obra del Espíritu en Cesarea, el testimonio de Pablo y de Bernabé concerniente a lo que Dios estaba haciendo entre los gentiles, y la palabra de sabiduría del Espíritu por medio de Santiago obró la concordia entre los creyentes (Hechos 15:8-9, 12-29). La presencia del Espíritu en medio de ellos fue suficiente para cualquier problema, y ellos estaban dispuestos a reconocerlo (Hechos 15:28). En Éfeso se menciona de nuevo el hablar en lenguas en conexión con ciertos discípulos a los que Pablo encontró allí (Hechos 19: 1-7).

¿Habéis recibido?

Aun cuando el libro de Hechos casi siempre utiliza la palabra discípulo para hacer referencia a un discípulo de Jesús, a un cristiano, Pablo presintió que aquí faltaba algo. Sin lugar a dudas, estos doce hombres profesaban ser seguidores de Jesús. Sin embargo, Pablo les preguntó si habían recibido el Espíritu Santo "cuando creísteis" (desde que creísteis).

Las versiones modernas por lo general traducen "cuando creísteis", pero el griego literalmente dice: "habiendo creído, ¿recibisteis?" La impresión completa de Hechos 19:2 es que puesto que estos discípulos reclamaban ser creyentes, el bautismo en el Espíritu Santo debiera haber sido el siguiente paso, un paso distinto del creer, aun cuando no necesariamente separado del mismo por un largo tiempo. El "creísteis" es un participio aoristo en griego, mientras que el recibir es el verbo (también en aoristo). Ya que el tiempo del participio muestra su relación de tiempo con el verbo principal, de que el creer está en un tiempo pasado en la Reina Valera Revisada.

Guiado por el Espíritu Santo

Muchos eruditos modernos en griego señalan, no que el participio aoristo a menudo indica una acción que al mismo tiempo que la del verbo principal, en especial si está en aoristo, como en 19:2. Un escritor, Dunn Tlega afirma que cualquiera que sugiera que el participio aoristo indica una acción previa al recibir, está mostrando que tienen comprensión inadecuada de la gramática griega.

Dunn llama la atención a los muchos casos de "responder, decir", que en realidad son expresiones idiomáticas y no mucha luz sobre cómo interpretar otros pasajes. Algunos de otros ejemplos muestran que la acción del participio y el verbo principal ocurren al mismo tiempo. Pero otros no son concluyentes. Hebreos 7:27 aparece: "Porque esto lo hizo una vez para siempre, ofreciéndose a sí mismo." Esto es, se ofreció a sí mismo. Mateo 27:4, "Yo he pecado entregando sangre inocente," parece coincidir, pero el uso no es el mismo. Se define el pecado como la traición. Por tanto parece que el recibir el Espíritu Santo sea definido como creer en algo especial ya que otros pasajes indican con claridad que la recepción incluye un derramamiento definido del Espíritu.

Otro pasaje que usa Dunn es 1 Corintios 15:18: "Entonces también los que durmieron en Cristo perecieron." Pablo no considera que el perecer sea lo mismo que el morir. Más bien, al dormir le seguía lo que a Jesús, resucitó. Dunn toma también Hechos 1:8 como coincidente: "recibiréis poder cuando haya venido sobre vosotros el Espíritu Santo." En un sentido, el poder puede venir con el Espíritu y el Espíritu debe ser considerado el poder. Pero el poder en Hechos 1:8 parece venir cuando se necesita. De modo que es resultado de la venida del Espíritu en lugar de ser lo mismo.

Otro ejemplo es Hechos 10:33: "tú has hecho bien en venir". "En venir", define a lo que Cornelio se refiere por hacer. Pero ¿Será "cuando creísteis" lo que Pablo quería decir con recibir el Espíritu Santo? En verdad no parece ser ese todo el significado que él quiso dar. Entonces, Hechos 27:3 no coincide de manera tan obvia como Dunn quisiera hacernos creer. Es mejor traducido así: "Julio, tratando humanamente a Pablo, le permitió que fuese a los amigos." Parece más que posible que la hospitalidad precedió al permiso para visitar a los amigos. Dunn pasa por alto otros ejemplos que son menos coincidentes con su postura. Hablando de siete hermanos (Mateo 22:25), los saduceos dijeron del primero, "el primero se casó, y murió".

Es obvio que esto no significa que el casamiento y la muerte fueron lo mismo o que las dos cosas ocurrieron al mismo tiempo, fueron distintos acontecimientos, y el casamiento precede con claridad a la muerte, probablemente por algún tiempo.

De modo similar, Hechos 5:10 dice: "La sacaron y la sepultaron." De nuevo, el acto de sacarla y el de sepultarla no fueron el mismo. La sepultura siguió al sacarla en una simple secuencia histórica. Aunque no hubo un tiempo largo entre los dos, por lo menos fueron distintos eventos.

Pueden hallarse otros ejemplos en Hechos 13:51 "sacudiendo contra ellos el polvo de sus pies, llegaron a Iconio"; 16:6 dice: "Y atravesando Frigia y la provincia de Galacia, les fue prohibido por el Espíritu Santo hablar la palabra en Asia"; también 16:24: "El cual, recibido este mandato, los metió en el calabozo de más adentro"). En estos casos y en muchos otros la acción del participio precede a la acción del verbo principal.

De ese modo, aunque existen algunos casos en que la acción de un participio aoristo coincide con la del verbo principal, esto no constituye una regla inflexible. La impresión total de Hechos 19:2 es que el Espíritu Santo haya sido el siguiente paso, un paso diferente después de creer, aunque no necesariamente separado de eso por mucho tiempo.

La réplica de estos discípulos fue: "Ni siquiera hemos oído si hay Espíritu Santo". No debe entenderse, al parecer, como que ellos desconocían por completo la existencia del Espíritu Santo. ¿Qué judío piadoso o gentil interesado en las cosas espirituales podría haber sido tan ignorante? Es mucho más probable que la frase se compare con Juan 7:39. Allí, la frase condensada, "aún no había venido el Espíritu Santo" significa que la época del Espíritu, con su prometido derramamiento, no había llegado todavía. Así, estos discípulos decían realmente que no habían oído de la posibilidad de ser bautizados en el Espíritu Santo. Efectivamente, varios manuscritos y versiones antiguas del Nuevo Testamento expresan: "Ni aun hemos oído que alguien haya recibido el Espíritu Santo."

Cuando Pablo continuó su averiguación, descubrió que estos discípulos habían sido bautizados únicamente con el bautismo de Juan, el cual, según la explicación de Pablo, era solamente preparatorio. Luego de lo cual fueron bautizados en el nombre (en el servicio y adoración) del Señor Jesús. Acto seguido, "habiéndoles impuesto Pablo las manos, vino sobre ellos el Espíritu Santo, y hablaban en lenguas y profetizaban". Es mejor también aquí, considerar que la imposición de manos fue un medio de estimular la fe de ellos, y que fue anterior o al menos distinta de la visión del Espíritu. Luego probablemente para recalcar que estos discípulos habían recibido ahora la experiencia plena del bautismo en el Espíritu, Lucas declara definidamente que hablaron, en lenguas y que profetizaron. (El griego probablemente implica también que siguieron haciéndolo.

Dirigidos por el Espíritu

Una de las evidencias más importantes de la obra del Espíritu Santo en la Iglesia como en las vidas de los individuos, fue la manera en que el Espíritu los dirigió. Ya se han mencionado varios incidentes en las vidas de Pedro y de Felipe, pero la dirección del Espíritu es todavía más prominente en las experiencias del apóstol Pablo.

Guiado por el Espíritu Santo

La manera en que fueron guiados los líderes espirituales de Antioquía fue muy específica (Hechos 13: 14). Estos hombres eran profetas y maestros, hombres usados y dotados por el Espíritu, hombres que edificaron la iglesia, tanto en lo espiritual como en cuanto a número de miembros. En razón de que eran suplidas sus propias necesidades espirituales como también a las necesidades de la iglesia, oraban y ayunaban juntos con frecuencia. Ellos sabían que debían ministrar al Señor (esperar delante de Él en oración de intercesión y en la búsqueda de su presencia y de su poder) si es que habían de ministrar al pueblo.

En una de estas ocasiones el Espíritu Santo habló (probablemente por medio de una exclamación profética). Ordenó que apartaran a Bernabé y a Saulo para la obra para la cual Él (ya) los había llamado. Después de haber ayunado y orado, los otros los enviaron (los dejaron ir). El versículo 4 recalca que fueron enviados mediante la agencia directa del Espíritu Santo. La razón para que hubiera una exclamación profética dirigida al grupo fue porque Pablo y Bernabé habían aceptado responsabilidades respecto de la iglesia en Antioquía. Era necesario no tan solamente que el Espíritu tratara con ellos respecto de su viaje; la iglesia debía estar dispuesta a dejarlos ir. Al imponer sus manos sobre los apóstoles estimularon su fe y les indicaron que seguirían apoyándolos en oración. Pero ellos no les indicaron donde debían ir. El Espíritu mismo los dirigió para que fueran a Seleucia y luego a Chipre.

Más tarde, Pablo reconoció que los ancianos de las iglesias locales estaban en la misma clase de estos apóstoles misioneros. El Espíritu Santo los hizo supervisores (obispos, "superintendentes", pastores de las iglesias locales) para "apacentar (velar, pastorear) la iglesia (asamblea) del Señor" (Hechos 20:28). Ellos también tenían su ministerio y su llamado por medio de la guía directa del Espíritu. Él era la fuente de los dones de administración que ellos necesitaban para dirigir también la iglesia (12:28).

Atado por el Espíritu

El ser dirigido por el Espíritu significa más que disfrutar de la libertad, la valentía y las victorias que Él concede. Por sobre todo, no hay libertad para las expresiones de la voluntad egoísta o arbitraria de uno. Por el contrario, los que son llamados y dirigidos por el Espíritu, se convierten en prisioneros (voluntarios) de Él. Aceptan las limitaciones y restricciones que Él les impone.

Ellos le prestan atención cuando Él les controla. Reconocen que Él sabe lo que hace y que las restricciones son necesarias para sus propósitos. Hallamos un ejemplo destacado durante el segundo, viaje misionero de Pablo. El apóstol, junto con Silas y Timoteo, fue impedido por el Espíritu de hablar la Palabra en la provincia romana de Asia. Probablemente esto fue también una exclamación, profética, ya que el griego indica un mandato directo mediante el Espíritu. Piense lo que debe haber significado esto para el hombre que dijo: "¡Ay de mí si no anunciare el evangelio!" (1 Corintios 9:16).

En realidad, Dios concedió a Pablo un gran ministerio en la provincia de Asia en su tercer viaje misionero. Pero en esta Dios quería que Pablo fuese en otra dirección. Sin embargo, el Espíritu no proporcionó una guía positiva. Por esto, Pablo siguió el camino que se abría delante de él. Al llegar Misia se hizo necesario tomar una decisión. El camino hacia el norte se terminaría pronto. Puesto que no había direcciones positivas provenientes del Espíritu, Pablo se volvió hacia el este e hizo un intento, dio pasos definidos para ir hacia Bitinia. No fue sino hasta este momento que el Espíritu (llamado aquí el Espíritu de Jesús en algunos manuscritos antiguos) dio instrucciones. Además, fue un rechazo definido a permitirles que fueran en esa dirección (Hechos 16:6-8).

Pablo se volvió entonces hacia el oeste, hacia Europa, porque el Espíritu le conminó a no ir en ninguna otra dirección. Pero en Troas estaba en el lugar donde el Señor podía darle otra clase de dirección mediante la visión del llamado. Los obstáculos previos que le presentó el Espíritu hicieron que aceptara esto como la voluntad del Señor. Él no dudó que el Señor lo había enviado, aun cuando en Filipos fue puesto en la prisión (Hechos 16:9,25). Cuando Pablo, hizo su último viaje a Jerusalén, fue "ligado... en (por) el espíritu" (Hechos 20:22). No era su deseo personal ir a Jerusalén. Él deseaba ir a Roma y luego a España (Romanos 1:10-13; 15:23-24). Pero fue atado por el Espíritu para ir a Jerusalén. Se usa el mismo verbo respecto de Pablo, fue más tarde a Roma encadenado, como prisionero del gobierno romano (aun cuando él siempre se consideró así como un prisionero de Cristo). Pero aquí él era en verdad un prisionero del Espíritu. El Espíritu le llevaba a Jerusalén para que ministrara allí al llevar una ofrenda de las iglesias en Macedonia y en Grecia (Romanos 15:25-27). Esto no quiere decir que Pablo fuese renuente a ir, aun cuando el Espíritu le daba testimonio de ciudad en ciudad que le esperaban cadenas y persecución. Pablo no fue movido por esto, él solo tenía el propósito de obedecer a Dios. Él esperaba terminar su carrera con gozo (Hechos 20:23-24).

En el capítulo siguiente del libro de Hechos hallamos más detalles de cómo el Espíritu dio testimonio. En Tiro, mientras el barco se hallaba descargando, Pablo y sus amigos pasaron siete días con los creyentes del lugar. "Ellos decían a Pablo por el Espíritu que no subiese a Jerusalén" (21:4). Sin embargo, la palabra *por* no es la palabra que se usa en los pasajes anteriores para la intervención directa del Espíritu Santo. Puede ser mejor traducida; "a consecuencia del Espíritu", o " a causa de lo que el Espíritu decía". Definidamente, el Espíritu mismo no prohibió a Pablo que fuera. Más bien el Espíritu constreñía a Pablo a que siguiera adelante. Él no se contradice a sí mismo.

Guiado por el Espíritu Santo

Los detalles de lo que sucedió en la siguiente parada de Pablo, Cesarea, hacen que el cuadro resulte más claro (Hechos 21: 10-14). Un profeta, Agabo, bajó desde Jerusalén, tomó el cinturón de Pablo y lo usó en forma de lección objetiva para ilustrar mensaje del Espíritu de que Pablo sería atado por los judíos de Jerusalén y que sería entregado a los gentiles. Por causa de esta profecía, todos rogaron a Pablo que no fuese a Jerusalén. Este fue, indudablemente, el caso en Tiro. La gente, al oír el mensaje del Espíritu, expresó sus propios sentimientos de que Pablo no debería ir.

Sin embargo, Pablo declaró que él estaba dispuesto no solamente a ser atado sino a morir en Jerusalén por causa del nombre del Señor Jesús. Él sabía que la voluntad de Dios era que fuera y los demás dijeron: "Hágase la voluntad del Señor." Esto es, ellos reconocieron que era realmente la voluntad del Señor que Pablo fuera.

En realidad, era muy importante que los cristianos supieran que era la voluntad de Dios que Pablo fuese aprisionado. Había todavía judaizantes alrededor que se oponían al evangelio que predicaba Pablo y que deseaban obligar a los gentiles a hacerse judíos antes que se hicieran cristianos. Efectivamente, ellos decían que los cristianos gentiles no eran realmente salvos.

Si Pablo hubiese ido a Jerusalén sin todas estas advertencias para que las iglesias supieran lo que iba a suceder, los judaizantes pudieran haber tomado el arresto que sufriría como un juicio de Dios. Esto pudo haber creado gran confusión a las iglesias. Pero el Espíritu, mediante esto, dio testimonio a Pablo y al evangelio que predicaba. Al mismo tiempo la Iglesia misma fue protegida de las fuerzas que causan división. El Espíritu es de veras el Guía y Protector que necesita la Iglesia.

El libro de Hechos enfatiza de este modo que el Espíritu Santo, en la misma naturaleza de las cosas, se halla íntimamente ligado con todo aspecto de la vida de la Iglesia y de los cristianos. Jesús es el Salvador. Jesús es el bautizador, Jesús es el Sanador. Jesús es el Rey venidero. Pero el Espíritu Santo revela a Jesús y hace por nosotros todo lo que Jesús prometió que Él haría. Somos bautizados en el Espíritu, dinamizados por el Espíritu, enseñados a ser discípulos por el Espíritu, guiados y reprendidos por el Espíritu y esto no está limitado a los apóstoles o a otros líderes. En el libro de Hechos, todo creyente es un testigo. Todo creyente es llenado. Todo creyente tiene el gozo del Señor. ¡Qué cuadro de lo que debiera ser la Iglesia!

El Espíritu en la vida cotidiana

El libro de Hechos muestra que Pablo y sus compañeros estaban llenos (se mantenían siendo llenos) de gozo del Espíritu Santo (Hechos 15:52). La persecución y la tribulación, sólo les empujaban hacia adelante con más gozo todavía. Los convertidos de Pablo estaban llenos del mismo gozo (Hechos 16:54). Era un gozo que se derivaba del hecho de que el Espíritu daba honor y gloria a Jesús. Pablo también daba toda la gloria a Jesús. Su mensaje y su vida personal se centraban en Jesús. Él nunca subestimo esa visión celestial (Hechos 26:19). Él hablaba continuamente de estar en Cristo. Rehusaba tratar de satisfacer a los judíos con señales o a los griegos con sabiduría (filosófica). Simplemente predicaba a Cristo crucificado (1 Corintios 1:22-23; 2:2). Luego las señales siguieron en la demostración del Espíritu y de poder (1 Corintios 2:4). Esto es, las señales siguieron, no para convencer a los escépticos, sino en respuesta a la fe de aquellos que creían.

Un buen ejemplo es la respuesta o reacción del cojo de Listra a la predicación de Pablo y a su mandato (Hechos 14:7-10). Los escritos de Pablo muestran también que el Espíritu Santo era tan real y personal para él como lo era Jesús. Él reconoció el importante rol que tenía el Espíritu en su ministerio y en las vidas de los creyentes individualmente. Él dio enseñanza definida concerniente al Espíritu Santo y a dones. Especialmente en Romanos, 1 Corintios, Efesios, Romanos y Gálatas recalcan el contraste entre la nueva vida en el Espíritu y la vida antigua de esfuerzo personal bajo la ley, como también la vida antigua de pecado. Corintios y Efesios enfatizan la obra del Espíritu en los corazones de los creyentes y la Iglesia. Pero en todas las epístolas de Pablo la obra del Espíritu es evidente e importante, aun en Filemón, que no menciona específicamente al Espíritu Santo. Esto resulta cierto también de los restantes libros del Nuevo Testamento, incluso el Apocalipsis.

No apaguéis el Espíritu

Las cartas de Pablo a los Tesalonicenses hablan sólo en breve del Espíritu Santo. Él expresa profunda preocupación por los nuevos convertidos. Dios había establecido la Iglesia mediante una acción poderosa del Espíritu. Pero, por causa de una violenta oposición, Pablo fue obligado a retirarse. Él luego escribe para alentarles. No deben olvidar que el evangelio no vino a ellos "en palabras solamente, sino también en poder, en el Espíritu Santo y en plena certidumbre" (1 Tesalonicenses 1:5). Como resultado, los creyentes llegaron a ser seguidores (imitadores) de los evangelistas y del Señor, "recibiendo la palabra en medio de gran tribulación (persecución), con gozo del Espíritu Santo" (1:6). De esto vemos que Hechos, aún con la mucha atención que le da al Espíritu Santo, no siempre menciona cosas que son aclaradas en otros lugares. Hechos habla de la oposición en Tesalónica, pero no menciona la obra del Espíritu Santo en ese lugar. Lo más aproximado es la referencia que dan los opositores judíos, hablando de los apóstoles dicen: "Estos que trastornan el mundo entero también han venido acá". (Hechos 17:6). Pero de lo que Pablo dice resulta claro que las señales que siguieron a los otros apóstoles (Hechos 2:43) estaban presentes. Aquí había gozo así como creyentes llenos del Espíritu Santo, igual que en todas las demás iglesias.

Guiado por el Espíritu Santo

Sin embargo, Pablo tuvo que proseguir y exhortar a estos convertidos gentiles para que se abstuvieran de los pecados sexuales (4:3). Procedían de una cultura griega que no tenía idea de la pureza moral o de lo que la Biblia enseña respecto al matrimonio (Mateo 19:4-6). Pablo les recuerda que "no nos ha llamado Dios a inmundicia, sino a santificación. Así que, el que desecha (no reconoce) esto, no desecha (rechaza) a hombre sino a Dios, que también nos dio su Espíritu Santo" (4:7-8). El Espíritu Santo da una vida santa dedicada a la voluntad y al servicio de Dios; esto se halla en consonancia con la naturaleza de Dios como también con la naturaleza santa del Espíritu. Él es el Espíritu Santo.

Probablemente, analizando lo que el apóstol dijo: "No apaguéis al Espíritu" (5: 19), encontramos que usa la palabra "apagar" para hablar de la acción de sofocar un fuego (Marcos 9:44, 46, 48), los cuales se comparan a los fuegos de la Gehenna y el lago de fuego que no pueden ser lámparas porque se quedarían fuera de acción (Mateo 12:20; 25:8). También se usa *apagar* respecto del poder del fuego suprimido (que probablemente se refiere a Daniel 3:25-28, donde el fuego no fue apagado pero no tuvo poder para quemar a los tres hebreos). El gozo en el Espíritu que tenían ellos al servir a Dios y confiar en Jesús (1:9-10) pudo haberse perdido si el Espíritu ha sido sofocado o suprimido por el pecado.

También el Espíritu Santo puede ser apagado por una actitud errónea, tal como lo señala la próxima apelación de Pablo. "No apaguéis al Espíritu. No menospreciéis las profecías. Examinadlo todo; retened lo bueno. Absteneos de toda especie de mal" (1 Tesalonicenses 5:19-22). Ellos rechazaban las profecías y las trataban como si no tuvieran valor. Posiblemente algunos de los que decían tener este don no cumplían con las normas bíblicas de santidad. O tal vez algunos hablaban conforme a lo que eran sus deseos o llevados por su entusiasmo más bien que por el Espíritu. Tales profecías serían ciertamente sin significado, y podrían predecir cosas que no se cumplirían.

Sin embargo, el desdén y la arrogancia no eran tampoco la obra del Espíritu. La respuesta no es rechazar todas las profecías por temor de que algunas pudieran ser falsas. Más bien, debieran rechazar lo malo y reteniendo lo bueno. (Véanse Deuteronomio 13:1-4; 18:21-22; 1 Corintios 14:29.)

En 2 Tesalonicenses se muestra que había profecías que necesitaban ser probadas. Algunos habían venido a los creyentes al enseñarles que ellos no podían hacer suya la esperanza de encontrarse con el Señor en el aire (1 Tesalonicenses 4:16-17). Su alegato era que Pablo había cambiado su modo de pensar y ahora enseñaba que ellos estaban ya en él (con el Señor). Esto implicaría que ellos no esperarían nada al permanecer en la tierra durante los juicios que vendrían. Para reforzar sus ideas no sólo llevaban informes y cartas falsificadas supuestamente de Pablo, sino que reclamaban el apoyo "del espíritu". Es probable que eso signifique declarar profecías o manifestar otros dones del Espíritu.

En definitiva, Pablo no había cambiado su modo de pensar. Él estaba proclamando la verdad dada por el propio Cristo (Gálatas 1:8, 11). Ellos podrían probar estas profecías, testimonios y cartas por la Palabra que él les había entregado a ellos (2 Tesalonicenses 1:5).

En realidad, ellos podían estar aguardando la salvación, y no la ira que vendría sobre la tierra (1 Tesalonicenses 5:9; 2 Tesalonicenses 2:13; compare Apocalipsis 16:1). El propósito de Dios para los creyentes ha sido siempre la salvación (incluyendo la completa herencia en Cristo y de los nuevos cielos y nueva tierra). No obstante, dos cosas son necesarias para que nosotros sigamos en el camino hacia el cumplimiento de esta salvación. Ellas son la santificación (dedicación, consagración a Dios y a su obra voluntad) del Espíritu y la fe en la verdad (el evangelio). En verdad, las dos se hacen efectivas en nuestra vida mediante el trabajo del Espíritu. Las dos exigen nuestra respuesta.

Recibido mediante la fe

Romanos y Gálatas tratan con una gran cantidad de asuntos parecidos. Pero Gálatas fue escrito en el calor de lucha con los judaizantes. Romanos fue escrito más tarde, como tratado más general del significado del evangelio, para preparar a los romanos creyentes para la esperada visita de Pablo. Los gálatas habían provocado el asombro de Pablo. ¿Cómo podían estos nuevos convertidos escuchar a gente que deseaba que la salvación de ellos dependiera de sus propios esfuerzos? ¿Qué valor veían ellos en guardar la ley y en seguir las normas que eran corrientes entre los judíos? Jesús había sido presentado públicamente entre ellos como el crucificado. Eso había sido suficiente para la salvación de ellos. Pablo hizo entonces una pregunta que había de darles respuesta conclusiva: "¿Recibisteis el Espíritu por las obras de la ley, o por el oír con fe?" (Gálatas 3:2; compárese Hebreos 4:2 "el oír la palabra", y 1 Tesalonicenses 2:13, "la palabra de Dios que oísteis de nosotros").

Obviamente no había nada vago o indefinido respecto de la experiencia de los creyentes gálatas. Ellos recibieron el Espíritu en un acto definido. Ellos lo sabían. Pablo lo supo. Pablo jamás habría usado la experiencia de ellos en un argumento de esta clase si no hubiese sido algo tan definido como las experiencias de Hechos 2:4; 10:46; y 19:6. Muy bien puede ser que la reacciones de fe de ellos ocurrió durante la predicación de Pablo; reacción no tan solamente para aceptar a Cristo sino para recibir el bautismo en el Espíritu Santo.

Pablo preguntó luego, "¿Tan necios (faltos de inteligencia) sois? ¿Habiendo comenzado (hecho un comienzo) por el Espíritu ahora vais a acabar por la carne?" Algunos consideran que la expresión "comenzado por el Espíritu" es una referencia a experiencia anterior de llegar a ser cristianos (como parece ser el significado de "comenzar" en Filipenses 1:6, sobre lo que promete Dios, "quien comenzó una buena obra en nosotros, la terminará").

Más bien parece que Pablo quiere dar a entender el período completo del comienzo de su vida cristiana, mientras él todavía estaba con ellos. Compara esto con los esfuerzos presentes carnales y humanos de ellos, intentos de perfeccionarse por medio de guardar la ley.

Lo que sobresale en el argumento de Pablo es el hecho de que la fe es la clave a nuestra participación en toda la obra del Espíritu ¿Ministra Dios el Espíritu (sigue dando el Espíritu en provisión abundante, esto es,) con desborde pentecostal? ¿Continúa obrando milagros (hechos de gran poder) entre vosotros? ¿Sobre qué base hace Él tales cosas: las obras de la ley o el oír de la fe (esto es, sobre la base de la fe en el mensaje oído) y la obediencia al mismo?

La sentencia de la ley sobre todo ser humano, antes de traer bendición, trae maldición porque nadie puede depender de sus exigencias para salvarse. Salvación es un don de Dios, es un acto mismo de Gracia. Cristo nos redimió de la maldición que la sentencia de la ley pronuncia a todo el que no la puede cumplir: "Para que en Cristo Jesús la bendición Abraham alcanzase a los gentiles, a fin de que por la fe recibiésemos la promesa del Espíritu" (3:14). De este modo, dos benévolos propósitos de la redención de Cristo aparecen ligados para todos los que comparten la fe de Abraham. La bendición que disfruto es nuestra en la actualidad, como lo es el prometido Espíritu Santo.

Puesto que la bendición de Abraham y la promesa del Espíritu aparecen aquí coordinadas, algunos interpretan cómo que esto significa que Pablo identificaba a las dos. La bendición dada a Abraham (justificación por fe, Génesis 15:6) y la bendición prometida a todas las naciones (Génesis 12:3) llegan a ser de esta manera nuestras por medio del prometido Espíritu Santo. Esta es una posible interpretación. Pero parece que es mejor tomar el prometido Espíritu Santo no solamente como coordinado con la bendición de Abraham sino como culminante, y como relacionado específicamente a Gálatas 3:2. De este modo la bendición de Abraham viene por medio de Cristo a todas las naciones. Entonces, tanto los judíos como los gentiles que tienen fe pueden recibir el Espíritu. Qué seguridad es ésta de la actitud favorable de Dios hacia todas las naciones, incluidos los judíos. El bautismo en el Espíritu Santo da así una evidencia clara, positiva e identificable de que Dios ha aceptado a los gentiles por su fe y que no les imputa de la ley la sentencia de muerte. Esta es exactamente la conclusión a la que llego la Iglesia primitiva como resultado de la experiencia de Pedro en la casa de Cornelio (Hechos 10:44-47; 11:15-18). Aún más, Dios iba a continuar derramando su Espíritu y haciendo milagros para los creyentes gentiles que actuaran en fe y que no guardaran la ley para ser salvos (Gálatas 3:5). En verdad, las experiencias registradas en la doctrina de las epístolas de Pablo están muy correlacionadas.

Abba, Padre

Para presentar la misma verdad de otro modo, Pablo dice que Dios envió a Jesús (como hombre) para que viviera bajo la ley con el fin de redimir a los que estaban bajo la ley (a los que estaban siendo sentenciados por la ley a muerte), para que nosotros (judíos y gentiles) "recibiésemos la adopción de hijos" (Gálatas 4:5). Con el término "adopción" se quiere dar a entender los privilegios y las responsabilidades que les ponen a los hijos. También usa él este término respecto a la condición de hijos de los israelitas (Romanos 9:4). Gálatas indica que el hijo y heredero de una familia adinerada en los tiempos de Pablo sería tratado como un esclavo hasta que tuviese de edad. Entonces recibiría "la adopción", esto es, derechos, privilegios, y responsabilidades que pertenecían al miembro adulto de la familia. También se usaba en el sentido moderno, de modo que los gentiles que no eran descendientes de Abraham llegaron a ser herederos de verdad mediante haber sido aceptados (hechos) genuinos hijos de Dios. Jesús murió, no sólo para salvarnos del fuegos del infierno, sino para hacer posible que recibieran todas las bendiciones que corresponden a un miembro de familia de Dios (Efesios 2:19).

Luego, por el hecho de que ustedes son hijos, y porque las prometidas bendiciones que corresponden a los hijos les pertenecen, Dios ha enviado el Espíritu de su Hijo a sus corazones; el que clama, "Abba, Padre" (Gálatas 4:6; Marcos 14:36; Romanos 8:15). El Espíritu Santo es probablemente llamado aquí el de "su Hijo" para recordarnos las palabras de Jesús en Lucas 24:49. Allí, Jesús usó el mismo verbo "enviar", para decir, "la promesa de mi Padre sobre vosotros".

Este envío del Espíritu es claramente el bautismo en el Espíritu Santo, como se explicó en Hechos 1:4-5; 2:4. El hecho de que Pablo se refiera a ello como el Espíritu que viene a sus corazones no es extraño. Él todavía tiene en mente la misma venida del Espíritu como en Gálatas 3:2. Todavía más, hemos visto en Hechos la variedad de términos que usa la Biblia para describir al Espíritu en la experiencia pentecostal.

Es de gran importancia aquí, sin embargo, que Pablo está hablando con claridad de que el hecho de que ellos son hijos, es en base al Espíritu. Algunos han procurado interpretar Gálatas 4 para evitar una diferencia entre la experiencia del nuevo nacimiento y el envío del Espíritu. Pero el versículo 6 es una llana y sencilla evidencia de que no se admita otro significado. Algunos hacen que los hijos sean solamente hijos en potencia, no de nuevo todavía, pero esto es solamente otro argumento para intentar evitar el significado claro que tiene. Se ve con claridad que la condición de hijo debe preceder al bautizo del Espíritu en plenitud pentecostal.

El hecho de que Pablo tenía todavía en mente una experiencia que la gente puede saber si la tiene o no, se ve en el siguiente versículo (4:7), "Así que ya no eres esclavo, sino hijo". Al decir esto hace que cada individuo reconozca el hecho de que el bautismo en el Espíritu es una confirmación positiva de que verdaderamente es hijo y heredero, no un esclavo de la sentencia que dicta la ley.

Esto es confirmado por el Espíritu mismo que viene a nuestros corazones y continuamente clama, "Abba, Padre". "Clamar" significa generalmente exclamaciones en voz alta, gritos, tales como los que se necesitarían para llamar la atención en un mercado o una plaza pública. Expresa una profundidad de intensidad, fervor y urgencia, mediante la cual el Espíritu mismo dentro de nosotros clama a Dios como Padre. La repetición del clamor le añade solemnidad. A menudo se dice en la actualidad que Abba era el equivalente arameo en calidad de una forma de trato familiar. Resulta grandioso pensar que tenemos el privilegio de tener comunión con el Padre por medio del Espíritu. Verdaderamente así es. Sin embargo, Abba es realmente el correspondiente arameo a "el Padre" o "¡Padre!". Y se usaba en el círculo familiar íntimo. Pero en esa sociedad, los niños no decían "papá", por tanto e incorrecto traducirlo "papi" o "dady". Muy respetuosamente decían "Padre". En los intensos clamores del Espíritu no hay trazas de una excesiva o descuidada familiaridad. El clamor del Espíritu dice ¡Padre!

El termino griego ἀββᾶ (abba) representa la palabra aramea אַבָּא (abba'), el cual en Hebreo equivale al termino אָב (av); en ambos casos significa "Padre".[1] En realidad, Abba es una palabra aramea originalmente, y se halla en Mr. 14:36; Ro. 8:15 y Ga. 4:6. En la Gemara (comentario rabínico sobre la Mishná, la enseñanza tradicional de los judíos) se afirma que los esclavos tenían prohibido dirigirse al padre de familia con este título. Se aproxima a un nombre personal, en contraste a «padre», vocablo con el que siempre se halla unido en el Nuevo Testamento. Esto es probablemente debido al hecho de que al haber llegado «abba» a convertirse en la práctica en un nombre propio, personal, los judíos de habla helénica añadieron a esta la palabra griega *pater*, padre, del lenguaje que usaban comúnmente (griego koiné). *Abba* es la palabra formada por los labios de los niños de pecho, e implica una confianza total; «padre» expresa un entendimiento inteligente de la relación. Las dos palabras juntas expresan el amor y la confianza inteligente del hijo.[2] Una mejor explicación podría ser que los primeros cristianos habían oído a Jesús que se dirigía a Dios con la misma expresión. Esto llegó a ser la forma común de expresarse en oración; fue

---

[1] Caulley, T. S. (2012, 2013, 2014, 2015). Abba. In J. D. Barry, D. Bomar, D. R. Brown, R. Klippenstein, D. Mangum, C. Sinclair Wolcott, … W. Widder (Eds.), *The Lexham Bible Dictionary*. Bellingham, WA: Lexham Press.

[2] Vine, W. E. (1999). *Vine diccionario expositivo de palabras del Antiguo y del Nuevo Testamento exhaustivo* (electronic ed.). Nashville: Editorial Caribe.

adoptada por los gentiles de habla griega y se le añadía a Abba, "Padre" en le lengua materna del que la expresaba, quedando así: Abba Father; Abba Padre; Abba Père; Abba Vater; Abba πατέρ, etc. La intención es que se quería asegurar que ellos (todo creyente de toda lengua) sintieran que Dios era verdaderamente su Padre.

"Abba, Padre", no era por cierto algo dicho en lenguas, pero era el continuo clamor interno del Espíritu mismo. Está implicado, sin embargo, que esto mueve al creyente a una reacción de tal modo, que él también clame a Dios como Padre. Por lo que este clamor es genuino y significativo; el creyente adquiere una mayor seguridad de que es un hijo y un heredero.

Justicia mediante la fe

No sólo la abundante provisión del Espíritu que Dios proporciona nos muestra que somos hijos; debiera hacernos comprender que no necesitamos añadir nada a la provisión de Dios. Los que enseñaban que los gentiles debían guardar la ley aparentemente decían que sólo por medio de guardarla puede alguien ser justo delante de Dios. Pablo indica que la esperanza es una mejor justificación (Gálatas 5:5). La fe puede esperar conseguir genuina justicia.

Los gentiles que prestaban oídos a los judaizantes ponían su confianza en la circuncisión (como una señal del Antiguo Pacto) para su posición delante de Dios. Mediante ello estaban en realidad rechazando a Cristo, y habían caído de la gracia. No necesitamos la ley, "pues nosotros por el Espíritu aguardamos por fe la esperanza de la justicia; porque en Cristo Jesús ni la circuncisión vale algo, ni la incircuncisión, sino la fe que obra por el amor" (Gálatas 5:5-6). La fe es la clave. La fe hace lo que la ley no puede hacer cuando la fe es operativa y efectiva por medio del amor (o en una atmósfera amor). Por consiguiente, sólo podemos esperar una justicia que agrade a Dios mediante el Espíritu por fe (o mediante el que se recibe por fe vitalizada por el amor).

Caminar en el Espíritu

Pablo se muestra continuamente cauteloso de que por exagerar una verdad esta vaya a hacer que la gente tome la dirección equivocada. Ciertamente los gentiles estaban libres la ley. Pero esto se debe ser balanceado por el hecho de que somos libres para no satisfacer los apetitos carnales sino para los del Espíritu. No debían usar su libertad como una (oportunidad, pretexto) para la carne (para dejar que los de impulsos de la carne se impusieran). Más bien, deberían servirse los unos a los otros (Gálatas 5: 15). Se debe tener la misma autodisciplina que manifestó Jesús cuando dejo Su gloria, se humilló y camino entre nosotros "como el que sirve" (Lucas 22:25-27; Filipenses 2:5-8).

En algunos pasajes Pablo usa la palabra *carne* para denotar el cuerpo físico (2 Corintios 4:10-11), pero aquí él quiere dar a entender tendencias malignas dentro de nosotros que conducen a la satisfacción egoísta y a las rencillas. De este modo, los deseos que provienen de la carne en este sentido son directamente opuestos a los deseos que provienen del Espíritu (Gálatas 5: 17). Ni siquiera era suficiente que estos creyentes fueran simplemente bautizados en el Espíritu Santo. Se precisa caminar (vivir) en el Espíritu para tener victoria sobre los deseos e impulsos de la carne. El problema que había con estos creyentes de los gálatas era que se estaban mordiendo y devorando unos a otros (Gálatas 5: 15; comparar Santiago 4: 1). Esta lucha mostraba que no estaban caminando en el Espíritu, porque si uno camina en el Espíritu, definitivamente no satisfará las concupiscencias (deseos, deseos pecaminosos de la carne y de la mente). El griego es enfático aquí. Esto mostraba también que al ponerse bajo la ley tampoco obtenían victoria sobre la carne. En efecto, la ley "estimulaba" los impulsos de la carne, de tal modo que ellos ni podían hacer las cosas buenas que deseaban hacer, ni podían obtener la paz que deseaban ver.

El único modo de conseguir la victoria en este conflicto entre la carne y el Espíritu era ponerse totalmente al lado del Espíritu y dejar que él fuera quien dirigiera. Además, eso significaría que ellos no estaban bajo la ley (la ley mosaica), más bien bajo la ley de la fe (la ley de Cristo). Romanos 3:27.

Caminar en el Espíritu y ser guiado por el Espíritu significa entonces algo más que milagros. Significa victoria sobre los deseos e impulsos de la carne. Significa la crucifixión de esos deseos. Significa cultivar el fruto del Espíritu, porque el fruto del Espíritu es el mejor antídoto para los deseos de la carne. El principio de guía, entonces, se halla en Gálatas 5:16-18.

Pero Pablo nunca dejo a la gente solo con generalidades. Él estableció exactamente lo que quería decir por las obras de la carne que surgen de sus impulsos y deseos o concupiscencias. Identifico claramente el fruto que habría en las vidas de los que fuesen guiados por el Espíritu. Él no quería decir que estas listas (Gálatas 5:19-23) lo incluyeran todo. (Nótese la palabra "tales" en los versículos 21, 23). Pero son lo suficientemente claras como para saber de qué está hablando.

En realidad, necesitamos ver el fruto del Espíritu contra el fondo de los deseos de la carne con el fin de ver si estamos andando en el Espíritu o no. Para Pablo aquí no hay términos medios. Las obras de la carne no son posibles si somos guiados por el Espíritu. Si hacen su aparición, significa que hemos dejado de vivir por el Espíritu; nos hemos apartado de su dirección. Esto no significa que el Espíritu nos haya dejado, sino que le estamos dando oportunidad a la carne en lugar de darle oportunidad a Él. Sin embargo, los que hacen (permanentemente, lo constituyen en práctica) estas cosas no heredarán el reino de Dios (Gálatas 5:21).

Las obras de la carne

Las obras de la carne pueden clasificarse en cuatro grupos: Primero, adulterio, fornicación, impureza, lascivia (testarudez desenfrenada, hechos licenciosos contra la decencia) y tiene que ver con la inmoralidad sexual. Mucho de esto ni siquiera era considerado pecado por la sociedad en general. Segundo, idolatría (incluyendo las imágenes y la adoración de los dioses que representaban) y hechicería (incluida la brujería, los encantamientos, y posiblemente el uso de drogas en ritos religiosos); tienen que ver con las religiones de origen humano. Tercero, están las enemistades (hostilidad), pleitos (contiendas; discordias, disputas, riñas), celos (celos respecto de lo que tienen otros), iras (arranques del mal genio, pérdida del control), contiendas (intrigas egoístas con motivos mercenarios, devoción egoísta a los intereses de uno como en la búsqueda de un puesto), disensiones (desavenencias, como entre partidos políticos), herejías (diferencias de opinión, especialmente cuando se les presiona hasta el punto de causar división), envidias (expresadas en mala voluntad y malicia), y homicidios (que a menudo son el resultado de cualquiera de estos; véanse Mateo 5:21-23; 1 Juan 3:14-15). Todos esos tienen que ver con conflictos que surgen de nuestros propios impulsos y deseos egoístas. Cuarto, borracheras y orgías (parrandas que por lo general son el resultado de la borrachera).

Estos son nuestros impulsos naturales que batallan contra los deseos que el Espíritu tiene para nosotros. La civilización, educación, la cultura, la buena crianza familiar pueden poner una delgada cobertura sobre estas cosas, de tal modo que un incrédulo puede presentar una buena apariencia. Pero por general no cuesta mucho que estas obras de la carne hagan aparición a través del disfraz.

Cuándo el cristiano se identificó con el Cristo de Gloria, crucificó la carne con sus deseos. Pero esa victoria, que es potencialmente, debe convertirse en algo activo y real; como cristianos, vivimos en el Espíritu en el sentido de que tenemos nuestra vida movidos por el Espíritu. Pero también debemos caminar por el Espíritu si es que las tendencia a impulsos y deseos de la carne han de ser verdaderamente crucificados en nuestra experiencia diaria (Romanos 8:4,5).

El fruto del Espíritu.

Nada hay que muestre mejor esto que nuestra relación de los unos con los otros. Si deseamos vanagloria (si llegamos a ser jactanciosos con ambición desmedida) nos provocamos e envidiamos los unos a los otros (Gálatas 5:26). Si somos espirituales (viviendo por el Espíritu, caminando en el Espíritu, viviendo en activa comunión con Él) tomaremos el lugar humilde. En lugar de poner por debajo a las demás personas, en lugar de buscar nuestro propio deleite, llevaremos los unos las cargas de los otros, y nos preocuparemos por restaurar al hermano caído (6: 1-2). En realidad, ésta es una ilustración del fruto del Espíritu, fruto que comienza con amor y que se resume en amor. Se le llama el fruto del Espíritu por cuanto el Espíritu es su fuente. No crece en forma natural en el terreno de nuestra carne humana. El amor es el sentimiento que manifestó Dios en el Calvario cuando envió a su Hijo para que muriera por nosotros cuando aún éramos pecadores (Romanos 5:8). Se le describe en 1 Corintios 15:4-7 como sufrido (paciente para con aquellos que nos provocan y nos injurian), benigno (que devuelve bien por mal), libre de envidia (incluida la malicia, la mala voluntad), humilde, desprovisto de presunción, jamás es rudo o descortés, nunca es egoísta o avaro, no se resiente, no guarda rencor, jamás se regocija en la iniquidad o en la caída de otros. Sobrelleva todas las circunstancias de la vida con fe y esperanza. ¡No es de extrañar que jamás deje de ser, que nunca cese, nunca falla!

El gozo es algo de lo cual el mundo nada sabe. Muchos se hallan empeñados en una loca persecución del placer. Algunos han hallado una medida de felicidad o satisfacción. Pero ni siquiera pueden imaginar lo que es tener el gozo profundo y continuo que es el fruto del Espíritu. Este se manifiesta cuando el Espíritu hace que Jesús y su obra de salvación sean más reales a nuestros corazones. Se expresa en un regocijo activo en el Señor (Filipenses 5:1). No obstante, está allí, nutrido por el Espíritu, bien sea que haya oportunidad para expresarlo o no, y aun si las circunstancias externas son gozosas o si no lo son (véanse también Romanos 14:17; 15:13; 1 Tesalonicenses 1:6; Filipenses 1:25).

La verdadera paz también proviene del Espíritu Santo. Incluye un espíritu sereno, pero es más que eso. Es la conciencia de que estamos en una correcta relación con Dios, una sensación de bienestar espiritual. Incluye la seguridad de que podemos confiar en que Dios suplirá todas nuestras necesidades "conforme a sus riquezas en gloria en Cristo Jesús" (Filipenses 4:19). Junto con el amor y el gozo viene la ayuda del Espíritu para el del resto del fruto.

La paciencia es la cualidad que nos permite soportar a la gente que procura deliberadamente causamos confusión o daño. Los incrédulos pueden hacer todo cuanto pueden para dañamos o hacer que nos enojemos. Pero el Espíritu nos ayuda a tomar todo en amor con el gozo del Señor. De este modo no hoy tentación a la venganza (Efesios 4:2; Santiago 1:19; Romanos 12:19).

La benignidad es una bondad y generosidad que procura poner a la gente en la mejor luz. Está presta a mostrar simpatía y da la respuesta suave que, según Salomón, es la que evita la ira o el provocar arrebatos de mal genio (Proverbios 15:1).

La bondad tiene la idea del desarrollo del carácter qué es verdaderamente bueno, recto, confiable, y que todavía puede ser generoso y bueno para con los demás. Esto es lo que nos constituye en la gente noble de Dios. La manera mejor de describirlo es ser como Jesús (Él abarcaba en su vida y ministerio todo el fruto del Espíritu).

La fe es un fruto del Espíritu que se distingue de la fe que trae salvación y la fe que obra milagros. La fe en el Antiguo y en el Nuevo Testamento incluye fidelidad y obediencia. Aquí puesto que es un complemento y un constituyente del amor, y puesto que se contrasta con las obras de la carne, el énfasis se halla probablemente en la fidelidad. Se trata de una fidelidad manifestada no tan solamente hacia Dios, sino que también hacia los demás. Sin embargo, esto no la hace esencialmente diferente de la fe salvadora, puesto que la fe salvadora incluye confianza y obediencia. El fruto del Espíritu debe crecer. Igualmente, la fe debería crecer y desarrollarse dentro de nosotros.

El verbo correspondiente se emplea para referirse a los atleta que deben controlarse en todo si es que quieren ganar (1 Corintios 9:25). El Espíritu no siempre quita todos los deseos ni las tendencias de la carne. Pero otra parte, su fruto es el que ayuda a desarrollar el dominio propio que controla esos deseos, pasiones y apetitos; sin embargo, el dominio propio no viene automáticamente.

Lo que el Espíritu hace es ayudarnos a disciplinarnos. El temor cobarde es otra cosa que puede surgir de la carne. Pero como le dijo a Timoteo, "Porque no nos ha dado Dios espíritu de temor sino de poder, de amor y de dominio propio" (2 Timoteo 1:7). No nos desembarazamos de estos temores cobardes que impiden testificar para el Señor o hacer su voluntad con solo mirar al sol y absorber la lluvia. Tenemos que decidirnos y luego hacer lo que sabemos que deberíamos hacer. En otras palabras, tenemos que cooperar con el Espíritu en la disciplina de nosotros mismos si es que ha de crecer el fruto del dominio propio.

Esa cooperación con el Espíritu es necesaria para el crecimiento y desarrollo del fruto completo del Espíritu. Algunos suponen que precisamente por el hecho de que tenemos vida en el Espíritu o porque somos bautizados en el Espíritu, es seguro lo del fruto. Pero todo lo que crece automáticamente en mayoría de los jardines son las malezas; si se desea el fruto hay cultivarlo. Dios hace algo de eso (Juan 15:1), pero nosotros tenemos nuestra parte.

Pedro, al tratar con algunos de los mismos frutos nos llama a mostrar toda diligencia y a añadir a nuestra fe virtud (2 Pedro 1:5-7). Esto puede significar que suplimos por medio de nuestra virtud (poder moral) o mejor, significa que debemos ejercitar nuestra fe en tal manera que para producir virtud, el otro fruto en su turno, es conocimiento, templanza (dominio propio), paciencia (sostenido aguante frente a las dificultades), piedad (en la adoración y en la religión práctica), afecto fraternal y amor (el mismo amor que es el fruto del Espíritu). Eso es lo que significa caminar mediante el Espíritu, respondiendo activamente a su dirección en obediencia y fe.

Pedro añade que si estas cosas están en nosotros y abundan no seremos estériles ni sin frutos en el conocimiento (personal) de nuestro Señor Jesucristo. Pero si carecemos de ellos estamos en terrible peligro (2 Pedro 1:8-10). Pablo añade que si perseveramos en sembrar para nuestra carne, de la carne segaremos corrupción (destrucción eterna), mientras que si sembramos para el Espíritu, del Espíritu segaremos vida eterna, (Gálatas 6:8). Luego da una palabra de ánimo: "A su tiempo segaremos, si no desmayamos." Con la ayuda del Espíritu el fruto crecerá en una cosecha abundante. Ni siquiera tenemos que esperar hasta el fin para disfrutar del fruto. Mientras que está desarrollándose podemos experimentar el amor y el gozo tanto desde nuestro interior por medio del Espíritu. Podemos constatar la realidad de esa paz interior aun cuando la muerte nos aseche. Podemos apoyarnos firmemente en el Espíritu Santo, el cual nos ayuda cuando las cosas "vayan mal" para que aun así, otros tomen nosotros y sean bendecidos. Podemos tomar el camino de la paz cuando otros procurando promover las rencillas y la división. De este fruto no será algo secreto ni escondido que no dé evidencia de su presencia. Podemos darnos cuenta si es que está en nosotros. Del mismo modo, pueden darse cuenta los que nos rodean (Mateo 12:33).

El Espíritu de santidad

La carta de Pablo a los Romanos contempla la posibilidad de una mayor evangelización de los gentiles (Romanos 1: 13). De este modo, recalca la libertad del cristiano de la ley, tal como lo hacen en Gálatas. Muchas de sus enseñanzas concernientes Espíritu Santo son también paralelas a las de los Gálatas.

Como siempre, Pablo mantiene a Jesús en el centro. La referencia al Espíritu Santo en Romanos es en relación a esto (1:4). Verdaderamente la frase "según el Espíritu de Santidad", es a causa de una frase paralela "según la carne". Muchos consideran que esto significa el espíritu Cristo, el que era sin pecado (Hebreos 4: 15). O bien lo toman que su espíritu humano diciendo que era "el asiento de su naturaleza". De este modo ellos no ven cómo es que el Espíritu Santo es un agente activo de su resurrección aquí. En cambio, su pecado haría imposible que la muerte lo retuviera (así algunos interpretan 1 Timoteo 3:16 también). Ciertamente hay verdad en esto. Pero el Espíritu de santidad es similar a tales como el Espíritu de verdad. Tampoco hay nada contradictorio en considerar al Espíritu Santo como el Agente activo por medio del cual Dios levantó a Jesús de entre los muertos.

En realidad, difícilmente el contraste podría ser entre la carne y el Espíritu humano de Jesús. Es más bien entre un anterior estado humilde (durante su ministerio terrenal) y su presente poder y gloria (en el cielo). La secuencia en Romanos 1 comienza con la primera venida de Cristo como el Hijo del vástago que brota de las raíces de un tronco cortado, una raíz tierra seca (Isaías 11: 1; 53:2). Pero esa existencia humilde sobre la tierra ahora ya ha terminado. No podemos seguir mirando a Cristo (desde un punto de vista humano) como un Hombre sobre la tierra, con vínculos físicos y terrenales (2 Corintios 5: 16).

Mediante la resurrección de entre los muertos se ha declarado que Él es el poderoso Hijo de Dios (véase Filipenses 2:9). El derramamiento pentecostal y los ministerios del Espíritu también dan testimonio de esto.

Pablo tenía la evidencia personal de que Jesús resucitó y está ahora exaltado, no solamente por la aparición en el camino a Damasco que le hizo ser un testigo ocular de la resurrección, sino también mediante la gracia y el apostolado que recibió. La misma clase de evidencia viene a todo creyente que es bautizado en el Espíritu según Hechos 2:4. Jesús prometió que Él pediría al Padre y que el Padre enviaría el Espíritu. Cuando recibimos el Espíritu bajo la misma evidencia definida de hablar en lenguas, llegamos a ser testigos de primer orden; de que Jesús está de veras entronizado en el cielo y que hace lo que dijo que haría.

"Según el Espíritu" puede significar también "según fue predicho por el Espíritu" o "en el reino del Espíritu". Jesús Se manifiesta ahora a nosotros, no en forma física, sino en el poder del Espíritu. Es una nueva época, en que el poder triunfal de la resurrección del Cristo glorificado es asequible mediante el Espíritu a todo creyente. Cuando Pablo trata del evangelio que es el poder de Dios (Romanos 1:16), reconoce que los gentiles se apartaron de Dios y necesitan desesperadamente el evangelio.

Judíos genuinos

Pero pasa lo mismo con los judíos. Su circuncisión, la señal del Antiguo Pacto de la ley ha sido despojada de significado por causa de su pecado. Dios deseaba justicia, no formalidades religiosas (Romanos 2:26). De este modo, el verdadero judío no es aquel que parece serlo externamente (mediante la circuncisión). El verdadero judío es aquel que lo es interiormente, con una circuncisión (una separación interior para Dios) del corazón realizada por el Espíritu Santo. (Véase Gálatas 6:15, donde lo que cuenta es, la nueva criatura. Véase también Filipenses 3:3, donde se demuestra esto por la adoración a Dios en Espíritu). Judío significa "hombre de alabanza" en el sentido de alguien que es alabado por sus hermanos (Génesis 49:8). Pero la alabanza del verdadero judío no viene de los hombres sino de Dios (Romanos 2:28-29).

Esta obra interna del Espíritu Santo es realizada por la gracia mediante la fe (Efesios 2:8). La misma fe trae una esperanza positiva y una seguridad de compartir la gloria de Dios. (Romanos 5:2). Jamás habremos de avergonzamos de haber tenido ésta esperanza. Esto es lo que nunca nos frustrará. Sabemos que no lo hará porque el amor de Dios ha sido derramado (en abundancia), nuestros corazones por el Espíritu Santo que nos fue dado.

El don del Espíritu se refiere al bautismo en el Espíritu. El amor de Dios es el amor que Él derramo supremamente en el Calvario. Pero el derramamiento de ese amor no concluiría en la Cruz. Pablo prosigue hasta decir que el Dios que nos amó lo suficiente para enviar a su Hijo a que muriera por nosotros, ciertamente nos ama lo suficiente como para suplir todo lo que necesitemos para conducirnos por todo el camino a la gloria (Romanos 5:8-10; 8:37-39).

La ley del Espíritu

Pablo contrasta la ley de Moisés con la gracia en Romanos capítulos 5 al 7, más bien que con el Espíritu. El verdadero conflicto se halla, entonces, no entre la ley y la gracia sino entre la ley y el pecado. La ley no era mala ni errónea. Era "santa Justa y buena" (7:12). El pecado, no la ley, es lo que trae la muerte (7:10-11). Efectivamente, el pecado manifestó lo malo que es, lo pecaminoso que es, al tomar una cosa buena como la ley y al utilizarla para agitar todavía más el pecado (7:7-8).

El problema no era la ley, sino la debilidad del hombre (Romanos 8:2). La ley era semejante a un espejo que podía mostrar a los hombres sus faltas, pero que no podía ayudarles a mejorarse. Por medio de librar a los hombres de la sentencia que produce la ley, Cristo hizo posible servir a Dios en una nueva manera. El servirle mediante el Espíritu Santo es una manera mucho mejor que la manera antigua de tratar de seguir lo que estaba literalmente escrito en la ley (Romanos 7:6).

Esto anticipa Romanos 8, que habla de una nueva ley, "la ley del Espíritu de vida en Cristo Jesús". Esta ley libera al creyente de la antigua ley del pecado y de la muerte. La persona que estaba bajo la ley de Moisés no podía satisfacer las demandas de Dios en cuanto a la justicia. La ley solamente condenaba su pecado y traía la muerte. De este modo, sus acciones estaban guiadas por una ley (un principio) de pecado y de muerte. Pero el Espíritu Santo trae vida en Cristo.

Al hablar de la ley del Espíritu, Pablo no pone en la misma clase al Espíritu con la ley de Moisés. La Biblia no substituye una lista de reglas por otra cuando el Espíritu nos liberta de la ley. La lista de reglas que dicen: "No manejes, ni gustes, ni aun toques", no son otra cosa que enseñanzas de hombres. Son la clase de cosas que el mundo llama religión. Pero no tienen valor para librarnos de los apetitos de la carne (Colosenses 2:20-23). Esto es, si todo cuanto usted tiene no es más que una lista de reglas, todavía usted se mantiene atado a algo que no le trae ninguna esperanza real; más bien lo dejara en la carne como a cualquier borracho o adúltero. Pero si debemos hacer morir los pecados groseros de la carne (Colosenses 3:5-9), y buscar las cosas de arriba; nos vestiremos con el fruto del Espíritu, y permitiremos que la Palabra de Cristo habite en abundancia en nosotros en adoración y alabanza (Colosenses 3:1-2; 12-17). Cuando el Espíritu nos libera de la ley, Él a su vez no nos esclaviza. Nos da oportunidad para servir al Señor mediante nuestra propia y libre elección. Mediante la expresión "ley del Espíritu" Pablo quiere dar a entender un principio, algo que guía y gobierna nuestras acciones. Si cuando nos rendimos a Él nos dejamos controlar por el Espíritu, tendremos victoria en lugar de derrota. Habrá que batallar todavía (Efesios 6:12, 16), pero no estamos sin ayuda (Romanos 8:13).

Compartir la victoria de Cristo

El fracaso de la ley en producir justicia no se debió a la ley, sino a nuestra debilidad humana. Dios sabe esto y tiene compasión de nosotros (Salmo 103:15-14), pero nuestra debilidad no nos excusa. En consecuencia, Dios envió a Jesús en semejanza de carne de pecado (como verdadero hombre pero sin pecado) y a causa del pecado (como una ofrenda por el pecado). En su condición de hombre, sin hacer uso de ninguno de sus poderes divinos, Jesús derrotó a la tentación en los mismos puntos en que Eva fracasó, y donde todos nosotros fallamos (los deseos de la carne, los deseos de los ojos, y la vanagloria de la vida, los mismos deseos y tendencias que caracterizan al mundo; 1 Juan 2: 16). Mediante esto Él condenó al pecado en la carne, esto es, demostró que nosotros pecamos, no porque tengamos que pecar, sino porque elegimos pecar y porque nos desentendemos de la ayuda que está a nuestra disposición mediante la Palabra y el Espíritu. Ciertamente somos culpables, pero Él ha quitado nuestra culpa mediante su sacrificio en el Calvario (Romanos 8:5). Al caminar en el Espíritu compartimos los resultados de su victoria y hacemos buenas cosas que la ley pretendía que hiciéramos para agradar a Dios. Ya no la hacemos para esto sino más bien porque aprendimos a agradar a Dios por la fe. Eso nos hizo libres de las ataduras del legalismo.

También en Gálatas se hace énfasis en el caminar en el Espíritu. Romanos añade que esto incluye un propósito de pensamientos, intenciones, metas y aspiraciones dirigidas; por el contrario, la persona "según la carne" vive en el reino de la carne y hace todo desde el punto de vista de los deseos e impulsos de la misma (Véanse Mateo 5:28; 6:19-21, 31-32). Pero los que viven según el Espíritu, (en el Espíritu) lo miran todo desde el punto del Espíritu. Él se complace en glorificar a Cristo y dirige nuestras metas y nuestros esfuerzos hacia las cosas celestiales, las de Cristo (Mateo 6:55; Colosenses 5:1-2).

Guiado por el Espíritu Santo

La intención carnal conduce únicamente a la muerte (Ro. 8:6). Efectivamente, ya es muerte en el sentido de haberse separado de Dios. Por su misma naturaleza, es enemistad (hostilidad) contra Dios y no puede sujetarse a la ley de Dios (Someterse a principios de vida que a Él le agradan). Pero la intención que es dada por el Espíritu trae vida y paz (incluida la comunión Dios en contraste a la separación que produce el rendirse a los deseos carnales, o como dice Gálatas, a las obras de la carne). Desde Romanos 8:8 en adelante Pablo habla del creyente. No estamos en la carne (no vivos conforme a la o en el terreno de la carne y de sus deseos), sino en el campo de acción del Espíritu y con la dirección y ayuda de). Pero hay una condición. El Espíritu debe habitar en nosotros. Obviamente, Pablo no habla aquí, sino de la presencia del Espíritu que viene con la regeneración. La condición que desarrolla esta acción que es conforme al Espíritu, es un asunto de Cristo. Si somos de Él, tenemos el Espíritu. Si dejamos de andar en el Espíritu, no somos de Él.

Si tenemos el Espíritu, entonces Cristo está en nosotros, el cuerpo está muerto a causa del pecado, pero el Espíritu esta vivo por causa de la justicia (Romanos 8:10). Muchos interpretan aquí "el Espíritu" con el espíritu humano; se basan en que el conflicto entre la carne y el espíritu es solo de creyentes que han nacido de nuevo. De éste modo, los deseos carnales ahora están muertos a causa del pecado; y nuestros espíritus humanos están vivos a causa de Cristo quien nos ministra por el Espíritu. Pero el conflicto en los anteriores estatus es entre la carne y el Espíritu Santo, no carne y el espíritu humano. De este modo, la muerte física de este cuerpo (ya estamos en el proceso de muerte) es a causa del pecado, pero el Espíritu al mismo tiempo ministra vida espiritual dentro de nosotros a causa de la Justicia.

El pensamiento total de los versículos 10 al 15 se relaciona con la vida de resurrección de Cristo que llega a ser nuestra mediante el Espíritu. Nuestro cuerpo físico es mortal, sujeto a la muerte por causa del pecado. No importa lo que nosotros hagamos por ese cuerpo, hay solo una cosa que nuestro cuerpo puede hacer por nosotros. Puede llevarnos solo a la muerte. Mientras lo tengamos podemos usarlo para la gloria de Dios. Reconocemos también que es templo del Espíritu Santo y nos preocupamos por él; lo mantenemos limpio moralmente por esa razón. Pero no hay razón por la cual debiéramos hacer provisión para los deseos e impulsos carnales y pecaminosos (tales como los celos, enemistades, contiendas, enojos) que se originan en el cuerpo. Efectivo, el hacer de ese modo ocasiona la muerte física.

Pablo (1 Corintios 9:27) mantenía su cuerpo en servidumbre (lo trataba con severa disciplina), no fuese que después de haber predicado a otros él mismo fuese eliminado (fuese descalificado) y fracasara en recibir su herencia eterna; no quería que llegase a ser reprobado como los falsos maestros que se hallaban en camino al infierno y que arrastraban a otros con ellos. La muerte eterna, la pérdida completa de nuestra herencia eterna, es el resultado de vivir en el dominio de la carne, tal como vimos en Gálatas 5:21.

Por otra parte, si el Espíritu del Dios que levantó a Jesús de entre los muertos mantiene su morada en nosotros (como lo evidencia el hecho de que mantenemos una actitud de hacer morir los hechos pecaminosos del cuerpo), entonces el Dios que levanto a Jesús vivificará también (dará vida a, resucitará) nuestro cuerpo mortales por su Espíritu que mora en nosotros (8: 11, 13).

La participación de la herencia de Cristo

Tal como lo indicaba Gálatas, vivir y caminar por el Espíritu significa ser dirigido por el Espíritu. Esto es evidencia también de que somos hijos y herederos de Dios. Aquellos que se someten a la ley están en esclavitud de legalismo, y llegan a ser esclavos del pecado y de la muerte. Pero el Espíritu que hemos recibido no es un de esclavitud que nos provoque temor. Más bien, es el de adopción que nos hace exclamar, "Abba, Padre". En el "Abba, Padre" tenemos la voz interior del Espíritu. Aquí está también nuestro clamor. Por él, o en este clamor, él Espíritu da testimonio a nuestro espíritu de que verdaderamente somos hijos de Dios. En otras palabras, podemos repetir la expresión "Abba, Padre", y no tendrá significado alguno a menos que el Espíritu esté realmente presente en nosotros dando testimonio a nuestros espíritus de que en verdad somos hijos de Dios. Pablo habla aquí de una experiencia genuina. El testimonio del Espíritu no es algo vago. Cuando clamamos a Dios como Padre sabemos que no estamos pronunciando meras palabras. El Espíritu Santo nos hace conscientes de que Dios es realmente nuestro Padre. Por esto llegamos a saber también que nuestra condición de hijos es algo significativo. No somos simplemente herederos de Dios, sino que somos coherederos con Cristo. Esto es, no debemos pensar de nuestra herencia con menosprecio. Alguien podría ser heredero de un millonario y heredar. Pero Cristo es el Hijo de Dios en un sentido especial. En calidad de heredero, Él ahora reina triunfante en gloria. Pero nosotros somos coherederos con Él, y compartimos toda esa gloria que es Su herencia, llegando a compartir aun Su trono (Romanos 8:17-18; Apocalipsis 3:21).

Pablo tiene en mente lo mismo cuando habla del hombre exterior que se va desgastando (pereciendo gradualmente) mientras que nuestro hombre interior se renueva de día en día: "Porque esta leve tribulación momentánea produce en nosotros una cada vez más excelente y eterno peso de gloria" (2 Corintios 4:17). Él estaba dispuesto a padecer con y por Cristo al considerar la gloria que había de manifestarse (Romanos 8: 17-18; 2 Corintios 1:5-7; Filipenses 3:10; Colosenses 1:24).

El don del Espíritu Santo es realmente una parte de esta gloria venidera. Lo que hemos recibido en nuestra experiencia presente son en verdad los primeros frutos de lo que estamos por recibir (Romanos 8:23). En su significado literal las primicias o primeros frutos eran no solamente la primera parte de la cosecha; eran seguridad y promesa de que el resto de la cosecha vendría, de este modo, el derramamiento del Espíritu que hemos estudiado hasta aquí es, tan sólo una pequeña muestra de la abundancia en el Espíritu que es parte de nuestra adopción y de los privilegios de nuestra calidad de hijos que recibiremos el futuro.

La redención del cuerpo

El problema está en nuestros presentes cuerpos. Nuestra condición de hijos nos promete algo más que la de nuestros cuerpos, por maravilloso que eso sea. Porque es sanado continuamente en su proceso de envejecimiento y aun descendiendo hasta la muerte. La sanidad es ciertamente un modo maravilloso en que el Espíritu quebranta el enemigo de la enfermedad y de la adicción a drogas; hay también una redención de nuestro cuerpo para nosotros en esa calidad de hijos. En el momento de la resurrección y del rapto (1 Tesalonicenses 4: 16) seremos transformados (1 Corintios 1:52). Nuestro cuerpo actual será absorbido por un cuerpo nuevo que es tan diferente de lo que tenemos ahora como la planta entera de trigo es diferente de un grano desnudo. Será un cuerpo espiritual, no en el sentido de ser fantasmal o irreal, sino en el sentido de estar perfectamente adecuado para ser el templo del Espíritu Santo. El Espíritu Santo obra en nosotros ahora a pesar de nuestra debilidad e incapacidad. Pero nuestros nuevos cuerpos serán los instrumentos perfectos para la expresión de la adoración en el Espíritu (1 Corintios 15:43-44). Algunos han llegado a suponer que es posible obtener la redención del cuerpo ahora mediante el Espíritu. Pero, aun cuando es algo que se nos asegura, permanece como una esperanza y no será parte de nuestra experiencia hasta que Jesús venga de nuevo (Romanos 8:24-25). Somos verdaderamente de Dios ahora, pero "aún no se ha manifestado lo que hemos de ser". Cuando Él venga en su estado glorificado llegaremos a ser semejantes a Él (1 Juan 3:2). Mientras tanto, gemimos en nuestra debilidad con el resto de la creación, a la espera del día en que recibamos esa adopción gloriosa y final, esa redención de nuestro cuerpo.

Por tanto, permanecemos en la debilidad de nuestro cuerpo. Pero el Espíritu Santo está con nosotros. Aun cuando la experiencia con Él en la época venidera este más allá de todo cuanto conocemos en la actualidad, Él está todavía con nosotros en persona, listo a ayudarnos de una manera real y personal. Si bien es cierto que Pablo no denomina al Espíritu el Consolador, el Paracleto, también es cierto que él ve al Espíritu como nuestro Ayudador en la actualidad. Él está aquí para ayudarnos en nuestras debilidades. En nuestra debilidad a menudo no comprendemos ni comprenderemos nuestras necesidades hacer la voluntad de Dios, ni siquiera sabemos a cabalidad cómo debiéramos ser. Por ello el Espíritu viene en nuestra ayuda, intercede por nosotros (en lugar nuestro) con gemidos.

Estos gemidos no se expresan en palabras, ni siquiera en lenguas (aun cuando el Espíritu bien podría interceder con estos gemidos indecibles mientras hablamos en lenguas o mientras oramos o alabamos a Dios). Pero no es preciso que se expresen en palabras. El mismo Dios, el mismo Padre celestial que sabe lo que hay en nuestro corazón sabe también lo que hay en la mente del Espíritu Santo, sin que haya necesidad de palabras. Aún más el Espíritu sabe cuál es la voluntad de Dios, de modo que podemos estar seguros de que su intercesión es conforme a la voluntad de Dios. En otras palabras, podemos estar seguros de que sus oraciones serán contestadas. No nos extrañe que Pablo diga que nada puede separarnos del amor de Dios que es en Cristo Jesús nuestro Señor.

Una conciencia iluminada

Los capítulos 9 al 11 de Romanos tratan de la preocupación que tenía Pablo respecto de los judíos que rechazaban a Jesús. Estos tenían un espíritu de estupor en lugar del Espíritu Santo (11:8). Por el hecho de que Pablo se volvió a los gentiles en su ministerio, algunos suponen que él ya no se preocupó más de los judíos. Pero él siempre fue primeramente a los judíos (aun en Roma; Hechos 28:17; Romanos 1:16). Todavía más, él tenía una honda y continua preocupación, porque su conciencia le daba testimonio en el Espíritu Santo (9:1-3).

El significado de esto parece ser que su conciencia estaba guiada e iluminada por el Espíritu Santo, quien sabe cuál es la voluntad de Dios. Nuestras conciencias nunca son una guía suficiente en sí mismas. Precisan de la Palabra. Necesitan la iluminación del Espíritu si han de sernos de utilidad. Pablo sabía, mediante la Palabra y mediante el Espíritu, que Dios todavía se preocupa de los judíos; por esta razón se preocupaba él también. De este modo, el Espíritu Santo le hizo saber también que su conciencia estaba en lo correcto, y que su preocupación era correcta. Su preocupación era más que un sentimiento de solidaridad con su pueblo. Provenía del amor de Dios.

Adoración espiritual

Después de demostrar que Dios todavía tiene misericordia para los judíos y los gentiles que crean, Pablo pasa a dar una guía práctica para los creyentes. Los sacrificios en el templo ya no eran necesarios. Cristo los ha cumplido de una vez y para siempre (Hebreos 9:11-12; 25-28). Pero esto no quiere decir que tenemos que tornarlo livianamente o hacer las cosas a nuestro modo. Dios todavía nos llama a que presentemos, no sacrificios de animales muertos, sino sacrificios vivos, nuestros propios cuerpos.

Los únicos sacrificios que en la actualidad le resultan son los de cuerpos santos (separados, dedicados a Dios y su servicio); esto es nuestro culto racional (o adoración espiritual). Tal cual lo declara Pedro, nosotros los que hemos venido, somos piedras vivas, edificados en un templo espiritual, también un sacerdocio santo para ofrecer sacrificios para Dios por medio de Jesucristo (1 Pedro 2:5). Esto también es obra del Espíritu Santo, por cuanto la palabra espiritual aquí significa causado por, lleno con, es correspondiente al Espíritu Santo.

El uso de los dones espirituales

El siguiente pasaje (Romanos 12:3-8) nos da una lista de los cinco de dones espirituales que se hallan en la Biblia (véanse 1 Corintios 12:8-10; 12:28; 12:29-30; Efesios 4:11). El propósito de Pablo en este lugar no es el de darnos una lista inclusiva, ni tampoco es el de describir los dones. Esto era necesario. Los cristianos de Roma disfrutaban ya de estos dones del mismo modo como las otras iglesias. Pero ellos necesitaban guías en lo concerniente a su uso.

El gran peligro en ser usado por el Espíritu en el ministerio por cualquiera de estos dones es el de comenzar a imaginarnos que hay algo de especial en nosotros; y que eso es la razón por la que somos así de especiales. Es imperativo, por tanto, que todo creyente piense sobriamente (con sensibilidad) respecto de sí mismo y de su don y que reconozca que la medida de fe que tiene cada uno es distribuida asignada por Dios; cuando entramos a considerar el ministerio no tenemos que elegir lo que nos gustaría hacer o qué función debemos cumplir en el Cuerpo. "No me elegisteis vosotros a mí, sino yo os elegí a vosotros" se refiere no a la salvación sino a la elección de los doce apóstoles para un adiestramiento y no significa que sean especiales. Nadie tiene derecho a decidir simplemente por su voluntad el ser un pastor o misionero. Lo mismo es cierto en varias funciones dentro del Cuerpo que son cumplidas mediante dones espirituales. Nadie tiene en sí mismo la fe para algo ni puede desarrollarla o producirla. Esta ha sido dada. En consecuencia, a Dios le corresponde toda la gloria; somos simplemente miembros del cuerpo de Cristo, trabajando juntos todos necesitándose unos a otros, pero todos estamos cumpliendo la misma función.

La palabra función no lleva implícita la idea de restricción a los oficiales de la iglesia. Los dones representativos de este pasaje no están limitados a oficios ni a oficiales. Sencillamente son ilustrativos de algunas de las variedades de ministerio o de servicio que el Espíritu da por medio de varios individuos en la iglesia. Cada creyente tiene una medida de fe proveniente de Dios para al menos uno de éstos o de los otros dones similares.

En lugar de exaltarnos a nosotros mismos debemos reconocer que los varios dones espirituales (carismata) son expresiones de la libre gracia de Dios (favor inmerecido) hacia nosotros. Esto excluye el más leve pensamiento de que merezcamos recibir algún crédito por tenerlos o por usarlos, ya que la fe para ejercerlos también proviene de Dios.

No tan sólo el don viene por medio de la medida de fe; también debe ejercerse de acuerdo con la proporción de fe. A veces esto se entiende como "en acuerdo con la fe", considerando que por medio de "la fe" se dan las enseñanzas del evangelio (como en Gálatas 1:23). Pero esto es una excepción al uso normal de la palabra. Es mejor darle el mismo significado como en el versículo 3. El significado más común de fe (aun cuando el griego dice "la fe") es una creencia y confianza activa en Dios, una fe que es lo opuesto de la incredulidad que impidió que Israel entrara en las promesas de Dios y que impedirá que nosotros entremos en ellas (Hebreos 3:19; 4:1-2). En este caso, se trata de una fe dada par Dios con el poder para ministrar el don que el Espíritu da. La fidelidad también toma parte en esto. El profeta tiene la responsabilidad de desempeñar el ministerio que Dios le da. Y, puesto que la fe proviene de Dios, necesita mantener esa fe "viva", fuerte, e iluminada por horas de comunión con Dios.

Lo que se dice respecto del ejercicio de este don por parte del profeta, que debe profetizar (hablar por Dios) conforme a la proporción de fe, debería aplicarse igualmente a todos los otros dones mencionados. Si de la fe que tenemos damos un paso más allá hacia el esfuerzo propio, caemos. Si a semejanza de Pedro, cuando caminaba sobre las aguas, quitamos nuestros ojos del Señor y consideramos las dificultades que nos rodean, nos hundimos.

En los capítulos 12 al 14 de 1 Corintios hay un trato más amplio respecto de la profecía. Aquí el ministerio al que se alude parece ser el trabajo de los diáconos que servían en los asuntos rutinarios de hacer que la obra marchara, que llevaban las cuentas, que ministraban ayuda a los pobres, y que de alguna otra maneta ayudaban en la iglesia. Ellos necesitaban el don del Espíritu para este trabajo, de modo que no se convirtiera en mera fórmula, sino que fuese un verdadero ministerio. El maestro necesita darse a sí mismo al don de enseñanza. Esto también significa preparación, estudio, oración. Pero se necesita el don del Espíritu si es que ha de tenerse una genuina comprensión. La exhortación que incluye estímulo profético necesita del don del Espíritu si ha de desmañar al corazón, a la conciencia y a la voluntad (véase 1 Corintios 14:3, donde la exhortación se incluye en el don de profecía, aun cuando aquí se considera en forma separada).

Tal vez los dones restantes no parezcan tan sobrenaturales, pero en la realidad lo son. El dar necesita ser hecho con sencillez (con una intención recta), a la manera de Bernabé, no como Ananías y Safira (Hechos 4:36-37; 5:1-3). Como recordarán, Bernabé estaba lleno del Espíritu Santo, en tanto que Ananías le mintió al Espíritu Santo. Hay quienes dan porque otros dan.

Algunos, dan esperando algo en retorno. Pero el dar que complace Dios y que bendice a la Iglesia es aquel que viene porque Dios ha puesto en el corazón dar, y el don espiritual de dar hace que sus motivos se mantengan puros. Mientras usted siga la dirección del Espíritu en este don, Él le usará más y más para satisfacer necesidades específicas.

Presidir tiene que ver con cualquier clase de administración o supervisión, presidencia o superintendencia. Esto debe hacerse con diligencia, sincera devoción, buena voluntad, y celo o entusiasmo espiritual. La habilidad natural, la destreza humana, y la educación o adiestramiento específico pueden ser útiles en cualquiera de estas posiciones, pero nunca son suficientes para la obra de Dios. El don del Espíritu es lo que constituye la diferencia. El mostrar misericordia o ejecutar actos de misericordia tales como cuidar personalmente de los enfermos o restregar los pisos, llevar ayuda a los necesitados, visitar a los que están en la cárcel puede parecer que es algo que está dentro del terreno de lo natural, pero no todos pueden hacer estas cosas y ser de bendición. Todo esto debe hacerse con alegría, es decir, no por obligación, no con un sentir de deber, sino porque el don del Espíritu en su corazón le hace alegrarse en hacerlo.

En consecuencia, no basta con tener dones. El motivo, el amor, el celo, el estado de la mente y del corazón de la persona que ejercita el don es la principal preocupación de Pablo. Él va adelante, sin hacer mayores distinciones, y nos exhorta a que el amor sea sin hipocresía, que aborrezcamos lo malo y sigamos lo bueno, que tengamos un fuerte afecto de los unos hacia los otros con amor fraternal, que demos mayor honor a los demás antes que a nosotros mismos. Cuando sean necesarios la diligencia o el celo no debiéramos ser tardos o perezosos. Más bien debiéramos ser fervientes (ardientes, quemantes, abrasados) en el Espíritu, sirviendo al Señor (obedientes a Él como nuestro Amo).

El Espíritu y el Reino

Hay tan sólo unas pocas y breves referencias más al Espíritu Santo en el libro de Romanos. La siguiente es muy significativa y es con respecto a la naturaleza del Reino. Pablo tiene muy poco que decir respecto del Reino de Dios en sus epístolas, tal vez ello se debe al hecho de que el reino (gobierno) de Dios es activo principalmente en esta época a través del Espíritu Santo. Pero la obra del Espíritu en lo que concierne a la preparación para la época venidera y en establecer dicha época es mucho más evidente.

Muchos consideran que este versículo (Ro. 14:17) sobre el reino de Dios tiene que ver básicamente con realidades espirituales y que no tiene mayor relación con cosas materiales. No obstante, el objetivo del versículo tiene relación con la preocupación de Pablo de que mostremos amor hacia el hermano más débil, el que podría tropezar por causa de nuestra libertad para comer o beber cosas que él cree que no debe hacer. Debemos tener cuidado para no permitir que estas cosas se conviertan en un pleito. Las cosas que muestran que estamos bajo el gobierno o dominio de Dios, que demuestran que Dios es de veras el Rey de nuestra vida, no son lo que comemos o bebemos. Son la justicia, la paz y el gozo en el Espíritu Santo. En aquel entonces el problema era comer carne ofrecida a los ídolos. Ahora podrían ser otras cosas. Pero no manifestamos que Cristo reina en nosotros por insistir en nuestros derechos y libertades.

En realidad, la justicia, la paz y el gozo son enteramente nuestros en y por medio del Espíritu Santo. Él nos ayuda a permanecer por medio de la fe en la justicia de Cristo. Él nos ayuda a obtener victorias sobre el pecado, al darnos poder para rendirnos a Dios en obediencia y en servicio fiel. Él nos da poder para disfrutar de nuestra salvación en plenitud de paz y de bienestar espiritual. Él nos da gozo que se expresa en positivo regocijo y alabanza a Dios aun en medio de persecución y sufrimiento (Mateo 5: 10-13). La fortaleza y gozo que provienen de Dios hicieron posible que Pablo y Silas cantaran alabanzas aun cuando se hallaban en la más obscura celda de la cárcel de Filipos (Hechos 16:25). Cuando Pablo escribió a los Romanos manifiesta la esperanza de llegar a ellos en paz (1:10). No sabía él que lo esperaban arresto, pruebas, dos años de prisión en Cesarea, y un naufragio antes de poder llegar a Roma. Él ya había pasado por cosas semejantes con anterioridad (2 Corintios 11:23-28), pero no fue abatido por ellas. El Espíritu le revelaba continuamente a Cristo en y a través de todas estas experiencias y él podía así regocijarse.

De modo que Pablo en Romanos 14:17 no dice que la justicia, paz y el gozo en el Espíritu Santo son todo cuanto hay en el Reino. Él miró hacia la época venidera. Efectivamente estas bendiciones son bendiciones del Reino futuro. Pero, por medio del Espíritu son también nuestra posesión presente. Mediante los dones y el fruto del Espíritu el Reino tiene su manifestación presente en la Iglesia.

Pablo pasa a demostrar que esta manifestación presente del Reino sólo aumentó su anticipación de su futura esperanza. Su fe es que en vista de las promesas de Dios concernientes a el Dios de esperanza llenará a todos los cristianos de gozo y paz en el creer, "para que abundéis en esperanza por el poder (grandioso, sobrenatural) del Espíritu Santo" (15:13). Además, ese gozo y paz no son negativos u ocultos, sino que son un acompañamiento poderoso y una expresión de nuestra creencia. Pablo descubrió que este poder y este gozo se expresaban especialmente en conexión con el ministerio que Dios le dio hacia los gentiles. Compara este ministerio con un sacerdocio en el cual él ofrece a los convertidos gentiles como una ofrenda aceptable al Señor. Los enemigos que él tenía entre los judíos y entre los que decían que los gentiles que no guardaban la ley eran inmundos (Hechos 10:14-15, 28,34; 11:3). Pero Pablo los presentaba como una "ofrenda agradable, santificada (consagrada a Dios, hecha santa) por el Espíritu Santo" (Romanos 15:16).

El éxito de su misión a los gentiles no fue el resultado de sus propios esfuerzos. Cierto es que él trabajó duramente, no sólo en la predicación, sino también en la confección de tiendas, con lo cual sostenía a todo el equipo evangelístico, Pero fue la obra de Cristo por medio de poderosas señales y milagros y el poder del Espíritu Santo, lo que atrajo a los gentiles y les hizo obedecer al evangelio (Romanos 15: 18-19).

Finalmente, Pablo solicitó a los Romanos que se esforzaran en oración junto con él por medio del Señor Jesucristo y mediante el amor (inspirado) del Espíritu. Ellos no conocían a Pablo pero conocían a Jesús. Aunque no tenían oportunidad de aprender a amar a Pablo, el amor por él podía ser creado por el Espíritu, de modo que podían orar con sinceridad (15:30).

Cada una de las peticiones de Pablo fue cumplida, aun cuando no en la forma en que él esperaba. Fue librado de los judíos incrédulos que procuraban matarle y de más de cuarenta judíos que habían hecho juramento de no comer o beber hasta que le hubiesen dado muerte (Hechos 21:31-32; 23:12-24). El viaje a Roma trajo más victorias y liberaciones. En Roma, aun estando Pablo preso, el evangelio se difundió. De este modo, aun cuando las oraciones de los romanos estuvieron inspiradas de amor mediante el Espíritu, el Espíritu Santo sabía mejor que ellos mejor que Pablo, cuál era la voluntad de Dios. Sin embargo, Pablo no se sintió frustrado. El simplemente siguió viviendo en el Espíritu y por el Espíritu. Entonces el Espíritu continúo su obra de hacer que Cristo fuese real en su vida y ministerio.

El Espíritu en el ministerio de los creyentes

Desde el comienzo de 1 Corintios Pablo atrae la atención a los dones del Espíritu. El agradece a Dios por la gracia que a los Corintios les había sido dada por Jesucristo, de que en todo ellos estaban enriquecidos por Él, especialmente en los dos dones más altamente cotizados por los griegos: el de la expresión (hablar) y él de conocimiento. Efectivamente, el testimonio de Cristo estaba confirmado en ellos de tal modo que no quedaban a la zaga (no eran inferiores, no carecían) en ningún don (don espiritual, carismata). Pero a Pablo le interesaba de igual manera el fruto del Espíritu. Él les recuerda que Cristo los confirmará (fortalecerá, establecerá) hasta el fin, para que sean sin culpa "en el día de nuestro Señor Jesucristo" (cuando esto llegue y cuando permanezcamos ante su trono de juicio (Romanos 14:10; 2 Corintios 5:10).

Pablo vuelve al asunto de los dones espirituales en los capítulos 12 al 14. Pero él cree que es necesario en los primeros once capítulos conceder el máximo de su atención a los problemas que surgían de deficiencia en el fruto del Espíritu. El problema principal tenía que ver con divisiones y contiendas en el Cuerpo, las que provenían de la carne y no del Espíritu. Los cristianos hacían uso de preferencias personales por Pablo, Apolos o Cefas (Pedro) como una base para establecer lo que casi alcanzaba proporciones de partidos políticos. Había algunos que todavía se consideraban superiores a los demás y que se denominaban el partido de Cristo. Por causa de estas divisiones ellos quebrantaban la comunión espiritual de la iglesia y fomentaban contiendas.

La preocupación de Pablo por la comunión y unidad del Cuerpo de Cristo corre a través de toda la epístola. Él trata primeramente con las divisiones por medio de mostrar que éstas son la consecuencia de un fracaso en la cabal comprensión del significado de la cruz. Segundo, muestra que él y Apolos eran simplemente colaboradores con el Señor. Son siervos que pertenecen al pueblo pero el pueblo pertenece a Cristo (1 Corintios 3:22-23).

El fracaso en comprender el significado de la cruz se debía a que ellos todavía estaban mirando las cosas espirituales desde el punto de vista de la razón humana. Los corintios, como griegos que eran, estaban habituados a la idea de buscar y exaltar la sabiduría. Pero lo que ellos normalmente buscaban era sabiduría humana, el resultado de deducciones humanas, la aplicación de filosofías humanas. A causa del amor que ellos tenían por esta sabiduría, habían mirado a la cruz como locura (antes que hallaran la realidad de Cristo por medio de la predicación de Pablo (Corintios 1: 18). Pero aun cuando ahora habían aceptado al Cristo de la cruz, todavía no veían la cruz en la plenitud de su significado como una expresión de sabiduría divina y como un ejemplo de amor y de humildad. Y tampoco habían dejado atrás sus tendencias a interpretarlo todo a la luz de lo que el hombre llama sabiduría.

A cada uno de los grupos que estaban formándose en la iglesia; su lealtad a un maestro particular le parecía lógica. Aquellos que decían ser de Pablo creían que era correcto y prudente ser leales al fundador de la iglesia. Los que se adherían a Apolos probablemente alegaban que su conocimiento de la Biblia tenía mucho que enseñarle a la iglesia, y que su elocuencia les haría avanzar (Hechos 18:25, 27). Los que tomaban el nombre de cómo su estandarte probablemente decían que le honraban como a uno de los apóstoles originales. Todo era razonable, lógico. Pero era la misma manifestación del espíritu de Pedro cuando quiso construir tres tabernáculos en el Monte de la Transfiguración. De súbito una brillante nube interrumpió la revelación y una voz dijo: "Este es mi Hijo amado en quien tengo complacencia; a él oíd" (Mateo 17:3-5). Los corintios necesitaban tener una nueva visión del Cristo crucificado.

Cristo poder de Dios, Cristo sabiduría de Dios (1 Corintios 1:24).

La sabiduría de Dios

Para ayudarles a corregir su dependencia de la humana, Pablo contrasta la sabiduría de Dios con la los hombres. Les recuerda que su propia expresión y no fue "con palabras persuasivas de humana sabiduría, sino demostración (prueba convincente) del Espíritu y de poder" que Pablo les llevó no fue otra enseñanza, ni simplemente otra filosofía, ni algunas ideas humanas para ser discutidas. Ya había bastante de eso en su condición pagana. Él los llevó al laboratorio del Espíritu Santo y les mostró el poder de Dios. Les animó a que salieran en el mismo poder para que su fe pudiera permanecer en ese poder (incluyendo los dones del Espíritu). La obra de Dios era un misterio, en el sentido en que no estaba revelada en su plenitud antes de la cruz, y también en el sentido en que los hombres no eran capaces de imaginársela mediante sabiduría humana o sus poderes de razonamiento. Si hubiesen sido capaces de ello, "nunca habrían crucificado al Señor de gloria" (2:8).

Pablo explica esto por medio de una paráfrasis libre que da de Isaías 64:4 (a la luz de Isaías 52:15). "Cosas que ojo no vio ni oído oyó, ni han subido en corazón de hombre (incluidas mente y la imaginación), son las que Dios ha preparado para que le aman "(1 Corintios 2:9). Las cosas que Dios ha preparado no son principalmente las glorias del cielo sino las glorias de la cruz y todo cuanto ella significa en el plan de Dios. Está incluido lo que ya estamos disfrutando mediante el Espíritu.

El significado de la cruz con relación a la vida cristiana presente y a la vida venidera no puede ser comprendido por la mente. Pero, nosotros como cristianos no somos dejados en Dios nos ha revelado todo su plan mediante su Espíritu por cierto, lo tenemos ahora registrado en el Nuevo Testamento pero Pablo declara que participamos de la misma revelado por el hecho de que el Espíritu ilumina y explica estas a nuestro corazón.

Podemos tener confianza en que lo que el Espíritu hace que nos resulte real por cuanto el Espíritu verdaderamente sabe lo que hay en el corazón de Dios para nosotros. Él escudriña (penetra) las cosas, "aún lo profundo de Dios" (2:10). Piense en todas las cosas contradictorias que dicen las filosofías humanas acerca de la naturaleza de Dios. La mente humana sencillamente no puede penetrar las profundidades. Pero el Espíritu puede.

Pablo ilustra lo que el Espíritu hace comparándolo con el espíritu humano. Nadie sabe lo que un hombre está realmente pensando, excepto su propio espíritu (2:11). Así también nadie mediante sabiduría humana procurar observar a Dios lo que sucede en la mente de Dios. El Espíritu de Dios es el único que puede hacer esto. Cierto es que no podemos ir mucho más adelante con esta analogía. La relación del Espíritu Santo con Dios el Padre no es exactamente igual a la relación de nuestro espíritu con nosotros, por cuanto el Espíritu Santo es una Persona distinta del Padre. Pero Él conoce a Dios desde adentro. Puede así revelar correctamente lo que son los pensamientos y propósitos de Dios.

Lo que recibimos mediante el Espíritu no es semejante al espíritu del mundo. Los grandes pensadores del mundo pueden ser genios, pero ellos pueden hacer conjeturas tan sólo de las cosas que en verdad importan. Nosotros no adivinamos o imaginamos lo que hay en la mente de Dios, por cuanto el Espíritu que hemos recibido es de Dios "para que sepamos lo que Dios nos ha concedido" (2:12). Pablo incluye aquí a sus lectores. La misma certidumbre de verdad que recibió Pablo del Espíritu Santo está al alcance de todo creyente.

Para mostrar con mayor claridad la diferencia entre lo terrenal y lo celestial Pablo dice que no usó "palabras por sabiduría humana, sino (con) las, que enseña el Espíritu, acomodando lo espiritual a lo espiritual" (2:13). Esto es, Pabla no hizo uso del pensamiento retórico, lógico, o deductivo que caracterizaba a la sabiduría humana. No comenzó él desde el punto de vista de la sabiduría humana para tratar de pasar luego a lo espiritual, yendo, como diríamos, de lo conocido a lo desconocido. Él sencillamente presentó lo que el Espíritu Santo enseña, incluyendo lo que el Espíritu Santo trae desde el Antiguo Testamento y las enseñanzas de Jesús. (Un examen de los sermones de Pablo en el libro de Hechos muestra lo mucho que el Espíritu usaba el Antiguo Testamento. Véase Hechos 13:11-42).

La frase "acomodando lo espiritual a lo espiritual" es difícil de interpretar. Hay quienes la entienden como "explicando las verdades espirituales a la gente espiritual". Otros, "comparando dones espirituales y revelaciones que ya tenemos con aquellos que recibimos y juzgando lo nuevo por lo antiguo". Todavía hay quienes leen: "reuniendo las verdades espirituales en una forma espiritual." El griego no es conclusivo. En 2:6 Pablo dice que él habló la sabiduría de Dios entre aquellos que son perfectos (maduros), con lo que parece decir aquellos que son llenos y guiados por el Espíritu. Los versículos 14 y 15 pasan a comparar al hombre natural y al hombre espiritual. Esto calzaría con la primera explicación dada anteriormente. Pero en el mismo versículo 13 Pablo compara las palabras de la sabiduría con las palabras que enseña el Espíritu Santo. Eso señala a la tercera interpretación concerniente a las verdades espirituales.

Tal vez sea éste uno de esos casos en que son posibles dos significados, puesto que Pablo dio a entender ambos. Lo que el Espíritu Santo enseña no satisface al hombre natural (no espiritual) que está orientado tan sólo hacia las cosas de este mundo. No recibe las cosas del Espíritu de Dios, porque le son locura (necedad). No tiene manera de captar su verdadero significado porque éstas deben discernirse (examinarse y juzgarse) a la luz que da el Espíritu Santo. (Discernir es el mismo verbo traducido "juzgar" en el versículo 15 y "escudriñar" en Hechos 17:11, donde los de Berea escudriñaron las Escrituras).

En contraste con el hombre natural de mente mundana, "el espiritual juzga todas las cosas; pero él no es juzgado (y examinado) de nadie". Por esta razón, no necesitamos someter al examen y al juicio de los sabios de este mundo lo que aprendemos del Espíritu Santo. Con toda la sabiduría que ellos tienen no conocen la mente del Señor. Ellos podrían desear instruirnos. Pero seguramente son presuntuosos si piensan que van a instruir a Dios. Eso es precisamente lo que ellos tratan de hacer cuando procuran avaluar la Biblia como si fuera meramente un documento humano semejante a las obras de Shakespeare. Pero el cristiano tiene la mente de Cristo. Esto es, tiene la plenitud de la revelación de Dios dada en Cristo. El Espíritu Santo revela a Cristo y nos permite ver las cosas espirituales desde el punto de vista divino.

Probablemente no debiéramos limitar 2:15 a las cosas espirituales, ni tal vez a las cosas religiosas. "Todas las cosas" puede significar que la persona que está llena y dirigida por el Espíritu puede juzgarlo y evaluarlo todo. La Biblia no traza una línea entre lo sagrado y lo secular en este respecto. Dios está tan preocupado de las maravillas de la naturaleza y de las glorias de las estrellas como mundo de los hombres (sin destruir la libre voluntad de ellos) tanto como en la Iglesia. La persona que es dirigida e iluminada por el Espíritu lo ve todo desde una perspectiva completamente diferente de como lo hace el mundano no espiritual.

Viviendo como hombres comunes

El verdadero problema de los corintios no era principalmente intelectual, era moral. Pablo dijo que aun cuando estuvo presente con ellos, no pudo hablarles como a espirituales. (Verdaderamente dirigidos por el Espíritu) sino como a carnales (dominados por las debilidades de la carne), como a niños en Cristo (3:1). Ellos tenían dones, pero no habían desarrollado el fruto o la madurez que se consigue mediante el Espíritu.

Ellos mostraban su carnalidad por las obras de la carne, mayormente por envidias, contiendas, y divisiones, así es que caminaban "como hombres" (3:3). Esto es, vivían, actuaban, y discutían como hombres ordinarios, en lugar de como hombres espirituales. Ellos seguían los deseos de la carne y de la mente tal como los paganos a su alrededor. Expresaban sus ideas en un terreno diferente, tal vez, puesto que hablaban de maestros y apóstoles. Pero sus actitudes y motivos eran los mismos. Necesitaban reconocer que había un día de juicio venidero (3:13). Los fuegos de ese juicio revelarían el carácter de sus obras y les dejarían sin recompensa.

La seriedad de estas obras de la carne se ve a la luz del hecho de que Dios desea la unidad en su santo Templo (en este caso, visto como la iglesia local). Pablo presume (3:16-17) que ellos sabían verdaderamente que eran (como un cuerpo local) el templo, santuario, el Lugar Santísimo de Dios, y que el Espíritu moraba en ellos (dentro y entre el Cuerpo, no sólo en las personas). Por consiguiente, a la luz de la santidad del templo de Dios lleno del Espíritu, Dios debe destruir a cualquiera que profane (destruya) este templo. La iglesia como un cuerpo es santa, apartada para su uso, santificada por la presencia del Espíritu Santo (véase 2 Pedro 2:9, 12, donde el juicio eterno está reservado para tal tipo de ofensores).

No olvidemos, entonces, que la destrucción del templo era el resultado de su sabiduría humana, al no dar el lugar debido al Señor, en su empeño por glorificar al hombre. Tales pensamientos eran sabios según el modo de pensar de los hombres. Todo gran hombre de este mundo hace lo que puede para ganar seguidores. Pudiera ser que aquellos que promovían estas divisiones estaban realmente tratando de hallar una manera de exaltarse a sí mismos y a su calidad de dirigentes. Pero no es necesario que busquemos nuestra propia exaltación. Pertenecemos a Cristo. Ya estamos sentados juntamente con Cristo en los lugares celestiales "sobre todo nombre que se nombra, no sólo en este siglo, sino también en el venidero" (Efesios 1:21; 2:6). Nada que podamos hacer puede darnos una mejor posición que ésa. Por consiguiente, lo que podemos hacer es tomar el lugar humilde y servirnos en amor los unos a los otros en cualquier lugar donde el Señor nos ponga.

Más obras de la carne

La carnalidad en la iglesia de Corinto no estaba limitada a rencillas y divisiones. Pablo trata con eso primeramente porque era lo que estaba provocando el daño mayor. También había fornicación (inmoralidad sexual) entre ellos (1 Corintios 5:11). Toleraban entre ellos a un hombre que estaba participando de un pecado que hasta los paganos que estaban a su alrededor consideraban vergonzoso. Los cristianos no le decían nada a ese hombre, en parte a causa de los antecedentes que ellos tenían, y posiblemente en parte a causa de la falsa doctrina. Corinto era una ciudad que se destacaba por su disolución e inmoralidad. Pero es posible que los falsos maestros estuvieran alegando libertad en Cristo para hacer cualquier cosa que se les ocurriera. Pablo les dio su juicio en cuanto a que el hombre debía ser privado de la comunión y entregado al reino de Satanás (para ser disciplinado). La idea es probablemente que el hombre pudiera ser afectado alguna enfermedad y entonces se arrepintiera y buscara tanto la sanidad como el perdón (Santiago 5:15).

Luego Pablo advierte a toda la iglesia en contra de las obras de la carne. De igual modo que en Gálatas, recalca que quienes practican esas cosas no heredarán el reino de Dios. Pero con los corintios es un poco más específico al mencionar cosas que eran comunes en Corinto, tales como la homosexualidad y la extorsión (1 Corintios 6:9-10).

Sin embargo, no dice que los que cometen tales pecados no tienen esperanza. En cambio, dice: "Y esto erais algunos; mas ya habéis sido lavados [de vuestros pecados], mediante la limpieza en la sangre de Jesucristo, ya habéis sido santificados [dedicados a "Dios y a su servicio], ya habéis sido justificados [absueltos] de vuestro pecado y culpa, y liberados del temor del juicio en el nombre del Señor Jesús, por el Espíritu de nuestro Dios" (6:11). Lo que el Señor había hecho por ellos, Él podría hacerlo por el peor de los pecadores.

El Señor para el cuerpo

Dos cosas más recalca Pablo en esta conexión. Una es que el pecado esclaviza. Aun las cosas que en sí mismas no son pecaminosas pueden esclavizarnos. Pablo no tenía la intención de hacer que la libertad cristiana fuese una excusa para dejarse esclavizar por cualquier cosa. El otro punto es que la inmoralidad sexual no es natural para el cuerpo humano. Los paganos consideraban que los pecados de inmoralidad, tales como adulterio, prostitución, y homosexualidad, eran simplemente "hacer lo que viene en forma natural". Pero Pablo negó que estas cosas estuviesen realmente en línea con la naturaleza de nuestro cuerpo (incluidas las personalidades humanas que van junto con nuestro cuerpo). Nuestro cuerpo no es malo en sí. El cuerpo no ha sido hecho para la inmoralidad, sino para el Señor, "y el Señor para el cuerpo" (6: 13).

Algunos consideran que la declaración bíblica que precede a eso "las viandas para el vientre, y el vientre para las viandas" es un paralelo en el reino temporal presente. Del mismo modo que el estómago necesita alimento para cumplir aquello para lo cual fue creado, así también el cuerpo necesita al Señor sí es que ha de cumplir el servicio para el cual fue creado. (Véase Filipenses 1:20, donde Pablo se muestra anheloso de que Cristo sea magnificado o glorificado en su cuerpo, o por vida o por muerte).

El hecho de que Dios está de veras interesado en nuestro, cuerpo y en lo que es "para" nuestro cuerpo se demuestra más adelante al levantar a Jesucristo de los muertos, lo que testifica que Él también nos levantará mediante su poder (6:14). De esa manera, el cuerpo aún tendrá un lugar en los propósitos de Dios, pues de otro modo Él no se molestaría en resucitarlo. (Véase 15:35).

Ante la preocupación del Señor por el cuerpo, no debemos por tanto suponer que solo nuestro espíritu es miembro de Cristo. También lo son nuestro cuerpo. ¿Cómo puede entonces un cristiano tomar un cuerpo que es de Cristo y unirlo al cuerpo de una prostituta, haciendo que el cuerpo de Cristo sea una carne con una persona sexualmente inmoral? (6:15).

El argumento contra la inmoralidad cobra mayor fuerza al reconocer que los que estamos unidos al Señor somos un espíritu con Él. Nuestro cuerpo y nuestra personalidad, controlados por el Espíritu Santo, están unidos con Él en el Espíritu. Efectivamente, nuestra unión en el Espíritu es más estrecha que la unión del marido y de la mujer en lo natural.

La inmoralidad es también no solo un pecado contra el Señor; es un pecado contra nuestros propios cuerpos. Debemos huir de toda especie de pecado sexual porque el cuerpo de cada cristiano es individualmente un templo del Espíritu Santo. De este modo, estos pecados son totalmente contrarios a la naturaleza del cuerpo de Cristo como también a la naturaleza del Espíritu Santo que mora en el templo. Tenemos el Espíritu Santo que proviene Dios. Esto hace que el templo del cuerpo pertenezca a Dios, de modo que no somos nuestros. No somos nuestros doblemente porque fuimos comprados por precio (1 Pedro 1:18-19), por "la sangre preciosa de Cristo". No tenemos derecho de usar nuestro cuerpo o nuestra vida para la satisfacción de la carne o la exaltación del ego. Nuestro cuerpo y nuestro espíritu les pertenecen al Señor por consiguiente, nuestro objetivo debiera ser usarlos para glorificar a Dios (6:20). Esto significa además que debemos cuidar del cuerpo. Pero no vamos a usar esto como una excusa para proveer para los impulsos y deseos que vienen de la naturaleza inferior.

Ni siquiera el placer legítimo debe convertirse en la razón de nuestra vida. Tenemos algo más maravilloso para hacer como es el glorificar a Dios en el servicio y en sacrificios. También yo tengo el Espíritu, dijo Pablo. Los capítulos 7 al 11 de 1 Corintios tratan con una variedad de asuntos y problemas, con sólo breves alusiones al Espíritu. Luego de dar su juicio en ciertos asuntos respecto al matrimonio, Pablo dice (literalmente) "pienso que también yo tengo el Espíritu de Dios" (7:40). Él ya había dicho que tenía el Espíritu.

Algunos toman esto como que él no tenía una palabra definida de Jesús sobre este asunto, pero que él en realidad tenía el Espíritu de Dios. Otros toman esto como una ironía, donde Pablo dice que él también podía afirmar que tenía el Espíritu tanto como (y más que) cualquiera de sus enemigos que se oponían a sus enseñanzas.

Al tratar el tema de la libertad cristiana, Pablo nos recuerda que el conocimiento envanece, pero el amor edifica (construye). Conocimiento, probablemente se refiera al conocimiento que es desarrollado por la razón humana, incluso aun cuando el tratar con verdades espirituales puede hacer que alguna persona se envanezca. Sin amor esto produce orgullo, arrogancia, presunción, y la clase de respuestas ingeniosas que humillan a otros.

Pero el amor honra a Dios y al hombre y promueve el bien de todos (8:1). Este amor es primero que todo un amor por Dios que viene porque Él nos amó. Por medio de ese amor somos conocidos (reconocidos) por Dios (8:3). El amor qué edifica es, por supuesto, el fruto del Espíritu. Otra nota (11:4) será considerada más adelante. Mientras que al hablar de las costumbres en las iglesias, Pablo aclara que los hombres y las mujeres son igualmente libres para orar y profetizar (públicamente, es decir, en la congregación).

Comprensión necesaria

Pablo da comienzo al gran pasaje sobre los dones espirituales (1 Corintios 12: 1-11) diciendo: "No quiero, hermanos, que ignoréis acerca de los dones espirituales". Con esto él no quiere dar a entender que ellos están totalmente ignorantes de los dones. Él, ya ha dicho que ellos no carecen ni tienen deficiencia de ningún don (1:7). Lo que él quiere decir es que desea que ellos conozcan los dones y también el buen uso de ellos.

En un sentido, Pablo realmente no cambia el tema. Aun en esta discusión de los dones del Espíritu él está principalmente preocupado del fruto del Espíritu. El capítulo 12 aporta más que una lista de los dones. Sin embargo, no hay clasificación sistemática no hay descripción detallada de los dones individuales, no discute su naturaleza, no se dan ejemplos por medio de los cuales podríamos identificar los mejor. El problema en Corinto no eran los dones en sí, sino la forma en que se usaban. Los dones eran sobrenaturales y provenían de Dios. Pablo jamás cuestiona dones de ellos. Nada había de malo en los dones como tales. Pero el uso que se les daba era incorrecto. Esta es la razón para el énfasis sobre el amor en el capítulo 15 y para la detallada aclaración respecto de cómo usar las lenguas y la profecía en amor, se encuentra en el capítulo 14. Pablo reconoce que el Espíritu Santo está activo medio de los dones. Pero el principal propósito de él es lidiar con la división y contienda provocada por la carnalidad e inmadurez de ellos. Como "niños en Cristo"; era la misma falta del fruto del Espíritu que les hizo fracasar en "discernir el cuerpo Señor" en sus hermanos en la fe (1 Corintios 10: 17; 11:21, 29), les hizo ejercitar los dones del Espíritu sin reconocer la unidad del cuerpo de Cristo.

Aparentemente muchos de ellos tenían la idea de que él era de su pertenencia para usarlo como quisieran. Otros de haber estado exaltando un don como más importante que los demás. Todavía otros pueden haber fallado en reconocer la veracidad y la interdependencia de todos los dones. Algunos pueden haber ido en la otra dirección y tal vez llegaran a pensar que algunos de los dones eran completamente innecesarios.

Esto puede parecer extraño hoy a algunos que insisten en imaginar que aquellos que disfrutaban de estos dones sobrenaturales del Espíritu eran modelos de santidad perfecta y de madurez espiritual. Debe recordarse que el fruto es algo que crece, que debe ser estimulado, que lleva tiempo. También debe mantenerse presente, que estos corintios tenían el buen fondo moral y el conocimiento de las Escrituras que tenían hombres como el apóstol Pablo. Dios siempre va donde la gente está, les da tanto como la fe que tienen que permite recibir y les lleva adelante.

Lo que Dios da es siempre verdaderamente un don. Algunos tendremos nuestra recompensa ante el trono de juicio de Cristo; seremos juzgados sobre la base de nuestras obras (2 Corintios 5:10). Pero ahora un don es un don gratuito. No sería un don si fuera necesarias buenas obras de cualquier clase como requisito previo para recibirlo. La gente tiene tendencia a olvidar que los dones del Espíritu deben recibirse sobre la misma base como el don del Espíritu y el don de la salvación. "Porque por gracia sois salvos por medio de la fe; y esto no de vosotros, pues es don de Dios; no por obras, para que nadie se gloríe". (Efesios 2:8-9).

Cuando el cojo en la puerta Hermosa fue sanado, la gente comenzó a poner su atención en Pedro y Juan, con temor reverente. Pedro tuvo que reprenderlos: "¿Por qué ponéis los ojos en nosotros, como si por nuestro poder o piedad hubiésemos hecho andar a éste?" (Hechos 3:12). El hecho de que los dones del Espíritu son por gracia por medio de la fe se encuentra también implícito en la palabra griega más común que se usa para describir estos dones. Son *carismata*, "dones concedidos libre y gratuitamente", palabra que se deriva de *caris*, gracia, el favor inmerecido de Dios. Carismata son dones que se nos han concedido a pesar del hecho de que no los merecemos. Son un testimonio de la bondad de Dios, no de la bondad de quienes los reciben. Una falacia común, que a menudo desvía a la gente, es la idea de que por el hecho de que Dios bendice o usa a una persona ello significa que él pone su sello de aprobación sobre todo cuanto esa persona hace o enseña. Aun cuando parece haber "unción", lo anterior no está garantizado. Cuando Apolos acababa de llegar a Éfeso, no sólo fue elocuente y bíblico en su predicación; también era "de espíritu fervoroso". Tenía fuego. Sin embargo, Priscila y Aquila notaron que algo le faltaba. Así fue como le tomaron aparte (probablemente lo convidaron a comer a su casa), y le expusieron más exactamente el camino de Dios (Hechos 18:25-26).

Lo que Pablo, como padre espiritual, quería explicar más exactamente a los creyentes corintios, entonces, era el camino de Dios respecto de los dones. En 12:1 él denomina a estos dones sencillamente "espirituales" (la palabra don no se halla en el griego aquí). La palabra por sí podría incluir otras cosas dirigidas por el Espíritu Santo y expresadas por medio de creyentes llenos del Espíritu. Pero en este pasaje Pablo está claramente limitando el significado de la palabra a los dones gratuitos o carismata, los que son mencionados una y otra vez (12:4, 9, 28, 30,31; 14:1).

Todos los escritores cristianos de la antigüedad tomaron, por consiguiente, la palabra espirituales como dones espirituales, reconociendo que eran dones sobrenaturales que tenían como fuente inmediata al Espíritu Santo.

Una variedad de dones

En el capítulo doce Pablo da tres listas de dones. 1 Corintios 12:8-10 contiene nueve dones, los que probablemente son fijaciones de dones, en que cada una tiene una forma de manifestación posible. La segunda lista (12:28) da dones en que se incluye gente usada en el ministerio estos dones no se mencionan en la primera lista. La tercera (12:29-30) contiene siete dones en que entran elementos de las dos listas anteriores.

Muchos hay que consideran la primera lista de nueve como completa e inclusiva. Esto significa que los otros aparezcan en cualquier otra lista deben tomarse como entre tejidos de estos dones una palabra de sabiduría, una palabra de conocimiento, dones de sanidades, (actividades que ponen de manifiesto) milagros, por descernimiento de (distinción entre) espíritus, diversos géneros lenguas, interpretación de lenguas). Un escritor establece "todo suceso sobrenatural en la Biblia o fuera de ella, que con la excepción de los milagros falsos de origen, debe incluirse dentro del alcance de los nueve dones sobrenaturales". Pero Pablo no dice, ni siquiera de estos nueve dones, son los dones del Espíritu. Sencillamente él dice en la lista, aquí hay un don dado por el Espíritu, luego otro el mismo Espíritu, y otro por el mismo Espíritu. El énfasis se ha puesto en el hecho de que todos provienen del Espíritu Santo, y no en que se nombran todos los dones.

Parece mejor tomar todas estas listas que meramente se entregan como muestras de los dones y vocaciones; son tomadas de una provisión infinita. ¿Cómo poner límite a la abundancia de sus dones puestos a disposición de la Iglesia para su comunión, vida y trabajo? Lo que parece preocupar más a Pablo en la variedad de los mismos es que surja alguna especie de clasificación o categoría (todos son importantes). En las varias listas él no los presenta en el mismo orden. Frecuentemente menciona lo que podríamos considerar especies o clases enteramente diferentes de dones, agrupándolos sin distinción; de tal manera que cualquiera que fuere la necesidad de la Iglesia, el Espíritu tiene algo que la satisface.

Mediante la combinación de estas listas con las lista de nos 12:6-8 y de Efesios 4:11 en varias maneras, es posible llegar a un total de dieciocho a veinte dones. Pero algunos de esos dones tienen aspectos de coincidencia. Romanos 12 considera a la exhortación como un don distinto. En 1 Corintios 14:3 se halla incluida como una función de la profecía. Efesios 4: 11 parece incluir al pastor y al maestro juntos como uno sólo. Hay probablemente muchas otras interrelaciones.

Honrando a Jesús

Antes de presentar una lista de dones, Pablo atrae la atención hecho de que el Espíritu Santo siempre glorificará a Jesús (12:3). Hemos visto que Pablo siempre mantuvo a Cristo como el centro de su ministerio. El Espíritu fue quien le guio a hacer esto, porque el Espíritu Santo desea honrar a Jesús. Jesús es la Palabra viva. El vino para revelarnos a Dios y sus caminos (Juan 1:14, 18).

Ahora Jesús ha vuelto al cielo, pero el Espíritu Santo todavía hace que Él sea para nosotros la Palabra viva de Dios. ¡Qué contraste es éste para estos creyentes corintios y su anterior condición, en que eran llevados por sendas extraviadas por los ídolos mudos, meras cosas que no tenían significado, ni palabra para ellos! (12:2). Esta fundamental falta de significado es algo Cierto de todo lo que está fuera de Cristo.

La palabra que el Espíritu. Santo da puede ser de esta manera probada por el hecho de que Él siempre reconoce a Jesús como el divino Señor exaltado sobre todo otro poder y autoridad, real o imaginaria reconocida por los hombres. Él es Rey de reyes y Señor de señores (1 Corintios 8:5-6; 15:24-25; Filipenses 2:9-11; Romanos 14:9). Por otra parte, nadie que hable por el Espíritu dirá jamás, "Sea Jesús maldito". Algunos toman esta maldición como la exclamación de un espíritu demoníaco. Otros piensan que era proferida por falsos maestros, cuales en el espíritu del Anticristo hacían una diferencia entre el hombre Jesús y el Cristo espiritual (véase 1 Juan 4:2-3). Hay todavía quienes creen que procedía de oyentes ignorantes o indoctos, que malinterpretaban la enseñanza de Pablo respecto de, Cristo hecho maldición por nosotros (Gálatas 3: 15).

No sólo el Espíritu Santo exalta a Jesús; sin Él nadie puede decir en realidad (desde su corazón) "¡Jesús es Señor!" si no es por el Espíritu Santo. Por supuesto que cualquiera puede decir las palabras, pero éstas serán vacías, sin significado, a menos que el Espíritu Santo personalmente haga que Jesús sea el divino Señor en nuestra vida cuando reaccionamos ante Él. (Señor es el título común aplicado por los judíos a Dios). De este modo, en todo nuestro testimonio necesitamos la iluminación, unción, y dones del Espíritu. Es el Espíritu quien da sabiduría y quien aplica la verdad a los corazones (Efesios 1: 17).

Aquí hay estímulo para nosotros también. Jamás, se debe tener temor de buscar el Espíritu Santo y sus dones. Él jamás nos conducirá por caminos desviados, pues Él honrará a Jesús y honrará su señorío. El ejercicio de los dones del Espíritu se convierte en una oportunidad para honrar a Jesús.

En consecuencia, el mantener a Jesús como nuestro centró, nos ayudará a ver la maravillosa unidad que corre a través de toda la variedad de dones espirituales. Esta unidad se ve también la forma en que toda la Trinidad coopera para conjugar toda la diversidad de dones en una bella armonía de expresión (12:4-6).

La variedad es siempre necesaria, y los corintios estaban en posesión de ella. Pero, a causa de sus contiendas, se hallaban corriendo en todas direcciones, de modo que no les rendían las ganancias o beneficios por el uso de los dones para la Iglesia que Dios se había propuesto. Ellos necesitaban ver la armonía y cooperación de la Trinidad como la fuente misma de los dones.

Pablo habla primero del Espíritu como el que dirige la operación de los dones en nuestra vida (véase v. 11). Luego, él habla del Señor Jesús, por cuya autoridad el Espíritu Santo obra en el mundo hoy; luego habla de Dios Padre, quien es el Dador de toda buena y perfecta dádiva (Santiago 1:17). Cuando Pablo se refiere a estos dones en su variedad expresión y de distribución, usa tres términos diferentes (1 corintios 12:4-5). Hay variedades de dones (carismata), pero Espíritu es el mismo, variedades de administraciones o modos de servicio) pero el Señor es el mismo, variedades de operaciones (actividades) pero el mismo Dios es quien obra en todo y en todos (véanse Efesios 3:20; Colosenses 1:29).

También es evidente que Dios no concede gracias y dones y los almacena en un gran depósito. No hay una reserva de dones en la Iglesia o en el individuo. Cada quien que ha recibido los dones (gratuitos) debemos mirar de nuevo a la fuente. También es de hacer notar que los varios dones involucran un ministerio y un acto voluntario de nuestra parte. Dios no nos fuerza a responder a estas actividades. Los dones del Espíritu son necesarios si la Iglesia ha de continuar la obra de Jesús como fueron las intenciones de Él para aquella época. Él no nos obliga a que entremos en ministerios contra nuestra voluntad. No concede sus dones a quienes no los desean; ni siquiera a quienes no son anhelosos de tenerlos. Son demasiado valiosos. Efectivamente, los dones se conceden con la divina intención de que todos se beneficien con ellos (1 Cor. 12:7). Esto no quiere decir, que todos tienen un don específico, pero hay dones (manifestaciones, revelaciones, medios a través de los cuales el Espíritu se da a conocer abiertamente) y concede continuamente estos dones para el provecho (uso, inversión, crecimiento) de todos. "Para provecho" lleva idea de algo útil, de ayuda, especialmente en la edificación de la Iglesia, espiritualmente y en números (el libro de Hechos tiene un tema de crecimiento numérico y geográfico. Dios desea que el evangelio se extienda por todo el mundo). Esto podría ilustrarse con el mandamiento del Señor: "Negociad entre tanto que vengo" (Lucas 19:15). En la medida en que ejerzamos el ministerio de sus dones, Él nos ayuda a crecer en eficiencia y eficacia, del mismo modo como sucedió con los que usaron lo que el "amo" les dio en la parábola de las diez minas (Lucas 19:15-19).

Concedido de acuerdo con la voluntad del Espíritu

La primera lista de los dones con su repetición del hecho de que a cada uno le es concedido por el mismo Espíritu (1 Corintios 12:8-10) conduce a un clímax en el versículo 11, el cual dice: "Pero todas estas cosas las hace uno, el mismo Espíritu, repartiendo (distribuyendo) a cada uno en particular (individualmente) como Él quiere." Existe un paralelo aquí con Hebreos 2:4, el cual habla de los apóstoles que oyeron primeramente al Señor y transmitieron el mensaje: "Testificando Dios juntamente con ellos, con señales y prodigios y diversos milagros y repartimientos del Espíritu Santo según su voluntad."

De estos pasajes resulta evidente que el Espíritu Santo es soberano para conceder sus dones. Estos son concedidos según su voluntad, que es la voluntad de Dios. Nosotros podemos buscar los mejores dones, pero Él es quien sabe lo que es mejor en una situación particular. Es evidente también que los dones permanecen bajo su control. Realmente permanecen como dones suyos. Jamás llegan a ser nuestros hasta el punto de que no le necesitáramos a Él para cada expresión de ellos. Ni tampoco llegan a ser una parte de nuestra naturaleza de modo que no podríamos perderlos o podrían sernos quitados. La Biblia dice que los dones y el llamamiento de Dios son irrevocables (Dios no cambia de manera de pensar respecto de ellos), pero esto se dice respecto de Israel (Romanos 11:28-29). Sin embargo, al principio parece ser que los dones y el llamamiento, una vez dados, permanecen a disposición. Israel perdió mucho por causa de su incredulidad, lo mismo puede sucedemos a nosotros. Pero podemos volver siempre en fe y hallaremos que los dones están todavía para volverlos a reclamar.

El soberano Espíritu Santo continúa siendo el mismo, bien se le llame el Espíritu Santo, el Espíritu de Cristo, el Espíritu de Jesús, el Espíritu de Verdad, o el Espíritu de Dios. De este modo, la fuente es la misma, sin importar cuál sea el don o quién sea la persona usada. También es claro que los dones pueden ser impartidos por Él a una persona para un ministerio en particular; se reparte algún don o combinación de dones. Por ejemplo, las listas de dones incluyen profetas. Queriendo decir que Él puede proporcionar los dones para un breve ministerio o una simple manifestación del don en una reunión particular de la asamblea. De este modo, las listas de dones incluyen profecía. Vemos también que la unidad no quiere decir uniformidad.

Cuando la Iglesia fracasa en lograr unidad por medio de la operación de los dones del Espíritu en amor, se obtiene a veces una apariencia de unidad por medio de insistir en uniformidad. Pero la unidad que trae el Espíritu es la unidad de un organismo vivo. Conserva su variedad. Puede ajustarse a situaciones nuevas y encarar nuevas oportunidades y desafíos. Sigue viviendo y creciendo. La uniformidad se puede obtener a veces por medios humanos y por organización humana. Pero es algo mecánico y superficial. Peor que eso, puede estar muerta. Por supuesto que esto no significa que la organización como tal debe evitarse. Nada en la naturaleza es más altamente organizado que un organismo viviente. La Biblia enseña organización, no por causa de la organización en sí, sino para que la tarea pueda ser realizada. Por otra parte, si todo cuanto tenemos es organización, no podemos vivir o crecer en Dios más de lo que podría hacerla un automóvil, por fina que fuese su maquinaria.

Un cuerpo con muchos miembros

Para ilustrar la unidad de la obra del Espíritu y para demostrar que los dones del Espíritu no han sido dados para ser usados fuera de relación con el cuerpo de Cristo, Pablo hace comparaciones con el cuerpo físico. "Porque así como el cuerpo es uno, y tiene muchos miembros, pero todos los miembros del cuerpo, siendo muchos, son un solo cuerpo, así también Cristo" (1 Corintios.12:12).

Esto significa que el propósito de la variedad es hacer posible que el cuerpo funcione como una unidad. La variedad no es para darnos ventaja sobre el individuo; al darnos más cosas para disfrutar la ventaja es para la Iglesia. En el caso del cuerpo de Cristo la comparación es realmente con los dones que se manifiestan por medio de los diferentes miembros del Cuerpo. De este modo, los varios dones y ministerios del Espíritu son tan importantes y necesarios al cuerpo de Cristo como lo son las partes del cuerpo natural para nosotros como individuos. Dios nos ha concedido otros medios para llevar a cabo sus propósitos en esta época actual. ¡Qué terrible es dejarlos atrofiarse por causa del desuso!

Unidad: la obra del Espíritu

La unidad del cuerpo de Cristo es en realidad parte de la primera obra del Espíritu Santo. Él no sólo nos da vida espiritual y luego nos deja abandonados a nuestra propia suerte. Nos bautiza en el cuerpo de Cristo (12:13). Nos sumerge, sin importar quienes seamos bien sea judíos o gentiles, esclavos o libres. Luego nos hace beber a todos (ser mojados, saturados) de un mismo Espíritu. Pero no para la auto-exaltación o la vanidad. El propósito confirmado de Dios es que sirvamos y edifiquemos el Cuerpo.

Este versículo (12:13) se interpreta de diversas maneras. Un grupo insiste en que eso es lo mismo que el bautismo del creyente en el Espíritu Santo efectuado por Cristo. Por lo general lo identifican con la regeneración por medio del Espíritu, y a menudo con el bautismo en agua. O tal vez digan que Pentecostés produjo un depósito masivo del espíritu en la Iglesia y que nosotros obtenemos automáticamente nuestra porción cuando somos bautizados en la iglesia. Otros admiten que hay henchimientos del Espíritu, pero no bautismos después de la regeneración. Estos insisten en que 12: 13 debiera traducirse: "Porque en un Espíritu también fuimos todos bautizados, de modo de formar un cuerpo." Es decir, hacen que el Espíritu sea el elemento en el cual somos bautizados en la conversión. Lo que se argumenta para esa traducción es que "por" un Espíritu debiera ser "en" un Espíritu. Su argumento es que la palabra griega en siempre significa "en "cuando se emplea con la palabra bautizar. Esto es cierto en cuanto a los seis casos que comparan el bautismo de Juan en agua con el bautismo de Jesús en el Espíritu Santo. Sin embargo, a pesar del hecho de que la mayoría de los eruditos tradicionales identifican 12:13 con el bautismo en agua, debemos reconocer que un creyente debiera ser ya, parte del cuerpo espiritual de Cristo si es que el bautismo en agua ha de ser testimonio significativo. Así que el bautismo en el Cuerpo no puede identificarse con el bautismo en agua.

Todavía más, la palabra con frecuencia significa "por". En algunos casos se emplea con el Espíritu Santo, y entonces significa "por el Espíritu Santo". Lucas 4:1 habla de Jesús llevado por el Espíritu al desierto. Marcos 1: 12 confirma enfáticamente que el Espíritu fue sin duda el agente. Lucas 2:27 es un caso similar: "movido por el Espíritu." Así también Efesios 3:5: "revelado por el Espíritu."

Aun cuando muchos sienten que la evidencia no es conclusiva o que la traducción es sólo un asunto de elección, el contexto es realmente claro. Un examen de todo el pasaje da un firme respaldo a la versión Reina Valera corriente: "por un solo Espíritu."

Todo el pasaje precedente recalca la unidad del Cuerpo mediante el hecho de que los diversos dones son dados por el mismo Espíritu. El Espíritu es el agente que da los dones. En los versículos 8 y 9, la palabra que se emplea de manera intercambiable con la palabra "por", significa "mediante", sea por el Espíritu o mediante el Espíritu, es claro nuevamente que Espíritu es el agente. Así que el bautismo mencionado en 12: 13 es una obra muy definida por el Espíritu en el cuerpo de Cristo; por consiguiente es distinto del bautismo por Cristo en el Espíritu Santo en el día de Pentecostés. Eso encaja bien con la distinción entre la conversión y el bautismo en el Espíritu Santo que se halla en el libro de Hechos.

Holdcroft sugiere que actualmente hay por lo menos cuatro opiniones sostenidas por los eruditos creyentes en la Biblia. Una es que "la experiencia total del creyente con el Espíritu Santo es la función del Espíritu para bautizarlo en el cuerpo de Cristo". Esto se enseña a veces por negligencia y otras a propósito. Un segundo grupo cree que "ser colocado en el cuerpo de Cristo es la única experiencia del bautismo en el Espíritu, aunque haya un "henchimiento" subsiguiente con el Espíritu. Esta es la posición de Merrill Unger, de Samuel Rídout, de Kenneth Wuest, y de muchos otros. Un tercer grupo distingue entre el bautismo por el Espíritu en el cuerpo y el bautismo por Cristo en el Espíritu para servicio. "Esta es la posición de Jasper Huffman, John Rice, R.A Torrey, René Pache, y muchos otros. Un cuarto grupo incluye a los pentecostales, que distinguen entre los dos bautismos y la evidencia para el segundo bautismo que es el hablar en otras lenguas. Ha sido expuesto por R.M. Riggs, E.S. Williams, Donald Gee, P.C. Nelson, Myer Pearlman, y muchos otros. Holdcroft llega a sugerir que el rechazo de la posición pentecostal conduce con frecuencia a una carrera cuesta abajo e influye en la negligencia de la obra del Espíritu en la vida del creyente. Así que, "desentendiéndonos totalmente del asunto de las lenguas, es claramente de importancia espiritual manifiesta disfrutar de un bautismo en el Espíritu significativo y personal".

Solo un cuerpo

El principal énfasis de 1 Cor. 12:13 nos muestra que con toda la variedad existente en el Cuerpo todavía hay un solo Espíritu y un Cuerpo. Si una persona está verdaderamente en Cristo, es parte del Cuerpo, aun cuando piense que ahora es miembro de algún partido de Apolos, de Cefas, o de Cristo. Obviamente, cualquier iglesia o denominación que comienza a decir que es "la única" está desviada en su manera de pensar. Pero aún éstos son todavía parte del Cuerpo, si es que han renacido efectivamente mediante el Espíritu. Pablo compara esto, más adelante, con el cuerpo humano (12:14-20). El pie no puede decir que no es del cuerpo porque no es parte de la mano. Ni el oído puede decir que no es del cuerpo porque no es parte del ojo. Si cada parte del cuerpo tuviese la misma función, si todo fuese un gran ojo o un gran oído, no sería un cuerpo y no podría funcionar. De este modo, una iglesia en que todos tuvieran el mismo don o ministerio sería una monstruosidad, y no sería ciertamente el cuerpo funcional de Cristo.

Pablo lleva la analogía todavía más allá y enfatiza la interdependencia del cuerpo. Ciertamente hay muchos miembros, pero todavía es un cuerpo, en el que cada parte tiene necesidad de las demás. El ojo no puede decir que no necesita a la mano, ni la cabeza a los pies. Aun las partes del cuerpo que parecen ser más débiles o menos importantes son necesarias. Dios ha formado y unificado los miembros de nuestro cuerpo de la tal manera que trabajen juntos en armonía perfecta y en dependencia los unos de los otros. Cuando una parte de nuestro cuerpo se hiere, todo cuerpo (y la persona) se ve afectado. Cuando una parte del cuerpo es honrada, todo el cuerpo se regocija. La misma cosa debiera ser cierta del cuerpo de Cristo y de sus miembros individualmente (12:21).

Para que nadie pase por alto la verdad, Pablo presenta muy enfáticamente lo referente al cuerpo de Cristo. Así como Dios formó el cuerpo humano de tal modo que hubiera unidad y armonía, así Dios puso en la Iglesia primeramente apóstoles, luego, profetas, tercero maestros, en seguida milagros (hechos de gran poder), luego dones de sanidades, ayudas, los que administran, los que tienen don de lenguas (12:28). Algunos consideran que la enumeración que se presenta aquí está en orden de valor, de modo que los profetas y maestros son más importantes que milagros, y los más importantes de todos son los apóstoles. Si eso es así, deberíamos recordar todavía que cada miembro del Cuerpo es necesario e importante. Aun el último de los nombrados, el don de lenguas, si es menos importante, todavía es necesario, como lo es el ministerio de los apóstoles, profetas, y maestros. Efectivamente, fácil es ver la importancia de los apóstoles; por consiguiente, debiera darse más atención a la honra de los cuatro últimos de la lista que están realmente agrupados juntos.

Otros interpretan como que el orden es cronológico. Jesús designó a los apóstoles como los primeros testigos de su resurrección y de sus enseñanzas. En seguida, les fue dado a los profetas y maestros que edificaran el Cuerpo, de modo que todos pudieran participar de los ministerios y dones del Espíritu. Luego el resto de los dones y ministerios fueron distribuidos entre ellos.

Pero no se puede ir muy lejos con esta interpretación. Muchos consideran que en esta lista no hay intención de precedencia, puesto que el interés de Pablo se halla centrado todavía en unidad y variedad necesaria en el Cuerpo.

Efectivamente, Pablo prosigue y pregunta: "¿Son todos apóstoles? ¿Son todos profetas? ¿Todos maestros? ¿Hacen todos milagros? ¿Tienen todos dones de sanidad? ¿Hablan todas lenguas? ¿Interpretan todos?" Estas preguntas están formuladas de tal manera que exigen la respuesta. Dios ha dado intencionadamente diferentes dones y ministerios a diferentes personas. Él desea que comprendamos que nos necesitamos unos a otros. La iglesia como un cuerpo no debiera estar satisfecha con tan sólo los primeros dones. El Espíritu Santo desea usar cada miembro y presentar toda la variedad que edificará la Iglesia en unidad.

No hay intención aquí de establecer distinciones agudas entre clérigos y laicos, ni tampoco entre ministerios de tiempo completo y de tiempo parcial. Todos están trabajando juntos bajo la dirección del Espíritu Santo como Él quiere. Es claro que algunos serán usados regularmente en ministerios particulares. Algunos son profetas, otros son maestros. Los verbos que se usan en 12:30 son presentes continuos. Algunos se mantienen ministrando dones de sanidades. Algunos ministran regularmente al Cuerpo en diversos géneros de lenguas. Otros interpretan con regularidad estas lenguas a la congregación. Debiera notarse también aquí que puesto que estos hablan respecto de ministerios regulares al Cuerpo, el hecho de que las preguntas demandan una respuesta negativa no debiera recalcarse en exceso. Si algunos no tienen un ministerio en la línea de los dones de sanidades, eso no quiere decir que Dios no pueda usarlos ocasionalmente para ministrar sanidad a los enfermos. El hecho de que no todos tengan un ministerio de lenguas no significa que todos no puede hablar en lenguas ocasionalmente o en sus devociones privadas. Tampoco ello es una exclusión de las lenguas en su carácter de evidencia inicial física del bautismo en el Espíritu conforme a Hechos 2:4.

Pablo prosigue a desafiar a los corintios a procurar (desear) los mejores dones, es decir, a esforzarse por obtener los dones espirituales más valiosos (carismata). Difícilmente puede esto signala enumeración dada en el versículo 28. Puede referirse más a los dones que fuesen más necesarios y más edificantes en momento. El mandato recalca también el hecho de que no tenemos los dones automáticamente tan sólo por el hecho de tener el Espíritu. Se necesitan pasos adicionales de fe. Además, resulta claro aquí que aun cuando podamos tener un don o ministerio, no necesitamos limitarnos al mismo para siempre. El Espíritu Santo concede los dones "como él quiere", pero no desdeña las necesidades de cambio. Ni tampoco viola la integridad de nuestras personalidades al imponernos un don que no anhelemos de veras (12:31).

Un camino más excelente

Tal como ya hemos visto, Primera de Corintios 12 toma a la gente que no carecía de ningún don espiritual y les muestra una manera mejor de ejercitarlos. La mejor manera es apreciar la I variedad de dones y usarlos para promover la unidad del Cuerpo.

Luego Pablo dice: "Más yo os muestro un camino aún más excelente" (12:31). Lo que él quiere decir es: "Estoy por señalarles y explicarles un camino todavía más excelente para el ejercicio de los dones." Este es el camino del amor, porque el amor hará todo lo que se pide en el capítulo 12 y aún más. No obstante, esto no significa que el amor puede ser substituto por los dones espirituales. Muchos dicen que el amor es un don del Espíritu. Algunos llegan aun a decir que no se necesitan otros dones espirituales si tenemos el don supremo del amor. Sin embargo, el amor nunca es llamado don espiritual. El amor de Dios es verdaderamente un don para nosotros. Nos ha sido dado el amor de Cristo. La conciencia del amor de Cristo es también la obra del Espíritu en nuestros corazones (Romanos 5:5). Pero el amor como un factor motivador en nuestra vida es siempre un fruto del Espíritu no un don del Espíritu. Tampoco hay exclusión entre el fruto del Espíritu y los dones del Espíritu en el de decir que si uno tiene el fruto no necesita los dones. Por la misma naturaleza, en el Cuerpo, son importantes y necesarios ambas cosas para la vida cristiana.

El contraste aquí es más bien entre dones espirituales y el amor; no se debe concebir a los dones espirituales sin amor. No existe la idea de degradar el valor de los dones espirituales o de decir que el amor es mejor que los dones espirituales. El asunto en resumen es que sin el amor, aun los dones más valiosos pierden su eficacia y valor.

Dones sin amor

Para exponer esto, Pablo señala siete ejemplos de ministerio espiritual, siete cosas que los creyentes en corintios tenían en muy alta estimación, sin importar a qué división de la iglesia pertenecieran.

Las lenguas sin amor no tienen más efecto que un "gongo" de metal o un címbalo resonante. Llama la atención que esto no contribuye a la armonía de la música. La profecía, la comprensión de misterios (con clarividencia sobrenatural) el conocimiento (recibido sobrenaturalmente), y la fe tan grande que renueve no tan simplemente una montaña sino "monte tras monte", podrían estar presentes así como las lenguas. Pero sin amor, la persona que es usada en estos dones es nada. En lo que tiene relación con su lugar en el cuerpo de Cristo nada es, aun cuando pueda tener el reconocimiento de mucha gente por sus dones.

Otros pueden sacrificar su dinero y posesiones personales para la obra del Señor. Pueden aun entregar sus cuerpos para ser quemados como mártires a causa de su fe. Muchos pueden recibir ayuda por medio de tales dones. Multitudes pueden ser desafiadas a servir al Señor por medio de la muerte de un mártir. Pero si aquellos que dan sus bienes y su vida no tienen una entrega de su yo al amor del Calvario, a ese amor que se da a los que no lo merecen, el amor que nada busca en retorno, nada les aprovechará. Es decir, cuando se presenten ante el trono de juicio de Cristo, sus obras se convertirán en madera, heno, hojarasca, en lo que a recompensa se refiere (1 Corintios 5:12).

El amor debe obrar en nuestros corazones hasta que se convierta en el motivo que controle todo cuanto hagamos. Tal amor trae consigo también todo el fruto del Espíritu (según lo muestra, la descripción de 1 Corintios 15:4-7). Tal amor nunca deja de ser (en el sentido de llegar a su fin por el hecho de que no se le necesita o porque ya no es válido). En contraste con el amor, las profecías cesarán (se usa aquí una palabra diferente). Las lenguas cesarán (llegarán a su fin, colocando otra palabra diferente). La ciencia (probablemente se trata aquí del don espiritual de la palabra de ciencia) también acabará. Ahora conocemos sólo en parte (imperfectamente), y profetizamos en parte (13:9), pero cuando venga lo perfecto (completo, de medida plena), lo que es en parte se acabará (cesará).

Algunos dicen que con "lo perfecto" Pablo quería decir "la Biblia", de modo que ahora no necesitamos los dones porque tenemos la Biblia. Superficialmente, esto puede parecer lógico, puesto que la profecía y el conocimiento fueron de especial ayuda a la primera generación de creyentes que no tenían el Nuevo Testamento. Sin embargo, esta interpretación no encaja con la ilustración que usó Pablo. Durante toda la época presente nuestra comprensión y conocimiento son sólo parciales, llegados a nosotros en forma indirecta como la imagen borrosa en un espejo imperfecto. (Los antiguos espejos eran realmente de metal pulido imperfectamente y dejaban mucho que desear). Esto no cambió de repente cuando se completó la Biblia. Efectivamente, con todo nuestro conocimiento de la Biblia, todavía vemos imperfectamente. De otro modo, no hallaríamos tantas diferencias de opinión aun entre cristianos llenos del Espíritu.

Todo cuanto dice la Biblia respecto de los dones espirituales muestra que éstos todavía son necesarios. Ellos son parte de lo que Dios ha establecido (colocado, fijado) como una parte integral de la Iglesia tal como Él ha colocado los varios miembros o partes del cuerpo humano en su lugar para cumplir su adecuada función (1 Corintios 12:18,28). Esto claramente significa que han sido provistos para toda la era de la Iglesia. Pero son temporales por el hecho de que están limitados a la época presente. Hoy todavía son necesarios, pero cuando Cristo vuelva, el estado perfecto será develado. Seremos cambiados a su imagen. Ya no estaremos más limitados por estos actuales cuerpos perecibles.

Con nuevos cuerpos, nueva madurez, y la presencia visible de Cristo con nosotros, no necesitaremos los dones parciales. Las cosas que nos confunden ahora no nos confundirán ya más. Será fácil rendir nuestra presente comprensión parcial e incompleta cuando le veamos como Él es (1 Juan 3:2).

El pensamiento, entonces, no es que estos dones cesarían al concluir la Era Apostólica. Pablo sencillamente dice que no debemos esperar hallar la clase de permanencia en los dones espirituales que hallamos en la fe, la esperanza, y el amor. Estas continuarán por siempre. Aun cuando la fe se convierta en "vista", la fe en el sentido de confiada obediencia será siempre la actitud correcta hacia Dios. Aun cuando la esperanza se convierta en realidad y recibamos la plenitud de nuestra herencia prometida la esperanza en el sentido de una expectación de un bien futuro, permanecerá. El amor, por cierto, no puede tener fin, porque Dios es amor. Mientras más tengamos de Él, más amor tendremos. Y puesto que Él es infinito, siempre habrá más por toda la eternidad. Estas cosas que son permanentes deben ser, por la guía para el ejercicio de los dones espirituales. Por sobre nada deben ser ejercitados en amor.

El Espíritu en el ministerio de la iglesia

Teniendo presente el amor, 1 Corintios 14 avanza, para dar instrucciones prácticas para el ejercicio de dos de los dones espirituales en la Iglesia: lenguas y profecía. Mientras avanzamos en el capítulo vemos una y otra vez que el amor es el principio que guía, y del cual fluyen estas instrucciones. Y tampoco debiéramos limitar lo que se dice tan sólo a las lenguas y a la profecía. La mayor parte de las instrucciones básicas pueden aplicarse a otros dones también. Pero analicemos lo que dice Pablo: "Procurad alcanzar el amor; pero también desead ardientemente los dones espirituales, sobre todo que profeticéis". Esto revela que uno de los problemas en la iglesia de Corinto era el uso excesivo del don de lenguas en su adoración cuando se reunían como un cuerpo. Puesto que el hablar en lenguas es la evidencia inicial física del bautismo en el Espíritu Santo (tal como lo indican los ejemplos del libro de Hechos), es fácil manifestar fe para reclamar el donde lenguas. Por el hecho de que el corazón del individuo se eleva a Dios mientras habla en lenguas y es bendecido y edificado, resulta fácil entonces responder en lenguas cada vez que uno siente el movimiento del Espíritu. En Corinto esto significaba que las lenguas se ejercitan con tanta frecuencia en sus reuniones que se descuidaban otros dones. También sucedía a veces que la espontaneidad de su respuesta y el hecho de que muchos hablaban en lenguas al mismo tiempo, daba la impresión de confusión. La corrección e instrucción eran necesarias, pero Pablo tenía cuidado de corregir en tal manera que quedara en claro que él apreciaba los dones del Espíritu. Él se alegraba de todos ellos, inclusive de las lenguas. Él no tenía intención de cargar la mano con demasiada dureza en sus instrucciones para no desalentar a nadie en el uso de su don. Esta es la razón por la que él aclara una y otra vez que no trata de detener el uso de las lenguas. Específicamente, él lo declara: "Así que, quisiera que todos vosotros hablaseis en lenguas"(donde el griego es un presente continuo). Él no dice que los que hablan lenguas deben dejar de hacerlo. Les dirige más bien a orar a que puedan interpretarlas (14:13), lo que significa que habrá todavía lenguas que interpretar. Una persona que da gracias en lenguas no ha hecho nada de malo. Efectivamente, él da gracias, bien (correctamente, recomendablemente) (14: 17).

Pablo mismo dio gracias a Dios porque seguía hablando en lenguas más que todos los corintios. Sin embargo, en la iglesia (la asamblea de creyentes que se reunía para instrucción y sumisión), dice él que prefería hablar cinco palabras con sentido para que por su voz pudiera enseñar a otros también, antes que diez mil palabras en lenguas (14:18-19). Sin embargo, él no excluyo las lenguas ni siquiera por esto. Las mismas son todavía una parte legitima de su adoración (14:26).

Antes de dejar el tema, Pablo les advierte que no prohíban el hablar en lenguas. Aparentemente, a algunos no les gustaba la confusión causada por el uso excesivo de las lenguas. Habían tratado de resolver el problema mediante la "administración sabia" del hablar en lenguas. Pero la experiencia era demasiado preciosa para ir más allá de eso; la bendición del hablar en lenguas era muy grande como para que la mayoría de los corintios aceptara esto. Sin embargo, algunos dicen hoy: "Hay problemas con el hablar en lenguas, así es que mantengámonos alejados de ellas." Pero esta no es la respuesta de Pablo, ni para él ni para la Iglesia; aun los límites que él pone a las lenguas no tenían la intención de acabar con ellas. La intención de los tales era dar mayor oportunidad para la edificación mediante otros dones.

La edificación es la clave. Pablo deseaba ver la manifestación de los dones en tal forma que la Iglesia fuese edificada mente y en número de creyentes. Efectivamente, resulta perfectamente claro mientras avanzamos que Pablo tenía una continua y profunda preocupación parla salvación de las almas. Sin embargo, Pablo no comienza reprendiendo a los corintios por su uso equivocado de las lenguas. Efectivamente, él usa una nota muy positiva. Ocupa cinco versículos para llegar su tema. Aun cuando él le da un mayor énfasis en lo que sigue, insiste de hecho, de que las lenguas necesitan interpretación (14:6-13).

Primeramente (14:1), Pablo les anima a seguir el amor, esforzarse por el amor. Pero esto no significa descuidar los dones espirituales. También debemos procurar (estar profundamente preocupados y esforzarnos por) los dones espirituales; cada miembro necesita tener el don o los dones que le harán capaz de servir en el Cuerpo como el Espíritu quiere. Debido a que la profecía trae semejante edificación al Cuerpo, Pablo piensa que todos debieran desearla. Se ve fácilmente su valor cuando se acompaña con las lenguas. Cuando una persona habla en lenguas, él no habla a los hombres sino a Dios (14:2). En este caso, nadie puede entender, (nadie aprende nada), porque en el Espíritu habla (verdades secretas y conocidas solo de Dios). De este modo se edifica solo a sí mismo el creyente (14:4).

Pablo no dice que esto sea un error, cada uno de nosotros necesita ser edificado, fortalecido espiritualmente, y Dios quiere que lo seamos. Ni tampoco es egoísta que deseemos ser edificados porque esto nos ayudará a edificar a otros. Pero Pablo habla respecto de lo que es mejor para la asamblea cuando se reúne o están juntos (14:26). Es egoísta tomar el tiempo de la asamblea para edificación para uno mismo, en circunstancias que podría recibirse esa edificación en los momentos de devoción privada de uno. Puesto que Pablo hablaba en lenguas más que todos ellos, no lo hace así cuando se reúne en la asamblea; es evidente que él pasaba tiempo a solas con el Señor, en el que dejaba que las lenguas afluyeran mientras su corazón se elevaba en fe y alabanza a Dios.

Por otra parte, la profecía cumple una función más alta porque no tan solo se limita a edificar al individuo. Cuando una persona profetiza (habla lugar de Dios mediante el Espíritu en un idioma en que todos hablan entre los hombres (seres humanos, incluidas también las mujeres), no solo habla a Dios. Sus palabras llevan edificación, (edifica espiritualmente y desarrolla o confirma la fe), exhorta (alienta y despierta, con un desafío general para que se avance en fidelidad y amor), y consolación (que anima, revive, estimulaba esperanza y la expectativa).

En realidad, los principios sentados en 1 Corintios 12 muestran la importancia del don de profecía. Allá se enfatiza que el Santo desea usar al individuo para bendecir y edificar el Cuerpo. Él desea que crezcamos en Cristo, pues sólo estando unido al Cuerpo, hallándose unido y cohesionado, cada parte recibe su provisión de la Cabeza; así el Cuerpo crecerá y se edificará en amor (Efesios 4:15-16). El amor de 1 Corintios 13 nos conducirá también a esforzarnos en favor de la profecía; prefiriéndolo más que a cualquier otro don espiritual, pues ella es la que promueve la edificación de la Iglesia. Por esta razón, el que habla profecía a la Iglesia es más importante que el que habla en lenguas solamente; la única excepción es cuando se interpretan las lenguas, de modo que éstas hablen a las personas.

Las lenguas necesitan interpretación cuando traen un mensaje a la Iglesia

Algunos ven en la última parte de 1 Corintios 14:5, el significado de que las lenguas con interpretación son el equivalente de profecía. Lo que Pablo dice en realidad es que las lenguas con interpretación traen edificación a la Iglesia del mismo modo como la profecía. Las lenguas con interpretación pueden proporcionar una variedad de edificación, incluida la revelación (penetración en el significado de las verdades espirituales), la ciencia (comprensión espiritual), la profecía (un mensaje para animar y exhortar), la doctrina (enseñanza, no en el sentido de establecer nueva doctrina, sino para dar instrucción práctica, o para aclarar la verdad espiritual). Por otra parte, las lenguas sin interpretación pueden compararse con una flauta o arpa que se toca sin notas claras o sin melodía definida. Será sencillamente ruido para el que las escucha; de manera similar, una trompeta no tiene valor para el músico si sus notas son inciertas (indistintas e irreconocibles); asimismo, las lengua que no se entienden en una asamblea (cuando hay un mensaje de Dios a la asamblea y no se interpreta) es solo un ruino.

Pablo lo compara a la lengua de los bárbaros; en aquellos días cualquiera que no hablaba griego "hacia ruido". Los griegos rara vez se interesaban en aprender idiomas. Sencillamente ellos hacían que todos aprendieran griego, lo cual fue de gran ayuda para la difusión del evangelio. El punto es que no hay comunicación en ninguna dirección cuando dos personas no hablan el mismo idioma. De modo las lenguas sin interpretación no proveen comunicación con otros. Además, la misma persona que habla pierde también el mensaje que el Espíritu puede desear dar. Pablo añade rápidamente que él no está tratando de apagar lo que ellos tenían por los dones espirituales. El propósito más bien, es que ellos procuren abundar (que busquen mantenerse rebosantes y abundantes) en ellos dones que llevan una genuina edificación de la Iglesia (14:12).

En otras palabras, los dones debieran ejercitarse con madurez, orden, amor, y plenitud para que sean una hermosa evidencia del deseo y poder del Espíritu Santo y así edificar la Iglesia. Por consiguiente, todos los que hablan en lenguas debieran procurar interpretar, pero no sólo para la edificación de la Iglesia. Pablo prosigue (14: 14-15) y muestra que aun cuando él sea edificado cuando habla a Dios (14:4), recibe una mayor edificación aun para sí mismo si es que hay interpretación del hablar en lenguas. Ciertamente, al hablar por el Espíritu Santo, su propio espíritu se eleva a Dios en alabanza y es edificado y es enriquecido. Pero su mente o entendimiento no participa, así es que permanece sin fruto (improductiva). De este modo, una persona debiera ejercitar lenguas en la iglesia con el deseo y esperanza de poder interpretar. La iglesia de Corinto no cumplía con esto, pues había ocasiones en que no había intérprete presente (según lo da a entender 14:28). Sin embargo, éste era el ideal hacia el cual debían esforzarse.

Una vez más en 1 Corintios 14:15, Pablo nos recuerda que su intención no era impedir que se hablara en lenguas. Él seguirá orando con el Espíritu (por el Espíritu, es decir, en lenguas). Además, él orará haciendo uso de su mente y entendimiento; cuando el Espíritu se mueva, él prorrumpirá en un canto espontáneo en lenguas. En el idioma griego esto generalmente significa cantar con acompañamiento musical, de modo que esto probablemente significa que los músicos también serían dirigidos por el Espíritu, pero también cantará alabanzas con la mente.

De aquí podemos ver que, añadiendo a lo ya mencionado en 14:6, las lenguas pueden incluir el dar gracias, bendecir, alabar o adorar. Pero si no se las interpreta, aquel que es indocto (sin preparación en las cosas espirituales) no puede unirse o expresar su amén a ello. En efecto, el versículo 16 puede significar que aquel que adora en lenguas sin interpretación pone a toda la iglesia en la condición de ignorantes, indoctos, sin preparación. Esto sugiere también que la adoración en la iglesia debiera ser unánime, en la que todos participen unidos de corazón, mente y alma. Sin embargo, esto no quiere decir que la adoración en lenguas aun sin interpretación no tenga valor. El que habla lenguas adora o da gracias en buena forma (correctamente, digna de alabanza), pero el amor que mana al ser interpretada la lengua, hace que los demás sean edificados. Tampoco es cierto que el versículo 19 indique, como dicen algunos, que Pablo estaría intentando suprimir las lenguas en la vida llena del Espíritu.

Tal como lo hemos notado, Pablo debe haber ejercido el don de lenguas principalmente en sus devociones personales, y él lo consideraba una parte importante de su vida espiritual. Es posible que algunos de corintios estuviesen descuidando la bendición que podría reportarles este don cuando se usaba de este modo. Tampoco era una arbitrariedad de Pablo esta limitación suya de su expresión en lenguas en la asamblea. Él tenía el corazón de un verdadero pastor. Deseaba alimentar el rebaño. La verdad divina de la Palabra es el alimento que necesitan nuestras almas (1 Pedro 2:2). La enseñanza la pone en una forma que puede ser recibida y asimilada con provecho y bendición. El hecho de que Pablo ocupara todo el tiempo de la congregación con un don que le reportaba principalmente edificación a sí mismo, difícilmente habría mostrado el corazón de un pastor, ni habría sido una demostración del amor del capítulo 13.

Sed maduros en el modo de pensar

Pablo deseaba que los corintios compartieran la misma preocupación por la edificación los unos de los otros, por eso es que se da tiempo para tratar de que acepten su enseñanza (14:20). Él está a punto de dar regulaciones específicas para el uso del don de lenguas en la asamblea. Pero él sabía lo mucho que ellos apreciaban la libre expresión del Espíritu. Él sabía también que ya algunos de ellos estaban cerrando sus mentes. Tal vez algunos dejaban que los invadiera la ira, o comenzaban a criticar, a sentir malicia o mala voluntad. Es tan fácil sentirse insultado cuando alguien trata de dirigir nuestras acciones, especialmente en circunstancias en que hemos sido perfectamente felices y a menudo bendecidos con las cosas como son. Por consiguiente Pablo les exhorta a que sean maduros. Uno no espera que un niño pequeño comprenda las cosas espirituales. Pero un adulto que es maduro en su modo de pensar se muestra deseoso de buscar comprensión. Por otra parte, los niños no desarrollan la malicia hondamente asentada o la habitual costumbre de criticar. Perdonan y olvidan con facilidad.

En lo que a malicia se refiere, debiéramos entonces permanecer como niños, aún más, como bebés. Pero en nuestro modo de pensar y entendimiento necesitamos ser adultos. Se precisa ser maduros en el modo de pensar para recibir enseñanza sobre los dones espirituales. Pero esto era lo que Pablo esperaba de los corintios; esto es lo que Dios también espera de todos nosotros.

Las lenguas como señal

Pablo aclara que él no está diciendo que las lenguas son necesarias en la adoración pública. El hablar en lenguas es una señal para el incrédulo que todavía es necesaria. Ante todo, es señal de juicio, paralela a las lenguas o idiomas mencionadas en Isaías 28: 11. Tal como hemos visto, Isaías estaba haciendo una advertencia a quienes habían oídos sordos a la clara revelación de Dios. Dios les enviaría conquistadores extranjeros (los asirios) cuyo lenguaje les parecería a ellos como sílabas sin sentido, pero cuyas acciones dejarían en claro que los israelitas estaban separados de Dios, desvinculados de sus bendiciones, y expuestos a su juicio. Del mismo modo las lenguas son en la actualidad una señal para el incrédulo la cual le hace comprender que se halla separado de Dios y que no puede entender el mensaje de Dios. También las lenguas son una señal para los incrédulos en el sentido en que atraen la atención y les hacen saber que algo sobrenatural está presente. Esto resulta cierto en el día de Pentecostés, cuando el sonido de las lenguas, como un "estruendo", hizo que la gente se reuniera. Pero las lenguas traen tan solo una señal para el incrédulo, no un mensaje. Si toda la iglesia se mantiene hablando en lenguas, el efecto inicial pasará. Los incrédulos, o los indoctos (no instruidos en las cosas espirituales) dirán que la gente está loca (fuera de sus cabales, llevada de un entusiasmo descontrolado) como en Pentecostés.

Muchos procuran hacer una distinción entre las lenguas en Corinto y las lenguas dadas por el Espíritu en el día de Pentecostés. Hay algunas versiones de la Biblia que traducen de manera diferente, "hablando en lenguas" en Hechos y en Corintios. En Hechos le dan el significado de hablar en idiomas extranjeros. En Corintios le dan la connotación de hablar extáticamente o con sonidos extraños. Pero no hay evidencia de que los corintios hablasen en éxtasis, en el sentido de estar en un trance. Los espíritus de los profetas todavía estaban sujetos a los profetas. Las instrucciones de Pablo concernientes a la cortesía y al amor y las restricciones impuestas a las lenguas no tendrían significado si ellos no estuviesen plenamente en control de sus sentidos y conscientes de lo que estuviese sucediendo a su alrededor.

Guiado por el Espíritu Santo

En realidad, lo que sucedía en Corinto era exactamente paralelo a lo que sucedió en el día de Pentecostés. En Pentecostés la multitud fue inicialmente maravillada, pero nadie fue salvado por las lenguas. Eventualmente, mientras los ciento veinte seguían hablando en lenguas, muchos no podían ver una razón para lo que hacían los creyentes y dijeron que estaban llenos de vino nuevo (dulce muy embriagante). Esto era sencillamente otro modo de decir que parecían estar fuera de sí, locos. En estos tiempos ha habido ocasiones en que los incrédulos han oído hablar en lenguas en su propio idioma, y se han maravillado de las grandiosas obras de Dios, como en Pentecostés (Hechos 2: 11). Pero Pablo pone en claro que en la reunión ordinaria en que no hay gente presente de varios idiomas, el propósito y uso de las lenguas se halla algo restringido.

Por otra parte, el don de profecía no es una señal (sobrenatural) para el incrédulo (14:22). La palabra "señal" es una del que se emplean para designar un milagro. Por el hecho de que la profecía es en su propio idioma el incrédulo no la ve como al obviamente sobrenatural. Sin embargo, la profecía es en verdad una señal milagrosa para el creyente. Este se halla en armonía con el Espíritu. No tiene necesidad de que las lenguas le hagan saber que lo sobrenatural está presente. Cuando se manifiesta el don de profecía, él lo reconoce como una obra sobrenatural del Espíritu, plena de su poder. Puesto que el Espíritu Santo obra por medio de la verdad, aplica ésta al corazón de los incrédulos en su obra de convicción y de convencimiento (Juan 16:8), el incrédulo debe ser capaz de comprender lo que trae el Espíritu. El mensaje debe pasar por su mente para poder llegar a su corazón. De este modo, la profecía, dada en el idioma que todos comprenden, pone a los incrédulos o a los ignorantes espirituales en el lugar en que se ven a la luz del evangelio y reconocen que el mensaje proviene de Dios. Esto les hace postrarse y adorar y honrar a Dios. En lugar de decir que el que habla está fuera de sí, reconocen que "Dios está entre vosotros" (14:28).

Esto también fue exactamente la situación en el día de Pentecostés. Cuando Pedro se puso de pie para hablar, no presentó su propio razonamiento o sus pensamientos. El habló como el Espíritu dio que hablase, pero esta vez fue en profecía y no en lenguas. La palabra de profecía habló al corazón de ellos, tal como lo muestra Hechos 2:37, 41. Si proseguimos la comparación con el día de Pentecostés, vemos que la nueva iglesia no pasó todo su tiempo hablando en lenguas, sino que "perseveraban en la doctrina dé los apóstoles (en su enseñanza), en la comunión unos con otros, en el partimiento del pan y en las oraciones" (2:42). La palabra de Dios crecía, y el número de los discípulos se multiplicaba (Hechos 6:7).

Esteban, lleno de gracia y de poder hacía grandes prodigios y señales... y no podían resistir a la sabiduría y al Espíritu con que hablaba (Hechos 6:8-10). Desde el comienzo se manifestó en la Iglesia una variedad de dones espirituales.

Pablo reconoció que esta variedad de expresión es algo normal. Las palabras "¿Qué hay, pues?" (14:26) manifiestan que Pablo deseaba que los corintios vieran esto. La primera regla para la manifestación de los dones espirituales, según lo indica el capítulo 12, es que ningún don carece de importancia y que ningún don debiera ser puesto a un lado. "Cada uno de vosotros" significa que todos debieran tener algo que contribuir a la edificación del Cuerpo. Nadie debe echarse atrás en su asiento para tan solo disfrutar de lo que recibe. Tampoco hay una distinción implicada entre lo natural y lo sobrenatural en el ministerio de los creyentes. Todo viene de la provisión de Cristo (Efesios 4: 16) y es ministrado por medió del Espíritu Santo.

Cuando en aquel entonces los creyentes se reunían (por lo general en un hogar) uno podía tener un salmo (probablemente un salmo del Libro de Los Salmos), cantado bajo la unción del Espíritu (por lo general con acompañamiento musical). Otro podía traer una doctrina (enseñanza), esto es instrucción de la Palabra de Dios iluminada por el Espíritu. Otro podía traer una revelación; esto es, uno de los dones de revelación, tal como una palabra de sabiduría o una palabra de conocimiento. Todavía otro podía traer una lengua y otro una interpretación. No hay un "orden de servicio" fijado en este cuadro de una reunión del Nuevo Testamento.

Reglamentación para la manifestación de las lenguas

Con el fin de hacer lugar para esta variedad de expresión, Pablo da cuatro instrucciones específicas que han de servir de guía en la expresión del don de lenguas en la adoración pública. En primer lugar, cundo hay un mensaje de Dios a la asamblea (iglesia), el número debiera limitarse a dos o a lo más tres (1 Corintios 14:27). Hay quienes interpretan que esto significaría dos o tres en forma sucesiva, lo que permitiría que más adelante en el culto hubiera otros dos o tres. Otros interpretan que significa dos o tres por la misma persona permitiendo de esta manera que hubiera dos o tres más por la siguiente persona. Pero ninguna de estas ideas armoniza con el propósito de permitir, una mayor variedad en la manifestación de los dones. Todavía más, "por dos" es un empleo distributivo de la palabra "por". En este contexto, su único significado puede ser dos, o a lo más tres; en cada reunión o cada vez que se reúnen los creyentes. Dos debieran considerarse suficientes, pero tres es permisible. Además, el propósito no es apagar el Espíritu, sino alentar a los creyentes para que busquen y ejerciten otros dones del Espíritu. En segundo lugar, las lenguas debieran ser por turno (dadas por una persona a la vez). El amor y la cortesía no permiten que dos hablen en lenguas a la vez, como si estuvieran en competencia.

En tercer lugar, uno debiera interpretar. Esto es, debe darse oportunidad para una interpretación después de un mensaje en lenguas. Si alguien se pone de pie para darlo, no debiera ponerse de pie otro también, sino que debiera dársele oportunidad al primero para que interprete. Hay quienes consideran que esto significa que una persona en la congregación debiera encargarse de todas las interpretaciones. Pero esta idea no cuadra bien con el mandato de que cada persona ore que pueda interpretar las lenguas que él mismo haya dado (14:13). Cuarto, si no hay intérprete presente (nadie que haya sido usado con el don), entonces no debiera haber manifestación en lenguas en voz alta, pues ello no edificaría a la Iglesia. Sin embargo, todavía la persona puede expresar el don en manera correcta si es que habla suavemente en forma directa a Dios (14:28). Esto todavía cumplirá el propósito principal del don (14:2). También debe mantenerse presente la exhortación de orar lo que podamos interpretar (14:13).

La profecía debe ser juzgada

No obstante, el don de lenguas no es el único don que necesita dirección e instrucción. Para todos los dones debieran buscarse principios que ayuden a la edificación del Cuerpo. Pablo señaló que la profecía es mayor que las lenguas por el hecho de que trae una mayor edificación. Pero esto no significa que los profetas tengan amplia libertad para ejercitar el don como les plazca. La profecía también necesita dirección y guía para su adecuada expresión.

En primer lugar, de los profetas pueden hablar dos o tres y luego deben permitir que los demás juzguen. La expresión "por dos" en sentido distributivo, que se usó en el caso de las lenguas, no se usa, sin embargo, en el caso de la profecía. El sentido parece ser que pueden profetizar dos o tres personas en forma sucesiva. Luego, antes que ministren otros, deben juzgarse estos mensajes.

En segundo lugar, el juicio implica una deliberada consideración de lo que dice el Espíritu, cómo es que esto armonización la Palabra, y lo que el Señor desea hacer en relación con ello la profecía no es meramente un ejercicio espiritual. Trae un mensaje del Señor. Si una profecía sigue a la otra, vez tras vez se perderá el efecto y habrá poca edificación. Por estas razones que no se debe permitir que ni siquiera el don de profecía llegue a ser un medio de recibir bendición sin que luego se haga nada respecto de él.

Entonces, después de dos o tres mensajes en profecía; otros necesitan juzgar (examinar, diferenciar, evaluar). Se entiende que el juicio se hará con la ayuda del mismo Espíritu que da la profecía. Pero también es claro que la Biblia no pretende que nos sentemos con la boca abierta y que nos traguemos todo lo que se diga sin pensar en ello. Los de Berea fueron considerados nobles por el hecho de que escudriñaron la Escritura para ver si las cosas que decía Pablo eran así (Hechos 17:11). La misma aplicación puede hacerse respecto de los dones del Espíritu.

Además, a veces nuestras conclusiones necesitan ser evaluadas. Es posible ver una profecía a la luz de nuestros propios sentimientos, como en Hechos 21:4,12. (Creo que los sentimientos de uno pueden llegar a mezclarse sin que uno se lo proponga.)

En tercer lugar, si una persona se encuentra en el momento de dar un mensaje en profecía y otra persona se pone de pie y con ello indica que Dios le ha dado una revelación (mediante algún don del Espíritu), entonces la primera persona debiera dar una oportunidad a la segunda para que hable. De este modo, el amor no permitirá que nadie monopolice todo el tiempo. Luego, a medida que continúen las profecías, una a la vez, varios individuos pueden ser usados, pero todos pueden aprender, todos pueden ser tentados, alentados y desafiados (14:31).

Paz mas no confusión

El amor, que es el principio que gobierna el ejercicio de los dones, este trae paz, no confusión. Sin embargo, sólo puede desempeñar su tarea si es que los que ministran los dones reconocen que los espíritus de los profetas están sujetos a los profetas. Si el profeta no manifiesta amor, cortesía, y consideración para con los demás, es culpa tan sólo de él no del Espíritu Santo. Podemos ver de aquí también que el creyente lleno del Espíritu no necesita temer que hará algo opuesto a la edificación sin que se lo haya propuesto. Los que ejercitan dones espirituales no están hipnotizados, ni están en estado de sonambulismo. Los profetas y médiums paganos son usados por malos espíritus y no siempre pueden controlar lo que hacen. Pero el Nuevo Testamento jamás considera que las lenguas o la profecía o cualquier otra manifestación del Espíritu sean incontrolables. El Espíritu Santo nos respeta como a hijos de Dios. Dios nos hace colaboradores, de tal modo que cooperamos con Él y ejercemos los dones en fe obediente al rendirnos a Él gustosamente.

De aquí vemos que cualquier confusión que estuvieran experimentando los corintios era por culpa de ellos, no de Dios.

Notamos también que Pablo no pone sobre los ancianos o pastores la responsabilidad por el orden o por la reglamentación de los dones. Tal como alguien ha dicho, la exigencia es de moderación (autodisciplina) y no el de ser un simple moderador. La responsabilidad en cuanto al orden ha de ser compartida por cada miembro individual de la congregación. Aun el Espíritu Santo respeta nuestra integridad y no nos obligará a obedecer las instrucciones dadas aquí. Por ejemplo, si hay más de tres mensajes en lenguas esto no significa que el cuarto no sea del Espíritu. Repetimos que Pablo no trata de poner a los corintios esclavitudes. Ni lo que él les da son instrucciones especiales que sólo ellos necesitaban.

Los mismos problemas, la misma necesidad en cuanto a variedad en los dones, la misma necesidad de cortesía y de amor se ve en todas las iglesias a través de los años (en los creyentes que están dedicados a Dios). Lo que él dice aquí (14:33) y en el versículo 26 tiene como intención el lograr que los corintios acaten las instrucciones que Pablo ha expresado para todas las Iglesias.

El significado de esto parece ser que una persona no debiera interrumpir el ministerio de otra en el momento en que sienta que el Espíritu le mueve o impulsa a ejercitar un don. Nada se pierde con esperar hasta que el Espíritu conceda la oportunidad de ejercitar el don en amor sin causar confusión o desorden. Efectivamente, el controlarse hará que la impresión del Espíritu sea más profunda y que la expresión del don sea más efectiva. En circunstancias que Pablo habla respecto de interrupción y desorden, sugiere que debiera evitarse otro tipo de interrupciones. Las mujeres (que en aquellos días por lo general carecían de educación) tenían como costumbre hacer preguntas en manera impropia, y contribuían de esta manera a la confusión. Deberían reservar sus preguntas para hacérselas en casa a sus esposos. Esto debería aplicarse a hombres y mujeres en asuntos que las costumbres consideraban indecorosos. Pero Pablo no está tratando, en manera alguna de impedir que las mujeres profeticen, hablen en lenguas, canten, o de algún otro modo que contribuyan a la adoración. Él esperaba que las mujeres oraran y profetizaran si el Espíritu les daba un ministerio (11:5). La Biblia no hace diferencia en las manifestaciones espirituales entre hombres y mujeres. Pablo dice entonces que aquellos que se consideren profetas o espirituales (llenos y guiados por el Espíritu Santo), aceptarán estas instrucciones concernientes al uso de los dones (14:37). No se considerarán superiores a la Palabra, de Dios. Apreciarán la variedad y la armonía. Se someterán al juicio de los demás. Tan sólo los espiritualmente ignorantes rechazarán estas instrucciones. Pero no se les debe avergonzar en público. Debe dejarse que sigan en ignorancia pero que sepan que permanecen en esa "bendición" a su propio riesgo. Todavía desea Dios que las cosas se hagan decentemente y en orden. Pero, tal como dice Donald Gee: "No es el orden de un camposanto, sino el orden de una vida corporal que desarrolla todas sus funciones con naturalidad y eficacia para todos los involucrados." La expresión de los dones, sin embargo, y la preocupación de Pablo por ellos, no deben hacernos olvidar que su mayor preocupación era la predicación del glorioso evangelio que declaraba la resurrección de Cristo y la nuestra (1 Corintios 15). Mediante Cristo recibiremos un cuerpo espiritual, un cuerpo verdadero que es el templo perfecto, el perfecto instrumento para la expresión del Espíritu. Lo que ahora tenemos es sólo parcial y puede ser solo parcial a causa de nuestras limitaciones presentes. Pero lo que es perfecto sin duda ha de venir. Nosotros esperamos algo aún mejor qué lo que Dios dio a Adán en el comienzo. Nuestra restauración no es meramente aquello que Adán perdió, sino lo que Cristo ha preparado. Él se preocupará de nuestra resurrección y de nuestra herencia, porque Él es un Espíritu dador de vida (15:45). Esto puede tener el significado de que Él da vida procedente del reino espiritual donde ahora reina en gloria.

Las arras del Espíritu

También en Segunda de Corintios hay esa mirada hacia adelante. Junto con Efesios habla de las arras (la prenda) del Espíritu y lo conecta con un sello del Espíritu. Después de recalcar que Dios nos ha establecido en Cristo y nos ha ungido, Pablo dice que Dios también nos ha sellado y nos ha dado las arras del Espíritu en nuestros corazones (2 Corintios 1:22). Luego, después de hablar del tiempo en que recibiremos nuestros nuevos cuerpos, dice (5:5); "Más el que nos hizo para esto mismo (nos ha preparado con este mismo propósito) es Dios, quien nos ha dado las arras del Espíritu. Efesios 1: 12, después de hablar respecto del propósito de Dios "y de nuestra herencia, habla de cómo los creyentes confiaron en Cristo después que oyeron la palabra de verdad, el evangelio de su salvación, "en él", más bien, "por él", por Cristo, "habiendo creído en él, fuisteis sellados con el Espíritu Santo de la promesa que es las arras de nuestra herencia hasta la redención del posesión adquirida, para alabanza de su gloria" (Efesios 1:13-14). Luego, Efesios 4:30 prosigue diciendo que no debemos contristar al Espíritu Santo de Dios con el cual fuimos sellados para el día de la redención.

Las ideas del sello y de las arras están estrechamente vinculadas. Ambas recalcan el hecho de que lo que tenemos mediante el Espíritu en la actualidad es una garantía de una plenitud mucho mayor que ha de venir. Ambas están estrechamente relacionadas con la idea de las primicias también (Romanos 8:23).

Del mismo modo como las primicias son una parte genuina de la cosecha, así las arras son una parte verdadera de la herencia, y constituyen la garantía de lo que recibiremos en mayor medida más adelante. Nuestra herencia es más que una esperanza. Ahora en medio de la corrupción, decadencia y muerte de la época presente, disfrutamos en y por medio del Espíritu Santo el verdadero comienzo de nuestra herencia. Efectivamente, el Espíritu Santo mismo es "las arras", aun cuando indudablemente todos sus dones y bendiciones están incluidos.

El sello tiene relación con el pensamiento de 1 Juan 2:2. A pesar de que ya somos hijos de Dios, no hay gloria exterior todavía. Todavía tenemos estos cuerpos mortales con todas sus limitaciones. Todavía tenemos muchas de las dificultades problemas y penas que son comunes a los hombres. Pero tenemos una posesión presente del Espíritu que es el sello que nos da seguridad de que somos hijos de Dios y que nuestra esperanza no nos frustrará (Romanos 5:5). Cuando Jesús venga seremos cambiados a la imagen de Él y compartiremos su gloria y su trono. Mientras tanto, disfrutamos de una parte real de nuestra herencia en el Espíritu Santo.

Certeza, no protección

Algunos han considerado que el sello significa protección, resguardo, o seguridad. Pero el sello es un reconocimiento presente de que somos del Señor. De sí mismo, no significa que no podamos, perder nuestra salvación. Tampoco hay en el griego empleado aquí la implicación de que este sea un sello semejante al de cuando se sellan los alimentos dentro de un frasco o lata para protegerlo de la contaminación. En verdad somos guardados por el poder de Dios mediante la fe para salvación (1 Pedro 1:5), pero esto no es automático. Debe conservarse la fe. En Juan 6:27 Jesús dijo que el Padre puso su sello en Él, pero no para protección. Más bien, el Padre lo selló o lo designó como el Hijo de Dios y dador de vida eterna. Luego, cuando recibimos el testimonio concerniente a Cristo, nosotros atestiguamos; recordamos que Dios es veraz (Juan 3:33).

En los tiempos del Antiguo Testamento el sello era el reconocimiento de que se había completado una transacción. Se colocaba un sello en la escritura de una propiedad para indicar que se ha pagado el precio y que la transferencia había tomado lugar (Jer. 32:9-10). El sello del Espíritu indica de este modo que sido liberados del poder de las tinieblas y hemos sido trasladado "al reino de su amado Hijo" (Col. 1:13).

En el Nuevo Testamento el sello tiene también la idea de una designación de propiedad, una marca que indica que somos suya (Efesios 2: 10). Por el hecho de que un sello antiguo imprimía un cuadro, puede hacerse la relación de que Espíritu trae la imagen de Cristo "hasta que Cristo sea formado (en nosotros)" (Gálatas 4:19). También el sello es una marca de que verdaderamente somos hijos de Dios y efectivamente Dios ha aceptado nuestra fe.

El tiempo del sellado

Teniendo en consideración Efesios 1:13, "habiendo creído él fuisteis sellados con el Espíritu Santo de la promesa", hay que nos hacen fijarnos en el hecho de que Cristo es él que pone el sello después que uno cree. Por tanto, ellos lo identifican con el bautismo en el Espíritu Santo. En este punto aun Dunn admite que el aoristo (pasado), que se usa aquí respecto del como en Hechos 19:2, normalmente significaría el creer antes del sellado. Pero en manera semejante a la mayoría de los comentarios, él dice que el contexto exige que el creer y el sellado ocurran al mismo tiempo. Esto es, la mayoría considera el sellado se refiere a la venida del Espíritu en la regeneración. Se argumenta que el contexto pone atención en la vida con poder para servicio. Sin embargo, en 2 Corintios 1:22, la unción se halla en la lista, lo cual normalmente indica ministerio. Otros dicen que pertenecemos al Señor en momento en que somos salvados y que no podemos hacer que el derecho de propiedad de Dios dependa de una experiencia. Pero de todos modos este argumento no está bien explícito. El sello no era causal de propiedad. Tan sólo reconoce propiedad y derecho. De este modo, la sangre de Jesús es el precio de la compra. Por fe creemos y somos hechos suyos. Luego, el bautismo en el Espíritu Santo viene como el sello, la certeza que Jesús nos da de que Dios ha aceptado nuestra fe.

Algunos interpretan el sello como una designación invisible. Pero esto no cuadra con el significado normal de un sello, que era el de proporcionar una identificación visible que otros pudieran ver. El sello es ciertamente algo más que el creer. La mayoría de los comentaristas olvidan también que el bautismo en el Espíritu Santo era la experiencia normal de todos los creyentes en los tiempos del Nuevo Testamento. Por consiguiente, en la mente de Pablo no está él trazando una línea entre creyentes sellados y aquellos que no tienen ese privilegio. El ve a todos los creyentes en posesión y disfrute de la experiencia y, en consecuencia los considera incluidos.

Aun el sellado de los 144.000 de Apocalipsis 7:3 puede involucrar el estar sellado del Espíritu. Cierto es que ellos son sellados con una marca en sus frentes, pero aun en el Antiguo Testamento Dios no ordenaba que se pusiese una señal exterior sin que la acompañara una realidad interior. David fue ungido con aceite, pero el Espíritu Santo vino sobre él desde aquel día en adelante (1 Samuel 16:13).

Sin embargo, las arras habla de una primera cuota (cuotas como en una compra a plazo) de nuestra herencia futura. Así es como se debe incluir el movimiento constante y el poder del Espíritu en nuestra vida. Esto es lo más importante que debemos tener presente. Esto está también de acuerdo con el tercer capítulo de 2 Corintios, donde Pablo considera la totalidad de la vida; de sus convertidos como epístolas vivas, escritas no con pluma y tinta, sino por el Espíritu de Dios; no escritas sobre tablas de piedra, como lo estaba la ley de Moisés, sino en sus corazones (2 Corintios 3:2-3).

La gloria de la que participamos

Pablo también ve la gloria de su herencia, no solo en la época venidera, sino que en su vida y ministerio presente. Su ministerio del Nuevo Pacto no era de la letra que mata (de la condenación) sino del Espíritu que da vida (2 Corintios 3:6). Este ministerio era mucho más glorioso que aquel que hizo brillar el rostro de Moisés (3:7-8). Moisés puso un velo sobre su rostro para esconder esa gloria.

Desafortunadamente un velo sobre las mentes de muchos judíos les impedía ver una gloria mayor, la gloria en Cristo. En realidad las profecías concernientes a Cristo estaban ocultas aun para los apóstoles hasta que el mismo Jesús les abrió el entendimiento e hizo que sus corazones ardieran dentro de ellos (Lucas 24:27; 45-49). El Espíritu desea hacer lo mismo por nosotros al hacer vivir su Palabra en nuestro corazón (véase 2 Timoteo 3:16-17)

También a los judíos les será quitado el velo del entendimiento cuando se conviertan al Señor. Y el Señor que ellos verán será Cristo revelado por el Espíritu. Donde está el Espíritu del Señor entonces el velo desaparece y hay libertad de la servidumbre de la ley que puso el velo sobre los entendimientos (véase también Juan 8:31-32). Entonces todos nosotros, judíos y gentiles con el rostro descubierto (sin velo) contemplamos por el Espíritu la gloria del Señor. Segunda de Corintios 3: 1 7 no significa que Cristo y el Espíritu son la misma persona ni siquiera que el Señor del Antiguo Testamento (Jehová) y el Espíritu sean la misma persona. Se trata simplemente de que el Espíritu Santo sea portador de la gloria del Señor y sirve como intermediario entre Cristo y nosotros. Si proseguimos nuestra contemplación de la gloria del Señor, aun cuando sea como en un espejo (un espejo imperfecto), de consiguiente, viéndolo a Él imperfectamente, somos cambiados de gloria (de un grado de gloria a otro) como por el Espíritu del Señor (2 Corintios 3:18). Esto es, Moisés fue el único que vio la gloria en Sinaí. Por consiguiente, sólo él tuvo la experiencia y tuvo que ocultar la gloria mediante un velo. Pero, mediante el Espíritu, el Cristo glorificado que es nuestro Mediador a la diestra de Dios se revela continuamente a todos nosotros (2Corintios 5:16), y nuestro proceso de cambio es constante.

El contexto muestra, sin embargo, que Pablo esperaba que la gloria se manifestara, no en su rostro como en el caso de Moisés, sino en su ministerio, especialmente en la proclamación del glorioso evangelio de Cristo (2 Corintios 4:1, 5). Este ministerio de Pablo fue aprobado y mostró su gloria creciente por medio de la fidelidad de sus convertidos, por medio de sus sufrimientos por medio del Espíritu Santo, y por medio de su amor (6:4-6).

Un templo, un cuerpo

En Efesios, Pablo dice que ora por los creyentes para que Dios les dé el espíritu de sabiduría y de revelación en el conocimiento de Él (1: 17), no sólo para la satisfacción de sus deseos sino para que sean capaces de ver a Cristo tal cual es, como la Cabeza resucitada y exaltada de la Iglesia (1:20-23). Parecida era la preocupación que tenía Pablo porque las iglesias de Asia se dieron cuenta de que la obra del Espíritu es mantener la unidad del cuerpo de Cristo. En Corinto el problema era que diferentes facciones surgían en una iglesia predominantemente gentil. En Éfeso y en las iglesias de Asia parece haber habido todavía un gran grupo de creyentes judíos entre los creyentes gentiles. De este modo la línea de separación se hallaba principalmente entre judíos y gentiles. Tenían necesidad de que se les recordara que la Iglesia ha sido hecha una mediante la muerte de Cristo quien derribó la pared (la ley) que separaba a los judíos de los gentiles. Ahora, por medio de Él (Hebreos 10:20) ambos tienen acceso por un Espíritu al Padre (Efesios 2: 18). Aliara, estaremos unidos, siendo edificados en un templo santo "para morada de Dios en el Espíritu" (2:22). Pablo les recuerda también que el misterio de que los gentiles fuesen coherederos con los judíos no fue revelado en los tiempos antiguos. El Antiguo Testamento dice con claridad que los gentiles compartirían la bendición (Génesis 12:3, por ejemplo). Pero lo que no era claro era que Dios consideraría a los judíos y a los gentiles como pecadores, que los pondría a todos en el mismo bote, y que luego mostraría su misericordia al dejar que unos y otros ingresaran a la Iglesia sobre la misma base, por gracia mediante fe.

Este misterio no le fue revelado sólo a Pablo, sino a todos los santos apóstoles y profetas de la Iglesia primitiva mediante el Espíritu (Efesios 3:5). Sin embargo, Pablo fue constituido en el principal anunciador de estas buenas nuevas a los gentiles. Por medio de él, y por medio de la conversión de los gentiles se le hace saber a los principados y potestades en los lugares celestiales la multiforme sabiduría de Dios. Esto no fue un pensamiento de última hora. Estaba de acuerdo con el propósito eterno que Dios se propuso en Cristo Jesús nuestro Señor (3:10-11). De esta manera, mediante la Iglesia Dios revela todavía su propósito eterno.

Con este pensamiento en mente, Pablo ora que Dios conceda a los creyentes el ser fortalecidos con poder en el hombre interior por su Espíritu (3:16). El poder (sobrenatural) no es para milagros, sino para el mayor de los milagros, el milagro continuado de la morada de Cristo en sus corazones mediante la fe. También es para ayudarles a que, arraigados y cimentados en amor, puedan comprender la anchura, la longitud, la profundidad y la altura de todo el plan de Dios, y para que conozcan el amor de Cristo y sean llenos de toda la plenitud de Dios. Porque él es capaz de hacer todas las cosas mucho más abundantemente de lo que pedimos o entendemos, según el poder que actúa en nosotros. ¡Qué concepto más impresionante! Dios no sólo desea que tengamos una vista panorámica de su plan. El desea llenarnos de su presencia, lo que debe significar con su propia naturaleza, su santidad, amor y gracia.

Nosotros tenemos, sin embargo, nuestra parte en tratar de mantener la unidad del Espíritu en el vínculo de la paz, porque debemos cultivar el fruto del Espíritu, especialmente el amor (4:2-3). Esta unidad es mantenida también mediante el reconocimiento de que hay un Cuerpo, y un Espíritu, ya que somos llamados en una esperanza de nuestra vocación (esto es, el llamado a ascender, que nos hace marchar presurosos hacia la meta en Cristo). Esto significa honrar a un Señor Jesús, confesar una fe (un cuerpo de doctrinas, un evangelio), un bautismo (con toda probabilidad no se trata del bautismo en agua, sino del bautismo en Cristo mediante el Espíritu, lo que nos unifica a todos), un Dios y Padre de todos (4:6). El énfasis se halla en un Dios, un Cristo, un Espíritu Santo, y por consiguiente un Cuerpo. El énfasis aquí no está en algo externo, y ciertamente ni en formas ni en organización externa. Todavía hay unidad con variedad. Pero la variedad, la diversidad, debiera traer bendición y fortaleza al cuerpo local, no dividirlo en facciones. Porque a cada uno de nosotros le es dada la gracia conforme a la medida del don de Cristo (4:7). La gracia, por cierto, incluye dones del Espíritu sin los cuales "la iglesia no puede subsistir en el mundo".

Dones dados a los hombres

Para ilustrar lo que quiere decir por gracia ministrada por el don de Cristo, Pablo cita del Salmo 68:18, y con ello indica que los dones recibidos fueron dados a los hombres (Efesios 4:8). Efesios 1:9-10 son un paréntesis. Luego Pablo sigue diciendo que estos dones son apóstoles, profetas, evangelistas, pastores, y maestros (o pastores / maestros). Esto es, Cristo al ascender a lo alto como nuestro exaltado Señor ha llevado a los hombres cautivos de sí mismo. Luego los ha dado como dones a la Iglesia para perfeccionar (para madurez) a los santos, de modo que los santos (todos los creyentes) puedan hacer la obra del ministerio y edificar el cuerpo de Cristo. De este modo, todo el cuerpo de Cristo llegará al estado de madurez en el cual dejan de ser bebés espirituales que se dejan extraviar por cualquier engañador que se presenta. En lugar de eso, seguirán creciendo en Cristo en todas las cosas y recibirán de Él una provisión que les permitirá ministrar una variedad de dones para la edificación del Cuerpo, tanto en lo espiritual como en número (Efesios 4:13-16).

Obviamente, los dones de Cristo son los mismos que en Corintios se identifican como dones del Espíritu. Pero el énfasis aquí se halla en los hombres y en los ministerios. El énfasis principal en este pasaje tiene relación con lo que Dios hizo en el comienzo para establecer la Iglesia. Pero la Biblia indica también la continua necesidad de ministerios que establezcan la Iglesia; que lleven a los creyentes al estado de madurez, al crecimiento de la Iglesia como Cuerpo, además se espera el sean suplidas las necesidades de los jóvenes y los nuevos convertidos.

Renovación mediante el Espíritu

La clave para el éxito de este ministerio en el Espíritu es todavía el fruto del Espíritu. Pablo insta a continuación a los creyentes para que se vuelvan de lo que es la conducta de los gentiles con toda su impureza y avaricia. Deben despojarse de esa antigua manera de vivir, la que era natural para ellos cuando eran gentiles. Necesitan renovarse en el espíritu de su mente y revestirse del nuevo hombre el cual es creado según Dios (a la imagen de Dios) en la justicia y santidad de la verdad (4:23). Esto equivale a abandonar los pecados específicos que eran comunes entre los gentiles, tales como la mentira y el robo.

También debe incluirse no ofender al Espíritu Santo mediante amargura, ira, enojo, gritería (el dirigirse el uno al otro con gritos airados), maledicencia (calumnias, lenguaje abusivo), y malicia. El Espíritu Santo hace un mejor trabajo cuando manifestamos bondad unos con otros, cuando somos tiernos (compasivos); perdonándonos unos a otros, así como Dios nos perdonó por causa de Cristo (4:32).

Esto significa andar como hijos de luz, reconociendo que todo el fruto del Espíritu es en toda bondad, justicia y verdad (5:9). Significa también que no debemos embriagarnos con vino (ni con alguno de los falsos estimulantes del mundo) en lo cual hay disolución (vicio, disipación, e incorregible libertinaje). En cambio, hemos de mantenernos llenos del Espíritu (5:18). Esto (según lo indica el idioma griego) no es experiencia de una sola vez, sino un llenado continuo, o lo que es mejor, llenados repetidos; tal como lo sugiere el libro de Hechos. Si de veras hemos de estar siendo llenos del Espíritu, esto se manifestará en nuestra adoración al hablar entre nosotros (unos a otros) con salmos e himnos, y cánticos espirituales, cantando y haciendo melodía (tocando instrumentos musicales) en (con) nuestros corazones al Señor (5:19). Los salmos y los himnos eran probablemente extraídos del libro de los Salmos (en hebreo llamado Tehillim, "Alabanzas"). Los cánticos espirituales serían otros cánticos dados por el Espíritu (no necesariamente en lenguas, pero dados en el sentido en que el Espíritu da la sabiduría y el entendimiento).

Nuestra obediencia al mandato de ser llenos del Espíritu se manifestará también en nuestro amor de los unos por los otros, especialmente en nuestras familias (5:21 al 6:9). Esto no será fácil. Estamos empeñados en una lucha contra el diablo, y necesitamos toda la armadura de Dios para resistirle (6:11). Pero podemos hacer más que mantenernos a la defensiva contra él. Necesitamos tomar la espada del Espíritu que es la Palabra de Dios. La Palabra es, efectivamente, la única herramienta, la única arma, el único instrumento del Espíritu.

Nosotros llegamos a ser los agentes del Espíritu, no sus instrumentos. Se usa un instrumento como un martillo o una espada, sin que haya sentido de cooperación de su parte. Se le toma y se le deja en forma arbitraria, pero nosotros somos agentes del Espíritu, embajadores de Cristo, colaboradores con el Señor; amigos a los cuales Él revela su voluntad y sus planes. Sin embargo, la Palabra llega a ser por intermedio nuestro, la herramienta del Espíritu.

Necesitamos desarrollar la batalla positivamente también mediante la oración. El escudo de la fe detendrá todos los dardos encendidos del enemigo (los que siempre vienen desde afuera del creyente, nunca de espíritu malignos en su interior). Pero nosotros necesitamos establecer el equilibrio "orando siempre con toda oración y súplica en el Espíritu" (Efesios 6:18). Permaneced firmes en un mismo Espíritu.

A los Filipenses Pablo da las buenas nuevas de que a pesar de sus cadenas y de toda la oposición, Cristo está siendo predicado. Se regocija también porque sabe que esto resultará en su salvación (liberación, probablemente de la prisión) por medio de la oración de ellos y la provisión (apoyo infaltable) del Espíritu de Jesucristo (1:19).

De nuevo en el caso de los filipenses se muestra la preocupación de Pablo por la unidad y la eficacia del Cuerpo. Él desea oír que ellos permanecen firmes en un mismo espíritu, combatiendo unánimes por la fe del evangelio (1:21).

El fruto del Espíritu sigue siendo la clave. Si hay alguna consolación (incentivo) en Cristo, si algún consuelo de amor y comunión (participación) del Espíritu, si algún afecto entrañable (compasión) y misericordias, se debe mostrar a la Iglesia por medio del fruto del Espíritu mediante su preocupación y amor los unos por los otros (Filipenses 2:1-4), y por medio de su moderación o control de sí mismos (Filipenses 4:5),

Los judaizantes eran todavía un problema también en Filipos, pues Pablo tiene que advertirles respecto de los mutiladores del cuerpo (refiriéndose a la circuncisión hecha con la esperanza de salvación). Los judíos se designaban a sí mismos con el nombre de la circuncisión. Pablo explica que la verdadera circuncisión, el verdadero Israel de Dios (Gálatas 6:16), son, sin embargo, aquellos que adoran a Dios en Espíritu (Filipenses 3:3). O como dicen algunos antiguos manuscritos: "quien adora mediante el Espíritu de Dios". En nuestra adoración mediante o en el Espíritu, nos regocijamos en Jesús y no tenemos confianza en la carne, esto es, en lo que podríamos hacer por nosotros mismos.

Lugar de preferencia para la Palabra

Colosenses no menciona específicamente al Espíritu con la misma frecuencia que Efesios, pero el énfasis de Colosenses está en Cristo como la Cabeza del Cuerpo. Muestra concentración en Él como cabeza de todas las cosas. Pero estas cosas son también la obra del Espíritu. Pablo da gracias por el buen informe que ha recibido del amor, de ellos en el Espíritu (es decir, lo que era un fruto del Espíritu; véase Romanos 15:30). Las cosas que les pide de que se despojen son las mismas obras de la carne que él menciona en otras epístolas (Colosenses 3:8-9). Lo que él les pide que se revistan son las mismas virtudes que él también llama fruto del Espíritu. Sobre todas estas cosas, dice él; vestíos de amor, que es el vínculo perfecto; esto es, que une y mantiene juntas todas las otras virtudes (3:14).

En lugar del mandamiento de ser llenos del Espíritu, Pablo da otro mandamiento que llama la atención a otra base importante para la adoración espiritual: "La palabra de Cristo, more en abundancia en vosotros." Esto es, por supuesto, la obra del Espíritu. Por el hecho de que somos llenos de la Palabra como también del Espíritu, nuestra adoración incluirá enseñanza y exhortación de los unos hacia los otros, cantando con gracia en nuestros corazones al Señor con salmos e himnos y cánticos espirituales (3:16). Se ve con claridad que la Palabra y la enseñanza deben tener un lugar céntrico. Nuestros canticos deben tener un mensaje bíblico.

Avivar el fuego del don de Dios

Al escribir a Timoteo, Pablo concede especial atención a estimular el ministerio de Timoteo mismo como un ministerio en el Espíritu Santo. Él desea que la verdad pase a las generaciones futuras, y sabe que el conflicto que él ha tenido con los falsos maestros no terminará con su muerte. Efectivamente, el Espíritu estuvo hablando con claridad que en los últimos (futuros) tiempos algunos se apartarían de la fe, dando oído a espíritus engañadores y a doctrinas de demonios (enseñanzas cuya fuente son demonios; 1 Timoteo 4:1). Es muy importante, por tanto, que Timoteo confíe lo que ha oído de Pablo a hombres fieles; estos enseñarán a su vez a otros (2 Timoteo 2:2). Esto es lo mismo que él tiene en mente en 1 Timoteo 1:18, donde confía un encargo (un cuerpo de instrucciones) a Timoteo para que lo pase a otros de acuerdo con las profecías que se "hicieron antes" respecto de él (esto es, profecías que se hicieron respecto de él mucho antes), para que por ellas (inspirado por ellas, o en cumplimiento de ellas) pudiera seguir peleando la buena batalla de la fe.

Este mismo ministerio de enseñanza está en mente también cuando Pablo (1 Timoteo 4:12-16) dice: "Ninguno tenga en poco tu juventud (que no te miren hacia abajo porque eres joven); sino sé ejemplo de los creyentes en palabra, conducta, amor, espíritu, fe y pureza. Entre tanto que voy, ocúpate en la lectura (leyendo "las Escrituras del Antiguo Testamento en voz alta a otros), la exhortación (mediante el don del Espíritu, pero en relación con "las Escrituras leídas) y la enseñanza (enseñando la verdad cristiana a otros). No descuides el don (espiritual) que hay en ti, que te fue dado mediante (acompañado de) profecía con la imposición de las manos del presbiterio (los ancianos o dirigentes de las asambleas locales). Practica estas cosas. Ocúpate en ellas (permanece en ellas, vive en ellas), para que tu aprovechamiento (progreso) sea manifiesto a todos. Ten cuidado de ti mismo y de la doctrina (enseñanzas); persiste en ello, pues haciendo esto, te salvarás a ti mismo y a los que te oyeren."

Aparentemente Timoteo necesitaba esta clase de estímulo a causa de la persecución que iba en aumento. De este modo en 2 Timoteo 1:6-8 Pablo prosigue: "Por lo cual (a causa de la fe verdadera, sincera y genuina de Timoteo, versículo 5), te aconsejo que avives (que mantengas encendido, ardiendo) el fuego del don de Dios que está en ti por (dado con el acompañamiento de) la imposición de mis manos. Porque no nos ha dado Dios espíritu de cobardía, sino de poder, de amor y de dominio propio (auto) o disciplina, control prudente y meditado de sí mismo). Por tanto, no te avergüences de dar testimonio de (acerca de) nuestro Señor, ni de mí, preso suyo, sino participa de las aflicciones por el evangelio (únete a mí en las aflicciones por el evangelio) según el poder de Dios."

Finalmente, en 2 Timoteo 1:13-14, Pablo dice: "Retén la forma (la norma) de las sanas (saludables, correctas) palabras que de mí oíste, en la fe y amor que es en Cristo Jesús. (Las que vienen por estar en Cristo Jesús). Guarda el buen depósito por el Espíritu Santo que mora en nosotros."

Algunos han tratado de usar estos pasajes para promover la idea de que por profetizar sobre alguien se le pueden dar o transmitir a esa persona dones espirituales. Otros han interpretado que por medio de la imposición de manos se conceden dones espirituales. No debemos olvidar sin embargo, que el Espíritu da los dones como Él quiere. Pero ni siquiera éste es el punto principal aquí. Estos pasajes se comprenden mejor a la luz de Hechos 13:2-3 y de Hechos 16:2. En Hechos 16:2, Timoteo es presentado a Pablo y se une a su compañía con la aprobación de, los hermanos que se hallaban en Listra y en Iconio. En Hechos no se dan mayores detalles sobre este hecho, pero de lo que Pablo le dice a Timoteo es evidente que ocurrió algo similar a lo que sucedió en Antioquía en Hechos 13:2-3. ¿Por qué deseaban los hermanos que Timoteo se uniera al grupo misionero de Pablo?

Lo más probable es que hubo profecía que dirigió a las iglesias para que separaran a Timoteo para la obra para la cual él Señor lo había llamado. Luego Pablo y los ancianos oraron e impusieron sobre él sus manos al tiempo que expresaban su fe y aceptación del llamamiento de Timoteo. "Mediante profecía", y "con la imposición de las manos del presbiterio", o la imposición de las manos de Pablo (lo que ocurrió indudablemente en la misma ocasión en que ocurrió la imposición de manos de los ancianos) significa sólo acompañado de la profecía. Pero, ni la profecía ni la imposición de las manos es la causa del don. Más bien, éstas prestaron su respaldo al don que Dios ya había concedido.

Lo importante es que Dios tiene un depósito (una inversión) en Timoteo, el cual Timoteo debe preservar mediante el Espíritu Santo que mora en nosotros. A través de todos estos pasajes se halla también repetido el énfasis sobre la enseñanza. Timoteo debe aplicarse a la doctrina, y vivir lo que enseñe, si es que ha de salvarse a sí mismo y salvar a sus oyentes. Hallamos aquí la sugerencia de que el don (carismático) espiritual, que Pablo menciona repetidamente, tenía que ver con la enseñanza, especialmente con la confirmación de los creyentes mediante un ministerio de enseñanza. Cierto es que él tenía que predicar la Palabra y hacer la obra de un evangelista (2 Timoteo 4:2, 5), pero debería hacerlo todo con toda paciencia y doctrina (enseñanza activa). Para desarrollar este don, Timoteo necesitaba mantener encendida la llama del mismo. No podía descuidarlo. El hecho de que hubiera profecías y se impusieran las manos no era suficiente. Era necesaria una constante atención a este ministerio. Él podía llegar a estar muy ocupado en otras cosas, descuidarlo, y el fuego se apagaría. O bien podía permitir que la amenaza de sufrimiento le impidiera ver lo que el poder de Dios realmente podía hacer. El temor cobarde no proviene del Espíritu Santo. En cambio, el poder y el amor sí vienen de Él. Lo mismo ocurre con el dominio propio. Todo esto es necesario también para guardar el depósito del evangelio que Dios ha dado. Muchos han procurado hacerlo mediante el razonamiento humano, estableciendo credos, mediante excelente apologética, pero han fracasado. Esto no puede hacerse independientemente del ministerio y de los dones del Espíritu. Pablo le recuerda también a Timoteo de la obra del Espíritu en relación con Cristo (1 Timoteo3:16). "Dios fue manifestado (revelado) en carne (en el Hombre Jesús), justificado (vindicado) en (por medio de) el Espíritu, visto de los ángeles, predicado a los gentiles (las naciones), creído en el mundo, recibido arriba en gloria." Algunos interpretan que justificado en el Espíritu significa "manifestó su rectitud al entrar al reino del Espíritu". Pero parece mucho más probable que se refiera a la vindicación lograda cuando fue resucitado de entre los muertos mediante el Espíritu. Algunos consideran que este versículo era un fragmento de un himno en relación con Cristo, el cual había sido dado por el Espíritu y que se cantaba en las iglesias que Pablo estableció. En todo caso, es un bello resumen de lo que la religión cristiana enseña respecto de Él. (Algunos creen que "visto de los ángeles" se refiere a la bienvenida dada por los ángeles a Cristo después de su ascensión. "Recibido arriba en gloria" se refiere al acto de Cristo de llevar a su Iglesia al cielo cuando Él venga de nuevo.)

Derramado abundantemente

Gran parte de la instrucción que Pablo da a Tito es similarmente dada a Timoteo. Sin embargo, en Tito 5:5-7 hay una hermosa y muy bien condensada expresión de lo que Cristo ha hecho nosotros "Nos salvó, no por obras de justicia que nosotros hemos hecho, sino por su misericordia, por (mediante) el lavamiento (baño) de la regeneración (el nuevo nacimiento) y por la renovación (la hechura de nuevo) en (por) el Espíritu Santo el cual derramó (vertió) en nosotros abundantemente por Jesucristo nuestro Salvador, para que justificados por su fe venimos a ser herederos conforme a la esperanza de la vida".

Hay muchos que consideran que esto, es una referencia al bautismo en agua, y suponen que Pablo ha cambiado aquí la manera de pensar respecto de los medios de salvación. Pero el énfasis es todavía el mismo, y la salvación no es por obras. El lavamiento o baño es el nuevo nacimiento mismo. En Efesios 5:26 se usa la misma palabra: "El lavamiento del agua por la palabra." Se relaciona con Romanos 10:8-9; es la palabra que está cerca de en tu boca y en tu corazón, la palabra que Pablo predicaba era, "si confesares con tu boca que Jesús es el Señor, y creyeres en corazón qué Dios le levantó de los muertos, serás salvo". Así mismo, el baño de agua, es la Palabra que usa el Espíritu porque Él es el Espíritu de Verdad no el Espíritu de agua (comparar también con Juan 15:10; 15:5).

La renovación en el Espíritu Santo tiene que ver probablemente con nuevas relaciones puesto que la palabra regeneración, tiene que ver con vida nueva. Puede referirse al bautismo en el cuerpo de Cristo mediante el Espíritu (1 Corintios 12:15). Luego, como un pensamiento adicional, el Espíritu Santo es aquél que Dios ha derramado abundantemente mediante Jesucristo nuestro Salvador. El derramamiento por Jesús es una referencia a Hechos 2:53 y a Joel 2:28. Pero la referencia principal no es de Pentecostés, puesto que Pablo y Tito han sido incluidos. Cada uno tuvo su Pentecostés personal, el cual le llegó por intermedio de Jesucristo. De aquí resulta evidente que todo nuevo creyente puede tener su propio Pentecostés personal, su propia experiencia del bautismo en el Espíritu Santo, y que puede ser la misma rica experiencia dada en Hechos 2:4. Que Pablo llegue a decir "para que justificados por su gracia, viniésemos a ser herederos" no afecta esa seguridad. Sencillamente reconoce que la justificación es por gracia (y por supuesto, mediante la fe; Efesios 2:8); esto es lo que hace posible que seamos herederos. En realidad, el versículo 7 es solo una ampliación de la frase "nos salvó... por su misericordia", del versículo 5.

Dones conforme a la voluntad de Dios

Hebreos también habla de dones del Espíritu Santo como parte del testimonio milagroso sobrenatural de Dios al mensaje de salvación predicado por la primera generación de creyentes (2:4). Pero, mientras que en 1 Corintios 12:11 éstos son distribuidos por el Espíritu como Él quiere, aquí se dice que es según la voluntad de Dios. Esto viene a demostrar simplemente que lo que Pablo dice al respecto es que el Espíritu sabe cuál es la voluntad de Dios correctamente (Romanos 8:27). También los creyentes son hechos partícipes (poseedores) del Espíritu Santo, experiencia que es paralela al gustar (participar) de los poderes (grandes, poderes sobrenaturales) del siglo (época) venidero (6:4-5).

El Espíritu Santo es también un testimonio a nosotros de que Dios ha aceptado el sacrificio de Cristo y que "hizo perfectos para siempre a los santificados" (Heb. 10:14-15). Esto es confirmado en mayor medida por la profecía de Jeremías (Heb. 10: 16; Jeremías 31:33), aun cuando Jeremías mismo no menciona al Espíritu Santo. En este contexto, el "perfeccionamiento" fue cumplido en el sacrificio de Cristo en el Calvario. "Para siempre" significa que es continuamente o por todo el tiempo, y se refiere al hecho de que su sacrificio fue "una sola vez" (Hebreos 9:28). "Santificados" se halla en una forma continua del verbo, "aquellos que están siendo santificados o consagrados, dedicados a Dios y a su servicio."

Aun cuando el Espíritu da testimonio a esto, la dedicación o separación a Dios es llevada a cabo por la muerte de Cristo (véase también Hebreos 13:12). Esto está de acuerdo con el énfasis general de Hebreos, el cual da prominencia a Cristo como el divino Hijo, y que en general tiene menos que decir respecto del Espíritu Santo que epístolas tales como Romanos y Corintios. Lo mismo puede decirse respecto de la obra de convicción y de convencimiento obrada por el Espíritu, la cual Hebreos muestra que es un asunto de pacer que los hombres vean su relación con un Dios viviente, (Véanse también 3:12; 9:14; 10:31; 12:12). Notamos también que en hebreos en lugar de dar el autor humano de una cita del Antiguo Testamento, siempre la atribuye al Espíritu Santo, el Autor divino (3:7; 9:8; 10:15). También Hebreos 9:8 es interesante porque muestra que el Espíritu Santo tenía en mente la tipología mientras inspiraba la escritura de los pasajes del Antiguo Testamento. Esto es, en la misma Escritura del Antiguo Testamento Él ya hacía preparativos para el Mesías, y señalaba la obra de Cristo.

Celoso anhelo

La epístola de Santiago menciona tan sólo una vez al Espíritu Santo: "El Espíritu que él ha hecho morar en nosotros nos anhela celosamente" (Santiago 4:5). El contexto trata con el hecho de que la amistad con el mundo hace que uno sea enemigo de Dios, y con la necesidad de someterse a Dios y su gracia. Es posible hacer que el versículo signifique que Dios abriga sentimientos tan profundos por el Espíritu Santo que mora en nosotros, que desea que le demos oportunidad de que Él desarrolle su fruto y conceda sus dones. También es posible entender que el mismo Espíritu Santo desea profundamente que cooperemos con Él en el área de su fruto y dones. El efecto es el mismo, cualquiera sea la forma en que se interprete el versículo. Santiago también habla de que todo don perfecto proviene del Padre, quien "de su voluntad, nos hizo nacer por la palabra de verdad" (1:17-18). Esto indica que lo que Pablo y Juan le atribuyen al Espíritu Santo es verdaderamente también de Dios el Padre. Pero esto es nada más que otra evidencia de la cooperación perfecta de toda la Trinidad.

La obediencia a la verdad mediante el Espíritu

Las epístolas de Pedro muestran también que el Espíritu Santo inspira la Palabra y la predicación del evangelio (1 Pedro 1:11-12). El declara que "ninguna profecía de la Escritura es de interpretación privada (no se trata de que alguien dé su propia explicación). Porque nunca la profecía (la Palabra de Dios) fue traída por voluntad humana, sino que los santos hombres de Dios hablaron siendo inspirados (llevados, dirigidos) por el Espíritu Santo" (2 Pedro 1:20-21).

Es también mediante el Espíritu que llegamos a tener santificación o consagración a Dios (1 Pedro 1:2). Él nos permite cooperar con esta obra al purificar nuestras almas en obediencia a verdad para un sincero amor fraternal (1 Pedro 1:22). Eso puede significar la participación en los sufrimientos de Cristo. Pero nos sentimos felices si es que esto significa padecer afrenta por causa de su nombre, pues el Espíritu de gloria, el Espíritu de Dios, reposa sobre nosotros (1 Pedro 4:14). En lo natural, la auto preservación es la primera ley de la naturaleza humana. El mundo pone gran énfasis tan el interés personal, y exalta al "número uno". La competición lleva a un deseo de dominar a otros y de actuar como un tirano. Pero Jesús fue entre nosotros como un Servidor de los demás. El mayor entre nosotros ha de ser siervo (esclavo) de todos (Lucas 22:27; Mateo 20:25-28; 25:11). El vencer nuestras inclinaciones naturales es sólo posible mediante el poder del Espíritu Santo y en la medida en que Cristo viva en nosotros y su naturaleza sea formada en nosotros. Entonces, la provisión de la gracia de Dios hará posible aun el morir por nuestro Señor. ¡Cuán grande contraste hay entre la muerte de Esteban y la muerte de Herodes Agripa! Esteban, lleno del Espíritu Santo, miró al cielo, vio la gloria de Dios, y pudo perdonar a quienes lo habían herido mortalmente (Hechos 1:55-60). Herodes, en un acto de auto exaltación, tornó para sí la gloria que pertenecía a Dios y murió en agonías bajo el juicio de Dios (Hechos 12:21-23).

Del mismo modo Pedro destaca también que Jesús resucitó mediante el Espíritu (1 Pedro 3:18). Por el mismo Espíritu también fue y predicó a los espíritus encarcelados (1 Pedro 3:19). Algunos interpretan esto como que mediante el Espíritu Santo, Cristo predicó a través de Noé para advertir a aquellos que en la actualidad son espíritus encarcelados. Otros lo interpretan como que por el Espíritu Él fue después de su muerte (o resurrección) a anunciar o proclamar su triunfo a los ángeles que en éste momento se hallan recluidos. De lo que sí podemos estar seguros, sin embargo, es que este pasaje no enseña que haya una segunda oportunidad de salvación.

El Espíritu que actúa por medio de la autoridad de Cristo

El libro del Apocalipsis es por sobre todo una nueva revelación de Jesucristo (1:1). En el libro, el Espíritu Santo revela a Cristo, habla en lugar de Cristo, y actúa en favor de Él. Todo mediante su autoridad. Lo que Jesús dice en forma individual a las siete iglesias de Asia, llega a ser su mensaje para todas las iglesias mediante el Espíritu (2:7, 11, 17, 29; 3:1,6, 13, 22; 14:13). Esto muestra que el Cristo resucitado y glorificado que ahora está a la diestra del Padre nos habla en la época de la Iglesia mediante el Espíritu. Lo que Juan ve también, lo ve mientras está en el Espíritu (1:10; 4:2; 17:3; 21:10).

La relación entre el Espíritu Santo y Cristo se ve con mayor claridad todavía al comparar las visiones de los siete espíritus de Dios ante el trono (1:4; 4:5) y los siete espíritus del capítulo 5. En el capítulo 4 son siete lámparas de fuego que indican luz, vida y sabiduría. En el capítulo 5 son siete cuernos (que indican autoridad y poder) y siete ojos (que indican sabiduría y conocimiento) en el Cordero. Pero son enviados a todo el mundo (5:6). Los siete cuernos y los siete ojos no indican que haya 14 espíritus. Más bien los siete espíritus pueden referirse a las siete manifestaciones del Espíritu de Dios reveladas en Isaías 11:2. O bien el número siete puede, sencillamente ser el número de integridad y de perfección. De este modo, Cristo obra en la integridad del Espíritu para manifestar su poder y su sabiduría al mundo. El Espíritu actúa por consiguiente en esta era por medio de la autoridad del Cordero que todavía ostenta las marcas de haber sido muerto. Los efectos del Calvario nos son ministrados plenamente por el Espíritu.

Finalmente, el Espíritu se une con la Novia (la Iglesia) y dice: "¡Ven!" (21:17). Esta invitación ha de pasar de unos a otros en todos los que oigan. Porque hay una abundante provisión del agua de la vida para todos los que tienen sed y para todos los que quieran. Todos pueden acudir y tomar gratuitamente y en cantidad ilimitada. Con seguridad esto incluye los derramamientos del Espíritu como, ríos de agua viva, tal como lo señaló Jesús mismo cuando dijo: "Si alguno tiene sed, venga a mí y beba" (Juan 7:37-39). De este modo, el último libro de la Biblia no termina sin renovar la invitación a todos para que no sólo disfruten la salvación mediante Cristo, sino continuos derramamientos pentecostales.

La Realidad del Espíritu Santo
(Lectura bíblica: Juan 4:24; 16:13; 1 Juan 5:6)

Los hijos de Dios deben comprender que para el Señor todo asunto espiritual tiene una realidad. Si sólo tocamos la apariencia, sin percibir la realidad, lo que tocamos no tiene ningún valor espiritual. ¿Qué es la realidad espiritual? Podemos decir que esta realidad es espiritual, no física. Por eso, aunque hablemos de ella, las palabras no son la realidad. Si bien la realidad divina se puede expresar en la viva diaria, las formalidades legales no son la realidad; e incluso, aunque también se puede manifestar en nuestra conducta, el esfuerzo humano tampoco es la realidad.

¿QUE ES LA REALIDAD ESPIRITUAL?

¿En qué consiste la realidad espiritual? El señor dijo: "Dios es Espíritu; y los que le adoran, en espíritu y con veracidad es necesario que adoren" (Juan 4:24). La palabra "veracidad" también significa "realidad". El Señor dijo: "Pero cuando venga el Espíritu de realidad, Él os guiará a toda la realidad" (Juan 16:13). Y en 1 Juan 5:6 dice: "Y el Espíritu es el que da testimonio; porque el Espíritu es la realidad". Esto nos muestra que Dios es Espíritu; y por tanto, todo lo que se relaciona con Él, tiene que llevarse a cabo en el espíritu. El Espíritu de verdad es el Espíritu de realidad. Por consiguiente, esta realidad espiritual tiene que estar en el Espíritu Santo, porque sólo lo que está en Él es real. Esta realidad espiritual va más allá de las personas y cosas. Como podemos ver, el Espíritu Santo sustenta todo lo espiritual, así que lo que esté separado del Espíritu, viene a ser letras y prácticas lo cual es muerte.

Para que lo espiritual sea real, vivo y orgánico, debe estar en el Espíritu Santo, el cual nos guía a toda realidad. En consecuencia, lo que recibimos por medio de los oídos, la mente, las sensaciones o de cualquier experiencia que adquiramos sin ser guiados por el Espíritu Santo, no es realidad espiritual. Debemos tener presente que cualquier obra que Dios realice es efectuada por el Espíritu Santo, quien es el ejecutor de todo lo espiritual. Sólo aquello que procede del Espíritu Santo es una realidad.

Todo lo que se encuentra en el Espíritu Santo es realidad; así que, cuando alguien lo palpa, toca la vida. La realidad y la vida van juntas. Por consiguiente, si alguien quiere conservar la vida espiritual, debe prestar atención a la realidad espiritual. Cuando uno toca la realidad espiritual que está en el Espíritu Santo, inmediatamente responde con un amén cuando otros la tocan; y a la vez, en éstos se produce una reacción interna y un amén cuando se relacionan con uno. Este es el significado de Salmos 42:7, el cual dice: "Un abismo llama a otro". Podemos decir que la realidad hace un llamado a tocar la realidad. A continuación daremos algunos ejemplos concretos que explican lo que es esta realidad espiritual.

Ejemplo uno

El Señor dijo a Nicodemo: "De cierto, de cierto te digo: El que no nace de agua y del Espíritu, no puede entrar en el reino de Dios" (Juan 3:5). Pablo escribió a los santos de Roma:

"¿O ignoráis que todos los que hemos sido bautizados en Cristo Jesús, hemos sido bautizados en Su muerte? Hemos sido, pues, sepultados juntamente con Él en Su muerte por el bautismo, a fin de que como Cristo resucitó de los muertos por la gloria del Padre, así también nosotros andemos en novedad de vida. Porque si siendo injertados en Él hemos crecido juntamente con Él en la semejanza de Su muerte, ciertamente también lo seremos en la semejanza de Su resurrección" (Ro. 6:3-5). Tanto el Señor Jesús como Pablo hablaron de la realidad del bautismo.

Sin embargo, muchos sólo ven el bautismo desde el punto de vista físico y únicamente ven el agua. Así que, debido a que no tocan la realidad espiritual, para ellos una persona es regenerada por el simple hecho de ser sumergida en el agua. Otros abordan este tema desde una perspectiva intelectual y creen que el agua no regenera a nadie. Afirman que el bautismo de algunos es genuino e interno y que éstos entrarán al reino de Dios, pero que el de otros es falso y externo, y por tanto, no podrán entrar al reino de Dios. Quienes así piensan tampoco han tocado la realidad espiritual.

El Señor le mencionó a Nicodemo un bautismo que era una realidad. Pablo vio que el bautismo consistía en ser sepultado con el Señor, lo cual facultaba al creyente para andar en novedad de vida. Él les dijo a los creyentes colosenses: "[Fuisteis] sepultados juntamente con Él [Cristo] en el bautismo, en el cual fuisteis también resucitado s juntamente con Él" (Col. 2:12). Pablo vio que ser bautizado y ser sepultado son una sola cosa, y que el bautismo y la resurrección son una misma cosa. Él entendió lo que significa ser sepultados y resucitados juntamente con el Señor. No se enfocó en las aguas bautismales, ni tampoco se interesó en averiguar cuál bautismo era verdadero y cuál falso. Su interés era la realidad del bautismo y de ella hablaba. Hermanos, necesitamos ver que el bautismo es una realidad. Si vemos esto, espontáneamente sabremos lo que es el bautismo, y no nos detendremos a analizar si es verdadero o falso, ni si es objetivo o subjetivo. Ser bautizado es ser sepultados y resucitado juntamente con el Señor. Si vemos esta realidad, se desvanecerán las falsas ideas que tengamos y exclamaremos con gozo que el bautismo es grandioso, real y vasto. Si alguien dice que fue bautizado y que desea ser sepultado y resucitado juntamente con el Señor, todavía no ha tocado la realidad espiritual. Para esta persona el bautismo es una cosa, y ser sepultado y resucitar es otra. El que conoce la realidad espiritual, distingue entre ser sepultados y la resurrección y sabe, a la vez, que el bautismo contiene la muerte y la resurrección.

Hermanos, ¿hemos visto esto? Lo espiritual no se puede ver con los ojos físicos, ni se entiende usando la mente. Todo lo espiritual tiene sus propias verdades y una vez que las tocamos, se acaban todos los problemas.

Ejemplo dos

Lo mismo sucede con el partimiento del pan en la mesa del Señor. La noche en que el Señor Jesús fue traicionado tomó pan y bendijo, y lo partió, y dio a los discípulos, y dijo: "Tomad, comed; esto es Mi cuerpo. Y tomando la copa, y habiendo dado gracias, les dio, diciendo: Bebed de ella todos; porque esto es Mi sangre del pacto, que por muchos es derramada para perdón de pecados. Pero os digo que desde ahora no beberé más de este fruto de la vida..." (Mt. 26:26-29a).

Algunos ven esto desde el punto de vista físico, y creen que una vez que el pan y la copa son bendecidos, el pan cambia de naturaleza, y llega a ser la carne del Señor, y que el vino se convierte en la sangre del Señor. Otros ven esto desde una perspectiva intelectual y argumentan que la substancia del pan y del vino no sufre ningún cambio, porque simplemente representan el cuerpo y la sangre del Señor. Sin embargo, la Palabra del Señor nos muestra que la cena del Señor no es un asunto ni de representación ni de cambio de substancia, sino una realidad espiritual. Cuando "tomamos y comemos", participamos de la realidad espiritual, y lo mismo sucede cuando bebemos de ella todos. El Señor dijo: "Esto es Mi cuerpo", no dijo: "Esto representa Mi cuerpo". También dijo: "Esto es Mi sangre del pacto", y añadió: "No beberé más de este fruto de la vid". Esto indica que el fruto de la vid ni se transforma en sangre ni la representa. El Señor hablaba de la realidad espiritual del pan y de la copa, no de representaciones ni de cambios de substancia. Y como Él, Pablo también nos dice: "La copa de bendición que bendecimos, ¿no es la comunión de la sangre de Cristo? El pan que partimos, ¿no es la comunión del cuerpo de Cristo?" (1 Co. 10:16). Pablo dijo que el pan era el cuerpo de Cristo y que la copa era la sangre de Cristo; no una representación, ni un cambio de sustancia. Para él, el pan y la copa eran una realidad espiritual. Después de esto Pablo agrega: "Siendo uno solo el pan, nosotros, con ser muchos, somos un Cuerpo" (1 Co. 10:17). Él no habría dicho esto si no hubiese tocado la realidad espiritual. Cuando uno explica algo, puede usar una descripción, una parábola, una narración o una figura retórica. No obstante, Pablo no se limita a una sola de estas formas. La expresión "nosotros, con ser muchos" describe un hecho concreto, pero en la misma oración usa la figura retórica "siendo uno solo el pan". Para él, la realidad espiritual es tan válida que después de decir: "Siendo uno solo el pan", añade: "Nosotros, con ser muchos". Pablo no estaba preocupado por la estructura gramatical o sintáctica de las oraciones; él conocía verdaderamente al Señor. Cuando tomaba el pan, participaba del cuerpo de Cristo, y cuando tomaba la copa, participaba de la sangre de Cristo. Se salía de la esfera física, para entrar en la realidad espiritual. Para él, el lenguaje y la doctrina no tenían importancia porque había tocado la realidad espiritual.

Ejemplo tres

La iglesia es un tema aún más interesante. Cuando se habla de ella, algunos hacen diferencia entre la verdadera y la falsa. Pero el Señor le dijo a Pedro: "Y yo también te digo, que tú eres Pedro, y sobre esta roca edificaré Mi iglesia; y las puertas del Hades no prevalecerán contra ella. Y a ti te daré las llaves del reino de los cielos; y lo que ates en la tierra habrá sido atado en los cielos; y lo que desates en la tierra habrá sido desatado en los cielos" (Mt. 16:18-19). Para el Señor, ésta es la iglesia. La iglesia universal y las iglesias locales son verdaderas. La iglesia falsa no existe. Él dijo: "Por tanto, si tu hermano peca contra ti, ve y repréndelo estando a solas tú y él; si te oye, has ganado a tu hermano. Más si no te oye, toma contigo a uno o dos más, para que por boca de dos o tres testigos conste toda palabra. Si rehúsa oírlos a ellos, dilo a la iglesia; y si también rehúsa oír a la iglesia, tenle por gentil y recaudador de impuestos. De cierto os digo que todo lo que atéis en la tierra, habrá sido atado en el cielo; y todo lo que desatéis en la tierra, habrá sido desatado en el cielo" (Mt. 18:15-18). De acuerdo con estos versículos, si la iglesia dice que un hermano está bien, el Señor respalda su decisión; lo mismo sucede si la iglesia lo pronuncia equivocado. Una pregunta que siempre viene a nuestra mente es: ¿Y si al emitir un juicio, la iglesia se equivoca? En los versículos que ya mencionamos, el Señor se refirió a la realidad de la iglesia. Cuando el juicio es incorrecto es porque no procede de la realidad y, por supuesto, no viene del Espíritu Santo, sino del hombre. Para el Señor la iglesia es real y nadie puede cambiar este hecho.

Pablo dijo en sus epístolas que la iglesia es un pueblo llamado y santo, y es la casa de Dios (Ro, 1:7; 1 Co. 1:2; Ef. 2:22). El apóstol Juan reiteró lo dicho por Pablo. Las siete iglesias de Asia tenían muchos defectos; sin embargo, Juan las llama iglesias. El Señor Jesús también dijo: "Los siete candeleros son las siete iglesias" (Ap. 1:4, 20). Para los apóstoles, los siete candeleros eran siete iglesias. Esto era una realidad. Para ellos, la iglesia falsa no existía. Esto no significa que no existan iglesias falsas en el mundo, sino que aquel que no ve la realidad de la iglesia, siempre ve algo malo en ella. Los que tienen una idea superficial de la iglesia dicen que sólo existe la iglesia verdadera; y aquellos que la ven mentalmente, dicen que hay iglesias falsas y verdaderas. Pero para quienes han tocado la realidad espiritual, la iglesia es espiritual.

Quisiera compartir algo en cuanto a la práctica de la vida del Cuerpo. Es importante que veamos que la vida del Cuerpo no consiste en comportarse según ciertas reglas, sino que es un asunto de realidad espiritual. Cuando tenemos esta realidad tocamos la iglesia, y como resultado, no actuamos en forma independiente, sino que seguimos el mover del Cuerpo en todo lo que hacemos. Supongamos que tenemos que hacer algo importante y queremos practicar la vida del Cuerpo. Esto no significa que debemos llamar a todos los hermanos a fin de discutir el asunto, para luego llegar a un acuerdo y actuar siguiendo un procedimiento específico y ortodoxo. Pero sí debemos tener comunión con otros hermanos (sin importar cuántos sean), y tocar la realidad de la vida del Cuerpo. Si no tocamos la realidad espiritual, aunque recibamos la aprobación unánime de toda la congregación, lo que obtendremos será simplemente opiniones procedentes de la carne. Únicamente los que tocan la realidad espiritual pueden vivir la vida del Cuerpo. El capítulo 15 del libro de Hechos nos muestra lo que es la vida del Cuerpo. Los hermanos se reunieron para discutir si debían circuncidar a los gentiles, y Jacobo, al final, expresó una decisión que procedía del Espíritu Santo. En la carta que escribieron decía: "Porque ha parecido bien al Espíritu Santo, y a nosotros" (v. 28). Como podemos ver, la decisión fue del Espíritu Santo. Esto es tocar la realidad espiritual. Aunque Jacobo fue el que habló, los apóstoles y los ancianos, con toda la iglesia (v. 22), pudieron decir amén.

Esta es la vida del Cuerpo, la cual podemos expresar cuando en el Espíritu Santo tocamos la realidad. Así que no es asunto de seguir un procedimiento correcto, sino de tocar la realidad espiritual.

Debemos comprender que para el Señor, la vida espiritual y todas las enseñanzas espirituales son una realidad. Si no tocamos la realidad, aunque expongamos la doctrina nítidamente, nuestras palabras no tendrán ningún valor espiritual. Lo mismo sucede con la realidad de la iglesia. Podemos hablar de ella continuamente, y sin embargo, estar en tinieblas, llenos de orgullo y engañándonos a nosotros mismos. Cuando tocamos la realidad espiritual, nuestra vida es auténtica y orgánica, y nuestras palabras no serán ni superficiales ni teóricas. Una persona que toca la realidad espiritual, sabe si los demás también la han tocado y entrado en ella, simplemente al observar las acciones de ellos. Cuando una persona actúa siguiendo las indicaciones de la mente, la ley y los preceptos externos, sabemos que no ha tocado la realidad. Delante del Señor hay algo que la Biblia llama realidad. Cuando la tocamos, somos librados de las doctrinas, formalidades y pensamientos humanos. El bautismo, el partimiento del pan y la iglesia, llegan a ser realidades para nosotros; no simples ritos ni doctrinas.

Ejemplo cuatro

Veamos nuevamente la adoración. En Juan 4 dice: "Dios es Espíritu; y los que le adoran, en espíritu y con veracidad es necesario que adoren" (v. 24). Ya dijimos que la palabra "veracidad" tiene el mismo significado que "realidad". El énfasis está en el espíritu; sin embargo, también menciona la realidad. Los que adoran a Dios, deben adorarlo en espíritu. Sólo lo que procede del espíritu es auténtico. No se debe adorar a Dios con las emociones, los sentimientos ni con la mente. La adoración a Dios debe ofrecerse en el espíritu y en la realidad. No hay otra manera de tocar la realidad espiritual. ¿Qué es la realidad? Es tocar a Dios en el espíritu, pues sólo lo que procede del espíritu es genuino. La adoración ritual no alcanza la norma. Y ¿qué decir de aquello que llaman adoración espiritual? Esta es, frecuentemente, indigna de un amén. Aunque no podemos detectar con exactitud lo que es, no obstante, percibimos que hay algo hueco en esa adoración. También están aquellos que adoran a Dios en verdad, a quienes, aunque no hablen, decimos amén. No sólo percibimos algo real, sino que tocamos la realidad que está en ellos.

Ejemplo cinco

Es bueno dar gracias y alabar. No obstante, muchas de estas acciones son simplemente ritos, no lo que la Biblia describe como realidad. Hermanos, ¿no les ha sucedido que no les sale ningún amén cuando cierta persona da gracias y alaba, y que cuanto más la persona alaba, más frialdad sienten? La persona nota que hay algo no está bien; sin embargo, continúa hablando y alabando al Señor en voz alta, actuando como si nada sucediera. Lo que dice parece ser bueno, pero lo extraño es que no podemos decir amén. Es bueno agradecer y alabar al Señor, pero esto tiene que ser genuino. Otros se desbordan de regocijo, agradecimiento y alabanzas. No obstante, interiormente sentimos que algo no anda bien, que aquello no es correcto ni auténtico. Pero también vemos que un hermano no grita cuando agradece y alaba al Señor, ni parece tan gozoso, y su rostro está un poco triste y habla sin mucho entusiasmo; no obstante, sentimos un amén dentro de nosotros. Sentimos que está bien, que es genuino y que ha tocado la realidad.

Ejemplo seis

La oración es otro ejemplo. Aparte de la oración ritualista, están las oraciones largas y aparentemente fervientes, que en lugar de producir un amén crean una atmósfera pesada. Esto se debe a que tales oraciones no tocan la realidad espiritual. Lucas 18 nos habla de un publicano y un fariseo que oraban en el templo. El publicano "se golpeaba el pecho, diciendo: Dios, sé propicio a mí, pecador" (v. 13). Esta es una oración que conmueve a otros; pero no podemos decir lo mismo de la del fariseo quien alababa a Dios en voz alta y se consideraba justo. Uno oraba a Dios, mientras que el otro "oraba para sí mismo" (v. 11). Las oraciones que son para uno mismo, incomodan a los demás. La oración genuina es breve y sencilla. Es una oración que toca la realidad y lo profundo de los oyentes, quienes espontáneamente responden con un amén.

Ejemplo siete

La sangre del Señor Jesús, la cual limpia nuestra conciencia es otro ejemplo. Si lo vemos desde el punto de vista humano, esto es algo imposible. Cuando el Señor Jesús fue crucificado, ¿podía alguien tomar la sangre que Él derramó y rociarla sobre sí a fin de limpiar su conciencia? No. El Espíritu Santo, quien es el ejecutor de todas las cosas espirituales, limpia nuestras conciencias, no con la sangre física del Señor, sino con su realidad espiritual. En el Espíritu Santo está toda la realidad; así que cuando tocamos esta realidad, tocamos la vida. Pero si lo único que tocamos son doctrinas, el resultado es muerte.

Ejemplo ocho

En Romanos 6 dice que nuestro viejo hombre fue crucificado juntamente con Cristo (v. 6). Esto es un hecho. Algunos se preguntan cómo es posible que su viejo hombre haya sido crucificado, si ellos todavía están vivos. La razón es que sólo han tocado la doctrina, no la realidad espiritual. Debemos entender que no importa cuánto conozcamos una doctrina, si este conocimiento es teórico y no en el Espíritu Santo, no recibiremos vida. Si sólo tocamos la doctrina de la salvación, la justificación y la santificación, lo que adquirimos es simplemente conocimiento muerto. Una doctrina debe proceder del Espíritu Santo para que sea una realidad espiritual. Cuando tocamos esta realidad, tocamos la vida, la cual es vivificante y reconfortante. Una persona puede dar un sermón aparentemente muy espiritual; sin embargo, lo que dice asfixia a los oyentes, porque lo que expresa no es la realidad. Sólo la realidad puede tocar la realidad en otros. Podemos recitar pasajes extensos, muchas citas bíblicas, e incluso lo que decimos puede parecer muy lógico; no obstante, aquellos que conocen la realidad saben que lo que hablamos no es auténtico.

Ejemplo nueve

Otro ejemplo es el conocimiento de Cristo. El que conoce a Cristo según la apariencia, realmente no le conoce. El único conocimiento verdadero es el conocimiento que procede de la realidad. Cuando el Señor Jesús estaba en la tierra, aparentemente la gente lo tocaba y parecía conocerle, pero en realidad no era así. El conocimiento que tenían de Él era externo y superficial. Sólo aquellos que tocaron la realidad verdaderamente le conocieron. El conocimiento que ellos tenían estaba en el espíritu. Debemos profundizar un poco más en la Biblia sobre este punto, pues conlleva una experiencia fundamental.

Cuando el Señor Jesús estuvo en la tierra, los hombres lo conocían según la apariencia física; no tuvieron un conocimiento interior de Él. Examinemos lo que significa conocerle físicamente. Los judíos conocían al Señor Jesús físicamente y, debido a eso, desde el principio mostraron una actitud arrogante. Por eso decían: "¿No es éste Jesús, el hijo de José, cuyo padre y madre nosotros conocemos?" (Juan 6:42). Ellos conocían a Su padre y a Su madre y por eso pensaban que a Él también lo conocían. Cuando el Señor Jesús vino a Su región, dijeron:

"¿No es éste el carpintero, hijo de María, hermano de Jacobo, de José, de Judas y de Simón? ¿Y no están aquí con nosotros Sus hermanas? (Mr. 6:3). No solamente conocían a Sus padres, sino también a Sus hermanos y hermanas. Pero, ¿conocían realmente al Señor Jesús? No, no lo conocían.

Aunque conocían a los padres del Señor y a Sus hermanos y hermanas, a Él no lo conocían. Emitieron un juicio basados en el aspecto externo que rodeaba al Señor, no en la realidad.

Otro grupo tenía un conocimiento del Señor un poco más profundo que los judíos; no obstante, ellos no lo conocían interiormente. En Cesarea de Filipo, el Señor preguntó a los discípulos: "¿Quién dicen los hombres que es el Hijo del Hombre? Ellos le dijeron: Unos, Juan el bautista; otros, Elías; y otros, Jeremías, o uno de los profetas" (Mateo 16:13-14). Este conocimiento era mucho más avanzado que el de los judíos.

Algunos decían que el Señor era Elías, quien fue un profeta poderoso y un símbolo de poder. En verdad, el Señor Jesús fue un profeta poderoso como lo había sido Elías. Otros decían que Él era Jeremías, un profeta que lloraba constantemente y a quien podemos considerar el símbolo de las personas sensibles. El Señor Jesús fue como Jeremías, muy sensible. Como Elías, al reprender a los escribas y fariseos hipócritas, dijo ocho veces: "¡Ay de vosotros!" (Mateo 23:13-16, 23, 25, 27, 29); y cuando halló en el templo a los que vendían bueyes, ovejas y palomas, y a los cambistas allí sentados, esparció las monedas de los cambistas, y volcó las mesas (Juan 2:15). Y lo vemos como Jeremías en ocasiones como aquella en que comió con los recaudadores de impuestos y los pecadores (Mateo 9:10), o cuando, reclinado a la mesa en casa de Simón, permitió que una mujer enjugara con lágrimas Sus pies (Lucas 7:37-38), o cuando se conmovió en Su espíritu y lloró al ver llorar a María y a los judíos que la acompañaban (Juan 11:33, 35). No obstante, ya sea que le llamaran Elías o Jeremías, este conocimiento seguía siendo externo.

Al principio, el conocimiento que los discípulos tenían del Señor Jesús también era externo. Discípulos como Tomás y Felipe, que estuvieron con el Señor por mucho tiempo y que no tenían excusa, tampoco le conocían. El Señor dijo claramente: "Sabéis a dónde Yo voy [...] y sabéis el camino". No obstante, Tomás replicó: "Señor, no sabemos a dónde vas; ¿cómo, pues, podemos saber el camino?" (Juan 14:4-5). Jesús le respondió: "Si me conocieseis, también a Mi padre conoceríais; y desde ahora le conocéis, y le habéis visto. Felipe le dijo: Señor, muéstranos el Padre, y nos basta" (vs. 7-8). Tomás y Felipe sólo conocía a Jesús como el nazareno. Tomás no le conocía como la vida, y Felipe no conocía al Padre. Aunque estaban todo el tiempo con el Señor, el conocimiento que tenían de Él era externo; no habían tocado la realidad.

Aunque los discípulos conocían al Señor más que los fariseos, ya que Él había estado con ellos por mucho tiempo, en realidad no sabían quién era Él. Ellos vieron al Señor, le oyeron y le tocaron con sus propias manos, mas no le conocieron. Esto nos muestra que para conocer al Señor, necesitamos un órgano más penetrante que nuestros ojos, más perceptivo que nuestros oídos, y más sensible que nuestras manos. Cristo es la realidad, la cual no se puede discernir por su aspecto exterior.

Un día Pedro le llegó a conocer internamente. Cuando el Señor preguntó: "Y vosotros, ¿quién decís que soy Yo? Respondiendo Simón Pedro, dijo: Tú eres el Cristo, el Hijo del Dios viviente. Entonces le respondió Jesús y dijo: Bienaventurado eres, Simón hijo de Jonás, porque no te lo reveló carne ni sangre, sino Mi Padre que está en los cielos" (Mt. 16:15-17). El Señor parece decirle: "Aunque me has seguido por mucho tiempo, el conocimiento que tenías en antes no era correcto; pero ahora eres bienaventurado, pues esto no te lo reveló ni carne ni sangre, sino mi Padre que está en los cielos". Este conocimiento era verdadero.

Sin revelación, aunque comiéramos, bebiéramos, camináramos y viviéramos con el Señor Jesús; no sabríamos quién es Él. Sin revelación, el conocimiento de Cristo es superficial, histórico y según la carne. Para conocer a Cristo de una manera verdadera e interna, necesitamos una revelación como la que Pedro recibió.

Pablo dijo: "De manera que nosotros de aquí en adelante a nadie conocemos según la carne; y aun si a Cristo conocimos según la carne, ya no lo conocemos así" (2 Corintios 5:16). Pablo había oído de Cristo según la carne, por eso no tenía temor de atacar el nombre de

Jesús de Nazaret, ni de perseguir a Sus discípulos y castigarlos (Hechos 26:9-11). Pero después de que Dios le reveló a Su Hijo en su espíritu, Pablo empezó a anunciar la fe que anteriormente asolaba (Gálatas 1:16, 23). Él era un hombre diferente. Pablo tocó la realidad espiritual, y ya no conocía a Cristo según la carne.

El evangelio de Marcos narra la historia de una mujer que tenía flujo de sangre desde hacía doce años. "Cuando [ella] oyó lo que se decía de Jesús, vino por detrás entre la multitud, y tocó Su manto... Y en seguida la fuente de su sangre se secó; y sintió en el cuerpo que estaba sana de aquella dolencia" (5:27-28). El Señor sintió que de Él había salido poder, y por eso dijo: "¿Quién ha tocado Mis vestidos? Sus discípulos le dijeron: Ves que la multitud te aprieta, y dices: ¿Quién me ha tocado?" (vs. 30-31). Aquí vemos dos grupos: aquellos que tocaban al Señor, y aquellos que lo apretaban. Los que lo apretaban sólo podían tocar a Cristo en la carne, pero aquella que lo tocó, tocó su Unción. El Señor no sintió a los que lo apretaban, pero sí a quien tocó Su Unción. ¡Qué lástima que entre tantos que lo apretaban sólo uno lo tocó! El Señor dijo: "Y en verdad os digo que muchas viudas había en Israel en los días de Elías, cuando el cielo fue cerrado por tres años y seis meses, y hubo una gran hambre en toda la tierra; pero a ninguna de ellas fue enviado Elías, sino a la ciudad de Sarepta de Sidón, a una mujer viuda. Y muchos leprosos había en Israel en tiempo del profeta Eliseo; pero ninguno de ellos fue limpiado, sino Naamán el sirio" (Lucas 4:25-27). Esta historia es similar a la de la mujer que fue sanada del flujo de sangre. No es un asunto que depende de la distancia ni del tiempo, sino de quién está apretando al Señor y quién está tocándolo. Si no tocamos la realidad, no cambiaremos aunque nos acerquemos y apretemos al Señor.

Aquellos que conocen a Cristo según la carne, realmente nunca lo han conocido. No es posible conocerlo utilizando nuestros sentidos de la vista, el oído o el tacto, porque sólo el Espíritu Santo imparte tal conocimiento. Sin el Espíritu Santo, aunque memorizáramos la historia del Señor, o lo apretáramos, escucháramos Su voz y nos arrodilláramos para orar, no podríamos conocer la realidad de Cristo. Si no tenemos el Espíritu Santo, no podemos tocar la realidad del Señor Jesús.

El Señor dijo: "Las palabras que Yo os he hablado son espíritu y son vida" (Juan 6:63). Por tanto, una vez que tocamos al Espíritu Santo, tenemos vida; porque todo lo que procede de Él es vida. Es imposible que uno no reciba vida cuando toca al Espíritu Santo. Tocar la realidad es recibir vida. Unos conocen al Señor por medio de otros hombres, y otros por medio de libros; pero ya sea que lean o escuchen, el vacío está en que no tocan al Señor mismo. El Cristo que uno recibe al leer o al escuchar, no se puede comparar con el Cristo verdadero, a quien sólo podemos conocer en el Espíritu Santo.

Algunos creyentes se desaniman pensando que a pesar de haber escuchado mensajes por muchos años y de haber adquirido mucho conocimiento, nada de lo que han aprendido les ha servido. Es como si su fe no tuviera fruto. La verdadera razón es que no han tocado la realidad. Si tratamos de tocar a Cristo con nuestras manos, no lo lograremos. Recordemos que el poder del Señor sanó a la mujer que lo tocó, no a los que lo apretaban. Una multitud lo apretaba, pero sólo una persona lo tocó. La eficacia de nuestra fe depende de si tocamos la realidad o no.

Debemos entender que al Cristo encarnado lo podían tocar ver y escuchar físicamente; pero el Cristo que está en el Espíritu Santo, sólo puede ser tocado por alguien que esté en el espíritu. Tocar al Cristo encarnado es diferente de tocar al Cristo en el Espíritu. Cuando el Señor Jesús estuvo en la tierra, ya había una diferencia entre el conocimiento externo y el interno. Esa misma diferencia existe hoy. Lo que en verdad importa es cómo le conozcamos. Si le conocemos mediante el Espíritu y tocamos la realidad espiritual de Cristo, tendremos un conocimiento interno que no podremos explicar. Cuando adquirimos este conocimiento interno, las dudas desaparecen. Necesitamos pedir que el Señor nos conceda un conocimiento, una visión verdadera, a fin de conocerle no según nosotros mismos, ni por Su manifestación en carne y sangre, sino conforme a la revelación del Padre que está en los cielos.

Ejemplo diez

Es correcto perdonarse unos a otros, pero a veces vemos que un hermano perdona a otro con demasiada facilidad y en voz alta. Aunque lo perdones generosamente, interiormente sentiremos que algo no está bien, porque tal perdón no es genuino, sino deliberado. Esto es el resultado de no tocar la realidad. Otro hermano que es agraviado, se entristece y pierde el gozo; no obstante, piensa que Dios permitió que eso sucediera y perdona al que lo ofendió. Él no declara en voz alta que el ofensor está perdonado ni lo hace público, ni tampoco parece ser indiferente, pero perdona. Esta es la actitud de uno que ha tocado la realidad espiritual.

Ejemplo once

La humildad debe ser algo que deje una buena impresión en otros. Sin embargo, la humildad de ciertos creyentes es un simple esfuerzo humano. Aunque afirman que son sencillos, uno siente que es sólo una "humildad autoimpuesta" (Colosenses 2:18, 23). Dan la sensación que lo que expresan es fingido. Si fuera orgullo, sería fácil definirlo; pero ésta no sabemos precisar qué tipo de humildad sea. No podemos asegurar que sea orgullo, pero tampoco podemos afirmar que es humildad. Exteriormente parece humildad, pero no lo es. Hay otros que no se esfuerzan por ser humildes. Sin embargo, un pequeño comentario, o simplemente la expresión de sus rostros, ponen en evidencia nuestro orgullo y hacen que nos sintamos avergonzados; nosotros sabemos que sólo alguien así tiene algo de qué gloriarse, su humildad, y considera a los demás mejores que él mismo, y modestamente busca ayuda. Una persona así ha tocado la realidad de la humildad.

Ejemplo doce

Examinemos de nuevo el ejemplo del amor. En 1 Corintios 13 se nos presenta un cuadro muy claro del amor. "Y si repartiese todos mis bienes para dar de comer a otros, y si entregase mi cuerpo para gloriarme" (v. 3). Es difícil encontrar este tipo de amor. En verdad, no hay amor más grande que éste; aun así, Pablo añade: "Y no tengo amor, nada me aprovecha" (v. 3). Esto significa que es posible repartir todos nuestros bienes para dar de comer a otros y entregar nuestros cuerpos sin tener amor. Dicho de otra manera, a menos que toquemos la realidad en el Espíritu, todo lo que hagamos es simplemente un comportamiento externo. Es posible repartir todos los bienes para alimentar a otros y aun entregar el cuerpo, y aun así, no tener amor. No obstante, "cualquiera que dé a uno de estos pequeñitos un vaso de agua fría... de ninguna manera perderá su recompensa" (Mt. 10:42). La pregunta básica no es cuánto da uno ni cómo lo hace, sino si ha tocado la realidad o no. Lo único verdadero es tocar la realidad por medio del Espíritu del Señor.

Debemos entender que ante Dios, no podemos pretender ser algo que no somos. El amor de algunos es "tan grande" que uno se pregunta si tal amor es auténtico. Ciertos creyentes tienen ese "gran amor", que hasta parece que no fueran humanos. Esto hace que los demás duden de la autenticidad de ese amor. Al leer 2 Corintios nos damos cuenta de que Pablo fue censurado, difamado y afligido con mucho dolor y penas; sin embargo, venció sobre todo ello. Su victoria fue la victoria de un hombre, no la de un ángel. Él, un hombre genuino, venció y así obtuvo una victoria fehaciente. Por medio del Espíritu de Dios Él tocó la realidad. Cuando leemos sus escritos, no podemos más que inclinarnos y reconocer que este hombre, tan cercano a nosotros, a quien casi podemos tocar, que nunca tuvo un rango como el de Miguel o Gabriel ni vivió como un querubín, y a quien podemos entender, tenía la realidad espiritual. Por eso, cuando tocamos a un hombre como éste, tocamos la vida.

La Conducta y la Realidad

Debemos tener presente que existe algo que se llama realidad. El problema de muchos creyentes es que tratan de hacer algo para lograr que las cosas sea real. Sin embargo, lo que expresan no es real. Muchos cristianos tratan de fabricar cierta clase de "realidad", tratan de imitar y copiar. Pero esto no es lo que Dios quiere; lo que a Él le interesa es la realidad que manifestemos. Lo que sale de nuestros propios esfuerzos es artificial y fabricado; no es real. Debemos ver lo vano que es actuar según las doctrinas, las cuales lo único que hacen es crear una actitud exterior falsa.

Así que, tenemos que aprender a vivir delante del Señor como lo que realmente somos. Debemos pedir a Dios que nos ayude a tocar la realidad que se encuentra detrás de lo espiritual. Cuando tenemos mucho conocimiento doctrinal, corremos el riesgo de ser falsos, ya que vivimos según las doctrinas, y no según la dirección del Espíritu de Dios. Si andamos conforme a las doctrinas, no podemos tocar la realidad.

Un hermano relató la siguiente experiencia: "Una vez un hermano vino y dijo algo que me ofendió mucho. Sin embargo, yo le respondí que no importaba, que no había ningún problema. Pero dentro de mí pensé que eso no estaba bien; que él siempre hacía lo mismo, y no sólo a mí. Tuve la intención de reprenderlo, pero no lo hice porque pensé que él iba a creer que yo no perdonaba; y podía ofenderse. Por otro lado, si estrechaba su mano y lo invitaba a comer, iba a parecer que estaba practicando el amor fraternal. Mientras pensaba en esto, creí necesario hablar con él y decirle que lo que me había dicho no era correcto. Luché con este pensamiento por un cuarto de hora, hasta que finalmente decidí hacerlo". Muchas veces es mejor reprender que estrechar la mano. Podemos ser amables por fuera y ganar así la alabanza de otros, pero delante de Dios este comportamiento no tiene ningún valor.

Lo importante es que nuestra conducta sea el resultado de la guía del Espíritu y no el producto de doctrinas muertas. Este hermano en verdad amaba de corazón al ofensor; pero no importaba si lo amaba de corazón o no, sino si había realidad espiritual.

En una ocasión, un hermano tuvo una discusión en su casa, y como resultado, un miembro de su familia lo abofeteó. En ese instante él recordó las palabras de Mateo 5 que dicen: "A cualquiera que te abofetee en la mejilla derecha, vuélvele también la otra" (v. 39). Y pensó que debía actuar como un buen cristiano, así que le volvió la otra mejilla. Pero después, no pudo dormir bien por dos noches. En lo que se refiere a su conducta, él actuó conforme a la Escritura; no obstante, estaba tan disgustado que no podía dormir. Esto significa que no había tocado la realidad espiritual, por eso su conducta no fue genuina ni procedía de la vida.

Muchos creyentes no pueden diferenciar entre lo genuino y lo falso; ni entre lo que es de Dios y lo que no lo es. Esto se debe a que no han tocado la realidad espiritual. Cuando la tocamos, discernimos automáticamente entre lo genuino y lo falso, y nadie podrá engañarnos. La capacidad de discernir viene de nuestra visión. El creyente que haya sido salvo genuinamente, por lo menos en lo relacionado con la salvación, ha tocado la realidad espiritual. No es fácil que alguien lo engañe en este asunto. Cuando palpamos la realidad espiritual, espontáneamente notamos cuando está ausente en cualquier asunto. Un poder inexplicable dentro de nosotros rechaza lo que no es genuino. Si nos engañan fácilmente es porque nos engañamos a nosotros mismos, y cuando esto sucede, somos presa fácil. Si no se ciega y no se conoce a sí mismo, tampoco puede conocer a otros. Pero cuando Dios nos disciplina, nos toca, nos instruye, entonces nos conocemos a nosotros mismos, tocamos algo real y sabemos cómo actúa el Espíritu de Dios en nosotros; al conversar con una persona, inmediatamente sabremos si actúa por sí misma o por el Espíritu de Dios. El discernimiento espiritual es el resultado de tocar la realidad espiritual. Aquellos que no han palpado la realidad, se engañan a sí mismos y a los que están en la misma condición espiritual. No pueden engañar a aquellos que reconocen lo que es del Espíritu y que saben lo que es vivir en el Espíritu. Tampoco pueden engañar a la iglesia. Piensan que son espirituales, pero lo extraño es que la iglesia nunca les dice amén.

Cuando la iglesia no nos responda con un amén, debemos confesar nuestros pecados. Si los hermanos no responden con un amén, esto significa que no tenemos realidad. Muchos hermanos afligen y cargan a la iglesia, no solamente con sus pecados, sino también con su "buena" conducta. Es fácil detectar el pecado y saber quiénes están lejos de Dios y de la realidad espiritual, pero no sucede lo mismo con la buena conducta, la cual se origina en el hombre mismo. Muchos creyentes no han tocado la realidad espiritual, y lo que hacen no tiene nada que ver con la realidad. Sin embargo creen que tienen la verdad, lo cual causa aflicción y es un estorbo. El resultado de tocar la realidad es vida. Pero cuando no la tocamos, el resultado es muerte. Algunos, al hacer ciertas cosas, tocan la vida y estimulan a otros a tocarla. En cambio otros, a pesar de que hacen ciertas obras y se sienten satisfechos de ellas, no logran que los demás toquen la vida ni sean edificados. Los que en realidad tocan la vida, no dan importancia a esta clase de obras; por el contrario, les disgusta. Estas obras, que se originan en el yo no producen vida sino muerte.

¿CÓMO PODEMOS SER TRANSFORMADOS? 5:18-21

En este pasaje de nuevo se encuentra una prohibición y un mandato. La costa de la provincia de Asia Menor era conocida por el cultivo de la vid, y el vino se usaba como un estímulo al compañerismo, convivio y sociabilidad. Pero además, el contraste entre el vino y el Espíritu Santo tiene un trasfondo religioso.

¡REFLEXION!

¿Cómo puede el v. 18 ser una clave para alcanzar las altos ideales de este capítulo? ¿Cuáles son algunas características de la persona que está controlada por el Espíritu Santo? ¿Cómo contribuyen esas características a nuestra relación con Dios y con otras personas?

Trasfondo religioso de la embriaguez

El uso del vino en el culto al dios Dionisio abarca muchos siglos, por lo menos desde el tiempo de Homero, que vivió cerca de 900 a.C. Dionisio era conocido también con el nombre de Baco. El culto a éste se había esparcido por Asia Menor, Macedonia, Grecia, Italia, Egipto y Palestina en todos los estratos sociales, e influía mucho en la cultura. En el arte, el drama, la música, la literatura y la conversación cotidiana, cualquier referencia a las uvas, al vino, la enredadera de la vid, los sátiros u otro motivo semejante, recordaban a Dionisio y su culto. Se sabe que la ciudad de Éfeso no sólo se llenó de la adoración a Artemisa (Diana), sino también a Dionisio.

Algunas características de ese culto eran el énfasis que ponían en la fertilidad, la intoxicación, la música de flautas, címbalos y tambores, la danza y devorar la carne cruda de animales. El propósito de algunas de esas actividades, como la intoxicación y el comer carne, era que Dionisio entrara en el cuerpo del individuo para llenarlo con el espíritu del dios. Dionisio debía poseer y controlar a la persona para que tuviera su fuerza y sabiduría. Ellos creían que esto les capacitaba para hacer la voluntad de ese dios y para que hablaran profecías inspiradas. La literatura antigua dice que la gente que participaba en las frenéticas orgías del culto a Dionisio sentía alivio de la tensión y presión de su vida cotidiana.

Disolución significa una vida desenfrenada, abandonada a los excesos y el libertinaje. La prohibición de embriagarse y la exhortación a ser llenos del Espíritu forman un contraste, semejante a varias comparaciones marcadas en esta división de Efesios, que ponen de relieve la conducta del "viejo hombre" y la del "nuevo hombre". Pablo quería que evitaran la conducta anterior y la que imitaban sus vecinos.

Significado de la llenura del Espíritu

Pablo enseña que el ser controlado por Dios, con su sabiduría, fuerza, enseñanza y confianza no puede ser producido por la intoxicación con vino. Es por medio de la llenura del Dios verdadero que uno es controlado por él y hace su voluntad. Además, es enseñado y capacitado por él y disfruta de gozo y paz en medio de las tribulaciones de la vida. En los siguientes versículos, Pablo dice que en vez de los desenfrenados extremos de la disolución, el ser lleno del Espíritu de Dios trae frutos positivos, bellos, edificantes y unificadores.

Primero, la expresión "sed llenos del Espíritu" dice mucho. El mandato afirma que es una responsabilidad personal del creyente. No es opcional ni automático, y el cumplimiento de este mandato depende del individuo.

Segundo, es el Espíritu el que actúa para llenar al creyente. La participación del cristiano es permitir ser llenado por el Espíritu. Para ello, tiene que quitar los obstáculos para que Dios haga lo que desea, que es controlarlo.

Guiado por el Espíritu Santo

En tercer lugar, la llenura del Espíritu no es privilegio de algunos cristianos especiales. Todos tienen la oportunidad y obligación de ser controlados por él. Finalmente, el creyente debe estar constantemente controlado por el Espíritu, ya que está formando un nuevo estilo de vida que le caracterizará siempre. Es importante recordar que el Espíritu Santo mora en cada creyente desde el momento en que confía en Cristo como su Salvador (Romanos 8:9). La llenura no es recibir al Espíritu. La llenura es permitir que el Espíritu Santo cumpla los propósitos por los que llegó a vivir en el creyente.

No debemos pensar que el cristiano que es lleno del Espíritu Santo actúa como una persona que ha perdido el control de sí mismo. El fruto del Espíritu es *templanza* o dominio propio (Gálatas 5:21–22). Este pasaje de Gálatas enumera muchos resultados del ministerio del Espíritu, cualidades que describen a una persona sana, tranquila, y equilibrada: "amor, gozo, paz, paciencia, benignidad, bondad, fe, mansedumbre, templanza". El creyente debe estar controlado por el Espíritu en cada momento de su vida, no es una experiencia especial para momentos de éxtasis religioso. El cristiano debe ser lleno del Espíritu cuando está en su casa, en el trabajo o en actividades de recreación.

En cambio, la persona sin el control del Espíritu es la que no tiene dominio de sí misma, sino obedece la naturaleza pecaminosa y vive como el viejo hombre (Romanos 7:15–23). Para algunos, Hechos 2 apoya la idea de que el creyente que está lleno del Espíritu actúa como una persona ebria. Por eso decían que los discípulos estaban "llenos de mosto". Pero al contrario, sólo algunas personas en esa ocasión dijeron eso y fueron los que se burlaban del milagro que presenciaban. Los demás vieron el significado de la señal de hablar en otros idiomas y pidieron una explicación.

Cómo ser lleno del Espíritu

El v. 18 enseña que el cristiano es responsable de permitir que el Espíritu Santo lo controle. ¿Cómo lo hace? Lo hace tomando las decisiones que el creyente debe tomar para tener comunión con Dios y caminar en la voluntad divina.

En primer lugar, el cristiano necesita limpiarse del pecado que ha cometido y que es obstáculo para la comunión con Dios y el control del Espíritu; debe ser sensible al pecado y dejar de justificar y excusar sus actos de desobediencia. Constantemente, el creyente debe arrepentirse y confesar sus pecados cuando se dé cuenta de su desobediencia (1 Juan 1:9).

En segundo lugar, el cristiano debe renunciar al espíritu rebelde y egocéntrico que desea hacer su propia voluntad. Debe entregar su vida al control de Dios, para poder cumplir la voluntad de él (Romanos 12:1).

En tercer lugar, debe depender del poder del Espíritu en su vida, no de su propia sabiduría y fuerza humana para obedecer a Dios. Note la promesa que se hace en la mejor traducción de Gálatas 5:16–17: "Andad en el Espíritu y no satisfaréis los deseos de la carne". Al empaparse de la palabra de Dios, meditándola y obedeciéndola, el creyente es motivado y guiado a tomar esas decisiones. Por medio de una vida de oración, constantemente mantiene su vida limpia y consagrada a Dios. Al someter su vida al señorío y poder de Cristo, el Espíritu Santo estará en libertad de llenarlo y guiarlo.

CONFESAR + ENTREGARSE + DEPENDER = SER LLENO DEL ESPÍRITU

Otros resultados de la llenura

Desde 4:25, Pablo ha descrito la conducta del nuevo hombre. Ahora en los vv. 19-21, él agrega cinco características más de las personas que están controladas por el Espíritu. Pablo ha dicho mucho sobre el hablar del creyente (4:25-5:4) y ahora describe la comunicación entre los cristianos. Los *salmos* son cantos religiosos, especialmente los que se entonan con acompañamiento instrumental. Los del Antiguo Testamento son los mejores ejemplos. Los *himnos* son cantos de adoración a Dios, y *cánticos espirituales* es una expresión general que describe cantos que llevan un mensaje espiritual, no necesariamente de adoración a Dios, aunque podría incluirla.

Varios pasajes ilustran que las iglesias compusieron himnos que expresaban sus convicciones, adoración y exhortación (1 Timoteo 3:16; 2 Timoteo 2:11-13; Efesios 4:4-6 y 5:14). El pasaje paralelo en Colosenses 3:16 relaciona esos cantos con la expresión de la palabra de Dios para la enseñanza y la edificación mutua en la congregación. Los cristianos no sólo alaban a Dios, sino que también se edifican mutuamente. "En vuestros corazones" enseña que la alabanza auténtica y aceptable es la que brota del corazón, no la que es externa y mecánica.

Por la frase "entre vosotros" entendemos que el autor está enfocando pequeños grupos o cultos generales. Es posible que se contrasten la naturaleza espiritual y ordenada de la adoración cristiana con el desenfreno carnal del culto pagano donde el vino controlaba al grupo. "Dando siempre gracias" señala otra costumbre de la vida de los creyentes que son dirigidos por el Espíritu (compárese con 1 Tesalonicenses 5:18; Filipenses 4:6 y Hebreos 13:15). Pablo había sido prisionero de los romanos por casi cuatro años y seguía estando agradecido a Dios (compárese Filipenses 1:12-18). Aun en medio de los males y las aflicciones debemos dar gracias a Dios (Efesios 3:13; Colosenses 1:24; Santiago 1:2-3; 1 Pedro 4:12-13; Lucas 21:28; Hechos 5:41; 16:25). La falta de gratitud a Dios es un pecado fundamental (Romanos 1:21). El no reconocer la persona y provisión del Creador da inicio a la caída espiritual y moral que termina en el juicio del mundo sin Cristo.

La última recomendación de la lista de los frutos de la llenura del Espíritu Santo es "someteos unos a otros", o mejor traducido, "sometiéndoos unos a otros". El verbo significa "subordinarse", "tomar el rango bajo otro" y Pablo lo usó unas veintidós veces. Se contrasta con la vida egocéntrica que sólo busca lo suyo. La sabiduría del mundo dice que uno debe dominar a otros. En cambio, la sumisión surge de la humildad y el afecto y produce la cooperación (4:2-3). Es el secreto de las buenas relaciones en la comunidad cristiana y produce el fruto de orden y disciplina. Entonces, la llenura del Espíritu Santo influye en nuestras relaciones con otros para producir la armonía con Dios, con los creyentes y, como se verá en los versículos que siguen, con los miembros de la familia.

LLENOS DEL ESPÍRITU = SUMISOS UNOS A OTROS

¡REFLEXION!

Entre los miembros de una congregación, ¿Cuáles son algunas maneras de manifestar amor?
En la familia, ¿Cuáles son algunas formas prácticas de manifestar amor en vez de egoísmo?
¿Cuáles son algunos ejemplos actuales de la conducta que se describe en 5:3-4?
¿En qué área de su vida está tentado a conformarse al mundo y no ser la luz?
En su opinión, ¿cuándo y cómo debe el cristiano reprender las obras de las tinieblas?
¿Cuál es la aplicación del v. 12 con relación a la conversación, la literatura y algunos programas de televisión?
En los vv. 15-17, ¿qué principios prácticos encuentra para dar dirección a su vida?
¿Por qué son importantes en la vida cristiana la acción de gracias y la sumisión?
¿Qué revelan acerca del corazón del creyente estos elementos?
¿En qué aspecto de su vida no está aprovechando las oportunidades que Dios le da?
¿Qué decisiones debe tomar al respecto?
¿Qué significa para su vida ser lleno del Espíritu Santo?
¿Qué necesita hacer ahora para ser lleno del Espíritu?

Orando en el Espíritu Santo (Judas v. 20)

La forma gramatical de esta palabra se refiere a una acción que debe ser continua. Entonces, es algo que los lectores tenían que hacer constantemente; que debía convertirse en un hábito.

El verbo (orando) es el que más se usa en el Nuevo Testamento para comunicar la idea de súplica. Aparentemente, incluye toda clase de oraciones. Sin embargo, la frase tal y como se encuentra aquí en la carta de Judas, no se halla en otro lugar del Nuevo Testamento. En gran parte ese carácter único de la frase se debe a la construcción gramatical del versículo en el idioma original, en especial la falta del artículo "el". Cuando está presente el artículo, el autor quiere señalar la identidad del sujeto. Cuando no, se acentúa el carácter o esencia de lo que representa el sujeto. Entonces, aquí por falta de artículo, el autor, siempre guiado por el Espíritu Santo en lo que escribe, enfatiza el carácter del Espíritu Santo. Prácticamente está diciendo que sus lectores debían orar continuamente de acuerdo con el Espíritu Santo.

El apóstol Pablo enumera tres principios a seguir para disfrutar de los beneficios del Espíritu Santo que reside en el creyente:
1. "Y no contristéis al Espíritu Santo de Dios" (Efesios 4:30)
2. "No apaguéis al Espíritu" (1 Tesalonicenses 5:19)
3. "Andad en el Espíritu" (Gálatas 5:16).

Efectivamente, así se presenta la oración a través de la Biblia; tiene que hacerse de acuerdo al carácter de Dios. "Orando en el Espíritu Santo" es orar en total acuerdo con la voluntad de Dios. El propósito de la oración no es imponer nuestra voluntad sobre él, sino poner la nuestra de acuerdo con la de él.

Convendría comentar aquí que aunque la palabra "conservarse" enfoca la responsabilidad personal, la verdad se basa en lo que Judas enseña en el v. 1: "...guardados en Jesucristo". De la misma manera que la salvación de Dios (¡el hombre no puede salvarse a sí mismo!), la continuación de ella también depende del Señor. "Estando persuadido de esto, que el que comenzó en vosotros la buena obra, la perfeccionará hasta el día de Jesucristo" (Filipenses 1:6).

Además, gracias a Dios, Romanos 8 dice que el cien por ciento de los "conocidos de Dios", que se mencionan en el v. 29, llegan a ser glorificados en el v. 30. En todo el proceso, no se pierde ni una sola alma. Al usar la palabra "conservarse", quizá Judas hace referencia a lo mismo que enseña Pablo en Filipenses 2:12-13: "...ocupaos en vuestra salvación con temor y temblor, porque Dios es el que en vosotros produce así el querer como el hacer, por su buena voluntad". Hay una responsabilidad de parte del creyente de demostrar que es salvo, dejando que la obra de Dios se manifieste. La exhortación es a permanecer en la esfera del amor de Dios, disfrutando de todo lo que su amor puede proveer. (Comparar Juan 15:9-10.)

Llenos del Espíritu Santo

Acerca del Espíritu Santo, el credo Niceno dice: "Creemos en el Espíritu Santo, quien es Señor y dador de vida, quien procede del Padre, que está con el Padre e Hijo, es glorificado y adorado, que habló por los profetas." Ya que vivimos en la dispensación del Espíritu Santo, es muy importante que sepamos de Él todo lo que la Palabra nos revela. Una doctrina sana depende de un claro y exacto entendimiento de la naturaleza y obra de la bendita tercera persona de la trinidad que habita en y da poder a la iglesia, el cuerpo de Cristo.

1. La personalidad del Espíritu Santo.

Algunos falsos maestros, comenzando en épocas apostólicas, han dudado o negado la personalidad del Espíritu Santo, pensando en Él como si fuera una fuerza o influencia ejecutada por Dios en vez de una persona. Esta tendencia puede derivarse en parte de la palabra "espíritu", del latín *spiritus* que significa "aliento." La palabra griega *pneuma*, y la palabra hebrea *ruach* tienen el mismo significado de "aliento" o "viento", al igual que "espíritu."

Si uno piensa en el Espíritu Santo solamente como el "aliento" o "fuerza" de Dios, entonces, éste se considera como algo impersonal y no como un ser con una identidad separada de la del Padre. Sin embargo, la revelación divina nos dice que Dios es Espíritu (no material o físico). Así como lo hace el viento, que por naturaleza es invisible, Dios también ejecuta su poder y fuerza. El espíritu del hombre es inmaterial e invisible. Si Dios es una persona, y si el hombre es hecho a su imagen, el hombre es una persona (aunque mucho inferior). ¿No sería entonces lógico pensar en el Espíritu Santo como una persona? Observe las siguientes pruebas en las Escrituras (entre muchas) de la personalidad del Espíritu Santo, al igual que de su identidad separada de la del Padre:

1.1. Se usan pronombres personales en relación con el Espíritu Santo Juan 16:14; Efesios 1:4. A pesar del hecho de que la palabra griega para "espíritu" es de género neutro, el pronombre demostrativo ekeinos que significa "ese" es usado por Juan (16:13-14) para referirse al Espíritu Santo: "Pero cuando venga el Espíritu de verdad, él [ese] os guiará a toda la verdad ... él [ese] me glorificará ..." San Pablo en Efesios 1:13, 14 usa un pronombre relativo masculino para referirse al Espíritu: "... fuisteis sellados con el Espíritu Santo de la promesa, que[quien, masculino, es las arras de nuestra herencia ..." (Ver también Juan 15:26; 14:16-17).

1.2. Características personales son adjudicadas al Espíritu Santo. La definición de una persona es: "Uno que posee inteligencia, emociones o sentimientos, y voluntad."

- El Espíritu Santo posee inteligencia: "Pero Dios nos la reveló a nosotros por el Espíritu; porque el Espíritu todo lo escudriña, aún lo profundo de Dios. Porque ¿quién de los hombres sabe las cosas del hombre, sino el espíritu del hombre que está en él? Así tampoco nadie conoció las cosas de Dios sino el Espíritu de Dios. Y nosotros no hemos recibido el espíritu del mundo, sino el Espíritu que proviene de Dios, para que sepamos lo que Dios nos ha concedido" (I Corintios 2:10-12). Aún más, "la palabra de sabiduría" y la "palabra de conocimiento" son dones dados por el Espíritu Santo (I Corintios 12:8).
- El Espíritu posee emociones y sentimientos: el Espíritu Santo ama (Romanos 15:30), se enoja (Isaías 63:10) y es angustiado (Efesios 4:30).
- El Espíritu Santo posee voluntad: "Pero todas estas cosas las hace uno y el mismo Espíritu, repartiendo a cada uno en particular como él quiere" (I Corintios 12:11).

1.3. Acciones personales son atribuidas al Espíritu Santo.
- Habla: Hechos 13:2; 21:11; Apocalipsis 2:7, 11, 17, 29.
- Testifica: Juan 15:26.
- Enseña: Juan 14:26.
- Intercede: Romanos 8:26, 27.
- Guía: Juan 16:13; Hechos 16:6.
- Manda y ordena: Hechos 13:2; 20:28.
- Hace milagros: Hechos 8:39; Romanos 15:19.

1.4. Reacciones personales son adjudicadas al Espíritu Santo. El Espíritu Santo ha demostrado ser una persona de acuerdo con los sentimientos que se dice Él posee como resultado de ciertas acciones humanas:
- Puede ser perturbado y angustiado: Efesios 4:30; Isaías 63:10; Génesis 6:3.
- Puede ser tentado, Hechos 5:3.
- Puede ser resistido, Hechos 7:51.
- Se le puede mentir, Hechos 5:3.
- Se le puede blasfemar (Marcos 3:29, 30) y hacer afrenta (Hebreos 10:29).

1.5. El Espíritu Santo mantiene relaciones personales:
- Con el Padre (Mateo 28:19). En la fórmula bautismal, el Espíritu está asociado en un plano de igualdad en nombre e identidad personal con el Padre y el Hijo.
- Con Cristo: "*Él me glorificará; porque tomará de lo mío, y os lo hará saber*" (Juan 16:14).
- Con los creyentes: "*Porque ha parecido bien al Espíritu Santo, y a nosotros, no imponeros ninguna carga más que estas cosas necesarias...*" (Hechos 15:28). Los apóstoles buscaban el complacer y hacer la voluntad del Espíritu Santo en la formación del sistema de la iglesia local.

Puede verse claramente en el último discurso de Jesús, registrado en el libro de Juan, que el Espíritu Santo tiene una identidad separada de la del Padre y del Hijo dentro de la trinidad. En este discurso, varias veces Jesús hace referencia a la venida del Espíritu Santo, a quien llama "otro Consolador": *"Y yo rogaré al Padre, y os dará otro Consolador, para que esté con vosotros para siempre..."* (Juan 14:16). Es claro que el *"Consolador"* es el Espíritu Santo porque Jesús lo llama *"El Espíritu de Verdad"* (Vs. 17). En el versículo veintisiete, Jesús dice: *"Más el Consolador, el Espíritu Santo"*, haciendo positiva la identificación.

Jesús usa pronombres masculinos mostrando que el Espíritu Santo es una persona. El Consolador vendrá en respuesta a la oración de Jesús al Padre, quien lo enviará (Juan 14:16). En Juan 15:26, Jesús dijo que Él enviaría al Consolador, del Padre: *"Pero cuando venga el Consolador, a quien yo os enviaré... el cual procede del Padre, él dará testimonio acerca de mí."*

Claramente hemos establecido, por las mismas palabras de Jesús, una relación Yo-tu-el: Jesús ora, el Padre envía, el Consolador procede. Es imposible ignorar que las tres identidades obran separadamente. Esto es ampliado aún más por las palabras de Jesús: *"... Os conviene que yo me vaya; porque si no me fuere, el Consolador no vendría a vosotros; más si yo me fuere, os lo enviaré"* (Juan 16:7). Uno debe irse para que el otro venga. Cuando el Consolador venga, será el resultado de la oración y el envío del Hijo, el envío del Padre en el nombre del Hijo, y el proceder del Espíritu Santo.

Es por esta razón que el Espíritu Santo procede (como declaran los credos) del Padre y el Hijo. Una herejía de tiempos antiguos, llamada "Sabelianismo", enseñaba que el Padre, el Hijo y el Espíritu Santo eran sólo nombres diferentes para la misma Persona y modalidades diferentes por las cuales la única persona se manifestaba. Si esto fuera cierto, entonces el discurso de Jesús acerca del Consolador no tendría sentido, como tampoco lo tendría la oración de Jesús registrada en el capítulo diecisiete de Juan.

Es difícil determinar si el *"procede del Padre"* mencionado en Juan 15:26 es una relación eterna (como lo establecen los credos), o un proceder dentro de la iglesia en el día de pentecostés en respuesta a la oración de Jesús. Esta dificultad se debe a que el *"proceder"* no está mencionado en ninguna otra parte. Las iglesias romana y griega han disputado durante siglos si el Espíritu procede eternamente del Padre solamente, o del Padre y el Hijo. La iglesia griega sostiene que procede solamente del Padre; pero en cualquier caso, parece claro que el Espíritu Santo fue enviado por ambos: el Padre y el Hijo. (Compare Juan 14:26 con 15:26 y 16:7).

2. La deidad del Espíritu Santo.

Mostraremos de acuerdo con la Escritura que el Espíritu Santo es el verdadero Dios, co-igual y co-eterno con el Padre y el Hijo, la tercera persona de la trinidad. El hecho de que el Espíritu ejecuta la voluntad del Padre y glorifica al Hijo, sin hablar de sí mismo, no indica inferioridad; indica solamente la obra interna del Dios trino. Entre los hombres, la subordinación indicaría inferioridad, pero no en la tri-unidad de Dios; esto es parte del incomprensible misterio. En la trinidad no hay tres individuos, sino tres identidades personales del único Dios. Cuando contemplamos cómo la sumisión en la trinidad, por parte del Hijo y del Espíritu no constituye inferioridad de posición, podemos entonces entender mejor por qué la sumisión de los creyentes, el uno al otro, no rebaja al creyente sino que lo hace más agradable a su Señor. Las siguientes son pruebas escriturales de la deidad del Espíritu Santo:

2.1. Se le llama Dios.

"*Y dijo Pedro: Ananías, ¿por qué llenó Satanás tu corazón para que mintieses al Espíritu Santo, y sustrajeses del precio de la heredad?... No has mentido a los hombres sino a Dios*" (Hechos 5:3, 4). Lo que se le hace al Espíritu Santo es considerado claramente como algo hecho a Dios. El pecado fatal de Ananías no fue el de sustraer del precio de la heredad, sino el del engaño de pretender estar entregándolo todo. (Ver también I Corintios 3:16; II Corintios 3:17).

2.2. Se le adjudican atributos divinos:

2.2.1. Eterno: "*¿Cuánto más la sangre del Cristo, el cual mediante el Espíritu eterno se ofreció a sí mismo sin mancha a Dios, limpiará vuestras conciencias de obras muertas para que sirváis al Dios vivo?*" (Hebreos 9:14). El Espíritu Santo no es un ser creado; siempre existió como parte del Dios trino, Él es tan eterno como el Padre y el Hijo.

2.2.2. Omnisciencia: "*... El Espíritu Santo, a quien el Padre enviará en mi nombre, él os enseñará todas las cosas...*" (Juan 14:26). "*... porque el Espíritu todo lo escudriña...*" (I Corintios 2:10). (También Lucas 2:25–32).

2.2.3. Omnipresencia: "*¿A dónde me iré de tu Espíritu? ¿A dónde huiré de tu presencia?*" (Salmos 139:7). El salmista declara que no hay lugar en la tierra, en el infierno o en el cielo donde uno pueda escapar de la presencia del Espíritu Santo.

2.2.4 Omnipotencia: "*... Él Espíritu Santo vendrá sobre ti, y el poder del Altísimo de cubrirá con su sombra; por lo cual también el Santo Ser que nacerá, será llamado Hijo de Dios*" (Lucas 1:35). (Ver también Miqueas 3:8; Romanos 15:13–19).

2.2.5. Santidad: Esto se ve en el nombre "Espíritu Santo." Él es el Espíritu de santidad que opera en la iglesia para consagrar los creyentes a Dios. Él nos separa del mundo para ser consagrados a Dios (Efesios 4:30).

2.2.6. Presciencia: "*... el Espíritu habló antes por boca de David acerca de Judas...*" (Hechos 1:16). Sólo Dios puede saber el futuro. El Espíritu Santo, hablando 1.000 años antes a través de David, previó y predijo en dos salmos mesiánicos (69:25 y 109:8) la traición y destino de Judas Iscariote. (Ver también Hechos 11:27, 28, respecto a la predicción de Agabo por el Espíritu, concerniente a una gran hambre que vendría en toda la tierra habitada).

2.2.7. Amor: "*Pero os ruego hermanos, por nuestro Señor Jesucristo y por el amor del Espíritu* [subjetivo genitivo—"amor que el Espíritu tiene"], *que me ayudéis orando por mí a Dios...*" (Romanos 15:30). En la bendición trinitaria de II Corintios 13:14, "*la gracia de Cristo y la comunión del Espíritu Santo*", son en realidad aspectos del amor de Dios. Ya que Dios es amor, esperamos encontrar manifestaciones de amor en los hechos de la trinidad.

2.3. Al Espíritu Santo se le atribuyen obras divinas:

2.3.1. Creación: "*El Espíritu de Dios me hizo, y el soplo del Omnipotente me dio vida*" (Job 33:4). (Ver también Génesis 1:2; Sal. 104:30) Esta obra creadora y dadora de vida, hecha por el Espíritu Santo, es vista también en el asombro de María ante la concepción y resurrección de Jesús de los muertos. ¿No es esta vista también en nuestra regeneración o nuevo nacimiento? (Ver también Lucas 1:35; Romanos 8:10, 11; Juan 3:5–7).

2.3.2. Profecía: "*... El dulce cantor de Israel: el Espíritu de Jehová ha hablado por mí, y su palabra ha estado en mi lengua. El Dios de Israel ha dicho, me habló la Roca de Israel...*" (II Samuel 23:1–3). Aquí el Espíritu Santo es igualado con el Dios de Israel y la Roca de Israel; el Espíritu es el Espíritu de *Jehová* que es el mismo que *Eloah* (Dios de la creación) y la Roca (*Tsur—nombre* metafórico para "El eterno e inmutable").

2.3.3. Intercesión: *"Y de igual manera el Espíritu nos ayuda en nuestra debilidad; pues qué hemos de pedir como conviene, no lo sabemos, pero el Espíritu mismo intercede por nosotros con gemidos indecibles"* (Romanos 8:26). El Hijo de Dios es nuestro intercesor; el Espíritu está asociado con el Hijo en representarnos ante el trono de gracia. El Espíritu Santo conoce en su omnisciencia la mente de Dios y la voluntad de Dios para nosotros. De esta manera, Él puede dirigimos en oración para que oremos *"como conviene."*

2.3.4. Inspiración de escritura: *"Porque nunca la profecía fue traída por voluntad humana, sino que los santos hombres de Dios hablaron siendo inspirados por el Espíritu Santo"* (II Pedro 1:21). (Ver también II Ti. 3:16, "inspiración de Dios" es literalmente "respirado de Dios"; el "aliento de Dios" es una metáfora para el Espíritu Santo (Génesis 2:7).

2.3.5. Agente de dirección divina: *"Pero cuando os trajeren para entregaros, no os preocupéis por lo que habéis de decir, ni lo penséis, sino lo que os fuere dado en aquella hora, eso hablad; porque no sois vosotros los que habláis, sino el Espíritu Santo"* (Marcos 13:11). Note que el Espíritu tiene conocimiento infalible acerca de qué hablar y es capaz de instruir nuestras mentes y guiarnos de tal forma que en la práctica decimos lo que es propio y de acuerdo con la voluntad de Dios.

3. Los nombres del Espíritu Santo.

En nuestro estudio de los nombres de Dios, observamos que sus nombres representaban su carácter. Los nombres de Dios no eran solamente designaciones o identificaciones; nos revelaban algo acerca de la naturaleza, atributos y obras de Dios. El mismo concepto es cierto para los nombres del Espíritu Santo. Hay alrededor de 350 pasajes en las Escrituras que hacen referencia al Espíritu Santo, en los cuales pueden discernirse más de cincuenta (50) nombres o títulos. No intentaremos analizar cada nombre adjudicado al Espíritu, sino sólo a aquellos títulos que añaden al completo entendimiento de la naturaleza o actividad del Espíritu. Algunos de esos títulos son los siguientes:

3.1. El Espíritu Santo: *"... ¿Cuánto más vuestro Padre celestial dará el Espíritu Santo a los que se lo pidan?"* (Lucas 11:13). El Espíritu Santo es el obsequio más precioso que nuestro Padre en los cielos puede darnos; obsequio que Él está abundantemente dispuesto a impartir.

3.2. El Espíritu de Dios: *"¿No sabéis que sois templo de Dios, y que el Espíritu de Dios mora en vosotros?"* (I Corintios 3:16). En I Corintios 6:19, el templo del Espíritu es el creyente, pero aquí es la iglesia de Cristo (observe el pronombre *"sois"*, como en II Corintios 6:16).

3.3. El Espíritu: *"... Lo que es nacido del Espíritu, espíritu es"* (Juan 3:6b). El Espíritu produce la experiencia de nacer de nuevo en el creyente; es Él quien imparte nueva vida (*zoe* en adición a *bios*). (Ver Sal. 104:30; I Corintios 2:10; Juan 3:6–8).

3.4. El Espíritu de *Jehová*: *"Saldrá una vara del tronco de Isaí, y un vástago retoñará de sus raíces. Y reposará sobre él el Espíritu de Jehová; espíritu de sabiduría y de inteligencia, espíritu de consejo y de poder, espíritu de conocimiento y de temor de Jehová"* (Isaías 11:1, 2). Esta es claramente una profecía mesiánica. El Espíritu de *Jehová* descansará sobre Cristo, en su ministerio terrenal como redentor (Isaías 42:1; Mt. 3:16; Juan 3:33, 34) y en su reino milenial. (Ver también Isaías 61:1 donde el Espíritu Santo es también llamado el *"Espíritu de Jehová"*, y donde los particulares proféticos apuntan a ambas venidas de Cristo.)

3.5. El Espíritu del Dios vivo: "... *Sois carta de Cristo... escrita no con tinta, sino con el Espíritu del Dios vivo...*" (II Corintios 3:3). La iglesia es una epístola, un testimonio de Cristo ante todos los hombres, un testimonio no de obras humanas, sino una epístola escrita por el Espíritu del Dios vivo (el dador de vida divina) sobre las tablas del corazón. En otras palabras, el Espíritu grabará el carácter de Jesús sobre nuestros corazones a medida que funcionamos en el cuerpo de Cristo.

3.6. El Espíritu de Cristo: "*Y si alguno no tiene el Espíritu de Cristo, no es de él*" (Romanos 8:9b). El poseer el Espíritu de Cristo nos identifica como uno de los suyos.

3.7. El Espíritu de su Hijo: "*Y por cuanto sois hijos, Dios envió a vuestros corazones el Espíritu de su Hijo, el cual clama: ¡Abba Padre!*" (Gálatas 4:6). El Hijo de Dios se hizo Hijo de hombre a fin de que los hijos de hombres pudieran ser hijos de Dios con el privilegio de llamar a Dios "*Abba* Padre."

3.8. El Espíritu de Jesucristo: "*Porque sé que por vuestra oración y la suministración del Espíritu de Jesucristo, esto resultará en mi liberación...*" (Filipenses 1:19). A medida que oramos por aquellos que ministran, Dios suplirá para ellos el mismo Espíritu que sustentó a Cristo Jesús en su misión. El uso de un artículo definido con la "oración" al igual que la "provisión" muestra que las dos están relacionadas.

3.9. El Espíritu de Santidad: "*Que fue declarado Hijo de Dios con poder, según el Espíritu de Santidad ...*" (Romanos 1:4) Jesús vino como la prometida simiente de David que también era el divino Hijo de Dios, siendo así declarada su deidad por su resurrección de los muertos a través de la obra del Espíritu de Santidad. Sólo Dios es absolutamente Santo; su Espíritu es el Espíritu Santo o Espíritu de santidad.

3.10. El Espíritu de devastación: Isaías llama al Espíritu el "*Espíritu de devastación y juicio*" (Isaías 4:4). El Espíritu de santidad limpia a Sion de pecado e iniquidad por medio de la devastación y juicio, resultando en salvación. "*Su aventador (del Espíritu) está en su mano, y limpiará su era...*" (Mateo 3:12).

3.11. El Espíritu de verdad: Juan llama al Espíritu Santo el "Espíritu de verdad" porque Él es el agente de revelación divina que capacitará a los apóstoles para registrar las enseñanzas de Jesús e interpretar exactamente los eventos redentores de historia sagrada. (Ver Juan 14:17; 15:26; 16:13).

3.12. El Espíritu de vida: El principio del Espíritu de vida en Cristo ha reemplazado al principio de la carne (el ego egoísta), para que ahora, esta nueva dinámica pueda producir la justicia de Cristo en nosotros y a través de nosotros (Romanos 8:2).

3.13. El glorioso Espíritu: "*Si sois vituperados por el nombre de Cristo, sois bienaventurados, porque el glorioso Espíritu de Dios reposa sobre vosotros...*" (I Pedro 4:14). Cuando Cristo se acercaba a la cruz, durante su última semana, Él clamó: "*Ha llegado la hora para que el Hijo del Hombre sea glorificado*" (Juan 12:23-33). Jesús consideraba su prueba de crucifixión como su hora de gloria. Pedro, hablando a cristianos perseguidos, y recordando las palabras de Jesús a la hora de su gloria, les aseguró que sus sufrimientos por Cristo eran su gloria y que el Espíritu de gloria descansaba sobre ellos; aquellos cristianos perseguidos estaban participando de los sufrimientos de Cristo y también participarían de su gloria. (Ver I Pedro 2:19; 3:14).

3.14. El Espíritu de Gracia: "*¿Cuánto mayor castigo pensáis que merecerá el que pisoteare el Hijo de Dios, y tuviere por inmunda la sangre del pacto en la cual fue santificado, e hiciera afrenta al Espíritu de gracia?*" (Hebreos 10:29). Aquí hay claramente un caso de apostasía por parte de uno que era anteriormente santificado por la sangre. Somos salvos por gracia y no por obras; pero es posible ofender de tal manera al Espíritu de gracia que perdemos el regalo de gracia de Dios y caemos en juicio.

3.15. El Espíritu Eterno: "... *Cristo, el cual mediante el Espíritu Eterno se ofreció a sí mismo sin mancha a Dios...*" (Hebreos 9:14). La eternidad del Espíritu demuestra su deidad. El Espíritu, quien cubrió con su sombra a Jesús en su concepción, su bautismo, y su tentación, estuvo con Jesús en la cruz y por encima de la tumba.

3.16. El Espíritu Santo de la promesa: "... *y habiendo creído en él, fuisteis sellados con el Espíritu Santo de la promesa*" (Efesios 1:13). En Lucas 24:49, Jesús había prometido derramar el Espíritu sobre los discípulos que estarían esperando. Esta promesa es repetida en Hechos 1:4, 5. Jesús se refirió al Espíritu como la promesa del Padre, probablemente tomando la promesa de Joel 2:28, y Ezequiel 36:27, 28. La investidura de poder de los creyentes por el Espíritu Santo fue anticipada por Jesús y por el Padre a través de las bocas de Ezequiel y Joel.

3.17. El Consolador: "... *si no me fuere, el Consolador no vendría a vosotros, más si me fuere, os lo enviaré*" (Juan 16:7). (También Juan 14:26; 15:26). "Consolador" no es la mejor traducción para nuestros días porque pensamos en consolación. La palabra latina fuente "*comfortare*" significaba "fortalecer mucho." La palabra griega bíblica es *parakletos*, significando "uno llamado a la par para ayudar." Algunos han preferido la palabra "abogado." Parece que ayudador es el mejor término general que hace justicia a la palabra griega *parakletos*.

4. Los símbolos del Espíritu Santo.

En adición a los nombres y títulos adjudicados al Espíritu Santo, un número de figuras simbólicas es empleado en la Escritura para revelar características del Espíritu Santo. Los judíos se expresaban principalmente a través de términos abstractos. La enseñanza de Jesús es excesivamente rica en palabras y símbolos figurativos. El estudio de estos símbolos del Espíritu debería ayudarnos a entender mejor los caminos y las obras del Espíritu de Dios.

4.1. Viento: Juan 3:8—"*El viento sopla de donde quiere... así es todo aquel que es nacido del Espíritu.*" Uno de los significados de las palabras griega y hebrea para "espíritu" es "aliento" o "viento." En el día de pentecostés, "*un viento recio*" es asociado con el derramamiento del Espíritu Santo (Hechos 2:2). El viento simboliza el invisible y presente en todo lugar, poder e influencia sostenible de vida del Espíritu.

4.2. Aceite: Isaías 61:1; Lucas 4:14-18; Hechos 10:38; Santiago 5:14; I Juan 2:20, 27 se utilizaba aceite en la unción de los reyes y sacerdotes a fin de instalarlos, simbolizando la investidura de poder del Espíritu Santo para su trabajo. Todo creyente tiene la promesa de esa unción.

4.3. Paloma: Mateo 3:16; Génesis 8:8-12; Gálatas 5:22, 23; Mateo 10:16; Salmos 68:13—El Espíritu Santo descendió sobre Jesús en su bautismo en la forma de una paloma. La paloma simboliza las cualidades de ternura, pureza, amor, inocencia, y belleza.

4.4. Agua: Juan 4:14; 7:38, 39; I Corintios 10:4; Ezequiel 36:25-27; Joel. 2:23-29. El agua simboliza la frescura, satisfacción y fertilidad del Espíritu. Las Escrituras dan una imagen de agua en la forma de "lluvia", "rocío", "ríos" y "manantiales." En la aplicación de este símbolo, Jesús y el Espíritu están cercanamente relacionados como en Juan 4:14 y 7:38, 39.

4.5. Fuego: Isaías 4:4; 6:6, 7; I Reyes 18:38; Hechos 2:3—El fuego habla del "poder" y limpieza" del Espíritu. Para que uno disfrute del poder del Espíritu Santo, debe experimentar continuamente su limpieza.

4.6. Vino: Isaías 55:1; Salmos 104:15; Hechos 2:13; Efesios 5:18—El vino parece centrar la atención en la estimulación espiritual y dádiva de gozo de la presencia interna del Espíritu. Algunos de los observadores en el día de pentecostés, oyendo las "lenguas" de los apóstoles, dijeron que estaban embriagados con "vino nuevo" o "mosto." Pedro dijo que no estaban embriagados, sino que estaban llenos del Espíritu como había sido profetizado por el profeta Joel (Hechos 2:13–15). El mundo busca el vino para estimulación y alegría; el cristiano recibe el incremento de sus habilidades y verdadero gozo del Espíritu de Dios que habita en él. Los espíritus del mundo elevan al hombre para dejarlo caer en la decepción; la unción del creyente con vino y aceite trae inspiración sin desesperación.

Dios el Espíritu Santo: Su bautismo

A. EL SIGNIFICADO DEL BAUTISMO DEL ESPIRITU SANTO

Probablemente ninguna otra doctrina del Espíritu Santo ha creado más confusión que el bautismo del Espíritu. Mucho de esto se deriva del hecho de que el bautismo del Espíritu comenzó al mismo tiempo en que ocurrían otras grandes obras del Espíritu, tales como la regeneración, la morada y el sellamiento. También en algunas ocasiones el bautismo del Espíritu y la plenitud del Espíritu ocurren al mismo tiempo. Esto ha guiado a algunos expositores a hacer sinónimos de estos dos acontecimientos. El conflicto en la interpretación, sin embargo, se resuelve si uno examina cuidadosamente lo que la Escritura dice con relación al bautismo del Espíritu. En total hay once referencias específicas al bautismo del Espíritu en el Nuevo Testamento (Mateo 3:11; Marcos 1:8; Lucas 3:16; Juan 1:33; Hechos 1:5; 11:16; Romanos 6:1-4; 1 Corintios 12:13; Lucas 3:27; Efesios 4:5; Colosenses 2:12).

B. EL BAUTISMO DEL ESPIRITU SANTO ANTES DE PENTECOSTES

Al examinar las referencias en los cuatro evangelios y en Hechos 1:5, se aclara que el bautismo del Espíritu es considerado en cada caso como un acontecimiento futuro, el cual nunca había ocurrido previamente. No hay mención del bautismo del Espíritu en el Antiguo Testamento, y los cuatro evangelios se unen con Hechos 1:5 en anticipar el bautismo del Espíritu como un evento futuro. En los evangelios, el bautismo del Espíritu se presenta como una obra la cual Cristo hará por medio del Espíritu Santo como su agente, como, por ejemplo, en Mateo 3:11, donde Juan el Bautista predice que Cristo «os bautizará en Espíritu Santo y fuego». La referencia al bautismo por fuego parece hacer alusión a la segunda venida de Cristo y los juicios que ocurrirán en ese tiempo, y también se menciona en Lucas 3:16, pero no en Marcos 1:8 o en Juan 1: 33. A veces la intervención del Espíritu Santo se expresa por el uso de la preposición griega en, como en Mateo 3:11; Lucas 3:16 y Juan 1:33. Ya sea que la preposición se use o no, el pensamiento es claro en cuanto a que Cristo bautizó por el Espíritu Santo. Algunos han tomado esto como algo diferente del bautismo del Espíritu del que se habla en Hechos y en las Epístolas, pero el punto de vista preferible es que el bautismo del Espíritu es el mismo en todo el Nuevo Testamento. El bautismo en cualquier caso es por medio del Espíritu Santo.

La norma de la doctrina es expresada por Cristo mismo cuando El contrastó su bautismo, administrado por Juan, con el futuro bautismo de los creyentes por medio del Espíritu Santo, lo cual ocurriría después de su ascensión. Cristo dijo: «Porque Juan ciertamente bautizó con agua, más vosotros seréis bautizados con el Espíritu Santo dentro de no muchos días» (Hechos 1: 5).

C. TODOS LOS CRISTIANOS SON BAUTIZADOS POR EL ESPIRITU EN LA EDAD PRESENTE

A causa de la confusión en cuanto a la naturaleza y tiempo del bautismo del Espíritu, no siempre ha sido reconocido que cada cristiano es bautizado por el Espíritu dentro del cuerpo de Cristo en el momento de su salvación. Este hecho es destacado en el pasaje central sobre el bautismo del Espíritu en el Nuevo Testamento en 1 Corintios 12: 13. Allí se declara: «Porque por el solo Espíritu fuimos todos bautizados en un cuerpo, sean judíos o griegos, sean esclavos o libres; Y a todos se nos dio a beber de un mismo Espíritu.» En este pasaje la preposición griega en es traducida correctamente «por», en lo que se llama el uso instrumental de esta preposición. Este uso instrumental es ilustrado por medio de la misma preposición en Lucas 4: 1. Donde se dice que Cristo fue «llevado por el Espíritu al desierto», y por la expresión «por vosotros» en 1 Corintios 6: 2, por la expresión «por medio de Él» en Colosenses 1: 16 y por la frase «en Dios Padre» en Judas 1. El argumento de que la preposición no es usada con respecto a personas en la Escritura está errado. De acuerdo a ello, si bien es verdad. Como se indica en 1 Corintios 12: 13, que por el bautismo del Espíritu entramos en una nueva relación del Espíritu, la enseñanza no es tanto que seamos traídos dentro del Espíritu como que por medio del Espíritu somos traídos dentro del cuerpo de Cristo. La expresión «todos nosotros» se refiere claramente a todos los cristianos, no a todos los hombres, y no debería estar limitada a algún grupo de cristianos en particular. La verdad es más bien que cada cristiano desde el momento en que es salvo es bautizado por el Espíritu dentro del cuerpo de Cristo. Así, Efesios 4:5 se refiere a «un Señor, una fe, un bautismo». Mientras que los rituales del bautismo por agua varían, hay un solo bautismo del Espíritu.

La universalidad de este ministerio se destaca también por el hecho de que en la Escritura el cristiano nunca es exhortado a que sea bautizado por el Espíritu, mientras que sí se le exhorta a ser lleno del Espíritu (Efesios 5: 18).

D. EL BAUTISMO DEL ESPIRITU DENTRO DEL CUERPO DE CRISTO

Por medio del bautismo del Espíritu se cumplen dos resultados importantes. El primero, que el creyente es bautizado o ubicado dentro del cuerpo de Cristo; relacionado a esto es la segunda figura del bautismo en Cristo mismo. Estos dos resultados simultáneos del bautismo del Espíritu son tremendamente significativos. Por medio del bautismo del Espíritu el creyente es colocado dentro del cuerpo de Cristo en la unión viviente de todos los creyentes verdaderos en la edad presente. Aquí el bautismo tiene su significado primario en el hecho de ser ubicado, iniciado, y en que nos ha sido dada una relación nueva y permanente. Por consiguiente, el bautismo del Espíritu relaciona a los creyentes con todo el cuerpo de la verdad que se revela en la Escritura concerniente al cuerpo de Cristo. El cuerpo de los creyentes, formado así por el bautismo del Espíritu y aumentado a medida que los miembros adicionales son añadidos, se menciona frecuentemente en las Escrituras (Hechos 2:47; 1 Corintios 6:15; 12:12-14; Efesios 2:16; 4:4-5, 15; 5:30-32; Colosenses 1:24; 2:19). Cristo es la Cabeza de su cuerpo y el Único que dirige sus actividades (1 Corintios 11:3; Efesios 1:22-23; 5:23-24; Colosenses 1:18). El cuerpo así formado y dirigido por Cristo también es nutrido y cuidado por Cristo (Efesios 5: 29; Filipenses 4: 13; Colosenses 2: 19). Una de las obras de Cristo es la de santificar el cuerpo de Cristo en preparación para su presentación en gloria (Efesios 5: 25-27).

Como miembro del cuerpo de Cristo, al creyente se le dan también dones o funciones especiales en el cuerpo de Cristo (Romanos 12:3-8; 1 Corintios 12:27-28; Efesios 4:7-16). Siendo colocado dentro del cuerpo de Cristo por medio del Espíritu Santo, no sólo es segura la unidad del cuerpo, sin distinción de raza, cultura o fondo social, sino que también es seguro que cada creyente tiene su lugar y función particulares y su oportunidad para servir a Dios sin el armazón de su propia personalidad y dones. El cuerpo como un todo es «unido entre sí» (Efesios 4: 16); esto es, aunque los miembros difieran. El cuerpo como un todo está bien planeado y organizado.

E. EL BAUTISMO DEL ESPIRITU EN CRISTO

En adición a su relación con respecto a los otros creyentes en el cuerpo de Cristo, el que es bautizado por el Espíritu tiene una nueva posición en cuanto a estar en Cristo. Esto fue anticipado en la predicción de Juan 14: 20, donde Cristo dijo la noche antes de su crucifixión: «En aquel día vosotros conoceréis que yo estoy en mi Padre, y vosotros en mí, y yo en vosotros.» La expresión «vosotros en mí» anticipaba el futuro bautismo del Espíritu.

Como consecuencia de que el creyente está en Cristo, es identificado en lo que Cristo hizo en su muerte, resurrección y glorificación. Esto se presenta en Romanos 6: 1-4, donde se declara que el creyente es bautizado en Jesucristo y en su muerte, Y si lo es en su muerte, está sepultado y resucitado con Cristo. Esto ha sido tomado a menudo para representar el rito del bautismo por agua, pero en cualquier caso también representa la obra del Espíritu Santo, sin la cual el rito sería carente de significado. Un pasaje similar se encuentra en Colosenses 2: 12. Nuestra identificación con Cristo a través del Espíritu es una base importante para todo lo que Dios hace por el creyente en el tiempo y la eternidad. Dado que un creyente está en Cristo, él también tiene la vida de Cristo, la cual es compartida por la cabeza con el cuerpo. La relación de Cristo con el cuerpo como su Cabeza también se relaciona con la dirección soberana de Cristo de su cuerpo, del mismo modo como la mente dirige al cuerpo en el cuerpo humano de los creyentes.

A. EL BAUTISMO DEL ESPIRITU EN RELACION CON LA EXPERIENCIA ESPIRITUAL

El bautismo es una obra de Dios para ser comprendida y recibida por la fe. Una comparación de la conversión de Cornelio en Hechos 10-11 con Hechos 2 aclara que lo que le ocurrió a Cornelio, un gentil, fue exactamente lo mismo que lo que les había ocurrido a los discípulos en el día de Pentecostés. Pedro dice en Hechos 11: 15-17: «y cuando comencé a hablar, cayó el Espíritu Santo sobre ellos también, como sobre nosotros al principio. Entonces me acordé de lo dicho por el Señor, cuando dijo: «Juan ciertamente bautizó con agua, más vosotros seréis bautizados con el Espíritu Santo. Si Dios, pues, les concedió también el mismo don que a nosotros que hemos creído en el Señor Jesucristo, ¿quién era yo que pudiese estorbar a Dios?» Considerando que el bautismo del Espíritu coloca al creyente dentro del cuerpo de Cristo, es, pues, la misma obra de Hechos 2 a través de la presente dispensación.

El bautismo del Espíritu Santo es, por lo tanto, importante, puesto que es la obra del Espíritu que nos coloca en una nueva unión con Cristo y nuestros hermanos creyentes, una nueva posición en Cristo. Es la base para la justificación y para toda la obra de Dios, la cual presenta al final al creyente perfecto en gloria.

Dios el Espíritu: Su plenitud

A. DEFINICION DE LA PLENITUD DEL ESPIRITU SANTO

En contraste con la obra del Espíritu Santo en la salvación tales como la regeneración, el morar, el sellamiento y el bautismo, la plenitud del Espíritu se relaciona a la experiencia cristiana, al poder y al servicio. Las obras del Espíritu en relación a la salvación son de una vez y para siempre, pero la plenitud del Espíritu es una experiencia repetida y se menciona frecuentemente en la Biblia.

En una escala limitada, se puede observar la plenitud del Espíritu en ciertos individuos antes de Pentecostés (Éxodo 28:3; 31:3; 35:31; Lucas 1:15,41, 67; 4:1). Sin lugar a dudas, hay muchos otros ejemplos donde el Espíritu de Dios vino sobre individuos y los capacitó en poder para el servicio. En el total sin embargo, unos pocos fueron llenos del Espíritu antes del día de Pentecostés, y la obra del Espíritu parece estar relacionada al soberano propósito de Dios de cumplir alguna obra especial en los individuos. No hay indicación de que la plenitud del Espíritu hubiera estado abierta a cada uno que rindiera su vida al Señor antes de Pentecostés.

Comenzando con el día de Pentecostés amaneció una nueva edad en la cual el Espíritu Santo obraría en cada creyente. Entonces todos fueron hechos morada del Espíritu y podrían ser llenados si El encontraba las condiciones propicias. Esta conclusión está confirmada por numerosas ilustraciones en el Nuevo Testamento (Hechos 2:4; 4:8, 31; 6:3, 5; 7:55; 9:17; 11:24; 13:9, 52; Efesios 5:18).

La plenitud del Espíritu puede definirse como un estado espiritual donde el Espíritu Santo está cumpliendo todo lo que El vino a hacer en el corazón y vida del creyente individual. No es un asunto de adquirir más del Espíritu, sino más bien que el Espíritu de Dios vaya tomando posesión del individuo. En lugar de ser una situación anormal y poco frecuente, como lo era antes de Pentecostés, el ser llenado por el Espíritu en la edad presente es normal, si bien no es lo usual, en la experiencia del cristiano. A cada cristiano se le ordena ser lleno del Espíritu (Efesios 5: 18), Y él no estar llenos del Espíritu es estar en un estado de desobediencia parcial.

Hay una diferencia apreciable en el carácter y calidad en la vida diaria de los cristianos. Pocos pueden caracterizarse por estar llenos del Espíritu. Esta falta, sin embargo, no se debe a una falla de parte de Dios en su provisión, sino más bien es falla de la parte del individuo en apropiarse de esta provisión y permitir al Espíritu Santo llenar su vida. El estado de estar lleno del Espíritu debería de contrastarse con la madurez espiritual. Un cristiano nuevo quien haya sido salvo recientemente puede ser lleno con el Espíritu y manifestar el poder del Espíritu Santo en su vida. Sin embargo, la madurez viene sólo a través de experiencias espirituales las cuales pueden extenderse toda una vida y abarcan un crecimiento en conocimiento, la continua experiencia de ser llenado con el Espíritu, y una madurez en juicio sobre cosas espirituales. Así como un niño recién nacido puede ser vehemente, de la misma manera un cristiano puede ser lleno con el Espíritu; pero, al igual que un recién nacido, sólo la vida y la experiencia pueden sacar a relucir las cualidades espirituales que pertenecen a la madurez. Este es el porqué de que numerosos pasajes de la Biblia hablen del crecimiento. El trigo crece hasta la cosecha (Mateo 13:30). Dios obra en su iglesia a través de hombres dotados con dones personales para perfeccionar a los santos para la obra del ministerio y para edificar el cuerpo de Cristo de manera que los cristianos puedan cre-

Guiado por el Espíritu Santo

cer en la fe y en estatura espiritual (Efesios 4: 11-16) Pedro habla de los bebés espirituales que necesitan la leche espiritual para crecer (1 Pedro 2:2), y exhorta «crecer en la gracia y el conocimiento de nuestro Señor y Salvador Jesucristo» (2 Pedro 3:18).

Hay una relación obvia entre la plenitud del Espíritu y la madurez espiritual, y un cristiano lleno del Espíritu madurará más rápidamente que uno que no lo está. La plenitud del Espíritu y la madurez espiritual como resultado son los dos factores más importantes en la ejecución de la voluntad de Dios en la vida de un cristiano y también en el propósito de Dios de crearle para buenas obras (Efesios 2: 10). Por consiguiente, la plenitud del Espíritu se cumple en cada creyente cuando él está completamente rendido al Espíritu Santo, el cual mora en él, resultando en una condición espiritual en la cual el Espíritu Santo controla y dota de poder al individuo. Mientras que puede haber varios grados en la manifestación de la plenitud del Espíritu y grados en el poder divino, el pensamiento central en la plenitud es que el Espíritu de Dios es capaz de operar en y a través del individuo sin obstáculo, cumpliendo la voluntad perfecta de Dios para aquella persona.

El concepto de la plenitud del Espíritu es sacado a luz en un número de referencias en el Nuevo Testamento. Es ilustrado preeminentemente en Jesucristo, quien de acuerdo a Lucas 4:1, era continuamente «lleno del Espíritu Santo». Juan el Bautista tuvo la experiencia excepcional de ser llenado con el Espíritu desde que estaba en la matriz de su madre (Lucas 1: 15), y ambos, su madre Elisabeth y su padre Zacarías, fueron temporalmente llenos del Espíritu (Lucas 1: 41, 67). Estos ejemplos están aún dentro del molde del Antiguo Testamento, en el cual la plenitud del Espíritu era una obra soberana de Dios que no estaba al alcance de cada individuo.

Comenzando con el día de Pentecostés, sin embargo toda la multitud fue llena con el Espíritu. En la Iglesia primitiva el Espíritu de Dios llenaba repetidamente a aquellos que buscaban la voluntad de Dios, como en el caso de Pedro (Hechos 4:8), el grupo de cristianos quienes oraban por valor y el poder de Dios (Hechos 4:31), y Pablo después de su conversión (Hechos 9: 17). Algunos se caracterizan por estar en un continuo estado de plenitud del Espíritu, como se ilustra en los primeros diáconos (Hechos 6:3) y Esteban el mártir (Hechos 7:55) y Bernabé (Hechos 11:24). Pablo fue lleno con el Espíritu repetidas veces (Hechos 13:9), y así lo fueron otros discípulos (Hechos 13:52). En cada caso solamente los cristianos rendidos a Dios fueron llenados con el Espíritu.

A los creyentes del Antiguo Testamento nunca se les ordenaba ser llenados con el Espíritu, aunque en algunas ocasiones fueron amonestados, como Zorobabel, que la obra del Señor se cumple. «No con ejército, ni con fuerza, sino con mi Espíritu, ha dicho Jehová de los ejércitos» (Zacarías 4:6). En la era presente a cada cristiano se le ordena ser llenado con el Espíritu, como en Efesios 5:18: «No os embriaguéis con vino, en lo cual hay disolución; antes bien sed llenos del Espíritu.» El ser llenados con el Espíritu, así como el recibir la salvación por fe, no se cumple, sin embargo, por esfuerzo humano, más bien es por permitir a Dios que cumpla su obra en la vida del individuo. En la Escritura está claro que un cristiano puede ser genuinamente salvo sin ser llenado con el Espíritu, y, por lo tanto, la plenitud del Espíritu no es una parte de la salvación misma. La plenitud del Espíritu también puede ser contrastada con la obra hecha de una vez y para siempre que es cumplida en el creyente cuando éste es salvo. La plenitud del Espíritu, si bien puede ocurrir en el momento de la salvación, ocurre una y otra vez en la vida de un cristiano consagrado, y debería ser una experiencia normal de que los cristianos tuviesen esta constante plenitud del Espíritu.

El hecho de que la plenitud del Espíritu es una experiencia repetida, se hace notorio en el tiempo presente del mandamiento en Efesios 5: 18: «sed llenos del Espíritu». Traducido literalmente es «manteneos siendo llenados por el Espíritu». En el texto se compara con un estado de intoxicación en el cual el vino afecta al cuerpo entero, incluyendo a la actividad mental y a la actividad física del cuerpo. La plenitud del Espíritu no es, por lo tanto, una experiencia que sucede una vez y para siempre. No está correcto llamarla una segunda obra de gracia, puesto que ocurre una y otra vez. Indudablemente, la experiencia de ser llenado con el Espíritu por primera vez es muy fuerte en la vida del cristiano y puede ser un hito que eleve la experiencia cristiana a un nuevo nivel. Sin embargo, el cristiano depende de Dios para la continua plenitud del Espíritu, y ningún cristiano puede vivir en el poder espiritual de ayer.

De la naturaleza de la plenitud del Espíritu puede concluirse que la amplia diferencia en la experiencia espiritual observada en cristiano y los varios grados de conformidad a la mente y voluntad de Dios pueden ser atribuidos a la presencia o ausencia de la plenitud del Espíritu. El que desea hacer la voluntad de Dios debe, por consiguiente, entrar por completo en el privilegio que Dios le ha dado al ser morada del Espíritu y tener la capacidad de rendir completamente su vida al Espíritu de Dios.

B. CONDICIONES PARA LA PLENITUD DEL ESPIRITU

Frecuentemente se han señalado tres sencillos mandamientos como la condición para ser llenados con el Espíritu. En 1 Tesalonicenses 5:19 se da el mandamiento: «No apaguéis al Espíritu.» En Efesios 4:30 se instruye a los cristianos: «y no contristéis al Espíritu Santo de Dios, con el cual fuisteis sellados para el día de la redención.» Un tercero, como instrucción más positiva, se da en Gálatas 5:16: «Digo, pues: Andad en el Espíritu, y no satisfagáis los deseos de la carne.» Aunque otros pasajes arrojan luz sobre estas básicas condiciones para ser llenados con el Espíritu, estos tres pasajes resumen la idea principal.

1. El mandamiento de «no apaguéis el Espíritu», en 1 Tesalonicenses 5: 19, aunque no se explique en su contexto, está usando en forma obvia la figura del fuego como un símbolo del Espíritu Santo. En la forma en que se hace mención de apagar el fuego en Mateo 12:20 y Hebreos 11:34 se ilustra lo que se quiere decir.

De acuerdo a Efesios 6: 16, «el escudo de la fe» es capaz de «apagar los dardos de fuego del maligno». Por consiguiente, apagar el Espíritu es ahogar o reprimir al Espíritu y no permitirle que cumpla su obra en el creyente. Puede definirse simplemente como el decir «No», o de no tener la voluntad de dejar al Espíritu conducirse a su manera. El pecado original de Satanás fue la rebelión contra Dios (Isaías 14:14), y cuando un creyente dice «yo quiero» en lugar de decir como Cristo dijo en Getsemaní: «No se haga mi voluntad, sino la tuya» (Lucas 22:42), entonces está apagando al espíritu.

Para que pueda experimentarse la plenitud del Espíritu es necesario para un cristiano que rinda su vida al Señor. Cristo observó que un hombre no puede servir a dos señores (Mateo 6:24), y a los cristianos se les exhorta constante- mente a que se rindan a sí mismos a Dios. Al hablar de la rendición a la voluntad de Dios en la vida de un cristiano, Pablo escribió en Romanos 6: 13: «Ni tampoco presentéis vuestros miembros al pecado como instrumentos de iniquidad sino presentaos vosotros mismos a Dios como vivos de entre los muertos, y vuestros miembros a Dios como instrumentos de justicia.» Aquí se declara claramente la opción ante cada cristiano: él puede rendirse a sí mismo tanto a Dios como al pecado.

Un pasaje similar se encuentra en Romanos 12: 1-2. Al presentar la obra de salvación y santificación en la vida del creyente, Pablo encarece a los romanos: «Así que, hermanos, os ruego por las misericordias de Dios, que presentéis vuestros cuerpos en sacrificio vivo, santo, agradable a Dios, que es vuestro culto racional. No os conforméis a este siglo sino transformaos por medio de la renovación de vuestro entendimiento, para que comprobéis cuál sea la buena voluntad de Dios, agradable y perfecta.» En ambos pasajes Romanos (6:13; 12:1) se usa la misma palabra griega. El tiempo del verbo está en aoristo, lo cual significa «rendirse a Dios de una vez y para siempre». De acuerdo a esto la experiencia de ser llenado con el Espíritu sólo puede ser llevada a cabo cuando un cristiano toma el paso inicial de presentar su cuerpo en sacrificio vivo. El cristiano ha sido preparado para esto por medio de la salvación, lo cual hace al sacrificio santo y aceptable delante de Dios. Es razonable de parte de Dios esperar esto habiendo muerto Cristo por este individuo.

Al presentar su cuerpo, el cristiano debe enfrentar el hecho de que no debe de conformarse exteriormente al mundo sino que interiormente debe de ser transformado por el Espíritu Santo con el resultado de que su mente sea renovada para reconocer los valores espirituales. Él es capaz de distinguir lo que no es la voluntad de Dios de lo que es la «buena, agradable y perfecta voluntad de Dios» (Ro. 12:2).

La rendición no se hace en referencia a algún punto en particular, sino que más bien discierne la voluntad de Dios para la vida en cada asunto particular. Es, por lo tanto, una actitud de estar deseoso de hacer cualquier cosa que Dios quiera que el creyente haga. Es el hacer la voluntad final de Dios en su vida y estar dispuesto a hacer cualquier cosa cuando sea, donde sea y como Dios pueda dirigirla. El hecho de que la exhortación «no apaguéis el Espíritu» está en tiempo presente indica que ésta debería ser una experiencia continua iniciada por el acto de la rendición.

Un cristiano que desea estar continuamente rendido a Dios encuentra que esta rendición se relaciona con varios aspectos. Es, en primer lugar, una rendición a la Palabra de Dios en sus exhortaciones y su verdad. El Espíritu Santo es el supuesto Maestro, y a medida que va conociendo la verdad, un creyente debe rendirse a ésta a medida que la va comprendiendo. El rehusar someterse a la Palabra de Dios hace que la plenitud del Espíritu sea imposible.

La rendición también se relaciona con la guía. En muchos casos la Palabra de Dios no es explícita en cuanto a decisiones que un cristiano tiene que enfrentar. Aquí el creyente debe de ser guiado por los principios de la Palabra de Dios, y el Espíritu de Dios puede darle la guía sobre las bases de lo que la Escritura revela. De acuerdo a ello, la obediencia a la guía del Espíritu es necesaria para la plenitud del Espíritu (Ro. 8: 14). En algunos casos el Espíritu puede ordenar a un cristiano que haga algo y en otras ocasiones puede prohibirle que siga el curso de una acción. Una ilustración es la experiencia de Pablo, quien fue impedido a predicar el evangelio en Asia y Bitinia en las primeras etapas de su ministerio y más tarde se le instruyó que fuera él estas mismas áreas a predicar (Hechos 16:6-7; 19:10). La plenitud del Espíritu incluye el seguir la guía del Señor.

Un cristiano también debe de estar rendido a los hechos providenciales de Dios, los cuales a menudo acarrean situaciones o experiencias que no son deseadas por el individuo. De acuerdo a ello, un creyente debe de entender lo que es el sumiso a la voluntad de Dios aun cuando ello implique el sufrimiento y sendas que en sí mismas no son placenteras.

La suprema ilustración de lo que significa ser llenado con el Espíritu y rendido a Dios es el

Señor Jesucristo mismo. En Filipenses 2:5-11 se revela que Jesús, al venir a la tierra y morir por los pecados del mundo, estaba deseando ser lo que Dios había escogido, deseando ir donde Dios había escogido Y deseando hacer lo que Dios habla escogido. Un creyente que desea ser llenado con el Espíritu debe tener una actitud similar en cuanto a rendición y obediencia.

2. En conexión con la plenitud del Espíritu, se le exhorta también a «no contristar al Espíritu» (Efesios 4:30). Aquí se presume que el pecado ha entrado en la vida de un cristiano y como un hecho de su experiencia ha sobrevenido la falta de rendición. Para poder entrar en un estado en el que pueda ser llenado con el Espíritu o para volver a tal estado, se le exhorta a que no continúe en su pecado, el cual contrista al Espíritu Santo. Cuando en el creyente el Espíritu de Dios es contristado, la comunión, guía, instrucción y poder del Espíritu es estorbado; el Espíritu Santo, aunque está morando no está libre para cumplir su obra en la vida del creyente.

La experiencia de la plenitud del Espíritu puede ser afectada por las condiciones físicas. Un cristiano que físicamente está cansado, hambriento o enfermo puede no experimentar el gozo normal y la paz, los cuales son frutos del Espíritu. El mismo apóstol que exhorta a ser llenados con el Espíritu confiesa en 2 Corintios 1: 8-9 que ellos estuvieron «abrumados sobremanera más allá de nuestras fuerzas, de tal modo que aún perdimos la esperanza de conservar la vida». De acuerdo a ello, aun un cristiano lleno con el Espíritu puede experimentar algún trastorno interior. Sin embargo, cuanto más grande sea la necesidad en las circunstancias del creyente, mayor es la necesidad de la plenitud del Espíritu y la rendición a la voluntad de Dios para que el poder del Espíritu pueda ser manifestado en la vida individual. Cuando un cristiano toma conciencia del hecho de que ha contristado al Espíritu Santo, el remedio está en cesar de contristar al Espíritu, como se expresa en Efesios 4:30 traducido literalmente. Esto puede cumplirse obedeciendo 1 Juan 1:9, donde se instruye al hijo de Dios: «Si confesamos nuestros pecados, Él es fiel y justo para perdonar nuestros pecados, y limpiarnos de toda maldad.» Este pasaje se refiere a un hijo de Dios que ha pecado contra su Padre Celestial. La vía de restauración está abierta porque la muerte de Cristo es suficiente para todos sus pecados (1 Juan 2:1-2).

Así, la manera de volver a la comunión con Dios para un creyente es confesar sus pecados a Dios, reconociendo nuevamente las bases para el perdón en la muerte de Cristo y deseando la restauración a una comunión íntima con Dios el Padre, así como también con el Espíritu Santo. No es un asunto de justicia en una corte legal, sino más bien una relación restaurada entre padre e hijo que se había descarriado. El pasaje asegura que Dios es fiel y justo para perdonar el pecado y quitarlo como una barrera que se interpone en la comunión cuando un cristiano confiesa sinceramente su iniquidad a Dios. Mientras que en algunas situaciones la confesión del pecado puede requerir que se vaya a los individuos que han sido ofendidos y corregir las dificultades, la idea principal es establecer una nueva relación íntima con Dios mismo.

Confesando sus pecados, el cristiano debe de estar seguro de que del lado divino el perdón es inmediato. Cristo, como el intercesor del creyente y como el que murió en la cruz, ha hecho ya todos los ajustes necesarios del lado celestial. La restauración a la comunión está sujeta, por lo tanto, sólo a la actitud humana de confesión y rendición.

La Biblia también advierte al creyente contra los serios resultados de estar contristando continuamente al Espíritu. Esto, a veces, resulta en el castigo de Dios para con el creyente con el propósito de restaurarle, como se menciona en Hebreos 12:5-6. Al cristiano se le advierte que, si él no se juzga a sí mismo, Dios necesitará intervenir con la disciplina divina (1 Corintios 11:31-32). En cualquier caso hay una pérdida inmediata cuando un cristiano está caminando fuera de la comunión con Dios, y existe el constante peligro del juicio severo de Dios como un padre fiel que trata con su hijo errado es un mandamiento en el tiempo presente, esto es, un cristiano debe de mantenerse andando por medio del Espíritu.

El nivel cristiano de la vida espiritual es alto, y él no es capaz de cumplir la voluntad de Dios aparte del poder de Dios. De acuerdo a ello, la provisión del Espíritu que mora hace posible para el cristiano el estar andando por medio del poder y la guía del Espíritu que vive en él.

El andar en el Espíritu es un acto de fe. Está dependiendo del Espíritu el hacer lo que sólo el Espíritu puede hacer. Las altas normas de la era presente donde se nos ordena amar como Cristo ama (Juan 13: 34; 15: 12) y donde se ordena que cada pensamiento sea traído a la obediencia en Cristo (2 Corintios 10:5) son imposibles sin el poder del Espíritu. De igual manera, las otras manifestaciones de vida espiritual tales como el fruto del Espíritu (Gálatas 5:22-23) y tales mandamientos como «estad siempre gozosos [...] orad sin cesar» (1 Tesalonicenses 5: 16-17) y «dad gracias en todo, porque ésta es la voluntad de Dios para con vosotros en Cristo Jesús» (1 Tesalonicenses 5:18) son imposibles a menos que uno esté andando en el Espíritu.

Obtener una norma alta de vida espiritual es de lo más difícil porque el cristiano está viviendo en un mundo pecador y está bajo constante influencia maligna (Juan 17:15; Romanos 12:2; 2 Corintios 6:14; Gálatas 6:14; 1 Juan 2:15). De igual manera, el cristiano tiene oposición por el poder de Satanás y está comprometido en una lucha incesante con este enemigo de Dios (2 Corintios 4:4; 11:14; Efesios 6:12).

Además del conflicto con el sistema mundial y con Satanás, el cristiano tiene un enemigo de dentro, su antigua naturaleza, la cual desea conducirle de vuelta a la vida de obediencia a la carne pecaminosa (Romanos 5:21; 6:6; 1 Corintios 5:5; 2Corintios 7:1; 10:2-3; Gálatas 5:16-24; 6:8; Efesios 2:3). Por estar la antigua naturaleza constantemente en guerra con la nueva naturaleza en el cristiano, sólo la continua dependencia en el Espíritu de Dios puede traer victoria. Así es que, aunque algunos han llegado a la conclusión errónea de que un cristiano puede alcanzar una perfección sin pecado, existe la necesidad de caminar constantemente en el Espíritu para que este poder pueda llevar a cabo la voluntad de Dios en la vida de un creyente. Al creyente le espera la perfección final del cuerpo y el espíritu en el cielo, pero la lucha espiritual continúa sin disminuir hasta la muerte o el traslado espiritual. Todas estas verdades enfatizan la importancia de apropiarse del Espíritu andando en su poder y guía y dejando que el Espíritu tenga control y dirección de una vida cristiana.

C. LOS RESULTADOS DE LA PLENITUD DEL ESPIRITU

Cuando uno está rendido a Dios y lleno con el Espíritu vienen imprevisibles resultados.

1. Un cristiano que camina en el poder del Espíritu experimenta una santificación progresiva, una santidad de vida en la cual el fruto del Espíritu (Gálatas 5:22-23) está cumplido. Esta es la suprema manifestación del poder del Espíritu y es la preparación terrenal para el tiempo cuando el creyente en los cielos será completamente transformado a la imagen de Cristo.

2. Uno de los importantes ministerios del Espíritu es el de enseñar al creyente las verdades espirituales. Sólo mediante la guía e iluminación del Espíritu un creyente puede comprender la infinita verdad de la Palabra de Dios. Así como el Espíritu de Dios es necesario para revelar la verdad concerniente a la salvación (Juan 16:7-11) antes de que una persona pueda ser salva, así el Espíritu de Dios guía también al cristiano a toda verdad (Juan 16:12-14). Las cosas profundas de Dios, verdades que sólo pueden ser comprendidas por un hombre enseñado por el Espíritu, son

reveladas a uno que está andando por el Espíritu (1 Corintios 2:9 - 3:2).

3. El Espíritu Santo es capaz de guiar a un cristiano y aplicar las verdades generales de la Palabra de Dios a La situación particular del cristiano. Esto es lo que se expresa en Romanos 12:2, demostrando «cuál es la buena voluntad de Dios, agradable y perfecta». Como el siervo de Abraham, un cristiano puede experimentar la declaración «guiándome Jehová en el camino» (Génesis 24:27). Una guía tal es la experiencia normal de los cristianos que están en una relación correcta con el Espíritu de Dios (Romanos 8: 14; Gálatas 5: 18) normal para un cristiano el tener la seguridad de su salvación, como lo es para un individuo el saber que está físicamente vivo.

5. Toda la adoración y el amor de Dios son posibles solamente cuando uno está andando por el Espíritu. En el contexto de la exhortación de Efesios 5: 15, los versículos siguiente describen la vida normal de adoración y comunión con Dios. Una persona fuera de la comunión no puede adorar verdaderamente a Dios aun cuando asista a los servicios de la iglesia en bellas catedrales y cumpla con el ritual de la adoración. La adoración es un asunto del corazón, y como Cristo le dijo a la mujer samaritana: «Dios es Espíritu; y los que le adoran, en espíritu y en verdad es necesario que adoren» (Juan 4:24).

6. Uno de los aspectos más importantes de la vida de un creyente es su oración de comunión con el Señor. Aquí nuevamente el Espíritu de Dios debe guiar y dirigir si la oración ha de ser inteligente. Aquí también debe de comprenderse la Palabra de Dios si la oración ha de ser de acuerdo a la Palabra de Dios. La verdadera alabanza y acción de gracias son imposibles aparte de la capacitación del Espíritu. Además de la oración del creyente mismo, Romanos 5:26 revela que el Espíritu intercede por el creyente. De acuerdo a ello, una vida de oración efectiva depende del andar en el Espíritu.

7. Además de todas las cualidades ya mencionadas, toda la vida de servicio de un creyente y el ejercicio de sus dones naturales y espirituales están dependiendo del poder del Espíritu. Cristo se refirió a esto en Juan 7:38-39, donde Él describió la obra del Espíritu como un río de agua viva fluyendo del corazón del hombre. De acuerdo a esto, un cristiano puede tener grandes dones espirituales y no usarlos por no estar andando en el poder del Espíritu. En contraste, otros con relativamente pocos dones espirituales pueden ser usados grandemente por Dios porque están andando en el poder del Espíritu. La enseñanza de la Escritura sobre la plenitud del Espíritu es, por lo tanto, una de las líneas de verdad más importantes que un cristiano deben comprender, aplicar y apropiarse de ella.

El Espíritu Santo en la Escritura
Una de las mayores diferencias entre los Sinópticos y el Cuarto Evangelio es el lugar que éste le otorga al Espíritu Santo, sobre todo en el discurso en el Aposento Alto y su enseñanza única sobre el Paracletos. Para valorar esta diferencia, debemos repasar brevemente las enseñanzas sobre el Espíritu Santo en el Antiguo Testamento y en los Sinóptico s, además de examinar la idea de espíritu en la religión helenista debido a los antecedentes de Juan. Pneuma (espíritu) en la religión helenista.
Hay, desde luego, mucha variedad en la religión helenista, pero nos preocupa sobre todo el posible contexto gnóstico del pensamiento de juan. Los griegos pensaban que el elemento más esencial del ser humano era la psyque [alma], no el pneuma [espíritu]. Sin embargo, a veces pneuma adquiere el significado y la función de psyque? En el estoicismo, pneuma era un poder o una sustancia universal, gaseosa, invisible e ígnea que permeaba todo el mundo visible. "El factor consti-

tutivo del pneuma en el mundo griego es siempre su corporeidad sutil y poderosa. En el pensamiento científico y filosófico, pneuma como término físico o fisiológico, sigue siendo esencialmente materialista y vitalista. En el pensamiento gnóstico, el poder se concebía como una sustancia, y pneuma incluía la idea de sustancia de la vida. En la creación, una sustancia espiritual se unió con la materia; pero anhela la liberación. La redención significa la reunión de todos los destellos del pneuma. El Redentor desciende para reunir los remanentes del espíritu y vuelve a ascender con ellos. Los elementos somáticos y psíquicos quedan atrás mientras que el elemento espiritual es entregado a Dios. De este modo el redimido se convierte en un espíritu puro al liberarse de las ligaduras del cuerpo."

¿Pneuma en el Antiguo Testamento?
El ruah Yahvé en el Antiguo Testamento no es una entidad separada y distinta; es el poder de Dios, una actividad personal en la voluntad de Dios que logra un objeto moral y religioso. El ruah de Dios es la fuente de todo lo que está vivo, de toda la vida física. El Espíritu de Dios es el principio activo que procede de Dios y da vida al mundo físico (Génesis 2:7). También es fuente de preocupaciones religiosas, dando lugar a líderes carismáticos, ya sean jueces, profetas o reyes. "El ruah Yahvé es un término que se refiere a la acción creadora del único Dios en la Historia que, a pesar de desafiar todo análisis lógico, es siempre actividad divina".

Pneuma en los Sinópticos
Tanto Mateo (1:18) como Lucas (1:35) atribuyen el nacimiento de Jesús al poder creador del Espíritu Santo. Los tres Evangelios relatan la predicación del Bautista sobre la misión del que había de venir y bautizaría con el Espíritu Santo. Todos los Evangelios hablan de su descenso en forma de paloma en el Bautismo de Jesús. Los tres Evangelios dicen que el Espíritu le llevó al desierto durante cuarenta días. Mateo afirma que el poder de Jesús sobre los malos espíritus procede del Espíritu Santo (Mateo 12:28); los otros dos Evangelios lo llevan implícito en el pasaje de la blasfemia contra el Espíritu Santo. Aunque en contextos diferentes, tanto Mateo 12:18 como Lucas 4:18) apuntan hacia el cumplimiento de la profecía de que el Mesías tendrá el Espíritu. Lucas cita una promesa de que el Padre dará el Espíritu a los discípulos de Jesús (Lucas 11: 13). Tanto Mateo (10:20) como Lucas (12:12) recogen un importante dicho de que cuando los discípulos de Jesús se enfrenten con persecuciones, no deben preocuparse sobre lo que tienen que decir, porque "el Espíritu Santo os enseñará en la misma hora lo que debáis decir" (Lucas 12:12). Marcos contiene la esencia de este pasaje en el discurso del monte de los Olivos (Marcos 13:11).
Resumiendo, los Sinópticos están de acuerdo en que Jesús contaba con el Espíritu Santo para cumplir su misión mesiánica, que dicha misión incluiría una presencia general del Espíritu, y que sus discípulos estarían capacitados por él para hacer frente a cualquier dificultad que pudieran encontrar. Nuestra preocupación se centrará únicamente en comparar y contrastar la enseñanza de los Sinópticos con la de Juan.

El Espíritu Santo en Juan
El panorama descrito en Juan es diferente, lo cual no quiere decir que sea contradictorio. El evangelista, igual que los Sinópticos, refiere el descenso del Espíritu sobre Jesús (Lucas 1:32-34), aunque Juan pone un énfasis diferente; es una señal para el Bautista. Sin embargo, a la luz de un texto posterior, es importante para Juan que Jesús recibiera el Espíritu en el Bautismo. "Pues

Guiado por el Espíritu Santo

Dios no da el Espíritu por medida" (3:34). Sin duda Barrett tiene razón cuando dice: "Jesús tiene el Espíritu para poder comunicarlo; y es el don del Espíritu el que distingue de forma preeminente la nueva dispensación de la antigua". Sin duda, es significativo que Juan no describa a Jesús realizando sus señales milagrosas por el poder del Espíritu, como lo hacen los Sinópticos, donde dominan las fuerzas demoníacas por dicho poder. Es congruente con la historicidad de Juan que, a la luz de su pleno entendimiento de la filiación y la divinidad de Jesús, mencione el descenso del Espíritu. ¿Por qué debería el Hijo encarnado de Dios necesitar el Espíritu para cumplir su misión mesiánica? La respuesta debe estar en el convencimiento de Juan de la plena humanidad de Jesús.

El dicho antes citado, "pues Dios no da el Espíritu por medida" (3:34), es difícil de interpretar porque no hay ni sujeto ni objeto para el verbo "da". Sin embargo, este versículo puede entenderse a la luz de lo siguiente: "El Padre ama al Hijo, y todas las cosas ha entregado en su mano" (3:35). Esto sugiere que es el Padre quien da al Hijo la medida plena del Espíritu. Éste es el único pasaje en Juan que implica que por el poder del Espíritu Jesús llevó a cabo su ministerio, elemento bastante destacado en los Sinópticos.

Que Juan concibe a Jesús llevando a cabo su misión con el poder del Espíritu se demuestra por el hecho de que después de su resurrección comunica el Espíritu Santo a los discípulos para equiparles para el ministerio que debían llevar a cabo, y que supondría el perdón de pecados. 'Sopló, y les dijo: recibid el Espíritu Santo. A quienes remitiereis los pecados, les son remitidos; y a quienes se los retuviereis, les son retenidos' (20:22-23).
Sea como fuere que se interprete este versículo, significa por lo menos que Jesús dotó a sus discípulos del mismo Espíritu que había descendido sobre él en el Bautismo y le había llenado durante su ministerio. Les dota con el Espíritu porque les envía al mundo para que continúen la misión para la que había sido enviado (20:21).
Este pasaje plantea ciertas dificultades a la luz de la venida del Espíritu en Pentecostés, las cuales pueden resolverse de una de las siguientes formas. O bien Juan no sabía nada sobre Pentecostés y usa este relato como un Pentecostés juanino; o bien hubo dos donaciones del Espíritu; o el soplo de Jesús sobre los discípulos fue una parábola dramatizada que promete y anticipa la venida real del Espíritu en Pentecostés. Es difícil pensar que un cristiano de Éfeso del primer siglo no supiera nada de Pentecostés.

Es igualmente difícil creer que hubo dos comunicaciones del Espíritu, ya que éste no podía donarse hasta la ascensión de Jesús (7:39), y si él en realidad dio el Espíritu a los discípulos, debemos asumir dos ascensiones (ver 20:17). Además, no hay pruebas de que los discípulos iniciaran su misión cristiana sino hasta después de Pentecostés. No hay una objeción sustancial para pensar que el incidente juanino es una parábola dramatizada cuyo cumplimiento tuvo lugar en Pentecostés.

El don del Espíritu Santo y la bendición subsiguiente para las personas se refleja en otro pasaje: "el que cree en mí, como dice la Escritura, de su interior correrán ríos de agua viva" (7:38). Esto se cita como un dicho de Jesús. Juan añade este comentario: "Esto dijo del Espíritu que habían de recibir los que creyesen en él; pero aún no. había venido el Espíritu Santo, porque Jesús no había sido aún glorificado" (7:39). Jesús era la fuente de agua viva. Los que beban de este agua nunca más volverán a tener sed (4:14). Sin embargo, Jesús regresaba al Padre y las personas no iban a poder oír más su palabra. En lugar de su presencia personal sus discípulos continuarían su ministerio, y se les daría el Espíritu Santo para que sus palabras y acciones ya no fueran simplemente actos humanos sino canales de la gracia divina. De hecho ellos mismos se convertirían en fuentes de vida para aquellos que escucharan su voz y la creyeran. Sin embargo, este nuevo ministerio no podía formar parte de la economía divina hasta después de la muerte y glorificación de Jesús. El Espíritu vendría a ocupar su lugar para capacitar a los discípulos para hacer lo que no podían hacer en sí y por sí mismos, a saber, conducir a las personas a la fe y a la vida eterna.

La misma idea se refleja en un pasaje sobre el Paracletos: "Mora con vosotros, y estará en vosotros" (14:17). Desde el momento en que los discípulos establecen un contacto con su Maestro, este Espíritu de verdad mora con ellos en el Señor, y ahora, por su partida, estará con ellos. El Espíritu había estado, desde luego, con los santos del Antiguo Testamento, y esto en un sentido real (Salmos 51:10-11). Sin embargo, el Antiguo Testamento habla más a menudo del Espíritu que viene sobre las personas que del Espíritu que está en ellos. El Antiguo Testamento mira hacia la salvación mesiánica cuando al pueblo de Dios se le dará una nueva dimensión del Espíritu (Joel 2:28; Ezequiel 36:26-27). Como Jesús estaba lleno del Espíritu, su presencia significaba que éste estaría de una forma nueva con los discípulos. Sin embargo, Jesús les promete que también ellos van a ser morada del mismo Espíritu. La promesa escatológica debe cumplirse, y debe experimentarse una nueva dimensión de la presencia interna del Espíritu.

El pasaje acerca del nacimiento por el Espíritu es otro ejemplo de cómo Juan integra la pneumatología en su dualismo vertical del mundo de Dios arriba y del mundo humano abajo. Esto está claro en la afirmación "el que no naciere de arriba, no puede ver el reino de Dios". Esto puede traducirse por "de nuevo" (RV, NVI, DHH, RSV) o por "de arriba" (NRSV).

Dada la estructura vertical del pensamiento de Juan, "de arriba", es decir, de Dios, encaja mejor en el contexto que "de nuevo." Este nacimiento de arriba es el mismo que el nacimiento por agua y por Espíritu." La idea es, desde luego, que el ser humano no posee la vida, sino que ésta es un don de Dios que sólo puede hacerse realidad con la acción interna del Espíritu Santo que hace del creyente un hijo de Dios. La idea del nuevo nacimiento no difiere de la paulina de ser bautizado en Cristo y así entrar en una vida nueva (Romanos 6:4). La metáfora es diferente - nuevo nacimiento, unión con Cristo - pero la teología es la misma. En el pensamiento paulino, las personas llegan a ser hijos de Dios por adopción más que por un nuevo nacimiento (Romanos 8:15-16). Juan combina lo vertical y lo horizontal con su referencia al Reino de Dios. Sólo los que han nacido de arriba pueden experimentar el Reino de Dios o entrar en él. No hay motivo para identificar el Reino de Dios con el reino de arriba; el lenguaje del reino de Dios es el cielo (Juan 1:52; 3:13). "La referencia al Reino de Dios refleja la idea sin óptica de los dos siglos y del siglo venidero de gloria. Cuando se revele la gloria del Reino, los que han nacido de arriba entrarán en ella". Sin embargo, hay en esto también un elemento "escatológico hecho realidad". En el Antiguo Testamento se considera a Dios como el Padre de la nación de Israel (Oseas 11: 1; Isaías 63: 16). Sin embargo, en el día de salvación, el pueblo de Dios será llamado "hijos del Dios viviente" (Oseas 1:10). La palabra en el Evangelio de Juan es esencialmente escatológica, es decir, indica que en algún sentido real ya está presente el nuevo tiempo de salvación. Dodd interpreta la doctrina de Juan del Espíritu de acuerdo con un dualismo griego. Sólo el nacimiento por el Espíritu "hace posible la anabasis del hombre" o "ascensión." Sin embargo, esta idea está en desacuerdo con el hecho de que Juan nunca habla de una anabasis de las personas, sino sólo de Jesús. Es más bien sorprendente que Dodd no interprete Juan 14:2-3 en función de una anabasis de los creyentes al morir para ascender a la casa del Padre en el cielo. Sin embargo, no lo hace. Admite que éste es el lenguaje escatológico tradicional y que las palabras de Jesús, "vendré otra vez" pueden referirse a su parusía." Dodd sí ve en estas palabras la escatología hecha realidad y una transformación de la escatología tradicional. Trata la muerte y la resurrección de Jesús como eventos escatológicos, y el "retorno" de Jesús es en el Espíritu después de su muerte. Debemos concluir que Juan en este caso no tiene nada que ver con el dualismo griego sino con el concepto bíblico básico de la venida de Dios para encontrarse con la humanidad en su existencia histórica.

La comprensión de este Espíritu de acuerdo con una estructura vertical vuelve a hacerse patente en el discurso del pan de vida. Después de dar de comer a los cinco mil, Jesús utilizó los panes como una parábola del pan de vida, que es su carne, dada por la vida del mundo (6:51). Es el pan de vida que descendió del cielo (6:58); pero la palabra sobre su carne sugiere la necesidad de su muerte sacrificial. Se debe comer su carne y beber su sangre para tener vida eterna (6:53-54). Ya sea que ésta se refiera o no de forma tangencial a la Eucaristía, significa que el creyente debe obtenerla sólo por la persona de Cristo, entregada por los seres humanos en su muerte. El versículo "el espíritu es el que da vida; la carne para nada aprovecha" (6:63) es susceptible de ser malinterpretado, sobre todo tal como lo presenta RV. El pasaje, fuera de contexto, podría reflejar una especie de dualismo griego de un reino del espíritu frente a un reino de la carne, con connotaciones de que el reino de la carne es malo. Esto significaría que las realidades espirituales deben buscarse completamente aparte del reino de la carne. Éste, sin embargo, no puede ser el pensamiento de Juan. ¡Que el Verbo fue hecho carne! Carne aquí equivale al reino de la existencia humana que no posee el Espíritu Santo. De hecho, en la Teología juanina es básico que la carne es un vehículo del Espíritu. La cuestión en este caso es que la muerte de Jesús como ser humano y como evento meramente histórico no tiene poder salvífico. Sólo cuando se interpreta y se comprende por medio del Espíritu Santo se convierte en algo salvífico. Éste es el significado del siguiente pasaje: "Las palabras que yo os he hablado son espíritu y son vida" (6:63). Sin embargo, algunos no creen (6:64); no han respondido a la iluminación del Espíritu. Para ellos Jesús fue un impostor y un blasfemo que pretendió con falsedades ser el Mesías y el Hijo de Dios.

El contraste entre el reino de arriba y el de abajo está entre el reino del Espíritu Santo y el de la existencia humana. Pero el Espíritu Santo ha entrado en la existencia humana en la persona de Jesús y ha hecho de su carne el camino de salvación. El mismo contraste ha aparecido ya en el pasaje del nuevo nacimiento: "Lo que es nacido de la carne, carne es; y lo que es nacido del Espíritu, espíritu es" (3:6). La carne no es mala; es sencillamente incapaz por sí misma de llegar al mundo de Dios y de captar las realidades divinas. Esto se puede conseguir sólo con el descenso del Espíritu a la esfera de la carne, de la Historia humana.

La perspectiva escatológica hecha realidad se ve claramente en las palabras a la mujer de Samaria: "La hora viene, y ahora es, cuando los verdaderos adoradores adorarán al Padre en espíritu y en verdad" (4:23). De nuevo, "espíritu" se refiere al Espíritu Santo y no a una adoración interna "espiritual" opuesta a modalidades externas. Por el contexto se ve esto con claridad: "Dios es espíritu". Como Dios es espíritu, no se puede limitar a un solo lugar, ya sea Jerusalén o Gerizim. Como el Espíritu Santo va a venir al mundo, las personas pueden adorar a Dios donde quieran si él les motiva. Sólo los que han nacido del Espíritu pueden adorar a Dios de la forma que Él quiere ser adorado.

Adorar en verdad, para el griego, significaba adorar en realidad frente a la adoración irreal siguiendo modalidades vacías. Éste, sin embargo, no es el significado juanino. "Verdad" equivale básicamente a la idea veterotestamentaria de la fidelidad de Dios a sí mismo, y por tanto se refiere a lo que Él hace en la venida de Jesús. La verdad vino por Jesucristo (1:17), es decir, por la manifestación plena del propósito redentor de Dios para las personas. Esto está encarnado en Jesús de una forma tan exclusiva, que él mismo es la verdad (14:5-6). Adorar en verdad, por tanto, es sinónimo de adorar en el Espíritu. Significa adoración mediada por la persona de Jesús, e inspirada por el Espíritu Santo. La forma y el lugar carecen de importancia.

Todos estos pasajes del Espíritu reflejan un dualismo doble. Él viene de arriba - de Dios - pero el Espíritu viene para inaugurar una nueva historia redentora en contraposición a la antigua era de la Ley. Juan no refleja de forma consciente este dualismo, pero subraya con claridad la estructura de su enseñanza sobre el Espíritu.

El Paracletos

En el discurso del aposento alto nos encontramos con cinco pasajes únicos (caps. 14-16), referidos a la venida del Espíritu Santo, al que se le llama Paracletos.
El significado esencial de paracletos ha sido fuertemente debatido. Algunos creen que se deriva de una palabra griega cuyo significado viene del verbo parakaleo, mientras que otros niegan esta posibilidad. La traducción de algunas versiones, como "consolador", se remonta a una primitiva traducción inglesa (siglo XIV) de Wycliffe que viene del latín confortare, que significa fortalecer. Algunos estudiosos contemporáneos creen que los pasajes sobre el Paracletos presentan ciertos aspectos que tienen que ver con la idea de consuelo. La palabra griega tiene un significado bastante definido, "abogado", en el sentido forense, y se aplica en este sentido en 1 Juan 2: 1 a Jesús, que es el abogado para con el Padre en el cielo de sus discípulos en la tierra. Éstos son los únicos lugares del Nuevo Testamento en los que aparece esta palabra. El Paracletos en el Evangelio ejerce un ministerio forense para convencer al mundo, pero se trata más de un ministerio fiscal (16:8) que de un ministerio de la defensa. El problema lingüístico está en el hecho de que el Paracletos juanino es sobre todo un maestro que instruye y guía a los discípulos, no un abogado que los defiende.
La solución puede encontrarse en el hebreo melits. Se utiliza en Job 33:23 con el significado de "mediador". La idea de mediador, no la palabra melits, se encuentra en Job 16: 19 y 19:25, con el significado de vindicador. En estos dos lugares el Targum de Job utiliza una palabra prestada, peraklita. La palabra hebrea melits también aparece en los escritos de Qumrán con el significado

de intérprete del conocimiento o maestro, y en otro lugar como mediador. Está claro que melits combina la idea de mediador y maestro. Ya que la palabra peraklita aparece en el Targum, es muy posible, o casi seguro que tuvo un uso muy extenso tanto en el judaísmo griego como en el palestino durante el siglo I d. C. Además, las ideas de abogar e instruir se combinan en los ángeles mediadores en la literatura intertestamentaria y en el Testamento de Judá 20:1 el "espíritu de verdad" en la persona "da testimonio de todas las cosas." Hay, por tanto, en el pensamiento judío antecedentes de una combinación de los papeles de abogado y maestro que parece algo similar al doble uso de parakletos en Juan.

La naturaleza del Paracletos
Jesús habló de la venida del Espíritu como de "otro Paracletos" (14:16). Esto implica que Jesús ya ha sido un Paracletos para sus discípulos, y que el Espíritu vendrá para ocupar su lugar y continuar su ministerio entre los discípulos. Este hecho es evidente debido a la semejanza del lenguaje que se utiliza para el Espíritu y para Jesús. El Paracletos vendrá; también Jesús ha venido al mundo (5:43; 16:28; 18:37). El Paracletos procede del Padre; también Jesús procede (16:27-28) del Padre. El Padre dará al Paracletos a petición de Jesús; también dio al Hijo (3:16). Enviará al Paracletos; también Jesús fue enviado por Él (3:17). El Paracletos será enviado en el nombre de Jesús; también Jesús vendrá en el nombre del Padre (5:43). "El Paracletos es de muchas maneras para Jesús lo que Jesús es para el Padre". Si el Paracletos es el Espíritu de Verdad, Jesús es la Verdad (14:6). Si es el Espíritu Santo, Jesús es el Santo de Dios (6:69). "Como 'otro paracletos' el Paracletos es, por así decirlo, otro Jesús". Jesús ha estado con los discípulos sólo durante un tiempo muy corto; el Paracletos vendrá para estar con ellos para siempre (14:16).
Es probable que la promesa de Jesús, "no os dejaré huérfanos; vendré a vosotros (14:18), signifique que vendrá a ellos en el Espíritu." Esto quiere decir que la obra de Jesús no se interrumpe con su muerte y glorificación; ni tampoco la comunión que los discípulos han conocido finaliza con su separación de ellos. Tanto su obra como su comunión con los discípulos siguen en la persona del Espíritu. "Habéis oído que os he dicho: voy, y vengo a vosotros. Si me amaráis, os habríais de regocijar porque he dicho que voy al Padre" (14:28). Que haya una venida de Jesús en la venida del Espíritu no quiere decir que su parusía o "segunda venida" al final del siglo no tengan lugar. Algunos comentaristas han llegado a identificar al Cristo glorificado con el Espíritu. Sin embargo, aunque realmente hay una identidad de función, Juan mantiene una dará distinción: el Espíritu no es Jesús; el Espíritu es otro Paracletos. Si hubiera reflexionado sobre ello probablemente habría dicho que Cristo estaba presente en el Espíritu.

En realidad, la expresión que Juan utiliza sugiere que el Paracletos es una personalidad separada, y no el poder divino de acuerdo con el pensamiento del Antiguo Testamento. La palabra que se usa para espíritu, pneuma, es de género neutro gramaticalmente hablando, por lo cual cabría esperar que, según las reglas de concordancia gramatical, los pronombres y adjetivos fueran también neutros (así 14:17, 26; 15:26). La corrección de concordancia gramatical no establece nada ni a favor ni en contra de la personalidad del Espíritu Santo. Pero si los pronombres que tienen a pneuma como antecedente inmediato están en masculino, sólo podemos concluir que hay una referencia a la personalidad del Espíritu. "Más el paracletos; el Espíritu Santo, a quien (ho) el Padre enviará en mi nombre, Él (ekeinos) os enseñará todas las cosas" (14:26). El mismo tipo de lenguaje está en 15:26: "el Espíritu de verdad, el cual (ho) procede del Padre, él (ekeinos) dará testimonio acerca de mí". El lenguaje es todavía más vivo en 16:13: "Cuando venga el Espíritu de verdad, él (ekeinos) os guiará a toda la verdad". En este caso el neutro pneuma se relaciona directamente con el pronombre, pero se utiliza la forma masculina y no la neutra. De acuerdo con esto debemos concluir que el Espíritu es entendido como una personalidad."

La misión del Espíritu para los discípulos

El Espíritu Santo viene para morar en los discípulos de Jesús. En el Antiguo Testamento hay una incuestionable acción interna del Espíritu de Dios en el corazón del pueblo de Dios. Sin embargo, está claro que en el nuevo pacto, la acción del Espíritu da lugar a una dimensión interna nueva. El Espíritu lleva a cabo una acción en los corazones de los redimidos que va más allá de todo lo que se ha experimentado hasta ese momento. "El que cree en mí, como dice la Escritura, de su interior correrán ríos de agua viva. Esto dijo del Espíritu que habían de recibir los que creyesen en él; pues aún no había venido el Espíritu Santo, porque Jesús no había sido aún glorificado" (7:38-39). Debido a esta nueva actividad en el corazón de los seres humanos, éstos pueden comunicar poder vital a otros.

Esta nueva dimensión se contrapone a la actividad del Espíritu en la dispensación anterior. La acción más notable del Espíritu en el Antiguo Testamento es un "ministerio oficial", es decir, el Espíritu dio dones a ciertas personas para que cumplieran oficios concretos en la teocracia, ya que el que ocupaba determinados lugares necesitaba la energía del Espíritu para ejercer su función. El símbolo de esta comunicación oficial del Espíritu era la unción con aceite. El Espíritu dio poder a los jueces (Juan. 3:10; 6:34; 11:29; 13:25; 14:6), dotó de sabiduría y habilidad a los constructores del Tabernáculo (Éxodo. 31:2-4; 35:31) y del Templo de Salomón (1 Reyes 7:14; 2 Crónicas 2:14). Este poder oficial del Espíritu no está asociado con requisitos morales o éticos, porque a veces se daban dones sobrenaturales a un hombre que no era bueno. Balaam, el profeta malo (2 Pedros 2:15; Apocalipsis 2:14), fue en realidad portavoz del Espíritu de Dios (Números 24:2).

Como el Espíritu dotaba a personas para que cumplieran funciones oficiales en la teocracia, cuando alguien no le resultaba útil podía abandonarlo. Por eso el Espíritu salió de Saúl (1 Samuel 16:14), o de Sansón cuando violó el voto (Jueces 14:6 y 16:20). Probablemente, desde este trasfondo deberíamos entender la oración de David para que Dios no le retirara el Espíritu (Salmos 51:11). David pidió que no se le eliminara como instrumento del Espíritu de Dios como les había ocurrido a Sansón y a Saúl.

La nueva actividad del Espíritu implica una morada permanentemente en el pueblo de Dios. Y yo rogaré al Padre, y os dará otro Consolador, para que esté con vosotros para siempre: el Espíritu de verdad, al cual el mundo no puede recibir, porque no le ve, ni le conoce; pero vosotros le conocéis, porque mora con vosotros, y estará en vosotros (14:16-17).

Habrá un nuevo poder permanente que constituirá un privilegio para todo el pueblo de Dios, y no sólo para los líderes oficiales. El Espíritu glorificará a Cristo. Su ministerio es llamar la atención sobre aquél al que representa, revelar a las personas las cosas de Cristo (16:14). Su propósito es dar testimonio de Jesús, el cual ya no estará corporalmente en el mundo (15:26).

Es el Espíritu de verdad (14:17; 16:13), como tal, el que dará testimonio de la verdad y llevará a las personas a una revelación más completa de la verdad redentora. Jesús prometió que el Espíritu dirigiría a sus discípulos a toda verdad (16:13), es decir, a una plena revelación de la mente de Dios en lo que respecta a la redención. Jesús había hablado con autoridad divina. Atribuía la misma autoridad de la Ley a sus enseñanzas. Sin embargo, hay una mayor revelación que todavía debe darse, y que el Espíritu debe dar a los discípulos que completa la verdad. Jesús era consciente de que su instrucción no era completa, porque sus discípulos no estaban capacitados para recibir todo lo que les podía impartir. Antes de la resurrección ellos no entendían el propósito de Dios en la necesidad de la muerte de Su Hijo. Pero después de la muerte y resurrección del Mesías, el Espíritu interpretaría para los discípulos el significado de estas cosas (16:12-13).

Les mostraría las "cosas que habrán de venir" (16:13). Probablemente, esta expresión no se refiere únicamente a eventos proféticos para el fin de los tiempos, sino a sucesos futuros en la experiencia personal de los discípulos: la formación de la Iglesia y el depósito de la verdad que sería dado por medio de los apóstoles y los profetas. Tenemos aquí la revelación plena contenida en los Hechos, cartas y Apocalipsis. Este ministerio del Espíritu incluye tanto el recuerdo de las enseñanzas de Jesús, como la comprensión de nuevos ámbitos de la verdad divina (14:25-26).

El Espíritu dará poder a los creyentes. A primera vista, sorprende que Jesús dijera que los discípulos estarían mejor después de que les hubiera abandonado (16:7). Pero las personas iban a ser capaces de llevar a cabo mayores hazañas por Dios cuando el Espíritu Santo viniera y morara en ellas que cuando Jesús estaba corporalmente con ellas; porque la venida del Espíritu significa la infusión de un nuevo poder divino. A la luz de esto debemos entender el pasaje de que los discípulos de Jesús realizarían obras mayores que las que Él hizo, "porque yo voy al Padre" (14:12).

Estas obras pertenecen, sin duda, al ámbito espiritual y no al físico. Nadie puede realizar una obra superior a la de resucitar a un muerto como Jesús hizo con Lázaro, aunque ya hacía cuatro días que estaba muerto. Las "obras mayores" consisten en transformar vidas gracias a la acción del Espíritu Santo como resultado de la predicación del Evangelio. Este ministerio incluye el perdón de pecados (Jn. 20:22). Jesús, previendo Pentecostés, prometió a sus discípulos la presencia del Espíritu Divino que les capacitaría para dedicarse al ministerio de la predicación del evangelio. Los que acepten su mensaje experimentarán el perdón de pecados; a los que lo rechacen sus pecados les quedarán retenidos. Sólo porque el representante de Cristo está capacitado por el Espíritu Santo puede dedicarse con éxito al ministerio de apartar a las personas del pecado. Merece especial atención el hecho de que Juan no le atribuya nada extático o maravilloso a la venida del Espíritu. Su función primordial es exaltar a Jesús e interpretar su obra de salvación.

La misión del Espíritu para el mundo

Si la función primordial del Espíritu para los creyentes es la de ser maestro e intérprete, para el mundo es la de ser su acusador. "Y cuando él venga, convencerá al mundo de pecado, de justicia y de juicio. De pecado, por cuanto no creen en mí; de justicia, por cuanto voy al Padre, y no me veréis más; y de juicio, por cuanto el príncipe de este mundo ha sido ya juzgado" (16:8-11). Jesús describe aquí cómo el Espíritu Santo obrará en el mundo a través de sus discípulos cuando proclaman la verdad que hay en Jesús. Por sí misma, su palabra es sólo palabra humana; pero vigorizada por el Espíritu, tendrá poder de convencer. Convencerá al mundo de pecado, porque el mayor pecado es el de la incredulidad, la cual envió a Jesús a la cruz. El mundo confía en las buenas obras; pero el Espíritu lo convencerá del mayor de los pecados. Convencerá a las personas de que Jesús fue en realidad el justo, como Dios es justo (17:25). Aunque los judíos le condenaron como blasfemo y Pilato mandó crucificarle acusándole de sedición política, su resurrección y ascensión reivindican su afirmación de que era el Santo de Dios (6:69). "El retorno al Padre es la justicia manifestada en la vida y la muerte de su Hijo". El mundo también será convencido cuando se le presente la proclamación del significado de la cruz y de la resurrección, de que Dios no pasa por alto el pecado, y de que éste no tendrá la última palabra. La muerte de Cristo, de hecho, significa la derrota del príncipe de este mundo y proporciona la seguridad de que habrá un día de juicio cuando serán juzgados no sólo el príncipe de este mundo sino el mundo mismo.

EL ESPÍRITU SANTO: Su Naturaleza.

Las palabras ruach y pneuma se emplean en sentidos diferentes, tanto literal como figuradamente en las Sagradas Escrituras. Su sentido propio es viento, como cuando nuestro Señor dice: «El pneuma sopla donde quiere»; luego se usa de cualquier poder invisible; luego de agentes inmateriales e invisibles, como el alma y los ángeles; luego del mismo Dios, que se dice que es Espíritu, para expresar su naturaleza como la de un ser inmaterial e inteligente; y, finalmente, la Tercera Persona de la Trinidad se llama «el Espíritu» por vía de eminencia, probablemente, por dos razones: Primero, porque Él es el poder o eficiencia de Dios, esto es, la persona por medio de quien se ejerce directamente la eficiencia de Dios; y segundo, para expresar su relación con las otras personas de la Trinidad. Así como Padre e Hijo son términos que expresan relación, es natural la inferencia de que la palabra Espíritu debe ser entendida de la misma manera. El Hijo es llamado la Palabra, como el revelador o imagen de Dios, Jesús la Tercera Persona es llamada Espíritu como su aliento o poder. Él es también llamado predominantemente el Espíritu Santo para indicar tanto su naturaleza como sus operaciones. Él es absolutamente santo en su propia naturaleza, y la causa de la santidad en todas las criaturas. Por la misma razón es llamado también el Espíritu de Verdad, el Espíritu de Sabiduría, de Paz, de Amor y de Gloria.

A. Su Personalidad.

Los dos puntos a considerar con referencia a esta cuestión son, primero la naturaleza, y segundo el oficio u obra del Espíritu Santo. Con respecto a su naturaleza, ¿es Él una persona o un mero poder? Y si es una persona, ¿es Él creado o divino, finito o infinito? La personalidad del Espíritu ha sido la fe de la Iglesia desde el principio. Tuvo pocos oponentes incluso en el período caótico de la teología, y en los tiempos modernos no ha sido negada por nadie más que por los Socinianos, Arríanos y Sabelianos. Antes de considerar la prueba directa de la doctrina de la Iglesia de que el Espíritu Santo es una persona, será bueno observar que los términos «El Espíritu», «El Espíritu de Dios», «El Espíritu Santo», y, cuando Dios habla, «Mi Espíritu», o, cuando se habla de Dios, «Su Espíritu», aparecen en todas partes de las Escrituras, de Génesis a Apocalipsis. Estos y otros términos equivalentes han de ser comprendidos, evidentemente, en el mismo sentido a través de las Escrituras. Si el Espíritu de Dios que se movía sobre la faz de las aguas, que contendió con los antediluvianos, que vino sobre Moisés, que dio capacidad a artesanos, y que inspiró a profetas, es el poder de Dios, entonces el Espíritu que vino sobre los Apóstoles, que Cristo prometió enviar como consolador y abogado, y a quien se atribuyen la instrucción, santificación y conducción del pueblo de Dios, tiene que ser también el poder de Dios. Pero si el Espíritu es claramente revelado como una persona en las posteriores secciones de la Escritura, es evidente que las secciones anteriores tienen que ser comprendidas en el mismo sentido. No se debe tomar una parte de la Biblia por sí misma, y mucho menos uno o unos pocos pasajes, para darles una interpretación que aquellas palabras puedan recibir aisladamente, sino que la Escritura tiene que interpretar a la Escritura. Otra observación evidente acerca de este tema es que el Espíritu de Dios es igualmente prominente en todos los pasajes de la Palabra de Dios. Su intervención no aparece en ocasiones aisladas, como la aparición de ángeles, o las teofanías, de que se hace mención aquí y allá en el volumen sagrado; sino que es descrito como presente en todas partes; y operando en todas partes. Igual podríamos borrar de la Biblia el nombre y la doctrina de Dios que el nombre y el oficio del Espíritu. Sólo en el Nuevo Testamento es mencionado cerca de trescientas veces. Pero no es meramente la frecuencia con la que se menciona el Espíritu, ni la prominencia dada a su persona y obra, lo que hace que la doctrina del Espíritu Santo sea absolutamente fundamental, sino las múltiples e interesantes relaciones en las que Él es descrito como teniendo con el pueblo de Dios, la importancia y el número de sus dones, y la absoluta dependencia del creyente y de la Iglesia en Él para la vida espiritual y eterna.

La obra del Espíritu en la aplicación de la redención de Cristo es descrita como tan esencial como la misma redención. Por ello, es indispensable que sepamos qué es lo que la Biblia enseña acerca del Espíritu Santo, tanto en cuanto a su naturaleza como en cuanto a su oficio.

Prueba de Su Personalidad

Las Escrituras enseñan claramente que Él es una persona. La personalidad incluye la inteligencia, la voluntad y la subsistencia individual. Por ello, si se demuestra que todo esto se atribuye al Espíritu, queda con ello demostrado que Él es una persona. No será necesario ni aconsejable separar las pruebas de estos varios puntos citando pasajes que le adscriban inteligencia, luego otros que le atribuyan voluntad, y después otros que demuestren su subsistencia individual, porque todos estos se incluyen frecuentemente en uno Y el mismo pasaje; y los argumentos que demuestran lo uno demuestran en muchos casos los otros.

1. El primer argumento para la personalidad del Espíritu Santo se deriva del uso de los pronombres personales en relación con Él. Una persona es aquello que, al hablar, dice Yo; cuando se le dirigen se le dice Tú; y cuando se hace referencia, se dice Él. Desde luego, se admite que existe la figura retórica de la personificación; que se pueden introducir seres inanimados o irracionales, o sentimientos o atributos, como hablando, o a los que uno se dirija como personas. Pero esto no crea dificultades. Los casos de personificación son de tal tipo que no admiten dudas, excepto en raras ocasiones. El hecho de que los hombres a veces apostrofen a los cielos o a los elementos no da pretexto para explicar cómo personificación a todos los pasajes en los que Dios o Cristo son introducidos personalmente. Lo mismo con respecto al Espíritu Santo. Él es introducido tan a menudo como persona, no meramente en un discurso poético o exaltado, sino en simple narrativa y en instrucciones didácticas, y su personalidad está sustentada por tantas pruebas colaterales, que explicar el uso de los pronombres personales en relación con Él en base del principio de la personificación sería violentar todas las normas de interpretación. Así es en Hechos 13:2: «Dijo el Espíritu Santo: Apartadme a Bernabé y a Saulo para la obra a que los he llamado».

Nuestro Señor dice (Juan 15:26): «Cuando venga el Consolador (ho parakletos), a quien yo enviaré del Padre, el Espíritu de verdad (to pneumates aletheias), el cual (ho) procede del Padre, él (ekeinos) dará testimonio acerca de mí». El uso del pronombre masculino él, en lugar del pronombre neutro griego, muestra que el Espíritu es una persona. Desde luego, se puede decir que parakletos es masculino, y que por ello el pronombre que se refiere a él tiene que tener el mismo género. Pero como están interpuestas las palabras to pneuma, a las que se refiere el neutro el siguiente pronombre estaría de natural en género neutro, si el sujeto a que se hiciera referencia, el pneuma, no fuera una persona. En el siguiente capítulo (Juan 16:13, 14) no hay base para tal objeción. Allí se dice: «Pero cuando venga él (ekeinos), el Espíritu de verdad, él os guiará a toda la verdad; porque no hablará por su propia cuenta, sino que hablará todo cuanto oiga, y os hará saber las cosas que habrán de venir. Él me glorificará (ekeinos eme doxasei); porque tomará de lo mío, y os lo hará saber». Aquí no hay posibilidad de dar cuenta del uso del pronombre personal (ekeinos) sobre ninguna otra base que la de la personalidad del Espíritu.

2. Tenemos unas relaciones con el Espíritu Santo que sólo podemos tener con una persona. Él es el objeto de nuestra fe. Creemos en el Espíritu Santo Esta fe la profesamos en el bautismo. Somos bautizados no sólo en ei nombre del Padre y del Hijo, sino también del Espíritu Santo. La misma asociación del Espíritu en tal conexión, con el Padre y el Hijo, por cuanto se admite que ellos son personas distintas, demuestra que el Espíritu es también una persona. Además del uso de la palabra eis to onoma, al nombre, no admite otra explicación. Por el bautismo profesamos reconocer al Espíritu como reconocemos al Padre y al Hijo, y nos ligamos al uno así como a los otros. Si cuando el Apóstol les dice a los Corintios que ellos no fueron bautizados *eis to onoma Paulou*, y cuando les dice que los hebreos fueron bautizados en Moisés, significa que los Corintios no fueron hechos los discípulos de Pablo, mientras que los judíos sí lo fueron de Moisés; entonces cuando somos bautizados al nombre del Espíritu, el significado es que en el bautismo profesamos ser sus discípulos; nos vinculamos a recibir sus instrucciones y a sometemos a su control. Tenemos la misma relación con Él que con el Padre y con el Hijo; reconocemos que Él es una persona de manera tan distintiva como reconocemos la personalidad del Hijo, o del Padre. Los cristianos no sólo profesan creer en el Espíritu Santo, sino que son también los receptores de sus dones. Él es para ellos un objeto de oración. En la bendición apostólica se impetran solemnemente la gracia de Cristo, el amor del Padre, y la comunicación del Espíritu Santo. Oramos al Espíritu para la comunicación de Él mismo a nosotros, para que Él, conforme a la promesa del Señor, more en nosotros, así como oramos a Cristo que podamos ser los objetos de su inmerecido amor. Por ello, se nos exhorta a no «pecar contra», a «no resistir», ni a «contristar» al Espíritu Santo. Él es descrito, así, como una persona que puede ser objeto de nuestras acciones; a quien podemos agradar u ofender; con quien podemos tener comunión, esto es, relación personal; que puede amar y ser amado; que puede decimos «tú» a nosotros; y a quien podemos invocar en todo momento de necesidad.

3. El Espíritu también sostiene relaciones con nosotros, y lleva a cabo operaciones que nadie sino una persona puede sostener o llevar a cabo. Él es nuestro maestro, santificador, consolador y guía. Él gobierna a cada creyente que es conducido por el Espíritu, y a toda la Iglesia. Él nos llama como llamó a Bernabé y a Saulo, a la obra del ministerio, o a algún campo de trabajo especial. Los pastores u obispos son hechos supervisores por el Espíritu Santo.

4. En el ejercicio de ésta y otras funciones, de continuo en la Biblia se le atribuyen actos personales al Espíritu; esto es, actos tales que implican inteligencia, voluntad y actividad o poder. El Espíritu escudriña, selecciona, vela y reprueba. A menudo leemos que «El Espíritu dijo» (Hechos 13:2; 21: 11.) Esto se hace de manera tan constante que el Espíritu parece como un agente personal de comienzo a fin de las Escrituras, de manera que su personalidad que a más allá fuera de toda duda. La única posible cuestión a dilucidar es si Él es una persona distinta del Padre, pero tampoco se puede dudar razonablemente de esto, por cuanto se dice que Él es el Espíritu de Dios y el Espíritu que es de Dios (ek theou); como es también distinguido del Padre en las fórmulas del bautismo y de la bendición; por cuanto procede del Padre; y por cuanto Él es prometido, enviado

y dado por el Padre. De manera que confundir al Espíritu Santo con Dios haría que las Escrituras fueran ininteligibles.

5. Todos los elementos de la personalidad, o sea, la inteligencia, la voluntad y la subsistencia individual, no sólo están involucrados en todo lo que así se revela acerca dela relación que el Espíritu tiene con nosotros y con la que sostenemos con Él, sino que le son atribuidas de manera distintiva a Él. Del Espíritu se dice que conoce, que quiere, y que actúa. Él escudriña, o conoce todas las cosas, incluso lo profundo de Dios. Nadie conoce las cosas de Dios sino el Espíritu de Dios (1 Corintios 2:10,12). Él distribuye «repartiendo a cada uno en particular, según su voluntad» (1 Corintios 12:11). Su subsistencia individual está involucrada en que es un agente, y en que es el objeto en el que incide la actividad de otros. Si Él puede, ser amado, reverenciado y obedecido, u ofendido, y se puede pecar contra Él, tiene que ser una persona.

Las manifestaciones personales del Espíritu, cuando Él descendió sobre Cristo después de su bautismo, y sobre los Apóstoles en el día de Pentecostés, involucran necesariamente su subsistencia personal. No era ningún atributo de Dios, ni su mera eficiencia, sino el mismo Dios el que se manifestó en la zarza ardiente, en el fuego y en las nubes en el Monte Sinaí, en la columna que condujo a los israelitas por el desierto, y en la gloria que moraba en el Tabernáculo y en el Templo.

7. El pueblo de Dios siempre ha considerado al Espíritu Santo como persona. Han esperado en Él para recibir instrucción, santificación, dirección y consolación. Esto forma parte de su religión. El cristianismo (considerado subjetivamente) no sería lo que es sin este sentimiento de dependencia del Espíritu y este amor y reverencia por su persona [...].

B. La Deidad del Espíritu Santo.

Acerca de esta cuestión ha habido poca disputa en la Iglesia. El Espíritu es presentado en la Biblia de manera tan prominente como poseedor de atributos divinos y ejerciendo prerrogativas divinas, que desde el siglo cuarto su verdadera divinidad nunca ha sido negada por los que admiten su personalidad.

1. En el Antiguo Testamento, todo lo que se dice de Jehová se dice del Espíritu de Jehová; y por ello, si este último no es una mera perífrasis de lo primero, tiene necesariamente que ser divino. Las expresiones Jehová dijo y el Espíritu dijo, son constantemente intercambiables; y de los actos del Espíritu se dice que son los actos de Dios.

2. En el Nuevo Testamento, el lenguaje de Jehová es citado como el lenguaje del Espíritu. En Isaías 6:9 está escrito: Jehová dijo, «Anda, y di a este pueblo», etc. Este pasaje es citado de la siguiente manera por Pablo en Hechos 28:25 «Bien habló el Espíritu Santo por medio del profeta Isaías», etc. En Jeremías 31:31,33, 34, se dice: «He aquí que vienen días, dice Jehová, en los cuales haré nuevo pacto con la casa de Israel»; lo cual es citado por el Apóstol en Hebreos 10:15, diciendo: «Nos da testimonio también el Espíritu Santo, porque después de haber dicho: Este es el pacto que haré con ellos después de aquellos días, dice el Señor: Pondré mis leyes en sus corazones», etc. Así es como constantemente el lenguaje de Dios es citado como el lenguaje del Espíritu Santo. Los profetas eran los mensajeros de Dios; ellos pronunciaban sus palabras, entregaban sus mandamientos, pronunciaban sus amenazas, y anunciaban sus promesas, porque hablaban impelidos por el Espíritu Santo. Eran los órganos de Dios, porque eran órganos del Espíritu. Por ello, el Espíritu tiene que ser Dios.

3. En el Nuevo Testamento se prosigue con el mismo modo descriptivo. Los creyentes son el

templo de Dios, porque el Espíritu mora en ellos. Efesios 2:22 «Vosotros sois juntamente edificados para morada de Dios en el Espíritu». 1 Corintios 6:19: «¿O no sabéis que vuestro cuerpo es santuario del Espíritu Santo, el cual está en vosotros, el cual tenéis de Dios?» En Romanos 8:9-10, se dice que la residencia de Cristo es la residencia del Espíritu de Cristo, y de esto se dice que es la residencia del Espíritu de Dios. En Hechos 5: 1-4 se dice de Ananías que había mentido a Dios, por cuanto había mentido al Espíritu Santo.

4. Nuestro Señor y sus Apóstoles hablan constantemente del Espíritu Santo como poseedor de todas las perfecciones divinas. Cristo dice: «Todo pecado y blasfemia será perdonado a los hombres; más la blasfemia contra el Espíritu no les será perdonada» (Mateo 12:31). Así, el pecado imperdonable es hablar contra el Espíritu Santo. Esto no podría ser excepto si el Espíritu Santo es Dios. El Apóstol dice en 1 Corintios 2: 10-11, que el Espíritu lo conoce todo, incluso lo profundo (los más secretos propósitos) de Dios. Este conocimiento es conmensurado con el conocimiento de Dios él conoce las cosas de Dios como el espíritu de un hombre conoce las cosas de un hombre.

La consciencia de Dios es la consciencia del Espíritu. El Salmista nos enseña que el Espíritu es omnipresente y en todas partes eficiente. «¿Adónde me iré lejos de tu Espíritu? ¿Y adónde huiré de tu presencia?», pregunta él (Salmos 9:7). La presencia del Espíritu es la presencia de Dios. La misma idea la expresa el profeta cuando dice: ¿Se ocultará alguno, dice Jehová, en escondrijos que yo no lo vea? ¿No lleno yo, dice Jehová, el cielo y la tierra?

5. Las obras del Espíritu son las obras de Dios. Él hizo el mundo (Génesis 1:2). Él regenera el alma: nacer del Espíritu es nacer de Dios. Él es la fuente de todo conocimiento; el dador de la inspiración; el maestro, el guía, el santificador y el consolador de la Iglesia en todas las edades. Él da forma a nuestros cuerpos; Él formó el cuerpo de Cristo, como morada apropiada para la plenitud de la Deidad. Y Él vivificará nuestros cuerpos mortales (Romanos 8: 11).

6. Él es por tanto presentado en las Escrituras como el objeto apropiado de adoración, no sólo en la fórmula del bautismo y en la bendición apostólica, que trae la doctrina de la Trinidad al constante recuerdo como la verdad fundamental de nuestra religión, sino también en la constante demanda de que esperemos en Él y que dependamos de Él para todo bien espiritual, y que le reverenciemos y obedezcamos como nuestro maestro y santificador divino.

La relación del Espíritu con el Padre y el Hijo.
La relación del Espíritu con las otras personas de la Trinidad ya ha sido enunciada anteriormente. (1) Es el mismo en sustancia e igual en poder y gloria. (2) Es subordinado al Padre y al Hijo, en cuanto a su modo de subsistencia y operación, tal como se dice que es del Padre y del Hijo; es enviado por ellos, y ellos operan por medio de Él. (3) Tiene la misma relación con el Padre y con el Hijo; por cuanto se dice que es del uno así romo del otro, y Él es dado por el Hijo así como por el Padre. (4) Su relación eterna con las otras personas de la Trinidad es indicada por la palabra Espíritu, y por la mención de que él es *ek toi theou*, procedente de Dios, esto es, Dios es la fuente de la que se dice que procede el Espíritu.

2. El oficio del Espíritu Santo

A. En la naturaleza.
La doctrina general de las Escrituras acerca de esto es que el Espíritu es el agente ejecutivo de la

Deidad. Todo lo que Dios lo hace, lo hace por el espíritu. Por ello que en el credo de Constantinopla, adoptado, por la Iglesia universal, se dice que es *to Pneuma, to kurion, to zoopoion*. Él es la fuente inmediata de toda vida. Incluso en el mundo externo el Espíritu está en todas partes presente y en todas partes activo. La materia no es inteligente. Tiene sus propiedades peculiares, que actúan ciegamente en base de leyes establecidas. Así, la inteligencia que se hace patente en estructuras vegetales y animales no debe ser atribuida a la materia, sino al omnipresente Espíritu de Dios. Fue Él quien se movió sobre las aguas, y redujo el caos a orden. Fue Él quien adorno los cielos. Es Él quien hace crecer la hierba. Dice el Salmista de todas las criaturas vivientes: «Escondes tu rostro, y se espantan; les retiras el aliento, dejan de existir, y vuelven al polvo. Envías tu soplo, y son creados y renuevas la faz de la tierra» (Sal 104:29-30). Comparar Isaías 32:14-15. Job hablando de su vida dice: «El Espíritu de Dios me hizo» (Job 33:4) y el Salmista, tras describir la omnipresencia del Espíritu de Dios, atribuye a su acción el maravilloso mecanismo del cuerpo humano: «Formidables prodigiosas son tus obras, No fueron encubiertos de ti mis huesos, aun cuando en oculto fui formado, y entretejido en lo más profundo de la tierra. Mi embrión lo veían tus ojos, mis días estaban previstos, escritos todos en tu libro, sin faltar uno» (Salmos 139: 14-16)

El Espíritu, la fuente de toda vida intelectual

El Espíritu es también representado como la fuente de toda vida intelectual. Cuando el hombre fue creado se dice que Dios «soplo en su nariz aliento de vida, y fue el hombre un ser viviente» (Génesis 2:7). Job 32:8 dice que la inspiración del Omnipotente le hace que entienda, esto es, le da una naturaleza racional, lo que es explica diciendo: «Que nos enseña más que a las bestias de la tierra, y nos hace más sabios que a las aves del cielo» (Job 35: 11). Las Escrituras asimismo le adscriben de una manera especial a Él todos los dones especiales o extraordinarios. Así se dice de Beezaleel: «Mira, yo he llamado por nombre a Bezaleel hijo de Urí, hijo de Hur, de la tribu de Judá; y lo he llenado del Espíritu de Dios, en sabiduría y en inteligencia, en ciencia y en todo arte, para inventar diseños, para trabajar en oro, en plata y en bronce» (Éxodo 31:2-4). Por su Espíritu Dios le dio a Moisés la sabiduría necesaria para sus altos deberes, y cuando se le mandó que pusiera parte de su carga sobre los setenta ancianos, se dijo: «Tomaré del espíritu que está en ti, y pondré en ellos» (Números 11: 17). Josué fue designado para suceder a Moisés, porque el Espíritu estaba en él (Números 27: 18). De manera semejante, los Jueces que eran suscitados ocasionalmente, cuando surgía una emergencia, eran dotados por el Espíritu para su peculiar obra, fuera como gobernantes, fuera como guerreros. De Otoniel se dice que «el Espíritu de Jehová vino sobre él, y juzgó a Israel, y salió a la guerra» (Jue 3: 10). Del mismo modo se dice que el Espíritu de Dios vino sobre Gedeón, y sobre Jefté y Sansón. Cuando Saúl ofendió a Dios, se dice que el Espíritu de Dios se apartó de él (1 Samuel 16:14). Cuando Samuel ungió a David, «desde aquel día en adelante el Espíritu de Jehová vino sobre David» (1 Samuel 16:13). De la misma manera, bajo la nueva dispensación el Espíritu es presentado no sólo como el autor de dones milagrosos, sino también como el dador de las cualificaciones para enseñar y regir en la Iglesia. Todas estas operaciones son independientes de las influencias santificadoras del Espíritu. Cuando el Espíritu vino sobre Sansón o sobre Saúl, no fue para hacerlos santos, sino para dotarlos con un poder físico e intelectual extraordinario; y cuando se dice que Él se apartó de ellos, significa que aquellos extraordinarios dones les fueron retirados.

B. El oficio del Espíritu en la obra de la redención. Con respecto al oficio del Espíritu en la obra de la redención, las Escrituras enseñan:

1. Que él formó el cuerpo y dotó el alma humana de Cristo con todas las cualificaciones para su obra. A la Virgen María le fue dicho: «El Espíritu Santo vendrá sobre ti, y el poder del Altísimo te cubrirá con su sombra; por lo cual también lo santo que va a nacer será llamado Hijo de Dios» (Lucas 1:35).

El profeta Isaías predijo que el Mesías sería dotado plenamente de todos los dones espirituales. «He aquí mi siervo, yo le sostendré; mi escogido, en quien mi alma tiene contentamiento; he puesto sobre él mi Espíritu; él dictará justicia a las naciones» (Isaías 42:1). «Saldrá una vara del tronco de Isaí, y un retoño brotará de sus raíces. Y reposará sobre él el Espíritu de Jehová; espíritu de sabiduría y de inteligencia, espíritu de consejo y de poder, espíritu de conocimiento y de temor de Jehová» (Isaías 11: 1-2). Cuando nuestro Señor apareció en la tierra, se dice que el Espíritu le fue dado sin medida (Juan 3:34). «Entonces dio Juan testimonio, diciendo: Vi al Espíritu que descendía del cielo como una paloma, y permaneció sobre él» (Juan 1:32). Por ello, de él se dice que fue lleno del Espíritu Santo.

2. Que el Espíritu es el revelador de toda verdad divina. Las doctrinas de la Biblia son llamadas las cosas del Espíritu. Con respecto a los escritores del Antiguo Testamento, se dice que hablaron impelidos por el Espíritu Santo. El lenguaje de Miqueas es aplicable a los profetas: «Más yo estoy lleno del poder del Espíritu de Jehová, y de juicio y de fuerza, para denunciar a Jacob su rebelión, y a Israel su pecado» (Mi 3:8). Lo que David dijo se afirma que fue el Espíritu Santo quien lo dijo. Los escritores del Nuevo Testamento fueron de manera semejante los órganos del Espíritu. Las doctrinas que Pablo enseñaba no las recibió de los hombres, «pero Dios» dice él, «nos las reveló a nosotros por medio del Espíritu» (1 Corintios 2: 10). El Espíritu condujo también la enunciación de estas verdades, porque, añade, «lo cual también hablamos, no con palabras enseñadas por sabiduría humana, sino con las que enseña el Espíritu, acomodando lo espiritual a lo espiritual» (*pneumatikois pneumatika sunkrinontes*). Por ello, toda la Biblia debe ser atribuida al Espíritu como su autor.

3. El Espíritu no sólo revela así la verdad divina, habiendo conducido infaliblemente a hombres santos en la antigüedad en su redacción, sino que Él en todo lugar la acompaña con su poder. Toda verdad es aplicada sobre el corazón y la conciencia con mayor o menor poder por el Espíritu Santo siempre que esta verdad es conocida. Es a esta influencia omnipresente que debemos lo que haya de moralidad y de orden en el mundo. Pero aparte de esta influencia general, que es generalmente llamada gracia común, el Espíritu ilumina de manera especial las mentes de los hijos de Dios, para que puedan conocer las cosas que les son libremente dadas (o reveladas a ellos) por Dios. El hombre natural no las recibe, ni puede conocerlas, porque se deben discernir espiritualmente. Por ello, todos los creyentes son llamados espirituales (pneumatikoi), porque son así iluminados y conducidos por el Espíritu.

4. Es este oficio especial del Espíritu el de convencer al mundo de pecado; de revelar a Cristo, de regenerar el alma, de conducir a hombres al ejercicio de la fe y del arrepentimiento; de morar en aquellos a los que así renueva, como un principio de una vida nueva y divina. Por esta morada del Espíritu los creyentes son unidos a Cristo, y unos con otros, de manera que constituyen un cuerpo. Este es el fundamento de la comunión de los santos, haciendo de ellos uno en fe, uno en amor, uno en su vida interior, y uno en sus esperanzas y destino final.

5. El Espíritu llama también a los hombres al ministerio en la Iglesia, y los dota de las necesarias cualidades para el ejercicio eficaz de sus funciones. El oficio de la Iglesia, en este asunto, es sen-

Guiado por el Espíritu Santo

cillamente el de determinar y verificar el llamamiento del Espíritu. Así, el Espíritu Santo es el autor inmediato de toda verdad, de toda santidad, de toda consolación, de toda autoridad, y de toda eficiencia en los hijos de Dios individualmente, y en la Iglesia colectivamente.

3. Historia de la doctrina acerca del Espíritu Santo.

Durante el período Niceno, la Iglesia creía acerca del Espíritu Santo lo que estaba revelado en la superficie de las Escrituras y lo que estaba involucrado en la experiencia religiosa de todos los cristianos. Para ellos hay un Dios, el Padre, cuyo favor habían perdido debido al pecado, y con quien deben reconciliarse; un Señor Jesucristo, el unigénito Hijo de Dios, por medio de quien se lleva a cabo la reconciliación; y un Santo Espíritu, por quien ellos son hechos cercanos a Dios, por medio de Cristo. Esto lo creían todos los cristianos, tal como lo profesaban en su bautismo, y en la repetición y recepción de la bendición apostólica. Con esta sencilla fe subyaciendo y sustentando la vida de la Iglesia coexistía entre los teólogos una gran oscuridad, indefinición e inconsistencia argumental, especialmente con referencia a la naturaleza y al oficio del Espíritu Santo. Esto no debiera sorprendernos, porque en las mismas Escrituras frecuentemente se adscribe la misma obra a Dios y al Espíritu de Dios, lo que llevó en ocasiones a suponer que estos términos expresaban una y la misma cosa; como el espíritu del hombre es el hombre mismo. También en las Escrituras los términos Palabra y Soplo (o Espíritu) son a menudo intercambiables; y lo que se dice en un lugar que fue hecho por la Palabra, se dice en otro que es hecho por el Espíritu.

El Logos es presentado como la vida del mundo y la fuente de todo conocimiento, y sin embargo se dice lo mismo del Espíritu. Pablo declara en un lugar (Gálatas 1:12) que él recibió las doctrinas que enseñaba por revelación de Jesucristo; en otro lugar (1 Corintios 2: 10), que le fueron enseñadas por el Espíritu. Confundidos por ello, algunos de los padres identificaron al Hijo y al Espíritu. Incluso Tertuliano dice en un pasaje que el Espíritu es del Hijo, como el Hijo es del Padre (siendo la diferencia entre generación y procesión perfectamente inescrutable), todos los arrianos y semi arrianos, que enseñaban que el Hijo había sido creado por el Padre, mantenían que el Espíritu había sido creado por el Hijo. Esto suscitó tanta controversia y agitación que fueron convocados primero el Concilio de Nicea, el 325 d.C., y luego el de Constantinopla, el 381 d.C., para emitir una declaración satisfactoria de la doctrina escritural acerca de esta cuestión. En el llamado Credo de los Apóstoles, (el más antiguo, tanto que Rufino y Ambrosio lo atribuían a los apóstoles mismos), dice simplemente: «Creo en el Espíritu Santo». Las mismas palabras sin adiciones se repiten en el Credo Niceno, pero en el Credo de Constantinopla se añade: «Creo en el Espíritu Santo, el divino (to kurion), el dador de la vida, que procede del Padre, que debe ser adorado y glorificado con el Padre y el Hijo, y que habló por medio de los profetas». En el llamado Credo de Atanasiano se dice que el Espíritu es consustancial con el Padre y el Hijo; que es increado, eterno y omnipotente, igual en majestad y gloria, y que procede del Padre y del Hijo. Estos credos son católicos, adoptados por toda la Iglesia. Desde que fueron adoptados no ha habido diversidad de fe en esta cuestión entre los reconocidos como cristianos.

La obra del Espíritu Santo

Tras estudiar esta sección, el estudiante deberá ser capaz de:
- Examinar la obra del Espíritu Santo en el Antiguo Testamento.
- Describir la obra del Espíritu Santo en la vida y el ministerio de Jesús.

Guiado por el Espíritu Santo

- Mostrar cómo la obra del Espíritu Santo afecta a la vida del creyente desde el principio de la vida cristiana y a lo largo de toda ella.
- Evaluar el fenómeno de los dones milagrosos hoy en día.
- Sacar varias conclusiones sobre la importancia de la obra del Espíritu Santo en nuestros días.

Resumen de la sección

Aunque ha habido cierta controversia sobre la obra del Espíritu Santo en el Antiguo Testamento es evidente que el Espíritu estuvo obrando a lo largo de toda la época del Antiguo Testamento. Fue particularmente destacado en la vida y el ministerio de Jesús. Continúa obrando en la vida de las personas a las que Dios llama al arrepentimiento y a la fe. Guía al creyente desde el nacimiento espiritual hacia la madurez. Con los cambios de actitud hacia los dones del Espíritu que se han producido en los últimos años, los dones milagrosos han asumido un papel significativo en algunos círculos. Se deberían hacer algunas valoraciones sobre la manera de considerar estos dones.

Cuestiones de estudio

1. Haga un seguimiento de la obra del Espíritu Santo en el Antiguo Testamento. ¿Qué se aprende del Espíritu durante esta etapa?
2. ¿Cómo ministró el Espíritu Santo en la vida de Jesús? ¿Qué se puede aprender de su obra?
3. ¿Cómo obra el Espíritu Santo en la vida del creyente cristiano? Medite en la experiencia del nuevo nacimiento y el crecimiento hacia la madurez.
4. ¿Qué propósito tiene que los dones fueran otorgados a la iglesia?
5. Cuando piensa en los dones milagrosos del Espíritu, ¿qué papel cree que deberían tener los dones en la vida del creyente y de la iglesia? Defienda su posición.
6. Según su estudio, ¿cómo resumiría lo que sabe sobre el Espíritu?

La obra del Espíritu Santo es de especial interés para los cristianos porque es especialmente a través de su obra que Dios se implica personalmente en la vida del creyente. Es más, en el pasado reciente esta faceta de la doctrina ha estado sujeta a la controversia más grande en lo concerniente al Espíritu Santo. Aunque esta controversia se centra en algunos de sus dones especiales más espectaculares, esa es una base demasiado estrecha sobre la que elaborar nuestra discusión en esta sección. La obra del Espíritu es una materia amplia que alcanza una variedad de áreas. Los temas controvertidos deben verse sobre el telón de fondo de la actividad más general del Espíritu.

La obra del Espíritu Santo en el Antiguo Testamento

A menudo resulta difícil identificar al Espíritu Santo en el Antiguo Testamento, porque refleja las primeras etapas de la revelación progresiva. De hecho, el término, Espíritu Santo rara vez se utiliza aquí. En su lugar, la expresión que se suele utilizar es "el Espíritu de Dios". El hebreo es una lengua concreta con relativamente pocos adjetivos. Cuando en español se usa un nombre y un adjetivo, el hebreo tiende a utilizar dos nombres, uno de ellos en función de genitivo. Por ejemplo, cuando en español se habla de un "hombre recto", en hebreo normalmente encontraríamos "un hombre de rectitud". De forma similar, la mayoría de las referencias en el Antiguo Testamento a la Tercera Persona de la Trinidad están formadas por dos nombres *Espíritu* y *Dios*. No parece claro según esto que haya una tercera persona implicada. La expresión "Espíritu de Dios" se podría entender perfectamente como una simple referencia a la voluntad, a la mente o a la actividad de Dios. Sin embargo, hay algunos casos en los que el Nuevo Testamento deja claro que una referencia en el Antiguo Testamento al "Espíritu de Dios" es una referencia al Espíritu Santo. Uno de los pasajes del Nuevo Testamento más destacados es Hechos 2:16-21, donde Pedro explica que lo que está ocurriendo en Pentecostés es el cumplimiento de lo dicho por el profeta Joel: "Derramaré mi Espíritu sobre toda carne" (2:17). Sin duda, los sucesos de Pentecostés eran la realización de la promesa de Jesús: "pero recibiréis poder cuando haya venido sobre vosotros el Espíritu Santo" (Hechos 1:8). En resumen, el "Espíritu de Dios" del Antiguo Testamento es sinónimo del Espíritu Santo.

Hay varias áreas principales en la obra del Espíritu Santo en los tiempos del Antiguo Testamento. Primero está la creación. Encontramos referencias a la presencia y actividad del Espíritu de Dios en el relato de la creación: "La tierra estaba desordenada y vacía, las tinieblas estaban sobre la faz del abismo y el espíritu de Dios se movía sobre la faz de las aguas" (Génesis 1:2). El trabajo continuado de Dios en la creación se atribuye al Espíritu. Job escribe: "Su espíritu adorna los cielos; su mano traspasó a la serpiente tortuosa" (26:13). Isaías esperaba, al futuro derramamiento del Espíritu que traería consigo una gran productividad en la creación: habrá desolación "hasta que sobre nosotros sea derramado el espíritu de lo alto. Entonces el desierto se convertirá en campo fértil y será como un bosque" (Isaías. 31: 15).

Otro área general de la obra del Espíritu es la de dar profecía e inspira las Escrituras. Los profetas del Antiguo Testamento testificaron que lo que escribían era porqué el Espíritu venía a ellos. Ezequiel ofrece ejemplo más claro: "Después de hablarme, entro el espíritu en mí y me afirmo sobre mis pies, y oí al que me hablaba" (2: 2; 8:3; 11:1, 24). El Espíritu incluso entró en personas tan inesperadas como Balaam (Números 24:2). Como signo de que Saúl era el ungido por Dios, el Espíritu vino poderosamente a él y profetizó (1 Samuel 10:6, 10). Pedro confirmó el testimonio de los profetas referente a esta experiencia: "porque nunca la profecía fue traída por voluntad humana, sino que los santos hombres de Dios hablaron siendo inspirados por el Espíritu Santo" (2 Pedro 1:21). Además, el libro de los Hechos da testimonio de que el Espíritu habló por boca de David (Hechos 1:16; 4:25). Como el Espíritu Santo produjo las Escrituras, podemos referimos a ellas como "inspiradas por Dios" *(theopneustos* - 2 Timoteo 3:16).

Otra obra más del Espíritu de Dios en el Antiguo Testamento era la de dotar de ciertas habilidades necesarias para distintas tareas. Por ejemplo, leemos que al escoger a Bezaleel para que construyese y amueblase el tabernáculo, Dios señaló: "Y lo he llenado del espíritu de Dios, en sabiduría y en inteligencia, en ciencia y en todo arte, para inventar diseños, para trabajar en oro, en plata y en bronce, para labrar piedras y engastarlas, tallar madera y trabajar en toda clase de labor" (Éxodo 31:3-5). No queda claro si Bezaleel tenía anteriormente todas esas habilidades o si le fueron concedidas de repente para que realizara esta tarea en particular. Tampoco queda claro si siguió poseyéndolas después. Cuando Zorobabel reconstruyó el templo después del cautiverio en Babilonia, también hubo una dotación similar: "No con ejército, ni con fuerza, sino con mi espíritu, ha dicho Jehová de los ejércitos" (Zacarías. 4:6).

La administración también parece ser un don del Espíritu. Incluso el faraón reconoció la presencia del Espíritu en José: "y dijo el faraón a sus siervos: ¿Acaso hallaremos a otro hombre como este, en quien esté el espíritu de Dios? (Génesis 41:38). Cuando Moisés necesitó ayuda para liderar al pueblo de Israel, se tomó de él parte del Espíritu para dárselo a otros: "Entonces Jehová descendió en la nube y le habló. Luego tomó del espíritu que estaba en él, y lo puso en los setenta hombres ancianos. Y en cuanto se posó sobre ellos el espíritu, profetizaron; pero no volvieron a hacerlo" (Número 11:25). Aquí el don de administración se acompañó o llevaba implícito el don de la profecía. Aunque no queda claro si la capacidad de Josué para el liderazgo estaba relacionada especialmente con la obra del Espíritu de Dios, parece haber una alusión a ese efecto.

En la época de los jueces, la administración mediante el poder y los dones del Espíritu Santo fue especialmente espectacular. Fue un tiempo en el que había muy poco liderazgo nacional. La mayoría de lo que se hacía se conseguía mediante lo que hoy denominaríamos "liderazgo carismático". De Otoniel se dice: "El espíritu de Jehová vino sobre Otoniel, quien juzgó a Israel y salió a la batalla. Jehová entregó en sus manos a Cusan-risataim, rey de Siria, y le dio la victoria sobre Cusan-risataim" (Jueces 3:10). Se hace una descripción similar de la llamada a Gedeón: "Entonces el espíritu de Jehová vino sobre Gedeón, y cuando este tocó el cuerno, los abiezeritas se reunieron con él" (Jueces 6:34). La obra del Espíritu en los tiempos de los jueces consiste principalmente en proporcionar las habilidades adecuadas para llevar a cabo la guerra. El Espíritu viene a Otoniel y este se va a la guerra.

El Espíritu también dotó a los primeros reyes de Israel de capacidades especiales. Ya hemos señalado que Saúl profetizó cuando el Espíritu vino a él. La unción de David fue igualmente acompañada de la venida del Espíritu de Dios: "Samuel tomó el cuerno del aceite y lo ungió en medio de sus hermanos. A partir de aquel día vino sobre David el espíritu de Jehová" (1 Samuel 16:13). Sin embargo, el Espíritu no sólo se ve en incidentes espectaculares. Además de en las cualidades del liderazgo nacional y de los actos heroicos de la guerra-, estaba presente en la vida espiritual de Israel. Haciendo referencia a él como "buen Espíritu". Refiriéndose a Dios, Esdras recuerda al pueblo de Israel la provisión que recibieron sus antepasados en el desierto: "Envío buen espíritu para enseñarles; no retiraste un maná de su boca, agua .les diste para su sed" (Nehemías 9:20). El salmista implora a Dios: "Enséñame a hacer tu voluntad, porque tú eres mi Dios; tu buen espíritu me guíe a tierra de rectitud" (Salmos 143:10). La bondad del Espíritu se aprecia también en dos referencias que se hacen a él como "Espíritu santo". En cada una de ellas hay un contraste, entre las acciones pecadoras de los humanos y la santidad de Dios. Pidiendo que sus pecados sean borrados, David ora: "No me eches de delante de ti y no quites de mí tu santo espíritu" (Salmos 51:11). Isaías habla de la gente que "fueron rebeldes e hicieron enojar su santo espíritu [el de Jehová]" (Isaías 63:10).

Sin embargo, la cualidad de bueno y santo del Espíritu queda más clara si observamos la obra que realiza y sus resultados. Se le describe produciendo el temor del Señor y distintas cualidades de rectitud y juicio en el Mesías prometido (Isaías 11:2-5). Cuando se derrama el Espíritu (Isaías 32:15), el resultado es la justicia rectitud y la paz (vv. 16-20). La devoción al Señor vendrá tras el derramamiento del Espíritu (Isaías 44:3-5). Ezequiel 36:26-28 es un pasaje que anuncia la doctrina de la regeneración del Nuevo Testamento; habla de una cuidadosa obediencia y un nuevo corazón que acompañan la recepción del Espíritu de Dios. Las consideraciones anteriores del Antiguo Testamento representan al Espíritu Santo como el productor de las cualidades morales y espirituales de bondad, santidad en la persona a la que viene o en la que vive. En algunos casos en el libro de los Jueces, su presencia parece ser intermitente y parece estar relacionada con una actividad o un ministerio particular.

El testimonio del Antiguo Testamento anticipa un futuro en que el ministerio del Espíritu será todavía más completo. Esta parte tiene que ver con la venida del Mesías, sobre quien el Espíritu va a descansar de una manera y en un grado poco común, como se señala en Isaías 11:1-5. Pasajes similares son Isaías 42:1-4 y 61:1-3 ("El espíritu de Jehová, el Señor, está sobre mí, porque me ha ungido Jehová. Me ha enviado a predicar buenas noticias a los pobres, vendar a los quebrantados de corazón; a publicar libertad a los cautivos a los prisioneros apertura de la cárcel"). Jesús cita los primeros versos de Isaías 61 e indica que se han cumplido en él (Lucas 4:18-21). Sin embargo, hay una promesa más general, una promesa que no queda restringida al Mesías. Se encuentra en Joel 2:28-29: "Después de esto derramaré mi espíritu sobre todo ser humano, y profetizarán vuestros hijos y vuestras hijas; vuestros ancianos soñarán sueños, y vuestros jóvenes verán visiones. También sobre los siervos y las siervas derramaré mi espíritu en, aquellos días". En Pentecostés Pedro citó esta profecía; indicando que ahora se había cumplido.

La obra del Espíritu Santo en la vida de Jesús

En la vida de Jesús encontramos una presencia amplia y poderosa del Espíritu. Incluso el principio mismo de su existencia encarnada fue obra del Espíritu Santo. Tanto la predicción como el relato del nacimiento de Jesús apuntan hacia una obra especial del Espíritu. Después de informar a María de que iba a tener un hijo; el ángel explicó: "El Espíritu Santo vendrá sobre ti y el poder Del Altísimo te cubrirá con Su sombra; por lo cual también el Santo Ser que va a nacer será llamado Hijo de Dios" (Lucas 1:35). Después de que sucediese la concepción, el ángel se apareció a José, que lógicamente estaba confundido, y le explicó: "José, hijo David, no temas recibir a María tu mujer, porque lo que en ella es engendrado, del Espíritu Santo es" (Mateo 1:20). Las palabras con las que se inicia la narración son estas, "El nacimiento de Jesucristo fue así: Estando comprometida María, su madre, con José, antes que vivieran juntos se halló que había concebido del Espíritu Santo" (Mateo 1:18).

El anuncio que hace Juan el Bautista del ministerio de Jesús también resalta el lugar del Espíritu Santo. El Bautista estaba él mismo lleno del Espíritu Santo, incluso ya dentro del vientre materno (Lucas 1:15). Su mensaje resaltaba que al contrario que su propio bautismo, que únicamente era de agua, Jesús bautizaría con el Espíritu Santo (Marcos.1:8; Mateo 3:11 y Lucas 3:16) "y con fuego." Juan no afirma tener el Espíritu; más bien atribuye al Mesías que va a venir, la facultad de dar el Espíritu.

El Espíritu está presente de forma espectacular desde el principio mismo del ministerio público de Jesús, si lo identificamos con su bautismo, cuando Espíritu Santo vino sobre él de forma apreciable (Mateo 3:16, Marcos 1:10; Lucas 3:21; Juan 1:32). Juan deja claro que Juan el Bautista también vio al Espíritu y da testimonio de ello. Ninguno de los relatos menciona ninguna manifestación particular inmediata, o sea, ningún efecto visible o algo similar. Sin embargo, sabemos que inmediatamente después, Jesús estaba "lleno del Espíritu Santo" (Lucas 4:1). Los autores efectivamente nos dejan deducir de los hechos subsiguientes justo lo que fueron las obras del

Espíritu Santo en la vida de Jesús.

El resultado inmediato de que Jesús fuese lleno del Espíritu fue sufrir su mayor tentación, o serie de tentaciones, al inicio de su ministerio público. Jesús fue dirigido por el Espíritu Santo hacia la situación en la que se produjo la tentación. En Mateo 4:1 y Lucas 4:1-2 se describe a Jesús siendo conducido por el Espíritu Santo hacia el desierto. La frase de Marcos es más contundente: "Luego el Espíritu lo impulsó al desierto" (1:12). Jesús es prácticamente "empujado" por el Espíritu. Lo que merece la pena destacar aquí es que la presencia del Espíritu Santo en la vida de Jesús le conduce directa e inmediatamente *un* conflicto con las fuerzas del mal. Aparentemente había que sacar antítesis entre el Espíritu Santo y el mal en el mundo.

El resto del ministerio de Jesús también se llevó a cabo bajo el poder y la dirección del Espíritu. Esto fue patente en las enseñanzas de Jesús. Lucas nos cuenta que tras la tentación "Jesús volvió en el poder del Espíritu a Galilea y se difundió su fama por toda la tierra de alrededor" (4:14). Entonces empezó a enseñar en todas las sinagogas. Al llegar a su ciudad, Nazaret, entró y se puso a leer. Leyó Isaías 6:1-2, y afirmó que se había cumplido. (Lucas 4:18-21), de esa manera confirmaba que su ministerio era resultado de la obra del Espíritu Santo en él.

Lo que es cierto de las enseñanzas de Jesús también lo es de sus milagros, en particular del exorcismo de demonios. La confrontación entre el Espíritu Santo y las fuerzas malignas que existen en el mundo es manifiesta. En una ocasión los fariseos dijeron que Jesús expulsaba demonios por el príncipe de los demonios; Jesús señaló la contradicción interna existente en esta afirmación (Mateo 12:25) después rebatió: "Pero si yo por el Espíritu de Dios echo fuera los demonios ciertamente ha llegado a vosotros el reino de Dios" (v. 28). Su condena a las palabras de los fariseos como "blasfemia contra el Espíritu" (v. 31) y su advertencia de que "el que hable contra el Espíritu Santo, no será perdonado" (v. 32) son evidencias de que lo que ha hecho lo ha hecho por el poder del Espíritu Santo. Jesús aparentemente estaba negando que él fuera el origen de sus milagros, y se lo estaba atribuyendo en su lugar al Espíritu Santo.

No sólo sus enseñanzas y milagros, toda la vida de Jesús en aquel entonces estaba "en el Espíritu Santo". Cuando los setenta regresaron de su misión y contaron que incluso los demonios se les sujetaban en nombre de Jesús (Lucas 10:17), Jesús se regocijó en el Espíritu" (v. 21). Incluso sus emociones estaban "en el Espíritu Santo". Esta es la descripción de alguien completamente lleno del Espíritu.

La obra del Espíritu Santo en la vida del cristiano

El principio de la vida cristiana
En las enseñanzas de Jesús vemos que pone un énfasis especial en la obra del Espíritu Santo al iniciar a las personas en la vida cristiana. Jesús enseñó que la actividad del Espíritu es esencial tanto en la conversión, que desde la perspectiva humana es el comienzo de la vida cristiana, como en la regeneración, que desde la perspectiva de Dios es su comienzo.

La conversión es cuando el hombre se vuelve hacia Dios. Consta de un elemento negativo y de uno positivo: arrepentimiento, o sea, abandono del pecado; y fe, o sea, aceptación de las promesas y de la obra de Cristo Jesús habló especialmente de arrepentimiento, y específicamente de convicción del pecado, que es el requisito previo para el arrepentimiento. Dijo: "y cuando él venga, convencerá al mundo de pecado, de justicia y de juicio. De pecado, por cuanto no creen en mí; de justicia, por cuanto voy al Padre y no me veréis más; y, la de juicio, por cuanto el príncipe de este mundo ha sido ya juzgado" (Juan 1:8).

Sin esta obra del Espíritu Santo, no habrá conversión. La regeneración es la transformación milagrosa del individuo y la implantación de energía espiritual. Jesús le dejó muy claro a Nicodemo que la regeneración es esencial para ser aceptados por el Padre: "De cierto, de cierto te digo, que el que no nace de nuevo no puede ver el reino de Dios [...] el que no nace de agua y del Espíritu no puede entrar en el reino de Dios. Lo que nace de la carne; carne es; y lo que nace del Espíritu, espíritu es" (Juan 3:3, 5-6). Está claro que, la regeneración es un suceso sobrenatural, y es el Espíritu Santo el que lo produce. La carne (o sea, el esfuerzo humano) no es capaz de efectuar esta transformación.

Ni esta transformación puede ser entendida por la mente humana. Jesús comparo esta obra del Espíritu con el viento que sopla: "El viento sopla de donde quiere, y oyes su sonido, pero no sabes de dónde viene ni a dónde va. Así es todo que el que nace del Espíritu" (v. 8).

La continuación de la vida cristiana

La obra del Espíritu no finaliza al hacerse uno creyente. Al contrario, eso es sólo el comienzo. Él realiza otros papeles a lo largo de la vida cristiana., Uno de los papeles del Espíritu es el de capacitar. Jesús probablemente dejó a sus discípulos atónitos cuando dijo: "De cierto, de cierto os digo: El que en mí cree, las obras que yo hago, él también las hará; y aún mayores hará, porque yo voy al Padre" (Juan 14:12). Estas obras mayores dependían aparentemente tanto de que él se fuera como de la venida del Espíritu Santo, ya que ambas cosas estaban estrechamente ligadas. Como los apóstoles estaban evidentemente apenados ante la idea de la partida de Jesús, este les dijo: "Pero yo os digo la verdad: Os conviene que yo me vaya, porque si no me voy, el Consolador no vendría a nosotros; pero si me voy, os lo enviaré" (Juan 16:7). Probablemente a los discípulos, que ahora eran mucho más conscientes de sus debilidades y deficiencias, les parecía increíble que fueran capaces de hacer obras mayores que las que había realizado el Maestro. Sin embargo, Pedro predicó el día de Pentecostés, como tres mil creyeron (número que no implica veracidad de algo). Que se sepa, ni siquiera de Jesús se supo cuántos tantos convertidos auténticos le siguieron.

Sin embargo, la clave del éxito de los discípulos no radicaba en el número de ellos, tampoco estaba en sus habilidades y fortalezas. Jesús les había dicho que esperaran la venida del Espíritu Santo (Hechos 1:4-5), que les daría el poder que les había prometido, la habilidad por hacer las cosas que había predicho: "pero recibiréis poder cuando haya venido sea en vosotros el Espíritu Santo, y me seréis testigos en Jerusalén; en toda Judea, en Samaria y hasta lo último de la tierra" (v. 8). Esto les permitió tener éxito en su tarea en aquel tiempo, y es un recurso que todavía está a disposición de todos los cristianos que desean servir al Señor.

Otro elemento de la promesa de Jesús era que el Espíritu Santo viviría en el creyente y lo iluminaría: "Y yo rogaré al Padre y os dará otro Consolador, para que esté con vosotros para siempre; el Espíritu de verdad, al cual el mundo no puede recibir, porque no lo ve ni lo conoce; pero vosotros lo conocéis, porque vive con Vosotros y estará en vosotros" (Juan14:16-17). Jesús había sido un maestro y un líder, pero su influencia fue la de la palabra y el ejemplo. Sin embargo, el Espíritu puede afectamos con más intensidad porque, al vivir en nosotros, puede llegar al centro mismo de nuestro pensamiento y de nuestras emociones, y conducimos a la verdad plena, como prometió Jesús. Incluso el nombre utilizado para el Espíritu en este contexto sugiere este papel: "Pero cuando, venga el Espíritu de verdad, él os guiará a toda la verdad, porque no hablará por su propia cuenta, sino que hablará todo lo que oiga y os hará saber las cosas que habrán de venir. Él me glorificará, porque tomará de lo mío y os lo hará saber" (Juan16:13-14).

El Espíritu evidentemente tiene un papel educador. Al principio en ese mismo discurso leemos que les recuerda y aclara las palabras que Jesús les dijo: "Pero el Consolador, el Espíritu Santo, a quien el Padre enviará en mi nombre, él os enseñará todas las cosas y os recordará todo lo que yo os he dicho" (Juan. 14:26). Jesús también promete: "Pero cuando venga el Consolador, quien yo os enviaré del Padre, el Espíritu de verdad, el cual procede del Padre, él dará testimonio acerca de me (Juan 15:26). Aquí tenemos la idea de la iluminación mediante el Espíritu Santo. Este ministerio del Espíritu Santo no fue únicamente para esa primera generación de discípulos, también ayuda a los creyentes de hoy en día a entender las Escrituras. Iluminamos es un papel del que se ocupa el Espíritu porque Jesús ahora está encargado permanentemente de otras funciones que se mencionan en este mismo pasaje por ejemplo, preparando un lugar para los creyentes (14:2-3). Otro punto de interés particular es la obra intercesora del Espíritu Santo.

Estamos familiarizados con la intercesión de Jesús, como sumo sacerdote, a nuestro favor. Pablo también habla de una oración intercesora similar mediante el Espíritu Santo: "De igual manera, el Espíritu nos ayuda en nuestra debilidad, pues qué hemos de pedir como conviene, no lo sabemos, pero el Espíritu mismo intercede por nosotros con gemidos indecibles. Pero el que escudriña los corazones sabe cuál es la intención del Espíritu, porque conforme a la voluntad de Dios, intercede por los santos" (Romanos 8:26-27). Por lo tanto los creyentes tienen la seguridad de que cuando ellos no saben cómo orar, el Espíritu Santo sabiamente intercede por ellos para que se haga la voluntad de Dios. El Espíritu Santo también trae la santificación en la vida del creyente, por santificación queremos decir la continua transformación del carácter moral y espiritual de manera que la vida del creyente refleje realmente la posición que ya tiene a los ojos de Dios. Aunque la justificación es el acto instantáneo, otorgar una posición justa ante Dios, la santificación es el proceso que hace que una persona llegue a ser santa o buena. Al principio de Romanos 8, Pablo habla sobre esta obra del Espíritu Santo. El Espíritu nos ha liberado de la ley.

De ahora en adelante los creyentes ya no caminan ni viven conforme a la carné, su antigua naturaleza, sino al Espíritu (v. 4), teniendo sus mentes puestas en las cosas del Espíritu (v. 5). Los cristianos viven según el Espíritu (v. 9) y el Espíritu vive en ellos, un pensamiento que se repite tres veces (vv. 9, 11). Cuando el Espíritu vive en los creyentes, les guía y les conduce, y las ovejas viven (v. 13). Todos los que son "guiados por el Espíritu de Dios son hijos de Dios" (v. 14). El Espíritu obra ahora dándoles vida, dando testimonio de que son hijos y no esclavos, y por lo tanto evidenciando claramente que estarán realmente en Cristo (vv. 15-17). La vida en el Espíritu es lo que Dios quiere para todo cristiano. Pablo en Gálatas 5 contrasta la vida en el Espíritu con la vida de la carne. Instruye Jesús lectores para que caminen con el Espíritu en lugar de satisfacer los deseos de la carne (v. 16). Si siguen esa pauta, el Espíritu les proporcionará una serie de cualidades a las que en conjunto se denomina "fruto del espíritu" (v. 22). Pablo enumera estas cualidades; el fruto del Espíritu es amor, gozo, paz, paciencia, benignidad, bondad, fe, mansedumbre, templanza. Los seres humanos no pueden tener estas cualidades en su totalidad sin ayuda. Son una obra sobrenatural. Se oponen a las obras de la carne una lista de pecados que Pablo enumera en Gálatas. Explicando que el Espíritu se opone la carne. Por lo tanto, la obra del Espíritu Santo en la santificación no es únicamente lo negativo de la mortificación de la carne (Romanos 8:13); sino también la producción de una semejanza positiva con Cristo.

El Espíritu también ofrece ciertos dones especiales a los creyentes dentro del cuerpo de Cristo. En los escritos de Pablo hay tres listas diferentes, llamados dones; también hay una más breve en 1 Pedro. En relación con estas listas hay que hacer ciertas observaciones. Primero, mientras todas hacen referencia a los dones del Espíritu, su orientación básica es distinta. Efesios 4:11 realmente es una lista de varios oficios en la iglesia, o de estos dones de Dios para la iglesia. Romanos 12:6-8 y 1 Pedro 4:11 catalogan varias funciones básicas que se realizan en la iglesia. La lista de 1 Corintios es un asunto de habilidades especiales.

Primero, es probable que cuando estos pasajes hablan de "dones del Espíritu", Pablo tenía distintas cosas en mente. Por tanto no se debería intentar reducir estas expresiones a un concepto o definición. Segundo, no queda claro si estos dones se conceden desde el nacimiento:

Los dones del Espíritu

Romanos 12:6-8	1 Corintios 12:4-11	Efesios 4:11	1 Pedro 4:11
Profecía	Sabiduría	Apóstoles	Hablar
Servicio	Conocimiento	Profetas	Ministrar
Enseñanza	Fe	Evangelistas	
Exhortación	Sanidades	Pastores y maestros	
Generosidad	Hacer milagros		
Solicitud	Discernimiento de espíritus		
Misericordia	Interpretación de lenguas		
Presidir	Profecías		
	Diversos géneros de lenguas		

Capacitaciones especiales que se consiguen en un momento posterior o se trata de una combinación de ambas cosas. Tercero, algunos dones, como el de fe y de servicio, son cualidades o actividades que se espera que tengan todos los cristianos; en tales casos es probable que el escritor tuviera en mente una capacidad extraordinaria en lo que se refiere a esa área. Cuarto, como ninguna de las cuatro listas incluye todos los dones de las otras, es posible que colectivamente no supongan el conjunto total de dones del Espíritu posibles, por lo tanto, estas listas individual y colectivamente, son ilustrativas de los distintos dones con los que Dios ha dotado a su iglesia. También es importante en este momento señalar algunas observaciones que Pablo hace sobre la naturaleza de los dones y la manera en que tienen que ser ejercidos. Estas observaciones aparecen en 1 Corintios 12 y 14. Los dones se conceden al cuerpo (la iglesia). Son para la edificación de todo el cuerpo no sólo para el disfrute o enriquecimiento de los miembros que los poseen (12:7; 14:5, 12). Ninguna persona tiene todos los dones (12:14, 21), ni hay un don que se le conceda a todas las personas (12:28-30). En consecuencia, los miembros de la iglesia se necesitan unos a otros. Aunque no todos sean igual de llamativos, todos los dones son importante (12:22-26). El Espíritu Santo concede los distintos dones a quien quiere y como quiere (12:11).

Los dones milagrosos hoy en día

Algunos de los dones más espectaculares han atraído mucha atención y provocado una gran controversia en los últimos años. A estos dones a veces se les denomina dones extraordinarios, milagrosos, especiales, señales carismáticas, siendo esta última una expresión en cierto modo básica. Los que más frecuencia se mencionan son: curación por fe, exorcismo de demonios, y especialmente glosolalia o hablar en lenguas. La cuestión que ha ocasionado más controversia es si el Espíritu Santo todavía dispensa estos dones en la iglesia hoy en día o no, y si lo hace, si son normativos (cristianos podrían y deberían recibirlos y ejercitarlos). Como la glosolalia es el don más prominente dé todos nos concentraremos en él. Nuestras conclusiones servirán para evaluar también el resto de los dones.

Para poder entender y tratar correctamente este tema tan controvertido tenemos que examinar las dos posturas sobre el mismo. El tema de la glosolalia ha sido discutido a lo largo del siglo veinte por los pentecostales y en los últimos años por los carismáticos. Su posición, que se basa en gran medida en los pasajes narrativos del libro de los Hechos, es bastante clara. La argumentación suele comenzar con la observación de que tras los episodios de conversión y regeneración que aparecen en Hechos, solía haber un bautismo o un llenarse del Espíritu Santo y que su manifestación normal era la de hablar en una lengua desconocida. No existe indicación alguna de que el Espíritu dejase de conceder a la iglesia esto. Desde luego existen evidencias de que el don continuó a lo largo de la historia de tal iglesia hasta el presente. Aunque a menudo ocurrió solo en grupos pequeños, relativamente aislados, dio a estos grupos una vitalidad espiritual especial. A menudo se emplea una argumentación experimental para apoyarlo. La gente que ha experimentado en sí misma este don o lo que se ha observado en otros, tiene una certeza subjetiva sobre esa experiencia. Enfatizan los beneficios que produce en la vida espiritual cristiana; especialmente revitalizando nuestra vida de oración.

Además, los defensores de la glosolalia argumentan que la práctica no está prohibida en ningún lugar en las Escrituras. Al escribir a los corintios, Pablo no censura el uso adecuado del don, sino el uso inadecuado. Pablo dice: "Doy gracias a Dios que hablo en lenguas más que todos vosotros" (1 Corintios 14:18). Además exhortando a sus lectores dice, "Procurad, sin embargo, los dones mejores" (1 Corintios 12:31) y "procurad los dones espirituales" (1 Co, ·14: 1). Identificando "dones mejores" y "dones espirituales" con lenguas; los defensores de la glosolalia concluyen que el don de hablar en lenguas es a la vez posible y deseable en los cristianos. Los que rechazan la idea de que el Espíritu Santo todavía siga dispensando los dones carismáticos argumentan que históricamente los dones y milagrosos cesaron; prácticamente fueron desconocidos durante la mayor parte de la historia de la iglesia. Cuando estaban presentes, brillantes grupos se ha caracterizados por tener creencias no ortodoxas sobre algunas otras doctrinas importantes. Algunos que rechazan, la posibilidad de la glosolalia contemporánea utilizan 1 Corintios 13:8 como evidencia: "cesarán las lenguas". Señalan la distinción en ese versículo entre el verbo que se utiliza con 'lenguas' y el que se utiliza con "profecía" y "conocimiento". No sólo es una palabra diferente, sino que se utiliza la voz media en el primer ejemplo y la pasiva en el segundo. Según esto, se argumenta que las lenguas, al contrario que la profecía y el conocimiento, no estaban pensadas para ser concedidas hasta el fin de los tiempos y que ya han cesado. Por lo tanto, no se incluye lenguas en la referencia de dones imperfectos, que desaparecerán cuando llegue la perfección. Algunos teólogos argumentan en contra de que los dones milagrosos sigan sucediendo basándose en hebreos 2:3-4: ¿Cómo escaparemos nosotros, si descuidamos una salvación tan grande? La cual, habiendo sido anunciada primeramente por el Señor; nos fue confirmada por los que oyeron, testificando Dios juntamente con ellos con señales, prodigios, diversos milagros y repartimientos del Espíritu Santo, según su voluntad. La idea central de esta argumentación es que el propósito de los dones milagrosos era certificar y por tanto autentificar la revelación y la encarnación. Cuando ese propósito se hubo cumplido, siendo los milagros innecesarios, simplemente desaparecieron.

Un segundo aspecto del argumento negativo es la existencia de paralelismos de la glosolalia que obviamente no tienen que ser interpretados como dones espéciales del Espíritu Santo. Se señala que, por ejemplo, fenómenos similares se encuentran en otras religiones. Las prácticas de vudú de ciertos curanderos son un ejemplo. Además, el fenómeno no fue algo exclusivo de los cristianos de los tiempos bíblico. La psicología también encuentra un paralelismos entre hablar en lenguas y ciertos casos de sugestión intensificada causada por el lavado de cerebro y la terapia de electroshock. Un punto de interés particular en los últimos años ha sido el estudio de la glosilla por parte de los lingüistas. Algunos defensores de la glosolalia mantienen que las lenguas de Corinto eran, como en Pentecostés, auténticos idiomas.

De la misma manera mantienen que las lenguas hoy son verdaderos idiomas y que cualquiera que esté familiarizado con la lengua en particular que se esté hablando podría entenderla sin la ayuda de un intérprete. Sin embargo, otros dicen que al contrario que las lenguas de Pentecostés, las lenguas de Corinto y las de hoy son manifestaciones de sílabas aparentemente no relacionadas y que por lo tanto no muestran las características de ninguna lengua humana conocida. A este segundo grupo no le afectan las investigaciones lingüísticas. Sin embargo, los que mantienen que las lenguas hoy en día realmente son idiomas existentes tienen que hacer frente a muchos casos de glosolalia en los que simplemente no existe un número suficiente de características de idioma para poder clasificarlos como tal.

¿Existe una manera de tratar de forma responsable las consideraciones que plantean las dos partes de la disputa? Como el tema tiene un efecto significativo en la manera en que uno lleva la vida cristiana. E incluso en el estilo o tono de la vida cristiana, la cuestión no puede ignorarse sin más. Aunque pocas conclusiones dogmáticas se pueden extraer de esta área, sí se pueden realizar algunas observaciones significativas.

En lo que se refiere al bautismo del Espíritu Santo, señalamos primero que el libro de los Hechos habla de una obra especial del Espíritu que se produce tras el nuevo nacimiento. Sin embargo, parece que el libro de los Hechos cubre un periodo de transición. Desde ese momento el patrón normal ha sido el de que la conversión, regeneración y el bautismo del Espíritu Santo coincidan. Pablo escribe en 1 Corintios 12:13: "porque por un solo Espíritu fuimos todos bautizados en un cuerpo, tanto judíos como griegos, tanto esclavos como libres y a todos se nos dio a beber, de un mismo Espíritu". Del versículo 12 se desprende claramente que ese "cuerpo" es Cristo. Por tanto, Pablo parece estar diciendo en el versículo 13 que nos hemos convertido en miem-

Guiado por el Espíritu Santo

bros del cuerpo de Cristo al ser bautizados en él mediante el Espíritu. El bautismo por el Espíritu parece ser, si no igual a la conversión y al nuevo nacimiento, al menos simultáneo a ellos. Pero ¿qué pasa con los casos de Hechos en los que está claro que existe una separación entre conversión/regeneración y el bautismo del Espíritu? Según la observación del párrafo anterior que dice que Hechos cubre un periodo de transición, mi interpretación es que estos casos sí implican realmente a gente que se regeneró antes de recibir al Espíritu Santo. Fueron los últimos de los creyentes del Antiguo Testamento. Estaban regenerados porque creyeron en la revelación que habían recibido y sintieron temor de Dios. Sin embargo, ¿por qué habían recibido el Espíritu? porque la promesa de Su venida no se podía cumplir hasta que Jesús no hubiera ascendido. (Hay que tener en cuenta que incluso los discípulos de Jesús, que desde luego ya estaban regenerados bajo el sistema del Nuevo Testamento, no fueron llenos del Espíritu hasta Pentecostés.) Pero en Pentecostés, cuando los que ya estaban regenerados según el sistema del Antiguo Testamento, recibieron a Cristo y se llenaron del Espíritu Santo. Tan pronto como eso sucedió, ya no hubo más creyentes regenerados del Antiguo Testamento.

Ahora bien, no existen evidencias bíblicas que indiquen el tiempo en el que se cumplirá la predicción de que las lenguas cesarán. Es como mínimo cuestionable concluir basándonos en las diferencias entre los verbos en 1: Corintios 13:8 que las lenguas cesarán en algún momento, y la profecía y el conocimiento en otro. No existe evidencia histórica clara y concluyente. La situación es en cierta manera como la que existe respectó a la doctrina de la sucesión apostólica. Hay muchas evidencias por ambas partes. Cada grupo puede citar una impresionante cantidad de datos que son ventajosos para su postura ignorando todos los datos presentados por el otro grupo. Sin embargo, esta falta de certeza histórica no es un problema. Porque incluso si la historia probase que el don de lenguas ya ha cesado, no existe nada que impida a Dios restablecerlo. Por otra parte, la prueba histórica de que el don ha estado presente durante varias etapas de la iglesia no validaría los fenómenos actuales.

Por lo tanto, lo que debemos hacer es evaluar cada caso según sus propios méritos. Esto no significa que nos pongamos a juzgar la experiencia espiritual o la vida espiritual de otros cristianos. Lo que significa es que no podemos asumir que todo el que dice haber experimentado una obra especial del Espíritu Santo lo haya hecho realmente o sea la regla para todos. Estudios científicos han descubierto suficientes paralelismos no causados por el Espíritu como para que estemos prevenidos y no creamos ingenuamente cualquier manifestación de este tipo. Desde luego no todas las experiencias religiosas excepcionales pueden ser de origen divino a menos claro que Dios sea un ser ampliamente ecuménico y tolerante que conceda manifestaciones especiales de su Espíritu a alguien que no se identifica en absoluto con la fe cristiana y que incluso puede oponerse a ella. Desde luego, si las fuerzas demoníacas podían imitar los milagros divinos en los tiempos bíblicos (por ejemplo, los magos en Egipto imitaban las plagas hasta cierto punto), lo mismo podría ocurrir hoy en día. Sin embargo, al contrario no hay prueba concluyente de que tales dones no son para hoy y que no se puedan orar en la actualidad. En consecuencia, no se puede generalizar a prioridad y de forma categórica que la glosolalia sea falsa. De hecho, puede resultar sumamente peligroso, según las advertencias de Jesús sobre la blasfemia contra el Espíritu Santo, atribuir fenómenos específicos a una actividad demoníaca. Al final, que la Biblia enseñe que el Espíritu dispensa o no dones especiales hoy en día no es un tema que traiga demasiadas consecuencias prácticas porque incluso, aunque los dispense, nosotros no debemos dedicar nuestras vidas a buscados (aunque si debemos desearlos). Él los reparte soberanamente; sólo Él determina quién los recibirá (1 Corintios 12:11).

Él escoge darnos un don especial. Lo que se nos pide que hagamos es que andemos como hijos de luz (Efesios 5:8). Nos llenamos del Espíritu Santo (un imperativo presente, que sugiere una acción continuada). Esto no sugiere que nosotros vayamos a tener cada vez más del Espíritu Santo; seguramente todos tenemos al Espíritu completamente. Más bien, de lo que se trata es que él posea más de nuestras vidas. Cada uno de nosotros debería aspirar a dar al Espíritu Santo todo el control de su vida. Cuando esto sucede, nuestras vidas manifiestan esos dones que Dios quería qué tuviéramos, además de todo el fruto y los actos que por su capacitación él desea mostrar a través de nosotros. Hay que recordar, como hemos señalado antes, que no hay un don que les sea dado igualmente a todos los cristianos, y que ningún don es más importante que otro. De muchas maneras, más importante que recibir ciertos dones es el fruto del Espíritu. Estas virtudes son, según la opinión de Pablo la evidencia real de que el Espíritu obra en los cristianos. El amor, el gozo y la paz en la vida de una persona son las señales más seguras de que existe una experiencia vital del *Espíritu*. En particular, Pablo resalta el amor como más deseable que cualquier don, no importa lo espectacular que sea (1 Corintios 13:1-3). Pero ¿cuál sería la manera correcta de proceder con respecto a la práctica pública hoy en día lo que se dice que son los dones bíblicos de glosolalia? Primero, no se deberían sacar conclusiones por adelantado sobre si el don es genuino o no.

A continuación, se debería seguir el procedimiento establecido por Pablo hace tiempo. Así si alguien habla en lenguas públicamente, debería haber un intérprete para que todo el grupo pudiera ser edificado. Sólo debería hablar una persona a la vez no más de dos o tres personas por sesión (1 Corintios 14:27). Si no hay nadie presente que pueda hacer de intérprete, ya sea el hablante o cualquier otra persona, el que habla deberá guardar silencio en la iglesia y restringir el uso de las lenguas para la devoción personal (v. 28). Aun así, no se debe prohibir hablar en lenguas (v. 39).

Finalmente, deberíamos señalar que el énfasis de las Escrituras está en el que concede los dones y no en el que los recibe. Dios con frecuencia realiza obras milagrosas sin la participación de agentes humanos. Leemos, por ejemplo, en Santiago 5:14-15, que los ancianos de las iglesias tienen que orar por los enfermos. Es la oración de la fe, no un obrador de milagros humano, la que los salva. Cualquiera que sea el don, es la edificación de la iglesia y la glorificación de Dios lo que realmente importa al final.

Implicaciones de la obra del Espíritu

Los dones que tenemos nos los ha concedido el Espíritu Santo. Deberíamos reconocer que no son un logro nuestro. Están pensados para que los utilicemos en la realización de su plan.
El Espíritu Santo capacita a los creyentes en su vida cristiana y en su servicio. Las inadecuaciones personales no deberían detenernos o desanimarnos. El Espíritu Santo concede sus dones a la

iglesia sabiamente y de forma soberana. La posesión o la falta de un don particular no es motivo para enorgullecerse o lamentarse. Sus dones no son recompensas para aquellos que los buscan o están cualificados para ellos. Ningún don es para todos, y ninguna persona tiene todos los dones. La comunión del cuerpo es necesaria para el completo desarrollo del creyente individual. Podemos confiar en que el Espíritu Santo nos dé entendimiento para comprender la Palabra de Dios y nos guíe para saber qué quiere de nosotros. Es apropiado dirigir la oración al Espíritu Santo, como hacemos con el Padre y el Hijo, y también hacia el Dios Trino. En tales oraciones le daremos gracias y le pediremos en especial que continúe realizando esa obra especial que está haciendo en nosotros.

El Consolador

"Más el Consolador, el Espíritu Santo, a quien el Padre enviará en mi nombre, Él os enseñará todas las cosas, y os recordará todo lo que yo os he dicho." Juan 14:26

El buen anciano Simeón llamó a Jesús el consuelo de Israel, y realmente lo fue. Anterior a Su aparición real, Su nombre era Estrella de Día que significa "la alegría de la oscuridad", frase profética para el alba. Miraron hacia Él con la misma esperanza que mira el guardián mientras espera fielmente que salga el sol por la mañana. Cuando Él estaba en la tierra, era el consuelo de todos aquéllos que tuvieron el privilegio de ser sus compañeros. Podemos imaginarnos cuán a menudo los discípulos corrían a Cristo para contarle de sus angustias, y cuán dulcemente con un tono de voz inigualable Él les hablaba y les diría que no tengan temor. Como niños, lo consideraban su Padre. Todo anhelo, todo gemido, toda angustia y agonía se cargaba sobre Él, y como un médico sabio curaba toda herida con bálsamo.

Tenía una solución para cada caso y a menudo preparaba fuertes remedios para todos los problemas. Debe haber sido dulce vivir con Cristo. Las angustias se consideraban alegrías porque éstas daban la oportunidad de ir a Jesús para que Él las curase.

Si sólo hubiéramos podido reposar sobre el pecho de Jesús, y nacer en esa época feliz. Escuchar Su amable voz y observar Su tierna mirada mientras decía: *"Venid a mí todos los que estáis trabajados y cargados, y yo os haré descansar"* (Mateo 11:28). Cuando Él estaba a punto de morir, se debían cumplir grandes profecías y propósitos. Jesús debía marcharse. Él debía sufrir a fin de redimirnos del pecado. Era menester que Él dormitara un tiempo para perfumar la tumba. Su resurrección aconteció para que algún día, nosotros, los muertos en Cristo, resucitásemos primero, en cuerpos gloriosos. Ascendió a las alturas para llevar cautiva la cautividad. Encadenó a los enemigos del infierno, atándolos a las ruedas de su carro y los arrastró hasta las altas montañas de los cielos. Lo hizo para que experimenten una segunda derrota al enviarlos de las alturas del cielo a las profundidades del infierno. Jesús dijo: *"Os conviene que me vaya; porque si no me fuese, el Consolador no vendría a vosotros; más si me fuere, os lo enviaré"* (Juan 16:7). Escuche con que dulzura Jesús habla *"Y yo rogaré al Padre, y os dará otro Consolador, para que esté con vosotros para siempre"* (Juan 14:16). Él no desampararía a aquéllas pobres ovejas en el campo. No abandonaría a Sus hijos ni los dejaría huérfanos. Antes de partir, Él ofreció palabras consoladoras. Existen diversos significados de la palabra griega que se traduce *Consolador*. Los primeros traductores mantuvieron la palabra original en griego transcribiéndola en nuestro alfabeto para formar la palabra *"Paracleto"*. Paracleto, significa Espíritu Santo y es el término en griego. También posee otros significados como "amonestador" o "instructor". Habitualmente significa "abogado", no obstante, el significado más común de dicha palabra es "Consolador". No se pude pasar por alto las demás interpretaciones sin hacer algún comentario.

El Espíritu Santo como Maestro
Jesucristo había sido el instructor oficial de Sus santos mientras estuvo en la tierra. A ningún hombre llamaron *Rabbi* excepto a Jesús. No se sentaban a los pies de un hombre para aprender acerca de sus doctrinas sino que las oían directamente de los labios de Jesús que hablaba como ningún hombre lo ha hecho. A la hora de partir, ¿dónde encontraría la gente otro maestro infalible? ¿Debían recurrir al Papa en Roma para que decidiera sobre las cuestiones polémicas? Cristo no dijo tales cosas. *"Y yo rogare al Padre, y os dará otro Consolador, para que esté con nosotros para siempre."* (Juan 14:16)

Al reemplazar el nombre Instructor por Consolador, Cristo debía enviarnos otro Instructor para que éste revelara las Escrituras, para que fuese el profeta autorizado por Dios que transformara las tinieblas en luz. Aquél que descifraría los misterios, desataría los nudos de la revelación y quien le haría comprender lo que no puede descubrir sin Su influencia.

Ningún hombre aprende correctamente a menos que el Espíritu le enseñe. Ningún hombre conoce a Jesús a menos que Dios le instruya. No existe doctrina bíblica alguna que pueda aprenderse con total seguridad, minuciosa, verdaderamente sin la ayuda del Maestro autorizado para enseñar. No me mencione sistemas de divinidad, de teología, de comentadores infalibles, de eruditos o médicos arrogantes; hábleme acerca del gran Maestro que instruye a los hijos de Dios y da sabiduría para comprender todas las cosas.

El Espíritu Santo es el Maestro. Lo que digan los demás no tiene importancia. Mi descanso no está en la autoridad vanagloriosa de un hombre; tampoco usted debe descansar en ella. No debe dejarse llevar por las artimañas de los hombres ni por palabras engañosas. El Espíritu Santo descansa en los corazones de Sus hijos.

El Espíritu Santo como Abogado.
Paracleto también se traduce como "Abogado". ¿Ha pensado porqué el Espíritu Santo puede llamarse abogado? Usted sabe que Jesucristo es el Admirable, Consolador y poderoso Dios, pero ¿Cómo se puede llamar al Espíritu Santo abogado? Tal vez porque Él es nuestro defensor en la tierra que nos defiende de los enemigos de la Cruz. ¿Cómo es posible que Pablo clamo ante Félix y Agripa? ¿Cómo es posible que los apóstoles permanecieran inmóviles ante los jueces y confesaron a su Señor? ¿Cómo es posible que los ministros de Dios sean tan audaces como los leones, sus cejas más firmes que el bronce, sus corazones más fuertes que el acero y sus palabras como el lenguaje de Dios? Es simple, la respuesta no fue la súplica de un hombre sino la súplica del Espíritu Santo de Dios clamando a través del hombre. Además, el Espíritu Santo es el Abogado en el corazón del hombre. He conocido a muchos hombres que rechazan una doctrina hasta que el Espíritu Santo comienza a iluminarlos. Nosotros, que somos defensores de la verdad, habitualmente carecemos del clamor. Echamos a perder nuestra causa mediante las palabras que utili-

zamos, sin embargo, el Espíritu Santo por su misericordia nos defiende exitosamente y vence a la oposición de cada pecador.

¿Se halló alguna falencia en el obrar del Espíritu Santo? ¿Dios no lo ha convencido de pecado en el pasado? ¿El Espíritu Santo no le ha demostrado que era culpable cuando ningún ministro pudo lograrlo? ¿El Espíritu Santo no defendió la justicia de Cristo? ¿No le dijo que sus obras eran trapos de inmundicia? ¿No lo convenció del juicio venidero?

Él es el poderoso Abogado que clama en nuestras almas. Nos hace conscientes del pecado, la justicia y del juicio venidero. Bendito Abogado, clama en mi corazón, razona con mi mente. Si pecare, haz que mi conciencia me amoneste. Si errare, habla a mi conciencia al instante, y si me desviare, defiende la causa de tu justicia y trae confusión, para que comprenda mi culpa a la luz de Dios.

No existe otra manera en que el Espíritu Santo actúe como Abogado. Él defiende nuestra causa ante Jesucristo *"con gemidos indecibles"* (Romanos 8:26). Cuando mi alma está a punto de estallar dentro de mí, cuando mi corazón se llena de angustia o el fervor de las emociones se desborda por mis venas, anhelo hablar, pero el mismo deseo encadena mi lengua. Anhelo orar, pero el fervor de mis sentimientos refrena mi lengua. Hay un gemido dentro de mí que no puedo expresar por mí mismo. ¿Conoce usted quién pueda expresar tal gemido, quién pueda comprenderlo o traducirlo en lenguas celestiales para que Cristo lo oiga? Es el Espíritu Santo de Dios quien hace eso. Él defiende nuestra causa ante Cristo y luego Cristo ante el Padre. Él es el Abogado e intercede por nosotros con gemidos indecibles.

El Espíritu Santo como Consolador
Explicado el mandato del Espíritu Santo como Maestro y Abogado, llegamos a la traducción de nuestra versión como el "Consolador". Respecto de la traducción, realicé tres divisiones: el Consolador, el Consuelo, y el Consolado.

El Consolador
En primer lugar, el Espíritu Santo de Dios es nuestro *"afectuoso"* Consolador. Si me encontrara angustiado, necesitado de consuelo y algún desconocido oyera mi lamento, entrase a mi hogar e intentara alentarme a través de dulces palabras, no lo lograría porque esa persona no me ama. Es un extraño, no me conoce y sólo habría venido a probar sus habilidades conmigo. ¿Cuál es la consecuencia? Sus palabras se deslizan sobre mí como el aceite sobre el mármol. Se asemejan al son de la lluvia sobre la roca; no disipan mi angustia y yo permanezco inconmovible porque él no me ama. Pero, si permito a aquél que me ama tanto como su propia vida, razonar conmigo. Verdaderamente esas palabras serían como música para mí y tendrían sabor a miel. Él conoce la clave para ingresar por la puerta de mi corazón, y mi oído está atento a cada una de Sus palabras. Capto la entonación de cada sílaba al pronunciarse; es como la armonía del arpa en el cielo. Es una voz amorosa que habla Su propio idioma. Sus frases y acento no pueden imitarse. La sabiduría no puede ser imitada ni la elocuencia adquirida. Sólo el amor alcanza el corazón dolido. El amor es el único pañuelo que enjuga las lágrimas de aquél que guarda luto.

¿Es el Espíritu Santo nuestro afectuoso Consolador? ¿Comprende cuánto lo ama el Espíritu Santo? ¿Puede usted medir el amor del Espíritu Santo? ¿Comprende cuán abundante es el afecto de Su alma hacia usted?

Mida el cielo, pese las montañas, tome el agua del mar y cuente cada gota, sume la arena que posa sobre su orilla extensa. Cuando logre todo esto, comprenderá cuánto Él lo ama. Durante mucho tiempo lo amó y para siempre lo amará. Él es la persona indicada para consolarlo porque lo ama verdaderamente. Acéptelo en su corazón para que lo consuele en sus angustias. Además, Él es su *"fiel"* Consolador. A veces el amor resulta infiel. Mucho más triste fue cuando un amigo me dio las espaldas en tiempos de angustia. ¡Ay, qué calamidad, cuando me abandonó en ese día oscuro! El Espíritu Santo de Dios no actúa de esta manera. Él ama eternamente y hasta el fin. Confíe en Él. Quizá, en el pasado encontró el dulce y afectuoso Consolador y Él trajo alivio a su vida. Cuando los demás le fallaron, Él lo resguardó en Su pecho y lo alzó en Sus brazos. ¿Por qué desconfía ahora? No tenga temor. Él es su fiel Consolador. Tal vez piense, "He pecado". Así es, pero el pecado no puede separarlo de Su amor; aun así Él lo ama. No piense que las secuelas de sus pecados anteriores han quitado su belleza o que el los ama menos a causa del pecado. Él los amaba aun cuando conocía sus viejos pecados y ahora lo ama igual que antes. Acérquese a Él confiadamente y dígale que se arrepiente por haberlo contristado. Él se olvidará de su extravío y lo recibirá nuevamente. Los besos de Su amor lo alcanzarán y Su gracia lo envolverá. Él es fiel, confíe en Él, Nunca lo traicionará ni lo dejará.

¡Qué Consolador *"sabio"* es el Espíritu Santo! Job contaba con consoladores y creo que habló verdad cuando dijo, *"Consoladores molestos sois todos vosotros"* (Job 16:2). La gente no comprendía su angustia y dolor. Pensaron que realmente no era hijo de Dios, y lo trataron erróneamente, como cuando un médico se equivoca en su diagnóstico y da una receta incorrecta.

A menudo, cuando visitamos a personas, nos equivocamos de diagnóstico. Deseamos consolarlos, pero no necesitan consuelo alguno; es más conveniente dejarlos solos en lugar de que reciban a consoladores carentes de sabiduría. Pero cuán sabio es el Espíritu Santo. Él toma el alma, la apoya sobre la mesa y la analiza minuciosamente en un instante. Él descubre la esencia de la cuestión, observa dónde está el dolor y utiliza un bisturí para extirpar lo innecesario y coloca una venda donde se encuentra la herida. Jamás se equivoca. Entre todos los consoladores, yo recurro al Espíritu Santo puesto que sólo Él ofrece el consuelo más sabio. ¡Cuán *"seguro"* es el Espíritu Santo como Consolador! Todo consuelo no es seguro. Hubo un joven abatido que ingresó a la casa de Dios y oyó a un poderoso predicador. La palabra fue bendecida y lo convenció de pecado. Al ingresar a su hogar, su familia halló algo distinto en él. Ellos dijeron: "Ay, Juan está loco". Su madre dijo: "Envíalo al campo por una semana. Déjalo ir a bailar o al teatro". ¿Halló Juan consuelo allí? No, lo hicieron sentir peor. Mientras estaba allí, pensó que el infierno se abriría para devorarlo. ¿Halló consuelo en los entretenimientos del mundo? No, creyó que resultaba una pérdida de tiempo. Son consuelos sin fundamento, sin embargo, es el consuelo del mundo.

Cuando un cristiano se encuentra angustiado, muchos recomiendan talo cual remedio. Hubo muchos niños destruidos por medicamentos que los adormecían. Muchos han sido arruinados por el grito de paz cuando nunca existió. Oyen palabras suaves cuando deberían ser movidos por lo ligero. La serpiente de Cleopatra yacía en un canasto lleno de flores y la ruina del hombre se halla en los agradables discursos. Sin embargo, el consuelo del Espíritu Santo es seguro y usted puede descansar en Él. Permítale hablar la Palabra; hay verdad en ella. Permítale ofrecerle la copa del consuelo; puede beberla toda porque en el fondo no hay nada que pueda intoxicarlo o arruinarlo. Él es confiable. Además, el Espíritu Santo es nuestro Consolador *"activo"*, Él no consuela mediante palabras sino con hechos. Al igual que en Santiago 2:16, algunos ofrecen consuelo diciendo: *"Id en paz, calentaos y saciaos, pero no les dais las cosas que son necesarias para el cuerpo, ¿de que aprovecha?"*. Como dice este versículo, el mundo nada ofrece, pero, el Espíritu Santo sí. Él intercede con Jesús, nos da promesas, gracia y de este modo Él nos consuela. Recuerde, Él es un *"exitoso"* Consolador.

Nunca intenta aquello que no puede lograr. Usted no necesita llamarlo. Su Dios siempre está cerca de él y si necesita consuelo cuando se siente abatido, la Palabra está cerca de usted. Está en su boca y en su corazón. Él es su eterno auxilio en las tribulaciones (Salmos 46:1).

El Consuelo
Hay personas que se equivocan en gran manera acerca de la influencia del Espíritu Santo. Un hombre necio deseaba predicar en el púlpito. A pesar de que no estuviera capacitado para ello, le aseguró al ministro con solemnidad que el Espíritu Santo le había revelado que él debía predicar. El ministro dijo: "Muy bien, supongo que no debo cuestionar su afirmación pero, aún no me ha sido revelado que usted debe predicar. Entonces, márchese hasta que me sea revelado". He oído a muchos fanáticos afirmar que el Espíritu Santo les ha revelado ésta y aquélla idea. Estas son cosas que deben ser ponderadas con la Palabra. Nadie debe esconderse detrás de esto para salirse con la suya. Hay que tener temor de Dios. Su Palabra es siempre la máxima autoridad. La intervención más frecuente del Espíritu Santo al creyente es de recordarnos la Escritura. *"Más el Consolador, el Espíritu Santo, a quien el Padre enviará en mi nombre, él os enseñará todas las cosas, y os recordará todo lo que yo os he dicho."* (Juan 14:26).

El canon de la revelación ya está determinado. No se le debe agregar cosa alguna. Dios no ofrece una nueva revelación nueva sino que afianza la antigua. Cuando ha sido olvidada en la cámara de nuestra memoria, Él la saca a luz, limpia el cuadro, pero no pinta uno nuevo. No existen nuevas doctrinas sino que hace revivir las antiguas. El Espíritu no consuela mediante una nueva revelación. Él nos consuela haciéndonos recordar las cosas antiguas nuevamente. Nos alumbra para manifestar los tesoros escondidos en las Escrituras. Él abre el tesoro donde yace la verdad, y señala a las cámaras secretas colmadas de riquezas incalculables.

En la Biblia se encuentra todo lo necesario para vivir eternamente. Si los años de su vida excedieran a los vividos por Matusalén no se requeriría una nueva revelación. Si viviera hasta la venida de Cristo, no habría necesidad de agregar una sola palabra. Si fuese hasta las profundidades como Jonás o descendiera hasta el centro del infierno como dijo David, en la Biblia se encontraría todo lo necesario para consolarse sin la necesidad de agregar otra oración. Sin embargo, Cristo dice, *"Todo lo que tiene el Padre es mío; por eso dije que tomará de lo mío, y os lo hará saber"* (Juan 16:15).

El Espíritu Santo susurra al corazón. Expresa frases tales como, "Anímate. Alguien murió por ti.

Mira hacia el Calvario; contempla Sus heridas; mira el torrente brotar de su costado, ese es tu amo, tú estás a salvo. Él te ama con amor eterno, y Su sacrificio fue para tu bien. Cada caricia te sana. Él sana tu alma de cada herida". *"Porque el Señor al que ama, disciplina, y azota a todo que recibe por hijo"* (Hebreos 12:6). No ponga en duda la gracia divina a causa de su tribulación, crea que Él lo ama tanto en tiempos de tribulación como en tiempos de contentamiento. ¿Qué significa su angustia comparada con las agonías de Cristo, al pesarlas en una balanza?

Especialmente cuando el Espíritu Santo corre el velo del cielo y permite que el alma contemple la gloria celestial, es allí cuando el santo puede decir: Tú eres mi Consolador. Venga tu cuidado sobre mí como un tempestuoso diluvio, produce tormentas de angustia. Pero permíteme llegar a mi hogar seguro, mi Dios, mi cielo, mi todo. Si tuviese que contar las manifestaciones del cielo, alguno de ustedes podría ponerlas por obra! Usted también ha dejado el sol, la luna y las estrellas a sus pies, mientras en las alturas ha vencido al relámpago tardío. Parece que entró por las puertas de perla y caminó por las calles de oro elevado sobre las alas del Espíritu. Pero aquí, no debemos confiar en nosotros mismos porque probablemente nos perdamos en la contemplación y olvidemos el tema.

El consolado

¿Quiénes son los consolados? Al final de mis sermones me gusta decir: "Divídanse. Divídanse", porque existen dos grupos. Algunos son los consolados, otros son los desconsolados. Algunos recibieron el consuelo del Espíritu Santo, y otros no. Permítame examinar a mis lectores para ver quién es la cizaña y quién el trigo. Dios puede transformar la cizaña en Su trigo.

Usted puede preguntarse: "¿Cómo sé si soy receptor del consuelo del Espíritu Santo?" Puede saberlo mediante una sola regla: si recibió una bendición por parte de Dios, usted recibirá toda otra bendición. Permítame ser más explícito. Si yo estuviera en una subasta y ofreciera el Evangelio, lo vendería completo. Si dijera: "Soy justificado a través de la sangre de Jesús gratuitamente otorgada", muchos dirían: "¡Quiero ser justificado, deseo ser perdonado!".

Imagine que yo ofreciera santificación, la redención de pecados, un profundo cambio de corazón, liberación del alcoholismo y de las maldiciones. Muchos dirían: "No quiero eso. Quisiera ir al cielo, pero no quiero la santidad. Me gustaría ser salvo sin dejar la bebida. Quisiera entrar en gloria, pero seguir maldiciendo". Si recibió una bendición por parte de Dios, recibirá toda otra bendición. Dios nunca divide el Evangelio. No hace acepción de personas cuando ofrece justificación, santificación, perdón o santidad. Esto es para todos. *"Ya los que predestino, a éstos también llamó; y a los que llamó, a éstos también justificó; y a los que justificó, a éstos también glorificó"* (Romanos 8:30).

Si usted descansara sobre el consuelo del Evangelio, volaría hacia ello como las abejas hacia la miel. Cuando se enferma llama al pastor. Quiere que el ministro hable palabras consoladoras. Sin embargo, si fuere un hombre honesto, él no debía darle ni un grano de consuelo. No derramaría aceite si el bisturí es la solución. Antes de atreverme a hablar acerca de Cristo, hago que la persona se sienta pecadora. Examino su alma y le hago sentir que está perdido antes de contarle de la bendición ya comprada. ¿Ha sido usted convencido de pecado? ¿Ha sentido culpa ante

Dios? ¿Ha humillado su alma ante los pies de Jesús? ¿Ha mirado hacia el Calvario para hallar auxilio? Si no fuere así, no tiene derecho a reclamar consuelo. No tome ni un átomo de ello. El Espíritu convence antes de dar consuelo, y usted debe ser operado por el Espíritu antes de recibir consuelo. ¿Qué sabe usted acerca del Consolador? Deje que esta solemne pregunta traspase su alma. Si no conoce al Consolador, le diré a quién conocerá. Conocerá al Juez. Si no conoce al Consolador conocerá al Condenador en el otro mundo. Él gritará: *"Apartaos de mí, malditos, al fuego eterno preparado para el diablo y sus ángeles"* (Mateo 25:41). Bien expresó Whitefield cuando dijo: "Tierra, tierra, tierra oye la Palabra del Señor". Si viviéramos aquí para siempre, menospreciaríamos el Evangelio. Si usted fuera dueño de la vida, despreciaría al Consolador, pero usted debe morir. Probablemente, algunos han regresado a sus hogares perdidos, y otros pronto se hallarán en medio de los glorificados arriba o con los maldecidos abajo. ¿Dónde irá usted? Deje que su alma conteste. Si cayere muerto esta noche, ¿dónde iría: al cielo o al infierno?

No se deje engañar. Deje que su conciencia haga la perfecta obra y si a la luz de Dios se encuentra obligado a decir: "Tiemblo y temo que mi porción sea con los incrédulos". Escuche un momento, *"El que creyere y fuere bautizado, será salvo; más el que no creyere, será condenado"* (Marcos 16:16). Débil pecador, el menosprecio del diablo, el reprobado, maldito, hurtador, adúltero, fornicario, bebedor, transgresor, me dirijo a usted y a los redimidos. No excluyo a ningún hombre. Dios ha dicho que no hay ninguna excepción. *"Si confesares con tu boca que Jesús es el Señor; y creyeres en tu corazón que Dios le levantó de los muertos, serás salvo"* (Ro. 10:9). El pecado no constituye una barrera, y su culpa no es obstáculo. Aunque fuere malvado como Satanás o traidor como un enemigo, todo aquél que cree será perdonado de todo pecado, quedará absuelto de todo crimen e iniquidad. Será salvo en el Señor Jesucristo y se encontrará seguro en el cielo. Éste es el glorioso Evangelio. Espero que Dios lo haga llegar a su corazón y le dé fe en Jesús.

Hemos oído al predicador decir: La Verdad por él fue revelada. Pero anhelamos un Maestro Mayor, del trono eterno; la *Aplicación* es la exclusiva obra de Dios.

El Poder del Espíritu Santo
"Y el Dios de esperanza os llene de todo gozo y paz en el creer; para que abundéis en esperanza por el poder del Espíritu Santo." Romanos 15:13. El poder es un privilegio especial y peculiar que le corresponde a Dios, sólo a Él. *"Una vez habló Dios; dos veces he oído esto: Que de Dios es el poder"* (Salmos 62:11). Dios es Dios, y el poder es suyo. Él delega una porción del poder a su creación, sin embargo aún le pertenece. El sol dice que es, *"como esposo que sale de su tálamo, se alegra cual gigante para correr el camino"* (Salmos 19:5), no tiene libertad de acción a menos que Dios lo dirija. Las estrellas, aunque transiten en sus órbitas y nadie puede detenerlas, no poseen ni poder ni fuerza a menos que Dios se lo diera. El imponente arcángel cerca de su trono brilla más que un cometa en su máximo esplendor y aunque se destaque por su poder y escuche la voz de las órdenes de Dios, no tiene poder alguno a menos que su Creador se lo diera. Como Leviatán que hizo hervir el mar como agua en un recipiente o Behemot que bebió agua del Jordán en una sola vez y se jactó de que era capaz de devorar las majestuosas bestias de la tierra. Estos le deben su fuerza al Dios que transformó sus huesos en hierro y sus tendones en cobre.

Piense en el hombre. Su fuerza o poder es tan pequeña e insignificante que prácticamente no se puede considerar como tal. Sí aun cuando esté en su máximo grado, aunque el hombre ejerciera su autoridad, dirigiera o tuviera la soberanía de la nación, el poder emana de Dios. Este exclusivo privilegio de Dios se encuentra en cada una de las tres personas de la gloriosa Trinidad. El Padre tiene poder; por Su Palabra fueron creados los cielos, la tierra y todo lo que hay en ella. Por Su poder toda la creación subsiste y cumple Su propósito. El Hijo tiene poder, como Su Padre, Él es el Creador de todas las cosas. «*Todas las cosas por él fueron hechas, y sin él nada de lo que ha sido hecho, fue hecho*" (Juan 1:3). «*Y él es antes de todas las cosas, y todas las cosas en él subsisten*" (Colosenses 1:17). El Espíritu Santo también tiene poder. En adelante, hablaremos acerca de este poder.

Consideraremos el tema del poder del Espíritu Santo en tres perspectivas: las manifestaciones externas y visibles, las manifestaciones internas y espirituales, y las futuras y esperadas obras del Espíritu Santo. De esta manera, Su poder se hará presente en sus almas. El poder del Espíritu Santo es activo. Ha sido ejercido. Dios ya obró en gran manera mediante el Espíritu de Dios. Se ha logrado mucho más de lo que hubiese logrado cualquier ser, excepto el infinito poderoso Jehová que está unido al Espíritu Santo en una sola persona. Las cuatro obras que constituyen las señales externas y manifiestas del poder del Espíritu Santo son: la obra de la creación, la obra de la resurrección, la obra del testimonio y las obras de gracia.

La Obra de la Creación
El Espíritu manifestó la omnipotencia de Su poder a través de la obra de creación. Aunque no se constate a menudo en las Escrituras, en diferentes pasajes la obra de la creación se le atribuye tanto al Espíritu Santo como al Hijo y al Padre. La creación de los cielos es considerada obra del Espíritu de Dios. Queda comprobado en Job 26:13:

"Su Espíritu adornó los cielos; Su mano creó la serpiente tortuosa". Se dice que todas las estrellas en el cielo fueron colocadas por el Espíritu. Una constelación en particular llamada la serpiente tortuosa ha sido señalada como obra de Sus manos. Él hizo él Orión, agrupó las siete estrellas de Pléyades y guio a Osa. Su mano creó todas las estrellas que brillan en el cielo. Además, las creaciones que se llevan a cabo en la actualidad tales como el nacimiento de seres humanos y la reproducción de animales, se atribuyen al Espíritu Santo. El texto de Salmos 104 dice:

"Escondes tu rostro, se turban; les quitas el hálito, dejan de ser. Y vuelven al polvo. Envías tu Espíritu, son creados, y renuevas la faz de la tierra." (Salmos 104:29-30)

La creación de todo hombre es obra del Espíritu Santo. La creación de la vida y todo lo que existe, se atribuye al poder del Espíritu Santo como primer adorno del cielo. Observe el primer capítulo de Génesis y comprobará la peculiar obra de poder sobre el universo realizada por el Espíritu Santo. Luego descubrirá Su obra especial. Allí leemos, *"Y la tierra estaba desordenada y vacía, y las tinieblas estaban sobre la faz del abismo, y el Espíritu de Dios se movía sobre la faz de las aguas"* (Génesis 1:2). Hubo un determinado momento en el que el Espíritu Santo en particular estaba más involucrado en la creación. Aconteció cuando se formó el cuerpo de nuestro Señor Jesucristo. A pesar de que nuestro Señor Jesucristo fue concebido, en su nacimiento terrenal, por una mujer y hecho a semejanza del hombre carnal, el poder creador yacía completamente en el

Espíritu Santo de Dios. Como expresan las Escrituras

"El Espíritu Santo vendrá sobre ti, y el poder del Altísimo te cubrirá con su sombra; por lo cual también el Santo Ser que nacerá, será llamado Hijo de Dios." (Lucas 1:35)

Él fue engendrado, según el Credo Apostólico, del Espíritu Santo. El cuadro corporal del Señor Jesucristo fue obra maestra del Espíritu Santo. Supongo que el cuerpo de Cristo excedió a todo otro en belleza y se asemejaba al del primer hombre. Creo que es el tipo de cuerpo que ascenderá a los cielos donde brillará en su máxima gloria. Aquella creación con toda belleza y perfección fue modelada por el Espíritu. El Espíritu Santo diseñó a Cristo y aquí nuevamente, surge otra instancia de la energía creativa del Espíritu.

La Obra de la Resurrección
Una segunda manifestación del poder del Espíritu Santo se encuentra en la resurrección del Señor Jesucristo. Si alguna vez estudió sobre el tema, se habrá maravillado al observar cuán a menudo se le atribuye a sí mismo la resurrección de Cristo. Mediante Su propio poder y soberanía no pudo ser detenido por el yugo de muerte, pero debido a que voluntariamente entregó Su vida, tuvo derecho a recuperarla. En otro pasaje bíblico el poderse atribuye al Padre, *"Le levantó de los muertos"* (Hechos 13:34). Dios, el Padre lo exaltó. Hay varios pasajes similares. No obstante, nuevamente, las Escrituras establecen que Jesucristo fue resucitado por el Espíritu Santo. Todo esto es verdadero. Él fue resucitado por el Padre porque el Padre así lo ordenó. Se hizo justicia. Dios elaboró un mensaje oficial que liberó a Jesús de la tumba. Cristo resucitó por Su propia majestad y poder porque a Él le correspondía resucitar. El yugo de muerte no pudo detenerlo. Sin embargo resucitó después de tres días mediante el Espíritu y la energía que recibió Su cuerpo mortal. Si usted quiere puede probarlo, abra su Biblia nuevamente y lea lo siguiente:

"Porque también Cristo padeció una sola vez por los pecados, el justo por los injustos, para llevarnos a Dios, siendo a la verdad muerto en la carne, pero vivificado en el Espíritu." (1 Pedro 3:18)

Y si el Espíritu de aquél que levantó de los muertos a Jesús mora en vosotros, el que levantó de los muertos a Cristo Jesús vivificará también vuestros cuerpos mortales por su Espíritu que mora en vosotros." (Romanos 8:11)

Entonces, la resurrección de Cristo se efectuó por el Espíritu. Esta es una noble ilustración de Su omnipotencia. Si hubiera podido entrar a la tumba de Jesús como un ángel y ver Su cuerpo en reposo, estaría tan frío como cualquier otro cadáver. Si hubiera alzado Su mano, caería a su costado. Si lo hubiera mirado a los ojos, estarían oscuros. La muerte echada sobre Él aniquiló la vida. Aunque hubiese observado Sus manos, no correría sangre. Estarían frías e inmóviles. ¿Era posible que ese cuerpo reviviese? ¿Resucitaría? Sí, y es la demostración del poder del Espíritu. Porque cuando el poder del Espíritu vino sobre Él, así como vino sobre los huesos secos en el valle, Él resucitó con la Majestad de Su divinidad. Resplandeciente. Sorprendió a los guardias y éstos huyeron. Se levantó para no morir jamás sino para vivir eternamente; Rey de reyes y Príncipe de los reyes terrenales.

La Obra del Testimonio

Entre las obras del Espíritu Santo la tercera, que ha sido maravillosamente ilustrada, es la obra del testimonio. Me refiero a las obras como testigo. Cuando Jesucristo se bautizó en el río Jordán, el Espíritu Santo descendió sobre Él como paloma y lo proclamó Hijo Amado de Dios. A esto denomino la obra del testimonio. Luego, el poder del Espíritu Santo le permitió a Cristo resucitar a los muertos, sanar a los leprosos, dirigirse a las enfermedades para que huyeran instantáneamente y expulsar miles de demonios. El Espíritu moraba en Jesús sin medida. Mediante aquel poder, se realizaron todos esos milagros. Eran obras del testimonio. Después de la ascensión de Jesucristo, el testimonio maestro ocurrió al venir un viento recio sobre la asamblea de apóstoles. Se les aparecieron lenguas repartidas como de fuego, asentándose sobre cada uno de ellos y Él dio testimonio de Su ministerio dándoles la capacidad de hablar en lenguas según el Espíritu les daba que hablasen.

También ocurrieron milagrosos hechos a través de ellos. Mire como Pedro resucitó a Dorcas, como Pablo le dio aliento de vida a Eutico y cuán grandes hechos se realizaron por medio de los apóstoles y de su Maestro. El Espíritu Santo obró poderosas señales y prodigios, y muchos creyeron a causa de esto. ¿Quién dudaría del poder del Espíritu después de aquello? ¿Qué harán los herejes que niegan no sólo la divinidad de Cristo sino también la existencia del Espíritu Santo y Su absoluta personalidad cuando se comprueba la creación, resurrección, y el testimonio? Mateo 21:44 dice: *"Y el que cayere sobre esta piedra será quebrantado; y sobre quien ella cayere, le desmenuzará"*. El Espíritu Santo posee el poder omnipotente de Dios.

La Obra de la Gracia

Las obras de gracia constituyen otras señales externas y visibles del poder del Espíritu Santo. Imagínese una ciudad en la que un adivino tiene el poder. Felipe tenía poder para predicar la Palabra de Dios.

Inmediatamente, Simón, el mago, perdió su poder y buscó el poder del Espíritu. Él creía que el poder se adquiría con dinero (Hechos 8: 9-18). En tiempos modernos, imagínese un pueblo en el que los habitantes viven en miseria y se alimentan de reptiles. Obsérvelos inclinarse ante sus ídolos y adorar sus falsos dioses. Están tan entusiasmados con la superstición y son tan depravados y degenerados que usted se pregunta si tienen almas o no. Mire, Mofat iba con la Palabra de Dios en su mano, y predicaba según el Espíritu le daba que hablase.

La Palabra se acompaña con poder. Los habitantes abandonaron sus ídolos y detestan su lujuria antigua. Construyen viviendas, se visten y ahora son cuerdos. Rompieron el arco y la lanza en pedazos. Los primitivos se transformaron en individuos civilizados, y los salvajes aprendieron a comportarse. Aquél que desconocía las Escrituras comienza a leerla y a través de su boca Dios afirma el poder del Espíritu todopoderoso. Imagine un hogar en la ciudad, allí vive un padre bebedor, un personaje desesperado. Existen muchos. Obsérvelo en su locura. Es lo mismo que encontrarse con un tigre desencadenado. Parece que podría desmenuzar a cualquiera que lo ofendiere. Mire a su esposa. Ella también tiene un espíritu dentro de ella y cuando él la maltrata lo resiste. En ese hogar se han oído muchos pleitos y los vecinos han sido perturbados por los ruidos. En cuanto a los pobres niños, mal vestidos, mal instruidos, pobres criaturas. Dije, ¿No enseñados? Ellos son instruidos, muy bien enseñados, pero en la escuela del diablo y crecerán para ser herederos de maldición. Sin embargo, alguien bendecido por el Espíritu es guiado hacia esa casa. Quizá es un humilde misionero urbano que trata con esta clase de gente.

"Ay" exclama, "Venga a escuchar la voz de Dios". Ya sea por el poder de Dios o la predicación del ministro, la Palabra, que es precisa y poderosa, traspasa el corazón del pecador. Las lágrimas se derraman por sus mejillas como nunca antes. El hombre tiembla y se estremece. El hombre tan fuerte se quebranta. El poderoso hombre tiembla, y aquellas rodillas que jamás se doblaron comienzan a quebrarse. Aquel corazón que jamás sintió cobardía, comienza a estremecerse ante el poder del Espíritu. Se sienta en una humilde silla como un penitente. Sus rodillas continúan dobladas mientras sus labios pronuncian una oración como la de un niño. Pero, aunque sea una sencilla oración, es la de un hijo de Dios. En ese instante comienza a ser un hombre transformado. Note el cambio en su hogar. Su esposa se convierte en una mujer decente. Los niños son la alegría del hogar. A su tiempo, crecen como ramas de un olivo en derredor de la mesa y adornan el hogar como piedras pulidas. Pase por la casa. No existen los ruidos ni pleitos que se oyen canciones de Sion. Mírelo, ya no está ebrio. Ha bebido su última copa y ahora la rechaza. Él viene a Dios como Su siervo. Ahora no se oyen gritos por la noche sino el son de solemnes himnos de alabanza a Dios. Por lo tanto, ¿existe el poder del Espíritu Santo? Sí, lo hemos visto. Conocí un pueblo que tal vez era uno de los más profanos en Inglaterra. Era un pueblo colmado de personas dadas al alcohol y al libertinaje. Para un hombre honesto era casi imposible pasar por la cantina sin ser molestado con blasfemias. El lugar era conocido por los radicales y ladrones. Un hombre, el líder del grupo, escuchó la voz de Dios. Su corazón fue quebrantado. Toda la pandilla vino a oír el Evangelio. Se sentaron y reverenciaban al predicador como un dios, en lugar de un hombre. Estos hombres fueron cambiados y transformados. Aquéllos que lo conocían a él, afirmaron que semejante cambio sólo podía producirse por el poder del Espíritu Santo. Permita que el Evangelio sea predicado y el Espíritu derramado. Usted verá que tiene poder para cambiar la conciencia, mejorar la conducta, levantar a los perversos, y purificar la maldad de las razas, por ello usted debe gloriarse en Él. Nada se asemeja al poder del Espíritu. Sólo déjelo venir, y seguramente, todo se logrará.

El Poder Interno del Espíritu Santo
El segundo punto versa sobre el poder interno y espiritual del Espíritu Santo. Lo que usted ya leyó puede visualizarse. Pero, lo que leerá a continuación debe sentirse. Ningún hombre comprenderá lo que expreso a menos que lo sienta.

Primero, el Espíritu Santo ejerce control sobre el corazón del hombre que es difícil de penetrar. Si quiere ganarlo con algún propósito de este mundo, puede hacerlo. Un mundo engañoso logra ganar el corazón del hombre, al igual que un poco de oro. Sin embargo, ningún ministro puede ganar el corazón de un hombre por sí mismo. Puede ganar sus oídos para que éste oiga, puede ganar sus ojos y tenerlos puestos en él. Puede atraer su atención, pero el corazón es resbaloso.

El corazón es un pez que a todo pescador cristiano le resulta difícil pescar. Habitualmente lo saca del agua, sin embargo por ser tan resbaladizo como una anguila se pierde entre sus dedos y al final se le escapa. Muchos hombres creyeron atrapar el corazón, pero se desilusionaron. Se necesita un gran cazador para cazar a un ciervo en las montañas. Es demasiado ligero para el pie humano.

El Espíritu sólo tiene poder sobre el corazón del hombre. ¿Alguna vez ha probado su poder sobre el corazón? Si algún hombre piensa que un ministro puede convertir el alma por sí mismo, ojalá lo intentara. Deje que se convierta en maestro de escuela dominical. Dictará sus clases, tendrá los mejores libros, las mejores doctrinas, y el mejor alumno en su clase. Si no se cansó en una semana, yo estaría en un gran error. Deje que pase cuatro o cinco sábados intentándolo. Al final él dirá: "Este joven es incorregible".

Déjelo probar otra vez. Y será necesario que pruebe otra y otra vez antes de convertir a alguno de ellos. Pronto se dará cuenta que es como el Señor estipuló en Zacarías 4:6: *"No es con ejército, ni con fuerza sino con mi Espíritu"*. El hombre no puede llegar al alma, pero el Espíritu Santo sí. *"Mi amado metió su mano por la ventanilla, y mi corazón se conmovió dentro de mí"* (Cantares 5:4). Él puede dar un sentido de perdón comprado a precio de sangre que ablanda hasta un corazón de piedra. Habla con esa voz que despierta a los muertos, haz que el pecador se levante, y que la conciencia llena de culpa tema la muerte que nunca muere.

Él hace audibles los truenos del Sinaí. Puede hacer que los dulces susurros del Calvario penetren al alma. Tiene poder sobre el corazón del hombre, y una prueba gloriosa acerca de la omnipotencia del Espíritu es que Él gobierna en los corazones.

Sin embargo, si hubiere algo más obstinado que el corazón, sería la voluntad. "Mi señor voluntad". Como lo llama Bunyan en su libro Guerra Santa, es un joven que no será fácilmente quebrado. La voluntad, especialmente en algunos hombres, es obstinada, y en todo hombre, si la voluntad provoca oposición, no hay nada que hacer.
Algunos creen en el libre albedrío. Muchos sueñan con el libre albedrío. Libre albedrío. ¿Dónde se hallará? Hubo libre albedrío en el Huerto de Edén, y qué desastre provocó. Echó a perder a todo el Paraíso, y lo expulsó a Adán del huerto. Hubo libre albedrío en el cielo, pero expulsó a un glorioso arcángel y un tercio de las estrellas cayeron al abismo.

No obstante, algunos se jactan del libre albedrío. ¿Será que aquéllos que creen en el libre albedrío tienen más autoridad sobre la voluntad de la gente que yo mismo? Sé que no la tengo. Encuentro el viejo proverbio muy verdadero: "Un hombre puede atraer al caballo hacia el agua, pero cien hombres no pueden hacerlo beber". Creo que ningún hombre tiene autoridad sobre la voluntad del prójimo, pero el Espíritu Santo sí.

"Tu pueblo se te ofrecerá voluntariamente en el día de tu poder" (Salmos 110:3). Él hace que el pecador sin voluntad tenga tanta que busque con ímpetu el Evangelio. Aquél que antes era obstinado, ahora corre a la cruz. Aquél que se burlaba de Jesús, ahora se toma de Su misericordia; aquél que no creía, ahora mediante el Espíritu Santo cree voluntariamente y con entusiasmo. Lo hace con alegría y se regocija al oír el nombre de Jesús, y se deleita en los mandamientos de Dios. El Espíritu Santo tiene autoridad sobre la voluntad.

Existe algo peor que la voluntad. Tal vez adivine a qué me refiero. Es más difícil quebrar la voluntad que quebrantar el corazón, pero hay algo que excede la obstinación de la voluntad: la imaginación. Deseo que mi voluntad esté sometida a la gracia divina. Sin embargo, temo que a veces mi imaginación no esté sometida a Él. Aquéllos que tienen mucha imaginación comprenden que resulta dificultoso controlarla. No se puede detener. Rompe las riendas. Jamás la podrá controlar. A menudo, la imaginación se eleva a Dios con tanto poder que las alas del águila no la pueden igualar. Tiene tanta fuerza que hasta alcanzará ver al Rey en su belleza y a la tierra lejana. Respecto a mí mismo, mi imaginación me traslada a las puertas de hierro, a través del infinito desconocido, a las mismas puertas de perla, y me lleva a descubrir la gloria.

La imaginación es igualmente potente hacia la otra dirección. Ella me ha llevado a las viles profundidades y oscuridades de la tierra. Ha traído pensamientos tan desagradables que mientras no podía evitarlos, me horrorizaban. Estos pensamientos vienen y cuando la epidemia brota es cuando más santo me siento, más devoto a Dios, y más sincero en oración. Pero, yo me regocijo y sólo pienso; puedo clamar cuando la imaginación viene sobre mí.

En el libro de Levítico, cuando la mujer clamó contra un acto vil que se cometió, su vida no fue quitada. Lo mismo ocurre con los cristianos. Si clama, hay esperanza. ¿Puede usted encadenar su imaginación? No, pero el poder del Espíritu Santo sí puede lograrlo. Lo hará, lo hace aquí en la tierra finalmente.

Los Futuros y Deseados Efectos
Jesucristo exclamó: *"Consumado es"* (Juan 19:30). Esto es referente a la obra de Cristo, pero el Espíritu Santo no puede afirmar lo mismo. Él aún tiene mucho por hacer, y hasta que se logre la consumación de todas las cosas, cuando el Hijo mismo se sujete al Padre, el Espíritu Santo no dirá "Consumado es". Pues, ¿Cuál es la obra del Espíritu Santo?

Primero, debe perfeccionamos en la santidad. Hay dos tipos de perfecciones que necesita un cristiano. Una de ellas es la perfección mediante la justificación de Jesús, y la otra es la perfección de la santificación obrada por el Espíritu Santo. En la actualidad, la corrupción aún reposa en el corazón de los regenerados, el corazón está parcialmente impuro y todavía hay lujuria y pensamientos viles. Sin embargo, mi alma se regocija al saber que el día viene cuando Dios terminará la obra que Él comenzó. No sólo presentará mi alma perfecta en Cristo, sino también el espíritu, sin mancha ni cosa semejante. ¿Será verdad que mi pobre y depravado corazón ha de ser tan santo como el corazón de Dios? ¿Es cierto que este pobre espíritu que a menudo clama; *"!Miserable de mí! ¿Quién me librará de este cuerpo de muerte?"* (Romanos 7:24), ¿será librado del pecado y la muerte? ¿Es cierto que no habrá maldad alguna que suene en mis oídos y ningún pensamiento impuro que quite mi paz? ¡Oh, hora feliz!
Lavado hasta llegar a ser blanco, limpio, puro, y perfecto. Ni un ángel será más puro que yo, ni Dios más santo. Podré decir, en doble sentido, "Dios grande, estoy limpio. A través de la sangre de Cristo soy limpio, y por la obra del Espíritu también soy limpio". ¿No deberíamos exaltar el poder del Espíritu Santo para presentarnos aptos ante nuestro Padre que está en los cielos?

La Obra de la Gloria Postrera
Otra obra maravillosa del Espíritu Santo que no ha sido consumada, es la venida de la gloria pos-

trera. En unos años más, no sé cuándo, ni cómo, el Espíritu Santo será derramado de manera muy diferente al derramamiento actual. *"Hay diversidad de operaciones"* (1 Corintios 12:6), y en estos últimos años, hubo poco derramamiento del Espíritu en las distintas operaciones. Los ministros han caído en la rutina, continuamente predicando, predicando, predicando pero no se ha logrado mucho.

La hora viene cuando el Espíritu Santo será derramado nuevamente de manera tan maravillosa que muchos correrán de aquí para allá, *"la ciencia aumentará"* (Daniel 12:4), y el conocimiento de Dios cubrirá la tierra como las aguas cubren el mar (Isaías 11:9). Cuando venga Su reino y Su voluntad sea hecha en el cielo, como así también en la tierra (Mateo 6:10), ya no estaremos cargando para siempre como Faraón con las ruedas del carro.

Quizá no habrá ningún don milagroso, porque no será necesario. Sin embargo, habrá una cantidad milagrosa de santidad, un extraordinario fervor por la oración, una comunión tan real con Dios, tanta religión vital, y un derramar de las doctrinas de la Cruz, que todos verán que el Espíritu es derramado como agua, y que las lluvias están descendiendo de arriba. Oremos por esto, trabajemos continuamente por ello y busquémoslo.

Maravilloso Poder de Resurrección
Una obra más del Espíritu en la que manifestará Su poder es en la resurrección al final de los tiempos. A partir de las Escrituras, hay motivo para creer que aunque será efectuada mediante la voz de Dios y Su Palabra (el Hijo), la resurrección de los muertos acontecerá por medio del Espíritu. El mismo poder que resucitó a Jesús de entre los muertos también resucitará su cuerpo mortal. El poder de la resurrección es tal vez una de las pruebas más claras entre las obras del Espíritu.

Mis amigos, si se pudiera quitar el manto que cubre al mundo por un tiempo, si se pudiera remover la tierra y mirásemos dos metros hacia abajo, qué mundo sería. ¿Qué veríamos? Huesos, cadáveres, pudrición, gusanos, corrupción usted diría: *"¿Podrán vivir estos huesos secos? ¿Podrán movilizarse?* Sí, *"En un momento en un abrir y cerrar de ojos a la final trompeta; porque se tocará trompeta y los muertos serán resucitados incorruptibles y nosotros seremos transformados"* (1 Corintios 15:52). Él habla, y ellos resucitan. Mírelos desparramados; los huesos se unen. Mírelos desnudos; son cubiertos con carne. Obsérvelos aún sin vida, *"Espíritu ven de los cuatro vientos y sopla sobre estos muertos y vivirán"(Ezequiel 37:9).* Cuando viene el soplo del Espíritu Santo, ellos cobrarán vida, y se pararán como un gran ejército.

El Práctico Poder del Espíritu Santo
Mi intención fue hablar acerca del poder del Espíritu, y creo haberlo logrado. Ahora debemos dedicar unos momentos a la deducción práctica. Cristiano, el Espíritu es muy poderoso. ¿Qué deduce de esta realidad? Jamás debe desconfiar del poder de Dios para elevarlo al cielo. Estas dulces palabras han sido colocadas en mi alma Su mano Todopoderosa Se alza para tu defensa; ¿Dónde está el poder que te puede alcanzar allí? ¿O que te puede sacar de allí? El poder del Espíritu es su baluarte, y toda Su omnipotencia lo defiende. ¿Pueden sus enemigos vencer la omnipotencia? Si fuere así lo derribarían a usted. ¿Pueden luchar contra la Deidad y arrojarlo al suelo? Si

fuere así lo vencerían a usted. Porque el poder del Espíritu es nuestro poder, y el poder del Espíritu es nuestra fortaleza. Una vez más, si éste es el poder del Espíritu Santo, ¿por qué duda? En cuanto a su hijo y a su esposa por quienes clamó en oración tan frecuentemente. No dude del poder del Espíritu. Él puede tardar pero espérelo. Mujer santa, ha batallado por el alma de su esposo. Aunque se ha endurecido como nunca antes, y es un hombre desdichado que la trata mal, hay poder en el Espíritu. Usted que ha venido de iglesias sin frutos, prácticamente sin hojas en su árbol, no dude que el poder del Espíritu puede levantarlo. Será como el campo para el rebaño, como la cueva donde descansan los asnos monteses (Isaías 32:14), abierta pero abandonada hasta que el Espíritu sea derramado de lo alto.

"El lugar se convertirá en estanque, y el sequedal en manaderos de aguas; en la morada de chacales, en su guarida, será lugar de cañas y juncos." (Isaías 35:7)

Usted, que recuerda lo que Dios ha hecho por su vida, nunca desconfíe del poder del Espíritu. Vio a la flor crecer en un campo fértil. Vio al desierto florecer como una rosa. Confíe en Él para el futuro. Luego salga y luche con la convicción de que el poder del Espíritu Santo tiene la capacidad de hacer cualquier cosa. Vaya a su escuela dominical, a su empresa, y predique con la convicción de que el poder del Espíritu Santo es su gran ayuda.
¿Qué más hay que decir acerca del poder del Espíritu? Creo que hay esperanza para algunos de ustedes. Yo no puedo salvarlo, y no puedo alcanzarlo. Quizá lo haga llorar. Sin embargo, se limpia las lágrimas de sus ojos, y se acabó todo. Pero, sé que mi Maestro puede alcanzarlo con salvación. Ese es mi consuelo. Gran pecador, hay esperanza para usted. Este poder puede salvarlo a usted así como a cualquier otra persona. Es capaz de quebrar su corazón de hierro y llenar con lágrimas sus ojos de piedra. Su poder puede hacerlo.

Si Él anhela transformar su corazón, cambiar la corriente de sus ideas, transformarlo en un instante en un hijo de Dios, justificarlo en Cristo, hay suficiente poder en el Espíritu Santo. Él no se aleja de usted sino que usted está estrecho en su propio corazón (2 Corintios 6:12). Él puede traer a los pecadores a Jesús. Él puede hacerlo anhelar el día de Su poder. ¿Está usted dispuesto? ¿Ha logrado hacerlo anhelar Su nombre, desear a Jesús? Entonces pecador, mientras Él lo atrae dígale: "Atráeme, soy infeliz sin ti". Sígalo, Sígalo y mientras Él los lleva camine sobre Sus pisadas. Regocíjese porque ha comenzado la buena obra con usted, hay pruebas de que Él continuará hasta el final. Si está desesperanzado, deposite su confianza en el poder del Espíritu. Descanse en la sangre de Jesús, y su alma estará segura, no sólo ahora sino en la eternidad. Dios lo bendiga. Amén.

El Espíritu Santo, el Gran Maestro
"Pero cuando venga el Espíritu de verdad, él os guiará a toda verdad; porque no hablará por su propia cuenta, sino que hablará todo lo que oyere, y os hará saber las cosas que habrán de venir." Juan 16:13

En gran medida, esta generación se ha tornado gradual e imperceptiblemente atea. Una de las enfermedades de la humanidad es lo oculto, pero el acentuado ateísmo es por lo que el hombre se ha apartado del conocimiento de Dios. La ciencia descubrió la segunda causa del alejamiento de Dios. Por lo tanto, muchos se han olvidado de la primera Gran Causa: El Autor de todo lo creado. Han tenido acceso a secretos haciendo que la existencia de Dios sea descuidada. Inclusive entre los cristianos practicantes, a pesar de que haya mucha religión, hay muy poca piedad. Hay abundante formalismo externo, pero poco conocimiento interno de Dios, poca dependencia y vida con Él.

La triste verdad es que cuando usted entra a las casas de adoración, ciertamente escuchará el nombre de Dios mencionado, pero casi ni se dará cuenta de que existe la Trinidad. En muchos lugares dedicados al Señor, el nombre de Jesús es a menudo considerado algo secundario. El Espíritu Santo es prácticamente olvidado y se habla poco acerca de Su sagrada influencia.

En gran medida, aún los hombres religiosos se han tornado en irreligiosos en esta época. Necesitamos más prédicas acerca de Dios; más prédicas sobre aquéllas cosas que no se basan tanto en la persona que ha de ser salva sino en el Todopoderoso que debe ser exaltado. Mi firme convicción es que veremos una mayor demostración del poder de Dios y una manifestación más gloriosa de Su poder en nuestras iglesias en la medida que consideremos más la sagrada Divinidad, el admirable Tres en Uno. Dios envíanos un ministerio que exalte a Cristo, un ministerio amante del Espíritu; hombres que proclamen el Espíritu Santo de Dios en todos Sus mandatos y exalten a Dios nuestro Salvador como el Autor y Consumador de nuestra fe. El hombre no debe pasar por alto al Gran Dios, el Padre de Su pueblo, que nos eligió a nosotros en Cristo Su Hijo, antes de todo lo creado. Nos justificó mediante Su justicia inevitablemente nos preservará y unirá en la consumación de todas las cosas en el último gran día.

El tema de nuestro texto es el Espíritu Santo de Dios. Sea Su dulce influencia sobre nosotros. Los discípulos habían sido instruidos por Cristo respecto de ciertas doctrinas elementales, sin embargo Cristo no les enseñó a sus discípulos más de lo que nosotros llamaríamos el ABC de la religión. Él fundamenta Sus motivos de esta realidad en Juan 16: 12: *"Tengo muchas cosas que deciros, pero ahora no las podéis sobrellevar"*.

Los discípulos de Jesús no poseían el Espíritu. En cuanto a la conversión sí lo tenían, pero no en cuanto a la brillante iluminación, la enseñanza profunda, la profecía e inspiración. Él dijo que enviaría al Consolador y que cuando viniera, los guiaría a la verdad. La misma promesa que les hizo a los apóstoles es dirigida a Sus Hijos. Al leer esto, la tomaremos como nuestra porción y herencia. No debemos considerarnos intrusos respecto a la propiedad de los apóstoles o a los derechos y privilegios exclusivos de ellos, ya que comprendemos que Jesús nos dijo: *"Pero cuando venga el Espíritu de verdad, él os guiará a toda verdad"* (Juan 16:13.1).

Al concentrarnos en el texto, detectamos cinco verdades. En primer lugar, se menciona una meta: el conocimiento de toda verdad. En segundo lugar, se sugiere una dificultad: necesitamos una guía hacia toda verdad. En tercer lugar, nos es provista una persona: el Espíritu vendrá y nos guiará a toda verdad. En cuarto lugar, se insinúa que: Él nos guiará a toda verdad. En quinto lugar, se da una señal respecto al obrar del Espíritu: podemos saber si Él obra por medio de Su guía hacia toda verdad (esto es una cosa cierta; no *verdades* sino *verdad*).

Obtención de la Verdad

Se menciona la obtención de una meta. Esta es el conocimiento de toda verdad. Sabemos que algunas personas estiman el conocimiento doctrinal poco importante y de escasa utilidad. No compartimos esta idea. Creemos que la ciencia (conocimiento profundo) de la crucifixión de Cristo y el juicio de las enseñanzas bíblicas son sumamente valiosos. Es correcto que el ministerio cristiano no sólo debe ser dinámico sino también instructivo. No debe ser sólo un despertar sino una iluminación, y debe apelar tanto a las pasiones como al entendimiento. No creo que el conocimiento doctrinal sea secundario. Estimo que constituye una de las necesidades primarias en la vida cristiana; conocer la verdad y luego practicarla. Creo que es innecesario decirle cuán importante es para nosotros estar correctamente instruidos respecto al reino.

La naturaleza misma, una vez santificada por medio de la gracia, produce en nosotros un gran anhelo de conocer toda la verdad. El hombre natural se aparta e interfiere entremetiéndose con todo tipo de conocimiento. Dios ha colocado un instinto en el hombre por el que lo hace insatisfecho si no logra llegar al fondo del misterio. Nunca está contento hasta que haya descubierto los secretos.

Lo que se denomina curiosidad es algo otorgado de parte de Dios. Nos impulsa a buscar el conocimiento de las cosas naturales. La curiosidad, santificada por el Espíritu, también se halla en cuestiones referentes a la sabiduría y ciencia celestial. David dijo, *"Bendice, alma mía, a Jehová, y bendiga todo mi ser su santo nombre"* (Salmos 103:11 Si somos curiosos, debemos emplear la curiosidad y desarrollarla en una búsqueda tras la verdad. *"Todo mi ser"* santificado por el Espíritu debe desarrollarse. Verdaderamente el hombre cristiano siente un intenso anhelo de enterrar su ignorancia para recibir sabiduría. Si desea la sabiduría terrenal en su estado natural, ¿cuánto más ardiente es el deseo de descubrir, si fuere posible, los misterios sagrados de la Palabra de Dios? Un verdadero cristiano constantemente lee y escudriña las Escrituras para constatar las verdades cardinales más importantes.

No sólo debe desearse esto porque la naturaleza nos enseña, sino porque el conocimiento de toda verdad es esencial para nuestro bienestar. Calculo que muchas personas se han encontrado en aflicción durante su vida por el hecho de que no contaban con una visión clara de las verdades. Por ejemplo, muchas pobres almas bajo convicción, se encuentran angustiadas por mucho tiempo, pero si tuvieran a alguien que les instruyera acerca de la gran cuestión sobre la justificación no ocurriría lo mismo. Algunos creyentes se preocupan por no desviarse del camino, pero si conocieran en su alma el magnífico consuelo de que somos preservados por la gracia de Dios mediante la fe para salvación (1 Pedro 1), ya no se preocuparían por ello.

He encontrado algunas personas afligidas por el pecado imperdonable. Sin embargo, si Dios nos instruye en esa doctrina, nos mostrara que ninguna conciencia despierta puede cometer aquel pecado. Todo depende de esto, cuando más usted conoce la verdad de Dios (todo lo demás siendo de igual importancia), más seguro estará como cristiano. Nada puede alumbrar más su camino que una clara comprensión de lo divino.

El Evangelio desfigurado que se predica con demasiada frecuencia es aquél que produce cristianos con rostros abatidos. Muéstreme la congregación cuyos rostros brillan de gozo y sus ojos se iluminan al sonido del Evangelio. Luego creeré que están recibiendo las propias palabras de Dios.

En vez de rostros llenos de gozo, a menudo usted verá congregaciones llenas de melancolía cuyos rostros se asemejan a la amargura de las pobres criaturas tragando medicinas. Esto ocurre debido a que la Palabra hablada les horroriza por su legalismo en lugar de consolarlos mediante la gracia. Amamos el Evangelio dinámico y creemos que toda verdad tiende a consolar al cristiano. Nuevamente, sostenemos que la obtención del conocimiento de la verdad nos es útil en el mundo. No debemos ser egoístas. Siempre debemos considerar si esto o aquello será beneficioso para el prójimo. El conocimiento de toda verdad nos hará muy serviciales en este mundo. Seremos médicos con talento que saben tomar las pobres almas angustiadas, apartarlas, colocar el dedo sobre sus ojos y quitarles las escamas para que la luz del cielo pueda consolarlas. No habrá ninguna persona, no importa cuán peculiar ella sea, a quien nosotros no seamos capaces de hablarle y confortarla.

Aquél que conoce la verdad es habitualmente el hombre más útil. Un buen hermano presbiteriano me dijo el otro día, "Sé que Dios te bendijo en gran manera con la salvación de almas, pero es un hecho extraordinario que la mayoría de los hombres que conozco, casi sin excepción, han sido usados para la salvación de almas y han profesado las importantes doctrinas de la gracia de Dios". La mayoría de los hombres bendecidos por Dios con prosperidad en la iglesia, y todos los que han sufrido oposición han sido quienes se han tomado de la gracia gratuita en todo momento, mediante la salvación consumada de Cristo.

Una Dificultad Sugerida

Se sugiere una dificultad. Esta es que la verdad no es tan fácil de descubrir. Necesitamos una guía para que nos conduzca a toda verdad. No existe hombre nacido en este mundo que por naturaleza tenga la verdad en su corazón. No existe criatura desde la caída, que tenga conocimiento de la verdad innata y natural. Muchos filósofos han disputado si existe semejante cosa como las ideas innatas, pero no es provechoso discutir si en verdad existe o no la idea de la verdad. No existe.

Existen ideas acerca de lo erróneo y lo vil, pero en nuestra carne, no hay nada bueno. Somos nacidos con pecado y formados con iniquidad. Nuestras madres nos concibieron con pecado. No hay nada bueno en nosotros ni ninguna tendencia hacia la justicia. Entonces, ya que no somos concebidos con la verdad, tenemos la responsabilidad de buscarla. Si hemos de ser bendecidos siendo eminentemente útiles como cristianos, debemos estar correctamente instruidos en cuestiones de revelación. La dificultad es que no podemos seguir el camino sinuoso de la verdad sin una guía. ¿Por qué resulta esto así?

En primer lugar, es a causa de la gran complicación de la verdad. La verdad misma no es fácil de descubrir. Aquéllos que creen saberlo todo y que constantemente dogmatizan con el Espíritu: "Somos los hombres, y la sabiduría morirá con nosotros", por supuesto no hallan dificultades en el sistema que sostiene. No obstante, creo que el alumno más dedicado a las Escrituras hallará realidades en la Biblia que lo sorprenderán. Si la lee con suma seriedad, detectará algunos misteríos demasiados profundos para comprender. Clamará: "Verdad, no puedo hallarte. No sé dónde encontrarte. Estás más allá de mí y no logro verte completamente."

La verdad es un camino tan estrecho que dos no pueden caminar juntos por él. Habitualmente transitamos el camino estrecho en una fila. No es común que dos hombres transiten tomados del brazo, unidos por la verdad. Compartimos la misma fe, pero no podemos caminar juntos por el camino porque es demasiado estrecho. El camino de la verdad es muy difícil. Si se desvía unos centímetros a la derecha, estará ante un grave error, y si se desvía un poco a la izquierda, quedará atascado.

Por un lado habrá un enorme precipicio y del otro un profundo pantano. A menos que transite por el verdadero camino que es ancho como un cabello, se desviará. La verdad es un camino estrecho. El ojo del águila no lo ha visto y el buceador no lo ha hallado a causa de su inmensa profundidad. La verdad es como el filón del metal en una mina. Es excesivamente fino y no tiene una capa homogénea. Si lo pierde una vez, puede cavar por kilómetros sin hallado nuevamente.

El ojo debe observar constantemente la dirección del camino de la verdad. Los granos de verdad son como los de oro en los ríos de Australia. Deben sacudirse con paciencia y ser lavados en el arroyo de la honestidad, de otra forma el oro fino se mezclará con la arena. La verdad es a menudo confundida con el error y resulta difícil distinguirla. Sin embargo, se dice que alabamos a Dios: *"Pero cuando venga el Espíritu de verdad, él os guiará a toda verdad"* (Juan 16:13).

Otro motivo por el que necesitamos una guía es por el daño ocasionado mediante el error. Fácilmente nos sobreviene, y si me permite describir nuestra posición, a menudo nos hallamos en una tremenda niebla. Con dificultad vemos unos centímetros delante de nosotros. Llegamos a una encrucijada. Pensamos que conocemos el lugar. Está el conocido palo de luz y ahora debemos girar a la izquierda. Pero no es así. Debíamos haber seguido un poco por la derecha.

Hemos estado en el mismo lugar tantas veces que creemos conocer cada baldosa. Allí está la tienda de nuestro amigo. Está oscuro pero creemos que estamos acertados y durante todo el camino estuvimos extraviados y nos encontramos a kilómetros del camino. Así ocurre con las cuestiones acerca de la verdad. Creemos estar transitando por el camino correcto y la voz del enemigo nos susurra: "Este es el camino, transita por él". Así lo hace y se encuentra que en vez de transitar por el camino de la verdad, transitó por el camino de la injusticia y doctrinas erróneas.

El camino de la vida es un laberinto. Las partes más atractivas y fascinantes son las más lejos de la verdad. Las más tentadoras son aquéllas adornadas con verdades falsas. Creo que en el mundo no existe billete falsificado que sea tan genuino como el legítimo, sin embargo, algunos errores son tan parecidos a la verdad. Uno es de metal y el otro es oro puro. Pero, en lo externo, difieren muy poco. Nosotros también necesitamos una guía porque solemos desviarnos. Si el camino al cielo fuere tan derecho como se lo imagina Bunyan, sin curvas a la derecha o a la izquierda, y sin duda lo es, tenderíamos a desviarnos. Podríamos irnos hacia la derecha hasta las Montañas de la Destrucción o hacia la izquierda hacia el oscuro Bosque de la Desolación. En Salmos 119:176, David dice: *"Yo anduve errante como oveja extraviada"*.

Esto significa muchas veces. Porque si se coloca a una oveja en un campo veinte veces y si no se escapa veinte veces, es porque no puede. Probablemente el lugar está cercado y no haya una abertura. Si la gracia no guiara al hombre, se desviaría; aunque hubiere señales a lo largo del camino hacia el cielo. Aunque las letras estuvieran escritas en negrita diciendo: "Este es el camino al refugio" aún se desviaría. El vengador de sangre lo tomaría si no lo hiciere algún guía, como lo hicieron los ángeles en Sodoma que pusieron las manos sobre el hombro de Lot y gritaron: *"Escapa por tu vida; no mires tras de ti, ni pares en toda esta llanura; escapa al monte, no sea que perezcas"* (Génesis 19:17), Estos son los motivos por los que necesitamos una guía.

Una Persona Provista

Nos es provista una persona. No es ningún otro que Dios y este Dios es una persona. Esta persona es *"Él, el Espíritu, el Espíritu de verdad"* no constituye una influencia sino una verdadera persona. *"Pero cuando venga el Espíritu de verdad; él os guiará a toda La verdad"* (Juan 16:13). Ahora, observe esta guía y considere cuán apto es Él. En primer lugar, Él es infalible. Conoce todo y es imposible que nos haga desviar. Si cociera mi manga al saco de otro hombre, tal vez podrá guiarme correctamente parte del camino, pero en algún momento se equivocará y yo estaré errado en el camino. Pero si me entrego al Espíritu Santo y solicito Su guía, no tengo temor de extraviarme. Nuevamente, nos regocijamos en el Espíritu porque Él es eterno. Por momentos caemos en dificultades y decimos: "¡Oh, si pudiera preguntarle esto a mi pastor, él lo explicaría! Pero, vive tan lejos que no puedo visitarlo". Esto nos sorprende, y escudriñamos el texto pero no podemos llegar a ninguna conclusión.

Consultamos los comentarios bíblicos, y al devoto Thomas Scott, como es sabido no hace ningún comentario al respecto si es un pasaje poco claro. Entonces consultamos al consagrado Matthew Henry, y si es un pasaje fácil seguramente lo explicará. Sin embargo, si fue re un texto difícil de comprender es muy probable que no sea comentado. Inclusive el mismo Dr. Gill, el más consistente de los comentaristas, en forma manifiesta, hasta cierto punto evita la explicación de los pasajes que presentan dificultades.

No hay comentarista ni ministro alguno que le iguale, aún contamos con el Espíritu Santo. Permítame contarle un pequeño secreto. Cuando no logra comprender determinado texto, abra su Biblia, arrodíllese y ore por ese texto. Si no se divide en átomos y se revela a sí mismo, intente nuevamente. Si la oración no puede darle una explicación, es una de las cosas que Dios no pretende que usted conozca, puede estar contento de ignorarlo.

La oración es la clave que revela los misterios. La oración y la fe constituyen sagrados candados que revelan secretos y obtienen maravillosos tesoros. No hay escuela, cuando se trata de la educación santa, como la del bendito Espíritu, ya que Él es un eterno maestro. Sólo debemos doblar las rodillas y Él se pone a nuestro lado, el gran expositor de la verdad. Sin embargo, existe algo acerca de la eficacia de esta guía que es extraordinario, y no sé si se ha dado cuenta; el Espíritu Santo puede guiarnos a una verdad. Entonces, el hombre puede guiarnos *"hacia"* una verdad, pero sólo el Espíritu Santo puede guiarnos *"a"* la verdad. Juan 16:13 dice, *"a"*. Resalte esa palabra.

Lleva tiempo guiar a una persona hacia la elección de fe pero, una vez que triunfó en hacerle ver la verdad, aún usted no logró llevarlos "a" la verdad. Puede mostrarles lo que simplemente se afirma en las Escrituras, pero le darán sus espaldas y lo detestarán. Les revela otra gran verdad, pero se han criado de otro modo y no pueden contestar sus argumentos. Dicen: "Quizá el hombre esté acertado", susurran tan bajo que ni la conciencia puede oírlo; "Es contrario a mis prejuicios, no puedo aceptarlo". Después de que los haya guiado hacia la verdad y comprendan que hay verdad en ello, cuán difícil es guiarlos "a" la verdad.

Muchos de mis oidores que son guiados "hacia" la realidad de su depravación, sin embargo no son llevados "a" ella y no la sienten. A algunos de ustedes se les presenta la verdad que Dios nos ofrece diariamente. Sin embargo, no se comprometen con ella para vivirla en una dependencia continua del Espíritu Santo de Dios para recibir de Él. Métase en ella.

Un cristiano debe caminar en la verdad así como camina un caracol con su caparazón, habita en él además de cargarlo sobre sus hombros. Se dice que el Espíritu Santo nos guiaría a toda verdad. Usted puede ser llevado a una cámara donde se encuentra abundante oro y plata, pero no se hará más rico, a menos que logre ingresar. Es obra del Espíritu Santo abrir la gran puerta y llevarnos a la verdad para que nos metamos en ella. El querido Rowland Hill expresó: "No sólo tómese de la verdad sino deje también que la verdad lo tome a usted".

Un Método Sugerido
Se sugiere un método: *"Él os guiará a toda verdad"* (Juan 16:13). Es necesario ilustrarlo. Debo hacer una comparación entre la verdad y una caverna o gruta de la que usted ya ha oído. Sus maravillosas estalactitas cuelgan y otras nacen del suelo. Es una caverna que brilla y abunda en maravillas. Antes de ingresar a la caverna usted pide un guía. Él viene con su antorcha ardiente y lo guía hacia las profundidades. Se encuentra en medio de ella y el guía lo lleva a las distintas cámaras. Por aquí le señala un pequeño arroyo que nace de las rocas. Estas permiten indicar el estado del arroyo. Luego le señala una roca extraña y le dice cuál es su nombre. Luego lo lleva a un inmenso lugar natural y le cuenta acerca de cuántas personas se reunieron allí con motivo de hacer un festejo, y así continuó. La verdad es una extensa serie de cavernas, y es glorioso tener un Conductor tan sabio y admirable. Imagínese que estamos llegando a la parte oscura de la caverna. Él es luz en medio de nosotros y sirve como nuestra guía. Por medio de la luz, Él nos muestra cosas maravillosas.

El Espíritu Santo nos instruye en tres maneras: sugerencia, dirección e iluminación. Primero, Él nos guía a toda verdad mediante sugerencias. Hay pensamientos que moran en nuestras mentes aunque no hayan nacido allí sino que son distinguidos, descendidos del cielo y colocadas por el Espíritu. No es nuestra imaginación cuando los ángeles susurran al oído o los demonios mismos.

Tanto los buenos espíritus como los malignos conversan con el hombre y algunos de nosotros hemos experimentado esto. Hemos tenido pensamientos extraños que no eran fruto de nuestras almas sino que descendieron de las visitas angelicales. Las tentaciones directas e insinuaciones malignas también aparecieron a pesar de que no fueron tramadas en nuestras propias almas sino que descendieron de las pestilencias del infierno. A menudo vienen durante la oscuridad de la noche. En el pasado, Él hablaba en sueños y visiones, pero ahora Él habla por medio de Su Palabra.

¿Ha tenido usted algún pensamiento respecto a Dios y las cosas celestiales en medio de sus asuntos, y no pudo saber de dónde venía? ¿No ha leído o estudiado las Escrituras cuando un texto vino a su mente? No pudo evitarlo, pero aunque intentó borrarlo, era como un corcho en el agua y subía a su mente otra vez. Ese buen pensamiento fue colocado allí por el Espíritu. Él guía a su pueblo a toda verdad mediante *sugerencias* así como lo hace el guía en la caverna con su antorcha. El guía no articula palabra alguna, tal vez, pero él camina y usted lo sigue. Entonces, el Espíritu sugiere un pensamiento y su corazón lo sigue.

Recuerdo con claridad la manera en que aprendí las doctrinas de la gracia en un instante. Nacidos como todos, por naturaleza armenio, aún creía las cosas antiguas que continuamente oía desde el púlpito y no veía la gracia de Dios. Recuerdo haberme sentado en la casa de Dios un día y haber escuchado un sermón que era sumamente vacío y tan inútil como sermones parecidos a éste. Un pensamiento golpeó mi mente: "¿Cómo me convertí?", yo oraba. Luego pensé: "¿Cómo inicié la vida de oración?" Fui llevado a la oración mediante la lectura de las Escrituras. "¿Cómo llegué a leer las Escrituras?" Y en un momento, vi que Dios estaba a cargo del asunto y que Él es el Autor de la fe. Fue allí cuando toda la doctrina me fue revelada de la cual no me he desviado.

Sin embargo, Él nos lleva adelante mediante su guía. El guía señala y dice: "Señores, vayan por esta senda. Ese es el camino". De la misma manera el Espíritu nos dirige y da tendencia a nuestros pensamientos. Él no sugiere un nuevo camino, sino que permite que un determinado pensamiento, una vez adoptado, tome ésta aquélla dirección. Se ocupa más de gobernar el barco que de colocarlo en el río. Cuando tenemos pensamientos de lo sagrado, Él nos guía por un canal mejor que aquél donde habíamos comenzado.

Vez tras vez usted meditó sobre determinada doctrina, e innumerables veces fue guiado hacia otra. Observó cómo una doctrina se apoyaba en otra, como es el caso de las piedras en el arco de un puente, todas colgando de la piedra angular que es Jesucristo crucificado. Fue iluminado para ver estas cosas no por medio de una nueva idea sugerida sino mediante la dirección que Dios da a sus pensamientos.

Quizá la mejor manera en que el Espíritu Santo nos guía a toda verdad es mediante la *iluminación*. Él ilumina las Escrituras. Ahora, ¿habrá alguien que tiene su Biblia iluminada? "No", dice uno, "tengo una Biblia de cuero". Otro dice: "Tengo una Biblia con referencias". Muy bien, ¿pero tiene usted una Biblia iluminada? "Sí", dice otro. "Tengo un Biblia grande con ilustraciones. Tiene una ilustración de Juan el Bautista bautizando a Cristo con agua en su frente". Hay otras cosas absurdas también, pero yo no hablo de eso cuando me refiero a "Biblia iluminada". Otro dice: "Tengo una Biblia con grabados espléndidos". "Sé que la tiene, ¿pero tiene usted una Biblia iluminada?" Finalmente, alguien dice: "No comprendo a qué se refiere". El hombre cristiano posee una Biblia iluminada. Cuando la compra no está iluminada, pero al leerla: Una gloria hace resplandecer la sagrada página Majestuosa como el sol; Que ilumina cada época, Ella da pero no pide prestado nada No hay nada mejor que leer una Biblia iluminada. Puede leerla hasta la eternidad y nunca aprender nada de ella, a menos que esté iluminada por el Espíritu. Luego, las palabras resaltan como estrellas. El libro parece ser hecho de hojas de oro.

Cada letra brilla como un diamante. ¡Oh, es una bendición leer una Biblia iluminada por el resplandor del Espíritu Santo! ¿A usted leído y estudiado la Biblia sólo para darse cuenta de que sus ojos aún no fueron iluminados? Vaya y diga: "Oh Señor, ilumina la Biblia para mí. Anhelo tener una Biblia interpretada. Ilumínala, y resplandece sobre ella porque no puedo sacarle provecho a menos que tú me ilumines".

Los ciegos pueden leer la Biblia con sus dedos, pero las almas ciegas no pueden hacerlo. Queremos una luz para leer la Biblia, porque no se puede leerla a oscuras. Entonces, el Espíritu Santo nos guía a toda verdad sugiriendo ideas, dirigiendo nuestros pensamientos, e iluminando las Escrituras cuando la leemos.

Una Evidencia

La pregunta surge: "¿Cómo puedo saber si estoy iluminado por la influencia del Espíritu y guiado a toda verdad?". En primer lugar, usted puede reconocer la influencia del Espíritu por medio de la *unidad*. Él nos guía a toda verdad. En segundo lugar, puede reconocer su influencia por su *universalidad*. Él nos guía a *toda* verdad. Respecto a la unidad, cuando usted evalúa a un ministro para detectar si tiene al Espíritu Santo o no, puede saberlo primero por medio de la constante unidad en su testimonio. Un hombre no puede ser iluminado por el Espíritu Santo si en ciertas ocasiones dice sí y en otras dice no. El Espíritu jamás se contradice. Ciertamente, existen buenos hombres que no mantienen una postura, pero los testimonios contrarios no proceden del Espíritu de Dios. El Espíritu no puede ser testigo de lo blanco y lo negro, de la mentira y la verdad.

Siempre se estableció como primer principio que la verdad es *una* cosa. Algunas personas dicen: "Encuentro determinada interpretación en la Biblia y algo diferente en otra parte de la misma, pero aunque se contradice, debo creerlo". Está acertado hermano si se contradijera, pero la culpa no es de la madera sino del carpintero. Así como muchos carpinteros no conocen el ensamble a cola de milano, lo mismo ocurre con muchos predicadores que tampoco conocen ciertas cosas. Es un trabajo muy bello, sin embargo no se aprende con facilidad. Se requiere aprendizaje para que toda doctrina sea homogénea.

Mediante la universalidad, también usted sabrá si es guiado por la influencia del Espíritu y llevado a toda verdad. El verdadero hijo de Dios no será inducido a parte de la verdad sino a toda la verdad. Cuando tome los primeros pasos, conocerá toda la verdad. La creerá, a pesar de que no la comprenderá en la totalidad de su ancho y largo. No existe nada mejor que aprender a través de la experiencia. Un hombre no puede transformarse en teólogo en una semana. Se requieren años para que ciertas doctrinas sean desarrolladas. Así como el aloe tarda cien años para alcanzar a su estado óptimo, algunas verdades deben morar en el corazón antes de que surjan y se hagan visibles, para luego poder hablar acerca de aquello que conocemos y testificar de aquello que ya vimos.

Paulatinamente, el Espíritu nos llevará a toda verdad. Por ejemplo, si Jesucristo ha de reinar personalmente en la tierra durante mil años, como creo yo, si estoy sometido al Espíritu, la revelación será cada vez mayor hasta el punto de declararla con confianza. Algunos hombres comienzan sus declaraciones con timidez. Al principio, el hombre dice: "Sé que somos justificados por fe y estoy en paz con Dios, sin embargo muchos hombres han hablado en contra de la justificación eterna y por eso tengo temor". No obstante, es iluminado e inducido paulatinamente a comprender que cuando todas sus deudas fueron pagas, hubo una eximición total. Reconoce que cuando sus pecados fueron quitados, toda alma elegida fue justificada en la mente de Dios aunque no estuvieren justificados en sus propias mentes aún. El Espíritu los guiará a toda verdad.

Ahora, ¿Qué se puede deducir de la gran doctrina? La primera deducción es referente al cristiano que teme su propia ignorancia. Hay muchos que fueron iluminados y han gustado las cosas celestiales, pero se consideran demasiado ignorantes para recibir la salvación. El Espíritu Santo es capaz de enseñarle a cualquier persona, sin considerar el grado de analfabetismo o la escasa educación que pudiera tener.

Conozco a hombres que eran necios antes de su conversión, pero que luego lograron desarrollar sus facultades. Hace tiempo, conocí a un hombre ignorante que no sabía leer y jamás utilizaba las estructuras gramaticales correctas, a menos que fuera por equivocación. Además, lo catalogaban, según la gente de su vecindad, de "tonto". Sin embargo, una vez convertido, lo primero que hizo fue orar. Tarareó algunas palabras y en poco tiempo su hablar comenzó a desarrollarse. Luego, se le ocurrió leer las Escrituras. Después de largos, largos meses de esfuerzo, aprendió a leer. ¿Qué sucedió luego? Pensó que podría predicar, y predicó en su propio hogar de modo muy simple. Pensó: "Debo leer más libros". Así lo hizo y su mente se desarrolló, él se convirtió en un ministro útil, se radicó en pueblo y trabajó para Dios.

No se requiere de mucho intelecto para aprender acerca de Dios. Si se siente ignorante, no se desespere. Acuda al Espíritu, el gran Maestro, y clame por Su sagrada influencia. Ocurrirá que, *Él os guiará a toda verdad"* (Juan 16:13). Cuando nuestros hermanos no comprenden la verdad, debemos emplear algunas pautas para tratar con ellos de la mejor manera. No discuta con ellos. He oído acerca de muchos altercados, pero no conocí ninguno que haya resultado favorable. Pocos hombres aprenden algo por medio de pleitos. El siguiente principio es certero: "Un hombre convencido contra su voluntad aún es de la misma opinión". Ore por ellos para que el Espíritu los guíe «*a toda verdad"*. No se enfade con su hermano sino ore por él. Clame: "Señor, abre sus ojos para que pueda contemplar cosas maravillosas de tu ley".

Por último, algunos de ustedes no conocen nada acerca del tema del Espíritu de la verdad ni de la verdad misma. Puede ser que algunos digan: "No nos preocupamos en averiguar quién está acertado. Somos indiferentes a ello". Pobre pecador; si conociera el don de Dios y quién es el que habla la verdad, no diría: "No me interesa". Si supiera cuán esencial es la verdad para la salvación, no hablaría de ese modo. La verdad de Dios es que usted es un pobre pecador que debe creer que el Dios de toda la eternidad, además de todos sus méritos, lo amó y lo compró con la sangre del Redentor Él lo justificó en el tribunal celestial y lo justificará en su conciencia mediante el Espíritu Santo, por fe. Si creyera que hay un cielo y una corona para usted más allá del fracaso, que no puede ser removida, entonces diría: "Seguramente la verdad es preciosa para mi alma".

Algunos hombres falibles desean suprimir la verdad que sólo puede salvarlos, el único Evangelio que puede librarlos del infierno. Ellos niegan las grandes verdades de la gracia; aquéllas doctrinas fundamentales que por sí mismas pueden arrebatar a un pecador del infierno. Aunque no sienta interés por ello ahora, aún creo que debe anhelar que la verdad sea promovida. Dios lo haga conocer la verdad en su corazón! Que el Espíritu *"os guíe a toda verdad"* (Juan 16:13). Si no conoce la verdad aquí, la conocerá en las oscuras cámaras del infierno donde la única luz que habrá serán llamas. Conozca la verdad aquí, *"La verdad os hará libre"* (Juan 8:32), y *así el Hijo os libertare seréis verdaderamente libres"* (Juan 8:36), porque Él dice: "Yo *soy el camino, la verdad y la vida"* (Juan 14:6). Gran pecador, crea en Jesús. Come en Su amor y misericordia, y será salvo, porque el Espíritu de Dios da fe y vida eterna

El Pacto, Promesa del Espíritu

"Y pondré dentro de vosotros mi espíritu." Ezequiel 36:27

La lengua del hombre y de los ángeles puede fallar. Clasificar a esta oración como regla de oro sería demasiado común, y compararla a una perla de gran valor sería una pobre comparación. No podemos sentir, mucho menos hablar de la alabanza del maravilloso Dios que incluyó esta cláusula en el pacto de Su gracia. En ese pacto, cada oración es más preciosa que el cielo y la tierra, y las siguientes palabras son importantes en Su promesa, *"Pondré dentro de vosotros mi Espíritu"* (Ezequiel 36:27).

Palabra de Misericordia
Comenzaría diciendo qué es una palabra de misericordia, sin embargo fue dirigida a un pueblo sin misericordia. Fue dirigida a un pueblo que había seguido su propio camino y negado el camino de Dios. Un pueblo que había provocado en el Juez de toda la tierra algo más que una ira común. El mismo en Ezequie136: 18 afirmó: "y derramé mi ira sobre ellos". Este pueblo aun siendo castigado, hizo que el santo nombre de Dios sea profanado donde quiera que iban. Había sido bendecido grandemente, sin embargo se abusaron de sus privilegios y se comportaron peor que aquéllos que nunca conocieron al Señor. Pecaban descaradas, voluntarias, orgullosa y vanidosamente, a causa de esto provocaron al Señor en gran manera. No obstante, Él les hizo una promesa como esta: "Pondré dentro de vosotros mi Espíritu" (Ezequiel 36:27). Seguramente, "cuando el pecado abundó, sobreabundó la gracia" (Ro. 5:20). Evidentemente ésta es una palabra misericordiosa, ya que la ley no establece nada de esta índole. Abri la ley de Moisés y mire si hay alguna palabra allí tocante al derramar del Espíritu en el hombre para que obedezca los estatutos de Dios. La ley incluye estos estatutos, pero únicamente el Evangelio promete el Espíritu mediante el cual los estatutos serán guardados. La ley da órdenes y nos informa acerca de lo que Dios demanda de nosotros, pero el Evangelio va más allá y nos indica que debemos acatar la voluntad del Señor. Además, nos permite caminar en Sus caminos. Conforme a la gracia: "Dios es el que en vosotros produce así el querer como el hacer, por su buena voluntad" (Filipenses 2:13).

Una bendición tan maravillosa como ésta no puede llegar al hombre por mérito. El hombre puede actuar como si mereciera una recompensa de acuerdo con Su obra meritoria. Sin embargo, el Espíritu Santo nunca puede remunerar al hombre por sus servicios humanos. La idea es casi una blasfemia.

¿Merece el hombre el sacrificio de Cristo en su favor? ¿Quién soñaría semejante cosa? ¿El hombre, merece que el Espíritu Santo more en él y lo haga santo? La grandeza de la bendición lo ubica por encima del mérito. El Espíritu nos es dado por gracia (una gracia infinita que excede todo lo que hayamos imaginado). La sobreabundancia de la soberana gracia se hace más clara aquí. *"Pondré dentro de vosotros mi Espíritu"* (Ezequiel 36:27), es una promesa que está impregnada de gracia así como la miel gotea del panal. Escuche la música divina que emana de esta palabra de amor. Oigo la suave melodía de la gracia, gracia, gracia y nada más que gracia. Alabado sea el Señor, quien ofrece el Espíritu para que more en los pecadores.

Palabra Divina
«*Pondré dentro de vosotros mi Espíritu"* (Ezequiel 36:27), también es una palabra divina. ¿Quién sino el Señor puede hablar de esta manera? ¿Puede un hombre hacer morar el Espíritu en otro? ¿La iglesia unida podría hacer morar el Espíritu en el corazón de un pecador? El colocar algo bueno en el corazón del hombre es un gran logro, pero hacer morar al Espíritu de Dios en el corazón es obra exclusiva de la mano de Dios. *"Jehová desnudó su santo brazo"* (Isaías 52:10), y demostró la plenitud de Su poder. El hacer morar el Espíritu de Dios en nuestra naturaleza es una obra exclusiva y maravillosa de Dios. ¿Quién sino el Dios de Israel puede hablar como un rey y más allá de toda disputa declarar: «*Pondré dentro de vosotros mi Espíritu"(Ezequiel 36:27)*? El hombre debe rodear sus decisiones con condiciones e incertidumbres, pero ya que la omnipotencia respalda cada promesa de Dios, Él habla como rey de un modo sólo apto para un Dios eterno. Él tiene propósito y promete, y actúa con seguridad. La promesa de nuestro versículo sagrado ha de ser cumplida. Es cierta porque es divina.

Oh, pecador, si nosotros, pobres criaturas tuviéramos el trabajo de salvarlo, moriríamos en el intento; pero el Señor mismo aparece en la escena y la obra es hecha. Todos los obstáculos son removidos mediante una sola oración, «*Pondré dentro de vosotros mi Espíritu"* (Ezequiel 36:27). Nosotros, los ministros, hemos luchado contra nuestros espíritus, hemos llorado por usted, y hemos rogado por su vida, sin embargo fallamos. Pero, hay Uno que no falla cuando interviene en el asunto. Junto a Él todo es posible. Comienza su trabajo diciendo: «*Pondré dentro de vosotros mi Espíritu"* (Ezequiel 36:27). La Palabra de Dios es gracia y de misericordia. Considérela entonces, como promesa de la gracia de Dios.

Una Palabra Individual y Personal
A mi modo de ver, el pensamiento de que ésta es una palabra individual y personal me resulta llamativo. El Señor dice: «*Pondré dentro de vosotros mi Espíritu"* (Ezequiel 36:27) como individuos, uno por uno. Esto debe ser así ya que el vínculo lo requiere. Leemos en Ezequiel 36:26: *"Os daré corazón nuevo"*. Un corazón nuevo sólo puede darse a una sola persona. Cada hombre necesita y debe tener su propio corazón. El versículo continúa diciendo: *"Pondré dentro de vosotros*

mi Espíritu". El Espíritu debe ser colocado en cada uno de nosotros. *"Y quitaré de vuestra carne el corazón de piedra, y os daré un corazón de carne"*. Estas son todas obras personales, operaciones individuales de gracia. Dios ministra al hombre individualmente en cuanto a los solemnes asuntos de la eternidad, el pecado y la salvación. Nacemos uno por uno y morimos uno por uno. A pesar de esto, debemos nacer de nuevo en forma individual y cada uno ha de recibir al Espíritu de Dios en forma personal Si el hombre no posee esto, no posee nada. No se puede obligar al hombre guardar la ley a menos que haya recibido la gracia como individuo.

Creo ver entre mis oyentes un hombre o mujer que se siente solo o sola en este mundo y por lo tanto sin esperanza. Dios hará grandes cosas para una nación, ¿pero cómo se debe considerar al solitario? Como una persona extraña que puede estar incluida en cualquier lista. Usted es un pecador poco común con tendencias constitucionales. Dios dice: «*Pondré dentro de vosotros mi Espíritu"* (Ez. 36:27). Significa dentro de su corazón. Sí, inclusive el suyo. Usted que busca la salvación, pero que no conoce el poder del Espíritu, esto es lo que necesita. Ha estado batallando en la carne, pero no comprende cuál es la fuente de sus fuerzas. Dios le dice en Zacarías 4:6: «*No con ejército, ni con fuerza, sino con mi Espíritu ha dicho Jehová de los ejércitos"*, y nuevamente, «*Pondré dentro de vosotros mi Espíritu"* (Ez. 36:27). Oh, que Dios hable esta palabra a ese joven que está al borde de la desesperación o a aquella triste mujer que tanto ha buscado el poder dentro suyo para orar y creer.

Usted no tiene fuerzas ni esperanza dentro suyo, pero esto responde a su causa: «*Pondré dentro de vosotros mi Espíritu"* (Ezequiel 36:27), significa en forma individual. Pídale a Dios. Alce su corazón en oración a Él, y pídale que derrame sobre usted el Espíritu de gracia y de súplica. Clame al Señor diciendo: "Que tu buen Espíritu me guíe". Clame, "No me pases por alto, Padre misericordioso, sino cumple en mí tu maravillosa palabra: *Pondré dentro de vosotros mi Espíritu"* (Ezequiel 36:27).

Palabra que Separa

Esta es además una palabra que separa. No tengo la certeza de que usted experimentará esto con frecuencia, pero debería ser así. Esta palabra separa al hombre de sus compañeros. El hombre por naturaleza no es del espíritu de Dios y está sujeto al espíritu del diablo, el príncipe de los aires. Cuando Dios viene a escoger a los suyos, de entre los gentiles, Él efectúa la separación mediante la siguiente palabra: *"Pondré dentro de vosotros mi Espíritu"* (Ezequiel 36:27). Una vez que esto se cumple, el individuo se convierte en un nuevo hombre.

Aquéllos que poseen el Espíritu no son de este mundo ni tampoco se asemejan a él. Pronto deben alejarse de lo que no es de Dios y separarse porque las diferencias de la naturaleza crean conflictos. El Espíritu de Dios no mora con el espíritu del mundo. No puede tener comunión con Cristo y con el enemigo, con el reino de Dios y el reino de este mundo.

Tengo esperanza de que el pueblo de Dios abra sus ojos ante la verdad de que el gran propósito de la actual dispensación es rescatar a las personas entre los hombres. Aún es verdad, según lo dicho por Santiago ante el Concilio de Jerusalén, *"Simón ha contado cómo Dios visitó por primera vez a los gentiles, para tomar de ellos pueblo para su nombre"* (Hechos 15:14).

Debemos desprendernos del buque naufragado con la esperanza de que podamos vaciarlo del agua y hacerlo regresar al puerto. No, el clamor es muy distinto. "¡Tome el salvavidas!" "¡Tome el salvavidas! Debe dejar el buque que naufragó. Luego, debe rescatar aquello que Dios salvará". Debe separarse del buque naufragado, para que no se ahogue en la inminente destrucción.

Su única esperanza para hacer el bien en este mundo es diciendo: *"No son del mundo"* (Juan 17:16), así como Cristo no fue de este mundo. Si se hunde al nivel de este mundo, no lo beneficiará a usted ni al mundo. Aquello que ocurrió en los días de Noé se repetirá. Cuando los hijos de Dios formaron alianza con las hijas de los hombres, y hubo una unión entre las dos razas, Dios no soportó la unión satánica. Abrió el camino y destruyó la tierra con un diluvio.
Seguramente, en el último día de la destrucción, el mundo sea arrollado con fuego, porque la Iglesia de Dios se habrá degenerado y ya no habrá diferencia entre la justicia y lo satánico. Cuando el Espíritu de Dios desciende, rápidamente marca y revela la diferencia entre Israel y Egipto. Proporcionalmente, en la medida que se sienta Su energía activa, habrá un golfo ancho entre aquéllos guiados por el Espíritu y aquéllos que están bajo los designios de la carne. Esta es una palabra que causa separaciones. ¿Lo ha separado? ¿El Espíritu Santo lo ha llamado aparte para bendecirlo? ¿Existe alguna diferencia entre usted y sus viejos compañeros? ¿Es su vida incomprensible para ellos? Si no fuere así, Dios tenga misericordia de usted y deposite en su vida lo celestial, *"Pondré dentro de vosotros mi Espíritu"* (Ezequiel 36:27).

Palabra que Une
Es también una palabra que une. Separa del mundo, pero lo une a Dios. *"Pondré dentro de vosotros mi Espíritu"* (Ezequiel 36:27). No es simplemente "un" espíritu ni "el" espíritu sino "Su Espíritu". Cuando el mismo espíritu de Dios viene a morar en nuestros cuerpos mortales, somos casi linaje del Altísimo. Según 1 Corintios 6:19, *"¿O ignoráis que sois templo del Espíritu Santo?"* Esto no lo hace al hombre sobresaliente. ¿Nunca se ha maravillado de usted mismo? ¿Ha pensado en cómo este pobre cuerpo es considerado templo del Espíritu Santo por la santificación, dedicación, y elevación a una condición sagrada? Entonces, ¿Somos unidos a Dios íntimamente? ¿Es el Señor nuestra luz y nuestra vida mientras nuestros espíritus están sujetos al espíritu divino? *"Pondré dentro de vosotros mi Espíritu"* (Ezequiel 36:27). Dios mismo mora en usted. El Espíritu que resucitó a Cristo de entre los muertos está en usted. Su vida está escondida en Cristo y el Espíritu lo sella, unge y mora en usted. Por medio del Espíritu tenemos acceso al Padre. Por medio del Espíritu somos adoptados y aprendemos a clamar: "Abba, Padre". Por medio del Espíritu, somos hechos copartícipes de la naturaleza divina y tenemos comunión con la Trinidad, santo Dios.

Palabra Condescendiente
Es inevitable decir que es una palabra condescendiente. *"Pondré dentro de vosotros mi Espíritu"* (Ezequiel 36:27). ¿Es verdad que el Espíritu de Dios que demuestra el poder y la fuerza energética de Él, hace cumplir la Palabra de Dios? Aquél que se movía sobre la faz de las aguas, y convirtió el caos y la muerte en orden y vida, ¿es el que se humilla para morar en el hombre? En nuestra naturaleza, Dios constituye un maravilloso concepto. Dios en el niño de Belén, Dios en el carpintero de Nazaret, Dios en el Hombre de Aflicción, Dios en el Crucificado, y Dios en el que

fue sepultado; esto es maravilloso. La encarnación es un infinito misterio de amor, pero de todos modos lo creemos. Sin embargo, si fuere posible comparar las maravillas, diría que la morada de Dios en el corazón de Su pueblo es muchísimo más extraordinaria. El hecho de que el Espíritu Santo more en el corazón de millones de redimidos, constituye un milagro que es mayor a la adopción de la naturaleza humana del Señor.

El cuerpo del Señor era perfectamente puro, y la Divinidad cuando moraba en Su santo estado humano, moraba en una naturaleza perfecta y sin pecado. Sin embargo, el Espíritu de Dios se humilla para morar en el hombre pecaminoso. Él mora en aquél que después de su conversión todavía está batallando entre la carne y el espíritu. Él mora en hombres imperfectos que buscan la perfección.

Estos hombres deben ser quebrantados por sus falencias y deben confesar con vergüenza su incredulidad. *"Pondré dentro de vosotros mi Espíritu"* (Ezequiel 36:27), significa que el Espíritu Santo mora en nuestra naturaleza imperfecta. ¡Maravilla de maravillas! Creyente del Señor Jesucristo, usted tiene el Espíritu de Dios porque, *"Si alguno no tiene el Espíritu de Cristo, no es de él"* (Romanos 8:9). Usted no podría soportar la sospecha de que no le pertenece. Por lo tanto, así como usted es de Cristo, Su Espíritu mora en su vida. El Salvador se fue con el propósito de que el Consolador more en usted; Él mora en su vida. ¿No es verdad? Si es así, admire al Dios condescendiente, adore y alabe Su nombre. Dulcemente, sométase a Su reinado en todas las áreas. No contriste al Espíritu de Dios. Esté atento para que nada se apegue en usted que pueda contaminar el templo de Dios. Que la advertencia más tenue del Espíritu Santo sea un mandato su vida. Fue un gran misterio que la presencia del Señor estuviera especialmente en el velo del tabernáculo, y que el Señor haya hablado a Su pueblo por medio de Tumim y Urim. Es igualmente maravilloso que el Espíritu Santo habite en nuestros espíritus, que more en nuestra naturaleza, y que nos hable aquello que oye del Padre. Él habla mediante impresiones divinas que el oído puede comprender y el corazón tierno recibir. Que Dios nos ayude a distinguir Su suave voz para poder escucharlo con gozo y humildad reverente. Entonces, conoceremos el significado de las palabras, *"Pondré dentro de vosotros mi Espíritu"* (Ezequiel 36:27).

Palabra Espiritual
También constituye una palabra espiritual. *"Pondré dentro de vosotros mi Espíritu"* (Ezequiel 36:27), no tiene relación alguna con las vestiduras que sería asunto de poca importancia. No tiene relación alguna con la educación; éstas a menudo constituyen una característica engañosa. El texto tampoco está relacionado con los ritos y las ceremonias externas, sino que va más allá. Cuando el Señor nos enseña acerca de nuestra muerte en Cristo mediante el bautismo, nos está instruyendo. Es también para nuestro beneficio que Él haya instituido el pan y el vino como símbolos de nuestra comunión en el cuerpo de Cristo y en la sangre de Su amado Hijo. Sin embargo, éstas son simplemente cosas externas, y si el Espíritu Santo no se ocupa de las personas, no llegan a cumplir su propósito en la tierra.

Existe algo aún más maravilloso en esta promesa: *"Pondré dentro de vosotros mi Espíritu"* (Ezequiel 36:27). No logro transmitir la connotación exacta de las palabras que significan "dentro de vosotros" a menos que haga una paráfrasis. La paráfrasis sería: "Pondré mi Espíritu en medio de ti". El sagrado depósito se coloca en las profundidades del lugar secreto en su vida. Dios no hace morar Su Espíritu en la superficie, sino que lo coloca en la esencia del ser. La promesa significa, "Pondré mi Espíritu en tus entrañas, en tu corazón, en tu misma esencia". Se trata de una cuestión puramente espiritual sin la intervención de lo material ni lo visible. Es espiritual, comprende, porque es el Espíritu que nos es dado, y mora en nuestro espíritu.

Palabra Eficaz

Esta palabra es sumamente eficaz. *"Pondré dentro de vosotros mi Espíritu, y haré que andéis en mis estatutos, y guardéis mis preceptos, y los pongáis por obra"* (Ezequiel 36:27). El Espíritu opera, en primer lugar en el interior ya que produce amor por la ley del Señor. En segundo lugar, lo ayuda a que usted y su hermano guarden los estatutos relativos a Dios mismo y a Su juicio. Si el hombre fuere obligado con un látigo a obedecer, no sería útil, sin embargo cuando la obediencia emana desde el interior, esto equivale a joyas valiosas. Si tiene una antorcha, no puede hacer que irradie luz puliendo el vidrio por fuera. Debe alumbrar desde adentro, y esto es precisamente lo que hace Dios. Él coloca la luz del Espíritu dentro de nuestro y como consecuencia irradiamos luz. Hace morar al Espíritu tan profundo en nuestro corazón que toda la naturaleza lo siente, y lo hace ascender como agua del pozo. Está tan arraigado que no hay forma de removerlo. Si morase en la memoria, quizá se olvidaría de él. Si morase en el intelecto, quizá se confundiría, pero dentro de suyo alcanza al hombre entero y tiene dominio sobre usted sin equivocación alguna.

Cuando la esencia de su naturaleza es llevada rápidamente a la santidad, la divinidad práctica está bien asegurada. Bendito es aquél que conoce como experiencia las palabras del Señor, *"más el que bebiere del agua que yo le daré, no tendrá sed jamás; sino que el agua que yo le daré será en él una fuente de agua que salte para vida eterna"* (Juan 4:14).

El Espíritu Vivificador

Permítame demostrar de qué manera el buen Espíritu manifiesta el hecho de que mora en el hombre. Una de las primeras señales del Espíritu de Dios que mora en nosotros es el efecto vivificador. Por naturaleza estamos muertos a todas las cosas celestiales y espirituales, pero cuando llega el Espíritu de Dios, comenzamos a vivir. El hombre que es visitado por Dios comienza a sentir.

Los terrores de Dios lo hace temblar, y el amor de Cristo es motivo de llanto. Comienza a temer a Dios y a tener esperanza. Es probable que tenga mucho temor y poca esperanza. Aprende a quebrantarse en el espíritu. Siente dolor porque ha pecado y porque tampoco puede cesar de hacerlo. Comienza a anhelar aquello que un día despreciaba, en especial el buscar el perdón y la reconciliación con Dios.

Yo no puedo hacerlo sentir. No puedo hacerlo llorar por sus pecados ni tampoco puedo hacerlo anhelar la vida eterna. Sin embargo, esto acontece tan pronto como el Espíritu cumpla: «*Pondré dentro de vosotros mi Espíritu"* (Ezequiel 36:27). El Espíritu vivificador infunde vida a los que se hallan muertos en delitos y pecados. La vida del Espíritu se muestra a sí misma impulsando al hombre a que ore. El clamor es el sello que distingue al hijo recién nacido con vida. Comience a clamar con llanto, «*Dios sé propicio a mí, pecador"* (Lucas 18:13). Mientras clama, siente el suave alivio del arrepentimiento. Considera al pecado de otra manera y está dolido por haber afligido a Dios. Juntamente con esto viene la fe, tal vez débil y estremecedora, sólo un toque del ruedo de las vestiduras del Salvador, pero aún Dios es su única esperanza y su sola verdad. Ante los ojos de Dios este hombre busca perdón y salvación. Se atreve a creer que Cristo puede salvarlo. El alma cobra vida cuando la confianza brota en el corazón del hombre.

Recuerde que así como el Espíritu Santo infunde vida al principio, también debe revivir y dar fortaleza. Cuando se encuentra apagado y débil, clame al Espíritu Santo. Cuando siente que no está tan ferviente al Espíritu como le gustaría estarlo, y no puede ascender a las alturas en comunión con Dios, confiese la palabra en fe y ruegue al Señor que cumpla Su promesa: *"Pondré dentro de vosotros mi Espíritu"* (Ez. 36:27).

Preséntese ante Dios con este pacto aún si tiene que confesar: "Dios, estoy hecho un tronco. Soy una montaña de debilidad. A menos que me infundas vida, no podré vivir para ti". Confiese con perseverancia, *"Pondré dentro de vosotros mi Espíritu"* (Ez. 36:27). Lo único que la vida en la carne producirá es corrupción. Toda la energía que es resultado del entusiasmo se disipará en las cenizas de la decepción. Sólo el Espíritu Santo constituye la vida del corazón regenerado. ¿Posee al Espíritu? Si Él mora en usted, ¿posee una pequeña porción de su vida? ¿Anhela más? Pues, diríjase al primer lugar que fue. Sólo existe un río de agua de vida; beba de Sus aguas. Obtendrá alegría, fortaleza, y felicidad cuando el Espíritu Santo sea poderoso dentro de suyo.

El Espíritu Infunde Luz
Cuando el Espíritu entra, después de haber infundido vida, infunde luz. No podemos obligar al hombre a comprender la verdad. Está ciego, pero cuando el Espíritu mora en él, sus ojos son abiertos. Al principio tal vez vea nublado, pero de todos modos ve. A medida que la luz se torna más intensa y el ojo es fortalecido, ve con más y más claridad. Cuán piadoso es poder ver a Cristo, mirarlo a Él y ser iluminado. Mediante el Espíritu, el alma logra ver las cosas en su estado real. Vemos la verdad y percibimos que son hechos. El Espíritu de Dios ilumina a cada creyente y le permite ver cosas más maravillosas fuera de la ley de Dios.
Sin embargo, esto nunca acontece a menos que el Espíritu le abra los ojos. El apóstol dice que, *"os llamó de las tinieblas a su luz admirable"* (1 Pedro 2:9). La luz que alcanza a los ciegos y muertos espirituales es maravillosa porque revela la verdad con claridad. Cuando la Palabra de Dios lo confunda, no abandone desesperado, sino clame en fe: "Señor, pon al Espíritu dentro de mí". El Espíritu es el único que ilumina el alma.

Convicción
El Espíritu además convence. La convicción es más persuasiva que la iluminación. Establece la verdad ante los ojos del alma a fin de impactar la conciencia. He hablado con muchos que saben cuál es el significado de la convicción, pero lo explicaré a partir de mi propia experiencia. A través de la lectura, conocí el significado del pecado. Sin embargo, no conocí al pecado hasta que me mordió como una serpiente venenosa. Sentí su veneno ardiendo en mis venas. Cuando el Espíritu me mostró el pecado tal cual es, fui sorprendido.

Hubiera preferido huir de mí mismo antes de tener que escaparme de su intolerable presencia.

Un pecado que no puede ser oculto mediante excusas y que es puesto a la luz de la verdad, es peor que el mismo diablo. Cuándo consideré al pecado como una ofensa en contra de un Dios justo y santo, siendo cometido por una criatura orgullosa e insignificante como yo, quedé atónito. ¿Alguna vez se sintió como un pecador? Usted dice: "¡Oh, sí soy pecador!" ¿Realmente lo cree? ¿Sabe lo que significa? La mayoría de ustedes se consideran más pecadores de lo que son. El vagabundo que muestra una herida no conoce lo que realmente es la enfermedad.

El arrodillarse y decir: "Señor, ten piedad de mí, desdichado pecador", y luego levantarse y sentirse decente, y digno de alabanza es un desprecio hacia el Todopoderoso. No es fácil detectar a una persona que realmente reconoce que es pecador. Sin embargo, es bueno y a su vez raro ya que se le puede presentar al verdadero Salvador y éste le recibirá. Hart dijo: "El pecador es algo sagrado, el Espíritu Santo lo hizo sagrado". El punto de contacto entre un pecador y Cristo es el pecado. El Señor Jesucristo se ofreció por nuestros pecados. Jamás se ofreció a causa de nuestra justicia. Él sana a los enfermos, y lo que mira en nosotros es nuestra enfermedad. Nadie contempla el pecado como su ruina personal hasta que el Espíritu Santo se lo muestra. La convicción de Jesús opera de la misma manera. No llegamos al conocimiento de Cristo como nuestro Salvador hasta que el Espíritu Santo lo pone dentro de nosotros. Nuestro Señor dice: *"tornará de lo mío, y os lo hará saber"* (Juan 16:14). Nunca logrará entender las maravillas de Jesucristo a menos que el Espíritu Santo se lo revele.

Conocer a Jesucristo como nuestro Salvador, como aquél que murió especialmente por usted, es un conocimiento que sólo el Espíritu Santo puede impartir. Él convence al hombre de que la salvación es algo personal. Oh, el ser reconocido y convencido de justicia en el Amado. Esta convicción es fruto de Dios quien lo ha escogido y dice: *"Pondré dentro de vosotros mi Espíritu"* (Ezequiel 36:27). *Purificación* Además, el Espíritu Santo nos purifica. *"Pondré dentro de vosotros mi Espíritu, y haré que andéis en mis estatutos, y guardéis mis preceptos, y los pongáis por obra"* (Ezequiel 36:27). Infunde una nueva vida, y esa nueva vida es una fuente de santidad. La nueva naturaleza no puede pecar porque es nacida de Dios, y es una simiente re nacida e incorruptible (1 Pedro 1:23). Esta vida produce buen fruto, sólo buen fruto. El Espíritu Santo es la vida de la santidad.

Simultáneamente, la venida del Espíritu Santo al alma da una puñalada mortal al poder del pecado. El viejo hombre no está absolutamente muerto, sino que está crucificado con Cristo. Está sentenciado, y ante la ley, está muerto. Así como un hombre atado a la cruz puede colgar allí durante tiempo pero no recuperar su vida, del mismo modo el poder de Satanás disminuye lentamente, pero debe morir. El pecado es como un delincuente ejecutado. Los clavos que lo sujetan a la cruz lo sostendrán hasta que no pueda respirar más. El Espíritu Santo de Dios causa una herida mortal al poder del pecado. La vieja naturaleza lucha con agonía, pero está condenada debe morir. Jamás podrá vencer al pecado por sus propias fuerzas ni mediante alguna fortaleza que no fuere del Espíritu Santo. Usted puede estar ligado al Espíritu, así como Sansón estaba ligado con cuerdas, pero el pecado cortará las cuerdas. El Espíritu Santo corta la raíz del pecado, y debe caer. Él es dentro del hombre, *"espíritu de juicio y el espíritu de devastación"* (Isaías 4:4). ¿Lo conoce? Como Espíritu de juicio, el Espíritu Santo condena al pecado, le coloca la marca de Caín. Él hace más que esto. Entrega el pecado al fuego. Ejecuta la sentencia de muerte una vez que elabora el juicio. ¡Cuántos pecados tuvimos que quemar! Nos ha resultado doloroso. El pecado debe ser quitado por fuego si no resultare un método más suave; el Espíritu de Dios es fuego consumidor.

Verdaderamente, *"nuestro Dios es fuego consumidor"* (Hebreo 12:29). Parafrasean esto: "Cristo nacido de Dios es fuego consumidor", pero así no dicen las Escrituras. *"Nuestro Dios"*, el Dios del pacto es el fuego consumidor que purifica el pecado. El Señor no le ha dicho, *"limpiaré hasta lo más puro tus escorias, y quitaré toda tu impureza"* (Isaías 1:25). Esta es precisamente la obra del Espíritu, y de ninguna manera le agrada a la carne, que evitaría el pecado si pudiera. El Espíritu Santo humedece el alma con pureza hasta que la satura. ¡Oh, tener un corazón saturado por la santidad hasta que sea como el vellón de lana que absorbió tanto rocío que Gedeón podía exprimirlo y sacar de él el rocío! ¡Oh, si toda nuestra naturaleza fuese llena del Espíritu de Dios, y fuésemos santificados enteramente, cuerpo, alma, y espíritu! El Espíritu Santo mora en nosotros y como consecuencia somos santificados.

Preservación
El Espíritu Santo también opera en el corazón como el Espíritu de preservación. Cuando Él mora en el hombre, no vuelve a la ruina. Él obra en ellos con cuidado contra la tentación día tras día. Él les ayuda a batallar contra el pecado. Un creyente preferiría morir diez mil veces antes de cometer un pecado. Une al creyente a Cristo, que es la fuente y la garantía de un fruto aceptable. Edifica en el creyente la santidad que glorifica a Dios y bendice a los hijos del hombre. Todo fruto verdadero es del Espíritu. Todo verdadero orador debe, *" orar en el Espíritu"* (Judas 1:20). Nos ayuda cuando estamos débiles en la oración. Inclusive, el oír la Palabra es obra del Espíritu, porque Juan dice: *"Yo estaba en el Espíritu en el día del Señor; y oí detrás de mí una gran voz como de trompeta"* (Apocalipsis 1:10). Todo lo que proviene del hombre, o se mantiene vivo en el hombre, primeramente es infundido, luego sostenido y perfeccionado en el Espíritu. *"El Espíritu es el que da vida; la carne para nada aprovecha"* (Juan 6:63).

No podemos acercamos al cielo con ningún otro poder sino es el del Espíritu Santo. Ni siquiera podemos mantenernos erguidos, ni permanecer firmes a menos que fuésemos sostenidos por el Espíritu Santo. El Señor no sólo planta la viña sino también la preserva. Según las Escrituras, *"cada momento la regaré; la guardaré de noche y de día"* (Isaías 27:3). ¿Oyó a ese hombre decir: "Me gustaría ser cristiano, pero temo que no podré mantenerme firme? ¿Cómo he de ser preservado?" Una pregunta coherente para el versículo: *"más el que persevere hasta el fin, éste será salvo"* (Mateo 10:22).

Los cristianos temporarios no son cristianos. Sólo el creyente que continúa creyendo entrará al reino de los cielos. Pues, ¿podemos perseverar con una palabra como ésta? Aquí está la respuesta: *"Pondré dentro de vosotros mi Espíritu"* (Ezequiel 36:27). Cuando una ciudad es conquistada en guerra, aquéllos que la poseían anteriormente, buscan conquistarla nuevamente, pero el rey que la conquistó envía a un ejército para que tome la ciudad. Le dijo al capitán: "Cuide la ciudad que conquisté, y no permita que el enemigo la tome de nuevo". Entonces, el Espíritu Santo constituye el ejército de Dios en nuestra humanidad redimida, y Él nos guardará hasta el final. *"Y la paz de Dios, que sobrepasa todo entendimiento, guardará vuestros corazones y vuestros pensamientos en Cristo Jesús"* (Filipenses 4:7). Para ser preservados, nos volcamos al Espíritu Santo.

Guía

Además, El Espíritu Santo mora en nosotros para ser nuestra guía. Nos es dado para guiarnos a toda verdad. La verdad es como una caverna amplia, y el Espíritu Santo nos alumbra con antorchas y nos muestra su esplendor. Aunque el pasaje pareciera ser complicado, Él conoce el camino y nos guía a las profundidades de Dios. Continuamente, nos revela verdades mediante Su luz y Su guía. Entonces, somos *"enseñados por Jehová"* (Isaías 54:13). También es nuestra guía práctica para llegar al cielo, ayudando y dirigiéndonos a lo largo del viaje hacia arriba. Ojalá el pueblo cristiano consultase al Espíritu Santo a fin de ser guiados en la vida cotidiana. ¿No sabe que el Espíritu de Dios mora en usted? No es necesario que esté corriendo de aquí para allá consultando a amigos para ser guiados. Espere en el Señor silenciosamente. Quédese quieto en silencio ante la revelación de Dios.

Utilice el juicio que Dios le dio, pero cuando no sea suficiente, recurra a quien el Sr. Bunyan denominó, "el Señor, el Distinguido Secretario", que habita en nosotros, es eternamente sabio, y que puede guiarlo haciéndole oír una voz detrás suyo que dice: «*Este es el camino, andad por él"* (Isaías 30:21). El Espíritu Santo lo guiará en la vida. Lo guiará en la muerte, y lo guiará hacia la gloria. Él lo cuidará de los errores actuales y de los del pasado también. Lo guiará de un modo que usted no conoce. Lo guiará en la oscuridad por un camino desconocido para usted. Estas son las cosas que hará para usted y no lo abandonará. Oh, que preciosa Escritura. Pareciera tener ante mí un tesoro lleno de joyas, preciosas y exóticas. ¡Que el mismo Espíritu Santo se las entregue, y pueda usted estar adornado por ellas cada día de su vida!

Consolación

Por último, «*Pondré dentro de vosotros mi Espíritu"* (Ezequiel 36:27), se cumple mediante la consolación, ya que Su nombre es "El Consolador". Nuestro Dios no permitiría que Sus hijos sean infelices, entonces, Él mismo en la tercera persona de la bendita Trinidad desempeña la función de Consolador. ¿Por qué luce su cara colores tan opacos? Dios lo puede consolar. Usted que se encuentra bajo el yugo del pecado, es verdad que ningún hombre puede guiarlo hacia la paz, sin embargo, el Espíritu Santo puede lograrlo. ¡Oh, Dios concede tu Espíritu a aquéllos que no han encontrado la paz! Pon tu Espíritu dentro de ellos, y descansarán en Jesús, amado de Dios, usted que está preocupado, acuérdese que la preocupación y el Espíritu se oponen entre sí. «*Pondré dentro de vosotros mi Espíritu"* (Ezequiel 36:27), significa que se convertirá en una persona tranquila, rendida, sumisa en la voluntad divina. Tendrá fe de que todo está bien. David dice: «*Dios de mi gozo"* (Salmos 43:4). ¡Sí, mi Dios es mi gozo! ¿Puede decir: "!Dios mío, Dios mío!"? ¿Anhela algo más? ¿Puede emprender algo fuera de Dios? ¡Omnipotente para obrar por la eternidad! ¡Infinito para dar! ¡Fiel para recordar! Él es bondadoso. Sólo luz, porque «*en Él no hay tinieblas"* (1 Juan 1:5).

Cuando tengo a Dios tengo luz, tengo todo. El Espíritu nos hace comprender esta verdad una vez que Él entra a nuestro corazón. Santo Consolador, permanece con nosotros, pues así disfrutamos de la luz celestial. Es allí cuando tenemos paz y gozo porque caminamos en la luz. En Él, nuestra felicidad sube en olas de alegría como si se extendiera hacia la gloria. El Señor anhela que esta Palabra se haga real en usted, «*Pondré dentro de vosotros mi Espíritu"* (Ez. 36:27). Amén.

La Doctrina del Espíritu Santo: Neumatología

Generalidades

Bajo el estudio de la doctrina de la teología, ya ha sido tratado el tema de la deidad de la trinidad. A su vez, se hizo referencia a la tercera persona de la trinidad, el Espíritu Santo. Este estudio previo trató con su personalidad, deidad, sus nombres y símbolos. En la presente sección entraremos más profundamente a considerar el ministerio del Espíritu Santo como la obra exteriorizada de estas características previamente tratadas. Estudiaremos la obra del Espíritu Santo, el ministerio del Espíritu Santo como consolador, el fruto del Espíritu Santo, el bautismo con el Espíritu Santo, ofensas contra el Espíritu Santo y los dones del Espíritu Santo.

I. LA OBRA DEL ESPIRITU SANTO

Uno de los primeros pensamientos que debe impresionarnos a medida que proseguimos con éste estudio, es el diversificado ministerio atribuido al Espíritu Santo. Saquemos completamente de nuestra mente la impresión de que el Espíritu Santo no vino al mundo sino hasta el día de Pentecostés, descrito en el capítulo dos de Hechos, porque así se notará que el Espíritu Santo ha estado activo en cada dispensación, y presente dondequiera que Dios ha sido revelado.

No siempre es posible, ni tampoco necesario, distinguir minuciosamente entre la obra del Espíritu Santo y aquella del Padre y del Hijo. Dios es uno y la interrelación entre las diversas actividades de cada persona de la deidad es tan cercana que no siempre podemos discernir una de la otra. En muchas de sus actividades, Dios actúa a través del Hijo, en el poder del Espíritu Santo. Como principio general podría decirse que todas las obras divinas se originan en el Padre, son llevadas a cabo por el Hijo, y son traídas a fructificación por medio del Espíritu Santo. A continuación estudiaremos las obras del Espíritu Santo en cuanto a su relación con (1) el universo físico, (2) los inconversos, (3) el Señor Jesucristo, y (4) el creyente.

A. LA OBRA DEL ESPIRITU SANTO EN RELACION CON EL MUNDO EN GENERAL.

1. En relación con el universo material.

1.1 El Espíritu Santo como agente en la creación.
Cada persona de la deidad es representada como habiendo creado todas las cosas: El Padre, *"Dios,... nos ha hablado por el Hijo,... por quien asimismo hizo el universo ..."* (Hebreos 1:1, 2); El Hijo, *"Todas las cosas por él fueron hechas, y sin él nada de lo que ha sido hecho, fue hecho"* (Juan 1:3), *"Porque en él fueron creadas todas las cosas, las que hay en los cielos y las que hay en la tierra, visibles e invisibles, sean tronos, sean dominios, sean principados, sean potestades; todo fue creado por medio de él y para él"* (Colosenses 1:16); El Espíritu Santo, *"Envías tu Espíritu, son creados, y renuevas la faz de la tierra"* (Salmos 104:30); *"El Espíritu de Dios me hizo, y el soplo del Omnipotente me dio vida"* (Job 33:4). No debe pensarse que estos pasajes son contradictorios, más bien debe pensarse en ellos como una presentación del principio que prevalece a través de la Biblia, las tres personas de la trinidad trabajan juntas para el logro de la voluntad divina. De hecho, la

declaración de apertura de la Biblia *"En el principio creó Dios los cielos y la tierra"* sugiere que la trinidad entera estaba activa; porque la palabra "Dios", *Elohim* en hebreo, que es una palabra uni-plural, indica más de una personalidad.

1.2. Tres actos específicos de la creación.

En la narración de la creación dada en Génesis 1:1-27, la palabra hebrea bara que significa "crear" o "hacer de la nada", es utilizada tres veces. En otras oportunidades se dice que Dios ha "hecho" ciertas cosas, lo cual implicaría usar algo de lo que ya estaba en existencia. Estas tres ocasiones representan a los tres reinos distinguidos: los cielos y la tierra (1:1), la vida animal (1:21), y vida humana (1:26, 27). Los evolucionistas tratan de decirnos que cada reino es el resultado del desarrollo gradual de un reino menor, pero la palabra de Dios enfatiza que un reino nuevo fue solamente hecho posible a través de un acto especial de creación. Es interesante para nuestro estudio presente notar lo que se dice del Espíritu Santo al haber estado activo en la creación de cada uno de estos tres reinos:

- Los cielos y la tierra (Génesis 1:2; Job 26:13; Salmos 33:6).
- La vida animal (Salmos 104:30; refiriéndose definitivamente a todas las criaturas mencionadas en los versículos previos de este Salmo: 11, 12, 14, 17, 18, 20, 21, 26).
- La vida humana (Job 33:4)

2. En relación con la humanidad en su totalidad.

2.1. El Espíritu Santo da testimonio de la obra redentora de Cristo.

El plan y el método de salvación de Dios son atestiguados por el Espíritu Santo. Nadie lo sabría mejor que el Espíritu Santo *El Dios de nuestros padres levantó a Jesús, a quien vosotros matasteis colgándolo de un madero. A éste Dios ha exaltado con su diestra por Príncipe y Salvador, para dar a Israel arrepentimiento y perdón de pecados. Y nosotros somos testigos suyos de estas cosas, y también el Espíritu Santo, el cual ha dado Dios a los que le obedecen* (Hechos 5:30-32).

2.2. El Espíritu Santo convence al mundo de pecado, justicia y juicio.

"Y cuando él venga, convencerá al mundo de pecado, de justicia, y de juicio" (Juan 16:8). En versiones diferentes se utilizan distintas palabras para "convencer", tales como: dar convicción, exponer y redargüir. Alguien ha declarado: "Estas tres cosas son las más difíciles de inculcar en cualquier ser humano, porque éste siempre intentará justificarse con alguna excusa para sus acciones malignas, pidiendo una escala relativa de normas éticas en lugar de justicia absoluta, o asumiendo que el juicio es indefinidamente diferido y que por lo tanto no hay una verdadera amenaza." (Los autores están en deuda con la fuente desconocida de esta cita.)

2.2.1. "De pecado, por cuanto no creen en mí"(Vs. 9)

Aquí hay algo que es imposible que el hombre logre. Nadie puede producir convicción en el corazón de otro. Sólo el Espíritu Santo puede vencer la ceguera y el engaño del pecaminoso corazón humano y hacer que un hombre se dé cuenta de la grandeza de su propia iniquidad. Note el pecado particular del cual el Espíritu Santo traerá convicción. No es el pecado de robar, o de borrachera o de adulterio. La conciencia dará convicción al hombre de que tales cosas son incorrectas, pero el Espíritu Santo es el que da convicción de un pecado del cual la conciencia nunca convencería; el pecado de incredulidad. *"De pecado, por cuanto no creen en mí..."* (Juan 16:9).

La incredulidad en Jesucristo es el más grande de todos los pecados. Causa el rechazo del único medio de perdón de Dios, y trae toda la condenación de cada pecado sobre el que uno fracasa en apropiarse de la salvación de Cristo mediante la fe. Como George Smeaton lo ha dicho tan apropiadamente:

El pecado de incredulidad está descrito aquí, con toda la enorme culpa ligada a él, como el rechazo de la propuesta de reconciliación, como el supremo principal pecado porque es un pecado contra el remedio, tan pecaminoso en sí, que previene la remisión de los demás pecados... todos los otros pecados, originales y reales, con toda su culpa, son remisibles mediante la fe en Cristo. Pero éste pecado involucra el rechazo del remedio provisto por gracia; y la incredulidad final no tiene nada que interponer entre el pecador y la justa condenación... El pecado de incredulidad es descrito aquí como si fuera el único pecado, porque, según el comentario de Agustino, mientras continúa, todos los demás pecados son retenidos y cuando éste parte, todo los demás pecados son remitidos.

2.2.2. "De justicia, por cuanto voy al Padre, y no me veréis más" (Vs 10)
La justicia de la cual el Espíritu trae convicción no es la justicia humana, sino la justicia de Cristo. La justicia de Cristo está atestiguada por el hecho que Él fue levantado de los muertos y ascendió al Padre. Si hubiera sido un impostor, como insistía el mundo religioso al rechazarlo, el Padre no lo hubiera recibido. El hecho de que el Padre sí lo exaltó a su propia diestra, demuestra que Él es completamente inocente de todas las acusaciones puestas en su contra. Además, prueba que Él había pagado el precio completo por los pecados del creyente que habían sido puestos sobre Él. Nuevamente, Smeaton declara: Convencer al mundo de justicia debe significar que el Espíritu da evidencia convincente, no meramente que su causa fue buena, y que Él era inocente, sino también que en Él se encuentra la justicia que el mundo necesita, la justicia imputada que fue provista para nosotros por gracia y se hace nuestra por la fe. Su regreso al Padre dio evidencia de que Él había enteramente finalizado la tarea por la cual había sido enviado al mundo, aquella de proveer justicia para aquellos que creerían en Él.

2.2.3. "De juicio, por cuanto el príncipe de éste mundo ha sido ya juzgado"(Vs. 11)

El mundo es culpable al rechazar creer en Cristo; su condenación es atestiguada por la justicia de Cristo exhibida en su regreso al Padre; por lo tanto, no le espera sino juicio. La demostración más grande de juicio es que el príncipe de éste mundo será juzgado. *"Ahora es el juicio de este mundo; ahora el príncipe de este mundo será echado fuera"* (Juan 12:31). Si Cristo va a juzgar al príncipe de éste mundo, entonces todos los que le siguen serán asimismo juzgados. Es importante que todo cristiano se dé cuenta de cómo éste ministerio de convicción del Espíritu Santo es logrado. El Espíritu Santo no opera en esta capacidad mediante la atmósfera. Él ministra mediante creyentes llenos del Espíritu Santo. Jesús dijo, *"Si yo no me fuere, el Consolador no vendría a vosotros; más si me fuere, os lo enviaré. Y cuando él venga, convencerá al mundo de pecado, de justicia, y de juicio"* (Juan 16:7, 8). Esto enfatiza la importancia que cada creyente viva una vida llena del Espíritu.

B. LA OBRA DEL ESPIRITU SANTO EN RELACION CON CRISTO.

Probablemente la más profunda declaración de todos los tiempos se encuentra en las primeras cuatro palabras con las que comienza nuestra Biblia: "En el principio... Dios." Ninguna explicación es dada. Ningún intento es hecho para dar cuenta de su existencia. Simplemente es dada la revelación más grande. Sólo en la manera en que Dios haya escogido revelarse podemos esperar tener alguna comprensión respecto a Él mismo. Dios ha hecho esto particularmente en la persona de su Hijo. *"Dios, habiendo hablado muchas veces y de muchas maneras en otro tiempo a los padres por los profetas, en estos postreros días nos ha hablado por* [literalmente: "en"] *el Hijo"* (Hebreos 1:1, 2).Jesús podía decir: *"El que me ha visto a mí, ha visto al Padre"* (Juan 14:9), porque el Hijo era el *"resplandor de su gloria, y la imagen misma de su sustancia"* (Hebreos 1:3). Pero entonces tenemos una revelación posterior del Hijo por el Espíritu Santo. Jesús dijo del Espíritu Santo, *"Él me glorificará, porque tomará de lo mío, y os lo hará saber. Todo lo que tiene el Padre es mío; por eso dije que tomará de lo mío, y os lo hará saber"* (Juan 16:14-15). Por lo tanto vemos la revelación progresiva: El Padre revelado por el Hijo y el Hijo revelado por el Espíritu Santo. G. Campbell Morgan habla de Jesús como la revelación del Padre y del Espíritu Santo, como la interpretación de la revelación.

Será sumamente provechoso, entonces, estudiar la cercanía del ministerio del Espíritu Santo a la persona y ministerio del Señor Jesús, especialmente ya que Él tomó sobre sí mismo la bajeza de nuestra naturaleza humana. Al estudiar la obra del Espíritu Santo en la vida de Cristo, reconocemos que el Espíritu Santo tiene poco, si acaso algo que ver, con la deidad de Cristo. Eso no era necesario, porque era perfecto y siempre había sido así. Pero El Espíritu Santo tuvo mucho que ver con la naturaleza humana de Cristo. Se llamará la atención a la obra del Espíritu Santo en (1) la persona de Cristo; (2) el ministerio terrenal de Cristo; (3) concerniendo la muerte y resurrección de Cristo; y (4) el ministerio de Cristo a la iglesia de hoy en día.

1. En cuanto a la persona de Cristo.

1.1. Fue enviado al mundo por el Espíritu Santo, junto con el Padre. *"... Y ahora me envió Jehová el Señor, y su Espíritu. Así ha dicho Jehová, Redentor tuyo, el Santo de Israel..."* (Isaías 48:16, 17). Cristo no tuvo su comienzo en Belén. Él existió desde toda eternidad; se podría decir que aquel que ya existía fue enviado al mundo.

1.2. Fue concebido, o engendrado, por el Espíritu Santo.
Este hecho se confirma en tres pasajes de la escritura: *"Respondiendo el ángel, le dijo: El Espíritu Santo vendrá sobre ti, y el poder del Altísimo te cubrirá con su sombra; por lo cual también el santo Ser que nacerá, será llamado Hijo de Dios"* (Lucas 1:35). *"Estando desposada María su madre con José, antes que se juntasen, se halló que había concebido del Espíritu Santo"* (Mateo 1:18). *"... Un ángel del Señor le apareció en sueños y le dijo: José, hijo de David, no temas recibir a María tu mujer, porque lo que en ella es engendrado, del Espíritu Santo es"* (Mateo 1:20).La concepción de Jesús, no fue el llamamiento de un nuevo ser a la vida, (como en el caso de todos los nacimientos humanos), sino de uno que había existido eternamente, y quien, por su concepción, ahora entraba a una relación vital con la naturaleza humana. Cuando Cristo nació no fue la concepción de una personalidad humana sino la de una naturaleza humana. Hay sólo una personalidad en Jesucristo, o sea el Eterno, que era y es el Hijo de Dios.

1.3. Su recepción en el templo fue preparada por el Espíritu Santo.

Y he aquí había en Jerusalén un hombre llamado Simeón, y este hombre, justo y piadoso, esperaba la consolación de Israel; y el Espíritu Santo estaba sobre él. Y le había sido revelado por el Espíritu Santo, que no vería la muerte antes que viese al ungido del Señor. Y movido por el Espíritu, vino al templo. Y cuando los padres del niño Jesús lo trajeron al templo, para hacer por él conforme al rito de la ley, él le tomó en sus brazos, y bendijo a Dios, diciendo: Ahora, Señor, despides a tu siervo en paz, conforme a tu palabra; porque han visto mis ojos tu salvación... (Lucas 2:25–30).

Este es un pasaje notable en relación con el ministerio del Espíritu Santo, al testificar a Simeón y luego preparar el cumplimento de la profecía dada a ese antiguo santo.

1.4. Su crecimiento es atribuido al Espíritu Santo.
La Biblia atribuye el crecimiento físico, intelectual, y espiritual al Espíritu Santo. "*Y el niño crecía y se fortalecía* [en el Espíritu], *y se llenaba de sabiduría; y la gracia de Dios era sobre él*" (Lucas 2:40). También se nos dice en Lucas 2:52: "*Y Jesús crecía en sabiduría y en estatura, y en gracia para con Dios y los hombres.*" Jesús no fue creado como un adulto al igual que Adán. Él creció y se desarrolló como crece cualquier otro niño, excepto que no poseía ninguno de los detrimentos de una naturaleza pecaminosa. Su desarrollo fue rápido y hermoso. El hecho es que, a la edad de doce años, los rabinos en el templo estuvieron asombrados al escucharlo. Pero esto se debía a una operación del Espíritu Santo dentro de Él. Dice el profeta Isaías: "*Saldrá una vara del tronco de Isaí, y un vástago retoñará de sus raíces. Y reposará sobre él el Espíritu de Jehová; espíritu de sabiduría y de inteligencia, espíritu de consejo y de poder, espíritu de conocimiento y de temor de Jehová*" (Isaías 11:1, 2). La deidad de Cristo no podía crecer ni en lo más mínimo, o en ningún sentido, porque era perfecta y completa. Pero su humanidad sí se desarrolló y se incrementó en sus capacidades. Palmer declara:

Ni era esto debido al hecho que el Jesús hombre estaba inseparablemente conectado a la persona divina, para que como hombre tuviera omnisciencia; eso destruiría su verdadera humanidad.

1.5. Fue guiado por el Espíritu Santo al desierto, para ser tentado por el Diablo.
"*Entonces Jesús fue llevado por el Espíritu al desierto, para ser tentado por el diablo*" (Mateo 4:1). "*Y luego el Espíritu le impulsó al desierto. Y estuvo allí en el desierto cuarenta días, y era tentado por Satanás...*" (Marcos 1:12-13). Palmer comenta que Lucas:... usa un tiempo verbal, el imperfecto, que indica no un acto momentáneo, sino un período de tiempo. La clara indicación, entonces, es que no sólo el Espíritu Santo llevó a Cristo al desierto, sino que todo el tiempo que Cristo estuvo allí, el Espíritu Santo estuvo con Él, guiándole y ayudándole a vencer las tentaciones. Y cuando todas terminaron, Lucas dice que Él "*volvió en el poder del Espíritu*" (4:4). En otras palabras, ese período entero de tentación, de principio a fin, estuvo bajo el control del Espíritu Santo, y fue por medio del Espíritu que le fue dada a la naturaleza humana de Jesús la fuerza para vencer las severas tentaciones puestas ante Él. El no tuvo victoria porque su naturaleza divina infundió cualidades divinas a su naturaleza humana, capacitándole para resistir. De ser así, entonces ya no hubiera sido hombre. En cambio, siendo un hombre completo, se fio del Espíritu que moraba en Él para obtener la habilidad de resistir el mal.

Note cuidadosamente que Jesús no fue acorralado por el diablo. Él fue llevado o como Marcos dice, "impulsado" por el Espíritu a encontrar al enemigo. Esto es de gran instrucción para los creyentes hoy día. Enseña fuertemente que el cristiano no está necesariamente fuera de la voluntad de Dios cuando está siendo expuesto a una prueba personal. También, enseña que puede tener la misma victoria, porque tiene el mismo Espíritu Santo morando en él.

2. En cuanto al ministerio terrenal de Cristo.

Jesús era en realidad el verdadero Dios, pero cuando vino a este mundo parece que se sujetó de tal manera al Padre que su ministerio fue mediante la dirección y el poder del Espíritu Santo. Note los siguientes ejemplos de la actividad del Espíritu en el ministerio de Cristo:

2.1. El Espíritu Santo ungió a Jesús con poder para su ministerio. *Y Jesús, después que fue bautizado, subió luego del agua; y he aquí los cielos fueron abiertos, y vio al Espíritu de Dios que descendía como paloma, y venía sobre él. Y hubo una voz de los cielos, que decía: Este es mi hijo amado, en quien tengo complacencia* (Mateo 3:16, 17).

2.2. Esta unción del Espíritu Santo tiene como propósito equipar a Jesús oficialmente para su ministerio público.

2.2.1. Su ministerio de predicación
No es hasta después de esto que leemos que Él enseña y predica (Lucas 5:14, 15; Mateo 4:17). "*El Espíritu de Dios está sobre mí, por cuanto me ha ungido para dar buenas nuevas a los pobres...*" (Lucas 4:18). Es muy común pensar que las palabras de gracia que proceden de su boca fueron el resultado de su propia grandeza inherente, pero Jesús las atribuye a la unción del Espíritu Santo.

2.2.2. Su ministerio como sanador
"*Cómo Dios ungió con el Espíritu Santo y con poder a Jesús de Nazaret y cómo éste anduvo... sanando a todos los oprimidos por el diablo, porque Dios estaba con él*" (Hechos 10:38). En verdad, fue el resultado del poder dado a Él por el Espíritu Santo el que pudo ejecutar milagros.

2.2.3. Su ministerio de liberación echando fuera a los demonios
En Mateo 12:28 Jesús atribuye su habilidad de echar fuera demonios al Espíritu Santo: "*Pero si yo por el Espíritu Santo echo fuera los demonios...*" Los fariseos acusaron a Jesús de echar fuera demonios por Beelzebú, el príncipe de los demonios. Jesús les mostró la insensatez de Satanás echándose fuera a sí mismo. Él aclaró muy bien su fuente de poder para este ministerio. En Hechos 10:38 leemos: "*Cómo Dios ungió con el Espíritu Santo y con poder a Jesús de Nazaret y cómo éste anduvo haciendo bienes y sanando a todos los oprimidos por el diablo, porque Dios estaba con él.*" Jesús era consciente de esta unción, al leer en la sinagoga de Nazaret, en Isaías 61:1: "*El Espíritu del Señor está sobre mí, por cuanto me ha ungido...*" (Lucas 4:18).

3. En cuanto a la muerte y resurrección de Cristo.

3.1. Fue capacitado por el Espíritu Santo para ofrecer el sacrificio necesario por los pecados.
"*¿Cuánto más la sangre de Cristo, el cual mediante el Espíritu eterno se ofreció a sí mismo sin mancha a Dios, limpiará vuestras conciencias de obras muertas para que sirváis al Dios vivo?*"

(Hebreos 9:14). No era suficiente que Jesús sufriera y muriera por nuestros pecados, debía hacerlo en la forma debida. Como lo expresa Abraham Kuyper:

Cristo no solamente nos redimió a través de sus sufrimientos, al ser escupido, azotado, coronado con espinas, crucificado y muerto; sino que esta pasión fue hecha efectiva para nuestra redención por su amor y obediencia voluntaria. Por lo tanto, en los sufrimientos de Cristo hubo mucho más que una satisfacción meramente pasiva y penal. Nadie obligó a Jesús. Él, participante de la naturaleza divina, no podía ser forzado, pero se ofreció voluntariamente: *"He aquí que vengo, oh Dios, para hacer tu voluntad, como en el rollo del libro está escrito de mí."* Y Edwin Palmer explica:

Dios siempre demanda una relación correcta entre el corazón y el acto público. Él no se agrada con la simple conformación externa a su voluntad, sino que debe haber la actitud correspondiente del alma. Él no mira sólo a los labios que dicen, "Señor, Señor", o los vasos que están limpios por fuera, sino que Él demanda una actitud de amor perfecto hacia Él. Si Jesús hubiera ido a la cruz involuntariamente, de mal humor, de mala gana, estoicamente; y no voluntariamente, con un celo perfecto, ardiente, y con fe hacia el Padre, no se hubiera podido hacer ninguna expiación.

Hebreos 9:14, citado anteriormente, indica que la perfección del sacrificio de Cristo, la actitud correcta, obediente y amante fue hecha posible por el Espíritu Santo. *"El cual mediante el Espíritu eterno se ofreció a sí mismo sin mancha a Dios."* Sin la capacitación del Espíritu Santo, el Jesús hombre nunca hubiera podido hacer esto. El Espíritu le capacitó para ofrecer un sacrificio perfecto con la actitud que era aceptable a Dios. ¡Indudablemente, el Espíritu Santo le dio poder por gracia y lo sostuvo durante los sufrimientos, tanto físicos como espirituales, de ese horrible sacrificio!

3.2. Fue levantado de los muertos por el Espíritu Santo.

Romanos 8:11 habla de *"el Espíritu de aquel que le levantó de los muertos a Jesús."* A veces la resurrección de Jesús es atribuida al Padre. Hechos 2:24, hablando de Jesús, dice: *"Al cual Dios levantó."* En otros pasajes se dice que la obra fue del Hijo mismo. En Juan 10:17, 18, Jesús dice: *"... Yo pongo mi vida, para volverla a tomar. Nadie me la quita, sino que yo de mí mismo la pongo. Tengo poder para ponerla, y tengo poder para volverla a tomar."* Pero también, en una manera especial, la resurrección es la obra del Espíritu Santo.

4. En cuanto al ministerio de Cristo a la iglesia.

4.1. Cristo dio mandamientos a sus apóstoles por medio del Espíritu Santo.
Hechos 1:1, 2 dice *"... todas las cosas que Jesús comenzó a hacer y enseñar, hasta el día en que fue recibido arriba, después de haber dado mandamientos por el Espíritu Santo a los apóstoles que había escogido ...."* El Espíritu Santo está tan vitalmente conectado con el ministerio de los siervos del Señor que parece muy lógico que debiera haber sido Él quien inspiró al Señor Jesús a dar mandamientos a los discípulos al ser enviados.
Hoy, al guiar el Espíritu Santo a cada cristiano en el servicio del Señor, es una bendición darse

cuenta que es aún la voz de Jesús hablándole. En otras palabras, el mismo Salvador que comandó a esos primeros discípulos por medio del Espíritu Santo, está guiando y dirigiendo los intentos de sus siervos de hoy por medio del mismo bendito Espíritu Santo. La iglesia no depende de la presencia corporal del Señor a fin de ser guiada por Él. Tal guía es lograda por el Espíritu Santo.

4.2. Cristo es el dador del Espíritu Santo.

En el mensaje de Pedro en el día de Pentecostés, explicando el derramamiento del Espíritu que maravilló a todos en Jerusalén, él dijo acerca de Jesús: "*Así que, exaltado por la diestra de Dios, y habiendo recibido del Padre la promesa del Espíritu Santo, ha derramado esto que vosotros veis y oís*" (Hechos. 2:33). Este fue el cumplimiento de la promesa del Señor a sus discípulos, "*Pero cuando venga el Consolador, a quien yo os enviaré del Padre...*" (Juan 15:26). Quizá la cosa más importante que Jesús ha hecho por sus seguidores, después de haber comprado la redención por su muerte y resurrección, es bautizarlos con el Espíritu Santo. Juan el Bautista, movido por el Espíritu Santo, al hablar de aquello que caracterizaría la venida de Jesús, dijo, "*... él os bautizará en Espíritu Santo y fuego*" (Mateo 3:11). El Espíritu estaba tan vitalmente presente en todo el ministerio del Salvador, que no era extraño que Él estuviera ansioso de que, aquellos que iban a continuar su obra, tuvieran igualmente el mismo poder del Espíritu Santo. ¡Es verdaderamente maravilloso que los creyentes hoy en día tengan este mismo y gran privilegio! ¿De qué otra forma podría ser lograda su obra? Este es el verdadero ministerio del Nuevo Testamento, siendo Jesús nuestro gran ejemplo. Esto es lo que Jesús indicó cuando dijo: "*... El que en mí cree, las obras que yo hago, él las hará también y aún mayores hará, porque yo voy al Padre*" (Juan 14:12).

C. LA OBRA DEL ESPIRITU SANTO EN EL CREYENTE.

Hemos visto brevemente la revelación del Padre mediante el Hijo, y también la revelación del Hijo mediante el Espíritu Santo. Ahora es nuestra tarea observar la manera en que el Padre y el Hijo son revelados dentro y a través de aquellos que son creyentes en Cristo en el mundo hoy. Este es un ministerio más amplio del Espíritu Santo.

1. La obra del Espíritu en la salvación.

1.1. El creyente es nacido de nuevo del Espíritu Santo.

El tema del nuevo nacimiento es tratado bajo la sección de regeneración. Enfatizamos aquí el hecho de que esta experiencia es lograda mediante el Espíritu Santo. Jesús dijo a Nicodemo, "*El que no naciere de agua y del Espíritu, no puede entrar en el reino de Dios. Lo que es nacido de la carne, carne es; y lo que es nacido del Espíritu, espíritu es*" (Juan 3:5, 6). Cuando uno nace naturalmente, vida natural le es impartida. En un grado bien definido, Adán perdió la vida espiritual cuando pecó. Muchos creen que perdió la morada interior del Espíritu Santo. Dios había advertido que la muerte seguiría a la desobediencia a su palabra (Génesis 2:17) y, como resultado de su pecado, Adán quedó en oscuridad espiritual.

Myer Pearlman comenta sobre el resultado de esta oscuridad, o falta del Espíritu Santo en el hombre no regenerado:

En relación con el entendimiento, el inconverso no puede saber las cosas del Espíritu de Dios (I Corintios. 2:14); en relación con la voluntad, no puede ser sujeto a la ley de Dios (Romanos

8:7); en relación con la adoración, no puede llamar a Jesús "Señor" (I Corintios 12:3); en lo que respecta a lo práctico, no puede agradar a Dios (Romanos 8:8); con respecto al carácter, no puede dar fruto espiritual (Jn. 15:4); con respecto a la fe, no puede recibir el espíritu de verdad (Juan 14:17).

Esta nueva vida espiritual es impartida al creyente mediante el Espíritu Santo que mora en él, que es la marca de un cristiano nuevo testamentario. *"Más vosotros no vivís según la carne, sino según el Espíritu, si es que el Espíritu de Dios mora en vosotros. Y si alguno no tiene el Espíritu de Cristo, no es de él"* (Romanos 8:9). Citamos otra vez a Pearlman: "Una de las definiciones más completas de lo que es un cristiano, consiste en que en él mora el Espíritu Santo. Su cuerpo es el templo del Espíritu Santo, y en virtud de dicha experiencia es santificado, así como el tabernáculo fue consagrado como la morada de Jehová." *"¿O ignoráis que vuestro cuerpo es el templo del Espíritu Santo el cual está en vosotros, el cual tenéis de Dios, y que no sois vuestros?"* (1 Corintios 6:19).Esto no debe ser confundido con el bautismo del Espíritu Santo, que es un derramamiento del Espíritu posterior a la salvación, dado a que no es la impartición de la vida espiritual, sino de poder para el servicio espiritual.

1.2 El Espíritu Santo da testimonio al creyente de ser hijo.
"El que cree en el Hijo de Dios, tiene el testimonio en sí mismo..." (1 Juan 5:10). *"El Espíritu mismo da testimonio a nuestro espíritu de que somos hijos de Dios"* (Romanos 8:16). *"Y por cuanto sois hijos, Dios envió a vuestros corazones el Espíritu de su Hijo, el cual clama: ¡Abba, Padre!"* (Gálatas 4:6). Es importante notar que en cada uno de estos versículos el Espíritu es el que toma la iniciativa. Él es el que da testimonio dentro del corazón del creyente. Esto no es sólo un sentimiento interior. Es el testigo divino de una nueva relación llevada a cabo por el Espíritu Santo; y cuando es lograda, Él es quien testifica de su realidad.

1.3. El Espíritu Santo bautiza al creyente en el cuerpo de Cristo.
"Porque así como el cuerpo es uno, y tiene muchos miembros, pero todos los miembros del cuerpo, siendo muchos, son un solo cuerpo, así también Cristo. Porque por un solo Espíritu fuimos todos bautizados en un cuerpo, sean judíos o griegos, sean esclavos o libres..." (1 Corintios 12:12-13).
Mucha confusión ha surgido sobre este versículo porque algunos han enseñado que aquí se está refiriendo al bautismo con el Espíritu que los ciento veinte recibieron en el día de Pentecostés. Por lo tanto, se dice que todos reciben el bautismo con el Espíritu Santo cuando son salvos. Hay una diferencia vital entre el Espíritu Santo bautizando a los creyentes en el cuerpo de Cristo, una operación del Espíritu Santo, y el ser bautizado con el Espíritu Santo, que es una operación de Jesús. Juan el Bautista dijo, *"Yo a la verdad os he bautizado con agua; pero él [refiriéndose a Cristo] os bautizará con el Espíritu Santo"* (Marcos 1:8).El bautismo del que se habla en I Corintios 12:13 es conducido por el Espíritu Santo, y tiene que ver con la posición del creyente en Cristo; mientras que el bautismo del que habla Juan en Marcos 1:8 es conducido por Jesucristo, y tiene que ver con el poder para servicio. En el primero de estos dos bautismos, aquel en el Cuerpo de Cristo, el Espíritu Santo es el agente, mientras que el Cuerpo de Cristo, la iglesia, es el medio. En el segundo, Cristo es el agente y el Espíritu Santo es el medio. El versículo en I Corintios capítulo doce, enseña que todo creyente es hecho miembro del cuerpo de Cristo, la iglesia, mediante una operación del Espíritu Santo llamado bautismo.

Primera de Corintios 10:1-2 declara: *"Porque no quiero, hermanos, que ignoréis que nuestros padres estuvieron bajo la nube, y todos pasaron el mar; y todos en Moisés fueron bautizados en la nube y el mar..."* Los creyentes cristianos son bautizados "en Cristo." Bautismo significa muerte, sepultura y resurrección. Se dice que el pecador es bautizado en el cuerpo de Cristo porque por la fe toma el lugar de la muerte con Cristo en el Calvario, y se levanta con vida nueva en unión con Cristo. El bautismo en agua es un símbolo exterior de aquello que en realidad es logrado por el Espíritu Santo.

1.4. El Espíritu Santo sella al creyente.

"En él también vosotros, habiendo oído la palabra de verdad, el evangelio de vuestra salvación, y habiendo creído en él, fuisteis sellados con el Espíritu Santo de la promesa, que es las arras de nuestra herencia hasta la redención de la posesión adquirida..." (Efesios 1:13, 14). *"Y no contristéis al Espíritu Santo de Dios, con el cual fuisteis sellados para el día de la redención"* (Ef. 4:30). El sello del creyente trae al pensamiento la idea de posesión. Cuando somos salvos, Dios coloca su sello de dominio sobre nosotros. Era común, en los días de Pablo, que un mercader fuera al puerto y eligiera ciertos trozos de madera poniendo su marca o sello. El sello de posesión de Dios a sus santos es la presencia del Espíritu Santo morando en sus corazones. Esta es las arras o contrato de que ellos son suyos, hasta el día cuando Él regrese a tomarlos para sí mismo. *"Pero el fundamento de Dios está firme, teniendo este sello: Conoce el Señor a los que son suyos"* (2 Timoteo 2:19a).

2. La obra del Espíritu Santo posterior a la salvación.

Hemos estudiado el papel tan importante que el Espíritu Santo ocupa en la salvación de un alma, y nos hemos dado cuenta de que sin este ministerio nadie podría llegar a ser un hijo de Dios. Sin embargo, después de que el corazón humano ha sido regenerado por el Espíritu de Dios y la vida de Cristo ha sido impartida, el Espíritu Santo no se retira. Si fuera así, el nuevo cristiano pronto volvería a sus antiguos caminos. El Espíritu Santo tiene un ministerio continuo que busca ejecutar en todo creyente; es en verdad el secreto de la fuerza y progreso de la nueva vida espiritual. Enfatizaremos aquí que el Espíritu Santo continúa siendo el agente activo en el caminar progresivo de los hijos de Dios.

2.1. El creyente es santificado por el Espíritu Santo.

El tema de la santificación se encuentra en el estudio de soteriología; aquí señalaremos que el Espíritu Santo tiene una parte integra y vital en esta fase del desarrollo cristiano. *"Elegidos según la presciencia de Dios Padre en santificación del Espíritu, para obedecer y ser rociados con la sangre de Jesucristo..."* (1 Pedro 1:2; vea también 2 Tesalonicenses 2:13). Al tratar la doctrina de la santificación observamos que la santificación tiene dos fases: la primera consiste en ser separados para el Señor, y la segunda consiste en limpieza necesaria y continúa. El pasaje recién citado enfatiza lo que podríamos llamar el progreso de la salvación. Es mediante la elección del Padre, la separación o santificación del Espíritu Santo, el rociado de la sangre de Jesucristo, y el creer en la verdad de la palabra de Dios. El mundo, la carne y el Diablo están siempre presentes en el diario andar del cristiano. Así como un pecador no puede salvarse a sí mismo, tampoco un creyente puede sostenerse fuera de la fuerza diaria impartida por el Espíritu Santo. El cristiano disfruta de

Guiado por el Espíritu Santo

este ministerio de gracia al creer en la palabra de Dios y al rendirse al Espíritu Santo.

2.2. El creyente se capacita para humillar la carne mediante el Espíritu Santo.

Porque los que son de la carne piensan en las cosas de la carne; pero los que son del Espíritu, en las cosas del Espíritu. Porque el ocuparse de la carne es muerte, pero el ocuparse del Espíritu es vida y paz ... Mas vosotros no vivís según la carne, sino según el Espíritu, si es que el Espíritu de Dios mora en vosotros ... Pero si Cristo está en vosotros, el cuerpo en verdad está muerto a causa del pecado, más el espíritu vive a causa de la justicia ... Así que, hermanos, deudores somos, conforme a la carne; porque si vivís conforme a la carne, moriréis; más si por el Espíritu hacéis morir las obras de la carne, viviréis (Romanos 8:5–13).

La palabra "carne o carnal" significa "sensual." Pablo nos dice que es imposible hacer la voluntad de Dios con la mente carnal: "*... porque no se sujetan a la ley de Dios, ni tampoco pueden; y los que viven según la carne no pueden agradar a Dios*" (Romanos 8:7-8). Es el Espíritu Santo quien nos capacita para humillar, hacer morir a la carne y vivir victoriosamente en el Espíritu. Hacemos morir las obras de la carne al reconocer al viejo hombre crucificado con Cristo (Romanos 6:11), y al elegir el andar bajo la guía y el poder del Espíritu Santo.

2.3. El Espíritu Santo transforma al creyente a la imagen de Cristo.

Este pensamiento también tiene que ver con la influencia santificadora del Espíritu Santo al transformar la naturaleza de los hijos de Dios. "*Por tanto nosotros todos, mirando a cara descubierta como un espejo de gloria del Señor, somos transformados de gloria en gloria en la misma imagen, como por el Espíritu del Señor*" (II Corintios 3:18). Weymount traduce este versículo: "*Mas todos nosotros, como con la faz sin velo reflejamos la gloria de Dios, siendo transformados a la misma semejanza, de gloria en gloria, aun como es derivada del Espíritu del Señor.* "Pablo, hablando del hecho de que los cristianos son epístolas de Cristo, dice: "*escrita no con tinta, sino con el Espíritu del Dios vivo; no en tablas de piedra, sino en tablas de carne del corazón*" (2 Corintios 13). La figura cambia en el versículo dieciocho y asemeja al cristiano a un espejo que refleja la imagen de la gloria de Dios. La cara de Moisés resplandecía a medida que descendía del monte Sinaí dado a que al comunicarse con Dios (2 Corintios 3:7), tuvo que poner un velo sobre su rostro para que la gente pudiera mirarlo a causa de que la gloria del Señor era resplandeciente. Nuestra faz, dice Pablo, no tiene velo, sino que esta descubierta al reflejar la gloria de Cristo Jesús. Lo asombroso es que mientras nosotros reflejamos la gloria del Señor y otros la ven, algo ocurre dentro de nuestra vida. Somos cambiados (literalmente la palabra es "trasformados") por la operación del Espíritu Santo a la misma imagen de Cristo que estamos esforzándonos por reflejar. Si mantenemos nuestro enfoque en Jesús, la impresión de su imagen va a ser implantada sobre nuestras propias vidas mediante el ministerio interior del Espíritu Santo.

2.4. El Espíritu Santo fortalece al creyente y le revela a Cristo con mayor intensidad.

Para que os dé, conforme a las riquezas de su gloria, el ser fortalecidos con poder en el hombre interior por su Espíritu [¿con cuál propósito?] para que habite Cristo por la fe en vuestros corazones, a fin de que arraigados y cimentados en amor, seáis plenamente capaces de compren-

der con todos los santos cual sea la altura, la longitud, la profundidad y la altura, y desconocer el amor de Cristo, que excede a todo conocimiento, para que seáis llenos de toda plenitud de Dios (Efesios 3:16-19).

Lo que Jesús tuvo en mente cuando dijo sobre el Espíritu Santo, *"El me glorificará"* (Juan 16:14), está expresado en los versículos anteriormente citados. ¿Quién sino el Espíritu de Dios podría capacitarnos para comprender tales revelaciones de gracia sobre la persona y naturaleza de nuestro maravilloso Señor? Este ministerio de revelación que el Espíritu Santo ejerce sobre la mente renovada del creyente, es con el propósito de traerlo al lugar donde este puede ser lleno de toda la plenitud de Dios" (Ef. 3:19). A medida que Él revela estas cosas es que el creyente experimenta el deseo de tenerlas, y entonces la fe y el deseo se extienden para poseerlas.

2.5. El Espíritu Santo guía a los hijos de Dios.
"Porque todos los que son guiados por el Espíritu de Dios, éstos son hijos de Dios" (Romanos 8:14). *"Pero si sois guiados por el Espíritu, no estáis bajo la ley"* (Gálatas 5:18). *"Él os guiará"*, Jesús dijo del Espíritu Santo (Juan 16:13). Uno de los privilegios más grandes de los hijos de Dios es el de ser conducidos por la omnisciente e infalible guía del Espíritu Santo. Consideremos que estamos pasando por un camino por el cual jamás hemos pasado. Estamos atravesando por territorio peligroso, con enemigos por todos lados. ¡Que bendición es tener a un guía que conoce todo lo que hay por delante! El Espíritu Santo es una persona, y su guía convierte nuestra vida en un viaje personalmente conducido por Él. Y no solamente el Espíritu Santo guía a los hijos de Dios, sino que les capacita y da poder a cada uno para andar en la senda de su elección.

2.6. El Espíritu Santo ejecuta el oficio de Consolador.
En cuatro pasajes de la escritura en el Evangelio de San Juan, Jesús se refiere al Espíritu Santo como el Consolador. Los pasajes son 14:16-18; 14:26; 15:26; y 16:7-15. Debido a que éstos serán estudiados con considerable detalle en la sección futura, no serán ampliados aquí.

2.7. El Espíritu Santo produce fruto en la vida del creyente.
El tema del fruto del Espíritu será tratado en detalle en otra sección más adelante. Las siguientes escrituras son sumamente pertinentes al tema: Gálatas 5:22; Romanos 14:17; 15:13; 1 Timoteo 4:12; 2 Ti. 3:10; 2 Corintios 6:6; Efesios 5:8-9; 2 Timoteo 2:24-25; 2 Pedro 1:5-7.

3. La obra del Espíritu Santo en relación con el ministerio o servicio.

Hasta aquí hemos considerado el ministerio del Espíritu Santo con respecto a la impartición y el desarrollo de la vida espiritual e individual del cristiano. Pero el Espíritu tiene una gran parte en dotar al creyente de una vida de ministerio y servicio en la obra del reino de Dios. El ministerio y servicio espiritual, siempre se representan en las escrituras como un hecho logrado por medio del Espíritu Santo antes que por cualquier habilidad humana: *"... Esta es la palabra de Jehová a Zorobabel que dice: No con ejército, no con fuerza, sino con mi Espíritu ha dicho Jehová de los ejércitos"* (Zacarías 4:6).

3.1. El Espíritu Santo bautiza y llena a los creyentes, dándoles poder para servirle.
Las palabras familiares de la gran comisión en Marcos 16:15, *"Id por todo el mundo y predicad el evangelio a toda criatura"* son seguidas y afinadas en Lucas 24:49 por otro mandamiento del Se-

ñor: "*... pero quedaos vosotros en la ciudad de Jerusalén hasta que seáis investidos de poder desde lo alto.*" Este bautismo con el Espíritu Santo y fuego (Lucas 3:16) y la unción peculiar de poder como su resultado, vendría a ser una nueva etapa en la obra del Espíritu Santo. Jesús había prometido "*He aquí yo enviaré la promesa de mi Padre sobre vosotros; pero quedaos vosotros en Jerusalén hasta que seáis investidos de poder de lo alto*" (Lucas 24:49). Nuevamente, antes de su ascensión, Él amplió esta promesa diciendo a sus discípulos: "*Pero recibiréis poder cuando haya venido sobre vosotros el Espíritu Santo, y me seréis testigos en Jerusalén, en todo Judea, en Samaria y hasta lo último de la tierra*" (Hechos 1:8).Este poderoso ministerio del Espíritu Santo no debe ser confundido con sus otras actividades en relación con los hijos del Señor. El bautismo con el Espíritu Santo es distinto de, y posterior a, su obra regeneradora en los corazones de los inconversos. Este bautismo es especialmente para que los creyentes tengan el poder espiritual necesario para llevar a cabo el ministerio que les ha sido entregado. En una sección posterior estudiaremos enteramente el tema del bautismo con el Espíritu Santo.

2.2. El Espíritu Santo revela y da entendimiento de la palabra de Dios.
La herramienta principal que necesita y usa un obrero cristiano, es la palabra de Dios, la Biblia. Aquí está la revelación completa de Dios al hombre, indicando los medios de salvación y dando instrucciones de cómo vivir la vida cristiana. Uno de los ministerios más importantes del Espíritu Santo es revelar las verdades de la palabra de Dios al corazón del creyente. Visto que la palabra fue escrita por hombres que fueron movidos por el Espíritu de Dios (2 Pedro 1:21) puede decirse justamente que Él es el autor. Ciertamente el autor de un libro es el más capaz de explicar lo que verdaderamente quiere decir su contenido. Lo extraordinario es que cada creyente puede tener al autor de la Biblia como su maestro y guía personal. No sólo el Espíritu Santo puede dar entendimiento en cuanto al significado de la escritura, sino también es capaz de guiar al creyente a experimentar la verdad contenida en sus páginas, haciéndola palabra viva.

2.3. El Espíritu Santo ayuda al creyente a orar.
Junto con un estudio de la palabra de Dios, la oración es la fuente principal de fuerza para la vida diaria del cristiano en su constante batalla con los enemigos de su alma. El Espíritu Santo está vitalmente conectado con ambas de estas fuentes de vida y poder cristiano.

Y de igual manera el Espíritu nos ayuda en nuestra debilidad; pues qué hemos de pedir como conviene, no lo sabemos, pero el Espíritu mismo intercede por nosotros con gemidos indecibles. Mas el que escudriña los corazones sabe cuál es la intención del Espíritu, porque conforme a la voluntad de Dios intercede por los santos (Romanos 8:26-27).*Orando en todo tiempo con toda oración y súplica en el Espíritu...* (Efesios 6:18).*Pero vosotros, amados, edificándoos sobre vuestra santísima fe, orando en el Espíritu Santo...* (Judas 20).

El ministerio del Espíritu en la oración es muy precioso. Orar en la fuerza y la sabiduría de la carne es muy difícil y fatigador. Es difícil darse cuenta de la presencia de Dios a quien se está orando. Es difícil ejercitar la fe por cosas que uno no puedo ver. Es casi imposible saber cómo orar sobre cosas que están más allá del entendimiento humano. Pero todo esto es cambiado cuando el Espíritu Santo unge el corazón y la mente. La presencia de Dios se hace real; el Espíritu abre el entendimiento y al ser Dios tan real, la fe es ejercitada.
A medida que uno es elevado en el Espíritu, lo espiritual llega a ser más real que lo temporal y es

así que sentimos mayor carga por las cosas eternas. Sumado a esto, el Espíritu Santo da sabiduría de cómo presentar peticiones al Padre, recordándonos constantemente las promesas que Él ha dado. Muchas veces el Espíritu Santo capacita al intercesor orando en otras lenguas sobre problemas que uno nunca podría entender en lo natural, pero que son maravillosamente solucionados cuando el creyente ora "en el espíritu" (1 Corintios 14:14, 15). La oración bajo la unción y guía del Espíritu Santo es una de las experiencias más preciosas del cristiano.

3.4. El Espíritu Santo da poder para predicar la palabra de Dios.
Pablo testificó: *"Y ni mi palabra ni mí predicación fue con palabras persuasivas de humana sabiduría, sino con demostración del Espíritu y de poder..."* (1 Corintios 2:4). De nuevo dice: *"Pues nuestro evangelio no llegó a vosotros en palabras solamente, sino también en poder, en el Espíritu Santo..."* (1 Tesalonicenses 1:5). Pedro reconoció la presencia del Espíritu Santo en su predicación al testificar frente al sanedrín judío en Jerusalén. Él declaró, *"Y nosotros somos testigos suyos de estas cosas, y también el Espíritu Santo..."* (Hechos 5:32). La predicación efectiva del evangelio es bajo la unción del Espíritu Santo. No hay nada más imposible que tratar de hacer que el hombre se dé cuenta del valor y necesidad de las cosas espirituales, a no ser que el mensaje sea entregado en el poder del Espíritu Santo. Jesús testificó que él estaba ungido especialmente para el ministerio de predicación (Lucas 4:18-19). Si esto fue necesario para Jesucristo, mucho más para todos nosotros, insignificantes siervos de la cruz.

Las señales que siguieron a la predicación del evangelio eran importantes porque demostraban la autoridad Dios en los predicadores. Pero las señales no eran la predicación del evangelio, sino las evidencias de su autoridad. El mensaje que debían predicar era: el evangelio de salvación a través del (o mediante el) nombre del Señor Jesús; y el llamado al arrepentimiento. *"Así que, somos embajadores en nombre de Cristo, como si Dios rogase por medio de nosotros; os rogamos en nombre de Cristo: Reconciliaos con Dios. Al que no conoció pecado, por nosotros lo hizo pecado, para que nosotros fuésemos hechos justicia de Dios en él"* (2 Corintios 5:20-21). Este es el mensaje del predicador al cual Dios ha dado el Espíritu Santo, dando poder a la predicación. El evangelio de Jesucristo (no el milagro que acompaña la predicación) es el poder de Dios para salvación (Romanos 1:16-17). ¡Nosotros que nos regocijamos en el mensaje de Pentecostés, no fracasaremos teniendo en cuenta esta verdad!

3.5. El Espíritu Santo da dones espirituales al creyente para ministrar a favor de otros.
El tema de los dones espirituales se presenta en 1 Corintios 12:4–11 y en Romanos 12:6–8. El pasaje de 1 Corintios 12:7 enseña claramente que los dones deben ser utilizados en el ministerio a favor de otros *"Pero a cada uno le es dada la manifestación del Espíritu para provecho."* El tema está profundamente discutido en una sección posterior, pero es mencionado aquí, indicando su relación con el ministerio y servicio.

4. La obra del Espíritu Santo en conexión con la resurrección.

4.1. Él levantará los cuerpos de los creyentes en el día final.
"Y si el Espíritu de aquel que levantó de los muertos a Jesús mora en vosotros, el que levantó de los muertos a Cristo Jesús vivificará también vuestros cuerpos mortales por su Espíritu que mora en vosotros" (Romanos 8:11). El cuerpo humano es una parte definitiva e importante del ser humano, y está incluido en la redención de Cristo (Romanos 8:23). Como Cristo fue levantado de

los muertos, y ahora vive en un cuerpo glorificado, así también cada creyente, que muere en Cristo, experimentará una resurrección similar. Esto es atribuido a la morada interna del Espíritu Santo. No entendemos el misterio, pero se nos dice aquí que el Espíritu Santo "vivificará" o "hará vivo" nuestro cuerpo mortal. *"Más nuestra ciudadanía está en los cielos, de donde también esperamos al Salvador, al Señor Jesucristo; el cual transformará el cuerpo de la humillación nuestra, para que sea semejante al cuerpo de la gloria suya, por el poder con el cual puede también sujetar a sí mismo todas las cosas"* (Filipenses 3:20, 21).

4.2. El Espíritu Santo nos da un gozo anticipado de esta resurrección al sanar nuestros cuerpos mortales.

La expresión *"vivificará también vuestros cuerpos mortales por su Espíritu"* parece prometer que ahora mismo el Espíritu Santo trae fuerzas y sanidad al creyente. Efesios 1:13, 14 dice que el Espíritu Santo es *"las arras* [un anticipo, como una garantía de nuestra herencia] *con miras a la redención de la posesión adquirida de Dios."* Por lo tanto, la promesa, o el gozo anticipado de la vida resucitada, es la sanidad de nuestro cuerpo mortal ahora. Pablo habla de esta vida de resurrección como siendo manifestada *"en nuestro cuerpo mortal"* (2 Corintios 4:10-11).

II. EL MINISTERIO DEL ESPIRITU SANTO COMO CONSOLADOR

El apóstol Juan cita que Jesús dio al Espíritu Santo un nombre que no se encuentra en ningún otro libro del Nuevo Testamento. Aparentemente Juan fue el escritor inspirado y elegido para revelar a la iglesia el nombre de "Consolador." Aunque el vocablo no es hallado en ninguna otra parte, se ha convertido, después de "El Espíritu Santo", en el término favorito para designar a la tercera persona de la trinidad. La importancia del ministerio del Espíritu Santo como Consolador puede ser notada en las palabras de Jesús: *"Pero yo os digo la verdad: Os conviene que yo me vaya; porque si no me fuere, el Consolador no vendría a vosotros; más si me fuere, os lo enviaré"* (Juan 16:7). Aparentemente, Jesús consideraba más importante para sus discípulos que el Espíritu Santo estuviera presente con ellos, antes que Él, en su presencia corporal, habitara con ellos. Jesús estaba geográficamente limitado por su encarnación. Come ser humano, Jesús no podía estar con sus discípulos en todo momento y en todo lugar. Pero el Consolador habitaría en cada creyente y consecuentemente tendría un ministerio mundial a través de ellos. Con respecto a la venida del Espíritu Santo, dos expresiones importantes son empleadas en Juan 14:16, que no deben ser pasadas por alto. Primero, Jesús habló de Él como "otro Consolador." Esta palabra "otro" es una clave del significado de la palabra "Consolador." La palabra usada aquí significa "otro de la misma clase." El Espíritu Santo no es otra clase de Consolador, sino otro de la misma clase de la cual Jesús había sido. Lo que Jesús fue a ese pequeño grupo de discípulos, el Espíritu Santo lo sería a ellos. De hecho, Jesús dijo, *"No os dejaré huérfanos, vendré a vosotros"* (Juan 14:18). Jesús no dejó huérfanos a sus discípulos; de hecho, de ninguna manera los dejó. Partió como el Cristo sufriente para venir de nuevo en el Espíritu Santo. Cristo no está restringido a un lugar o posición en el cielo; Él mora en nuestros corazones. Jesús mora en nosotros de la misma manera en que el Espíritu mora en nosotros. Ser lleno del Espíritu significa ser lleno de Jesús.

Esto no quiere decir que Jesús y el Espíritu son intercambiables; sino que al igual que Jesús estaba lleno del Espíritu, así también el Espíritu en su presencia está lleno de Jesús. Si el Espíritu puede morar en el Hijo, entonces el Hijo, en su estado glorificado, puede morar en el Espíritu. Jesús estaba en el Padre, y el Padre estaba en Jesús para que aquellos que vieran al Hijo vieran al Padre. Nosotros estamos en Cristo y Él en nosotros. Por lo tanto leemos: *"Y el Señor, después que les habló, fue recibido arriba en el cielo, y se sentó a la diestra de Dios. Y ellos, saliendo, predicaron en todas partes, ayudándoles el Señor y confirmando la palabra con las señales que la seguían"* (Marcos 16:19-20). El Señor estaba en el cielo; pero también estaba sobre la tierra en el poder del Espíritu, obrando sus mismas señales y milagros. Esto es posible sólo porque cada miembro de la trinidad es omnipresente, y cada uno presente en los otros.

En segundo lugar, Jesús dijo del Consolador, *"para que esté con vosotros para siempre."* El Consolador prometido es enviado en un sentido permanente. Él habita en el creyente para siempre. En tanto haya una iglesia, habrá un Consolador. Podemos esperar que la permanencia del Espíritu en la iglesia resultará en las mismas obras de poder y bendición que ha habido en todas las edades. Es mediante el ministerio directo del Espíritu Santo (Consolador) que Jesús es para nosotros *"el mismo ayer, y hoy, y por los todos los siglos. Amén."* (Hebreos 13:8).La palabra traducida "consolador" en la Reina-Valera, es la palabra griega *parákletos*. El entendimiento moderno de la palabra "consolador" ya no es tan adecuado para describir el ministerio del Espíritu Santo. Pensamos en un consolador como uno que consuela en tiempo de angustia. El Espíritu no nos consuela en nuestra angustia, más bien nos da fuerza y victoria sobre nuestras angustias. Es verdad que los discípulos estaban angustiados sobre la anunciada partida de su Señor, pero el otro Paracleto era precisamente quien removería esa angustia tomando el lugar de Jesús. Algunas versiones la traducen con la palabra "abogado"; porque la palabra *parákletos* obviamente significa "abogado" cuando se aplica a Jesús en 1 Juan 2:1b: *"Y si alguno hubiere pecado, abogado tenemos para con el Padre, a Jesucristo el justo."* Entendemos que un abogado es uno que representa a otro o apela la causa de otro. Esta perfectamente claro en (Romanos 8:26) que ésta es una de las funciones verdaderas del Espíritu Santo que mora en nosotros: *"Y de igual manera el Espíritu nos ayuda en nuestra debilidad; pues qué hemos de pedir como conviene, no lo sabemos, pero el Espíritu mismo intercede por nosotros con gemidos indecibles."*

El Hijo y el Espíritu, ambos son abogados de nuestra causa e intercesores por nosotros. El Espíritu intercede desde nuestro interior, mientras que el Hijo intercede desde el trono de gracia. *"Y de igual manera el Espíritu nos ayuda en nuestras debilidades"* (Romanos 8:26). El significado más literal de *parákletos* es "llamado al lado de uno para ayudar." El Consolador no hace por nosotros lo que nosotros mismos podemos hacer, sino que nos ayuda a hacer cualquier cosa que intentemos hacer para Dios. Dios ha escogido obrar mediante instrumentos humanos, pero sólo cuando tales instrumentos están rendidos al Espíritu Santo. Hay aún otro significado de la palabra *parákletos*. La forma verbal de la cual viene *parákletos* significa "rogar" o "exhortar." Es utilizado en Romanos 12:1: *"Así que, hermanos, os ruego por las misericordias de Dios, que presentéis vuestros cuerpos en sacrificio vivo."* El Espíritu no sólo consuela, anima, intercede y ayuda, sino que también suplica, exhorta, y ruega. Sin la persuasión del Espíritu Santo, ninguna predicación tendría éxito, ni la pureza de la sana doctrina podría permanecer por mucho tiempo. Ningún estudio relacionado con el Espíritu Santo estaría completo si no se tomara en cuenta su ministerio de exhortación, convicción y convencimiento. Sin embargo, después de considerar múltiples definiciones, estamos de acuerdo con A.J. Gordon que dijo:

El nombre es la persona misma, y sólo al conocer a la persona podemos interpretar su nombre. ¿Por qué intentar traducir esta palabra más de lo que lo hacemos con el nombre de Jesús?... Es cierto que el idioma del Espíritu Santo jamás puede ser enteramente comprendido por una apelación al léxico. El corazón de la iglesia es el mejor diccionario del Espíritu Santo. Aunque todos los sinónimos anteriormente mencionados son correctos, ninguno es adecuado, ni todos juntos son suficientes para expresar el completo significado de este gran nombre, "El Paracleto."

El ministerio del Consolador es detallado en los siguientes cuatro pasajes del Evangelio de Juan:

Y yo rogaré al Padre, y os dará otro Consolador, para que esté con vosotros para siempre: el Espíritu de verdad, al cual el mundo no puede recibir, porque no le ve, ni le conoce; pero vosotros le conocéis, porque mora con vosotros, y estará en vosotros. No os dejará huérfanos; vendrá a vosotros (Juan 14:16-18).

Mas el Consolador, el Espíritu Santo, a quien el Padre enviará en mi nombre, él os enseñará todas las cosas, y os recordará todo lo que yo os he dicho (Juan 14:26).

Pero cuando venga el Consolador, a quien yo os enviaré del Padre, el Espíritu de verdad, el cual procede del Padre, él dará testimonio acerca de mí (Juan 15:26).

Pero yo os digo la verdad: Os conviene que yo me vaya; porque si no me fuere, el Consolador no vendría a vosotros, más si me fuere, os lo enviaré. Y cuando él venga, convencerá al mundo de pecado, de justicia y de juicio. De pecado, por cuanto no creen en mí; de justicia, por cuanto voy al Padre, y no me veréis más; y de juicio, por cuanto el príncipe de este mundo ha sido ya juzgado. Aún tengo muchas cosas que deciros, pero ahora no las podéis sobrellevar. Pero cuando venga el Espíritu de verdad, él os guiará a toda la verdad; porque no hablará por su propia cuenta, sino que hablará todo lo que oyere, y os hará saber las cosas que habrán de venir. Él me glorificará; porque tomará de lo mío, y os lo hará saber. Todo lo que tiene el Padre es mío; por eso dije que tomará de lo mío, y os lo hará saber (Juan 16:7-15).

En estos pasajes el ministerio del Espíritu Santo está dividido en cuatro fases. Considerémoslas bajo estos cuatro encabezamientos: (1) Él es nuestro maestro, (2) Él es quien nos hace recordar, (3) Él es el revelador de Jesús, y (4) Él es el reprobado del mundo.

A. ÉL ES NUESTRO MAESTRO, "EL ESPIRITU DE VERDAD" "*Él os enseñará todas las cosas*" (Juan 14:26).

1. Él nos guía a la verdad.

"*Él os guiará a toda la verdad*" (Juan 16:13). La obra del Espíritu es guiar a toda la verdad. La mitad de la verdad es a veces peor que la ignorancia. Cristo desea que lleguemos a un pleno conocimiento de toda verdad divina relacionada con la redención y la gloria de Dios. El Espíritu Santo guía a la verdad de la palabra de Dios, revelando el significado escondido, haciendo claras sus enseñanzas, y causando que aún los pasajes más familiares irradien nueva belleza y significado.

La razón es que el lector necesita que alguien le enseñe y le guíe a sus verdades, dado a que la Biblia es un libro espiritual. (Hechos 8:30, 31; Lucas 14:35; 1 Corintios 2:14.) ¿Quién puede guiar mejor que aquel que inspiró a sus escritores?

Note la ignorancia de los discípulos antes de que fueran llenos con el Espíritu Santo. Ellos fracasaron en comprender lo que Jesús quería decir cuando se refirió a *"la levadura de los fariseos y de los saduceos"* (Mateo 16:6-11). No podían entender el significado de sus parábolas (Marcos 4:10). Fracasaron en percibir a lo que Jesús se refería cuando habló de la muerte de Lázaro como un sueño (Juan 11:11-14). Ignoraron completamente la verdad concerniente a su resurrección (Juan 20:9).Sin embargo, después del día de Pentecostés fueron hombres diferentes, dando exposiciones maravillosas de pasajes del Antiguo Testamento, estando perfectamente familiarizados con sus significados. Ahora podían entender enteramente lo bíblico de su resurrección (Hechos 2:25-31). Antes de Pentecostés, no podían entender que Jesús debía sufrir; pero ahora si entendían las profecías del Antiguo Testamento acerca de su crucifixión (Hechos 4:25-28). Muchos de los mensajes que predicaron fueron nada más que exposiciones de pasajes del Antiguo Testamento (Hechos 2:16-21; 3:12-26; 7:2-53). ¡Qué maravillosa profundidad tenían ahora en la verdad!

2. Él actúa como boca de Dios para revelar su palabra y deseos *"Hablará todo lo que oyere"* (Juan 16:12-13).

2.1. Las Escrituras:
Esto se refiere probablemente, en su aplicación más amplia, al Espíritu Santo inspirando a hombres escogidos para escribir las escrituras del Nuevo Testamento. Pablo declara que él recibió las maravillosas verdades contenidas en sus epístolas por revelación (Gálatas 1:12-16; Efesios 3:3-5). Sin duda esto fue logrado mediante el ministerio del Consolador, el Espíritu de verdad.

2.2. Revelación personal:
También Él habla individualmente a los corazones cristianos revelando lo que Dios querría que cada uno hiciere en su servicio para el Señor. Note cómo el Espíritu guio a Felipe a unirse con el eunuco etíope, para que lo llevara a Cristo (Hechos 8:26-29). Vea también al Espíritu Santo guiando a Pablo respecto a dónde debería ministrar (Hechos 16:6-10).

3. Él revela lo que aún ha de venir. *"Os hará saber las cosas que habrán de venir"* (Juan. 16:13).

3.1. Las bendiciones posteriores en nuestra vida espiritual.
Primera de Corintios 2:9-12 habla de las cosas posteriores para el hijo de Dios que éste jamás se ha imaginado. Esto se refiere a la plenitud de la gloriosa redención que es en Cristo Jesús. Pablo declara: *"Pero Dios nos las reveló a nosotros por el Espíritu..."* (I Corintios 2:10). Hay también maravillosas verdades espirituales en relación con el Señor que todavía no han sido entendidas, y que Pablo ora que puedan ser conocidas (Efesios 1:17-21). El Consolador continuamente mueve el corazón de cada creyente a un mayor intento por buscar la plenitud de Dios.

3.2. Verdad dispensacional.
El Espíritu Santo dará testimonio a los que oyen, en cuanto a lo que hay en el futuro para el mundo y la iglesia, haciendo claras las escrituras proféticas (Amós 3:7; Génesis 18:17). Cada uno

debe ser cuidadoso, sin embargo, de que ninguna revelación personal sea aceptada si no está perfectamente de acuerdo con las enseñanzas de Jesús y la palabra de Dios escrita. El Paracleto no tiene ninguna enseñanza independiente. Que nadie diga que el Espíritu ha revelado algo que está en conflicto con las enseñanzas claras de Cristo. Seamos precavidos de cualquiera de los tales llamados "nuevos" movimientos del Espíritu Santo donde se dice que las enseñanzas de Cristo están fuera de época o regidas por nuevas revelaciones. Ninguna enseñanza que minimiza a la palabra de Dios procede del Espíritu Santo.

3.3. Lo que hay en el futuro del creyente.
Cuando Dios escoge a ciertos hombres para tareas específicas, su llamado llega a los corazones por el Espíritu Santo. Muchas veces hará saber ciertas cosas que se encuentran en el futuro y lo prepara para eventualidades imprevistas. Agabo fue enviado por el Espíritu Santo para decirle a Pablo de los peligros que se encontraban delante de él en Jerusalén (Hechos 21:10-11); y así Pablo fue fortificado y preparado para el conflicto venidero. Es importante que el cristiano sea sensible a la guía del Espíritu Santo con relación a estas cosas.

B. ÉL ES QUIEN NOS HACE RECORDAR.

"... Él... os recordará todo..." (Juan 14:26). La memoria del hombre, como toda otra función de su ser, ha sufrido como resultado de la caída. Por lo tanto, necesita, y tiene, un maravilloso "recordador" en el Consolador, el Espíritu Santo.

1. Recordándonos la palabra de Dios.

"... Él... os recordará todo lo que yo os he dicho" (Juan 14:26). El siervo del Señor se salvaría de muchos problemas y angustias si estuviera más atento a la palabra que le ha sido dada. Pedro nunca hubiera negado a su Señor si hubiera recordado más pronto lo que Jesús le había dicho (Mt. 26:75). Los discípulos no hubieran tenido que pasar esos tres días y noches perturbados mientras Jesús estaba en la tumba, ni hubieran dudado de las mujeres que contaron de su resurrección, si sólo hubieran recordado lo que Él había dicho sobre su muerte y resurrección (Mateo 16:21; 17:22, 23; 20:18, 19; Juan 2:22; Lucas 24:6-11). Los prejuicios de Pedro y la iglesia primitiva contra los gentiles fueron sobrellevados cuando recordaron la palabra del Señor (Hechos 11:15-18). En tiempos de persecución, cuando el Diablo murmura que uno está fuera de la voluntad de Dios, es preciso recordar Juan 15:18-20:

Si el mundo os aborrece, sabed que a mí me ha aborrecido antes que a vosotros. Si fuerais del mundo, el mundo amaría lo suyo pero porque no sois del mundo, antes yo os elegí del mundo, por eso el mundo os aborrece. Acordaos de la palabra que yo os he dicho: El siervo no es mayor que su señor. Si a mí me han perseguido, también a vosotros os perseguirán; si han guardado mi palabra, también guardarán la vuestra.

En tiempos de disciplina, cuando uno está tentado a pensar que Dios no lo ama, o no hubiera permitido esto o aquello, cuán confortante es recordar que *"el Señor al que ama disciplina, y azota a todo el que recibe por hijo"* (Hebreos 12:6).

2. Recordándonos las promesas de Dios.

El Espíritu Santo constantemente nos recuerda alguna promesa especial que Dios ha dado en el pasado. Cuántas veces debe haber sido alentado Pablo cuando el Espíritu Santo le recordaba de aquella noche en el castillo en Jerusalén cuando "... *se le presentó el Señor y le dijo: Tened ánimo, Pablo, pues como has testificado de mí en Jerusalén, así es necesario que testifiques también en Roma*" (Hechos 23:11), especialmente en la gran tormenta en el mar (Hechos 27:24-25). ¡Qué precioso es el ser recordado de la fidelidad de Dios en todos los días que han pasado, y estar seguros de que Él cuidará de los suyos ahora!

"Bendito sea Jehová, que ha dado paz a su pueblo Israel, conforme a todo lo que él había dicho; ninguna palabra de todas sus promesas que expreso por Moisés su siervo, ha faltado." (1 Reyes 8:56).

3. Recordándonos cuando estamos ministrando.

El Espíritu Santo es un experto trayendo a la memoria pensamientos y versículos al estar predicando o tratando con un alguien acerca de su necesidad espiritual. ¡Cuántas veces el pasaje exacto ha sido traído a memoria!

C. EL ESPIRITU SANTO REVELA A JESÚS.

"Él dará testimonio acerca de mí" (Juan 15:26); *"El me glorificará"* (Juan 16:14). Estas promesas de Cristo fueron ciertamente cumplidas en la iglesia primitiva, y se cumplen cada vez que el ministerio del Espíritu Santo es honrado. En cualquier momento que el Espíritu esté moviéndose poderosamente dé por seguro que Jesús está siendo glorificado poderosamente. Mediante la operación del Espíritu Santo hay una revelación triple de Jesucristo.

1. Cristo es revelado al creyente por el Espíritu Santo.

"Él me glorificará; porque tomará de lo mío, y os lo hará saber. Todo lo que tiene el Padre es mío; por eso dije que tomará de lo mío y os lo hará saber" (Juan 16:14-15). Nadie conoce a Jesús como el Espíritu Santo. Él estuvo con Cristo a través de las eternidades y a través de su ministerio terrenal, aún hasta su sacrificio sobre la cruz. Como el siervo de antaño le dijo a Rebeca de Isaac, el novio desconocido (Génesis 24:33-36), así también el Espíritu Santo revela las glorias del novio celestial del cristiano.

2. Cristo es revelado en el creyente por el Espíritu Santo.

"Pero cuanto agradó a Dios que me apartó desde el vientre de mi madre y me llamó por su gracia revelar a su Hijo en mí, para que yo le predicase entre los gentiles..." (Gálatas 4:19; vea también Efesios 4:14; II Corintios 3:18). Uno de los grandes propósitos de la salvación es restaurar al hombre a la imagen de Dios de la cual cayó por el pecado. Después de la conversión, el Espíritu Santo busca modelar el nuevo bebé en Cristo a la imagen del mismo Cristo e implantar su semejanza

dentro de su corazón. El fruto del Espíritu (Gálatas 5:22-23) es una descripción del carácter de Cristo, que a medida que se hace notorio en el creyente, va creciendo a la medida de la estatura de la plenitud de Cristo" (Efesios 4:13).

3. Cristo es revelado a través del creyente por el Espíritu Santo.

"No hablará por su propia cuenta... él me glorificará" (Juan 16:13, 14). El Espíritu Santo nunca se magnifica a sí mismo ni al vaso humano mediante el cual opera. El vino a magnificar la persona y el ministerio de Jesucristo. Cada vez que logra su objetivo, Cristo y ningún otro es exaltado. Note el corazón del mensaje de Pedro en el día de Pentecostés: *"Sepa pues, ciertísimamente toda la casa de Israel, que a este Jesús a quien vosotros crucificasteis, Dios le ha hecho Señor y Cristo"* (Hechos 2:36). Note lo que dice Saulo bajo la dirección del Espíritu Santo: *"En seguida predicaba a Cristo en las sinagogas, diciendo que éste era el Hijo de Dios"* (Hechos 9:20).En el tiempo del Antiguo Testamento Dios era manifestado mediante la ley y los profetas. En los días de su carne, Jesús fue la manifestación de Dios al mundo. Ahora Dios se manifiesta mediante la revelación del Espíritu Santo de Cristo por medio de vasos humanos.

D. ÉL ES EL QUE REDARGÜYE AL MUNDO.

"De pecado por cuanto no creen en mí; de justicia por cuanto voy al Padre y no me veréis más; de juicio por cuanto el príncipe del mundo ha sido juzgado" (Juan 16:9-11). Hemos estudiado esta fase del ministerio del Espíritu Santo en una lección previa.

EL BAUTISMO CON EL ESPIRITU SANTO

Llegamos ahora al estudio de esa poderosa experiencia que fue responsable del milagroso crecimiento de la iglesia cristiana en los años apostólicos y post-apostólicos, y que ha sido la causa principal del avivamiento dinámico que ha movido al mundo desde el comienzo del siglo XX y que en términos numéricos, es el mayor avivamiento que el mundo ha experimentado. Según la Enciclopedia Cristiana Mundial (World Christian Encyclopedia), se calcula que en el mundo hay aproximadamente 51.000.000 de creyentes en iglesias pentecostales, que han experimentado el Bautismo con el Espíritu Santo. Esto es además de 11.000.000 más en otras iglesias que gozan de la plenitud de esta bendición. No se hace, aquí, ningún intento por exaltar el ministerio de poder del Espíritu Santo sobre la obra redentora de Cristo. La obra principal del Espíritu Santo es exaltar a Cristo. Pero también está afirmado que, la obra final de Cristo hace provisión a favor de una plenitud del Espíritu que va más allá de la regeneración de la cual pueden o no beneficiarse los creyentes. La promesa más grande al mundo entero es, por supuesto: *"... para que todo aquel que en él cree, no se pierda, más tenga vida eterna"* (Juan 3:16); pero la más grande promesa a la Iglesia es *"Pero recibiréis poder, cuando haya venido sobre vosotros el Espíritu Santo..."* (Hechos 1:8).

El Bautismo con el Espíritu Santo es la segunda de las cuatro verdades cardinales sobre las cuales está fundado el Evangelio Cuadrangular; Jesucristo el Bautizador con el Espíritu Santo. Este bautismo es de vital importancia en relación con la vida espiritual y el servicio de todo creyente. El bautismo con el Espíritu Santo es el secreto del poder en la Iglesia. Es la mayor necesidad en toda esfera de actividad cristiana, a fin de que el mensaje de salvación pueda ser proclamado con la unción divina y así asegurar su éxito.

Es ahora nuestro propósito el tratar con:
- El nombre (término) de esta experiencia,
- su definición, propósito y necesidad,
- para quiénes está provisto,
- condiciones para su obtención,
- cómo recibirlo,
- la manera de su recepción,
- evidencia y resultados, y
- Plenitud adicional del Espíritu.

A. EL TÉRMINO DE LA EXPERIENCIA.

Al tratar con verdades y experiencias escriturales es importante que nos sujetemos al uso de los términos escriturales, de lo contrario uno no puede estar seguro que haya recibido la misma o verdadera experiencia escritural. No es sabio entremeterse en la revelación de las verdades de Dios en la manera en que Él ha considerado darlas.

1. Negativamente.

1.1. No es "la segunda obra de gracia."
Esta expresión no se usa en ninguna parte en la Biblia, aunque lo oímos bastante en ciertos círculos religiosos. No decimos que no creemos en una segunda obra de gracia, porque estamos ansiosos por recibir todo lo que Dios tiene para nosotros; pero sí hay una segunda obra de gracia, quizás hay una tercera, cuarta, quinta, etc. En otras palabras creemos en un continuo crecimiento en gracia (2 Pedro 3:18). Esto sin embargo, no describe al bautismo con el Espíritu Santo.

1.2. No es "La segunda bendición."
Esta expresión no se usa en la escritura. Sin duda Dios tiene una segunda, y muchas otras bendiciones para sus hijos; pero llamar a una experiencia espiritual definitiva por este nombre no es bíblico. Reciba toda bendición posible del Señor, pero dese cuenta de que "La segunda bendición" no es el nombre que Dios da al derramamiento del Espíritu Santo.

1.3. No es "Santificación."
Santificación es el término bíblico para algo bastante diferente al bautismo con el Espíritu Santo. Este tema ha sido tratado bajo soteriología.

1.4. No es "Santidad."
Santidad es un término escritural, pero describe un atributo de carácter antes que una experiencia. La santidad se desarrolla, no se recibe como un don (regalo) o una bendición singular.

2. Positivamente

Es "El bautismo con el Espíritu Santo." El nombre escritural para la venida del Espíritu Santo sobre las vidas de hombres y mujeres cristianos es "El bautismo con el Espíritu Santo." Note el lenguaje explícito de las siguientes escrituras: "... *él os bautizará en Espíritu Santo y fuego*" (Mateo 3:11); "*Yo a la verdad os he bautizado con agua; pero él os bautizará con Espíritu Santo*" (Marcos 1:8); "*Porque Juan ciertamente bautizó con agua, mas vosotros seréis bautizados con el Espíritu Santo dentro de no muchos días*" (Hechos 1:5). Esta gran experiencia debe ser llamada por su nombre correcto. Otros, sin duda, han tenido la misma experiencia en días pasados, y han fracasado en llamarlo por su nombre escritural. Como resultado, han fracasado en pasar la verdad a otros. Decir que estos otros nombres significan la misma cosa es confundir las bendiciones, propósitos y provisiones de Dios para los suyos.

B. LO QUE ES EL BAUTISMO CON EL ESPIRITU SANTO.

1. Negativamente.

1.1. No es el nuevo nacimiento.
El bautismo con el Espíritu Santo es subsecuente al nuevo nacimiento, y distinto de su obra regeneradora. Una completa experiencia cristiana ciertamente debería contener ambos; pero hacemos esta distinción porque muchos son genuinamente salvos pero nunca han sido llenos con el Espíritu. Los siguientes hechos prueban esta distinción.

1.1.1. Los apóstoles fueron convertidos bajo el ministerio de Jesús (Juan 1:35; Lucas 10:20; Juan 13:10-11; Juan 15:3). Fueron mandados a esperar, y fueron instantáneamente llenos con el Espíritu Santo por lo menos dos años más tarde (Lucas 24:49; Hechos 1:13-14; 2:1-4).

1.1.2. Los samaritanos fueron salvos bajo el ministerio de Felipe (Hechos 8:5-8, 12). Fueron bautizados con el Espíritu Santo bajo el ministerio de Pedro y Juan algunos días más tarde (Hechos 8:14-17).

1.1.3. Pablo fue convertido en el camino a Damasco por una visión personal del Cristo resucitado (Hechos 9:3-9). Fue bautizado con el Espíritu Santo bajo el ministerio de Ananías tres días más tarde (Hechos 9:17-19).

1.1.4. Los doce hombres en Éfeso eran "creyentes" según las propias palabras de Pablo a ellos: "*¿Recibisteis el Espíritu Santo cuando creísteis?*" (Hechos 19:2). Estos creyentes fueron bautizados en agua y luego recibieron el Espíritu Santo después de la imposición de manos de los apóstoles (Hechos 19:2-7). Aquellos que enseñan que todos los que son salvos reciben el bautismo con el Espíritu Santo al mismo tiempo que la salvación usan este pasaje para probar su punto. Pero la respuesta de estos creyentes de Éfeso a la pregunta: "*¿Recibisteis el Espíritu Santo cuando creísteis?*" fue "*Ni siquiera hemos oído si hay Espíritu Santo*" (Hechos 19:2). No obstante, eran creyentes. Uno, puede, entonces, ser un creyente y no haber sido lleno del Espíritu Santo. No se necesita de un largo período de tiempo entre la salvación y la plenitud del Espíritu, sin embargo, el bautismo con el Espíritu es una experiencia adicional al nuevo nacimiento.

1.2. No es santificación.
Como indicamos en el estudio de soteriología, la santificación es una manifestación de la gracia de Dios completamente diferente del bautismo con el Espíritu Santo. Los dos se aumentan el uno al otro, pero son vitalmente diferentes en su carácter y propósito. La santificación tiene que

ver con la separación para Dios, y la purificación para su servicio. Se puede entender así: La santificación tiene dos fases: (1) instantánea (Juan 15:3; 1 Corintios 6:11; Hebreos 10:10-14). Esta fase de la santificación se refiere particularmente a la posición del creyente en Cristo. (2) progresiva (1 Tesalonicenses 5:23; Hebreos 6:1; 12:14), se refiere al proceso diario por el cual la condición actual del creyente es traída a esta posición.

1.3. No es una recompensa por los años de servicio cristiano, ni es el cenit de la experiencia cristiana.

Esto debe ser claramente entendido, porque muchos han adoptado la idea de que al haber recibido el bautismo con el Espíritu Santo son marcados como superiores en espiritualidad y dignos de alguna dispensación especial de Dios. Al contrario; los creyentes eran enseñados a esperar la plenitud del Espíritu inmediatamente después de la conversión y el bautismo en agua. *"... Arrepentíos, y bautícese cada uno de vosotros en el nombre de Jesucristo para perdón de los pecados; y recibiréis el don del Espíritu Santo"* (Hechos 2:38). En otras palabras, el bautismo con el Espíritu Santo está a la disposición de los recién nacidos en Cristo. El Bautismo con el Espíritu Santo no es algo que uno guarda sino algo que uno usa. No es la cima de la experiencia espiritual, sino uno de los fundamentos básicos y esenciales para la continuación del desarrollo y servicio cristiano.

1.4. Un error corregido.

Algunos enseñan que el Espíritu Santo fue derramado una vez y por todos en el día de Pentecostés, y que no necesitamos esperar ninguna experiencia de ese tipo, ni individualmente ni colectivamente. Note sin embargo, que Pedro, citando a Joel 2:29, no dijo: "Ahora se cumplió lo dicho por el profeta Joel." Si hubiera dicho eso, no habría nada más que esperar. La profecía estaría cumplida. Lo que sí dijo fue: *"Esto es lo que fue dicho por medio del profeta Joel."* Pedro dio a entender a sus oidores que esto era lo que Joel había profetizando tanto a ellos como a nosotros, una continuación de manifestaciones similares. Note la redacción específica en la escritura cuando una profecía finalmente se cumple: *"Todo esto aconteció para que se cumpliese lo dicho por el profeta, cuando dijo: Decid a la hija de Sion: He aquí, tu Rey viene a ti, manso, y sentado sobre una asna, sobre un pollino, hijo de animal de carga"* (Mateo 21:4, 5); *"Cuando le hubieron crucificado, repartieron entre sí sus vestidos, echando suertes, para que se cumpliese lo dicho por el profeta: Partieron entre sí mis vertidos, y sobre mi ropa echaron suertes"* (Mateo 27:35). Pentecostés no fue el cumplimiento.

Han habido muchos Pentecostés desde ese día. La consumación completa de la profecía de Joel está aún en el futuro cuando todas las señales que la acompañan se cumplan (Joel 2:30-31).Además de lo ya explicado, la posición mencionada anteriormente es insostenible en virtud de que el libro de los Hechos cita por lo menos cuatro ocasiones más donde el Espíritu fue derramado después del día de Pentecostés: Hechos 8:14-17; 9:17; 10:44-46; 19:2-7.

En relación con la Iglesia en general, el bautismo con el Espíritu Santo fue dado una vez y para todos, es decir que el Espíritu Santo está a nuestra disposición en la misma manera que el don de la vida eterna fue ofrecido una vez y para todos en el Calvario. Sugerir que todo creyente está bautizado con el Espíritu Santo equivale a decir que al morir Cristo, todo el mundo automáticamente se salvó. No podemos dudar que primero debe haber una aceptación y experiencia definitiva e individual de salvación y del bautismo con el Espíritu Santo. Si el Espíritu fue derramado sólo en Pentecostés, entonces los 120 fueron los únicos que recibieron el bautismo con el Espíritu Santo. La salvación no se puede obtener por medio de un apoderado, ni se puede transferir de una generación a otra. De igual manera el bautismo con el Espíritu. Ambas experiencias deben ser aceptadas individualmente.

2. Positivamente.

2.1. Es una experiencia.
El Bautismo con el Espíritu Santo es una experiencia definitiva, posterior a la salvación, en la cual la tercera persona de la deidad viene sobre el creyente para ungirlo y energizarlo a favor de un ministerio especial. Esta experiencia se describe en el nuevo testamento como el Espíritu "cayendo sobre", "viniendo sobre", o "derramado sobre" el creyente en forma repentina y sobrenatural.

2.2. La promesa del Padre.
"He aquí, yo enviaré la promesa de mi Padre sobre vosotros..." (Lucas 24:49). *"Y estando juntos, les mandó que no se fueran de Jerusalén, sino que esperasen la promesa del Padre..."* (Hechos 1:4). Estas promesas son de gran aliento para el que las busca de todo corazón. El Bautismo con el Espíritu Santo no es algo acerca de lo cual el creyente debe persuadir al Padre que le dé. Dios es el que tomó la iniciativa y el que prometió darle el Espíritu Santo. Esta experiencia no se originó en los hombres. Además, el Padre no se olvida de lo que ha prometido. Dios es abundantemente capaz de cumplir lo que prometió.

2.3. El don del Padre y del Hijo.
"Y yo rogaré al Padre, y os dará otro Consolador..." (Juan 14:16). *"Pero cuando venga el Consolador, a quien yo os enviaré del Padre, el Espíritu de verdad, el cual procede del Padre..."* (Juan 15:26). *"...Arrepentíos, y bautícese cada uno de vosotros en el nombre de Jesucristo para perdón de los pecados; y recibiréis el don del Espíritu Santo"* (Hechos 2:38). *"Y nosotros somos testigos suyos de estas cosas, y también el Espíritu Santo, el cual ha dado Dios a los que le obedecen"* (Hechos 5:32). Si el bautismo con el Espíritu Santo es un don, entonces es gratuito; no se puede obtener por trabajar por él, ni puede ser meritorio en ninguna manera. El Espíritu no se recibe como una recompensa por las horas de oración o por hacer grandes sacrificios. El Espíritu Santo es un don que nos llega gratuitamente por la gracia de Dios. ¡Recíbalo con toda libertad!

2.4. El Mandato del Señor.
"Y estando juntos, les mandó que no se fueran de Jerusalén, sino que esperasen, la promesa del Padre, la cual, les dijo, oísteis de mí" (Hechos 1:4). *"Y nosotros somos testigos suyos de estas cosas, y también el Espíritu Santo, el cual ha dado Dios a los que le obedecen"* (Hechos 5:32). *"No os embriaguéis con vino, en lo cual hay disolución; antes bien sed llenos del Espíritu..."* (Efesios 5:18). El recibir la plenitud del Espíritu no fue algo dejado al capricho o antojo del creyente. Hay un mandato estricto del Señor que cada uno tiene responsabilidad de obedecer. El no hacerlo, constituye un acto de desobediencia.

C. EL PROPOSITO Y LA NECESIDAD DEL BAUTISMO CON EL ESPIRITU SANTO.

1. Poder para servir.

El propósito principal del bautismo con el Espíritu Santo es capacitar al creyente para el servicio cristiano. La promesa más grande dada al cristiano, bien podría ser aquella dada por Jesús a sus discípulos justo antes de su ascensión: *"Pero recibiréis poder, cuando haya venido sobre vosotros el Espíritu Santo, y me seréis testigos en Jerusalén, en toda Judea, en Samaria, y hasta lo último de la tierra"* (Hechos 1:8). El resultado característico de haber sido lleno con el Espíritu Santo es poder para servir. Jesús fue ungido con el Espíritu Santo antes de comenzar su ministerio público, ejecutando sus obras poderosas por el poder del Espíritu. Jesús predicó y sanó bajo la unción del Espíritu Santo. *"El Espíritu del Señor está sobre mí, por cuanto me ha ungido para dar buenas nuevas a los pobres; me ha enviado a sanar a los quebrantados de corazón; a pregonar libertad a los cautivos, y vista a los ciegos, a poner en libertad a los oprimidos ..."* (Lucas 4:18).
Cómo Dios ungió con el Espíritu Santo y con poder a Jesús de Nazaret, y cómo éste anduvo haciendo el bien y sanando a todos los oprimidos por el diablo, porque Dios estaba con él (Hechos 10:38). *Pero si yo por el Espíritu de Dios echo fuera los demonios, ciertamente ha llegado a vosotros el reino de Dios* (Mt. 12:28).

Por grandes que fueran los hechos del Salvador, Él prometió que sus discípulos ejecutarían obras mayores por medio del poder del Espíritu a quien Él enviaría a ellos cuando regresara al Padre. *"De cierto, de cierto os digo: El que en mí cree, las obras que yo hago, él las hará también; y aún mayores hará, porque yo voy al Padre"* (Juan 14:12). Es probable que Jesús se estuviera refiriendo a las obras de los discípulos siendo mayores en cantidad más que en calidad. Los discípulos fueron transformados en hombres diferentes después de que el Espíritu vino sobre ellos el día de Pentecostés.

En Juan 20:19 los discípulos estaban reunidos detrás de puertas cerradas "por miedo de los judíos." Esos mismos hombres no se mantuvieron detrás de las puertas cerradas (Hechos 5:17-20); se hicieron tan valientes como leones ante las autoridades judías por el poder del Espíritu Santo. Escúchelos ante los gobernantes judíos: *"Juzgad si es justo delante de Dios obedecer a vosotros antes que a Dios; porque no podemos dejar de decir lo que hemos visto y oído"* (Hechos 4:19-20). Note como oran: *"Y ahora, Señor mira sus amenazas, y concede a tus siervos que con todo denuedo hablen tu palabra... y todos fueron llenos del Espíritu Santo, y hablaban con denuedo la palabra de Dios"* (Hechos 4:29-31). Esteban tenía poder: *"Y Esteban, lleno de gracia y de poder, hacía grandes prodigios y señales entre el pueblo... Pero no podían resistir su sabiduría y al Espíritu con que hablaba"* (Hechos 6:8-10). Pablo predicó con poder: *"Y ni mi palabra ni mi predicación fue con palabras persuasivas de humana sabiduría, sino con demostración del Espíritu y de poder..."* (1 Corintios 2:4).

2. Poder para las batallas espirituales.

El creyente necesita la plenitud del poder del Espíritu Santo sobre su vida a causa de la naturaleza de la tarea que le ha sido dada. Es enviado para cumplir una tarea espiritual, imposible de cumplir sin habilidad espiritual. Además, está en oposición a grandes fuerzas del enemigo en el dominio espiritual, necesitando habilidad y poder espiritual para ser victorioso en su obra. *"Porque no tenemos lucha contra sangre y carne, sino contra principados, contra potestades, contra los gobernadores de las tinieblas de este siglo, contra huestes espirituales de maldad en las regiones celestes"* (Efesios 6:12).Las armas espirituales son provistas: *"Pues aunque andamos en la carne, no militamos según la carne; porque las armas de nuestra milicia no son carnales, sino poderosas en Dios para la destrucción de fortalezas, derribando argumentos y toda altivez que se levanta contra el conocimiento de Dios, y llevando cautivo todo pensamiento a la obediencia de Cristo…"* (2 Corintios 10:3-5). No hay sustituto para el poder del Espíritu Santo. El que lo rehúsa o lo resiste es impotente *"… Mayor es el que está en vosotros, que el que está en el mundo"* (1 Juan 4:4).

3. Poder "rebosante."

El desafió de Jesús es, *"… Si alguno tiene sed, venga a mí y beba. El que cree en mí, como dice la Escritura, de su interior correrán ríos de agua viva. Esto dijo del Espíritu que habían de recibir los que creyesen en él, pues aún no había venido el Espíritu Santo, porque Jesús no había sido aún glorificado"* (Juan 7:37-39). Note en particular la palabra *"correrán."* El poder debe "correr del interior hacia fuera" del creyente. No es suficiente que el Señor tenga el poder, el obrero lo debe tener también. Un "fluir hacia afuera" sólo puede ser un "rebosar." Los siervos de Dios son más que canales vacíos. Son vasijas. El Señor está buscando aquellos a los que pueda llenar de tal manera que rebosarán. La única verdadera bendición que uno puede traer a otros es el rebosar de su propia experiencia con Dios. No es cuánto puede contener, sino cuánto puede rebosar. Note la gran promesa de Efesios 3:20: *"Y a Aquel que es poderoso para hacer todas* (todo… todo lo que pedimos… todo lo que pedimos o entendemos… sobre todo lo que pedimos o entendemos… abundantemente sobre todo lo que pedimos o entendemos) *las cosas* mucho más abundantemente de lo que pedimos o entendemos." ¡Qué promesa! Pero observe: *"según el poder que actúa en nosotros."* No es suficiente que Dios tenga todo este excesivo, abundante poder; el creyente mismo debe tenerlo antes de que pueda ser usado por Dios. Jesús dio a sus discípulos poder para sanar a los enfermos y echar fuera a los demonios (Mateo 10:1). Era su poder, pero se lo otorgó a ellos. Los creyentes hoy en día, pueden tener el mismo poder mediante la plenitud del Espíritu Santo de Dios.

4. Poder para ser hábil

El poder de lo alto es "habilidad" del cielo. Habilidad divina para hacer tareas divinas y llevar a cabo las comisiones dadas por Dios; habilidad de ser guiados divinamente a campos conocidos sólo por Dios; habilidad para responder a la providencia divina; habilidad para exaltar al Señor Jesucristo; habilidad de amar divinamente como amó Jesús; habilidad de predicar a Cristo con convicción y persuasión; habilidad de ejercer dones espirituales para la edificación de la iglesia; habilidad para sufrir persecución por la causa del Señor; habilidad para vivir una vida santa por encima de las sórdidas normas del mundo; habilidad para trabajar para Dios; amorosamente, voluntariamente, fielmente, e incansablemente; habilidad para trabajar hasta que venga Jesús, o hasta que seamos llamados de este mundo.

D. ¿PARA QUIENES ES EL BAUTISMO CON EL ESPIRITU SANTO?

Ha sido notado anteriormente que el bautismo con el Espíritu Santo fue un mandato de Jesús; fue una promesa del Padre y regalo del Padre e Hijo. Lo que es importante saber es a quiénes se aplica este mandato, esta promesa y don. Nadie responde a un mandato del cual no se está seguro de que se aplica a uno mismo, ni busca aquello de lo que no se está seguro esté disponible. Es importante que sepamos si el Señor ha escogido una clase especial de creyentes para esta experiencia extraordinaria, o si se aplica a un grupo más amplio de cristianos.

1. Negativamente.

1.1. No es para aquellos que vivieron en tiempos apostólicos.

Es sorprendente ver el número de cristianos que creen que el derramamiento pentecostal del Espíritu fue sólo para los que vivieron en ese tiempo, cristianos que creen que ellos necesitaban un investimento sobrenatural de poder que, por alguna razón u otra, la iglesia no necesita hoy. Esta idea ciertamente no está de acuerdo con las palabras de Pedro en ese día del derramamiento: "*Arrepentíos, y bautícese cada uno de vosotros... y recibiréis el don del Espíritu Santo. Porque para vosotros es la promesa, y para vuestros hijos, y para todos los que están lejos; para cuantos el Señor nuestro Dios llamare*" (Hechos 2:38-39). Es difícil conferir tal promesa a cualquier tipo de limitación de tiempo. Pedro se refirió a la generación presente de su día cuando dijo "*para vosotros es la promesa.*" Incluyó específicamente a la siguiente generación con las palabras, "*y para vuestros hijos.*" Uno concluirá que estaba pensando en generaciones futuras cuando dijo, "*y para todos los que están lejos.*" Algunos pueden limitar eso a centenares de años, pero es difícil creer que las siguientes palabras no signifiquen que es para todo cristiano en todos los tiempos: "*para cuantos el Señor nuestro Dios llamare.*" El bautismo con el Espíritu Santo es para la iglesia de Dios en todas las edades. Dios no hace distinción de tiempos dentro de la edad de la iglesia. No había necesidades, problemas o urgencias existentes en el tiempo de la iglesia primitiva de las que no podamos hablar hoy. En tanto siga en efecto la gran comisión ligándonos a la tarea de evangelización mundial, habrá provisión de poder para cumplirla.

1.2. No se limita a ministros, misioneros, y aquellos en servicio especial para el Señor.

Hay una verdad enfatizada en el Nuevo Testamento: la unidad del cuerpo de Cristo y la importancia de cada miembro en el cuerpo. El apóstol Pablo enseña que ningún miembro es de mayor importancia que otro.

Ni el ojo puede decir a la mano: No te necesito, ni tampoco la cabeza a los pies: No tengo necesidad de vosotros. Antes bien los miembros del cuerpo que parecen más débiles, son los más necesarios; y a aquellos del cuerpo que nos parecen menos dignos, a éstos vestimos más dignamente; y los que en nosotros son menos decorosos, se tratan con más decoro. Porque los que en nosotros son más decorosos, no tienen necesidad; pero Dios ordenó el cuerpo, dando más abundante honor al que le faltaba, para que no haya desavenencia en el cuerpo, sino que los miembros todos se preocupen los unos por los otros (1 Corintios 12:21-25).

Si esto es verdad, entonces todo cristiano es de igual importancia para el logro de la perfecta voluntad de Dios por medio de su iglesia. El cristiano más humilde que está caminando en el centro de la voluntad de Dios, es tan siervo del Señor como lo es el más famoso predicador de su día. Uno es llamado a un ministerio y otro a otro (Romanos 12:3-8). Dios está observando nuestra fidelidad dondequiera que nos haya puesto. A menudo es más difícil ser fiel en lo que parece ser un lugar pequeño que en aquel que parece más grande. Todo cristiano necesita el bautismo con el Espíritu Santo para ser capaz de cumplir su parte en el gran esquema de ministrar el evangelio a un mundo necesitado.

1.3. No es para una clase especial, privilegiada.

Pedro aprendió que la plenitud del Espíritu era para gentiles al igual que judíos (Hechos 10:34-35, 44-48; 11:15–18). El Señor no ha hecho acepción de personas y no tiene favoritos. Todos son tratados por igual y los dones de Dios son gratuitos para todos por igual. Uno no debe pensar que después de recibir el bautismo con el Espíritu es mejor que otros. Todos los dones de Dios son por gracia, y aquello que es recibido gratuitamente de ninguna manera contribuye a la glorificación personal del individuo. Toda la gloria pertenece a Él, el gran dador. El recibimiento de la plenitud del Espíritu nunca incrementa el prestigio de uno, más bien sirve para incrementar su responsabilidad. Si uno tiene gran poder, Dios tiene derecho a esperar un mayor servicio.

1.4. No es simplemente para cristianos maduros.

Existen varias opiniones acerca de que el bautismo con el Espíritu es sólo para aquellos que son profundamente maduros en su vida cristiana; que se debe esperar hasta adquirir tal posición antes de que pueda recibirse. El Señor bautizó a los creyentes samaritanos sólo algunos días después de su conversión (Hechos 8:14–17). Aquellos en la casa de Cornelio fueron llenos con el Espíritu casi inmediatamente después de creer la palabra que Pedro les estaba predicando. De hecho, parece que el mensaje fue interrumpido por el Espíritu Santo derramándose sobre ellos (Hechos 10:44–46). El creyente más nuevo necesita y puede tener este don de Dios. Es poder para el servicio y se necesita tan pronto como uno se enlista bajo la bandera del Señor. Los cristianos fueron enseñados a esperar el bautismo con el Espíritu Santo inmediatamente después de la conversión y el bautismo en agua (Hechos 2:38).

2. Positivamente—Para todos los que creen.

El bautismo con el Espíritu Santo es para todos, para todas las edades, para los que creen en Jesucristo como Salvador y Señor, hijos de Dios por medio de Él. Es la provisión normal y divina que capacita; está a disposición de todo creyente en toda nación, toda época, toda raza, y llamamiento.

E. CONDICIONES PARA OBTENER EL BAUTISMO CON EL ESPIRITU SANTO.

¿Qué es necesario tener antes de que uno pueda recibir esta experiencia maravillosa? ¿Hay pasos preliminares? Las escrituras indican las siguientes condiciones:

1. Arrepentimiento del pecado.

Cuando la multitud vino a Pedro en ese memorable día de Pentecostés, dijeron, "*Varones hermanos, ¿qué haremos?*" Él contestó, "*Arrepentíos... bautícese cada uno... y recibiréis del don del Espíritu Santo*" (Hechos 2:37-38). El arrepentimiento entonces, es el primer paso. El Espíritu Santo no puede operar donde el pecado tiene dominio (Vea también Hechos 17:30).

2. La experiencia definitiva de salvación.

El arrepentimiento debe ser seguido por fe en Jesucristo para salvación. El arrepentimiento en sí, es negativo. Una fe positiva es necesaria antes de que tome lugar el nuevo nacimiento. Lucas 11:13 enfatiza el hecho de que es *"vuestro Padre celestial"* que da *"El Espíritu Santo a los que se lo pidan."* Uno debe ser de la familia de Dios antes de que pueda esperar este don del Padre. El Espíritu Santo es el don del Padre, y sólo aquellos que han sido salvos pueden llamarlo "Padre." *"Y por cuanto sois hijos, Dios envió a vuestros corazones el Espíritu de su Hijo, el cual clama: ¡Abba, Padre!"* (Gálatas 4:6).

3. Bautismo en agua.

De nuevo damos atención a las palabras de Pedro en el día de Pentecostés: *"Arrepentíos... y bautícese cada uno..."* (Hechos 2:37-38). El orden parece ser: arrepentimiento, regeneración, bautismo en agua, y luego el bautismo con el Espíritu Santo. Cada paso de obediencia abre camino al siguiente. No está declarado dogmáticamente que uno que no ha sido bautizado en agua nunca podrá recibir la plenitud del Espíritu. Pero es necesario dado a que el bautismo en agua es un paso de obediencia. Ninguno que conoce y voluntariamente desobedece los mandatos de Dios puede tener fe para recibir la plenitud del Espíritu. La fe siempre sigue a la obediencia. Es interesante, sin embargo, notar que en dos oportunidades en el libro de los Hechos, el derramamiento del Espíritu Santo precedió al bautismo en agua. Saulo de Tarso, el apóstol Pablo, fue sanado de su ceguera y lleno con el Espíritu Santo al poner Ananías sus manos sobre él en la casa de Judas, de la calle llamada Derecha: *"Hermano Saulo, el Señor Jesús, que se te apareció en el camino por donde venías, me ha enviado para que recibas la vista y seas lleno del Espíritu Santo."* Después de esto leemos: *"y al momento cayeron de los ojos como escamas, y recibió al instante la vista; y levantándose, fue bautizado"* (Hechos 9:17-18).

Sabemos que aquellos que estaban reunidos en la casa de Cornelio en Cesarea, creyeron la palabra que Pedro predicaba y fueron llenos del Espíritu en ese momento. Pedro, viendo esto, dijo: *"¿Puede acaso alguno impedir agua, para que no sean bautizados éstos que han recibido el Espíritu santo también como nosotros?"* (Hechos 10:44-48). Notamos que en ambos casos el Espíritu Santo vino sobre nuevos creyentes antes que tuvieran oportunidad de ser bautizados en agua. Para aquellos que son creyentes, y están buscando la plenitud del Espíritu, el bautismo en agua sería un paso necesario. Muchos han recibido la plenitud del Espíritu al salir de las aguas bautismales.

4. Una convicción profunda de necesidad.

Debe haber hambre y sed verdaderas para obtener más de Dios, antes de que uno reciba el bautismo con el Espíritu. Dios da tales dones de gracia en la medida en que sean sinceramente deseados y profundamente apreciados. *"Bienaventurados los que tienen hambre y sed de justicia, porque ellos serán saciados"* (Mateo 5:6). *"Si alguno tiene sed, venga a mí y beba... Esto dijo del Espíritu que habían de recibir los que creyesen en él..."* (Juan 7:37-39). *"Como el ciervo brama por las corrientes de las aguas, así clama por ti, oh Dios, el alma mía. Mi alma tiene sed de Dios..."* (Salmos 42:1-2).

5. Una medida de consagración.

En tanto que una persona accede al bautismo de poder para servicio, debe haber una rendición de la voluntad propia a la voluntad de Dios. De aquí, que uno está dispuesto a ser guiado en el camino de su elección. No confunda este ceder de voluntad por un abandono completo de la voluntad, en el sentido que uno se vuelva sin voluntad. Eso es peligroso porque uno queda expuesto al poder de espíritus malignos. Uno debe estar en todo tiempo en completa posesión de su voluntad y facultades. Lo que significa es que el centro de la voluntad de uno pasa a Cristo. Cristo hace el mejor uso de la voluntad de la persona que está dispuesta a rendir su voluntad al Espíritu de Dios para su dirección y control.

F. COMO RECIBIR EL BAUTISMO CON EL ESPIRITU SANTO.

Habiendo considerado el significado, el propósito y la necesidad, al igual que algunas de las condiciones principales para recibir el bautismo con el Espíritu Santo, ahora consideraremos exactamente cómo se obtiene esta rica bendición del Señor. No es un tema fácil de tratar, dado a que Dios emplea muchos métodos para colmarnos con sus promesas; no hay dos seres humanos que reciban exactamente las cosas espirituales de una manera igual. Existen, sin embargo, algunos principios básicos que sirven de guía al corazón aspirante y sincero. Las siguientes verdades proveerán ayuda en esta área.

1. Por fe.

"... *A fin de que por la fe recibiésemos la promesa del Espíritu*" (Gálatas 3:14). "*Esto dijo del Espíritu que habían de recibir los que creyesen en él...*" (Juan 7:39). Todo lo que recibimos del Señor es por fe: "*... porque es necesario que el que se acerca a Dios crea...*" (Hebreos 11:6). ¡No hay otra manera! El bautismo con el Espíritu no es un asunto de sentimientos, de buscar señales o evidencias. Es creer que Dios enviará su promesa, que Jesús nos bautizará con el Espíritu Santo. Sin embargo, debemos ser claros en que, cuando uno recibe algo del Señor por fe, en realidad lo recibe. No confundamos el recibir algo por fe, con un deseo, una esperanza, o presumir que el Espíritu ya vino. Uno puede asimilar intelectualmente que es salvo, y sin embargo nunca experimentar el poder transformador y la regeneración en su vida. En cambio, la fe verdadera logra una experiencia real; hay un testimonio seguro de que verdaderamente ha nacido del Espíritu. De igual manera es el Bautismo con el Espíritu Santo. Creer en la plenitud del Espíritu por fe existe manteniendo ante el Señor, un corazón abierto y a la expectativa, hasta que se sepa realmente que el Espíritu ha bautizado. No sustituya el pensamiento por la experiencia, porque, cuando el Espíritu viene en su plenitud, nadie le tendrá que decir que Él vino: Usted mismo tiene la experiencia. Aun así, tengamos en cuenta que el Espíritu sólo vendrá en tanto que creamos en las promesas de Dios. La fe opera de la siguiente manera:

1.1. Fe en la promesa de Dios.
La fe no está centrada en uno mismo, sino en el hecho que Dios ha prometido dar el Espíritu Santo y que Él mantendrá su palabra.

¿Qué padre de vosotros, si su hijo le pide pan, le dará una piedra? ¿O si pescado, en lugar de pescado, le dará una serpiente? ¿O si le pide un huevo, le dará un escorpión? Pues si vosotros, siendo malos, sabéis dar buenas dádivas a vuestros hijos, ¿cuánto más vuestro Padre celestial dará el Espíritu Santo a los que se lo pidan? (Lucas 11:11-13). *Todo lo que pidiereis orando, creed que lo recibiréis, y os vendrá* (Marcos 11:24).

1.2. Fe en que la promesa es para usted.
"*Porque para vosotros es la promesa...*" (Hechos 2: 38-39). "*Porque todo aquel que pide, recibe; y el que busca, halla; y al que llama, se le abrirá*" (Lucas 11:10). Una creencia general en la promesa de Dios no es suficiente. Debe haber una apropiación personal. No se trata de un mérito personal, sino de la promesa de Dios a cada uno individualmente por los méritos de Jesús. El no hace acepción de personas. Si ha otorgado el Espíritu a otros, que son salvos por gracia, también oirá y responderá a la petición de cada uno que llega con sinceridad. No glorificamos al Señor cuando creemos que Él hará por uno de sus hijos lo que no hará por todos.

1.3. Fe que persiste.
Las dos parábolas de Jesús en Lucas 11:5-10 y 18:1-8, enfatizan la importancia de la consistencia y persistencia de fe que no será negada. A veces el Señor puede tardar en otorgar esta petición porque el bautismo con el Espíritu Santo señala un gran cambio en la experiencia cristiana. El Señor se interesa en probar plenamente los motivos y deseos del corazón. Confíe en la promesa de Dios hasta que se cumpla.

1.4. Fe manifestada en alabanza y acción de gracias.
Dándonos cuenta de la grandeza de lo que Dios ha prometido, y aquello que está por hacer, causa al corazón un regocijo y un desbordar de gratitud. Casi invariablemente el Espíritu Santo viene en el acto de alabar al Señor. La alabanza es una manifestación de fe. Usted puede alabar a Dios aun cuando uno no siente el deseo. La gratitud y la alabanza a Dios están centradas en la grandeza de Dios; no en los sentimientos de uno. Dios es el mismo, sin importar cómo uno se pueda sentir. Él siempre es digno de que los suyos le adoren.

2. Rindiéndose a fin de que el Espíritu Santo haga su voluntad.

Esta es la condición más difícil de cumplir. Después de que uno se da cuenta de su necesidad del bautismo con el Espíritu Santo y viene al Señor para recibir esa bendición, todavía permanece el rendir varias facultades al control del Espíritu. Generalmente es más fácil hacer algo uno mismo que ceder a que otro lo haga por uno. Concerniendo a Jesús, dijo Juan, "*Él os bautizará en Espíritu santo y fuego*" (Lucas 3:16; Marcos 1:8; Mt. 3:11).
Cuando uno menciona el tema del bautismo con el Espíritu Santo, generalmente se piensa en el Espíritu Santo, y eso es correcto. Pero debemos darnos cuenta que esta experiencia es primariamente un encuentro con el Señor Jesucristo. Pedro confirmó la asociación personal del Señor con la experiencia pentecostal cuando en el día de Pentecostés dijo: "*A éste Jesús resucitó Dios, de lo cual todos nosotros somos testigos. Así que, exaltado por la diestra de Dios, y habiendo recibido del Padre la promesa del Espíritu Santo, a derramado esto que vosotros veis y oís*" (Hechos 2:32, 33). Cuando uno recibe el bautismo con el Espíritu Santo está rindiéndose. El rechazo de la

experiencia pentecostal es el rechazo de un ministerio ejercido por Jesucristo. Para que haya un bautismo debe haber un bautizador. Uno debe rendirse completamente al que lo está sumergiendo en las aguas bautismales. Asimismo uno debe ceder al que lo está bautizando en el Espíritu Santo. El bautismo con el Espíritu santo es una rendición completa al Señor Jesucristo, por lo tanto, el bautismo con el Espíritu Santo le proporciona al creyente una relación nueva e íntima con Jesucristo.

Este concepto es fundamental en el trasfondo de una vida y ministerio llenos del Espíritu. Cada fase de servicio debe ser el resultado del rendimiento al poder y la presencia del Espíritu. Dios busca enseñarnos desde el comienzo, éste secreto de rendirse a Él. Es virtualmente imposible instruir a otro ser humano en el cómo rendirse. Algunos han buscado la plenitud del Espíritu durante muchos años, y se preguntan por qué no lo han recibido. Cuando lo reciben, han testificado que, si sólo hubieran sabido cómo ceder al Espíritu, podrían haberlo recibido años antes. Cada uno debe aprender ésta importante lección por sí mismo. Dios quiere que todo individuo sepa cómo permitir que Él haga su voluntad en nuestras vidas. Esta gran experiencia con Dios es una bendición muy individual; parece que el Señor ha dejado que cada uno aprenda por sí mismo. Es vitalmente importante, sin embargo, darnos cuenta que en ningún momento el Señor requiere que un creyente rinda su personalidad. Muchos de los cultos satánicos hoy en día, llevan a una persona al lugar donde niegan su propia personalidad. Esto es peligroso. El Señor no obra de esa manera. Él ha dotado a cada uno de la personalidad que posee, obrando mediante ella. El Espíritu Santo no toma el lugar del individuo. Él desea brillar a través de él, realzando y glorificando sus talentos humanos y todo su ser. El no suple un grupo nuevo de funciones, sino que utiliza lo que está allí y que le es cedido a Él. Esto enfatiza la naturaleza individualista del tratamiento de Dios con sus hijos.

Moisés se maravilló al ver la zarza que estaba ardiendo en el desierto (Exodo 3:2-3). Pero lo que le asombró no era que la zarza estuviera ardiendo, sino que no se consumía. Asimismo cuando el Espíritu prende fuego a los corazones y la vida de los creyentes con la gloria ardiente de su presencia, la personalidad del individuo no se consume. Las impurezas son consumidas, pero la vida en sí, se hace radiante con la gloria de Dios.

3. "Esperando" el bautismo con el Espíritu Santo.

En los primeros días del siglo veinte, era costumbre decir que uno tenía que "esperar" el bautismo con el Espíritu. La idea de "esperar" la experiencia pentecostal se basa en dos pasajes bíblicos: *"He aquí, yo enviaré la promesa de mi Padre sobre vosotros; pero quedaos [esperad] vosotros en la ciudad de Jerusalén, hasta que seáis investidos de poder desde lo alto"* (Lucas 24:49). *"Y estando juntos, les mandó que no se fueran de Jerusalén, sino que esperaran la promesa del Padre..."* (Hechos 1:4). En obediencia a estos mandatos, los discípulos esperaron un número de días hasta el día de Pentecostés, cuando el Consolador descendió en su venida inicial para permanecer en la iglesia para siempre. Era necesario que los discípulos esperaran la promesa, dado a que el advenimiento del Consolador estaba designado para un determinado día al igual que el advenimiento del Hijo. Los discípulos no podían recibirlo antes del día de Pentecostés. Ellos tenían que esperar al Consolador prometido. Pero desde el día de Pentecostés, el Consolador que mora en el creyente, espera al creyente. Concluimos, entonces, que ahora no es necesario esperar al Espíritu.

Un repaso de cada pasaje en el libro de Hechos que menciona al bautismo del Espíritu Santo, revela que en cada caso que los creyentes que recibieron la bendita experiencia lo hicieron ya sea en la primera reunión de oración, o en la primera ocasión en que fue buscado. Los apóstoles no tenían reuniones de "espera"; ellos tenían reuniones de "recibimiento." Hoy, a causa del uso descuidado de la palabra "esperar", muchos que buscan con hambre, creen que el bautismo del Espíritu sólo puede ser recibido después de semanas o meses de espera. A aquellos que tienen esta creencia les es difícil ejercer la fe y así recibirlo inmediatamente. A los que buscan el bautismo con el Espíritu, debería enseñárseles que el Espíritu está dispuesto a llenarlos tan pronto como abran sus corazones, cedan sus vidas y ejerzan la fe. Hay una diferencia entre una reunión de oración que "espera" y una reunión de oración que "recibe" al Espíritu. Aquel que espera al Espíritu cree que lo recibirá cuando Dios esté listo. Aquel que ora por el Espíritu sabe que él vendrá cuando el que busca esté listo. Notemos la manera en que el Espíritu Santo fue recibido en el avivamiento en Samaria: *Cuando los apóstoles que estaban en Jerusalén oyeron que Samaria había recibido la palabra de Dios, enviaron allá a Pedro y a Juan; los cuales, habiendo venido, oraron por ellos para que recibiesen el Espíritu Santo... Entonces les imponían las manos, y recibían el Espíritu Santo* (Hechos 8:14-17).

Cuando los apóstoles de Jerusalén vinieron a Samaria encontraron un gran avivamiento en progreso. Muchos habían sido gloriosamente salvos, pero ninguno había recibido al Espíritu Santo. La razón era que no habían recibido enseñanza sobre este tema. Cuando Pedro y Juan enseñaron lo concerniente al Espíritu Santo, tuvieron una reunión de oración con los nuevos convertidos, les impusieron las manos y el Espíritu fue derramado. En Samaria no hubo "esperar" pero ciertamente hubo oración. Hoy en día podemos hacer la pregunta ante la luz de lo que hemos dicho: ¿por qué tantos oran por tanto tiempo antes de recibir? La Biblia no documenta ni un caso de una persona buscando por largos períodos de tiempo antes de recibir. Los ejemplos bíblicos son tomados dentro de una época de condiciones más o menos ideales. La fe era grande y las enseñanzas doctrinales eran uniformes. Los apóstoles eran hombres de gran fe y poder espiritual que creaban alta expectativa en los que les oían. Desafortunadamente hoy en día no es siempre el caso. Muchos buscan una experiencia más profunda sin darse cuenta de qué es lo que buscan, y con poca fe para esperar resultados inmediatos. Sin embargo, Jesús es el mismo de esos días de la iglesia primitiva, y la recepción del Espíritu no necesita diferir hoy de lo que era en ese tiempo. Esto puede ser atestiguado en muchas iglesias donde se presentan las condiciones apostólicas.

Además de lo ya mencionado, agregamos que las siguientes condiciones causarán tardanza en recibir la plenitud de la promesa de Dios: fe débil, una vida impura, consagración imperfecta y motivos egocéntricos.

La fe débil es causada por un conocimiento insuficiente de la promesa y la noción que largos períodos de "espera" son invariablemente necesarios antes de recibirlo. La fe que apropia, cree que la bendición está disponible ahora. No es difícil para nadie entender que el Espíritu que es santo no operará a través de canales no santos. La vida impura es una barrera para recibir de su plenitud. Pablo nos exhorta en un gran pasaje sobre la necesidad de la limpieza antes de que un instrumento pueda ser *"útil al Señor"* (2 Timoteo 2:19-21). Debe existir una experiencia de limpieza que preceda al bautismo con el Espíritu Santo. Asimismo la consagración imperfecta es otro impedimento. El bautismo con el Espíritu Santo es dado para dar poder para servir. Es lógico que el Espíritu Santo no llenara a un creyente que no está dispuesto a servir totalmente al Señor. Cualquiera que busca la plenitud del Espíritu sin ninguna intención de servir al Señor, cualquier cosa que Él elija, necesita observar la amonestación de Pablo en Romanos 12:1.

Finalmente, observamos que motivos egocéntricos constituyen otra razón para la tardanza en el recibimiento del bautismo con el Espíritu Santo. ¿Busca uno la plenitud de Dios sólo para estar en competencia con otros? ¿Por el gozo de una experiencia emocional; o para ser respetado como "espiritual"? El deseo de recibir el bautismo con el Espíritu no debe ser egoísta, antes bien con el propósito de ser más útil a Dios para ganar almas y para la extensión de su reino. En muchas de nuestras iglesias la experiencia pentecostal se interpreta como una medalla de prestigio espiritual, antes que el medio para una vida pura, un testimonio radiante y un servicio poderoso.

G. LA MANERA EN QUE SE RECIBE EL BAUTISMO CON ESPIRITU SANTO.

Un resumen breve muestra la manera en que esta experiencia fue recibida en la iglesia primitiva. Dios es un Dios de variedad infinita; no debemos pensar que existe una sola forma en que el Espíritu es recibido.
- Repentinamente, mientras esperaban sentados que Él viniera (Hechos 2:1-4).
- Instantánea e inesperadamente, mientras oían un mensaje (Hechos 10:44-46). Aunque estos hombres no estaban específicamente esperando que el Espíritu Santo viniera en esta forma, estaban en una actitud de expectativa y sus corazones estaban abiertos a la verdad de Dios, cualquiera que fuera.
- Mediante oración y la imposición de manos de los apóstoles (Hechos 8:14-17; 9:17; 19:6).
- Mediante la oración fe personal (Lucas 11:9-13; Juan 7:37-39).

H. LA EVIDENCIA Y LOS RESULTADOS DEL BAUTISMO CON EL ESPIRITU SANTO.

Una experiencia tan grande y tan importante como el bautismo con el Espíritu Santo indudablemente será acompañada por evidencias inequívocas, para no tener ninguna duda de que en verdad se ha recibido la promesa del Padre. Algunas de las evidencias son manifestadas inmediatamente, mientras que otras continúan sobre la base permanente del caminar en la plenitud del Espíritu.

1. Evidencias inmediatas.

1.1. Hablar en otras lenguas como el Espíritu da para hablar.
(Hechos 2:4; 10:44-46; 19:6). La evidencia inicial de la recepción del don del Espíritu Santo es de suprema importancia para todos los que tienen hambre por ser llenos con el Espíritu. Es lógico que la experiencia sobrenatural del bautismo con el Espíritu Santo fuera acompañada de alguna señal definitiva e inequívoca por la cual el que busca fuese asegurada de que lo ha recibido. Hay muchas manifestaciones del Espíritu, pero sólo un bautismo con el Espíritu. Si no hubiera una evidencia particular y sobrenatural del bautismo con el Espíritu, por la cual éste pudiera ser distinguido de toda otra operación del Espíritu, ¿cómo se podría estar seguro de la experiencia?

Creemos que la evidencia inicial del bautismo con el Espíritu Santo es hablar en otras lenguas como el Espíritu da para hablar. La evidencia de la plenitud del Espíritu en el día de Pentecostés fue hablar en otras lenguas por la incitación del Espíritu Santo. *"Y fueron todos llenos del Espíritu Santo, y comenzaron a hablar en otras lenguas, según el Espíritu le daba que hablasen"* (Hechos 2:4). La manifestación del Espíritu en el día de Pentecostés fue el derramamiento original de poder sobre la iglesia. Fue el modelo de la experiencia. Es razonable que lo que ocurrió a los discípulos al ser llenos, igualmente ocurra a todos los que hoy desean ser llenos. En tanto que el propósito de la unción era darles el poder para testificar, no es sorprendente que la señal de la experiencia fuese manifiesta en el hablar en otras lenguas. Además del derramamiento inicial del Espíritu en Hechos 2:4, tenemos la narración del recibimiento del Espíritu por los creyentes en la casa de Cornelio en Hechos 10:44–46a:

Mientras aún hablaba Pedro estas palabras, el Espíritu Santo cayó sobre todos los que oían el discurso. Y los fieles de la circuncisión que habían venido con Pedro se quedaron atónitos de que también sobre los gentiles se derramase el don del Espíritu Santo. Porque los oían que hablaban en lenguas, y que magnificaban a Dios.

Es interesante notar como los judíos que vinieron con Pedro sabían que estos gentiles habían recibido la misma experiencia del Espíritu Santo que habían recibido los discípulos en el día de Pentecostés. La escritura dice que lo sabían porque *"los oían que hablaban en lenguas."* Este versículo dice literalmente, *"los escuchaban que continuaban hablando en lenguas."* Su hablar en lenguas no era una breve confusión de sílabas, sino un hablar fluido y coherente en un idioma que traía asombro a los oidores. Ahora bien, si aquellos presentes estaban convencidos de que los gentiles tenían una experiencia del Espíritu Santo equivalente a aquella disfrutada por los judíos con base a su hablar en lenguas, entonces las lenguas deben ser la señal inequívoca o evidencia inicial de la experiencia pentecostal. Hoy en día se puede saber si el bautismo es la experiencia pentecostal genuina y equivalente a la de los discípulos, cuando se experimenta el hablar en otras lenguas por el poder del Espíritu. Uno no busca las lenguas, pero sí busca tal señal que confirmará que uno ha sido lleno al estilo bíblico. La tercera narración de creyentes que recibieron la plenitud del Espíritu, donde se menciona específicamente que hablaron en lenguas, está en Hechos 9:16: *"Y habiéndoles impuesto Pablo las manos, vino sobre ellos el Espíritu Santo; y hablaban en lenguas y profetizaban."* Esto fue en la ciudad de Éfeso. La teoría, que algunos han planteado, es que la unción del Espíritu con la evidencia de hablar en otras lenguas, sólo era dada cuando un nuevo grupo racial aceptaba el evangelio, tal como los judíos en Pentecostés, los samaritanos en el avivamiento de Felipe, y los gentiles en la casa de Cornelio. Pero aquí, esta teoría sucumbe en Hechos 19:6, donde no puede distinguirse ningún grupo étnico nuevo. Lo mismo podría decirse de los corintios, que ciertamente también hablaron en lenguas.

Algunos se oponen a las lenguas como la señal inicial, basándose en que las lenguas no siempre son mencionadas en la Biblia en relación con el bautismo del Espíritu Santo. Es verdad que tres de las narraciones no dicen nada acerca de lenguas, pero la omisión es debido a la brevedad de esas narraciones. En el derramamiento sobre los samaritanos (Hechos 8:14–19) no se hace mención de ninguna señal acompañante, pero el hecho de que Simón estaba dispuesto a pagar dinero por el poder de impartir dones del Espíritu, muestra que alguna señal audible o visible hizo del don algo espectacular. Es lógico asumir que él los oyó hablando en lenguas. En Hechos 4:31

no hay mención de lenguas. Pero bien podría haber sido una nueva llenura de aquellos que fueron bautizados inicialmente en el día de Pentecostés. *"Cuando hubieron orado, el lugar en que estaban congregados tembló; y todos fueron llenos del Espíritu Santo, y hablaban con denuedo la palabra de Dios."* En Hechos 9:17 no leemos que Pablo habló en lenguas cuando recibió el Espíritu; pero que lo hizo es ciertamente seguro por su testimonio, *"Doy gracias a Dios que hablo en lenguas más que todos vosotros"* (1 Corintios 14:18).

En esta conexión notamos dos pensamientos. Primero, la primera y última narración bíblica del recibimiento del Espíritu Santo (Hechos 2:4; 19:6) mencionan que los que lo recibieron hablaron en lenguas. Segundo, en toda narración del derramamiento del Espíritu Santo, donde cualquier señal es mencionada, significa lenguas. Donde no se habla de ninguna señal, existe una fuerte evidencia de que hablaron en lenguas. La Asociación Pentecostal de Norte América es una asociación compuesta de veintidós de las más grandes denominaciones pentecostales de Los Estados Unidos y Canadá. La declaración de fe, con la que todos los grupos miembros deben estar de acuerdo, establece lo siguiente: "Creemos que el evangelio completo incluye santidad de corazón y vida, sanidad para el cuerpo y el bautismo con el Espíritu Santo con la evidencia inicial de hablar en otras lenguas como el Espíritu da para hablar." Hay algunos que enseñan que la evidencia inicial de lenguas no es siempre necesaria para asegurar que uno ha recibido la plenitud del Espíritu, sino que cualquiera de los otros dones del Espíritu podría ser evidencia de la experiencia pentecostal. Estos a veces mencionan Hechos 19:6 donde leemos: *"hablaron en lenguas y profetizaban."* Nunca se declara que lo único que uno hará, cuando está lleno del Espíritu, es hablar en lenguas. Otros dones bien pueden ser manifestados. Todo lo que se declara aquí es que los creyentes nuevamente bautizados en Éfeso, hablaron en lenguas al igual que profetizaron. ¿Por qué se declara que el hablar en lenguas es la señal de la llenura más que cualquier otro don del Espíritu? Porque todos los dones del Espíritu fueron más o menos manifiestos en la época del Antiguo Testamento, con la única excepción de hablar en otras lenguas y su don acompañante de la interpretación de lenguas. La palabra de sabiduría: Josué (Deuteronomio 34:9) y Salomón (1 Reyes 3:9–12); la palabra de ciencia: Bezaleel (Éxodo 31:3); fe: Abraham (Génesis 15:6); dones de sanidad: Elías (1 Reyes 17:17–23) y Eliseo (2 Reyes 4:18–37); obrar milagros: Elías (2 Reyes 1:10), Eliseo (2 Reyes 6:4–7) y Moisés (Éxodo 7:10, 20); profecía: Isaías, David (2 Samuel 23:2), y Balaán. (Número 24:2); discernimiento de espíritus: Ahías (1 Reyes 14:16) y Moisés (Éxodo 32:17–19). Dios estaba haciendo algo nuevo en Pentecostés, algo que nunca antes fue experimentado y la señal que lo acompañaba era algo nunca atestiguado previamente. Era una señal sumamente significativa.

1.2. Puntos importantes para notar:
- El hablar en lenguas no es el bautismo con el Espíritu Santo, es la evidencia inicial, pero no la única.
- No busque hablar en lenguas como si fuera el equivalente del bautismo con el Espíritu Santo, busque más de Dios y ríndase a Él. Él se encargará de lo demás.
- Puede ser cierto que algunos aparentemente hayan hablado en lenguas y no hayan recibido el bautismo con el Espíritu Santo. La palabra "aparentemente" es utilizada porque se cree que muchos de éstos no son idiomas verdaderos. El Diablo tiene una falsificación de este don como lo tiene para todos los otros. Pero el que busca sinceramente más de Dios no debe tener temor alguno de que va a recibir otra cosa que lo mejor de Dios (Lucas 11:11–13).

1.3. Evidencias adicionales

Otras evidencias inmediatas de una nueva experiencia de la unción del Espíritu en la vida incluirá: alabanza a Dios (Hechos 2:11; 2:47; 10:46); gozo sobreabundante (Hechos 2:46); una carga profunda y deseo de predicar o testificar de Jesús (Hechos 1:8; 2:14; 2:31; 19:6).

2. Evidencias permanentes.

2.1. Jesucristo es glorificado y revelado como nunca antes (Juan 14:21–23; 15:26; 16:13–15). El Espíritu Santo centra todas las cosas en Cristo. A medida que uno continúa en la vida plena del Espíritu nace un nuevo amor que crecerá. El Espíritu Santo lo capacita a uno para comprender la grandeza del Salvador, su persona y sus provisiones (Efesios 1:17–23). Se reconoce que muchas de estas escrituras son llevadas a cabo mediante el ministerio del Espíritu Santo como el Consolador quien mora en todos los creyentes. Pero se ha experimentado que todos los ministerios del Espíritu Santo son realizados como resultado del bautismo pentecostal con el Espíritu.

2.2 Una pasión más profunda por las almas. Uno no puede leer la historia de la iglesia primitiva inmediatamente después de Pentecostés, sin darse cuenta del ardiente deseo de proclamar el camino de salvación (Hechos 2:14, 41; 4:19-20; 5:29-33; 6:8-10; 11:22-24; 26:28-29).

2.3. Un mayor poder para testificar (Hechos 1:8; 2:41; 4:31-33; Juan 15:26-27; 1 Corintios 2:4-5).

2.4. Un nuevo poder en la oración y un espíritu de oración (Hechos 3:1; 4:23-31; 6:4; 10:9; Romanos 8:26; Judas 20; Efesios 6:18; 1 Corintios 14:14-17).

2.5. Un amor más profundo y conocimiento más amplio de la palabra de Dios (Juan 16:3).

2.6. La manifestación de los dones del Espíritu (1 Corintios 12:4-11).

I. LLENURAS ADICIONALES CON EL ESPIRITU SANTO.

El bautismo pentecostal con el Espíritu Santo es una experiencia definitiva en la vida de un cristiano, pero es más que una experiencia, es una vida. Una experiencia es de poco valor si no de la una impresión permanente en la vida de uno. Esto es particularmente cierto acerca del bautismo con el Espíritu. Un tiempo breve de éxtasis espiritual tiene valor mientras dura. Pero su valor es cuestionable si no lleva una posesión permanente de poder espiritual. El bautismo con el Espíritu Santo nos conduce hacia una vida colmada del Espíritu. Pablo amonesta a los cristianos: "*No os embriaguéis con vino, en lo cual hay disolución; antes bien sed llenos del Espíritu...*" (Efesios 5:18). Literalmente dijo, "Estén siendo llenos del Espíritu." Debe ser una experiencia continua. Resumimos brevemente cuatro llenuras adicionales que recibieron los discípulos después del día de Pentecostés. El libro de Hechos parece indicar que hay un bautismo, pero muchas llenuras.

1. Para defender la fe.

"*Entonces Pedro, lleno del Espíritu Santo, les dijo: Gobernantes del pueblo, y ancianos de Israel...*" (Hechos 4:8). Siguiendo la sanidad del paralítico en la puerta del templo la Hermosa y el gran mensaje que predicó Pedro en el pórtico de Salomón, los discípulos fueron encarcelados. A la mañana siguiente, el sanedrín los sacó y preguntó, "*¿Con qué potestad, o en qué nombre, habéis hecho vosotros esto?*" La respuesta valiente e inspiradora que les dio Pedro fue el resultado de ser lleno del Espíritu. Esta fue una nueva experiencia para hombres humildes; pero el Espíritu Santo los capacitó para esta ocasión. Jesús les había dicho que tales tiempos vendrían, pero que el Espíritu Santo les enseñaría que decir en tal hora. *"Cuando os trajeren a las sinagogas, y ante los magistrados y las autoridades, no os preocupéis por cómo o qué habréis de responder, o qué habréis de decir; porque el Espíritu Santo os enseñará en la misma hora lo que debáis decir"* (Lucas 12:11-12). Los resultados fueron que los líderes *"se maravillaban"* (Hechos 4:13).

2. Para reprender el poder del Diablo.

"Entonces, Saulo, que también es Pablo, lleno del Espíritu Santo, fijando en él los ojos, dijo: ¡Oh, lleno de todo engaño y de toda maldad, hijo del diablo, enemigo de toda justicia! ¿No cesarás de trastornar los caminos rectos del Señor?" (Hechos 13:9-10). En la isla de Chipre Pablo estaba ministrando al procónsul Sergio Paulo cuando el mago Elimas buscó tornar al procónsul en contra de la fe. Pablo recibió una función especial del Espíritu y lo reprendió con palabras no inciertas. Cuando Satanás busca estorbar la palabra de Dios, podemos esperar unciones especiales para que él pueda ser vencido y el ministerio no sea estorbado.

3. Para dar nueva valentía y poder a los discípulos.

"Cuando hubieron orado, el lugar en que estaban congregados tembló; y todos fueron llenos del Espíritu Santo, y hablaban con denuedo la palabra de Dios" (Hechos 4:31). El concilio recién había mandado a los discípulos, y los había amenazado, *"que no hablen de aquí en adelante a hombre alguno en este nombre"* (Hechos 4:17). Pero los discípulos acudieron a la oración y, como resultado, una nueva llenura del Espíritu vino sobre ellos y recibieron valentía y poder divino para continuar predicando la palabra de Dios.

4. Gracia y poder para aguantar persecuciones.

"Y los discípulos estaban llenos de gozo y del Espíritu Santo" (Hechos 13:52). Como resultado del gran éxito en predicar el evangelio en Antioquía de Pisidia, *"... los judíos instigaron a mujeres piadosas y distinguidas, y los principales de la ciudad, y levantaron persecución contra Pablo y Bernabé, y los expulsaron de sus límites. Ellos entonces, sacudiendo contra ellos el polvo de sus pies, llegaron a Iconio. Y los discípulos estaban llenos de gozo y del Espíritu Santo"* (Hechos 13:50-52). Ninguno disfruta particularmente ser perseguido. Pero éstos recibieron una llenura especial del Espíritu Santo en tales momentos. El verbo griego usado aquí está en el tiempo imperfecto significando que estaban siendo constantemente, todos los días llenos con el Espíritu Santo. Estaban siendo sujetos a persecución cada día, ¿por qué no una llenura fresca para cada día?

V. OFENSAS CONTRA EL ESPIRITU SANTO

Aunque las seis ofensas contra el Espíritu Santo que son mencionadas en el Nuevo Testamento han sido divididas en aquellas cometidas por los incrédulos y aquellas por los creyentes, puede haber algunas que se extiendan en parte para cualquiera de los grupos.

A. OFENSAS COMETIDAS POR LOS INCREDULOS.

1. Resistir al Espíritu Santo.

"¡Duros de cerviz, e incircuncisos de corazón y de oídos! Vosotros resistís siempre al Espíritu Santo; como vuestros padres, así también vosotros" (Hechos 7:51). Estas palabras fueron habladas por Esteban al hablar ante el sanedrín incrédulo. El Espíritu Santo busca hablar al corazón del incrédulo y llevarlo a Dios. El Espíritu es paciente y persistente, pero es posible resistir todos sus ruegos (Génesis 6:3). Estos líderes espirituales de Israel, en el capítulo siete de Hechos, estaban convencidos de la verdad que Estaban les estaba diciendo, pero sus corazones no cedían (Hechos 6:10).

2. Insultar o hacer afrenta al Espíritu Santo.

"¿Cuánto mayor castigo pensáis que merecerá el que pisoteare al Hijo de Dios, y tuviera por inmunda la sangre del pacto en la cual fue santificado, e hiciere afrenta al Espíritu de gracia?" (Hebreos 10:29). El oficio del Espíritu Santo es presentar la obra salvadora de Jesucristo a los inconversos. Cuando el inconverso rehúsa aceptar a Jesucristo, en realidad está insultando al amor de Dios, manifestado en su gracia, expresando que no necesita salvación, o que no cree que Cristo pueda salvarlo. Resistir al llamado del Espíritu es, entonces, un insulto a la deidad y el romper la única esperanza de salvación. Si se arrepiente la persona de este pecado puede ser perdonado; no hay nada imposible para Dios. ¡Aleluya!

3. Blasfemar al Espíritu Santo—el pecado imperdonable.

Por tanto os digo: Todo pecado y blasfemia será perdonado a los hombres; más la blasfemia contra el Espíritu no les será perdonada. A cualquiera que dijere una palabra contra el Hijo del Hombre, le será perdonado; pero al que hable contra el Espíritu Santo, no le será perdonado, ni es este siglo ni en el venidero (Mateo 12:31-32).

Esta es la ofensa más seria contra el Espíritu Santo, porque no hay perdón para el que lo comete. ¿Qué es la blasfemia contra el Espíritu Santo? (Note Mateo 12:22-30). Los fariseos habían acusado a Jesús de obrar milagros por el poder del Diablo. En realidad Jesús había echado a ese demonio por el poder del Espíritu Santo. Por lo tanto, es atribuir la obra del Espíritu Santo al diablo. Note Marcos 3:28-30, especialmente el versículo treinta: *"Porque ellos habían dicho: Tiene espíritu inmundo."* Este pecado no puede ser cometido por un cristiano ya que se necesitaría la misma escena histórica que rodeo el hecho y a semejante sentencia. Usted sea libre de esta culpa en el Nombre de Jesús.

B. OFENSAS COMETIDAS POR LOS CREYENTES.

1. Contristar al Espíritu Santo.

"Y no contristéis al Espíritu Santo de Dios, con el cual fuisteis sellados para el día de la redención. Quítense de vosotros toda amargura, enojo, ira, gritería y maledicencia, y toda malicia" (Efesios

4:30, 31). Contristar significa hacer triste o angustiar. Hacemos esto como individuos, cuando permitimos que cualquier cosa no semejante a Él entre en nuestro corazón. El versículo treinta y uno nos da algunos ejemplos de aquello que contrista al Espíritu Santo.

2. Mentir al Espíritu Santo.

"Y dijo Pedro, Ananías, ¿por qué llenó Satanás tu corazón para que mintieses al Espíritu Santo, y sustrajeses del precio de la heredad?" (Hechos 5:3). Cuando uno consagra cualquier cosa al Señor, y luego no lleva a cabo esa consagración, está mintiendo al Espíritu Santo. Puede ser dinero, tiempo o servicio. Si la intención del creyente no es ser fiel a su promesa, es mejor que no haga la consagración en primer lugar. Pedro, en el versículo cuatro del capítulo cinco de Hechos, le dice a Ananías, *"No has mentido a los hombres, sino a Dios."*

3. Apagar al Espíritu Santo.

"No apaguéis al Espíritu" (I Tesalonicenses 5:19). El pensamiento de apagar sugiere que hay un fuego. La incredulidad y crítica carnal pueden servir para apagar el fuego del movimiento del Espíritu Santo. Esto ocurre generalmente en la congregación, cuando el Espíritu se está manifestando en la alabanza. Es mejor no criticar que arriesgar el peligro de estorbar el movimiento del Espíritu.

LA PERSONA Y LA OBRA DEL ESPÍRITU SANTO

I. El Espíritu Santo en la Santísima Trinidad

La Biblia no expresa de una manera dogmática la verdad acerca del Espíritu Santo. Sin embargo, las muchas referencias a él y a su obra pueden resumirse como sigue: El Espíritu Santo es la tercera «Persona» de la Deidad, quien procede desde la eternidad del padre (Juan 15:26) y del Hijo exaltado (Juan 16:7; Hechos 2:33; Gálatas 4:6), siendo igual a ellos en esencia. No es una mera «influencia» que emana de Dios, sino el agente inmediato en toda la obra divina, tanto en la creación material como en el espíritu del hombre, manifestando todos los atributos de una «personalidad». Su Nombre se halla unido con el padre y el Hijo en la fórmula bautismal (Mateo 28:19) y en la bendición de 2 Corintios 13:14.

II. Los nombres del Espíritu Santo

Mucha de la doctrina referente al Espíritu Santo se puede deducir de los nombres que le designan las Escrituras. Podemos notar los siguientes: el Espíritu Santo (Lucas 11:13); el *Parakleto*: Abogado y Consolador (Juan 14:16 y 26); el Espíritu de Cristo (Romanos 8:9); el Espíritu de Dios (Romanos 8:14); el Espíritu de Dios viviente (2 Corintios 3:3); el Espíritu del Hijo (Gálatas 4:6); el Espíritu del Señor (2 Corintios 3:17); el Espíritu Santo de la promesa (Efesios 1:13); el Espíritu eterno (Hebreos 9:14); el Espíritu de gloria (1 Pedro 4:14); el Espíritu de gracia (Hebreos 10:29); y el Espíritu de verdad (Juan 15:26).

III. El Espíritu Santo en el Antiguo Testamento

El Espíritu Santo aparece como agente divino en la creación: «... y el Espíritu de Dios se movía sobre [incubaba] la faz de las aguas» (Génesis 1:2); es decir, que él daba energía, vida y calor a todo lo creado; también es el agente divino en la renovación de la naturaleza (Salmos 104:30), en la vida humana (Job 33:4), en la transformación moral del hombre (Zacarías 12:10), en la resurrección histórica del pueblo de Israel (Ezequiel 37:9), y en su avance espiritual (Joel 2:28-29). El pasaje que lo representa más aproximadamente como una persona es Isaías 63:10: «Contristaron su Espíritu Santo» (Versión Moderna). Los hombres que se formaron bajo la antigua alianza experimentaron en ocasiones una fuerza física y un valor superiores a los que podían esperar de sí mismos (*Sansón*, Jueces 14:6); o una capacidad mental y habilidad artística acrecentadas extraordinariamente (*Bezaleel*, Éxodo 31:1-3). La explicación de todo ello es que el Espíritu de Jehová «cayó» sobre ellos, «se invistió» en ellos, los «llenó»; en fin, obró poderosamente a su favor. Aún más característica es una visión extraordinaria que interpreta la realidad pasada y predice los sucesos futuros, o sea, la inspiración profética (1 Pedro 1:10-12). El falso profeta Sedequías dijo a Miqueas: «¿Por dónde pasó el Espíritu de Jehová de mí, para hablar contigo?» (1 Reyes. 22:24, Versión Moderna). El punto de enlace con el Nuevo Testamento es el futuro Mesías altamente dotado con el Espíritu de Dios (Isaías 11:2; 42:1; 61:1).

IV. La personalidad del Espíritu Santo

A. *El Espíritu Santo es una persona, no una mera influencia, emanación o manifestación*. En las palabras del Señor Jesús a los apóstoles en el cenáculo atribuye al Espíritu Santo acciones propias de una persona: «Yo rogaré al Padre—dice—, y os dará *otro consolador (o Abogado)*... Mas el Consolador, el Espíritu Santo..., *él os enseñará* todas las cosas, y *os recordará* todo lo que yo os he dicho» (Juan 14:16 y 26). «Cuando venga el Consolador..., él dará testimonio de mí» (Juan 15:26). «Y cuando él venga convencerá al mundo de pecado, de justicia y de juicio..., pero cuando venga el Espíritu de verdad, *él os guiará* a toda la verdad; porque no hablará por su propia cuenta, sino que *hablará* todo lo que oyere, y *os hará saber las cosas que habrán de venir*» (Juan 16:7-15). Además, podemos notar que el Señor habla del pecado contra el Espíritu Santo (Mateo 12:31). Como una persona divina que es, se le puede «contristar» (Ef. 4:30), «resistir» y «hacerle afrenta» (Hechos 7:51; Hebreos 10:29). El Espíritu Santo habla a los siervos de Dios dándoles indicaciones (Hechos 8:29; 10:19-20); especifica el servicio de los santos (Hechos 13:2-4); prohíbe (Hechos 16:6-7); intercede (Romanos 8:26-27; Romanos 15:30).

B. *El Espíritu Santo es Dios*. Esta verdad queda probada por los muchos pasajes de las Escrituras en los que se identifica al Espíritu Santo con la divinidad. Por ejemplo: El profeta Isaías (6:8 y 9) dice que oyó la voz del Señor, y el escritor inspirado Lucas, haciendo historia de Pablo en un momento cuando éste se refirió a aquel pasaje de Isaías, escribe: «Bien habló el Espíritu Santo por el profeta Isaías...» (Hechos 28:25-26). Así, pues, el Ser que habló era Dios el Espíritu Santo (cp. Con Jeremías 31:31-34 y Hebreos 10:15). Otro caso muy notable es el pecado cometido por el matrimonio Ananías y Safira, que motivó las siguientes palabras del apóstol pedro: «¿Por qué llenó Satanás tu corazón para que mintieses *al Espíritu Santo*...? No has mentido a los hombres, sino *a Dios*» (Hechos 5:3-9). La afirmación es clara: mentir al Espíritu Santo es mentir a Dios. Las

Escrituras atribuyen constantemente al Espíritu Santo los atributos de Dios, como omnipotencia, omnisciencia, omnipresencia y también su perfección suma: la santidad (Lucas 4:14; Efesios 3:16; Salmos 139:7-12; Job 26:13; 33:4; 1 Corintios 2:9-12; 6:11; 12:8-11; Hebreos 9:14; Romanos 1:4; 8:11; 2 Pedro 1:21; Hechos 1:16; 20:28; Lucas 12:12; Apocalipsis 2 y 3).

V. La obra del Espíritu Santo

A. *En relación con la creación material.* Su primera manifestación en el mundo se describe en Génesis 1:2: «El Espíritu de Dios se movía sobre la faz de las aguas»; y Job exclama: «Por su Espíritu adornó los cielos» (Job 26:13).

B. *En relación con la humanidad.* La formación del hombre en Génesis 2:7 se describe así: «Entonces Jehová formó al hombre del polvo de la tierra, *y sopló en sus narices aliento de vida*». Las palabras en cursiva señalan la parte espiritual del hombre, el cual fue formado por el Espíritu Santo: «El Espíritu de Dios me hizo, y el soplo del Omnipotente me dio vida» (Job 33:4 con 27:3). Antes del diluvio, el Espíritu Santo «contendía» con los hombres (Génesis 6:3).

C. *Capacita a los hombres para la obra de Dios* (véase los casos de Bezaleel y Sansón).

D. *En relación con las Sagradas Escrituras.* 1) *Su autor* (1 Pedro 1:10-12; 2 Pedro 1:20 y 21; Hechos 1:16; 2 Timoteo 3:16 y 17; Juan 14:26; 16:12-15). Todos estos pasajes revelan la intervención del Espíritu Santo en la redacción de las Escrituras, «impulsando» y «guiando» a los escritores a la verdad, y dando el «aliento divino» a los escritos. 2) *Su intérprete* (1 Corintios 2:10; 1 Juan 2:20, 27, etc.). La interpretación de las Escrituras por medio del Espíritu Santo, sin embargo, no implica la oposición a la gramática ni al contexto. Tampoco se puede prescindir de los *doctores*, ya que éstos son dones concedidos por Cristo a la Iglesia e instrumentos para la enseñanza bíblica en manos del Espíritu Santo (Efesios 4:11 y 12; 1 Corintios 12:28).

E. *En relación con la persona de Cristo.* El señor Jesús fue engendrado en el seno de la bienaventurada Virgen María por obra y gracia del Espíritu Santo (Lucas 1:35), y fue «ungido» con el Espíritu Santo para Su ministerio terrenal (Hechos 10:38). Como ya hemos notado arriba, el Espíritu Santo es también el Espíritu de Cristo, y todas las cosas pertenecientes al Señor Jesús son administradas y reveladas al creyente por el Espíritu Santo (Juan 15:26; 16:14; Hechos 1:2; Filipenses 1:19).

F. *En relación con la obra de la Cruz.* El autor de la *Epístola a los Hebreos* declara que Cristo, por el Espíritu eterno, se ofreció voluntariamente sin mácula a Dios (Hebreos 9:14).

G. *En relación con la resurrección de Cristo.* Este prodigio de los siglos fue por el poder del Espíritu Santo, según hallamos, entre otros textos, en (Romanos 8:11) «El Espíritu de aquel que levantó de los muertos a Jesús...».

H. *En relación con la Iglesia.* En cumplimiento de la promesa del Padre y del Hijo (Marcos 1:8; Lucas 24:49; Juan 14:16 y 26; Hechos 1:4 y 8; 2:33; Efesios 1:13), el Espíritu Santo vino sobre los discípulos, formando la Iglesia en el día de Pentecostés (Hechos 2) y seguirá en ella hasta llevarla al encuentro del Esposo (véase la hermosa ilustración en Génesis 24). El Espíritu Santo habita en la Iglesia como en un templo (Efesios 2:22), y aparece como un articulador de una unidad viviente, de la cual é es el alma: «Un cuerpo y un Espíritu» (Efesios 4:4); por el Espíritu Santo las almas renacidas son bautizadas en un solo cuerpo místico (la Iglesia), según expresión del apóstol Pablo: «Porque por un solo Espíritu fuimos todos bautizados en un cuerpo» (1 Corintios 12:13).

I. *En relación con la iglesia local.* El origen y ejercicio de los *dones espirituales* en la iglesia se deben al Espíritu Santo, quien reparte a cada miembro cristiano como él quiere. En 1 Corintios 12:1–11 aparecen las palabras *pneumática* («cosas del Espíritu») y *carismata* («dones de gracia»). La iglesia local es también templo del Espíritu Santo (1 Corintios 3:16-17).

J. *En relación con los siervos de Dios.* La persona del Espíritu Santo es la que guía a los obreros del Señor, tanto a los apóstoles como a los evangelistas, a los misioneros, a los ancianos (presbíteros, sobreveedores) y a los doctores de la Palabra, indicándoles el contacto con las almas (Hechos 8:29), enviándoles a los lugares donde deben predicar la Palabra (Hechos 10:19-20), escogiendo a los siervos que han de cumplir el trabajo para el cual son llamados (Hechos 13:1-2), sellando los acuerdos de los responsables de las iglesias (Hechos 15:28), y abriendo y cerrando caminos (Hechos 16:6-7).

K. *En relación con el mundo.* Cuando el Señor Jesús prometió el Espíritu Santo a los apóstoles, dijo también que uno de los cometidos del Espíritu sería el de convencer de pecado a los hombres (Juan 16:7–11), siendo el único que puede traer al hombre el verdadero sentido de la justicia y del juicio. La voluntad del hombre ha de cooperar con el urgir del Espíritu Santo, pero aquél no podría hacer nada sin la obra de gracia de Éste.

L. *En relación con el individuo.* Si la convicción del pecado es seguida por el arrepentimiento para con Dios y la fe en Cristo de parte del hombre, el Espíritu Santo produce la *regeneración* de la vida «de arriba». El orden, según las Escrituras, es como sigue: Cuando, por medio de la predicación de la Palabra, se presenta ante los hombres al Cristo crucificado como el único remedio para la condición pecaminosa de las almas, y le aceptan como Salvador personal, entonces el Espíritu Santo aplica la virtud de la sangre de Cristo a sus corazones, purificándolos; vivifica la semilla de la Palabra, y hace su morada en el creyente (Gálatas 3:1-2; Tito 3:5; Hebreos 10:29).

VI. El Espíritu Santo y el creyente

A. *El Espíritu Santo y la santificación.* El Espíritu Santo habita en los creyentes a partir del momento de su conversión (Hechos 2:38; Romanos 8:11; 1 Corintios 6:19-20; Gálatas 4:6; 2 Timoteo 1:14); y «si alguno no tiene el Espíritu de Cristo, no es de él» (Romanos 8:9). Pero si bien es verdad que en cada creyente regenerado mora el Espíritu Santo y que ya está bautizado en Cristo por el Espíritu Santo, también es cierto que las Escrituras distinguen entre *poseer* el Espíritu y estar *llenos* del Espíritu. Esto puede verse en la *Epístola a los Efesios,* por ejemplo, en cuyo versículo 4:30 Pablo recuerda al creyente que *está sellado* con el Espíritu, mientras que en Efesios 5:18 le exhorta a que *sea lleno* del Espíritu. La Escritura presenta a Cristo como quien murió al pecado una sola vez, pero que vive para Dios eternamente. El creyente se apropia por la fe de la gran verdad de su identificación con Cristo en Su muerte y en Su resurrección; el Espíritu Santo le administra las cosas del Señor Jesús y le impele por el camino de la santificación (Romanos 1:4; cap. 8; 1 Corintios 6:11; 2 Corintios 3:18; 1 Pedro 1:2).

B. *El Espíritu Santo y la oración.* El creyente muchas veces no sabe lo que ha de pedir al Padre ni cómo pedirlo, pero el Espíritu Santo cumple su cometido intercediendo a favor del cristiano (Romanos 8:26-27). Jesús es nuestro intercesor a la diestra del padre, y el Espíritu lo es desde nuestro corazón; por eso se nos manda orar «en Espíritu» (Efesios 2:18; 6:18; Judas 20).

VII. Los símbolos del Espíritu Santo

Hay una variedad de símbolos del Espíritu Santo en la Biblia. En el bautismo del Señor fue visto por Él y por Juan Bautista «que descendía como *paloma*» (Mt. 3:16). En el día de Pentecostés vino como *fuego* sobre los discípulos (Hechos 2:3). El Señor le compara al *viento*, en Su conversación con Nicodemo (Juan 3:8), y como *agua* en Juan 7:37-39. Otras figuras en el Nuevo Testamento son el *sello* y las *arras* de la herencia (Efesios 1:13 y 14; 4:30): la marca indubitable del verdadero creyente y la prenda anticipada de su redención completa en el día de la consumación.

Aparte de los símbolos que se relacionan expresamente al Espíritu Santo en las Escrituras, creemos que, por analogías y consideraciones que no podemos justificar dentro de los breves límites de este estudio, hemos de aceptar los siguientes como figuras de su persona y operaciones: el *rocío* (Oseas 14:5); las *lluvias* de Joel 2:23-28; los *ríos de* Isaías 44:3; el *aceite* de Levítico 8:30; Zacarías 4:1-14 (2 Corintios 1:21; 1 Juan 2:20-27).

VIII. El Espíritu Santo y la resurrección del creyente

El cuerpo de resurrección del creyente es *soma pneumatikon*, que equivale a «cuerpo espiritual», que parece una contradicción, pero demuestra que toda limitación de la carne se habrá superado, siendo el cuerpo el perfecto y apropiado vehículo del espíritu redimido (1 Corintios 15:42-51). Para la vivificación del cuerpo mortal, intervendrá la operación del Espíritu Santo (Romanos 8:11).

En la íntima armonía de la Trinidad y hasta el punto en que misterios tan inefables han sido revelados, el *Padre*, como fuente de amor, ejerce Su voluntad en el plan de salvación; el *Hijo*, impulsado por la gracia divina, lleva cabo la obra de la redención por medio de Su gran misión a la tierra, y el *Espíritu Santo* aplica todo el valor de la obra de la Cruz en potencia y eficacia a los corazones de los creyentes, todos los cuales pueden participar siempre de la bendita «comunión del Espíritu Santo» (2 Corintios 13:14).

PREGUNTAS DE REFLEXIÓN

1. Demuestre con textos apropiados del Antiguo y del Nuevo Testamento que el Espíritu Santo es Dios y que no es un mero poder o influencia, sino una Persona.
2. ¿Cuáles son las actividades del Espíritu Santo en relación con: *a*) la Iglesia; *b*) el pecador; y *c*) el creyente?

Un Devocional Sobre el Espíritu Santo

"Siendo Refrescado con su Llenura, *Lectura bíblica: Efesios 5:15-20, Sed llenos del Espíritu.* Efesios 5:18

Rubén lloriqueaba en el sillón. *Ay de mí*, se quejaba, *no puedo creer que comí tanto*. Una vez más se había tragado una copiosa cena: dos "torres" de pavo, tres montañas de puré de papas, cuatro cucharadas de salsa, cinco pancitos franceses y seis porciones de ensalada. Como broche de oro se había comido un postre de chocolate. Más tarde, cuando su mamá sacó las sobras de la refrigeradora y empezó a preparar sándwiches, él murmuró que nunca más quería volver a comer.

¿Alguna vez te has llenado tanto de comida que no te podías mover? Dios quiere llenarte de algo aún mejor que una cena como la de Rubén. ¡El Espíritu Santo!

Volvamos a observar cómo nos capacita el Espíritu Santo: nos dota de todo lo que necesitamos para vivir la vida cristiana. ¿Cómo, exactamente, conseguimos tener mucho del Espíritu Santo en nuestra vida?

Primera verdad: Ya tienes en ti al Espíritu Santo. Desde el momento en que confías en Jesús, el Espíritu Santo vive en ti, dándote todo lo que necesitas a fin de vivir para él. Pablo mandó: "Sed llenos del Espíritu" (Efesios 5:18). Esto es lo que estaba diciendo Pablo: "Continúa dejándote llenar del Espíritu". Esto nos indica dos cosas: El Espíritu ya está dentro de ti, pero también puedes permitir que haya más de él en tu vida.

Segunda verdad: Te llenas del Espíritu Santo cuando dejas que el Espíritu Santo te llene una y otra vez. Si quieres servir a Dios día tras día, necesitas ser lleno día tras día. Esto no significa que necesitas que más del Espíritu Santo entre en ti desde *afuera*. Significa que tienes que dejar que el Espíritu Santo controle más y más de tu vida desde *adentro*. Puedes poner a trabajar decididamente el poder que Dios ha puesto a tu disposición, confiando en que te capacita para obedecerle y ser su testigo.

Es probable que te cansaras de comer pavo si lo comieras todos los días. Pero el banquete del Espíritu es algo que puedes disfrutar cada día. Dios te ordena ser lleno de su Espíritu, de modo que puedes estar seguro de que te llenará cuando se lo pidas. Es como una refrigeradora que siempre está llena. ¡Y Dios quiere que lo disfrutes todos los días!

El Espíritu Santo en el evangelio de Juan

Que el Espíritu Santo es una persona divina, «la misma en sustancia, igual en poder y gloria» con el Padre y el Hijo, se manifiesta a través de toda la Escritura. Las referencias al Espíritu en el Evangelio de Juan deben hacer abundantemente claro el asunto. La primera mención del Espíritu Santo en el cuarto evangelio se encuentra en el capítulo 1:32-34: «También dio Juan testimonio, diciendo: Vi al Espíritu que descendía del cielo como paloma, y permaneció sobre él. Y yo no le conocía; pero el que me envió a bautizar con agua, aquel me dijo: Sobre quien veas descender el Espíritu y que permanece sobre él, ese es el que bautiza con el Espíritu Santo. Y yo le vi, y he dado testimonio de que este es el Hijo de Dios». El pensamiento de estos versículos tiene estrecha relación con el que tenemos en 1 Corintios 12:13. «Porque por un solo Espíritu fuimos todos bautizados en un cuerpo... y a todos nos dio a beber de un mismo Espíritu». En estas referencias vemos que se compara el Espíritu Santo al poder refrescante y vivificador de Dios, bajo la metáfora del agua del bautismo y del agua de beber. En la paloma de la visión que ocurrió en el bautismo de Jesús tenemos simbolizado el carácter quieto y sencillo del modo de operación del Espíritu Santo.

Guiado por el Espíritu Santo

El poder vivificador del Espíritu Santo se concentra en la conversación entre Cristo y Nicodemo. «De cierto, de cierto te digo, que el que no naciere de agua y del Espíritu, no puede entrar en el reino de Dios. Lo que es nacido de la carne [expresión metafórica para la naturaleza humana], carne es; y lo que es nacido del Espíritu, espíritu [espiritual] es. No te maravilles de que te dije: Os es necesario nacer de nuevo. El viento sopla [o, el Espíritu respira] de donde quiere, y oyes su sonido [voz]; mas ni sabes de donde viene, ni a dónde va; así es [nacido] todo aquel que es nacido del Espíritu» (Juan 3:5-8). Es por medio del Espíritu vivificador que es obrado el milagro de la regeneración.

El poder vivificador del Espíritu se ve nítidamente en la historia de la conversación entre Cristo y la samaritana. «Respondió Jesús y le dijo: Si conocieras el don de Dios, y quién es el que te dice: Dame de beber; tú le pedirías, y él te daría agua viva. La mujer le dijo: Señor, no tienes con qué sacarla, y el pozo es hondo. ¿De dónde, pues, tienes el agua viva? ¿Acaso eres tú mayor que nuestro padre Jacob, que nos dio este pozo, del cual bebieron él, sus hijos y sus ganados? Respondió Jesús y le dijo: Cualquiera que bebiere de esta agua, volverá a tener sed; mas el que bebiere del agua que yo le daré, no tendrá sed jamás; sino que el agua que yo le daré será en él una fuente de agua que salte para vida eterna» (Juan 4:10-14).

El mismo pensamiento se amplía en un discurso público del Señor un poco después. «En el último y gran día de la fiesta, Jesús se puso en pie y alzó la voz, diciendo: Si alguno tiene sed, venga a mí y beba. El que cree en mí, como dice la Escritura, de su interior correrán ríos de agua viva. Esto dijo del Espíritu que habían de recibir los que creyesen en él; pues aún el Espíritu Santo no se manifestaba [en ríos de agua viva] porque Jesús no había sido aún glorificado» (Juan 7:37-39).

Los ríos de agua viva corriendo de los corazones de los creyentes evidentemente significan el poder del Espíritu Santo en el programa misionero de esta edad. Creo que un estudio de la palabra «gloria» en el Evangelio de Juan, mostrará que la glorificación del Señor Jesucristo significa su sacrificio en la cruz y la consumación de su obra terrenal. El programa misionero para esta edad y la venida del Espíritu Santo para este propósito, los ríos de agua viva empezó en el día de Pentecostés. En su discurso de despedida el Señor dijo mucho en cuanto al ministerio del Espíritu Santo. «Si me amáis, guardaréis mis mandamientos. Y yo rogaré al Padre, y os dará otro Consolador, para que esté con vosotros para siempre; el Espíritu de verdad, al cual el mundo no puede recibir, porque no le ve, ni le conoce; pero vosotros le conocéis, porque mora con vosotros, y estará entre vosotros» (Juan 14:15-17).
En estas palabras resalta la presencia personal del Espíritu. Su presencia invisible tomará el lugar de la presencia visible de Jesús entre sus discípulos.

He traducido la última preposición en este pasaje por «entre» más bien que por «en». En la preposición *en* (en el griego) con el plural del dativo. Gramaticalmente, por supuesto, la frase preposicional podría entenderse distributivamente, «en cada uno individualmente», pero el contexto no indica tal concepto. Estará «con vosotros para siempre», *meté jumón*. Ya «vosotros le conocéis» porque «mora con vosotros», *para jumin*, y va a estar entre vosotros o «en vosotros como grupo», *en jumin*. Hay una expresión muy trillada, basada en un mal entendido de estos versícu-

281

los, al efecto de que desde el día de Pentecostés el Espíritu Santo mora en los creyentes, mientras que en el Antiguo Testamento sólo moraba con o sobre ellos. Los hechos no dan apoyo alguno a tal idea. El Espíritu moraba en Josué. Se dice de Israel bajo la dirección de Moisés que Dios «puso en medio de [dentro de] él su Santo Espíritu» (Isaías 63:11). «Mi Espíritu estará en medio de [«en», la misma preposición] vosotros, no temáis» (Hageo 2:5). En cada uno de estos tres pasajes la preposición es «en», en hebreo *beth*, el equivalente de la palabra *en* (griego) del Nuevo Testamento. El Espíritu Santo de Dios, como una Presencia Personal, está y siempre ha estado y siempre estará en medio del pueblo de Dios, en sus corazones y en sus mentes.

Cristo continuó en su discurso de despedida. «Os he dicho estas cosas estando con vosotros. Mas el Consolador, el Espíritu Santo, a quien el Padre enviará en mi nombre, él os enseñará todas las cosas, y os recordará todo lo que yo os he dicho» (Juan 14:25-26). Otra vez se promete la presencia personal del Espíritu Santo en el ministerio de enseñanza y de recordación para reemplazar la presencia personal de Cristo con sus discípulos. Además, en el discurso de despedida encontramos las palabras «Cuando venga el Consolador, a quien yo os enviaré del Padre, el Espíritu de verdad, el cual procede del Padre, él dará testimonio acerca de mí» (Juan 15:26). Estas palabras son en esencia un nuevo énfasis de lo que se ha dicho anteriormente. En el contexto, el Espíritu Santo, viniendo del Padre, es paralelo al concepto de que Jesús, en cuanto a su presencia visible, regrese al Padre. La palabra nada tiene que ver con alguna relación eterna tal como el «proceder» en la eternidad del Padre, o del Hijo y del Padre. Sencillamente, el Espíritu Santo ha de venir del cielo.

En la discusión de la omnipresencia de Dios se explicó claramente que el «venir» o «ir» de Dios en las referencias bíblicas (con excepción de la presencia corporal visible de Cristo) no indica ningún movimiento de un lugar a otro, porque Dios como Espíritu es omnipresente. Cuando Isaías dijo: «Oh, sí rompieses los cielos y descendieras» (Isaías 64:1), el contexto muestra que sabía que Dios estaba con él en su ministerio, pero lo que estaba pidiendo era una manifestación especial. Así, que el Espíritu Santo viniera como lo hizo en el día de Pentecostés no se puede entender correctamente como si no estuviera ya con el pueblo del Señor aquí en la tierra.

Cristo en su discurso de despedida, tanto como en su ministerio anterior, predijo la «venida» del Espíritu Santo en el día de Pentecostés. No implica que el Espíritu Santo no estuviera ya aquí, sino que el Espíritu iba a venir en el sentido de una gran manifestación, un gran hecho constitutivo, para iniciar el programa misionero del Señor para esta edad, tal como el Espíritu Santo había iniciado el testimonio del pueblo de Dios en el monte Sinaí.

Está bien, pues, decir que en el día de Pentecostés el Espíritu Santo «vino del cielo», pero es erróneo pensar de su venida como si se moviera de un lugar a otro. Más bien, su venida significa una manifestación especial de su presencia. La culminación de la enseñanza acerca del Espíritu Santo en el Evangelio de Juan la hallamos en el capítulo 16, versículos 4b-7. «Esto no os lo dije al principio, porque yo estaba con vosotros. Pero ahora voy al que me envió; y ninguno de vosotros me pregunta: ¿A dónde vas? Antes, porque os he dicho estas cosas, tristeza ha llenado vuestro corazón. Pero yo os digo la verdad: Os conviene que yo me vaya; porque si no me fuere, el Consolador no vendría a vosotros; más si me fuere, os lo enviaré». Tenemos que detenernos un momento para preguntarnos el significado de que Cristo se «vaya» en estos versículos. La respuesta no es principalmente su ascensión. Estas palabras habló Cristo la noche antes a su crucifixión, y no me cabe duda de que en la mente de Juan mientras escribía (probablemente en sus propios apuntes de los dichos de Jesús), el irse tuvo referencia primeramente a la crucifixión, la que puso fin a la asociación visible y común que Cristo había tenido con sus discípulos. En otras palabras «que yo me vaya» en este contexto particular significa «termino mi obra y me voy». Entonces nos justificamos al decir que la predicha «venida» del Espíritu Santo dependía de la obra terminada de Cristo en la cruz, la resurrección, los cuarenta días, y la ascensión. Si Cristo no hubiera terminado su ministerio terrenal, el Espíritu Santo nunca habría podido venir.

Pero no debemos tomar este hecho en un sentido estrecho. Es igualmente verdad de que si no fuera por la seguridad de que Cristo acabaría su obra, el Espíritu Santo nunca habría venido sobre los profetas del Antiguo Testamento. Si no fuera por la obra consumada de Cristo, una cosa absolutamente segura en los decretos eternos de Dios, el Espíritu de Dios nunca podría haberse manifestado. La revelación en Pentecostés, la revelación en Sinaí, toda la gracia de Dios, y toda la verdad de Dios en todas las edades dependen totalmente de la obra terminada de Cristo.

Jesús terminó su discurso: «Y cuando él venga, convencerá al mundo de pecado, de justicia y de juicio. De pecado, por cuanto no creen en mí; de justicia, por cuanto voy al Padre, y no me veréis más; y de juicio, por cuanto el príncipe de este mundo, [Satanás], ha sido ya juzgado» (Juan 16:8-11).Las palabras, «de justicia, por cuanto voy al Padre», verifican la sugerencia de arriba. El irse de Cristo desde el punto de vista del discurso de despedida se refiere a la consumación de su ministerio terrenal, para luego reasumir su lugar a la diestra del Padre.

Este pasaje entero es copioso en sus implicaciones: (1) Al predicar el evangelio podemos estar confiados en que el Espíritu Santo mismo, Deidad personal, producirá convicción en el corazón de los que oyen. «Él convencerá al mundo del pecado» de no creer en Cristo. (2) La justificación depende de la obra consumada de Cristo. (3) El juicio final viene con una seguridad absoluta. El Señor aquí escoge de entre las cosas predichas en las Escrituras en cuanto al juicio final, el juicio final de Satanás mismo (Apocalipsis 20:10).

El cristiano no vive *sub specie aeternitatis*, «bajo el panorama de la eternidad», en el sentido de Espinoza, de una eternidad estática y sin tiempo. Al contrario, vive bajo el panorama de eventos escatológicos definidos, específicos y revelados-finitos, pero de proporciones cósmicas. Los juicios de Dios vendrán con seguridad. Las palabras del discurso de despedida siguen: «Aún tengo muchas cosas que deciros, pero ahora no las podéis sobrellevar. Pero cuando venga el Espíritu de verdad, él os guiará a toda la verdad; porque no hablará por su propia cuenta, sino que hablará todo lo que oyere, y os hará saber las cosas que habrán de venir. Él me glorificará; porque tomará de lo mío, y os lo hará saber. Todo lo que tiene el Padre es mío; por eso dije que tomará de lo mío, y os lo hará saber» (Juan 16:12-15).

¿Qué podría ser más claro en cuanto a la dirección del divino Espíritu personal prometido para el pueblo de Dios? La declaración «no hablará por su propia cuenta» se refiere al hecho de que en la economía divina, el tiempo de los eventos escatológicos es una función particular de Dios el Padre, como se menciona varias veces en las Escrituras (Hechos 1:7). Las palabras «él me glorificará» se refieren a esa fase de la economía divina en la cual la Segunda Persona de la Trinidad se presenta a la raza humana como la Persona especial de la Deidad con la cual ella tiene que ver.

Al revelar las cosas futuras y la dirección especial prometida en estos versículos, generalmente las entienden los teólogos como referencias a la obra especial del Espíritu Santo en la inspiración de los escritores del Nuevo Testamento. Discutiremos este asunto cuando lleguemos al tema de la revelación y la inspiración.

La promesa general de dirección por el Espíritu es para toda la iglesia; pero en particular se realiza en la obra de inspiración de los libros del Nuevo Testamento por el Espíritu Santo. En último lugar, después de la resurrección, aparentemente en la noche del día de resurrección, Jesús apareció a sus discípulos y dijo: «Como me envió el Padre, así también yo os envío. Y habiendo dicho esto, sopló, y les dijo: Recibid el Espíritu Santo. A quienes remitiereis los pecados, les son remitidos; y a quienes se los retuviereis, les son retenidos» (Juan 20:21-23).

El apartar o retener los pecados no es el punto principal de este pasaje para nuestro propósito actual. Este poder de los apóstoles de Cristo se explica mejor en Mateo 16:19; 18:18, donde se usa el futuro perfecto en la apódosis en cada caso. La idea es que los discípulos de Cristo en la tierra no tienen poder en y por sí mismos, pero, cuando movidos por el Espíritu Santo prediquen el evangelio, y las almas acepten el perdón ofrecido en el evangelio, los discípulos pueden tener la seguridad de que el perdón de los pecados y la experiencia terrenal ya han tenido su contraparte celestial en la eterna elección de Dios. Ahora estamos estudiando la relación del Espíritu Santo en la Trinidad, y el propósito en mencionar este pasaje es para mostrar que aun antes del día de Pentecostés los discípulos de Cristo habían recibido el Espíritu Santo y se les aseguró de su presencia en el ministerio misionero.

El sencillo acto de soplar para simbolizar la dádiva del Espíritu Santo es un método gráfico de presentar una verdad invisible. Compárese el soplo que dio vida a los huesos secos que tenemos en Ezequiel 37 y el acto espiritual de Dios en la creación del hombre en Génesis 2:7. Algunos que dividirían rigurosamente el ministerio del Espíritu Santo tratan de mostrar que, aunque Jesús en esta ocasión sopló simbólicamente y dijo: «Recibid el Espíritu Santo», sin embargo los discípulos no recibieron el Espíritu Santo en ese momento, sino que tuvieron que esperar hasta el día de Pentecostés. Al contrario, el acto simbólico de soplar ciertamente significa que los apóstoles en verdad recibieron en ese momento la bendición del Espíritu Santo

El henchimiento del Espíritu puede ser un acto repetido en la experiencia de un hijo de Dios en cualquier dispensación. Para el propósito del tema bajo discusión, debe desprenderse de Juan 20:22 que la recepción del Espíritu Santo, un henchimiento del Espíritu Santo, no se limita a ocasiones especiales, ni al desenvolvimiento de las dispensaciones, sino que está siempre disponible para el pueblo de Dios. A su vez esto significa que el Espíritu Santo es inmutable, vale decir, que sus acciones no cambian y que su carácter y ministerio esencial son siempre los mismos. El estudio ya dado arriba sobre la doctrina del Espíritu Santo en el Evangelio de Juan hace abundantemente evidente que el Espíritu Santo de Dios, «co-igual y co-sustancial» con el Padre y el Hijo, infinito, eterno, e inmutable en todos sus atributos divinos, y siempre lo mismo en todas las dispensaciones en cuanto a su ministerio particular en el programa divino de la redención.

La Llenura del Espíritu

El concepto de que el Espíritu llena a las personas aparece quince veces en el Nuevo Testamento, cuatro de ellas antes del Pentecostés. Parece tener un doble énfasis, y sus ramificaciones son muy significativas con relación a la vida y actividad del creyente.

I. La Relación de la Llenura del Espíritu con la Espiritualidad

A. Una definición de la espiritualidad
En 1 Corintios 2:15 tenemos lo que más se aproxima a una definición de la espiritualidad, y en realidad esa es solamente una descripción. Si el creyente espiritual juzga, examina o discierne todas las cosas, pero él mismo no es entendido por otros, entonces la espiritualidad significa una relación madura, pero aun en progreso, con Dios.
Esto requiere por lo menos tres cosas: (a) la regeneración; (b) los ministerios de Dios en la vida del creyente; y (c) tiempo para crecer en madurez.

B. El papel del Espíritu en efectuar la espiritualidad
Si la madurez es un aspecto clave de la espiritualidad, entonces el Espíritu Santo tiene que asumir un papel importante en efectuarla. El poder discernir abarca el conocimiento de la voluntad y la perspectiva de Dios. Esto lo realiza el Espíritu por Su ministerio de enseñanza (Juan 16:12-15). También incluirá orar conforme a la voluntad de Dios, lo cual se logra con la dirección del Espíritu (Romanos 8:26; Efesios 6:18). El creyente espiritual ciertamente estará empleando los dones espirituales que el Espíritu da acompañados del poder para ejercerlos (1 Corintios 12:7). Aprenderá a guerrear victoriosamente contra la carne por el poder del Espíritu (Romanos 8:13; Gálatas. 5:16-17). En fin, la llenura del Espíritu es la clave para que haya espiritualidad en el creyente.

C. Algunas ramificaciones del concepto
Si la espiritualidad está relacionada con la madurez, entonces puede haber grados de espiritualidad, puesto que hay niveles de madurez. Pablo aparentemente esperaba que los creyentes en Corinto hubieran alcanzado en cinco o seis años tal nivel de madurez que pudieran ser llamados espirituales. El Evangelio fue predicado por primera vez en Corinto en su segundo viaje misionero (alrededor del 50 A.D.), y su primera carta a la iglesia, en la cual el reprendió a los cristianos porque no les podía tratar como a personas espiritualmente maduras, fue escrita cerca de 56 A.D. Aparentemente una persona podía volver atrás en algún área de la espiritualidad sin perder todo lo que había ganado a través de los años. Algunos pecados afectarían más áreas de la vida y de la comunión que otros. Si la llenura del Espíritu se relaciona con el control del Espíritu en una vida, entonces ciertamente un nuevo creyente puede ser controlado en las áreas que él conoce. Pero eso no significa que sea espiritual, puesto que no ha pasado suficiente tiempo para que él madure. A medida que viene la madurez, salen a la luz más áreas en las que se necesita control. Según vayamos respondiendo positivamente y permitamos que el Espíritu amplíe Su control,

maduraremos más y más. Y así sucesivamente. El hecho de haber sido cristiano por algún tiempo no garantiza la espiritualidad, puesto que la persona puede que no haya permitido al Espíritu controlar su vida durante algunos de esos años.

Hay etapas de madurez. Aunque uno pueda haber alcanzado la madurez, siempre queda más madurez por alcanzar. La espiritualidad es una relación madura, pero aún en proceso de maduración, con Dios.

II. La Llenura del Espíritu

La llenura del Espíritu parece tener dos facetas.

La primera puede ser descrita como un hecho soberano de Dios por el cual El posee a alguien para una actividad especial. Esto lo expresa la frase griega *pimplemi pneumatos agiou*, y subraya el evento de estar lleno, más bien que el estado resultante de la llenura. Ocurre en Lucas 1:15 (Juan el Bautista), 41 (Elisabet), 67 (Zacarías); Hechos 2:4 (el grupo del día de Pentecostés); 4:8 (Pedro), 31 (los creyentes); 9:17 (Pablo); y 13:9 (Pablo).Observe que esta faceta de la llenura fue experimentada por algunas de las mismas personas más de una vez y sin que fuera interrumpida por pecado alguno, lo cual pudiera haber hecho necesario que la llenura se repitiera. La repetición se debió a una nueva necesidad de servicio especial, no a la intervención del pecado (2:4; 4:8, 31). Además, Dios hizo esto como un hecho soberano, sin imponer condiciones sobre aquellos que habían de ser llenados.

La segunda faceta de la llenura puede describirse como la influencia y control extensivos del Espíritu en la vida del creyente. Evidencia un estado de llenura permanente, en vez de un evento específico. Produce cierto carácter de vida, y parece ser un sinónimo cercano de la espiritualidad. Se indica por la frase griega *plere* o *pleroo pneumatos agiou*. Se halla en Lucas 4:1 (Cristo); Hechos 6:3-5 (los primeros ayudantes de los apóstoles); 7:55 Esteban; 11:24 (Bernabé); 13:52 (los discípulos); y Efesios 5:18 (creyentes).Esta faceta de la llenura del Espíritu es la más excelente referencia de carácter que uno pudiera tener. Parece ser algo que todo creyente puede experimentar (Hechos 13:52) pero no algo que todo creyente experimenta realmente (6:3). Aunque requisitos específicos no se mencionan en estos contextos, los requisitos normales para el crecimiento cristiano serían las condiciones para obtener esta clase de carácter. La única vez que Pablo escribió de la llenura (5:18), enfatizó este aspecto de estar lleno. Puesto que él lo mandó, aparentemente no pensaba que todos sus lectores la habían experimentado. Dos preguntas surgen en la interpretación de este versículo.

La primera es, ¿Cuál es el significado de "espíritu"? ¿Se refiere al Espíritu Santo, o al espíritu humano? Si se trata de este último, entonces el versículo significa que se haga uso del espíritu humano en la adoración corporal (aunque no hay ninguna otra referencia a la llenura del espíritu humano). Ciertamente, las otras veces en que aparece *en pneumati*, en Efesios (2:22; 3:5; 6:18) y Colosenses (1:8), todas tienen que ver claramente con el Espíritu Santo. Así que es de suponer que Pablo también se refiriera al Espíritu Santo en 5:18. Note que el verbo *pleroo* se usa con relación a Dios (3:19) y al Hijo (4:10). ¿Por qué habría de cambiar Pablo al espíritu humano en 5:18?

(Para un punto de vista que afirma que es el espíritu humano, véase S.D.F. Salmond, "The Epistle to the Ephesians", *The Expositor's Greek Testament* [Grand Rapids: Eerdmans, 1952], 3:362.)

La segunda pregunta concierne al uso de *en*. ¿Significa con el Espíritu, o por el Espíritu? ¿En otras palabras, es el Espíritu el contenido, o el agente de nuestra llenura? En este caso puede tener cualquiera de los dos o ambos significados. (Para la idea de "contenido" véase (Romanos 1:29 y 2 Corintios 7:4.) Posiblemente aquí se deben entender ambas ideas. El Espíritu es el agente que nos llena de Sí mismo (como en C.J. Ellicott, *St. Paul's Epistle to the Ephesians* [London: Longmans, 1868], p. 124).

Resumiendo: la llenura del Espíritu es a la vez la investidura del poder soberano de Dios para actividad especial y el Espíritu que nos llena de Su propio carácter.

III. Las Características de la Llenura del Espíritu

A. Carácter como el de Cristo (Gálatas 5:22-23)
Cuando el Espíritu controla una vida, Su fruto se producirá en esa vida. Y, por supuesto, la descripción del fruto del Espíritu es una descripción de ser semejante a Cristo. Sin embargo, cada una de estas características tiene que considerarse en todos sus aspectos, no solamente una faceta que es compatible con nuestras ideas de lo que es ser como Cristo. Muchos indudablemente conciben el ser como Cristo como un reflejo de sus propias personalidades. Un introvertido probablemente pensará de nuestro Señor como tímido y retraído, mientras que un extrovertido lo verá como un líder agresivo. Cuando se definen completamente las nueve palabras que componen el fruto del Espíritu, tenemos un cuadro completo de lo que verdaderamente es ser como Cristo.

Por ejemplo, el amor se compone no sólo de ternura, sino también algunas veces de severidad. Cuando Cristo trataba con los niños, manifestaba ternura. Cuando echó del templo a los cambistas, mostró severidad. Pero ambos hechos fueron demostraciones de Su amor, porque Él es Dios, y Dios es amor. El gozo no sólo se manifiesta en la felicidad sino también en la tristeza (1 Pedro 1:6). La paz incluye la tranquilidad, pero puede implicar también problemas en las relaciones humanas (Mateo 10:34). La longanimidad significa ecuanimidad y paciencia pero no excluye cierta represión (como el Señor hizo con Felipe, Juan 14:9). La gentileza y la bondad significan pensamientos y acciones benefactoras, lo cual pudiera incluir echar cerdos al mar de Galilea como un acto de bondad hacia las personas que estaban involucradas en ese negocio ilegal (Mateo 8:28–34). La fidelidad ciertamente implica servir con regularidad y formalidad, pero puede que incluya una acción irregular. La mansedumbre es ser amable, pero no excluye la masculinidad.

El dominio propio afecta todas las áreas de la vida (1 Corintios 9:27)

B. Implicación evangelística
Cuando la llenura del Espíritu se menciona en el libro de los Hechos, se reportan conversiones. La llenura del Espíritu en el día de Pentecostés (2:4) resultó en la conversión de 3.000 personas (v. 41). La llenura de los discípulos en 4:31 resultó en que multitudes de hombre y mujeres se

Guiado por el Espíritu Santo

convirtieran al Señor (5:14). Uno de los requisitos para escoger a los primeros ayudantes fue que fuesen llenos del Espíritu (6:3). A esto siguió la conversión de varios sacerdotes (v. 7). Pablo fue lleno del Espíritu después de su conversión, y el fruto de su vida se conoce bien. Cuando Bernabé, que estaba lleno del Espíritu, fue a Antioquía, muchos se convirtieron (11:24). Ciertamente, aquellos que oraron (4:24) y los que dieron (v. 34) participaron tanto como los que dieron testimonio directamente, lo que resultó en estas conversiones.

C. Alabanza, adoración, acción de gracias, sumisión (Efesios 5:19-21)

Pablo enumera estas cuatro evidencias de la llenura del Espíritu después de escribir el mandamiento de ser llenos en el versículo 18. La alabanza se expresa externamente por hablar entre ellos con salmos, himnos y cánticos espirituales. Cantar y alabar en el corazón evidencia una actitud interna de adoración. El dar gracias debe considerarse en la forma más inclusiva posible, y fue escrito por un hombre que en esa ocasión estaba en arresto domiciliario en Roma, en espera de ser juzgado. Sumisión en las relaciones de la vida (esposo/esposa, padres/hijos, amos/esclavos) es también característica de la vida llena del Espíritu. Note que todas estas son cosas muy comunes que afectan la rutina de la vida, no acontecimientos extraordinarios de fuerza espiritual.

IV. ¿Cómo Puedo ser Lleno del Espíritu?

No existe ejemplo alguno de oración por la llenura del Espíritu en el material del Nuevo Testamento posterior al día de Pentecostés. Así que el orar, por muy sincero que se haga, aparentemente no es la forma de ser llenado.

Si la llenura se refiere al control del Espíritu en la vida de uno (ya sea en el sentido de que Dios soberanamente tome a una persona o de un control permanente que resulta en el carácter), entonces la llenura se relaciona con la sumisión. Cuando yo estoy dispuesto a permitir al Espíritu que haga lo que El desee, es decisión Suya el hacer conmigo lo que a Él le plazca. Yo puedo controlar mi deseo pero no puedo manipular Sus actividades. A medida que uno madura, su conocimiento y perspectivas se profundizan y se amplían. Saldrán a la luz nuevas áreas que necesitan ser sometidas. Por lo tanto, las personas llenas necesitan ser llenadas según continúen madurando en el Señor. Pero ningún creyente debe sentirse satisfecho si no es llenado en cada etapa de su crecimiento espiritual.

Bautismo	Llenura
Ocurre Solo Una Vez En La Vida De Cada Creyente	Es Una Experiencia Que Se Repite
Nunca Ocurrió Antes Del Día De Pentecostés	Ocurrió En El Antiguo Testamento
Experiencia De Todo Creyente	No Necesariamente Experimentado por todos

No Se Puede Deshacer	Se Puede Perder
Resulta En Una *Posición*	Resulta En *Poder*
Ocurre Cuando Creemos En Cristo	Ocurre A través De La Vida Cristiana
Ningún Requisito Previo (Excepto La Fe En Cristo)	Depende De La Sumisión

OTROS MINISTERIOS DEL ESPIRITU

I. ENSEÑAR

El ministerio de enseñanza del Espíritu fue una de las últimas promesas de Cristo antes de Su crucifixión. Él dijo: "Aún tengo muchas cosas que deciros, pero ahora no las podéis sobrellevar. Pero cuando venga el Espíritu de verdad, él os guiará a toda la verdad; porque no hablará por su propia cuenta, sino que hablará todo lo que oyere, y os hará saber las cosas que habrá, de venir. El me glorificará; porque tomará de lo mío, y os lo hará saber. Todo lo que tiene el Padre es mío; por eso dije que tomará de lo mío, y os lo hará saber (Juan 16:12-15).

A. Tiempo

Este ministerio particular del Espíritu era aún futuro cuando nuestro Señor habló estas palabras. Comenzó el día de Pentecostés y continúa a través de esta edad. La comprensión clara de Pedro según se revela en su sermón en aquel día es evidencia del comienzo de este ministerio.

B. Contenido

Por lo general el contenido del ministerio abarca "toda la verdad" (el artículo definido aparece en el texto griego). Esto, por supuesto, significa la revelación concerniente a Cristo mismo, pero sobre la base de la Palabra escrita (porque no tenemos ninguna otra información acerca de El sino mediante la Biblia). Por lo tanto, Él le enseña al creyente el contenido de la Escritura, lo cual le guía a un entendimiento de la profecía ("cosas porvenir").

Esta particularización de la promesa general concerniente a la enseñanza, debe de animar a todo creyente a estudiar la profecía. Note también que el Espíritu no origina Su mensaje, sino que éste proviene del Señor.

C. Resultado

El resultado del ministerio de enseñanza del Espíritu es que Cristo es glorificado. Si Él no es glorificado, entonces el Espíritu no ha estado ministrando. Note también que no es el Espíritu quien es glorificado, o quien debe ser glorificado en un servicio religioso, sino Cristo. Además, si a Cristo se le conoce sólo a través de la Palabra escrita, entonces El será glorificado cuando la Palabra de Dios se exponga en el poder del Espíritu.

D. Procedimiento

¿Cómo le enseña el Espíritu al creyente? Juan declara: "La unción que vosotros recibisteis permanece en vosotros, y no tenéis necesidad de que nadie os enseñe; así como Su unción misma os enseña todas las cosas, y es verdadera y no es mentira, según ella os ha enseñado, permaneced en Él" (1 Juan 2:27). Esto no puede significar que maestros humanos sean innecesarios en la explicación de la Palabra de Dios. Si fuera así, entonces, ¿cuál sería el uso del don de enseñar? (Romanos 12:7). Juan escribió tocante a la presencia de anticristos en el grupo.

Habiendo declarado su propia convicción concerniente a las herejías, él simplemente afirmó que ningún hombre realmente tenía que comunicarles la verdad, porque el Espíritu Santo se la confirmaría a ellos. Los maestros humanos son una conexión necesaria en el procedimiento de instruir a los creyentes, aunque la autenticación final de la enseñanza viene del Espíritu.

II. GUIAR

"Porque todos los que son guiados por el Espíritu de Dios, éstos son hijos de Dios" (Romanos 8:14). El ser guiado es confirmación de ser hijo, porque los hijos son guiados. Esta obra de guiar es función particularmente del Espíritu. Romanos 8:14 lo afirma, y el libro de los Hechos lo ilustra ampliamente (8:29; 10:19-20; 13:2, 4; 16:6-7; 20:22-23). Este ministerio del Espíritu es uno de los de más seguridad para el cristiano. El hijo de Dios nunca necesita caminar en la oscuridad; siempre tiene la libertad de pedir y recibir direcciones del Espíritu mismo.

III. DAR CERTIDUMBRE

El Espíritu también es el que le da la seguridad al creyente de que es un hijo de Dios. "El Espíritu mismo da testimonio a nuestro espíritu, de que somos hijos de Dios" (Romanos 8:16). La palabra aquí para hijos es *tekna*, y enfatiza el hecho de que el creyente participa de la vida del Padre. Debido a esto, también participa, como heredero, de las posesiones del Padre. La certidumbre de todo esto es obra del Espíritu en el corazón de cada creyente. Indudablemente, la seguridad también viene al corazón del creyente por un mayor entendimiento de algunas de las cosas que el Espíritu ha hecho por él. Por ejemplo, la seguridad aumenta cuando uno entiende lo que significa ser sellado con el Espíritu y que se le han dado las arras del Espíritu como garantía de la consumación de la redención (Efesios 1:13-14). La comprensión de lo que implica el hecho de que el Espíritu una al creyente al cuerpo resucitado e inmortal de Cristo, también sustenta la seguridad. Por supuesto, el dar entendimiento de estos grandes acontecimientos es parte del ministerio de enseñanza del Espíritu Santo, así que en muchas maneras el Espíritu Santo está relacionado con la certidumbre en el hijo de Dios e interesado en la misma.

IV. ORACION

A. La declaración

Aunque no comprendamos completamente las ramificaciones de que el Espíritu ore en el creyente, el hecho de que Él lo hace es perfectamente claro: "Y de igual manera el Espíritu nos ayuda en nuestra debilidad; pues qué hemos de pedir como conviene, no lo sabemos, pero el Espíritu mismo intercede por nosotros con gemidos indecibles" (Romanos 8:26).

B. La necesidad

La razón declarada por la cual necesitamos ayuda es nuestra debilidad (la palabra es singular). Él nos ayuda en nuestra completa debilidad, pero especialmente como se manifiesta con relación a nuestra vida de oración, y particularmente en cuanto a saber por qué orar en el momento presente. Mientras esperamos nuestra redención completa, necesitamos ser guiados en los detalles de la oración.

C. El método

La manera en que el Espíritu contribuye a suplir nuestras necesidades se describe en general por la palabra "ayuda", lo cual literalmente significa que "pone mano a la obra en cooperación con nosotros" (R. St. John Parry, "Romans", *Cambridge Greek Testament* [New York: Cambridge University Press, 1912], p. 120). Esta ayuda se da específicamente en "gemidos indecibles [demasiado profundos para las palabras]". Estos gemidos, el significado de los cuales no se puede captar, no hallan una expresión adecuada o formulada. Una cosa sí sabemos: están de acuerdo con la voluntad de Dios. Se nos dice en otro pasaje que el Espíritu guía y dirige nuestras oraciones (Efesios 6:18). Esto es más el guiamiento del corazón y la mente del creyente cuando éste ora, que los gemidos indecibles del Espíritu mismo.

D. El resultado

El resultado de tal vida de oración es la certidumbre del creyente de la seguridad de su futuro y su completa redención (Romanos 8:23). Este ministerio del Espíritu es como arras que garantizan esa redención. Esa vida de oración satisfactoria nos ayudará a mantenernos contentos en este mundo presente mientras esperamos por la consumación. El ministerio del Espíritu, entonces, no sólo tiene que ver con la oración contestada, sino que cultiva nuestra certidumbre y contentamiento en esta vida.

La Guía del Espíritu: La marca de los hijos de Dios

UN SERMÓN PREDICADO POR *CHARLES HADDON SPURGEON*

"Porque todos los que son guiados por el Espíritu de Dios, éstos son hijos de Dios." Romanos 8:14.

Se espera que los hijos muestren un cierto parecido con sus padres. Es seguro que los hijos de Dios, nacidos del más grandioso de todos los padres y regenerados por la omnipotente energía del Espíritu divino, mostrarán un alto grado de parecido con su Padre celestial. Nosotros no podemos ser como Dios en muchos de sus atributos divinos, pues son únicos e incomunicables: no es posible que ostentemos Su poder o que poseamos Su infinito conocimiento; tampoco podemos ser independientes ni auto existentes, ni podemos ser poseedores de la soberanía ni somos dignos de adoración. El hombre no puede ser nunca la imagen del Padre, tan expresamente, como lo es Jesús, pues Él es, en un sentido misterioso, el Unigénito Hijo de Dios.

Sin embargo, podemos imitar a Dios en muchos de Sus atributos, principalmente en aquellos que son de un tipo moral y espiritual. En esas cualidades debemos ser "Imitadores de Dios como hijos amados," pues, de otra manera, nuestro linaje celestial no podría ser distinguible. El punto mencionado en el texto no ha de ser nunca un asunto de cuestionamiento, pues si eso fuese dudoso, nuestra relación filial con Dios no estaría comprobada. Hemos de ser "*guiados* por el Espíritu de Dios." Ese Espíritu divino, que está siempre con el Padre y el Hijo, debe estar con nosotros para siempre, para que seamos guiados, instruidos, impelidos, avivados, impulsados e influenciados por Él, pues, de no ser así, no debemos atrevernos a considerarnos hijos de Dios.

Pareciera que el apóstol Pablo no reconoció la idea de una paternidad divina que se extendiera a toda la humanidad, por lo menos, en este texto. Aquí, la paternidad es para algunos, no para todos, y el texto discrimina entre los "que son guiados por el Espíritu de Dios" y el resto de la humanidad que no está bajo tal influencia. En los hombres que están desprovistos del Espíritu Santo, hay otro espíritu, y ese otro espíritu los marca como hijos de otro padre: "ellos son de su padre el diablo, y sus obras hacen." Ha habido dos simientes desde el principio: la simiente de la mujer y la simiente de la serpiente, y es a la vez falso e inmoral, creer que Dios tiene la misma relación con las dos familias antagónicas. No, hermanos míos, *nuestro* Padre que está en el cielo, no puede ser reclamado por los incrédulos como padre, pues a ellos Jesús les dice expresamente: "Si vuestro padre fuese Dios, ciertamente me amaríais."

El texto nos proporciona una prueba muy sencilla, pero tajante y decisiva, que sería recomendable que nos la aplicáramos a nosotros mismos. Deberíamos emplearla para probarnos a nosotros mismos. Si hubiera dicho: "todos los que son bautizados, éstos son hijos de Dios," podríamos quedarnos sentados tranquilamente en nuestros lugares, muy satisfechos. Si hubiera dicho: "todos los que comen y beben en la santa celebración de la comunión cristiana, éstos son hijos de Dios," podríamos recordar que hace muy poco tiempo nos sentamos con los santos alrededor de la mesa de la comunión. Si realizar ciertos actos externos, o musitar ciertas oraciones, o la profesión de principios ortodoxos, o la abstinencia de los más bajos vicios, hubiesen sido la marca real y el sello celestial de los hijos de Dios, habríamos podido tomarlo con calma después de asegurarnos de que estamos bien en cuanto a esas cosas. Si estar unidos a una iglesia entusiasta y ser miembros de una comunidad fiel, hubiera sido divinamente ordenado que constituyera un certificado incuestionable de la condición de hijos del Señor Altísimo, nos habríamos quedado perfectamente satisfechos sin ponernos en el crisol: pero, como estas cosas no han sido dispuestas así, confío que ninguno de nosotros será tan ignorante como para descuidar el examen que el texto sugiere a toda mente prudente.

Vamos, hermanos míos, no den por sentado nada en un tema tan delicado como los intereses eternos de sus almas, y más bien busquen la evidencia y vigilen el asunto como los sabios padres de familia lo harían si toda su riqueza estuviera en juego. Quienes son "guiados por el Espíritu de Dios," son los hijos de Dios; quienes no son conducidos por el Espíritu de Dios, no son Sus hijos: por tanto, indaguen y vean cuál es el espíritu hay en ustedes, para que puedan saber de quién son hijos.

Guiado por el Espíritu Santo

Para ayudarles en este asunto, propongo que consideremos, primero, adónde guía a los hombres el Espíritu de Dios, para que podamos comprobar si nos ha guiado allí alguna vez.

I. ¿Adónde conduce el Espíritu de Dios a los hijos de Dios?

Antes que nada, los conduce al *arrepentimiento*. Uno de los primeros actos del Espíritu Santo, es guiar a los hijos de Dios, con lágrimas en sus ojos, hasta el propiciatorio. Él nos conduce a los abominables antros de imágenes ocultas en el interior de nuestra naturaleza caída, abre las cerraduras de una puerta tras otra, y coloca ante nuestros ojos iluminados los lugares secretos que están contaminados con ídolos e imágenes repugnantes pintadas sobre las paredes. Señala con Su mano de luz a los ídolos, las imágenes que provocan a celos, las cosas inmundas y abominables que se esconden dentro de nuestra naturaleza, y de esta manera nos sobrecoge y nos conduce a la humildad. No habríamos podido creer que tales cosas perversas merodearan en nuestras almas, pero Sus descubrimientos nos desengañan y corrigen nuestra jactanciosa opinión de nosotros mismos.

Luego, con el mismo dedo, señala a nuestra vida pasada y nos muestra las manchas, los errores, los pecados voluntarios, los pecados de ignorancia, las transgresiones graves y las ofensas contra la luz y el conocimiento, que han estropeado nuestra trayectoria desde nuestra juventud hasta ahora: y mientras que, previamente, mirábamos a la página de nuestra vida y la considerábamos hermosa, una vez que el Espíritu nos ha conducido a la luz, vemos cuán negra ha sido nuestra historia, y, llenos de vergüenza y aflicción, damos voces buscando el oído de Dios, para confesar allí nuestro pecado, y reconocer que si nos arrojara al infierno lo tendríamos bien merecido.

Querido amigo, ¿te ha conducido alguna vez el Espíritu Santo al banquillo del arrepentimiento? ¿Hizo que vieras alguna vez cuán ruinmente has tratado a tu Dios, y cuán vergonzosamente has desatendido a tu Salvador? ¿Te hizo gemir alguna vez por tus iniquidades? No hay un camino al cielo excepto a través del arrepentimiento. Aquel que no haya sentido todavía la carga de su pecado, será aplastado bajo su enorme peso cuando, a semejanza de algún risco bamboleante, en la terrible hora del juicio caiga sobre él y lo triture hasta convertirlo en polvo.

Nadie va jamás al aposento del verdadero arrepentimiento en tanto que el Espíritu Santo no le conduzca allí, pero todo hijo de Dios sabe lo que es mirar a Aquel a quien ha traspasado y lamentarse por su pecado. La santa amargura por el pecado es tan indispensable como la fe en la sangre expiatoria, y el mismo Espíritu que nos da paz por medio del grandioso sacrificio, obra también en nosotros un sincero dolor por haber ofendido al Señor.

Si desde tu juventud no has sentido ningún dolor especial por tu pecado, entonces pedimos que Dios se agrade en comenzar la obra de gracia en tu corazón, pues ciertamente la salvación no ha sido obrada en ti. Debes sentir arrepentimiento, pues el arrepentimiento es absolutamente necesario para la vida divina. "Si no os arrepentís, todos pereceréis igualmente." El hijo pródigo debe clamar: "Padre, he pecado"; el publicano debe darse golpes de pecho y orar: "Dios, sé propicio a mí, pecador." Querer quitar el arrepentimiento, que es el compañero inseparable de vida de la fe, equivaldría a querer destruir una de las válvulas del corazón y, a pesar de ello, esperar vivir.

Una fe sin llanto no es fe en absoluto. Cuando un hombre vuelve su rostro para mirar a Jesús, necesariamente está dando la espalda a sus pecados. Buscar encontrar gracia en el corazón impenitente es igual de inútil que buscar la primavera en el jardín sin la previa caída de la nieve. La fe que no va acompañada por el arrepentimiento, es una fe ilegítima y no es la fe de los elegidos de Dios, pues ningún hombre confía jamás en Cristo mientras no sienta que necesita un Salvador, y no podría sentir que necesita un Salvador a menos que se sienta desfallecido por el peso de su pecado. El Espíritu Santo conduce a los hombres, primero, al arrepentimiento.

Al mismo tiempo, mientras tienen una baja opinión de sí mismos, los conduce a *tener un alto concepto de Jesús*. Amados, ¿fueron conducidos alguna vez a la cruz? ¿Estuvieron allí alguna vez, y sintieron que la carga se desprendía de sus hombros, y vieron cómo rodaba lejos y entraba en el sepulcro del Redentor?

Cuando el doctor Neale, el eminente 'ritualista' tomó el libro de John Bunyan, el *Progreso del Peregrino*, y lo adaptó conforme a la iglesia romana, describió al peregrino llegando a un cierto baño, en el cual fue sumergido y lavado, y fue entonces que quedó liberado de su carga. Él explica que esto es el baño del bautismo, aunque yo no he visto nunca, en ninguna iglesia 'ritualista,' un baptisterio lo suficientemente grande para que pueda bañarse en él un peregrino. Sin embargo, de acuerdo con esta falseada edición de la alegoría, cristiano fue lavado en la pila del bautismo, y todos sus pecados fueron borrados de esa manera. Ese es el modo de la Alta Iglesia para deshacerse del pecado: el modo de John Bunyan, y el modo verdadero, es soltarlo en la cruz. Ahora, fíjense en lo que pasó. De acuerdo a la versión del "Progreso del Peregrino" del doctor Neale, esa carga creció otra vez en la espalda del peregrino, y no me sorprende que así fuera, pues una carga que puede ser quitada por el bautismo retornará con seguridad: pero, la carga que se pierde en la cruz, no retorna nunca jamás. No hay una limpieza eficaz del pecado excepto por medio de la fe en esa incomparable expiación ofrecida de una vez y para siempre sobre el madero sangriento del Calvario, y todos los que son guiados allí por el Espíritu de Dios, éstos son hijos de Dios. El Espíritu de Dios nunca guio a ningún hombre a tener en poca consideración a Cristo, y a tener en una gran consideración a los sacerdotes. El Espíritu de Dios nunca condujo a un hombre a tener en poca consideración la sangre expiatoria y la fe simple en esa sangre, y a tener una gran consideración por las formas externas y las ceremonias. El Espíritu de Dios abate al hombre y ensalza al Salvador, coloca a la carne y la sangre abajo, en la tumba, y le da al hombre una nueva vida en el Señor que resucitó y que también ascendió a lo alto. "Él me glorificará," dijo Cristo del Consolador; y ése, en verdad, es el oficio del Consolador.

Ahora, mis queridos amigos, ¿ha glorificado alguna vez el Espíritu al Señor Jesús ante sus ojos? Hermanos y hermanas, este es el punto que reviste una mayor importancia que todos los demás. Si el Espíritu Santo no ha hecho precioso a Cristo para ustedes, no saben nada acerca de Él. Si no ha exaltado a Jesús y no ha abatido su confianza en ustedes mismos, si no les ha hecho sentir que Cristo es todo lo que necesitan y que encuentran en Él más que todo, entonces, el Espíritu no ha obrado nunca un cambio divino en su corazón. El arrepentimiento y la fe han de permanecer mirando al Salvador sangrante, o, de lo contrario, la esperanza no se les unirá nunca y no les llevará a la paz como su compañera.

Cuando el Espíritu ha glorificado a Jesús, nos *conduce a conocer otras verdades*. El Espíritu Santo guía a los hijos de Dios a toda la verdad. Otros se descarrían en pos de esta falsedad o de aquella, pero las ovejas de Dios no oyen la voz de líderes extraños, y sus oídos están cerrados a sus lisonjas: "al extraño no seguirán, sino huirán de él, porque no conocen la voz de los extraños."

Amados, ninguna mentira proviene de la verdad, y nadie que reciba una mentira ha sido guiado a esa mentira por el Espíritu de Dios, diga lo que diga. Por otro lado, la verdad es como una recámara cerrada para el hombre no regenerado; podría leer el índice de lo que está contenido en la valiosa bodega, pero no puede entrar al aposento secreto: hay Uno que tiene la llave de David, el que abre y ninguno cierra; y la llave con la que abre es el poder del Espíritu Santo. Cuando Él abre una doctrina para que un hombre la aprenda, ese hombre la aprende correctamente, y nunca podría conocerla de otra manera. Podrías asistir a una universidad y sentarte a los pies del más erudito Gamaliel del presente día, pero no podrías conocer la verdad con tu corazón nunca, a menos que el Espíritu Santo te la enseñe. Nosotros nunca conocemos una verdad en todo su poder mientras no sea grabada en nuestra alma con fuego, como con un hierro candente mediante la experiencia de su poder, o mientras no sea grabada como sobre bronce por medio de la revelación mística del Espíritu. Únicamente el Espíritu puede grabar la verdad en el corazón, y hacerla parte y porción de nosotros mismos, de tal forma que está en nosotros y nosotros estamos en ella. ¿Han sido conducidos de esta manera a la verdad? Si es así, denle la gloria a Dios, pues el Espíritu certifica su adopción de esta manera.

Los hijos de Dios no son solamente guiados al conocimiento, sino también al *amor*. Son llevados a sentir la calidez del amor y a ver la luz de la verdad. El Espíritu de Dios lleva a cada verdadero hijo de Dios a incendiar de amor al resto de la familia. Quien desconozca el amor cristiano desconoce la gracia divina.

Hermanos, nosotros tenemos nuestras disputas, pues moramos allí donde por necesidad surgirán las ofensas; pero querríamos ser lentos para recibir la ofensa y más lentos para propinarla, pues somos uno en Cristo Jesús, y nuestros corazones están ligados por Su Espíritu. Yo entiendo que ningún hombre honesto debería quedarse callado en relación a cualquiera de los errores del día, ya que es una forma ruin de cultivar la tranquilidad para uno mismo, y de ganar una popularidad que no es digna de alcanzarse; debemos decir la verdad ya sea que ofendamos o agrademos, pero esto ha de hacerse *en* amor y *por causa* del amor. Que Dios nos libre de esa sugerencia de Satanás, que nos aconseja hablar únicamente las cosas gratas que agradan a los oídos de los hombres, pues quien da paso a esta persuasión, es un traidor a la verdad y a las almas de los hombres.

El verdadero hombre de Dios debe hablar en contra de todo mal y de todo falso camino; sin embargo, en su corazón palpita un fuerte afecto hacia todo hijo de Dios, cualesquiera que sean sus errores y sus faltas. El bisturí del cirujano es misericordiosamente cruel para el cáncer, no por causa de mala voluntad para el paciente, sino debido a un honesto deseo de beneficiarle. Tenemos la necesidad de cultivar una semejante fidelidad afectuosa. El amor hacia los santos es la marca de los santos. Hay una iglesia interior formada por los propios elegidos de Dios, dentro de cada una de las denominaciones cristianas, y esa iglesia está constituida por hombres espiritualmente iluminados, que conocen la médula y el misterio del Evangelio, y, siempre que se reúnen, por diversas que sean sus opiniones, se reconocen entre sí por una especie de masonería sagrada; el Espíritu, que es uno y que los vivifica a todos, da saltos dentro de ellos al reconocer a la única vida en los pechos de los demás. A pesar de sus divergencias mentales, de las asociaciones eclesiásticas, y de diferencias doctrinales, tan pronto como los hombres espirituales oyen el santo y seña y captan la señal mística, claman: "Dame tu mano, hermano mío, pues mi corazón es como el tuyo. El Espíritu de Dios me ha guiado a mí y te ha guiado a ti, y en nuestro camino andamos juntos paso a paso; por tanto, hemos de tener comunión entre nosotros."

Los extraños al campamento, la grande multitud de toda clase de gentes que sale de Egipto con nuestro Israel, cae tanto en peleas como en vivos deseos; pero los hijos del Dios viviente, que constituyen el cuerpo central de guardias del arca del Señor, son unánimes de corazón entre ellos, y así deben ser. "Nosotros sabemos que hemos pasado de muerte a vida, en que amamos a los hermanos."

El Espíritu Santo nos guía a *un intenso amor por las almas de los pecadores*. Si alguien dijera: "No es asunto mío si los hombres son condenados o salvados," el Espíritu de Dios nunca le guio a esa crueldad. Las entrañas de hierro no han sentido nunca el toque del Espíritu de Amor. Si alguna vez el espíritu o la enseñanza de un predicador te han guiado legítimamente a la conclusión de que puedes ver la condenación de tus semejantes con complacencia o indiferencia, puedes estar seguro de que el Espíritu de Dios, nunca le condujo a él o a ti, en esa dirección. El diablo tiene que ver más con la teología despiadada de algunos hombres, de lo que se imaginan. Los ojos de Cristo lloraron por causa de la condenación del pecador, y que el Señor nos libre de pensar en la condenación en ningún otro espíritu.

Quien no ama a su semejante a quien ha visto, ¿cómo podría amar a Dios a quien no ha visto? ¿Acaso mira Dios con complacencia la ruina de nuestra raza? ¿No amó de tal manera a los hombres que dio a Su unigénito por ellos? ¿Y acaso quiere que Sus propios hijos permanezcan fríos, estoicos e indiferentes frente a la pérdida de almas humanas? Amados, si moramos con Caín y clamamos: "¿Soy yo acaso guarda de mi hermano?," el Espíritu de Dios nunca nos condujo allí; Él nos guía a la ternura, a la simpatía, a la compasión y al esfuerzo bañado de lágrimas, por si en alguna manera pueda hacer salvos a algunos.

Además, el Espíritu de Dios guía a los hijos de Dios a la *santidad*. No trataré de definir qué es la santidad. La santidad es vista mejor en las vidas de los hombres santos. ¿Puede ser vista en las vidas suyas?

Amado, si tú tienes un espíritu fiero e implacable, el Espíritu Santo nunca te guio allí; si eres altivo y fanfarrón, el Espíritu nunca te condujo allí; si eres codicioso y ambicionas la ganancia mundana, el Espíritu Santo nunca te condujo allí; si eres falso en tus declaraciones e injusto en tus acciones, el Espíritu Santo nunca te condujo allí. Cuando me entero de que alguien que profesa la religión se encuentra en un salón de baile o en el teatro, yo sé que el Espíritu Santo nunca le guio allí; si yo encuentro a un hijo de Dios mezclándose con los impíos, usando su lenguaje, y realizando sus acciones, estoy persuadido de que el Espíritu Santo nunca le condujo allí.

Pero si veo a un hombre que vive como Cristo habría vivido, que es amoroso y tierno, intrépido, valeroso, honesto, y preocupado de guardar en todas las cosas una buena conciencia delante de Dios y de los hombres, yo creo que el Espíritu de Dios le ha guiado; si veo que ese hombre es devoto delante de Dios, y lleno de integridad delante de sus semejantes, entonces espero y creo que el Espíritu de Dios es su líder y que influye en su carácter. "El fruto del Espíritu es amor, gozo, paz, paciencia, benignidad, bondad, fe, mansedumbre, templanza; contra tales cosas no hay ley."

No deseo hablar severamente, pero creo que debo hablar claramente, y me siento obligado a decir que hay hipocresía en exceso entre el pueblo cristiano profesante. Muchos llevan el nombre de cristianos, pero no poseen en su interior nada más que sea cristiano. Es triste que sea así, pero así es: los falsos profesantes han rebajado la norma del carácter cristiano, y han vuelto a la iglesia tan semejante al mundo, que es difícil decir dónde comienza la una y dónde termina el otro. Nosotros ejercemos la disciplina eclesiástica como mejor podemos, pero, a pesar de todo ello, hay una semilla de maldad que no se desarrolla hasta convertirse en pecado abierto y descarado, que no podemos eliminar mediante la disciplina, pues se nos prohíbe arrancar la cizaña para no arrancar también el trigo conjuntamente con la cizaña.

¡Hombres y hermanos, hemos de ser santos! De nada nos sirve estar hablando acerca de ser ortodoxos en nuestras convicciones: hemos de ser ortodoxos en la vida, y, si no lo somos, entonces, el credo más sano únicamente aumentará nuestra condenación.

Oigo que algunos hombres se jactan de que son 'no conformistas' hasta la médula, como si eso fuese el asunto esencial: es muchísimo mejor ser cristianos de corazón. ¿De qué sirve el 'inconformismo' eclesiástico si el corazón está todavía conformado al mundo? Otro hombre podrá gloriarse de que es un 'conformista,' pero ¿de qué le sirve eso a menos que sea conformado a la imagen de Cristo? La santidad es la principal consideración, y si no somos guiados a la santidad por el Espíritu de santidad, tampoco somos hijos de Dios.

Además, el Espíritu Santo guía a quienes son los hijos de Dios a *la piedad vital*: la esencia mística de la vida espiritual. Por ejemplo, el Espíritu Santo guía a los santos a la oración, que es el aliento vital de sus almas. Siempre que obtienen un verdadero acceso al propiciatorio, es por Su poder. El Espíritu Santo los guía a escudriñar la palabra, y abre su entendimiento para recibirla; Él los guía a la meditación, y a rumiar la verdad; los guía al compañerismo con Él mismo y con el Hijo de Dios. Él los levanta de inmediato de los afanes mundanos a las contemplaciones celestiales; los transporta lejos, a los lugares celestiales, donde Cristo está sentado a la diestra de Dios, y donde los santos reinan con Él.

Amados, ¿han sentido alguna vez estas guías? Yo estoy hablando acerca de esas guías, pero, ¿las entienden *ustedes*? ¿Las experimentan constantemente? Es fácil decir: "Sí, entiendo lo que estás diciendo." ¿Has sentido esas cosas? ¿Son éstas cosas cotidianas para ti? Pues, vive el Señor, que si no has sido guiado a la oración, y a la comunión con Dios, entonces el Espíritu de Dios no está en ti, y tú no le perteneces.

Además, el Espíritu de Dios guía a los hijos de Dios a *la utilidad*, a unos en algún sendero y a otros en otro, mientras que unos cuantos son conducidos a un servicio muy eminente, y a una auto consagración del orden más excelso. Bendecimos a Dios por los misioneros que han sido guiados por el Espíritu de Dios entre las tribus más salvajes para predicar a Jesucristo. Damos gracias a Dios por las santas mujeres que, aquí en casa, han sido guiadas a las partes más tenebrosas de esta ciudad para trabajar entre los seres más caídos y depravados, para levantar a Cristo delante de ellos para que Cristo los levante hasta Sí. Benditos sean esos hombres y mujeres que son guiados por el Espíritu de Dios a labores más abundantes, pues más abundante será su dicha.

Me parece que he de recordarles a todos ustedes que, si no están haciendo nada por Jesús, el Espíritu de Dios no los ha guiado nunca a esa holgazanería. Si comes grosuras y bebes vino dulce en la casa de Dios, pero no haces absolutamente nada por tu hogar, el Espíritu de Dios no puede haberte enseñado este abominable abandono. Hay un algo que cada uno de nosotros debe hacer, un talento encomendado al cuidado de cada creyente, y si tenemos el Espíritu de Dios morando en nosotros, Él nos dirá qué es lo que el Señor ha decidido que hagamos, Él nos fortalecerá para que lo hagamos, y pondrá Su sello y bendición sobre eso cuando sea llevado a cabo. Esos pámpanos muertos de la vid, que no producen racimos para el Señor, ya sea por la paciencia en el sufrimiento o por la actividad en la obra, no tienen la evidencia de que son de la casa de la fe. Aquellos que no participan en el trabajo para Jesús, a duras penas pueden esperar que finalmente sean partícipes de Su gloria con Él.

Así, de una manera sencilla, sin sumergirme demasiado profundamente en el asunto, les he dado una respuesta a la pregunta: "¿Adónde guía el Espíritu de Dios a los hijos de Dios?"

II. Ahora voy a responder, con mayor brevedad todavía, otra pregunta: ¿CÓMO GUÍA EL ESPÍRITU A LOS HIJOS DE DIOS?

La respuesta es esta: *el Espíritu de Dios opera en nuestros espíritus misteriosamente*. No podemos explicar Su modo de operación, excepto que probablemente estaríamos en lo correcto si concluyéramos que Él opera en nuestros espíritus de la misma manera en la que nuestros espíritus operan en los espíritus de otras personas, sólo que de una manera más noble.

Ahora, ¿cómo ejerzo influencia en el espíritu de mi amigo? Lo hago usualmente impartiéndole algo que sé y que espero que tenga poder sobre su mente sugiriéndole motivos, y de esta manera, influenciar en sus actos. Yo no puedo operar sobre la mente de mi vecino mecánicamente; ninguna herramienta puede tocar el corazón, ninguna mano puede moldear la mente. Actuamos sobre la materia por medio de la maquinaria, pero actuamos sobre la mente por medio de argumentos, por medio de la razón, por medio de la instrucción, y así nos esforzamos por moldear a los hombres como lo deseamos.

Un grandioso instrumento que usa el Espíritu Santo en la mente es la palabra de Dios. La palabra, según la tenemos impresa en la Biblia, es el gran instrumento en la mano del Espíritu para guiar a los hijos de Dios en el camino recto. Si quieres saber lo que has de hacer, di lo mismo que aquel viejo escocés solía decirle a su esposa: "alcánzame esa Biblia." Ese es el mapa del camino, la guía en la mochila del peregrino celestial; y si eres guiado por la palabra de Dios, el Espíritu de Dios está con la palabra y obra a través de ella, y eres guiado por el Espíritu de Dios. Cita capítulo y versículo para una acción, y, a menos que hubieres desvirtuado el pasaje, puedes estar seguro de que has actuado rectamente. Has de estar seguro de que tal y tal cosa es un mandato de Dios escrito en el libro, inspirado por el Espíritu Santo, y no necesitas una voz de trueno del cielo o un susurro angélico, pues tienes una palabra más segura de profecía, a la cual haces bien en estar atento como a una antorcha que alumbra en lugar oscuro.

Guiado por el Espíritu Santo

El Espíritu de Dios habla también por medio de Sus ministros. La palabra predicada es bendecida con frecuencia, así también como la palabra escrita, pero esto solamente puede darse cuando la palabra predicada es de conformidad a la palabra escrita. Algunas veces, los ministros de Dios parecieran dar a la palabra escrita su propia voz, de tal forma que resuena como si acabara de ser hablada por el visionario que la recibió originalmente. Según van hablando, cae en el oído como la miel cae del panal, y brota como el agua que sale del manantial; y en tales momentos penetra en el corazón, fresca y cálida, incluso con una mayor energía que cuando la leemos solos en nuestra recámara. Cuán a menudo sentimos realmente, cuando leemos una verdad en un libro (aunque ese libro sea la palabra de Dios), que nuestra indolente condición impide que tenga el mismo poder sobre nosotros, que el que tiene cuando un hombre de Dios, que la ha experimentado, y la ha probado, y la ha manejado, habla de ella como el derramamiento de su propia alma.

Que Dios les conceda que el ministerio al que asisten usualmente, sea para ustedes la voz de Dios. Que sea una guía para sus pies, consuelo para su corazón, una fortificación para su fe, y un refrigerio para sus almas, y que mientras estén sentados en la casa de oración, puedan sentir: "Esa palabra es para mí: vine aquí sin saber qué hacer, pero he recibido dirección; yo estaba desfallecido y cansado, pero he obtenido fuerza y consuelo. La voz del pastor ha sido como el oráculo de Dios para mi alma, y ahora sigo mi camino reconfortado como Ana fue reconfortada cuando el siervo del Señor habló paz a su alma."

Quisiera hablar con gran precaución sobre otro punto, y quisiera que ustedes pensaran en él con mayor precaución todavía, pues es un asunto que ha sido tristemente abusado y utilizado para propósitos fanáticos. Yo creo que el Espíritu de Dios, *directamente, incluso aparte del mundo, habla en los corazones de los santos*. Hay admoniciones interiores que han de ser obedecidas devotamente, guías misteriosas y secretas que han de ser seguidas implícitamente. No es un tema para una conversación común, pero está destinado al oído del creyentes inteligente que no nos ha de malinterpretar.

Vendrán a ustedes, algunas veces, sin saber por qué, ciertos obstáculos internos, como los que percibió Pablo cuando intentó ir a Misia, pero el Espíritu no se lo permitió. Hay un cierto acto que quisieras hacer o no hacer, pero un impulso viene sobre ti que pareciera decir: "eso no, o ahora no." No violen esa represión interna. "No apaguéis al Espíritu." En otro momento, una cosa apropiada, una cosa adecuada fue olvidada por ustedes por un tiempo, pero regresa con una fuerza que debe ser obedecida de inmediato, y por alguna razón, no pueden sacudirse esa impresión. No le hagan violencia a ese impulso. No es a cualquiera que el Espíritu Santo le habla de esa manera; pero Él tiene Sus favoritos, y estos han de guardar celosamente el privilegio, pues, tal vez, si son sordos cuando Él habla, podría no volver a hablarles de esa manera nunca más. Si rendimos una obediencia reverente a las admoniciones, se tornarán muchísimo más cotidianas para nosotros. "Vamos"—dirá alguien—"te estás adentrando en el 'cuaquerismo.' " No puedo evitarlo. Si esto es cuaquerismo, yo soy entonces un cuáquero: los nombres no me preocupan de ninguna manera. Cada uno de ustedes sabe si su experiencia personal confirma lo que he expresado o no, y que allí acabe el asunto; pues, fíjense, yo expongo esto con cautela, y no establezco tales admoniciones como signos indispensables de un hijo de Dios.

Se cuenta la historia (y algunos de nosotros podríamos contar muchas historias igualmente impactantes) de un cierto individuo que, una noche, fue motivado a tomar su caballo del establo, y a cabalgar unos diez o doce kilómetros de distancia, hasta una cierta casa en la que vivía un persona a quien nunca había visto. Llegó allí a altas horas de la noche, tocó a la puerta, y le respondió el señor de la casa, quien parecía encontrarse sumido en una gran confusión de mente. El visitante nocturno le dijo: "Amigo, he sido enviado a ti, no sé por qué razón, pero seguramente el Señor tiene alguna razón para haberme enviado a ti. ¿Hay algo peculiar acerca de tus circunstancias?" El hombre, pasmado, le pidió que le acompañara, subieron, y allí arriba le mostró una cuerda atada a una viga. Estaba sujetándose la cuerda alrededor del cuello, para suicidarse, en el preciso instante en que una llamada resonó a la puerta, y decidió bajar para responderla, y después, pensaba regresar a la cuerda y matarse; pero el amigo a quien Dios había enviado, habló con él, logró tranquilizarlo, le ayudó en la dificultad pecuniaria que le avergonzaba, y el hombre vivió y fue un cristiano honorable.

Yo declaro solemnemente que a mí me han guiado admoniciones igualmente poderosas, y sus resultados han sido notables para mí, de cualquier manera. En su mayoría estos son secretos entre Dios y mi propia alma, y no estoy ansioso de romper el sello y contárselos a otros. Hay muchos cerdos a nuestro alrededor como para ser demasiado generosos con nuestras perlas. Si fuéramos obedientes a tales impulsos, aunque no saláramos a los suicidas, podríamos salvar almas, y podríamos ser, a menudo, en las manos de Dios, como ángeles enviados del cielo: pero somos como el caballo, o como el mulo, sin entendimiento, cuya boca ha de ser sujetada con cabestro y freno; no somos lo suficientemente tiernos para ser sensibles a la influencia divina cuando nos llega, y así el Señor no se agrada en hablarnos a muchos de nosotros de esta manera, tan frecuentemente, como lo desearíamos. Sin embargo, es cierto que "todos los que son guiados por el Espíritu de Dios," independientemente de cómo los guíe, "éstos son hijos de Dios."

Permítanme observar aquí que ser "guiados por el Espíritu de Dios" es una expresión extraordinaria. No dice: "todos los que son arreados por el Espíritu de Dios." No, el demonio es un carretero y cuando entra, ya sea en los hombres o en los cerdos, los arrea furiosamente. Recuerden cómo el hato entero se precipitó en el mar por un despeñadero. Siempre que ves a un hombre fanático y salvaje, cualquiera que sea el espíritu que haya en él, no es el Espíritu de Cristo.

El Espíritu de Cristo es potente, obra poderosamente, pero es un Espíritu apacible; no es un águila sino una paloma. Viene como un viento recio, y llena toda la casa donde los discípulos están sentados, pero al mismo tiempo no viene como un torbellino procedente del lado del desierto para azotar las cuatro esquinas de la casa, pues se convertiría en ruinas. Viene como una llama de fuego que se posa sobre cada uno de Sus favorecidos, pero no es una llama de fuego que incendia la casa y destruye a Jerusalén. No, el Espíritu de Dios es apacible; Él no empuja sino guía. "Todos los que son guiados por el Espíritu de Dios, éstos son hijos de Dios."

El Espíritu nos trata honorablemente al obrar de esta manera; no trata con nosotros como con ganado arreado y enmudecido, o como con olas del mar que no tienen alma; Él nos trata como a seres inteligentes, hechos para el pensamiento y la reflexión. Él nos conduce como un hombre guía a su hijo, o como un individuo dirige a su compañero, y somos honrados cuando sujetamos nuestras mentes y nuestras voluntades a un Espíritu tan

Guiado por el Espíritu Santo

divino. La voluntad no es verdaderamente libre nunca hasta que el Espíritu Santo la somete dulcemente a una obediencia voluntaria.

El Espíritu Santo obra así, aunque no podemos explicar el método, pues eso es algo demasiado inefable para nosotros, y es más fácil que conozcamos el rastro del águila en el aire, o el rastro de la culebra sobre la peña. Así como no podemos caminar en busca de los manantiales del mar, así también esto está oculto para todos los vivientes. Hemos dicho algo sobre el tema, y, en la medida de lo posible, hemos respondido a la pregunta: "¿Cómo guía el Espíritu de Dios a los hijos de Dios?," pero nosotros somos de ayer, y nada sabemos, y, por tanto, confesando nuestra ignorancia, proseguimos.

III. La última pregunta es: ¿CUÁNDO GUÍA EL ESPÍRITU A LOS HIJOS DE DIOS? Ah, hermanos, esa pregunta necesita una ansiosa respuesta.

El Espíritu de Dios *querría* guiar siempre a los hijos de Dios, pero, ay, hay veces que los propios hijos de Dios no quieren ser guiados. Son testarudos y tercos y se apartan. La condición saludable de un hijo de Dios radica en ser guiado siempre por el Espíritu de Dios. Pongan atención a esto: guiados por el Espíritu cada día; no únicamente los domingos, ni sólo en los períodos asignados para la oración, sino durante cada minuto de cada hora de cada día. Debemos ser guiados por el Espíritu en las cosas pequeñas así como en los grandes asuntos, pues, observen que aunque fuéramos guiados por el Espíritu en todos los demás asuntos durante todas nuestras vidas, sin embargo, bastaría que se dejara correr una sola acción hasta sus resultados finales, aparte del Espíritu, para que nos arruinara completamente.

La misericordia es que el Señor restaura nuestras almas; pero no hay nunca una sola hora en la que el cristiano pueda permitirse apartarse del camino del Espíritu. Si cuentas con un guía a lo largo de un sendero intrincado, y le permites guiarte durante media hora, y luego le dices: "ahora voy a guiarme yo mismo durante los siguientes cinco minutos," en ese breve lapso perderías el beneficio de haber tenido un guía. Es claro que un piloto que sólo dirige ocasionalmente el barco, es apenas un poquito mejor que nada. Si estuvieras recorriendo una senda difícil y desconocida, harías que todas las direcciones fueran inútiles si fueras a decir: "me dijeron que volteara a la derecha en esta esquina, pero tengo la intención de probar a la izquierda." Esa sola vuelta afectaría todo el resto de tu ruta.

Si somos realmente hijos de Dios y erramos, nuestro líder divino hará que desandemos nuestros pasos con lágrimas amargas, y que sintamos cuán malo y amargo fue haber elegido nuestros propios engaños. Si usamos sabiamente a nuestro líder divino, le seguiremos siempre.

Hijo de Dios, el Espíritu debe guiarte en todo. "Bien, pero" —dirás— ¿lo hará?" Ah, "¿lo *hará?*" Sí, para tu asombro. Cuando te encuentres en dificultades, consulta al Espíritu Santo en la Palabra. Oye lo que Dios dice en el inspirado volumen, y si no proviene de allí ninguna luz, entonces arrodíllate y ora. Cuando ves una señal en una carretera del campo, y te dice qué ruta seguir, te da gusto seguir sus direcciones; pero si en tus perplejidades no ves ningún aviso, ¿qué vas a hacer? Ora. Entrégate a la guía divina, y no cometerás ningún error; pues incluso si llegaras a escoger el camino más áspero, será el camino correcto si lo seleccionaste con santa cautela y en el temor de Dios.

Amados, el Señor no permitirá jamás que un barco cuyo timón hubiere sido encomendado en Sus manos, se estrelle contra las rocas. Entrégale el timón a Dios, y tu barca sorteará el estrecho canal serpenteante de la vida, evitará cualquier banco de arena y las rocas sumergidas, y llegará segura a los buenos puertos de la bienaventuranza eterna.

La pregunta: ¿cuándo son guiados por el Espíritu los hijos de Dios?, debe ser respondida así: cuando son como deberían ser, son siempre claramente guiados por Él; y, aunque debido al pecado que hay en ellos no son siempre obedientes al mismo grado, el poder que influye usualmente en sus vidas es el Espíritu de Dios.

Ahora concluyo usando el texto de esta manera. Primero es una *prueba*. ¿Soy un hijo de Dios? Si es así, soy guiado por el Espíritu. ¿Soy guiado por el Espíritu? Me temo que algunos de ustedes no piensan nunca en este asunto. ¿Por quién son guiados ustedes? Cientos de personas religiosas son guiadas por sus ministros o por algún amigo cristiano, y eso es bueno para ellas; pero su religión será un fracaso a menos que sean guiadas por el Espíritu. Permíteme hacerte la pregunta de nuevo para que no la evadas: ¿Eres guiado por el Espíritu? Si lo eres, tú eres un hijo de Dios, y si no, no le perteneces en absoluto.

Eso me proporciona un segundo uso del texto, es decir, el uso de *la consolación*. Si eres un hijo de Dios, serás guiado por el Espíritu. Ahora, ¿tienes dudas esta noche? ¿Estás avergonzado? ¿Estás metido en dificultades? Entonces, como los hijos de Dios son guiados por el Espíritu, tú serás guiado. Tal vez estés mirando demasiado lejos en el horizonte, y tienes miedo de las dificultades que se presentarán en la ancianidad, o en la muerte de algún pariente.

Ahora, Dios no nos ha dado ojos para hurgar en el futuro, y ¿de qué sirve que estemos atisbando allí donde no podemos ver? Pónganlo todo en las manos del Padre celestial, y serán guiados, certeramente, por el Espíritu Santo. Cuando llegas al punto en el que pensabas que habría una dificultad, muy probablemente descubrirás que no hay ninguna. "¿Quién nos removerá la piedra de la entrada del sepulcro?," decían las santas mujeres, pero cuando llegaron al sepulcro, he aquí, la piedra ya había sido removida. Prosigue caminando por fe, como un hijo de Dios, con la plena seguridad de que la senda de la fe, aunque no sea fácil, será siempre una senda segura, y todo estará bien, y serás guiado en el camino correcto a las moradas eternas.

La última palabra de todas es esta: el texto es una *seguridad*. Si eres conducido por el Espíritu de Dios, entonces eres un hijo de Dios con toda certeza. ¿Puedes decir esta noche: "me someto a la voluntad del Señor? No soy perfecto aunque quisiera serlo; estoy abrumado por mil debilidades, pero si el Señor me enseña, estoy dispuesto a aprender, y si Él tiene paciencia conmigo me esforzaré en seguirle. ¡Oh, cuánto daría por ser perfectamente santo! Anhelo ser puro por dentro. Deseo sobre todas las demás cosas de este mundo no ofender a mi Dios, sino andar con Él en luz como Él está en luz, y tener comunión con Él, mientras que la sangre de Jesucristo Su Hijo me limpia de todo pecado."

Hermano mío, ten la plena seguridad de que nadie jamás anheló algo semejante excepto un hijo de Dios. La carne y la sangre no te han revelado esto. Nadie, excepto un heredero del cielo tuvo jamás tales deseos, y aspiraciones, y gemidos por la santidad, y tales tristezas por las fallas y los errores. El texto no dice: "el que corre en el Espíritu es un hijo de Dios," sino el que es *guiado* por el Espíritu de Dios. Ahora, podríamos tropezar mientras somos guiados; un hombre podría ir muy despacio mientras está siendo guiado; podría ir con muletas mientras está siendo conducido; puede arrastrarse apoyándose sobre sus manos y sus pies mientras está siendo guiado; pero ninguna de estas cosas le impide en lo absoluto ser conducido verdaderamente.

A pesar de todas tus debilidades y deficiencias, el punto es: ¿eres guiado por el Espíritu de Dios? Si lo eres, todas tus debilidades y tus fallas te son perdonadas por mediación de Cristo, y que seas conducido es la marca de que has nacido de nuevo. Regresa a casa y regocíjate en tu condición de Hijo, y si has sido débil, pídele a Dios que te haga fuerte; si has sido cojo, pídele que te sane; y si te has arrastrado sobre tus manos y tus pies, pídele que te ayude a caminar erguido; pero, después de todo, bendícele porque Su Espíritu te guía en verdad. Si sólo puedes caminar, pídele que te haga correr; y si puedes correr, pídele que te remonte sobre alas de águilas. No te quedes satisfecho con cualquier cosa que no llegue hasta los más excelsos logros; y, al mismo tiempo, si no los has alcanzado, no te desesperes. Recuerda que en la mayoría de las familias hay bebés así como también hay hombres y mujeres: el niñito con faldones largos que es llevado en los brazos y es colocado en el pecho, es tan amado para el progenitor como el hijo que en la plenitud de su hombría marcha junto a su padre, y toma su porción en la batalla de la vida. Ustedes son hijos de Dios si son guiados por el Espíritu, por pequeña que sea su estatura y por débil que sea su gracia. La edad, la fortaleza o la educación del hombre, no son esenciales para su condición de hijo, pero la certidumbre de su nacimiento es la cosa que más importa. Asegúrense de ser guiados por el Espíritu, o su nacimiento no es de arriba.

Si has sido condenado por este sermón, entonces acude presto a Jesús, y reposa en Él, penitente y confiadamente. Que el Espíritu de Dios te guíe a hacer eso, y entonces eres un hijo de Dios. Que Él les bendiga ahora. Amén.

¿Cómo andar en el Espíritu Santo? La pregunta candente

Gálatas 5:13-18

Introducción

El tono de Pablo en el estudio anterior (Gálatas 5:1-15) es bastante severo. Al hablar a sus hijos espirituales en Galacia, el apóstol no se anda con rodeos. Su exhortación es clara, puntual y Cristocéntrica. Pero en medio de todo, el apóstol revela su corazón pastoral. Su confianza está puesta en el hecho de que al final van a volver a Cristo, la única base de su justificación (5:10).

Mediante unas advertencias muy directas propone, en forma de una suposición, que *si* persisten en regresar a guardar la ley aceptando la circuncisión, habrán abandonado a Cristo y, ante ese supuesto, habrán caído entonces de la gracia (2-4).

Ante tal dilema espiritual, Pablo señala a los judaizantes acusándolos de crear confusión en medio de la iglesia. Los culpa también por querer tratar de bloquear la carrera espiritual de los gálatas (5:7-9, 12). No obstante, el apóstol mantiene todavía su confianza en Dios de que ellos volverán a su principio en la gracia *por el oír con fe* (3:2).

Hay tal convicción en Pablo que no duda en reafirmar la meta de su andar: *"Pues nosotros por el Espíritu aguardamos por fe la esperanza de la justicia; porque en Cristo Jesús ni la circuncisión vale algo, ni la incircuncisión, sino la fe que obra por el amor"* (5:5, 6). En breve resumen, él enfoca su fe en la obra del Espíritu Santo en sus vidas. Este enfoque lo va a ampliar en la próxima sección (5:16-18).

La herencia en Cristo es la libertad en santidad (Gálatas 5:13-15)

Pablo ahora abandona su énfasis en los judaizantes para trazar claramente la realidad del andar con Cristo en el poder de su muerte. Sólo volverá a tocar a los judaizantes al final de la epístola.

En esta sección, el apóstol tiene algo de mayor urgencia e importancia para desarrollar, su énfasis recae en explicar el CÓMO de andar en santidad bajo el control del Espíritu Santo. En el resto de la epístola Pablo nos presentará la respuesta al clamor nuestro: ¿CÓMO?

Pablo reconoce la tendencia peligrosa de convertir nuestra libertad en Cristo en ese otro extremo, el libertinaje. *"Porque vosotros, hermanos, a libertad fuisteis llamados; solamente que no uséis la libertad como ocasión* (término militar-base) *para la carne, sino servíos por amor los unos a los otros"* (v. 13).

Vale la pena recordar las palabras de la señora Jesse Penn-Lewis (a quien usó Dios grandemente en el avivamiento de Gales en 1905): "A veces el error no es más que la verdad desequilibrada, fuera del balance bíblico". En aquellos días del avivamiento genuino la divisa fue: *"Obedece al Espíritu"*. Esto resultó en grandes triunfos, pero pronto el diablo mandó espíritus engañadores que los llevó a extremos dañinos de conducta.

Hubo obediencia, pero no al Espíritu Santo. Dios usó a la señora Penn-Lewis con el énfasis bíblico acompañante de Romanos 6, nuestra muerte a la carne y la fe en el Espíritu Santo para contra balancear lo extremo: en el Mensaje de la Cruz fue la preventiva que preservó tal avivamiento genuino y sigue siendo la dinámica de la santidad hoy.

El regulador divino sigue siendo siempre el servicio constante por amor los unos a los otros. Pablo cita Levítico 19:18: *"... amarás a tu prójimo como a ti mismo. Yo Jehová"*. Concuerda Jesús en Mateo 22:37-40 al unir el amor a Dios con el amor al prójimo. Tal transformación depende exclusivamente del Espíritu, pues el ser humano es egoísta en lo sumo.

Sin embargo, en este enfoque en servir a otros haciéndolo en el amor divino, Pablo hace frente a la terrible realidad de que la carne se interpone; tantas veces trastorna la libertad en libertinaje o el legalismo. Esta realidad se ve plasmada en las luchas despiadadas que resultan en nuestras iglesias.

¿Quién no ha vivido en carne propia las envidias, el rencor y las rupturas en nuestras iglesias y en nuestras relaciones? Casi no existe una iglesia que no haya sufrido esta tragedia, por grande o pequeña que haya sido. Pablo hace frente ahora a eso entre los mismos gálatas; lo saca a plena luz al ilustrarlo en términos de los animales que así se tratan: *"pero si os mordéis y os coméis unos a otros, mirad que también no os consumáis unos a otros"* (Gálatas 5:15).

Miremos otro texto que nos ayude a respaldar este punto: *"De dónde vienen las guerras y los pleitos entre vosotros?¿No es de vuestras pasiones, las cuales combaten en vuestros miembros? Codiciáis, y no tenéis; matáis y ardéis de envidia, y no podéis alcanzar; combatís y lucháis, pero no tenéis lo que deseáis, porque no pedís. Pedís, y no recibís, porque pedís mal, para gastar en vuestros deleites. ¡Oh, almas adúlteras! ¿No sabéis que la amistad del mundo es enemistad contra Dios? Cualquiera, pues, que quiera ser amigo del mundo, se constituye enemigo de Dios?"* (Santiago 4:1-4).

Se pudieran multiplicar otros textos semejantes. Tenemos que ser francos: las luchas internas se hacen externas y toman formas escandalosas en las mismas relaciones entre aquellos que dicen llamarse hermanos. En realidad estamos rodeados de las evidencias de la carne en pleno reino. Y todo esto en el supuesto nombre de servir a Dios. ¡Qué barbaridad!

El Espíritu Santo versus la carne en la vida del creyente hoy día

Pablo ya llegó a lo práctico de su tesis. ¿Cuál es el remedio divino contra la carne todavía tan activa entre los hermanos? Para apreciar su énfasis en el ministerio del Espíritu Santo tenemos que volver a trazar los capítulos previos.

Recuerda que Gálatas es un solo mensaje que abarca verdades sobresalientes: lo genuino de la gracia de Dios (1:4-5); la autoridad del evangelio en el apostolado de Pablo (1:11-12); la obra fundamental de nuestra unión con Cristo en la Cruz (2:20); el papel clave *del oír con fe* (3:6-7); el grave peligro de trastornar la ley en otra base de la justicia (5:2-4).

Por primera vez en Gálatas Pablo menciona el Espíritu Santo en 3:2-5. *"Esto solo quiero saber de vosotros: ¿Recibisteis el Espíritu por las obras de la ley, o por el oír con fe?"*. Esta pregunta clave debiera haber sido suficiente para apagar su interés en la ley. La oferta de los judaizante no les produjo nada, pero el simple *oír con fe* les trajo la justificación en Cristo y la llegada del Espíritu quien *"hace maravillas entre vosotros"* (v. 5).

El Espíritu Santo les llegó con base en la fe y produjo en ellos todo aquello en lo que ahora se gozan. El Espíritu Santo llegó gratis, acompañando el evangelio y transformando sus vidas. En agudo contraste la ley les fue estéril. Las manifestaciones del poder del Espíritu ¿lo hacen por las obras de la ley, o por el oír con fe? Mediante cinco preguntas imposibles de contestar, Pablo introduce al Espíritu de Cristo como la persona que ya vive en ellos y el único que puede traer la libertad en santidad.

El primer paso hacia la victoria: "Andad por el Espíritu" (Gálatas 5:16)

Ya le toca a Pablo dar los pasos hacia una vida bajo el control del Espíritu. Da una orden, modo imperativo en el tiempo presente siempre en vigor. *"Digo, pues: Andad en* (por, a través de) *el Espíritu, y no* (de ninguna manera jamás) *satisfagáis* (o el tiempo futuro fuerte: satisfaréis) *los deseos de la carne"* (5:16). Hay varios matices de significado que podemos considerar. La orden de andar o vivir por el Espíritu está en pie y lo que sigue puede ser una garantía de que no habrá en el futuro. ¿Por qué ceder a los deseos egoístas de la carne?

Algunos interpretan "satisfacer" o "cumplir" (véase el verbo sinónimo en Romanos 8:4) en el tiempo futuro indicativo y otros dicen que es en el modo subjuntivo, un mandato indirecto. Por un lado, tenemos la seguridad de no ceder a la carne, y por el otro una orden de no cumplir o ceder a la carne. Prefiero la primera interpretación. Ya que es el Espíritu, el Santo, que no nos involucrará nunca en ser cómplice de la carne. El Espíritu Santo siempre produce la santidad.

Otra razón por la cual no pueden coexistir en paz el Espíritu y la carne en el andar del creyente es debido a la incompatibilidad del Espíritu Santo y la carne (5:17). Son polos opuestos y no hay manera de armonizar sus fines. Se oponen a sí mismos. Si la carne anda suelta en la vida del creyente, no puede haber control del Espíritu Santo por mucho que hablemos del bautismo del Espíritu o la facilidad de orar, el cantar o hablar en lenguas o aunque, a nuestra manera de ver las cosas, hayamos tenido una gloriosa experiencia en el pasado. La bendición del Espíritu sólo descansa en quien actualmente es santo en su manera de vivir.

Ya que es el Espíritu de Cristo (Romanos 8:9), sólo habla de Cristo y lo glorifica a él. *"Pero cuando venga el Espíritu Santo de verdad, él os guiará a toda la verdad; porque no hablará por su propia cuenta, sino que hablará todo lo que oyere, y os hará saber las cosas que habrán de venir. El me glorificará; porque tomará de lo mío, y os lo hará saber. Todo lo que tiene el Padre es mío, y os lo hará saber"* (Juan 16:13-15). Lo que nos anima es: *"Hijitos, vosotros, sois de Dios, y los habéis vencido; porque mayor es el que está en vosotros, que el que está en el mundo"* (1 Juan 4:4).

El creyente sincero frente a las dos dinámicas (Gálatas 5:17)

"Porque el deseo de la carne es contra el Espíritu, y el del Espíritu es contra la carne; y éstos se oponen entre sí, para que no hagáis lo que quisiereis". ¿Qué quiere decir esta última frase? ¿Implica que la vida cristiana es una lucha interminable? De ninguna manera. Aunque estas dos dinámicas, el Espíritu y la carne, tienden en direcciones opuestas, hay que hacer frente a tal hecho, <u>pero no nos obliga a vivir siempre en tal derrota espiritual</u>.

Estas dos dinámicas son contradictorias entre sí; parecen competir; la evidencia de tal contradicción es patente en la vida de cualquier creyente sincero. Sin embargo, el hecho de que existan las dos en el creyente no nos obliga, repito, a vivir sumidos o encerrados en esa interminable lucha. A veces algunos intérpretes nos dejan con esa conclusión, ya sea dicha o inferida.

Esta sección de Gálatas introduce el posible conflicto entre el Espíritu y la carne. Pero en Romanos 7 y 8, Pablo mismo lo examina en mayor detalle describiendo su lucha interna y gemir ante la triste realidad de la carne. Fue lo que experimentó cuando vivía bajo la condena de la ley. Con toda honestidad, el apóstol señala tres pasos hacia abajo en su quebrantamiento durante su dura lucha. Pero, al final, ese proceso lo condujo a una victoria resonante.

Tres pasos en el descenso hacia el quebrantamiento como antesala de la victoria

1.) *"¿Luego lo que es bueno* (la ley en su debido ministerio), *vino a ser muerte para mí? En ninguna manera; sino que el pecado para mostrarse pecado, produjo en mí la muerte por medio de lo que es bueno, a fin de que por el mandamiento el pecado llegase a ser sobremanera pecaminoso.* (Romanos 7:13).

2.) *"Y yo sé que en mí, esto es, en mi carne, no mora el bien; porque el querer el bien está en mí, pero no el hacerlo"* (Romanos 7:18);

3.) finalmente, Pablo no pudo más: *"¡Miserable de mí! ¿Quién me librará de este cuerpo de muerte?"* (Romanos 7:24).

Puede existir tal conflicto, pero no es de ninguna manera la suerte o el final del creyente. El evangelio provee los medios por los cuales todo creyente puede vivir bajo el control del Espíritu y no bajo el de la carne, según Pablo asegura a los gálatas.

Pablo relata en detalle la triste experiencia que le pasó cuando en dicha ocasión él aceptó la ley como el medio de la vida cristiana en Romanos 7:7-24. Pero no era la vida cristiana normal (como Watchman Nee afirma en el título de su valioso libro), porque afirma después de la iluminación del Espíritu en el siguiente verso: *"Gracias doy a Dios, por Jesucristo nuestro Señor"* (Romanos 7:25).

Después de una brevísima referencia al pasado en 7:25b se lanza en Romanos 8:1-4. *"Ahora, pues, ninguna condenación* (ningún tipo de condenación) *hay para los que están en Cristo Jesús, Porque la ley del Espíritu de vida en Cristo Jesús me* (nos) *libró* (tiempo aoristo/pasado en el original) *de la ley del pecado y de la muerte. Porque lo que era imposible para la ley, por cuanto era débil por la carne, Dios, enviando a su Hijo en semejanza de carne de pecado y a causa del pecado, condenó el pecado en la carne para que la justicia de la ley se cumpliese en nosotros, que no andamos conforme a la carne sino conforme al Espíritu"*.

Ésta es la victoria resonante que Pablo elabora en el resto de Romanos 8, el capítulo de la vida victoriosa bajo el control del Espíritu.

Otra Afirmación: bajo la gracia somos guiados por el Espíritu Santo (Gálatas 5:18)

"Pero si sois guiados por el Espíritu, no estáis bajo la ley". Pablo reafirma que la ley sólo trae condenación porque nuestras mejores fuerzas son impotentes. Pero bajo la gracia de Dios nuestras fuerzas débiles se sustituyen por el poder del Espíritu que nos hizo ya nuevas criaturas en Cristo, soltando de una vez la misma dinámica del Espíritu. *"Porque el pecado no se enseñoreará de vosotros; pues no estáis bajo la ley, sino bajo la gracia"* (Romanos 6:14). Esto es lo que los gálatas, tentados a volver a la esclavitud de la ley, necesitaban oír.

Pablo vuelve a su tesis que el reinado de la ley sólo provoca la carne. Cuanto más el creyente quiere refrenar la carne y sus deseos, tanto más fracaso experimenta. Los esfuerzos inútiles nuestros nos conducen a la desesperación y la frustración.

Debemos recordar que el creyente ya murió a la ley y vive unido a Cristo resucitado. *"Así también vosotros, hermanos míos, habéis muerto a la ley mediante el cuerpo de Cristo, para que seáis* (casados) *de otro, del que resucitó de los muertos, a fin de que llevemos fruto para Dios... Pero ahora estamos libres de la ley, por haber muerto para aquella en que estábamos sujetos, de modo que sirvamos bajo el régimen nuevo del Espíritu y no bajo el régimen viejo de la letra"* (Romanos 7:5-6).

La Epístola a los Romanos complementa y coincide con la carta a los Gálatas. Ambos trazan el proceder de la libertad en santidad. Romanos nos da la verdad en forma teológica y Gálatas en forma práctica frente a la ley que provoca la carne en sus múltiples manifestaciones; Pablo pronto hablará en el resto del capítulo, nuestro próximo estudio.

Poderoso puntos para tomar en cuenta
1. La carne en pleno desarrollo resulta en celos amargos y contenciones y toda obra perversa (Santiago 3:16).
2. El evangelio nos introduce a una nueva relación: nuestra unión con Cristo, muertos a la ley y unidos a Cristo resucitado quien opera en nosotros a través del Espíritu Santo: *"Andad en el Espíritu y no satisfaréis los deseo de la carne"* (Gálatas 5:16).

3. Aunque las dos dinámicas son incompatibles, es nuestra sumisión y obediencia al Espíritu lo que produce la verdadera libertad en santidad (Gálatas 5:18).
4. No es por los valientes esfuerzos nuestros sino por el oír con fe, nuestra muerte y resurrección en Cristo quien nos llena de su Espíritu. No es tanto una experiencia sino un andar diario.
5. Pablo tendrá más por decir sobre las obras de la carne contra el fruto del Espíritu en el resto del capítulo cinco. Cerrará con broche de oro el tema con: *"Pero los que son de Cristo han crucificado la carne con sus pasiones y deseos. Si vivimos por el Espíritu, andemos también por el Espíritu"* (Gálatas 5:24-25).

¿Cómo se ve la vida bajo la tiranía de la carne?
Gálatas 5:19-23

Introducción

En el estudio anterior, Gálatas 5:16-18, Pablo ha puesto al Espíritu Santo en el mero centro de la vida Cristiana normal. El Espíritu, el Santo, provee las fuerzas y la dinámica para vivir por encima de las atracciones de la vida vieja.

Todo esto se ve desplegado también en Romanos 6-8 que parte de la obra de la Cruz y de nuestra identificación como creyentes con Cristo en muerte al pecado y a la ley. Así resulta la victoria en nosotros por la disponibilidad actual del Espíritu en todo momento. Sólo por fe la afirmamos en la obediencia de corazón.

Pablo ha hablado de la triste realidad de la carne que puede persistir aun en la vida del creyente. Pero más bien ha enfocado fuertemente su mensaje de la persona del Espíritu, dado en gracia al creyente desde el primer momento de su justificación (Romanos. 5:1-5; Gálatas 4:4-6). Es el Espíritu Santo el que nos garantiza que el creyente puede vivir en victoria. Pablo dice: *"Andad en el Espíritu, y no satisfagáis los deseos de la carne"* (Gálatas 5:16).

Aunque el Espíritu y la carne existen en mutua enemistad, incompatibles en todo sentido, el creyente puede ser guiado por el Espíritu, libre de la ley que siempre ha provocado la carne con sus demandas imposibles. La vida cristiana, entonces, no es empate, ni tregua, ni lucha incansable. Es victoria en Cristo.

Las obras de la carne NO corresponden al creyente (Gálatas 5:19-21)

Pablo ahora empieza a pintar la carne en toda su fealdad. La ley de Moisés, la sutil atracción para los gálatas, no pudo refrenarla, mucho menos producir la libertad en santidad. Para que nadie se confunda, Pablo pone la triste lista de *"la pasada manera de vivir"* (Efesios 4:22) de los gálatas. Su trasfondo gentil, rodeados del paganismo y la cultura grecorromana, había dejado sus huellas en su vida. Pero como los corintios (1 Corintios 6:9-11) los gálatas habían sido lavados, santificados, justificados *"en el nombre del Señor Jesucristo y por el Espíritu Santo de nuestro Dios"* (1 Corintios 6:11).

"Y manifiestas son las obras de la carne". Pablo no tiene que decir nada más. Se ven abiertamente por lo que son. Es significativo que use la palabra "obras". Más adelante hablará del "fruto" del Espíritu. Esto saca el agudo contraste entre las dos dinámicas. Las

obras de la carne son como yerbas malas que sirven sólo para ser arrancadas, no produciendo nada bueno.

Al contrario el fruto del Espíritu produce lo saludable y benéfico. Santiago recalca lo mismo: *"Hermanos míos, ¿puede acaso la higuera producir aceitunas, o la vid higos? Así también ninguna fuente puede dar agua salada y dulce"* (Santiago 3:12). En breve, Pablo afirma que andar en el Espíritu no producirá nunca las obras de la carne, las tristes obras de nuestra pasada manera de vivir.

La lista incompleta de las obras de la carne

Pablo conocía bien la cultura grecorromana y en sus varias exhortaciones a los hermanos da listas de las manifestaciones de la carne. Considérense Romanos 1:24–32; 1 Corintios 6:9–11; 2 Corintios 12:21; Efesios 5:3–5; Colosenses 3:5–9; Tito 3:3. Esos pecados los vemos todos los días en el mundo que nos rodea. Aun en nuestras iglesias se ven estas riñas y dentro de nuestro corazón late la tentación de ceder al viejo hombre. Es claro que el creyente no puede reclamar una vida "llena del Espíritu" y a la vez entregarse al orgullo "espiritual", las contiendas y la avaricia.

J.B Lightfoot sugiere que se puede dividir la lista incompleta en cuatro divisiones: 1.) las pasiones sensuales: fornicación, inmundicia y lascivia; 2.) tratados ilícitos en la religión: idolatría y hechicería; 3.) violaciones del amor fraternal: enemistades y asesinatos, en total nueve pecados enumerados en el texto; 4.) y excesos en demasía: borrachera y orgías.

La carne en plena manifestación: las pasiones sexuales

Se puede decir que la primera división tiende hacia lo sexual, una profunda descripción de aquella inmundicia histórica y observada aún más en nuestra era. La sutil invasión peor ya se encuentra inadvertida en nuestros hogares en la Internet, la computadora y la televisión. La pornografía está tan cerca de quien tiene que usar la computadora para el ministerio, que se convierte en una trampa del diablo ahora más accesible que nunca.

El Internet, posible fuente de estudios bíblicos, capaz de edificación de nuestros hogares se convierte en una tentación en el momento menos esperado. Aun los mismos pastores y creyentes se hallan atrapados en un mundo silencioso e íntimo que da resultados tan tristes en su matrimonio y más aún en su relación con Dios mismo y, por ende, en el ministerio. Compañeros míos han perdido su corona por ello.

Ningún creyente está exento de los ataques del diablo. *La carne es el primer aliado del diablo* quien sabe muy bien manipular los deseos impuros bien arraigados en la vieja naturaleza. Quien no se sienta culpable puede arrojar la primera piedra.

Hoy en día la cultura presiona a los jóvenes para que acepten la definición de lo inmundo sólo como otro estilo de vida, permisible o igual al estilo bíblico. La nueva generación, aun de los evangélicos, que crecen bajo esta influencia abrumadora del postmodernismo --nada es malo ni es bueno sino que todo está bien si es del gusto de la persona-- muchos van aceptando sutilmente estas premisas.

Pero la Biblia condena tajantemente todo aspecto de la fornicación/adulterio, perversión, inmundicia, sea la homosexualidad o el lesbianismo o el transgender/ transgénero. Llegará el día quizá que suframos ante nuestro gobierno por denunciar lo que Dios denuncia. *"Honroso sea en todos el matrimonio, y el lecho sin mancilla; pero a los fornicarios y a los adúlteros los juzgará Dios"* (Hebreos 13:4).

La carne en plena manifestación: la prohibición rotunda de la hechicería

Pablo hace frente a la carne con una prohibición de toda idolatría o interés en lo satánico. El Antiguo Testamento denuncia la idolatría como un desafío a Dios mismo. Véanse Deuteronomio 18:9-14. Moisés pone una lista detallada de nueve aspectos de la hechicería. Es destronar a Dios y entronar la adoración del maligno y sus huestes infernales. Ese mal aflige incluso a los creyentes inmaduros sumidos en las tradiciones de la brujería y la visita a los curanderos. Es una afrenta a Dios vacilar en tal ambiente satánico. Pablo trata el asunto claramente en 1 Corintios 10:14-22: *"Por tanto, amados míos, huid de la idolatría... Antes digo que lo que los gentiles sacrifican, a los demonios lo sacrifican, y no a Dios; y no quiero que vosotros os hagáis partícipes con los demonios"*.

La carne en plena manifestación: las violaciones del amor fraternal

Las dos anteriores obras de la carne, la inmundicia y la hechicería, deben ser ya rechazadas por el creyente. Pero Pablo reconoce la tentación de la carne hacia lo sexual prohibido y la hechicería aun en el creyente. Pero en esta tercera categoría usa nueve palabras para sacar a la luz lo común aun entre los creyentes en Galacia. Termina este párrafo diciéndoles: *"No nos hagamos vanagloriosos, irritándonos unos a otros, envidiándonos unos a otros"* (5:26). La lista puede sorprendernos: *"enemistades, pleitos, celos, iras, contiendas, disensiones, herejías, envidias, homicidios"* (vv. 20-21).

Lighfoot sugiere que el énfasis va en aumento: 1.) enemistades, en general va en contra del amor en intención y acto; 2.) pleitos, ambiente de guerra sin referencia al propio interés; 3.) celos, rivalidades que buscan fuertemente su propio interés; 4.) iras, arranques más apasionados y acalorados; 5.) contiendas, cismas que resultan en partidos contrarios; 6.) disensiones, hostilidad que resulta en separación temporaria; 7.) herejías, divisiones permanentes o sectas; 8.) envidias, acto de groserías que quieren quitarle a otro aun lo que tiene; 9.) homicidios, el acto final de quitarle a alguien la vida misma.

¡Qué anatomía o análisis de la carne! ¡Cuántas veces no hemos sentido semejantes reacciones y aun haberlas permitido salir en actitud y en acción! Peor aún, muchas veces las hemos justificado. ¡Qué iglesia no se ha dividido por semejantes actitudes y expresiones de la carnalidad!

La carne en plena manifestación: todo libertinaje en demasía

Ya que el análisis va en aumento, éste es el colmo: borracheras y orgías. Para Dios este estilo de vida va más allá de lo tolerado. Sólo se espera el juicio de Dios final y último. En Gálatas 5:21 Pablo aclara: *"... borracheras y orgías y cosas semejantes de estas; acerca de las cuales os amonesto, como ya os lo he dicho antes, que los que practican tales cosas no heredarán el reino de Dios"*. Se debe entender que Pablo describe la carne tal como opera en el incrédulo. El énfasis cae en los que *practican* o viven a gusto en tal ambiente por no conocer a Dios.

Sin embargo, Pablo reconoce la tendencia inherente de la carne, aun en el creyente. Algunos de esos mismos pecados afligían a las mismas iglesias en Galacia. Pablo establece el hecho de que la ley sólo provoca a la carne; en su búsqueda de la ley ellos se abren exactamente a tales pecados. En semejante pasaje en Colosenses 2:23: *"Tales cosas -- prohibiciones de la ley-- tienen a la verdad cierta reputación de sabiduría en culto voluntario, en humildad y en duro trato del cuerpo; pero no tienen valor alguno contra los apetitos de la carne".* La historia de la iglesia es un triste relato de tal anomalía.

La gran pregunta: ¿Cómo salirme de las garras de la carne?

En Romanos 7:7-24, Pablo reconoce tal lucha fútil en aquella ocasión, aun en su propia persona. Por fin clamó: *"¡Miserable de mí! ¿Quién me librará de este cuerpo de muerte?"* Tal lucha ante la fuerza de la carne sigue siendo la realidad en todo creyente. Sin embargo, Dios no nos abandona a las fuerzas de la carne. En Cristo nos provee una verdadera victoria que puede resultar en lo que sigue en Gálatas 5:22-23: *"Mas el fruto del Espíritu es amor, gozo, paz, paciencia, benignidad, bondad, fe, mansedumbre, templanza; contra tales cosas no hay ley".*

¡Cuántos creyentes no han aspirado y luchado por alcanzar el fruto del Espíritu! Esa *lucha* es precisamente el camino más equivocado para alcanzar la victoria sobre la carne. Algunos han ofrecido una variedad de sustitutos: una gloriosa experiencia por recibir con base en el ayuno o éxtasis, hablar en otra lengua, buscar una visión, una profecía o algún don extraordinario. Pero a largo plazo no resulta.

No obstante, la verdadera victoria está a la mano del creyente. Juan declara en 1 Juan 5:4: *"Porque todo lo que es nacido de Dios vence al mundo; y esta es la victoria que ha vencido al mundo, nuestra fe".*

Dios responde siempre a la honestidad, a un corazón quebrantado en sus luchas. El remedio divino es una fe que depende tan solamente de la obra de la cruz. *"El justo por la fe vivirá"* (Habacuc 2:4; Romanos 1:17; Gálatas 3:11; Hebreos 10:38). Pablo la describe en pleno detalle en Romanos 5:21–8:39. Los eruditos exegetas del Nuevo Testamento nos dicen que estas dos cartas, Gálatas y Romanos, tratan el mismo tema, la victoria a través de Cristo y la llenura del Espíritu Santo y no por medio de la ley.

Los pasos hacia la victoria en unión con Cristo Jesús

Antes de dejar este estudio de la carne, una situación tan fea y tan presente, vale la pena dar una vuelta a Romanos carta en la que Pablo pone en alto el Mensaje de la Cruz. El único remedio sano y eficaz es lo que Cristo hizo de una vez y para siempre en la Cruz, clavando nuestro viejo hombre en el madero. *"Sabiendo/conociendo esto, que nuestro viejo hombre fue crucificado juntamente con él, para que el cuerpo del pecado sea destruido (anulado, rendido nulo), a fin de que no sirvamos más* al *pecado"* (Romanos 6:6).

Tal fue el veredicto final de Dios contra la carne cuando él rechazó todo esfuerzo propio por noble que pareciera. Desde esa Cruz, en nuestra identificación con él en muerte al pecado, sigue el nuevo punto de partida del creyente ya sea joven o viejo. Ya no es imitación como decía mi mentor, Dr. F J. Huegel, sino nuestra identificación y luego por fe nuestra participación. ¡Qué tremenda diferencia! Cristo me llevó a la Cruz y ahora vive en mí. Él es la vid y yo el pámpano (Juan 15:1–8).

Pero hay más por creer y obedecer; sigue Pablo diciendo: *"Consideraos (contaos) muertos al pecado y vivos para Dios... no dejando reinar el pecado en vuestro cuerpo mortal... ni tampoco presentéis vuestros miembros al pecado... sino presentaos vosotros mismos a Dios como vivos de entre los muertos, y vuestros miembros a Dios como instrumentos de justicia"* (Romanos. 6:11-13). Esta paráfrasis abarca los cuatro pasos por creer y escoger/obedecer.

El verbo "considerar" es contar con la pura realidad de que morimos ya de manera judicial. No depende de los sentimientos y el consentimiento intelectual. Depende de la obra realizada "de una vez por todas" en la cruz (Romanos 6:10). Claro que la fe de corazón vuelve a la declaración divina: *"fuimos crucificados juntamente con él"*. Tomar esa posición verídica resulta en romper el domino propio en la vida vieja. Pero es una fe que se mantiene siempre bajo el veredicto divino.

Tal fe se manifiesta en no ir presentando los miembros al viejo dueño (Romanos 6:13a). Es una fe que escoge comprometerse y que de una vez se presenta la voluntad y luego los miembros a Dios como vivos de la muerte (Romanos 13b).

Entonces Dios nos asegura: *"porque el pecado no se enseñoreará de vosotros; pues no estáis bajo la ley, sino bajo la gracia"* (Romanos 6:14). Es allí mismo donde opera el Espíritu Santo en gracia dando las fuerzas y llenando el corazón que cree y obedece. Es cuestión de fe y obediencia, la fe que escoge comprometerse con la palabra de la Cruz.

Desde esa posición tomada en pura fe, el Espíritu produce en nosotros el fruto del Espíritu Santo. Este acto de fe que se convierte en una actitud de fe y así resulta en un andar, un proceso de maduración. En la próxima lección veremos cómo se ve la vida en victoria en Cristo Jesús.

¿Cómo se ve la vida cristiana bajo el control del Espíritu Santo?

Gálatas 5:22-26

Introducción

En el estudio previo se vieron las obras de la carne en toda su fealdad y universalidad. No fue un cuadro edificante, más bien muy triste y humillante. Como dijo Jesús categóricamente: *"la carne para nada aprovecha; las palabras que yo os he hablado son espíritu y son vida"* (Juan 6:63).

La Epístola a los Gálatas, sin embargo, no nos dejó en tal posición abismal de derrota sino que vuelve a ver el "fiat" o el fallo divino sobre nuestra muerte al pecado según Romanos 6:1-14, epístola gemela de Gálatas. *"¿Qué, pues, diremos? ¿Perseveraremos en el pecado —naturaleza vieja— para que la gracia abunde? En ninguna manera. Porque los que hemos muerto al pecado, ¿cómo viviremos aún en él?"* (Romanos 6:1, 2).

Podemos ver el contraste entre el título del estudio anterior y el de este capítulo. El primero nos remite a la carne: ¿Cómo se ve la vida cristiana bajo la tiranía del pecado?, y el segundo nos habla del poder del Espíritu: ¿Cómo se ve la vida cristiana bajo el control del Espíritu Santo?

La supremacía del Espíritu Santo en la vida del creyente

Pablo introdujo la persona del Espíritu en Gálatas con dos preguntas muy penetrantes: *"¿Recibiste el Espíritu Santo por las obras de la ley, o por el oír con fe?"* y una vez más la advertencia: *"¿Tan necios sois? ¿Habiendo comenzado por el Espíritu, ahora vais a acabar por la carne"?* (Gálatas 3:2, 3). Luego dice: *"¿Y por cuanto sois hijos, Dios envió a vuestros corazones el Espíritu de su Hijo, el cual clama: ¡Abba, Padre!"* (4:6).

Nótese que aquí no clamamos nosotros ¡Abba, Padre! sino que es el mismo Espíritu quien clama: ¡Abba, Padre! Fíjese en el otro orden en Romanos 8:15 donde nosotros clamamos: ¡Abba, Padre! ¡Qué clamor tan íntimo en que compartimos nosotros en la intimidad de la Trinidad! Tal es nuestra victoria en la vida cristiana bajo el control del Espíritu Santo.

El fruto del Espíritu en su plenitud
La primera cosa que nos llama la atención es la calidad del fruto en comparación con las obras de la carne. En lugar de ser obras malas como son las de la carne, el fruto resulta en una vida Cristo céntrica en abundancia. Las obras de la carne hablan de la fuerza humana, el producto del ser humano. El fruto del Espíritu resulta en la dinámica divina interior que manifiesta la imagen de Cristo. Las diferencias son tan grandes como el contraste entre las tinieblas y la luz. Las obras requieren el esfuerzo humano; el fruto fluye de una vital conexión con el Espíritu mismo.

Nos recuerda la enseñanza de Jesús en el Aposento Alto: *"Yo soy la vid verdadera, y mi Padre es el labrador... y todo aquel que lleva fruto, lo limpiará, para que lleve más fruto... Yo soy la vid, vosotros los pámpanos; el que permanece en mí, y yo en él, éste lleva mucho fruto; porque separados de mí nada podéis hacer"* (Juan 15:1-2, 5).

John B. Lightfoot, el exegeta maestro inglés, sugiere la siguiente división posible de las nueve virtudes del Espíritu. Significativamente hay tres agrupaciones de tres, el número que lleva la marca de la Trinidad.

La primera es amor, gozo y paz; son los hábitos de la mente de Cristo en nosotros en términos más generales.

La segunda es paciencia, benignidad y bondad; son las cualidades especiales de la mente de Cristo en el creyente en relación con los demás que le rodean.

La tercera es fe, mansedumbre, templanza; son los principios generales en la mente de Cristo que dirigen la conducta, honestidad, gentileza y templanza del creyente. Este fruto del Espíritu es nada más ni nada menos que Cristo que mora en el creyente. El Espíritu Santo nos revela a Cristo. No tiene otra misión.

Lo que se puede decir con toda certidumbre es que las virtudes sin excepción son reflejo y eco de la vida resucitada de Cristo que mora en nosotros. Tal ha sido y sigue siendo la misma vida de Cristo. No nos debe sorprender porque el maestro mismo nos dijo: *"Pero cuando venga el Espíritu de verdad, él os guiará a toda la verdad; porque no hablará por su propia cuenta, sino que hablará todo lo que oyere, y os hará saber las cosas que habrán de venir. El me glorificará; porque tomará de lo mío, y os lo hará saber. Todo lo que tiene el Padre es mío; por eso dije que tomará de lo mío, y os lo hará saber"* (Juan 16:13–15).

El fruto del Espíritu Santo es amor, gozo, paz: la mente de Cristo en nosotros
Algunos creen que los nueve aspectos del fruto se encierran en el amor mismo, ya que Dios es amor. El amor, ágape, es Dios buscando el bienestar espiritual en sus criaturas. El Espíritu despliega esa motivación en todo momento. Mi mentor, L. E. Maxwell, solía leernos 1 Corintios 13 de esta manera: "Cristo en mí es sufrido, Cristo en mí es benigno, Cristo en mí no tiene envidia, Cristo en mí no es jactancioso, Cristo en mí no nos envanece" y así

sucesivamente por el resto del capítulo. He repetido este buen consejo a centenares de mis alumnos. El gozo es ese estado de ánimo constante frente a toda situación adversa o favorable. En el Aposento Alto bajo la sombra de la Cruz y al ser traicionado por Judas, Cristo consuela a sus débiles discípulos diciendo: *"Estas cosas os he hablado, para que mi gozo esté en vosotros, y vuestro gozo sea cumplido"* (Juan 15:11). La paz es esa cualidad de perfecto reposo en los brazos de Cristo en todo momento duro o dulce. Del mismo modo dijo Jesús en el Aposento Alto: hablando del Espíritu Santo, el Consolador: *"La paz os dejo, mi paz os doy; no os la doy como el mundo la da. No se turbe vuestro corazón, ni tenga miedo"* (Juan 14:27).

El fruto del Espíritu Santo es paciencia, benignidad y bondad: la mente de Cristo en nosotros para con otros.
La paciencia es esa virtud pasiva que bajo mucha presión no pierde su ánimo sino que sirve a quien puede sin ningún pensamiento de mérito o recompensa. Tiene que ser una virtud divina porque el ser humano no la obtiene del mundo. El Espíritu basta para tal paciencia. La benignidad es una virtud de gentileza hacia el prójimo. Es la virtud de aguantarlo todo sin responder con amargura ni decepción. Otra vez es imposible para el ser humano, pero el Espíritu la provee en la persona de Cristo en nosotros. La bondad es una dinámica positiva que da energía en toda situación contraria. Varias veces Pablo habla de la bondad de Dios. *"Pero cuando se manifestó la bondad de Dios nuestro Salvador, y su amor para con los hombres, nos salvó, no por obras de justicia que nosotros hubiéramos hecho, sino por su misericordia, por el lavamiento de la regeneración y por la renovación en el Espíritu Santo"* (Tito 3:4, 5).

El fruto del Espíritu Santo es fe, mansedumbre y templanza: la mente de Cristo en nosotros como aquellas cualidades que dirigen nuestra conducta.
La fe no se refiere a lo que creemos sino a nuestra fidelidad ante Dios en todo aspecto de la vida. Esa dependencia nos hace constantes, disciplinados en hábito y carácter. Tal honradez y honestidad es una virtud que da como resultado el hecho de que todos puedan tener plena confianza en nosotros. La mansedumbre es la sensibilidad, la debida ternura ante todo tipo de persona. Es un ánimo de consideración que pone al otro por encima de sus intereses. Pablo en la defensa de su ministerio dice: *"Yo Pablo os ruego por la mansedumbre y ternura de Cristo, yo que estando presente ciertamente soy humilde entre vosotros, mas ausente soy osado para con vosotros"* (2 Corintios 10:1). La templanza es ese espíritu de auto-disciplina, auto-control en toda situación. Pablo reta a Timoteo con la confianza de que él desarrolle ese dominio. *"Porque no nos ha dado Dios espíritu de cobardía, sino de poder, de amor y de domino propio (templanza)"* (2 Timoteo 1:7).

Vale la pena recalcar que todas estas cualidades son fruto del Espíritu. No se originan en nuestros mejores esfuerzos religiosos. Sólo Cristo en nosotros puede irradiar estas cualidades que tanto nos hacen falta. *Es de notar también que Pablo no diga absolutamente nada con respecto a los milagros, visiones, profecías, dones, ni experiencias personales.* El Espíritu produce en ti y en mí la misma imagen de Cristo.

La vida crucificada hace posible de manera creciente esta abundancia (Gálatas 5:24–26)

Es sumamente significativo que Pablo siga con el verso de Gálatas 5:24. Éste es el gran "cómo" de poder llevar tal vida. El verso debe rezar así: *"Pero los que son de Cristo Jesús crucificaron* (tiempo aoristo/pasado) *la carne con sus pasiones y deseos".* Se da por sentado que por haber tomado esa identificación con Jesús en muerte al pecado y vivo en Cristo Jesús fluye, entonces, la obra del Espíritu.

La Cruz y nuestra *identificación* con él en muerte a la naturaleza del pecado (Romanos 6:1, 2) resulta en nuestra *participación* en su vida resucitada, descrita arriba como el fruto del Espíritu. Es participación en su propia vida resucitada, no nuestra mera imitación de él por nuestros pobres esfuerzos. Esto es la toma de fe de Romanos 6:6, 11–14.

Pablo vuelve a la amonestación que dice: *"Si vivimos por el Espíritu* (rumbo al Espíritu,) *andemos también por el Espíritu"* (v. 25). Juntamente con esta exhortación, el apóstol nos recuerda que no debemos dar lugar a la carne. *"No nos hagamos vanagloriosos, irritándonos unos a otros, envidiándonos unos a otros".*

Vuelve a la verdad de que la victoria no es una condición automática sino que requiere del andar por fe con base en la Cruz. Esto es una realización de la vida cristiana. La victoria en Cristo es nuestra con tal que llevemos la vida crucificada con Cristo. Es entonces cuando el Espíritu Santo hace que este tipo de vida sea más que posible. A Dios sean las gracias.

Una palabra de cautela frente a lo que puede ser un posible peligro

Es bueno hacer una advertencia solemne: el Espíritu Santo quien inspiró las Sagradas Escrituras se mueve siempre para glorificar a Cristo, el crucificado y resucitado Hijo de Dios. No habla por su propia cuenta. Magnifica a Jesús. Hace su obra con base en las Escrituras, cultivando en nosotros la fe y la obediencia que traen siempre su poder transformador.

Pero cuando el "toque" del Espíritu Santo se busca separado de la vida resucitada de Cristo, entonces resultan los excesos, extravagancias y peligros espirituales muy grandes. Muchas veces la llenura del Espíritu es buscada mediante esfuerzos nuestros, el propósito –en tal caso- es lograr una "bendición" personal, un don -aun legítimo- o una "experiencia".

Elevar el hablar en lenguas a tal lugar como si fuera la única evidencia de la llenura del Espíritu no es bíblico. No niego que Dios puede dar los dones que él quiere y que edifiquen al Cuerpo de Cristo, la Iglesia. Pero puede ser peligrosa la distorsión o una verdad fuera del balance bíblico. He visto personalmente tales casos que han resultado mal.

Hoy en día en muchas partes hay la costumbre común en los cultos de "avivamiento" o del evangelismo masivo de *tumbar a la gente* como si fuese comprobación del poder del Espíritu. Tal caída de ninguna manera es de Dios, ni produce la santidad, ni mucho menos la humildad. Es la espuma de las emociones que no cambian el corazón. Todo esto no deja de ser un "show". El resultado no es duradero.

Puede que hayan existido algunas expresiones de grande emoción en algunos avivamientos históricos, tales como los de Juan Wesley y Charles Finney. Pero tales emociones estaban al margen de la obra del Espíritu, nunca fueron la esencia del movimiento de Dios.

Tristemente aquellos que promueven la siempre "nueva ola del Espíritu", lo hacen con el fin de establecer su "reino" y engrandecer su ministerio. No en vano muchos de estos famosos tele-evangelistas han caído en pecado a pesar de sus grandes pretensiones.

Frecuentemente en tales cultos el egoísmo del evangelista eclipsa el honor que solo Cristo merece. Se oyen doctrinas dudosas como si se hubiera recibido alguna visión o profecía que compita con las mismas Escrituras. En mis sesenta y dos años de ministerio en Canadá, los Estados Unidos y en muchas partes de América Latina, he visto y he oído de estos mal llamados movimientos del Espíritu.

La señora Jesse Penn-Lewis, quien Dios usó poderosamente en el verdadero avivamiento de Gales en 1905, nos aconseja con base en sus observaciones de primera mano: "El Espíritu se comunica directamente con nuestro espíritu, pero no con el fin de darnos una sensación en el cuerpo. Y si bien es cierto que puede haber un gozo espiritual que desborde en nuestros afectos, no es una emoción buscada, sino que es nuestro espíritu siendo tocado con el fin de que él produzca en nosotros la santidad, la humildad y el amor". La obra del Espíritu Santo es con el fin de hacernos más como Cristo en nuestro diario vivir. (El autor parafrasea lo que recuerda de los escritos de la señora Jesse Penn-Lewis los cuales le guiaron en su adolescencia).

El enemigo de nuestra alma puede falsificar casi cualquier experiencia humana o aun el milagro, tal como sucedió con los adivinos de Egipto (Éxodo 7:22). Dios no necesita los fenómenos ni los milagros para crear la fe y establecer su poder. Él puede hacer todo lo que quiera, pero sólo permite aquello que no es peligroso para el creyente. Dios prefiere que aprendamos a andar por fe y no por vista.

Al final de cuentas, ¿dónde reside el Espíritu Santo? Reside en nuestro espíritu ya vivificado en la regeneración. Cristo lo afirma: *"Si alguno tiene sed, venga a mí y beba. El que cree en mí, como dice la Escritura, de su interior correrán ríos de agua viva. Esto dijo del Espíritu que habían de recibir los que creyesen en él; pues aún no había venido el Espíritu Santo, porque Jesús no había sido aún glorificado"* (Juan 7:37-39).

"Pero el que se une al Señor, un espíritu es con él" (1 Corintios 6:17). *"El Espíritu mismo da testimonio a nuestro espíritu, de que somos hijos de Dios"* (Romanos 8:16). Finalmente, Pablo eleva esta doxología: *"Y el mismo Dios de paz os santifique por completo; y todo vuestro ser, espíritu, alma y cuerpo,* (nótese el orden) *sea guardado irreprensible para la venida de nuestro Señor Jesucristo. Fiel es el que os llama, el cual también lo hará"* (1 Tesalonicenses 5:23-24).

El andar en el Espíritu en la vida cotidiana
Gálatas 6:1-6

Introducción

En el capítulo 5 de esta epístola, Pablo ha llamado a los gálatas a la libertad en Cristo que es su propia herencia. Ya muertos a la ley (Gálatas 2:19), los creyentes hallan en el Espíritu Santo --la persona que mora en ellos-- el verdadero poder para vivir libres en esa santa libertad. *"Porque vosotros, hermanos, a libertad fuisteis llamados; solamente no uséis la libertad como ocasión para la carne, sino servíos por amor los unos a los otros"* (Gálatas 5:13).

Luego Pablo los reta a que anden en el Espíritu tomando muy en cuenta que la carne, la vida vieja, puede persistir en ellos. Con un contraste muy fuerte, describe las obras feas de la carne (5:19-21), pero a la vez no pierde de vista que el Espíritu produce en ellos el bendito fruto: amor, gozo, paz, paciencia, benignidad, bondad, fe, mansedumbre y templanza (5:22, 23).

Después sigue la marcha verdadera del creyente, ahora que ya ha tomado de nuevo su posición con Cristo crucificado, sepultado y resucitado (Romanos 6:1-6). El radio (elemento de radiación) mata el cáncer del viejo hombre. *"Pero los que son de Cristo Jesús han crucificado la carne con sus pasiones y deseos"* (5:24).

Una vez más vemos que el poder de la Cruz en la vida del creyente es la clave de su victoria en Cristo Jesús. La cruz en su aplicación personal y a diario es el remedio divino. Pablo termina advirtiéndoles: *"no nos hagamos vanagloriosos, irritándonos unos a otros, envidiándonos unos a otros"* (5:26). Siempre presente está la carne traicionera, pero no tiene que estar en control.

Consejo del Espíritu Santo: un corazón sensible hacia el hermano en pecado (Gálatas 6:1)

Con un toque de cariño para con los hermanos de Galacia, Pablo les da unos consejos muy prácticos, apelándoles a que sean tiernos y sensibles con aquellos hermanos que hayan sido sorprendidos en una falta o estén cautivos por el pecado. *"Hermanos, si alguno fuere sorprendido (detectado) en alguna falta, vosotros que sois espirituales, restauradle con espíritu de mansedumbre, considerándote a ti mismo, no sea que tú seas tentado"* (6:1).

De nuevo Pablo reitera que la carne es traicionera. Sin embargo, de ninguna manera les permite que hagan caso omiso de la falta. El MUCHO MÁS de nuestra muerte con Cristo (Romanos 5:9, 10, 15, 17, 20) sobrepasa el mal genio nuestro. Hay una traducción que sugiere una pregunta: ¿Si hay entre vosotros quien se considere espiritual? Sólo el espiritual que conoce su propia debilidad puede restaurar a algún caído; el Espíritu levanta a los caídos, no los tira por el suelo.

Es posible que Pablo haya tomado aquí como trasfondo la situación que nos relata en 1 Corintios 5:1-5. El apóstol estaba en Corinto cuando les escribió esta carta a los gálatas. Aquel hermano en Corinto había caído en grave pecado, pero aparentemente se arrepintió después de haber sido disciplinado. Pablo le escribió a la iglesia en Corinto (2 Corintios 2:6-8) y les exhortó a que levantaran en ese espíritu de mansedumbre, como Cristo los perdonó. Sólo el perdonado puede restaurar al arrepentido. Pablo sabía bien que el legalista siempre condena a quien no alcanza su estándar de conducta; tal espíritu es muy ajeno a la gracia de Dios.

El verbo "sorprender" en el original quiere decir "detectado" en el acto de pecar, apoderado antes de que se pudiera escapar", es decir, su culpa está más allá de duda. No sugiere que sea un pecado leve que sólo le sorprende a uno. El verbo "restaurar" es común como un procedimiento del cirujano que repone una fractura de hueso. La idea más prominente es la de corregir y no la de castigar. A Dios le corresponde finalmente dar el debido castigo. Una vez más, la obra del Espíritu en aquel que anda por el Espíritu (5:26) da realce a la gracia de Dios.

Consejo del Espíritu Santo: un corazón compasivo con el hermano en Cristo (Gálatas 6:2-3). Si es restaurado el caído con mansedumbre, le toca a cada uno sobrellevar las cargas de los débiles. El verbo "sobrellevar" se usa en Juan 19:17 cuando Jesús llevó su cruz rumbo al Gólgota. Las relaciones entre hermanos deben ser siempre afectuosas, atentas y de muy buena voluntad. La mutualidad de compartir las cargas los unos con los otros produce el espíritu de comunión y compañerismo. Esa solidaridad es del Espíritu y fortalece todas las relaciones fraternales. El Espíritu Santo no tolera el egocentrismo que es tan común entre los legalistas, quienes pueden ser "santos" pero duros para con los demás.

Tal mandato de sobrellevar las cargas los unos con los otros es, al fin y al cabo, cumplir rigurosamente con la única y verdadera ley, la ley de Cristo. El verbo "cumplir" la ley de Cristo hace hincapié en la ley obedecida hasta la última letra exigida. No queda más por hacer.

Pablo pone la ley de Cristo en agudo contraste con la ley que promovían los judaizantes. Esto nos devuelve a la pregunta del fariseo en Mateo 22:36-40: *"Maestro, ¿cuál es el gran mandamiento en la ley? Jesús le dijo: Amarás al Señor tu Dios con todo tu corazón, y con toda tu alma, y con toda tu mente. Este es el primero y grande mandamiento. Y el segundo es semejante: Amarás a tu prójimo como a ti mismo"*. Si el segundo mandamiento cumplido es para con tu prójimo, ¿cuánto más para con tu hermano en Cristo?

Lo interesante es que Pablo sugiere la posibilidad de una situación en que alguien carnal pudiera creerse superior a los otros, hinchado de su orgullo menospreciando a los demás. *"Porque el que se cree ser algo, no siendo nada, a sí mismo se engaña"* (6:3). ¡Qué denuncia del pecado supremo del orgullo! Tal legalista sólo se engaña a sí mismo. ¡Dios nos libre de semejante pecado! Si hay una sola marca de la llenura del Espíritu es la humildad. Dios no puede tolerar el orgullo, el pecado original que introdujo toda la maldad en el mundo celestial y terrestre.

Consejo del Espíritu Santo: un corazón responsable de sí ante Dios (Gálatas 6:4-5)

Pablo da un viraje algo extraño. Después de haber hablado del espíritu solícito hacia el hermano detectado en pecado (6:1) y exhortarnos a tener carga por el necesitado (v. 2), dice que cada creyente tiene que ser responsable ante Dios de sí mismo, es decir, cumplir personalmente con la carga que Dios mismo le ha asignado. *"Así que, cada uno someta a prueba su propia obra, y entonces tendrá motivo de gloriarse sólo respecto de sí mismo, y no en otro; porque cada uno llevará su propia carga"* (6:4, 5). No hay ninguna contradicción en estos versículos. Cada creyente responde a Dios en primer lugar. Toda provisión le ha sido dada en gracia para que pueda presentarse ante Dios responsable y completo en Cristo.

La sintaxis del verso pone énfasis en <u>su propia obra</u>. Debe ser Dios, el juez final, quien evalúe lo que tenga que evaluar. Sería una prueba del creyente, su honradez, su integridad, su fidelidad y su motivación pura ante Dios mismo. Si tal obra sale premiada, tendrá algo en que puede gloriarse, dándole a Dios crédito por su provisión. De esa manera, cada uno responde a Dios mismo y no hay por qué compararnos unos con otros. Tales comparaciones sólo resultan en enemistad, la avaricia, el orgullo y el desánimo (2 Corintios 10:12). Nada de ello glorifica a Dios.

Pablo expresa claramente esta verdad en 1 Corintios 4:3-5 cuando dice: *"Yo en muy poco tengo el ser juzgado por vosotros, o por tribunal humano; y ni aun yo me juzgo a mí mismo. Porque aunque de nada tengo mala conciencia, no por eso soy justificado; pero el que me juzga es el Señor. Así que, no juzguéis nada antes de tiempo, hasta que venga el Señor, el cual aclarará también lo oculto de las tinieblas, y manifestará las intenciones de los corazones; y entonces cada uno recibirá su alabanza de Dios".*

Es necesario hacer un comentario más, pues Pablo usó dos palabras diferentes pero muy sinónimas: "cargas" (v. 2) y "carga" (v. 5). Lightfoot hace la distinción así: las "cargas" son las que son fuertes y opresivas y por eso requieren el apoyo y ayuda de otro. Mientras que la palabra "carga" hace referencia a aquel peso que cada persona ha de llevar como parte de su responsabilidad ante Dios y su puesto en la vida.

Ahora, viendo lo anterior, vale la pena observar que Dios hace clara la diferencia entre lo que nos permite para el bien del otro y el nuestro. En un caso bastan los hermanos alrededor de nosotros para acompañarnos en triunfo y luego lo que nos toca a nosotros mismos en la providencia de Dios a quien respondemos con fidelidad y honradez.

Consejo del Espíritu Santo: un corazón generoso ante quienes nos instruyen (Gálatas 6:6)

Pablo llega a ser muy práctico en cuanto al deber que el creyente tiene para con aquellos que le instruyen en la Palabra de Dios. El ministerio del Espíritu Santo no se limita a nuestra relación diaria con Dios y las bendiciones que nos da. El Espíritu nos enseña a vivir, a responder en todo momento ante el pecado detectado, a llevar las cargas pesadas de la vida sin perder de vista que cada uno tiene que dar cuenta a Dios por su propia vida. Pablo frecuentemente toca el tema: *"Mas bienaventurado es dar que recibir"* (Hechos 20:35).

En la mayoría de sus epístolas Pablo no teme dirigirse a este deber de dar y recibir sin pedir disculpas a nadie. Dedica dos capítulos enteros a dar y recibir en 2 Corintios 8 y 9. Lejos de ser algo gravoso, Pablo dice: *"Cada uno dé como propuso en su corazón; no con tristeza, ni por necesidad, porque Dios ama al dador alegre"* (9:7).

Pablo deja claro que el ofrendar es una gracia de Dios (8:1-9). Luego usa varias frases en diferentes versículos: el privilegio de participar (8:4), este donativo (8:19), la prueba de nuestro amor (8:24), la ministración para los santos (9:1), vuestra generosidad y no como de exigencia nuestra (9:5), la superabundante gracia de Dios en vosotros (9:14).

Pablo insistía en que los hermanos mantuviesen a aquellos que les ministraban la palabra. Escribiendo a los corintios, algo mezquinos en dar, dice: *"Porque en la ley de Moisés está escrito: No pondrás bozal al buey que trilla. ¿Tiene Dios cuidado de los bueyes, o lo dice enteramente por nosotros?... Si nosotros sembramos entre vosotros lo espiritual, ¿es gran cosa si segáremos de vosotros lo material?* (1 Corintios 9:9-11). Lo interesante es que Pablo insistía en que participasen con aquellos que les ministraban la palabra.

Sin embargo, de ninguna manera les exigía que le diesen absolutamente nada a él mismo. Muy al contrario, Pablo agrega: *"Pero yo de nada de esto me he aprovechado, ni tampoco he escrito esto para que se haga así conmigo; porque prefiero morir, antes que nadie desvanezca esta mi gloria. Pues si anuncio el evangelio, no tengo por qué gloriarme; porque me es impuesta necesidad; y ¡ay de mí si no anunciare el evangelio!"* (1 Corintios 9:15-16) ¡Qué gran ejemplo era Pablo de la verdad: *"más bienaventurado es dar que recibir"*!

"El que es enseñado en la palabra, haga partícipe de toda cosa buena al que lo instruye" (6:6). Es interesante el verbo "haga partícipe" ya que alude a hacer inversiones o acciones

en un negocio como socios juntos. Los socios son tanto los que dan como los que reciben. ¡Qué concepto tan elevado de dar y recibir, haciéndose partícipes tanto de una manera como de otra!

Este espíritu de ser socios juntos en la obra santifica la colección del dinero porque los que dan y los que reciben comparten la (koinonía) participación del evangelio. Para Dios, lo espiritual y lo secular no son dos mundos diferentes y separados. Dios sabe santificar tanto un área como la otra cuando se da todo bajo el control del Espíritu Santo.

La bendición de dar y recibir

A veces en la obra de Dios nosotros, los pastores y misioneros, nos sentimos muy mal al hablar sobre la verdad bíblica de dar de nuestros bienes, como si fuese algo que no pudiéramos tocar. O somos tan sinceros que creemos que nos van a criticar por desear algo para nosotros mismos. Esta cobardía espiritual ha sido un defecto en el programa misionero en el pasado en Latinoamérica. Se ha creído que los hermanos no tienen nada que dar. Pero tal omisión de la Palabra de Dios ha hecho un gran daño a las iglesias pobres y pequeñas. Si no se les enseña, nunca aprenderán ni experimentarán el gozo de dar a Dios, por poco que sea.

Ante Dios, dar es tanto el deber del rico como el del pobre. Pablo dijo: *"Asimismo, hermanos, os hacemos saber la gracia de Dios que se ha dado a las iglesias de Macedonia; que en grande prueba de tribulación, la abundancia de su gozo y su profunda pobreza abundaron en riquezas de su generosidad"* (2 Corintios 8:1-2).

El dar es una verdadera gracia. Los que dan son verdaderos socios y compañeros en la obra de Dios. Otro factor es que el misionero y el pastor deben reducir su propio estilo de vida. No tiene que hacerse totalmente como los hermanos, pero siempre pueden mostrar un corazón de amor y compartir su tiempo y su corazón con los hermanos.

No es nada malo predicar sobre el dar y recibir, aun a los hermanos pobres; dar es un deber de todos. Puede ser un asunto delicado, pero merece y vale la pena enseñarlo.

En estos versos de Gálatas 6:1-6, Pablo afirma que la llenura del Espíritu Santo es mucho más que una experiencia pasajera; es un andar en el mundo de la realidad. Tantas veces pensamos que el Espíritu nos pone alegres, gustosos, bendecidos.

Y es cierto que el Espíritu produce alegría y trae bendición, pero en el desarrollo de la vida cristiana es el Espíritu Santo también quien nos capacita para hacer frente al pecado del hermano (6:1); nos mueve a sobrellevar las cargas pesadas de los menos fuertes (6:2-3); pone en nosotros un profundo sentido de auto responsabilidad, llevando una vida íntegra y sólida ante el Señor (6:4-5). La llenura del Espíritu nos hace generosos y cooperativos con la causa de Señor en todo momento (6:6). Demos lugar a quien nos llena para la gloria de Jesús.

Ejerciendo la vida llena del Espíritu Santo
Gálatas 6:7-18

Introducción

Pablo, al llegar al final de su epístola, sigue con una variedad de advertencias y consejos. Las advertencias son valiosas, sobre todo si se tiene en cuenta que la vida llena del Espíritu libra una batalla en contra de la carne y el maligno. Aunque la epístola a los Gálatas habla del fruto del Espíritu, hace frente también a las evidencias de la vida vieja que persisten si no se llega a la cruz en fe. Nuestra unión con Cristo es segura, pero en nuestro andar diario no es algo que sucede automáticamente. Necesitamos, por lo tanto, vivir por fe y depender en todo momento de la obra de la Cruz y la llenura del Espíritu Santo.

Una advertencia solemne: un NO rotundo a sembrar en la carne (Gálatas 6:7-8)

Dios mismo ha establecido ciertos principios que inexorablemente operan en su orden moral y espiritual; la vida bajo el control del Espíritu los toma muy en cuenta. Si estos principios son obedecidos traen como resultado bendición, pero ante la rebelión o desobediencia cosechamos maldición.

Jeremías expresa bien esta dualidad *"Así ha dicho Jehová: Maldito el varón que confía en el hombre, y pone carne por su brazo, y su corazón se aparta de Jehová"* (17:5). En cambio dice, *"Bendito el varón que confía en Jehová, y cuya confianza es Jehová. Porque será como el árbol plantado junto a las aguas, que junto a la corriente echará sus raíces, y no verá cuando viene el calor, sino que su hoja estará verde; y en el año de sequía no se fatigará, ni dejará de dar fruto"* (Jeremías 17:7–8).

Pablo subraya este principio: *"No os engañéis; Dios no puede ser burlado: pues todo lo que el hombre sembrare, eso también segará. Porque el que siembra para su carne, de la carne segará corrupción; mas el que siembra para el Espíritu, del Espíritu segará vida eterna"* (Gálatas 6:7–8). Sabemos que según la ley de la siembra y la cosecha obtenemos como resultado una multiplicación. Un grano de maíz se reproduce en dos mazorcas o centenares de granos.

Éste es un pensamiento que nos debe llevar a hacer un alto en el camino para reflexionar sobre qué es lo que estamos sembrando, pues esto está íntimamente relacionado con lo que segaremos. Cristo expresó la misma verdad: *"Ninguno puede servir a dos señores; porque o aborrecerá al uno y amará al otro, o estimará al uno y menospreciará al otro. No podéis servir a Dios y a las riquezas"* (Mateo 6:24). El enfoque de Jesús fue precisamente en este tema. El Maestro nos invita a buscar el reino de Dios antes que las cosas materiales. Jesús tocó el amor por el dinero tal como aquí Pablo exhorta a los gálatas a cooperar con sus líderes que les proveen lo espiritual.

Volviendo al pasaje, Pablo acaba de retar a los gálatas a que cooperen materialmente con aquellos que les instruyen en la Palabra. Parece que la mezquindad de los hermanos era una falta de las iglesias de Galacia. Pablo y Bernabé habían pasado por allí con el fin de reunir ayuda para los pobres en Jerusalén (Gálatas 2:10). El apóstol les recuerda fuertemente que no hay manera de jugar con Dios o burlarse de él. Dios estaba a cuentas con su egoísmo económico.

Malaquías habló de robar a Dios: *"¿Robará el hombre a Dios? Pues vosotros me habéis robado. Y dijiste: ¿En qué te hemos robado? En vuestros diezmos y ofrendas"* (Malaquías 3:8). Nuestra actitud hacia el dinero, aun en lo poco que tengamos, realmente refleja nuestras prioridades y la falta de fe y agradecimiento ante la bondad de Dios. No podemos reclamar la llenura del Espíritu con tal espíritu de tacañería.

Este principio de sembrar y segar se extiende mucho más allá del dinero. En cualquier área de nuestra vida ceder a la carne y a sus gustos y caprichos es segar inevitablemente las consecuencias al respecto. Al contrario llevar la vida crucificada, tomando nuestra posición con Cristo en muerte a la vida vieja, resultará en el fruto del Espíritu en abundancia.

Un consejo positivo: debemos servir a todos los hermanos (Gálatas 6:9-10)

En esta sección de la despedida, al final de su carta, Pablo pone muy en alto lo práctico de la llenura del Espíritu como producto de la vida crucificada evidenciada en Gálatas 2:20: *"Con Cristo estoy juntamente crucificado, y ya no vivo yo, mas vive Cristo en mí; y lo que ahora vivo en la carne, lo vivo en la fe del Hijo de Dios, el cual me amó y se entregó a sí mismo por mí"*. La llenura del Espíritu no se nos ha dado con el fin de bendecirnos, sino para que podamos ser de bendición a *"todos y mayormente a los de la familia de la fe"* (Gálatas 6:10).

Tantas veces el enfoque de la llenura del Espíritu es algo muy nuestro como sí tomáramos nuestra temperatura espiritual a cada rato. Hay momentos de gozo y bendición personal, pero tal no es el objetivo de su presencia y poder en nosotros.

Muy al contrario, Cristo dijo: *"Sabéis que los gobernantes de las naciones se enseñorean de ellas, y los que son grandes ejercen sobre ellas potestad. Mas entre vosotros no será así, sino que el que quiera hacerse grande entre vosotros será vuestro servidor, y el que quiera ser el primero entre vosotros será vuestro siervo; como el Hijo del hombre no vino para ser servido, sino para servir, y para dar su vida en rescate por muchos"* (Mateo 20:25-28).

Juntamente con la advertencia de no sembrar para la carne por no ser cooperativos con los líderes espirituales (6:6), Pablo extiende el principio de la siembra más ampliamente a servir en todas las maneras a los hermanos. Apela a que debemos dar amor fraternal a todos y mayormente a los hermanos. Cualquier servicio en el espíritu de la ley de Cristo (6:2) recibirá su recompensa, hasta un vaso de agua. Salomón lo expresó bien: *"Echa tu pan sobre las aguas; porque después de muchos días lo hallarás"* (Eclesiastés 11:1).

Un llamado de atención especial es el último reto del Apóstol de la Cruz (Gálatas 6:11)

En esta parte de la epístola, Pablo fija un matiz muy especial como queriendo dejar muy en claro el sello contundente que caracteriza al Apóstol de la Cruz. En este toque final, el varón de Dios, tan entregado a su Mensaje de la Cruz, dice: *"Mirad con cuán grandes letras os escribo de mi propia mano"* (Gálatas 6:11).

J. B. Lightfoot hace este comentario: "En este momento el apóstol quita la pluma de su escribano y escribe él mismo el último párrafo. Parece haber sido la costumbre de Pablo escribir una bendición o breve nota al final para evitar la falsificación por alguien ajeno y dar autenticidad a su carta (Véase, 2 Tesalonicenses 3:17-18). Pero en el caso presente, Pablo mismo escribe un párrafo entero recalcando las verdades principales de la epístola en oraciones concisas y llenas de emoción. Lo escribe también en letras grandes y audaces llamando la atención a la energía y determinación de su alma".

Por lo tanto, este versículo es importantísimo porque sus letras encierran lo inolvidable de su corazón. Otra vez J. B. Lightfoot dice: "La audacia de las letras corresponden a la fuerza de la convicción del Apóstol. El tamaño de los caracteres arrestará la atención de sus lectores a pesar de ellos mismos".

El corazón del Apóstol de la Cruz y el meollo de su mensaje (Gálatas 6:12-13)

De la misma manera como empezó Pablo la carta, con ímpetu y pasión, así mismo la termina. Comienza diciendo: *"Como antes hemos dicho, también ahora lo repito: Si alguno os predica diferente evangelio del que habéis recibido, sea anatema"* (Gálatas 1:9). Y termina con ese estilo de escribir que le caracteriza, desenmascarando la manera no sincera de los judaizantes al final del párrafo: *"De aquí en adelante nadie me cause molestias; porque yo traigo en mi cuerpo las marcas del Señor Jesús"* (Gálatas 6:17).

De golpe Pablo vuelve al peligro de los judaizantes contra quienes ha luchado siempre en su ministerio apostólico; ahora los acusa directamente de la insinceridad e hipocresía tanto como Jesús en su denuncia de los fariseos. Jesús los había descrito así: *"¡Ay de vosotros, escribas y fariseos, hipócritas! Porque sois semejantes a sepulcros blanqueados, que por afuera, a la verdad, se muestran hermosos, más por dentro están llenos de huesos de muertos y de toda inmundicia"* (Mateo 23:27 - véase todo el capítulo 23).

Pablo descubre la motivación de sus enemigos. Ellos ponen tanto énfasis en lo externo, el rito de la circuncisión, sólo para ganar fama entre los judíos por haberlos ganado como prosélitos y así escapar ellos el estigma de solo Jesús sin la ley. Jactarse sólo en la Cruz les resultaría en la plena oposición de los judíos, lo cual Pablo acepta de todo corazón. Dice el apóstol que ellos realmente no se interesan en guardar la ley en su totalidad, sino sólo en tratar de mantener el favor del judaísmo. Al fin los judaizantes no eran sinceros, sólo estaban haciendo su negocio con los creyentes débiles.

Pablo se identifica plenamente con la Cruz y sólo la Cruz (Gálatas 6:14-15)

En este último párrafo de la epístola escrito por su propia mano, Pablo afirma tajantemente el enfoque preciso de su vida y ministerio. No hay expresión más clara que ésta: *"Pero lejos esté de mí gloriarme, sino en la cruz de nuestro Señor Jesucristo, por quien el mundo me es crucificado a mí y yo al mundo"* (6:14). Se oye el eco de otras tantas porciones en las que Pablo hace bien claro en este texto que su gloria no se encuentra tanto en los sufrimientos de Cristo por él, la doctrina de la justificación, sino al contrario en este contexto su gloria es su propia muerte con Cristo, la doctrina de la santificación. Es precisamente ese aspecto de la Cruz en la que Pablo se jacta.

En este texto aparece bien clara su identificación y su participación con Cristo. Pablo murió al mundo, su sistema y su atracción o sea en los ritos externos o en cualquier manifestación del egoísmo. Estaba tan muerto que se puede decir que es una muerte doble, él al mundo y el mundo a él. *Ésta es la base bíblica de la santificación.* No puede haber nada más definido. No existe ahora ningún vínculo con el mundo, ni la circuncisión ni la incircuncisión. La Cruz acabó con toda distracción y ahora es el gran imán del evangelio verdadero. Por este evangelio -así entendido- Pablo estaba más que dispuesto a luchar y a defenderlo por encima de cualquier cosa.

Pablo afirma que lo que la Cruz era para Cristo, "la muerte al pecado" (Romanos 6:10), lo es para él. En la historia de España se recuerda el notable matrimonio de Isabel la Católica de Castilla con Fernando de Aragón que dio principio a la organización de la nación por primera vez. Su lema era "Tanto monta, monta tanto". En breve, quiere decir que lo que era de uno era de la otra. Compartían en el poder.

Así la muerte de Cristo hace dos mil años fue efectivamente la muerte de Pablo y de nosotros. Como solía decir mi mentor, F. J. Huegel: "Dios dio el golpe cósmico a la carne y a todas sus múltiples manifestaciones y a la ley, dejando que el Espíritu Santo sea la nueva dinámica que opera diariamente en el creyente quien por pura fe lo cree y lo toma para sí". Tristemente no se oye muy a menudo desde nuestros púlpitos esta gloriosa verdad libertadora.

El mismo mensaje de la Cruz visto en otras epístolas de Pablo (Romanos y Colosenses)

Ya que Romanos y Gálatas se escribieron en la misma época de la vida de Pablo, oímos otra versión de Romanos 6:3-4: *"¿O no sabéis que todo los que fuimos bautizados* (aoristo/pretérito - más correcto el tiempo que 'hemos sido bautizados') *en Cristo Jesús, fuimos bautizados en su muerte? Porque fuimos sepultados juntamente con él para muerte por el bautismo, a fin de que como Cristo resucitó de los muertos por la gloria del Padre, así también nosotros andemos en vida nueva. Porque fuimos sepultados juntamente con él por el bautismo, a fin de que como Cristo resucitó de los muertos por la gloria del Padre, así también nosotros andemos en vida nueva.*

"Sabiendo (mejor dicho 'conociendo') *esto que nuestro viejo hombre fue crucificado juntamente con él, para que el cuerpo del pecado sea destruido* («anulado, cancelado»), *a fin de que no sirvamos más al pecado"* (v. 6).

Dios después de la Cruz y nuestra co-crucifixión no puede tener ninguna relación con el viejo hombre porque su Cristo ha muerto tanto al pecado como a la ley (Romanos. 8:7; 7:4). Pero desde ese primer momento de la regeneración/justificación, Dios sólo puede tratar con la nueva creación.

Esa nueva creación es Cristo en nosotros, *"esperanza de gloria"* (Colosenses 1:27); es la vida eterna regalada con base en el arrepentimiento y la fe salvadora. De allí en adelante sólo basta la nueva creación, la nueva criatura. *"De modo que si alguno está en Cristo, nueva criatura es; las cosas viejas pasaron; he aquí todas son hechas nuevas"* (2 Corintios 5:17).

A veces toda esta verdad se nos presenta como una doctrina no más. Lo es, pero realmente es la dinámica a través del Espíritu Santo que transforma al creyente en lo que ya es en Cristo. Esto es más que una posición, es nuestra vida y andar diario.

Casi al fin de su vida terrenal, Pablo sigue diciendo lo mismo a los colosenses: *"En él* (Cristo) *fuisteis circuncidados con circuncisión no hecha a mano, al echar de vosotros el cuerpo pecaminoso carnal, en la circuncisión de Cristo; sepultados con él en el bautismo en el cual fuisteis también resucitados con él, mediante la fe en el poder de Dios que le levantó de los muertos... perdonándoos todos los pecados..."* (Colosenses 2:11-13).

Y continúa diciendo a los colosenses: *"Si, pues, habéis resucitado con Cristo, buscad las cosas de arriba, donde está Cristo sentado a la diestra de Dios... Porque habéis muerto, y vuestra vida está escondida con Cristo en Dios. Cuando Cristo, vuestra vida, se manifieste, entonces vosotros también seréis manifestados con él en gloria"*. (3:1, 3-4).

Pablo se despide de sus amados gálatas (Gálatas 6:16–18)

Después de tanta pasión a través de la epístola, Pablo se despide de ellos con unas palabras de cariño, pero con un toquecito de reserva. *"A todos los que anden conforme a esta regla, paz y misericordia sea a ellos y al Israel de Dios"* (v. 16).

La referencia a los obedientes no más, no a los judaizantes, puede ser un vistazo a Romanos 2:28-29: *"Pues no es judío el que lo es exteriormente, ni es la circuncisión la que se hace exteriormente en la carne; sino que es judío el que lo es en lo interior, y la circuncisión es la del corazón, en espíritu, no en letra; la alabanza del cual no viene de los hombres, sino de Dios".*

Pablo se despide de los verdaderos creyentes, ya sean éstos judíos o gentiles. No hay distinción ahora en Cristo quien murió para quitar aquella barrera *"para crear en sí mismo de los dos un solo y nuevo hombre, haciendo la paz, y <u>mediante la cruz</u> reconciliar con Dios a ambos en un solo cuerpo, matando en ella las enemistades"* (Efesios 2:15-16).

El apóstol termina con estas palabras: *"De aquí en adelante nadie me cause molestias; porque yo traigo en mi cuerpo las marcas* (hierro de marca) *del Señor Jesús".* Dice que nadie me cuestione la autoridad de hablar por Dios en defensa del verdadero evangelio. Pablo termina ejerciendo su apostolado frente a los que pusieron en tela de duda su legítimo derecho a enseñar.

La "marcas de Jesús" a las que se refiere Pablo pudieran referirse a las heridas sufridas en Listra y en otras partes (2 Corintios 11:22–33). También puede ser una referencia con el legítimo orgullo espiritual de llevar los "hierros de marca" que los esclavos comprados y vendidos a veces traían. Pablo era apóstol con toda la dignidad de su llamado soberano, pero a la vez se gozaba de ser esclavo de Jesús. Y por último se despide diciendo: *"Hermanos, la gracia de nuestro Señor Jesucristo, sea con vuestro espíritu. Amén"* (Gálatas 6:18). Así, Pablo pone fin a Gálatas, la epístola de la Cruz y el Espíritu Santo.

Otra mirada a la epístola a los Gálatas y al Apóstol de la Cruz

Mirada retrospectiva

Propósito de este repaso
Por la gracia de Dios hemos trazado catorce estudios exegéticos. Dios nos ha retado desde la Cruz. No cabe duda de que podemos llamar a Saulo/Pablo de Tarso, *el Apóstol de la Cruz*. Como ningún otro, Dios le llamó desde *"el vientre de su madre"* (Gálatas 1:15) para que fuese el apóstol a los gentiles.

Dios le concedió el alto privilegio de exponer la grandísima obra de la Cruz. En Gálatas, Pablo hace resplandecer nuestra salvación trinitaria: Dios Padre, Dios Hijo y Dios Espíritu Santo. Además del esplendor de la Cruz, Pablo reveló el ministerio eficaz del Espíritu Santo como garantía de nuestra victoria sobre el mundo, la carne y el diablo.

Al llegar a este último capítulo, podremos examinar más de cerca el corazón de Pablo revelado de manera fascinante en esta carta. Veremos también la defensa que el apóstol hace de sí mismo y echaremos un vistazo a los pares de contrastes significativos en el argumento de la epístola. Termino el estudio con el enfoque único sobre la Cruz y el Espíritu Santo y los resultados prácticos en la vida del creyente.

Ya que la Epístola a los Gálatas y la de Romanos las escribió Pablo desde Corinto en la misma época, los dos libros inspirados reflejan un énfasis paralelo. Se debe tomar en cuenta esto al volver a escudriñar las verdades de la Cruz.

El corazón pastoral del verdadero líder espiritual: angustia, fidelidad, severidad y amor
Pablo da principio a la carta como de costumbre. Sin embargo, hay un tono diferente cuando dice: *"Pablo, apóstol (no de hombre ni por hombre, sino por Jesucristo y por Dios el*

Padre que lo resucitó de los muertos), y todos los hermanos que están conmigo, a las iglesias de Galacia" (1:2-3). Esa interrupción no aparece nunca en otros saludos e indica que algo diferente ha de venir. ¡Sí que algo diferente vino! Sigue Pablo con los elementos básicos del evangelio en la introducción. (vv. 3-5).

Lo que sigue nos sorprende: *"Estoy maravillado de que tan pronto os hayáis alejado del que os llamó por la gracia de Cristo, para seguir un evangelio diferente"* (v. 6). De manera apasionada Pablo les hace saber su perplejidad y angustia ante la eventualidad de que ellos puedan haber abandonado la gracia de Dios. El punto importante es el abandono de la gracia de Cristo tan de repente.

Luego, el mismo Pablo pronuncia una maldición sobre tal apostasía. El apóstol dice, en dos ocasiones, que quien predica semejante error sea anatema. Son palabras bien fuertes, jamás repetidas en otras epístolas aun con diferentes problemas. Sigue otra represión: *"¡Oh gálatas insensatos! ¿Quién os fascinó para no obedecer la verdad...?"* (Gálatas 3:1). ¡El verbo "fascinó" tiene un toque de embrujo o hechicería!

El corazón de Pablo no pasa por alto ninguna actitud carnal que pueda estar estropeando la vida de las iglesias. Sin embargo, su corazón pastoral sale a flote cuando dice: *"Hijitos míos, por quienes vuelvo a sufrir dolores de parto, hasta que Cristo sea formado en vosotros"* (4:19). *"Porque vosotros, hermanos, a libertad fuisteis llamados; solamente que no uséis la libertad como ocasión para la carne, sino servíos por amor los unos a los otros"* (5:13). Su corazón todavía se pone tierno hacia ellos. *"Pues vosotros sabéis que a causa de una enfermedad del cuerpo os anuncié el evangelio al principio; y no me despreciasteis ni desechasteis por la prueba que tenía en mi cuerpo, antes bien me recibisteis como a un ángel de Dios, como a Cristo Jesús"* (4:13-14).

Pablo los amaba con el amor de Cristo, por tal razón sus palabras no podían ser inferiores a la fidelidad de su corazón como padre espiritual. Era el mismo amor que sentía por ellos el que lo llevaba a ser fiel y severo. Su lógica doctrinal hace que diga: *"De Cristo os desligasteis* ('katargeo' - anular, cancelar), *los que por la ley os justificáis; de la gracia habéis caído"* (5:4). No obstante, aunque se pronuncia sobre esa posible apostasía, sigue con la esperanza en Dios: *"Yo confío respecto de vosotros en el Señor, que no pensaréis de otro modo; mas el que os perturba llevará la sentencia, quienquiera que sea"* (5:10).

La defensa del evangelio de la gracia y la autodefensa de su apostolado con humildad

A veces en la milicia por la verdad, existe el riesgo de la distorsión de la gracia de Dios. En tal momento se requiere la defensa de la verdad pero siempre en un espíritu de humildad y autoridad. Pablo ilustra este reto ahora. Los judaizantes, los enemigos judíos que se metieron entre los nuevos creyentes gentiles, atacaron fuertemente a Pablo como un desleal judío traidor.

Pablo, ante el ataque, se vio obligado a relatar su pasado en el fariseísmo y su llamado soberano a Cristo. Pasó de ser fariseo a convertirse en esclavo de la gracia de Cristo. El apóstol dedica Gálatas 1:11-24 a presentar sus credenciales de aceptación entre las iglesias de Siria y Galacia. Aclara también que para confirmar su apostolado a los gentiles no fue necesaria la aprobación de Jerusalén.

Pablo subió a Jerusalén junto con Bernabé y Tito, éste último gentil, para asistir al Concilio de Jerusalén (Hechos 15:1-30; Gálatas 2:1-10). En esta importante reunión se tomaron decisiones firmes con respecto al evangelio que se habría de predicar en todas las iglesias. Era nada menos que la gracia de Dios versus el guardar la ley mosaica; los apóstoles nos *"dieron a mí y a Bernabé la diestra en señal de compañerismo, para que nosotros fuésemos a los gentiles, y ellos a la circuncisión"* (2:9). Así Pablo establece su derecho de escribirles como un apóstol auténtico de Jesús.

Pablo confronta a Pedro en defensa de la gracia del evangelio (Gálatas 2:11–21)

Pero "la joya" de su confrontación con Pedro nos hace manifiesto el corazón y la motivación no tan sólo de Pablo en dicha ocasión, sino también la de la misma vida nuestra unida a Cristo. Hace realce la hermosura de la Cruz, nuestra identificación con Cristo en muerte al pecado y a la ley para poder llevar la misma vida de Jesús en nosotros.

La ocasión de Gálatas 2:20 fue después del gran Concilio en Jerusalén en donde Pedro mismo había sido vocero de la gracia de Dios. Al llegar Pedro a Antioquía al principio comía a gusto con los gentiles, pero después de que hubieron llegado los de Jerusalén se apartaban de ellos y junto con él llevó a Bernabé y a otros a tomar distancia de los hermanos gentiles. La situación fue una crisis verdadera para la iglesia naciente.

Pablo intervino en defensa de la gracia de Dios y en contra del guardar de la ley: *"Pero cuando vi que no andaban rectamente -*pura hipocresía*- conforme a la verdad del evangelio, dije a Pedro delante de todos..."* (2:14). Semejante represión delante de todos puso en claro una vez para siempre el mal de sustituir la ley por la gracia de la Cruz.

Pablo usó la ocasión, no tan sólo para reprender a Pedro sino para poner su vida transparente como ejemplo de uno que murió a la ley y resucitó para que Cristo viviera en él. *"Con Cristo estoy juntamente crucificado, y ya no vivo yo, mas vive Cristo en mí; y lo que vivo en la carne, lo vivo en la fe del Hijo de Dios, el cual me amó y se entregó a sí mismo por mí"* (2:20). ¡Qué revelación de la gracia de Dios en la vida del creyente!

Los principios irreconciliables: verdad - error; gracia - ley; fe - obras; Espíritu - carne

Entre estos principios tan diferentes no puede haber compromiso alguno. Son diametralmente opuestos. Pablo trata con estos contrastes de manera directa y fuerte y hace las aplicaciones a la situación crítica en las iglesias de Galacia. Así en la vida del creyente no puede haber tampoco un poco de ambos. Es cuestión exclusiva de uno u otro.

La obra de la Cruz es la respuesta final de Dios para con estos principios incompatibles. *"Porque lo que era imposible para la ley, por cuanto era débil por la carne, Dios, enviando a su Hijo en semejanza de carne de pecado y a causa del pecado, condenó al pecado en la carne; para que la justicia de la ley se cumpliese en nosotros, que no andamos conforme a la carne, sino conforme al Espíritu"* (Romanos 8:3-4). Estas verdades son el eje de la vida cristiana en todo sentido.

El peligro del legalismo hoy y el remedio de la Cruz

Dios no puede bendecir al creyente que anda en error bajo la ley, usando de las "mejores intenciones" de la carne. Pablo analiza el caso de los judaizantes: *"Porque ignorando la justicia de Dios, y procurando establecer la suya propia, no se han sujetado a la justicia de Dios; porque el fin de la ley es Cristo, para justicia a todo aquel que cree"* (Romanos 10:3-4). Un verdadero creyente anda en verdad y reconoce su posición en Cristo justificado por la gracia de Dios. La nueva vida eterna impartida al corazón impulsa el deseo de no andar conforme a la carne.

Pero la naturaleza vieja se resiste y los inherentes deseos de hacer algo por el bien tropiezan con la maldad del viejo hombre. Lo anterior resulta en una experiencia mixta que Pablo describió de la siguiente manera: *"¡Miserable de mí! ¿Quién me librará de este cuerpo de muerte?"* (Romanos 7:24). Muchos hermanos viven así entre estos dos principios, una vida cristiana no agradable ni a Dios ni a ellos. Pero tal derrota no es la herencia nuestra.

Para Pablo una vida bajo la ley -como pretendían los judaizantes- les exigía la circuncisión como si fuera algo superior por agregarse a los méritos de Cristo. Eso era distorsionar y menospreciar los méritos exclusivos del sacrificio de Jesús en la cruz. Tal concepto y práctica no es otra cosa que rechazar el principio de la gracia. En Gálatas, él define el vivir bajo las demandas de la ley como otro evangelio y quien tal hace es considerado anatema. Tal error se llama _el legalismo_ que existe hoy en muchas formas.

El legalismo de hoy consiste en la aparente mezcla de la gracia de Dios y las obras de la carne. La ley hace sus demandas y el creyente piensa que le corresponde hacer la lucha para cumplir con ellas. Resulta en poner ciertos requisitos externos o sean del vestido, cierta experiencia o don, estándares de la adoración y algunos conceptos doctrinales de versión, entre otros. Los que cumplen a su manera con dichos requisitos se creen más espirituales que los otros.

Todas estas exigencias se convierten en "orgullo espiritual" que no toma en cuenta la obra de la Cruz, *"Tales cosas tienen a la verdad cierta reputación de sabiduría en culto voluntario en humildad, y en duro trato del cuerpo; pero no tiene valor alguno contra los apetitos de la carne"* (Colosenses 2:23). Sólo la Cruz puede cancelar el poder de la carne que se esfuerza por cumplir con tales demandas.

El papel verdadero de la gracia frente a la ley (Gálatas 3:6-29)

Para corregir la confusión y la enseñanza de los judaizantes, Pablo va directamente al trato fundamental de Dios con Abraham en Génesis 15:6: *"Así Abraham creyó a Dios, y le fue contado por justicia"*. En aquel entonces no había ley. El Pacto Abrahámico estableció definitivamente la prioridad en tiempo y en su esencia de la fe en la gracia de Dios. Sobre esta base Dios iba a ordenar la salvación de los gentiles (3:8). Más adelante, con la ley, agregaría Dios: *"Maldito todo aquel que no permaneciere en todas las cosas escritas en el libro de la ley, para hacerlas"* (3:10). Esa maldición de ser colgado en la cruz la tomó Cristo para sí mismo para satisfacer de una vez por todas las demandas de la ley (3:13). Ahora no nos queda alguna demanda por cumplir. El sacrificio en la cruz fue suficiente.

La ley que vino 400 años después no fue dada para salvar ni santificar al creyente. *"Fue añadida a causa de las transgresiones, hasta que viniese la simiente a quien fue hecha la promesa..."* (3:19). *Mas la Escritura lo encerró todo bajo pecado, para que la promesa que es por la fe en Jesucristo fuese dada a los creyentes"* (3:22). Una vez más la Cruz pone fin a la vigencia de la ley para que Cristo salve y santifique a los suyos. Volvemos a la Cruz muertos a la ley. *"Así también vosotros, hermanos míos, habéis muerto a la ley mediante el cuerpo de Cristo, para que seáis de otro, del que resucitó de los muertos, a fin de que llevemos fruto para Dios"* (Romanos 7:4).

El creyente casado con el Cristo resucitado se goza del pleno ministerio del Espíritu Santo

Con una mirada retrospectiva Pablo dedica Gálatas 1 y 2 a alarmar a los Gálatas por la crisis de su posible apostasía, dando lugar a la "hechicería" de los judaizantes (3:1) que pierden de vista a Cristo crucificado. Luego establece su apostolado y su aceptación por los apóstoles de Jerusalén; aun Pedro fue reprendido por Pablo por su hipocresía (2:11-21).

Para poner la gracia y la ley en su respectiva posición dedica Gálatas 3 y 4 a la prioridad de la gracia y el limitado papel de la ley cuya función es sólo llevarnos a Cristo. El apóstol recalca que todos somos hijos de Abraham. *"Porque todos los que habéis sido bautizados en Cristo, de Cristo estáis revestidos. Ya no hay judío ni griego; no hay esclavo ni libre; no hay varón ni mujer; porque todos vosotros sois uno en Cristo Jesús y si vosotros sois de Cristo, ciertamente linaje de Abraham sois, y herederos según la promesa"* (3:27-29).

Pablo llega a la cumbre del mensaje de la Cruz y el Espíritu Santo en Gálatas 5 y 6 explicando que el Espíritu sólo hace su obra santificadora con base en la Cruz, un mensaje netamente Cristo-céntrico. *"Porque vosotros, hermanos, a libertad fuisteis llamados; solamente que no uséis libertad como ocasión para la carne, sino servíos por amor los unos a los otros"* (5:13). Sigue con base en esa verdad: *"Digo, pues; Andad en el Espíritu, y no satisfaréis* (mejor variante) *los deseos de la carne... pero si sois guiados por el Espíritu, no estáis bajo la ley"* (5:16, 18).

A continuación Pablo nos escandaliza al mostrarnos las obras feísimas de la carne (5:19-21). ¡Qué contraste sigue! *"Más el fruto del Espíritu es amor, gozo, paz, paciencia, benignidad, bondad, fe, mansedumbre, templanza; contra tales cosas no hay ley"* (5:22-23). Creo que Pablo nos da el secreto abierto y establece más allá de duda la vida de Cristo resucitado llevada a través de nosotros.

La vida de Cristo al alcance de todo el que cree en la gracia de Dios

Es la Cruz aplicada momento tras momento a la carne que puede persistir en nuestro cuerpo mortal (Véase - 2 Corintios 4:10-12). Pablo afirma con autoridad: *"Pero los que son de Cristo han crucificado* (crucificaron - aoristo indicativo activo) *la carne con sus pasiones y deseos"* (5:24).

Nótese el tiempo del verbo; es el tiempo pasado, acto ya hecho por Dios mismo en la persona de su Hijo, no repetible. Es una referencia directa al cuando fue crucificado el hombre viejo según Romanos 6:6: *"Sabiendo/conociendo esto que nuestro viejo hombre fue crucificado juntamente con él..."* Este verso nos introdujo en esta bendita realidad, una posición que debemos tomar por fe diariamente. Esto permite que el Espíritu Santo haga su obra produciendo en nosotros la misma vida resucitada de Cristo.

La despedida final del Apóstol de la Cruz

Pablo termina la epístola escribiendo con su propia mano la conclusión del argumento de toda la carta con la pasión de su corazón. *"Lejos esté de mí gloriarme, sino en la cruz de nuestro Señor Jesucristo, por quien el mundo me es crucificado a mí, y yo al mundo. Porque en Cristo Jesús ni la circuncisión vale nada, ni la incircuncisión, sino una nueva creación"* (6:14, 15).

De esta manera Pablo revela con broche de oro su corazón pastoral; nos enseña tanto el peligro de la ley y la carne para dejar bien claro y poner en su lugar la pura verdad del evangelio de la gracia de Dios. Ha puesto delante de los gálatas y de nosotros el cómo de la vida en Cristo, crucificado y resucitado bajo el control del Espíritu Santo. A Dios y a la

Cruz de Cristo sean la gloria por siempre jamás. Que Dios mismo nos meta en nuestra "tierra prometida" en Cristo Jesús

LA NECESIDAD DE LA HORA

A mediados del siglo pasado se produjo en los Estados Unidos de América una marcada disminución en el interés religioso del pueblo. El descubrimiento de oro en California y otros acontecimientos hicieron que la gente apartara sus mentes y corazones de lo religioso y se inclinara hacia lo material. La agitación política provocada por el problema de la esclavitud y la amenaza de desintegración nacional eran también motivo de preocupación pública. Un severo pánico financiero a finales de la década de 1850-1860 aumentó aún más el interés por las cosas materiales.

En septiembre de 1857 un calmoso comerciante llamado Jeremías Lanphier decidió invitar a otros comerciantes a reuniones de oración una vez por semana al mediodía, buscando la obra renovadora del Espíritu Santo. Distribuyó centenares de volantes anunciando las reuniones, pero el primer día solamente se hicieron ver una media docena de personas, reuniéndose en la parte posterior de un templo en la calle Fulton. Dos semanas después, los asistentes eran cuarenta, y a los seis meses de haber comenzado, alrededor de diez mil personas se reunían todos los días para orar, solamente en la ciudad de Nueva York, sin contar otros lugares. El despertamiento sacudió toda la nación, y en el término de dos años alrededor de un millón de personas profesaron su fe en el Señor Jesucristo.

Los efectos del despertamiento fueron profundos, tanto en las vidas individuales como en la vida de la nación. Trágicamente se produjo demasiado tarde para evitar la Guerra Civil que amenazó la propia vida de la nación. Pero se lograron incalculables beneficios, incluso numerosos movimientos evangelísticos y mejoras sociales.

La necesidad de un avivamiento espiritual

Una vez más el mundo necesita desesperadamente un despertamiento to espiritual. Es la única esperanza que resta para la supervivencia de la raza humana.

En medio de los tremendos problemas que se le plantean a nuestro mundo, los cristianos permanecemos extrañamente silenciosos y nos mostramos impotentes, casi abrumados ante la marejada del secularismo. Y, sin embargo, los cristianos hemos sido llamados a ser "la sal de la tierra" (Mateo 5:13), para salvar de mayor corrupción a un mundo en decadencia. Los cristianos también debemos ser "la luz del mundo" (Mateo 5:14), iluminando la oscuridad provocada por el pecado y marcando el rumbo de un mundo que ha perdido su camino. Somos llamados a ser "hijos de Dios, sin mancha en medio de una generación maligna y perversa, en medio de la cual resplandecéis como luminares en el mundo" (Filipenses 2:15).

¿Por qué no somos "sal" y "luz" como debiéramos ser? ¿Por qué no hacemos más para llevar el reino de Dios a los corazones y a las vidas de toda la humanidad?

Por cierto que podemos citar muchísimos casos de cristianos que han sido tocados por Dios y, a su vez, tocan las vidas de otros para Cristo. Pero por cada uno de esos casos, hay muchísimos cristianos que viven vidas derrotadas y abatidas. Tales personas no sienten la victoria sobre el pecado ni testifican con eficacia. Poco es el impacto evangelístico que ejercen sobre quienes los rodean.

Por lo tanto, si la mayor necesidad de nuestro mundo es de que sientan los efectos de un despertar espiritual, la mayor necesidad en el seno de la iglesia cristiana en todo el mundo en el día de hoy, es el de experimentar el toque del Espíritu Santo, trayendo "avivamiento" o "renovación" a las vidas de innumerables cristianos.

Muchísimos siglos atrás Dios le hizo ver al profeta Ezequiel una notable visión, en la cual vio a la nación de Israel, desperdigada entre las naciones. Los huesos de Israel, según la visión, eran muchos y estaban secos. Pareciera haberse esfumado toda esperanza de un futuro. Según las palabras del profeta, Israel bien podría estar enterrada en lo que al mundo secular se refería. Sin embargo, el profeta quedó atónito cuando Dios le formuló la siguiente pregunta: "¿Vivirán estos huesos?" (Ezequiel 37:3). A esto respondió el profeta:

"Tú lo sabes". A continuación el Señor le ordenó que hablara la palabra de Dios, y los huesos se irguieron, una multitud de hombres revestidos de carne surgió. Pero permanecían en un estado de rara impotencia. Les faltaba el espíritu y el aliento. Luego el Espíritu de Dios les dio el aliento y se transformaron en un imponente ejército.

Nuevamente hoy, como entonces, una noche oscura se tiende sobre la historia del pueblo de Dios. A pesar de algunos signos estimulantes, las fuerzas del mal parecieran juntarse para un colosal asalto contra la obra de Dios en el mundo. Satanás ha desatado su poder de una manera tal vez sin paralelo en la historia de la iglesia cristiana. Si alguna vez tuvimos necesidad de una renovación, esa vez es ahora. Solamente Dios puede desbaratar los planes de Satanás y de sus legiones, porque solamente Dios es todopoderoso. Solamente el Espíritu Santo puede provocar un verdadero despertar espiritual que ponga coto al avance del mal y produzca un cambio de rumbo en la humanidad. En las horas más tenebrosas todavía puede Dios reavivar a su pueblo, y por el Espíritu Santo alentar nuevo vigor y poder en el cuerpo de Cristo.

Nuestro mundo tiene que ser alcanzado por cristianos que estén llenos del Espíritu Santo y cuenten con el poder del Espíritu. ¿Así somos? ¿O tenemos necesidad de ser nuevamente tocados por el Espíritu Santo? ¿Necesitamos que el Espíritu Santo provoque una genuina renovación espiritual en nuestras vidas? De ser así, debemos saber que el Espíritu Santo quiere producir en nosotros, ahora mismo, dicha renovación.

El momento es ahora

Ahora es el momento para la renovación espiritual. No debemos demorarnos. El doctor Samuel Johnson usaba un reloj sobre el cual había hecho grabar las palabras de Juan 9:4, "La noche viene". Los cristianos debiéramos tener grabada en nuestros corazones la solemne verdad de cuán breve es nuestra oportunidad de testificar para Cristo y vivir por él. No sabemos—ninguno de nosotros—cuánto nos queda de vida en esta tierra. La muerte puede cortar nuestras vidas repentinamente. Cristo podría venir de nuevo en cualquier momento.

Leímos cierta vez de un reloj de sol que tenía grabado el siguiente mensaje críptico: "Es más tarde de lo que piensas". Los viajeros solían detenerse para leer y meditar sobre el significado de esa oración. Nosotros los cristianos tenemos un reloj de sol, que es la Palabra de Dios. Desde el Génesis hasta el Apocalipsis hace una seria advertencia: "Es más tarde de lo que piensas". Escribiendo a los cristianos de su día Pablo dijo: "Es ya hora de levantarnos del sueño; porque ahora está más cerca de nosotros nuestra salvación que cuando creímos. La noche está avanzada, y se acerca el día. Desechemos, pues, las obras de las tinieblas, y vistámonos las armas de la luz" (Romanos 13:11, 12).

Billy Bray, un piadoso clérigo de otra generación, visitaba en su lecho a un cristiano moribundo que había sido poco fértil en su testimonio para Cristo durante su vida. El moribundo dijo:

—Si tuviera las fuerzas para hacerlo proclamaría a gritos la gloria de Dios.

Billy Bray contestó:

—Lástima que no lo hiciste cuando tuviste la fuerza para hacerlo.

Nos preguntamos cuántos de nosotros no miraremos hacia atrás a una vida entera de perdidas oportunidades e ineficaz testimonio y lloraremos porque no le permitimos a Dios utilizarnos como él quiso. "La noche viene cuando nadie puede trabajar" (Juan 9:4).

Si alguna vez hemos de estudiar las Sagradas Escrituras, si alguna vez hemos de dedicar tiempo a la oración, si alguna vez hemos de ganar almas para Cristo, si alguna vez hemos de invertir nuestros recursos financieros en su reino, esa alguna vez tiene que ser ahora. "Puesto que todas estas cosas han de ser deshechas, ¡cómo no debéis vosotros andar en santa y piadosa manera de vivir, esperando y apresurándoos para la venida del día de Dios, en el cual los cielos, encendiéndose, serán deshechos, y los elementos, siendo quemados, se fundirán! Pero nosotros esperamos, según sus promesas, cielos nuevos y tierra nueva, en los cuales mora la justicia. Por lo cual, oh amados, estando en espera de estas cosas, procurad con diligencia ser hallados por él sin mancha e irreprensibles, en paz" (2 Pedro 3:11-14).

Los efectos de un despertamiento

¿Qué ocurriría si en el día de hoy hubiera de producirse un avivamiento en nuestras vidas y en nuestras iglesias? Pensamos que hay por lo menos *ocho características* de tal derramamiento del Espíritu Santo.

1. Habrá una nueva visión de la majestad de Dios. Debemos entender que el Señor no es solamente tierno, misericordioso y lleno de compasión, sino también el Dios de justicia, de santidad y de ira. Muchos cristianos tienen una caricatura de Dios. No ven a Dios en toda su santidad. Muy fácilmente citamos Juan 3:16, pero nos olvidamos de citar dos versículos más adelante, "el que no cree, ya ha sido condenado" (Juan 3:18). La compasión no es completa en sí misma, sino que debe acompañarse por una inflexible justicia e ira contra el pecado y un vehemente anhelo de santidad. Lo que más preocupa a Dios no es tanto el sufrimiento físico sino el pecado. Con demasiada frecuencia tememos más al dolor físico que al mal moral. La cruz es inequívoca evidencia del hecho de que la santidad es un principio por el cual Dios daría su vida. Dios no puede justificar al culpable a menos de haber expiación. Misericordia es lo que necesitamos y eso es lo que recibimos al pie de la cruz.

2. Habrá una nueva visión de la pecaminosidad del pecado. Isaías vio una visión del Señor sentado sobre un trono alto y sublime, con sus faldas que llenaban el templo, y vio a los serafines que se inclinaban reverentes mientras exclamaban: "Santo, santo, santo, Jehová de los ejércitos; toda la tierra está llena de su gloria" (Isaías 6:3). Fue entonces que Isaías tuvo clara conciencia de su indignidad o desmerecimiento y su total dependencia de Dios. Cuando Simón Pedro, en el mar de Galilea, se dio cuenta de que era el propio Señor que estaba con ellos en el bote, dijo: "Apártate de mí, Señor, porque soy hombre pecador" (Lucas 5:8). El saber que Jesús era Dios mismo, hizo ver a Pedro su propia pecaminosidad, su pecaminosa humanidad. En la presencia de Dios, dijo Job: "Me aborrezco" (Job 42:6).

Santiago nos dice que cuando un hombre es tentado, sus propias pasiones lo arrebatan y sirven de carnada (Santiago 1:14, 15). Y sea cual fuere su concupiscencia, concibe y llega a ser el padre del pecado, y el pecado, cuando alcanza su plenitud, da a luz la muerte. Tenemos que ver al pecado como realmente es. La más grande visión del pecado que nos es dable contemplar es cuando miramos a la cruz. Si Jesucristo tuvo que morir debido al pecado, quiere decir entonces que el pecado es algo tenebroso y horrible a los ojos de Dios.

3. Habrá un marcado énfasis sobre la necesidad del arrepentimiento, de la fe y del nuevo nacimiento. Jesús vino predicando el arrepentimiento y afirmando que a menos que el hombre nazca de nuevo, de lo alto, no podrá ver el reino de Dios. Dijo que los pecadores aman la oscuridad y no quieren la luz, por temor a que sus hechos queden expuestos a los ojos de todos y sean condenados. Las personas cuyos corazones han sido cambiados, son nuevas criaturas. Acuden a la luz porque prefieren la verdad y aman a Dios. Si alguno está en Jesucristo, es una nueva criatura, pues las cosas viejas pasaron y todas son hechas nuevas.

4. Se hará evidente el gozo de la salvación. La oración elevada en el Salmo fue por un reavivamiento: "Para que tu pueblo se regocije en ti" (Salmo 85:6). David aspiraba y anhelaba restaurar el gozo de la salvación. El expreso propósito de Jesús para sus discípulos era de que "vuestro gozo sea cumplido" (Juan 15:11). Cuando Felipe fue a Samaria y encabezó el gran despertar espiritual, dice la Escritura que "había gran gozo en aquella ciudad" (Hechos 8:8). Además, Jesús nos dice que habrá gozo en el cielo, gozo en la presencia de los ángeles de Dios, porque un pecador se arrepiente (Lucas 15:7). De modo que una verdadera revitalización de la iglesia resultaría en la salvación de decenas de miles de pecadores, y esto, a su vez, traería aparejado gozo en el cielo y también aquí en la tierra.

Si no hubiera ni cielo ni infierno, aún yo querría ser cristiano debido a lo que hace por nuestros hogares y por nuestras familias en esta vida.

5. Habrá una nueva comprensión de nuestra responsabilidad por la evangelización del mundo. Juan el Bautista señaló a sus oyentes el "Cordero de Dios" y dos de sus discípulos siguieron a Jesús de ahí en adelante (Juan 1:36-37). Andrés primero halló a su hermano Pedro y le dijo que habían encontrado al Cristo. Cuando Felipe empezó a seguir a Jesús le habló a Natanael (Juan 1:40–45). Los apóstoles tenían que ser testigos en cualquier parte y en todas partes, hasta lo último de la tierra (Hechos 1:8). Y cuando la persecución dispersó a la iglesia que estaba en Jerusalén, fueron por todas partes predicando a Cristo y al glorioso evangelio (Hechos 8:4). Una de las primeras y mejores evidencias de ser verdaderos creyentes, es la preocupación que sentimos por los demás.

6. Habrá una honda preocupación social. En Mateo 22:27–39 leemos que dijo Jesús: "Amarás al Señor tu Dios con todo tu corazón, y con toda tu alma, y con toda tu mente...

Amarás a tu prójimo como a ti mismo". Nuestra fe no es solamente una fe vertical sino también horizontal. Nos interesamos vivamente por los sufrimientos de quienes nos rodean y también por los que están lejos de nosotros. Pero dejemos bien en claro que para un mundo que quiere salvarse de las consecuencias de sus propios pecados y locuras un cristiano despertado y reavivado puede tener un solo mensaje:

"Arrepentimiento". Muchísima gente hoy en día quiere tener un mundo fraterno en el cual puedan vivir sin compromisos fraternales; un mundo decente en el cual puedan vivir indecentemente. Infinidad de personas aspiran a una seguridad económica sin seguridad espiritual. La revitalización a la que aspiramos debe ajustarse obligadamente a los preceptos bíblicos. Si la revitalización ha de ser cristiana, tiene que girar alrededor de la Biblia. De ser así, sus dirigentes deben tener el coraje de Amós para condenar a quienes compran "los pobres por dinero y los necesitados por un par de zapatos" (Amos 8:6).

Tenemos que levantar bien en alto las enseñanzas morales, éticas y sociales de Jesús, aceptando que él ofrece las únicas normas válidas para templar el carácter personal y nacional. El Sermón del monte es para hoy y para todos los días. No podemos construir una nueva civilización sobre los caóticos cimientos del odio y de la amargura.

7. Habrá incrementadas evidencias tanto de los dones como del fruto del Espíritu. La renovación la efectúa el Espíritu Santo, y cuando llegue en todo su poder y se pose sobre la iglesia, habrá clara evidencia de los dones y del fruto del Espíritu. Los creyentes aprenderán entonces qué significa ministrarse los unos a los otros y edificarse mutuamente por medio de los dones que otorga el Espíritu Santo. Recibirán una nueva medida de amor mutuo y de amor por un mundo perdido y moribundo. Nadie podrá decir que la iglesia es impotente y que guarda silencio. Nuestras vidas dejarán de ser ordinarias, vidas que no se diferencian de las del resto del mundo. Nuestras vidas estarán signadas por los dones que solamente puede brindar el Espíritu Santo. Nuestras vidas estarán marcadas por el fruto que solamente él puede ofrecer.

8. Habrá una renovada subordinación al Espíritu Santo. Se vislumbran indicios y evidencias de que esto ya ocurre en muchas partes del mundo. No hay revitalización espiritual sin el Espíritu Santo. Es el Espíritu Santo el que censura, convence de culpa, porfía, instruye, invita, vivifica, regenera, renueva, fortalece y utiliza. No debe ser contristado, resistido, tentado, sofocado, insultado o blasfemado. Da libertad a los cristianos, directivas a los obreros, discernimiento a los maestros, poder a la Palabra y fruto al servicio fiel. Revela las cosas de Cristo. Nos enseña a emplear la espada del Espíritu, que es la Palabra de Dios. Nos guía en toda verdad. Nos dirige por el camino de la piedad. Nos enseña cómo debemos responder a los enemigos de nuestro Señor. También nos permite el acceso al Padre. Nos ayuda en nuestra vida de oración.

Hay ciertas cosas que el dinero no puede comprar; que ninguna música puede brindar; que ninguna posición social puede otorgar; que ninguna influencia personal puede asegurar y que ninguna elocuencia puede imponer. Ningún ministro de Dios, por más brillante que sea, y ningún evangelista, no importa cuánta sea su elocuencia o su poder de convencimiento, pueden producir el avivamiento que necesitamos. Solamente el Espíritu Santo lo puede hacer. Dijo Zacarías: "No con ejército, ni con fuerza, sino con mi Espíritu, ha dicho Jehová de los ejércitos" (Zacarías 4:6).

Pasos a dar para el despertamiento

Si el avivamiento espiritual es la gran necesidad para muchos cristianos hoy en día, cabe preguntarse cómo se produce. ¿Cuáles son los pasos a dar para lograr un avivamiento en nuestras vidas y en las vidas de otros? La Biblia, a nuestro entender, señala tres pasos a dar.

El primer paso es admitir nuestra pobreza espiritual. Con mucha frecuencia somos como los cristianos laodicenses, ciegos a sus propias necesidades espirituales. "Tú dices: Yo soy rico, y me he enriquecido, y de ninguna cosa tengo necesidad; y no sabes que tú eres un desventurado, miserable, pobre, ciego y desnudo" (Apocalipsis 3:17).

¿Hay pecados en nuestras vidas que obstaculizan e impiden la obra del Espíritu Santo a través de nosotros? No debemos apresurarnos a contestar que "no". Debemos examinarnos a la luz de la Palabra de Dios y orar pidiéndole al Señor que el Espíritu Santo nos revele cada uno de los pecados que nos estorban. Puede ser que algunas de las cosas que hacemos están mal, tal como una costumbre, una relación, un motivo o un pensamiento maligno. O pudiera ser algo que estamos descuidando, una responsabilidad que desatendemos o eludimos, un acto de amor que no cumplimos. Cualquiera cosa que fuere, debemos enfrentarla honesta y humildemente ante Dios.

El segundo paso en la renovación espiritual es la confesión y el arrepentimiento. Podemos saber que hemos pecado y no obstante ello no hacer nada al respecto. Pero necesitamos poner ante Dios nuestro pecado en confesión y arrepentimiento, no solamente reconocer nuestros pecados sino dejar de pecar y volvernos a él en obediencia. Una de las grandes promesas de la Biblia la tenemos en 1 Juan 1:9: "Si confesamos nuestros pecados, él es fiel y justo para perdonar nuestros pecados, y limpiarnos de toda maldad". El profeta Isaías dijo: "Buscad a Jehová mientras puede ser hallado, llamadle en tanto que está cercano. Deje el impío su camino, y el hombre inicuo sus pensamientos, y vuélvase a Jehová" (Isaías 55:6, 7).

No es un mero accidente que algunos de los grandes avivamientos en la historia comenzaron con oraciones. Una reunión de oración al abrigo de un almiar de heno durante un aguacero en el año 1806 llevó al primero de los esfuerzos misioneros a gran escala en los Estados Unidos de América. En el año 1830 alrededor de 30.000 personas se convirtieron en Rochester, Nueva York, bajo el ministerio de Charles Finney; posteriormente Finney dijo que debía atribuirse ese éxito a la fiel oración de un hombre que nunca asistió a las reuniones pero que se entregó a la oración. En el año 1872 el evangelista norteamericano Dwight L. Moody inició una campaña en Londres, Inglaterra, que Dios utilizó para tocar incontables vidas. Con posterioridad Moody descubrió que una muchacha, confinada en su lecho de enferma, había estado orando. La lista de ejemplos podría seguir y seguir y nunca acabar.

¿Estamos orando pidiendo un avivamiento, tanto en nuestras vidas como en las vidas de otros? ¿Confesamos nuestros pecados a Dios y buscamos su bendición en nuestras existencias?

El tercer paso es una renovada entrega de parte nuestra para buscar y hacer la voluntad de Dios. Podemos tomar conciencia de nuestros pecados, hasta podemos orar y confesarlos y podemos arrepentirnos, pero la verdadera prueba es nuestra disposición a obedecer.

No es un hecho accidental que los auténticos y verdaderos avivamientos se acompañan siempre de una nueva hambre por justicia o rectitud. Una vida tocada por el Espíritu Santo no tolera el pecado.

¿Qué es lo que impide hoy en nuestras vidas un avivamiento espiritual? En última instancia, por supuesto, es el pecado. A veces duele agudamente enfrentar la verdad sobre nuestra falta de celo espiritual y dedicación. Pero Dios quiere tocarnos y hacernos útiles siervos suyos. "Despojémonos de todo el peso y del pecado que nos asedia, y corramos con paciencia la carrera que tenemos por delante, puestos los ojos en Jesús, el autor y consumador de la fe" (Hebreos 12:1-2). James A. Stewart ha observado: "La iglesia que necesita un avivamiento es una iglesia que está viviendo por debajo de las normas establecidas por el Nuevo Testamento... Es un hecho trágico que la inmensa mayoría de los cristianos de hoy en día viven una vida cristiana subnormal [...] la iglesia nunca llegará a ser normal a no mediar un avivamiento".

¿Estamos viviendo vidas cristianas "subnormales", vidas ineficaces, tibias y carentes del amor a Cristo y a los demás? De ser así permitamos que Dios el Espíritu Santo nos acerque a Dios en humildad, confesando nuestros pecados y buscando su rostro. Dejemos que él nos toque al entregarnos a él. La mayor necesidad del mundo en el día de hoy, sin duda alguna, es contar con cristianos totalmente entregados.

Más de cien años atrás dos jóvenes conversaban en Irlanda. Uno de ellos dijo: "El mundo todavía no ha visto qué es lo que haría Dios con un hombre plenamente consagrado a él". El otro hombre meditó en esas palabras durante varias semanas. El pensamiento hizo tal presa en él, que un día exclamó: "Por el Espíritu Santo, yo seré ese hombre". Los historiadores afirman que aquel hombre alcanzó dos continentes para Cristo. Su nombre era Dwight L. Moody.

Y esto puede repetirse, si abrimos nuestras vidas al renovador poder del Espíritu Santo. Nadie puede buscar sinceramente la purificación y bendición del Espíritu Santo y permanecer igual. Ninguna nación puede experimentar un avivamiento en su medio y permanecer igual.

Como lo hemos visto en este libro, Pentecostés fue el día del poder del Espíritu Santo. Fue el día en que nació la iglesia cristiana. No esperamos que se repita la experiencia de Pentecostés, como tampoco esperamos que Cristo haya de morir nuevamente en la cruz. Pero sí esperamos bendiciones pentecostales cuando nos ajustamos a las condiciones impuestas por Dios, especialmente cuando nos acercamos a "los últimos días". Como cristianos nos corresponde preparar el camino. Hemos de estar apercibidos para que el Espíritu nos llene y nos utilice.

Bibliografía

Platt, A. T. (2002). *Estudios Bíblicos ELA: Cómo enfrentar a los falsos maestros (2da Pedro y Judas)* (119–121). Puebla, Pue., México: Ediciones Las Américas, A. C.

Orth, S. (1997). *Estudios Bíblicos ELA: La unidad puede ser una realidad (Efesios)* (107–115). Puebla, Pue., México: Ediciones Las Américas, A. C.

Duffield, G. P., & Van Cleave, N. M. (2006). *Fundamentos de Teología Pentecostal* (329–354). San Dimas, CA: Foursquare Media.

Trenchard, E. (1972). Bosquejos de doctrina fundamental (88–98). Grand Rapids, Michigan: Editorial Portavoz.

Deiros, P. A. (1997). *Diccionario Hispano-Americano de la misión.* Casilla, Argentina: COMIBAM Internacional.

McDowell, J. J., Kevin. (2005). *Devocionales para la familia: McDowell, Josh.* El Paso, Texas, EE. UU. De A.: Editorial Mundo Hispano.

Buswell, J. O. (1979). *Teología sistemática, tomo 1, Dios y Su revelación: Buswell, J. Oliver.* (101–107). Miami, Florida, EE. UU. De A.: LOGOI, Inc.

Johnson, V., McGhee, Q., Muñoz, E., & Eutsler, S. D. (2013). Romanos y Gálatas: El Evangelio según Pablo (Manual del estudiante). (Q. McGhee, Ed.) (Primera edición, pp. 322–330). Springfield, MO: Faith & Action.

Ryrie, C. C. (2003). *Teología básica* (430–435). Miami: Editorial Unilit.

Graham, B. (2001). *El Espíritu Santo* (pp. 239–248). El Paso, TX: Casa Bautista De Publicaciones.

Spurgeon, C. H. (2011). *Sermones de Spurgeon—Volumen 2* (1220th ed., Vol. 21, pp. 1–15). México: Allan Román.

Deiros, P. A. (2012). La oración en el ministerio (p. 168). Buenos Aires: Publicaciones Proforme.

Referencias adicionales que esterán disponibles en español

Arthur, Kay. *Liberados de la esclavitud a la manera de Dios*. Miami, Florida: Editorial Vida, 1995.

Barclay, William. *Comentario al Nuevo Testamento*. Vol. 10. Barcelona, España: Editorial CLIE, 1998.

Barclay, William. *Comentario al Nuevo Testamento*. Vol. 8. Barcelona, España: Editorial CLIE, 1995.

Beacon Hill. *Comentario Bíblico Beacon*. Vol. 8. Kansas City, Missouri: Casa Nazarena de Publicaciones, 1968.

Belch, Carlos C. *Tesoros escondidos*. Vol. 1. Miami, Florida: CLC (Centros de Literatura Cristiana), 1998.

Belch, Carlos C. *Tesoros escondidos*. Vol. 2. Miami, Florida: CLC (Centros de Literatura Cristiana), 1998.

Bonnet, Luis y Schroeder, Alfredo. *Comentario del Nuevo Testamento*. Vol. 2. El Paso, Texas: Casa Bautista de Publicaciones, 1986.

Bruce, Frederick Fyvie. *Comentario de la epístola a los Gálatas, Un*. Vol. 7. Barcelona, España: Editorial CLIE, 2004.

Carballosa, Evis L. *Romanos*. Grand Rapids, Michigan: Editorial Portavoz, 1994.

Cevallos, Juan Carlos. *Comentario Bíblico Mundo Hispano*. Vol. 19. El Paso, Texas: Editorial Mundo Hispano, 2006.

Cranfield, C. E. B. *Epístola a los Romanos, La*. Nueva Creación, 1993.

Esler, Philip F. *Conflicto e identidad en la carta a los Romanos*. Estella (Navarra): Editorial Verbo Divino, 2005.

Hendriksen, William. *Romanos*. Libros Desafío, 2009.

Henry, Matthew. *Hechos, Romanos, 1 de Corintios*. Barcelona, España: Editorial CLIE, 1989.

Lutero, Martín. *Martín Lutero, segundo comentario a Gálatas*. St. Louis, Missouri: Editorial Concordia, 2009.

Mahan, Henry T. *Comentario breve a las Epístolas*. Vol. 1. Moral de Calatrava, España: Editorial Peregrino, 1987.

Mahan, Henry T. Comentario breve a las Epístolas. Vol. 3. México: Faro de Gracia, 1988.

Moo, Douglas. Romanos: del texto bíblico a una aplicación contemporanea. Miami, Florida: Editorial Vida, 2007.

Newell, William R. Epístola a los Romanos, La Casa Biblica de Los Angeles, s/f.

Pérez Millos, Samuel. Romanos. Pembroke Pines, Florida: Editorial CLIE-USA, 2012.

Somoza, Jorge S. Comentario bíblico del continente nuevo. Miami, Florida: UNILIT, 1997.

Stott, John. Mensaje de Romanos, El. Buenos Aires: Certeza Unida, 2007.

Tenney, Merril C. Gálatas. Barcelona, España: Editorial CLIE, 1990.

Trenchard, Ernesto. Epístola a los Romanos. Springfield, Missouri: Global University, 1968.

Trenchard, Ernesto. Exposición de la epístola a los Galatas, Una. Editorial Literatura Bíblica, 1977.

Vos, Howard F. Gálatas. Grand Rapids, Michigan: Editorial Portavoz, 1981.

Made in the USA
Columbia, SC
14 August 2022